ATLAS
DE LA
PSYCHOLOGIE

Dans Le Livre de Poche :

Atlas de la biologie
Atlas de l'écologie
Atlas de la philosophie
Atlas de l'astronomie

ENCYCLOPÉDIES D'AUJOURD'HUI

Hellmuth Benesch

ATLAS
DE LA
PSYCHOLOGIE

*Conception graphique de Hermann Frhr. von Saalfeld
et Katharina von Saalfeld*

La Pochothèque
LE LIVRE DE POCHE

La version française de cet ouvrage a été dirigée par M. Émile Jalley, ancien élève de l'École normale supérieure, agrégé de philosophie, diplômé EPHE de l'Institut de psychologie de Paris, psychanalyste, professeur de psychologie clinique et d'épistémologie à l'Université de Paris-Nord.
La traduction est de M. Denis Trierweiler, Mme Catherine Métais et M. Dominique Tassel.

Publications d'Émile JALLEY

Wallon lecteur de Freud et Piaget, Paris, Éditions sociales, 1981.
Wallon : La Vie mentale, Paris, Éditions sociales, 1982.
Henri Wallon : Psychologie et dialectique, Paris, Messidor, 1990.
« Wallon Henri » : Encyclopédie Universalis 18, Paris 1985.
« Bion Wilfred » : Encyclopédie Universalis 4, Paris 1989.
« Concept d'opposition » : Encyclopédie Universalis 16, Paris 1989.
« Psychanalyse et concept d'opposition » : Encyclopédie Universalis 19, Paris 1989.
« Psychologie génétique » : Encyclopédie Universalis 19, Paris 1989.
« Les stades du développement en psychologie de l'enfant et en psychanalyse » : Encyclopédie Universalis Symposium, Paris 1989.
« Les grandes orientations de la psychologie actuelle » : Encyclopédie Médico-chirurgicale, Paris 1989.
« Psychologie clinique » (en collaboration) : Encyclopédie Médico-chirurgicale, Paris 1991.
Dictionnaire de la psychologie (R. Doron, F. Parot), collaboration, Paris, PUF, 1991.

Titre original : dtv-Atlas zur Psychologie
© 1987 Deutscher Taschenbuch Verlag GmbH & Co. KG, Munich.
© Librairie Générale Française, 1995, pour l'édition française.

Avant-propos

Ce livre est destiné en premier lieu au lecteur qui s'intéresse à une première initiation, et même à une connaissance plus approfondie de l'état le plus récent de la psychologie moderne.
Il s'agit des élèves des classes terminales, des élèves des écoles des professions sanitaires, sociales et éducatives (assistants de service social, éducateurs spécialisés, animateurs socio-culturels, conseillers en économie sociale et familiale, éducateurs de jeunes enfants, personnels infirmiers).
Il s'agit aussi des élèves des IUFM, des étudiants de toutes les disciplines, philosophie, littérature, sciences humaines et sociales, sciences de la nature.
Sont également concernés les enseignants, professeurs des écoles, professeurs de l'enseignement secondaire, dont beaucoup ressentent que leur action pédagogique trouverait un profit certain à l'amélioration de leur savoir touchant le fonctionnement psychique de l'enfant et de l'adolescent, qu'il s'agisse des lois de l'apprentissage ou encore de la psychologie des groupes.
Beaucoup de personnes s'intéressent aujourd'hui à la psychologie, en pensant de manière un peu vague mais à juste raison que cette discipline consiste en un savoir portant sur la personne concrète, la personnalité, le sujet humain en ce qu'il a de secret et de singulier.
Mais le néophyte se sent presque aussitôt découragé par ce qu'il pressent de l'éparpillement actuel des disciplines psychologiques : techniques publicitaires, problèmes posés par les difficultés scolaires, multiples variétés de psychothérapies, etc.
Il est vrai que la psychologie moderne est à la fois en pleine expansion et divisée. A l'époque actuelle, en France en particulier, on peut dire que l'ensemble des spécialités psychologiques traditionnelles tend à se regrouper selon deux grandes tendances, deux modèles principaux : d'une part la psychologie cognitive centrée sur l'étude des activités intellectuelles, d'autre part la psychologie clinique mobilisée par l'approche des conduites affectives. On pourrait ajouter que les représentants de ces deux courants auraient de moins en moins tendance à communiquer entre eux. En France, l'histoire des idées a présenté, très souvent et encore aujourd'hui, une allure conflictuelle. Cela est beaucoup moins vrai dans des pays comme l'Allemagne ou les États-Unis.
Il résulte de cette situation typiquement nationale qu'il n'existe pas à l'heure actuelle de livre en France présentant en un volume l'ensemble des disciplines psychologiques. Tous les livres disponibles aujourd'hui, et d'ailleurs depuis longtemps, dans notre aire culturelle prennent a priori le parti de présenter la psychologie sur le versant soit cognitif soit clinique.
Or, de ce point de vue, le présent ouvrage, traduit de l'allemand, offre un intérêt majeur. Il est le seul qui nous soit connu à offrir *en un volume un panorama complet des diverses spécialités de la psychologie*.
Son plan se présente de manière très logique.
La *terminologie* sous forme d'un *glossaire du vocabulaire spécialisé* occupe le chap. I.
Suivent trois chapitres consacrés à la *méthodologie* (chap. III), à la *statistique* (chap. IV) et à la *neuropsychologie* (chap. V).
Les chap. VI à XIII présentent dans un ordre de complexité hiérarchique croissant les **grandes fonctions** de la vie mentale : la **perception** (chap. VI), l'**apprentissage** (chap. VIII) et la **mémoire** (chap. VII), les mécanismes de l'**action** (chap. IX), la **cognition** (chap. X), le langage et la **communication** (chap. XI), la vie affective sous forme de l'**émotion** (chap. XII), et enfin la **personnalité** (chap. XIII), c'est-à-dire l'objet majeur de la psychologie, intégrant les fonctions précédentes.

Les chap. XIV à XXII forment une seconde grande partie décrivant l'ensemble des *grands domaines* de la psychologie depuis la psychologie du *développement* (chap. XIV) jusqu'à la *psychologie de la culture* (chap. XXII).

Cependant ce livre se recommande aussi et particulièrement aux *étudiants* et aux *enseignants-chercheurs en psychologie*, pour l'argument qui vient d'être indiqué, mais pour d'autres raisons aussi dont il faut à présent parler.

En vertu de motifs à vrai dire peu clairs, il est d'usage en France de faire commencer l'histoire de la psychologie vers les années 1880, et d'en situer les origines en France (RIBOT, JANET, BINET, PIÉRON, etc.), mais surtout aux États-Unis (WATSON), sans négliger d'ailleurs non plus l'Angleterre (GALTON, SPEARMAN).

On semble avoir oublié à peu près tout à fait dans notre pays que l'Allemagne a d'abord été l'ancienne et première patrie de la psychologie, dont les formes certes préscientifiques mais cependant déjà consistantes sont apparues dans le prolongement de la culture luthérienne de la subjectivité, mise au travail et critiquée par les philosophies kantienne et postkantiennes.

Le livre célèbre mais de nos jours peu lu de RIBOT sur *La Psychologie allemande contemporaine*, sous-titré d'ailleurs *École expérimentale* (1879), indique clairement cette longue série de précurseurs (HERBART, WAITZ, LAZARUS, STEINTHAL, LOTZE, MÜLLER, STUMPF, PANUM, HERING, etc.) de HELMHOLTZ, FECHNER et WUNDT.

Il résulte de cette situation que la psychologie allemande contemporaine présente un profil bien particulier. Très ouverte à la psychologie cognitive américaine moderne, elle reste très reliée à sa tradition culturelle et philosophique antérieure.

Elle possède aussi dans les différentes disciplines de la psychologie une tradition d'auteurs que nous ne connaissons pas du tout, par ex. STERN ou KROH dont les idées ressemblent beaucoup à celles de WALLON.

Nous ne connaissons guère non plus en France une psychologie des masses distincte de la psychologie sociale, pas plus qu'une psychologie de l'environnement, ni non plus des spécialités de la psychologie appliquées à l'analyse théorique de thèmes aussi socialement importants que la justice, la circulation, l'économie, les médias, la politique, pas plus que des secteurs de la psychologie dont les objets seraient la culture, la civilisation, la démarche scientifique, les idéologies.

Enfin, nous avons cru intéressant de conserver une partie importante de la bibliographie allemande, en pensant qu'elle pourrait être utile aux enseignants-chercheurs français, dans la mesure où elle est originale, restée jusqu'ici inconnue, et parfois très riche en des domaines où elle est chez nous bien plus exiguë, par exemple dans le domaine de l'*Histoire de la psychologie* (chap. II).

Émile JALLEY.

Sommaire

Avant-propos 5

Abréviations 9

Introduction 11

I. Terminologie 12
Glossaire du vocabulaire spécialisé

II. Histoire des théories
1. Formation des théories 30
2. Histoire de la psychologie 32
3. Typologie 34
4. Psychophysiologie 36
5. Théorie des modèles 38
6. Théorie des systèmes 40
7. Pratique 42
8. Le contexte professionnel en France 44
9. Les métiers de la psychologie en France 45

III. Méthodologie
1. Paradigmes méthodologiques 46
2. Théorie de la mesure 48
3. Collecte des données 50
4. Plans d'expérience 52
5. Formulation des hypothèses 54
6. Observation 56
7. Exploration 58
8. Expérimentation 60

IV. Statistique
1. Transcription 62
2. Distributions 64
3. Probabilité 66
4. Inférence statistique 68
5. Analyse de la variance 70
6. Statistique des corrélations 72
7. Analyse factorielle 74
8. Analyse de séquences temporelles ... 76

V. Neuropsychologie
1. Problème corps-âme 78
2. Méthodes psychophysiologiques 80
3. Équivalents génétiques 82
4. Équivalents énergétiques 84
5. Équivalents neuronaux 86
6. Régulation par le système nerveux central 88
7. Psychocybernétique 90

VI. Psychologie de la perception
1. Fondements de la perception 92
2. Physique de la vision 94
3. Physiologie de la vue 96
4. Théories de la perception 98
5. Organisation perceptive 100
6. Les lois de la perception 102
7. Sémantique de la perception 104
8. Perception de la forme (Gestalt) 106
9. Perception de l'espace et du temps .. 108
10. Perception du mouvement 110
11. Perception des couleurs 112
12. Physiologie de l'audition 114
13. Perception auditive 116
14. Perceptions olfactive et gustative ... 118
15. Perception tactile 120
16. Perception du corps 122
17. Perception inadéquate 124

VII. Psychologie de la mémoire
1. Fonctions de la mémoire 126
2. Théories de la mémoire 128
3. Mémoire à très court terme et à court terme 130
4. Mémoire à long terme 132
5. Amélioration de la mémoire 134
6. Variantes de la mémoire 136
7. Oubli 138
8. Déviations de la mémoire 140
9. Constitution de la mémoire 142

VIII. Psychologie de l'apprentissage
1. Conditionnement classique 144
2. Conditionnement opérant 146
3. Conditionnement cognitif 148
4. Théories formelles de l'apprentissage 150
5. Niveaux de l'apprentissage 152
6. Domaines d'apprentissage 154
7. Étapes de l'apprentissage 156
8. Règles de l'apprentissage 158
9. Entraînement à l'apprentissage 160
10. Perturbations de l'apprentissage ... 162

IX. Psychologie de l'action
1. Théories de l'activation 164
2. Degrés de conscience 166
3. Disponibilité à l'action 168
4. Activation réactive 170
5. Activation intentionnelle 172
6. Activité sociale 174
7. Genèse de l'action 176
8. Perturbations de l'action 178

X. Psychologie de la cognition
1. Méthodes de recherche 180
2. Théories de la cognition 182
3. Éléments de la pensée 184
4. Styles de cognition 186
5. Formes de la pensée 188
6. Processus du jugement 190
7. Déroulement de la pensée 192
8. Intelligence 194
9. Solution de problèmes 196
10. Créativité 198
11. Méta-cognition 200
12. Entraînement à la pensée 202
13. Troubles mentaux 204
14. Intelligence artificielle 206

XI. Psychologie de la communication
1. Théories de la communication 208
2. Processus de communication 210
3. Postures de communication 212
4. Styles de communication 214
5. Communication verbale 216
6. Communication non verbale 218
7. Communication de masse 220
8. Troubles de la communication 222

XII. Psychologie de l'émotion
1. Dimensions émotionnelles 224
2. Théories des émotions 226
3. Émotions somatiques 228
4. Émotions de situation 230
5. Émotions sociales 232
6. Émotions cognitives 234
7. Émotions méditatives 236
8. Troubles émotionnels 238

Sommaire

XIII. Psychologie de la personnalité
1. Conception de la personnalité 240
2. Le modèle des sciences de la nature .. 242
3. Le modèle des sciences sociales 244
4. Le modèle des sciences de l'esprit 246
5. Le modèle de la psychologie des profondeurs 248
6. Recherche quantitative 250
7. Recherche qualitative 252
8. Dimensions de la motivation 254
9. Mobiles de l'impulsion 256
10. Mobiles de l'excitation 258
11. Mobiles de l'action 260
12. Mobiles sociaux 262
13. Mobiles d'abondance 264
14. Mobiles de contrôle 266
15. Évaluation de la personne 268
16. Théories de l'expression 270
17. Langage corporel 272
18. Analyse comparée 274
19. Pouvoir de l'être humain 276
20. Psychopathologie 278

XIV. Psychologie du développement
1. Développement phylogénétique 280
2. Théories du développement 282
3. Développement somatique 284
4. Développement mental 286
5. Développement prénatal 288
6. Développement de l'enfant 290
7. Développement de l'adolescence ... 292
8. Psychologie des âges de la vie 294
9. Troubles du développement 296
10. Le contexte et l'héritage de Piaget 298
11. La psychanalyse de l'enfant 299

XV. Psychologie sociale
1. Résumé historique 300
2. Méthodes 302
3. Socialisation 304
4. Perception sociale 306
5. Rangs sociaux 308
6. Rôles sociaux 310
7. Normes sociales 312
8. Sociosystèmes 314
9. Dynamique de groupe 316
10. Influences sociales 318
11. Troubles de la vie sociale 320

XVI. Psychologie des masses
1. Analyse des masses 322
2. Dynamique des masses 324
3. Réactions de masse 326
4. Médias de masse 328
5. Psychologie du gouvernement 330

XVII. Psychologie de l'environnement
1. Écosystèmes 332
2. Environnement de l'habitation 334
3. Environnement urbain 336
4. Environnement naturel 338
5. Recherche psychologique sur la paix .. 340

XVIII. Psychologie animale
1. Relations comportementales 342
2. Sémantique du comportement 344
3. Comportement de reproduction 346
4. Comportement d'orientation 348
5. Vie sociale des animaux 350
6. Intelligence animale 352

XIX. Psychodiagnostic
1. Théorie des tests 354
2. Analyse du comportement 356
3. Les questionnaires 358
4. Tests d'aptitudes 360
5. Techniques projectives 362
6. Tests techniques 364
7. Tests d'intelligence 366
8. Mesure de la personnalité 368
9. Tests scolaires 370
10. Tests cliniques 372
11. Tendances de la psychologie clinique en France 374
12. Techniques projectives et psychanalyse . 375

XX. Psychologie clinique
1. Aperçu historique 376
2. Psychanalyse (1) 378
3. Psychanalyse (2) 380
4. Néo-analyse 382
5. Thérapie comportementale (1) 384
6. Thérapie comportementale (2) 386
7. Psychothérapie non directive 388
8. Thérapie communicationnelle 390
9. Thérapie cognitive 392
10. Thérapie corporelle 394
11. Méditation 396
12. Procédés suggestifs 398
13. Thérapie de groupe 400
14. Thérapie familiale 402
15. Thérapie pour enfants 404
16. Thérapie du langage 406
17. Psychagogie 408
18. Psychologie du sommeil 410
19. Psychologie du rêve 412
20. Psychologie sexuelle 414
21. Le modèle français 416
22. Le psychologue clinicien 417

XXI. Psychologie appliquée
1. Psychologie du travail 418
2. Ergonomie 420
3. Psychologie de la profession 422
4. Psychologie de l'entreprise 424
5. Psychologie des organisations 426
6. Psychologie de la justice 428
7. Psychologie de la circulation 430
8. Psychologie économique 432
9. Psychologie de la publicité 434
10. Psychologie des médias 436
11. Psychologie scolaire 438
12. Psychologie politique 440
13. Psychologie des loisirs 442
14. Psychologie du sport 444

XXII. Psychologie de la culture
1. Psychologie de la civilisation 446
2. Psychologie de l'art 448
3. Psychologie de la science 450
4. Psychologie de la conception du monde 452

Glossaire 455

Bibliographie 485

Index des noms propres 501
Index des matières 505

Abréviations

an.	analyse
bio.	biologie
cogn.	cognition
coll.	collaborateurs
d	allemand
e	anglais
épist.	épistémologie
ill.	illustration
math.	mathématique
perc.	perception
ps.	psychologie, psychologique
ps. pers.	psychologie de la personnalité
psa.	psychanalyse
psych.	psychique
SNC	système nerveux central
soc.	social, e, aux
stat.	statistique

Le premier traité de psychologie, écrit par ARISTOTE, commence en ces termes :

« Toute connaissance est, à nos yeux, une chose belle et admirable ; pourtant nous préférons une connaissance à une autre, soit en raison de son exactitude, soit parce qu'elle traite d'objets d'une valeur supérieure et plus dignes d'admiration ; pour ces deux motifs, il est raisonnable de placer l'étude de l'âme au premier rang. Il semble bien aussi que la connaissance de l'âme apporte une large contribution à l'étude de la vérité tout entière et surtout à la science de la nature, car l'âme est, en somme, le principe de toute vie. » (*De anima*, traduction TRICOT, Vrin, 1947.)

De nos jours, un professeur de psychologie réputé oppose un autre jugement à ces hautes exigences envers la psychologie.

« Les mauvaises langues affirment que la psychologie est une science qui répond à des questions que nul n'a posées, soit parce que les réponses sont connues depuis longtemps, soit parce que la question n'intéresse personne. » (D. DÖRNER, 1983)

Entre ces deux pôles, la psychologie doit chercher sa place à tout moment. Il n'est pas rare qu'elle ait dérivé vers une activité dénuée de sens qui prônait la répétition méthodique à la place du désir de savoir. Mais malgré cet aveu, il n'est pas douteux qu'au XXe siècle, l'accroissement des connaissances n'a trouvé d'égal que dans peu d'autres disciplines.

Mais qu'en est-il de la diffusion des connaissances en psychologie dans le public ?
Que dirait ARISTOTE si, dans les programmes scolaires, il trouvait la biologie, les mathématiques, la musique, mais presque pas de psychologie ? Bien que largement répandue, elle est toujours restée une sorte de science occulte. En effet, jusqu'à un certain point, chacun de nous est un psychologue puisqu'il s'occupe nécessairement de problèmes psychologiques dans ses rapports avec lui-même et avec les autres. Mais ces expériences doivent être mesurées à des connaissances scientifiques pour devenir un acquis réel. À une époque où les troubles psychiques dépassent en nombre les maladies physiques, cette discipline ne saurait rester une science occulte.
Ce constat implique des revendications à l'adresse de la psychologie contemporaine. En premier lieu, il s'agit de regrouper les sous-disciplines si dispersées de la psychologie. Il est certainement difficile aujourd'hui d'en maîtriser l'ensemble. Toutefois, cela n'excuse pas le désintérêt non dissimulé du spécialiste pour la thématique voisine. En fragmentant la formation, on ne facilite pas la tâche du débutant qui doit apprendre que la psychologie est une discipline réellement unitaire.

Introduction 11

Que veut, que doit faire la psychologie aujourd'hui ? Trois objectifs me semblent avoir la priorité :

1) La psychologie est et demeure une des disciplines centrales dans l'ensemble des « sciences de l'homme » et de ses conditions existentielles. Mais comme l'homme peut être observé sous divers aspects, les catégories correspondantes telles que l'âge, la profession ou les groupes doivent conduire à différents modèles psychologiques, dont il ne faut pas perdre de vue l'unicité du fondement.

2) La psychologie est une forme d'assistance universelle. Les relations avec soi-même et autrui, tout comme la coexistence dans des contextes sociaux de masse de plus en plus grands, accroissent non seulement l'espoir, mais aussi le potentiel destructeur présent chez l'homme. Il n'est guère d'autre discipline qui oppose un contrepoids aussi fort à cette dernière tendance.

3) Les hommes ont toujours tenté, non seulement de vivre leur vie, mais aussi de parvenir à une vision du monde plus intense, à une interprétation plus satisfaisante du destin de l'humanité, et de façonner leur vie en l'enrichissant psychiquement. En cela, les possibilités de la psychologie ne sont pas encore épuisées. C'est là que le caractère provisoire de nos connaissances actuelles apparaît clairement.

Progresser dans tous ces domaines n'est pas chose facile. Ce qu'ARISTOTE résumait dans le traité évoqué ci-dessus conserve encore toute sa validité de nos jours :

« C'est tout à fait et en tout sens une chose des plus difficiles que d'acquérir une connaissance assurée au sujet de l'âme. »

La **Psychologie** comprend de nombreuses sous-disciplines dont les domaines principaux (d'après KRENCH et CRUTCHFIELD, 1985) sont les suivants :
Propédeutique (statistique, méthodologie, épistémologie, entre autres),
Psychologie générale (neuropsychologie, psychologie de la perception, de l'apprentissage, de l'émotion, de la cognition, etc.),
Psychologie différentielle (psychologie de la personnalité, du développement, psychodiagnostic, psychologie sociale, etc.),
Psychologie appliquée (psychologie clinique, du travail, de l'entreprise, des organisations, psychologie économique, etc.).

Dans les chapitres qui vont suivre, nous traiterons ces sous-disciplines par séquences représentatives.

12 I. Terminologie / Glossaire du vocabulaire spécialisé

Par nécessité, les sciences développent des terminologies spécialisées qui servent à accélérer et à préciser la communication. L'inconvénient est d'exclure ceux qui ne maîtrisent pas ces terminologies. De brèves indications expliquent ici les termes spécialisés pour s'orienter plus facilement dans un texte de psychologie.
Nous n'avons pas mentionné les termes spécialisés évidents. Les termes désignés par un * sont traités d'une manière plus exhaustive dans le répertoire des concepts (annexe du volume 2). Les mots anglais sont imprimés en italique. Pour des explications supplémentaires, nous conseillons de consulter des dictionnaires (cf. Bibliographie). La lettre d signifie allemand *(Deutsch)*, et le e l'anglais *(english)*.

Abasie : incapacité de marcher d'origine ps.
Aberrant : qui va contre les règles, les normes.
Ability : aptitude, capacité (d : Fähigkeit).
Abondance : indice de profusion (ps. pers.).
Aboulie : déficience du passage à l'action, manque de décision.
Abréaction : décharge émotionnelle (d. : Abreaktion, Erumpierung).
Absence : défaillance de mémoire ou perte de conscience d'une brève durée (e : black-out).
Absolving : désintégration des liens sociaux primitifs.
Abstraction : action d'isoler, d'extraire par la pensée.
Acceptabilité : approbation, reconnaissance sociale (d : Akzeptanz).
Acceptation : acquiescement, participation volontaire (ps. clin.) (e : compliance).
Accommodation : adaptation à la distance (perception), coordination innovatrice (cognition).
Accroche, capteur : objet utilisé par la publicité pour éveiller l'attention (d : Aufhänger).
Acculturation : pénétration de l'individu dans le cadre d'une culture.
Accuracy : degré de précision, seuil statistique.
Achievement quotient : quotient d'efficience.
Acouasmie : hallucination auditive.
Acousticomotricité : transformation de modèles acoustiques en mouvement.
Acquaintance process : action de prendre connaissance, première impression.
Acquired behavior : comportement acquis.
Acquisition : comportement acquis par apprentissage.
Acte manqué : acte soudain et hors propos exprimant des pulsions refoulées (psa.) (d : Fehlleistung).
Acting out : passage à l'acte, extériorisation de pulsions refoulées.
Activation : mise en activité d'un processus nerveux, d'un comportement.
Activités de déplacement : conduites d'évitement et de substitution en cas de situations conflictuelles (d : Übersprungbewegung ; e : displacement activity).
Actualisation : passage à la réalité, concrétisation.
Acuity : acuité, finesse de perception.
Adaptation : ajustement (comportement), assimilation (perception), réduction de tension (communication) (d : Anpassung ; e : adaptation).
* Addiction : passion, manie, dépendance (d : Abhängigkeit, Sucht).
Affect : état d'excitation agréable ou pénible, quantité d'énergie pulsionnelle.

Affiliation : adhésion, participation à une relation (ps. soc.).
Affordance : valeur d'incitation d'un objet pour l'action. (e : affordance).
Agapé : amour du prochain (grec).
Agent : principe actif ; qui accomplit une action (ling.).
Agilité : mobilité, fluidité psychique, opposée à rigidité ou persévération.
Agnosie : incapacité d'identifier certaines perceptions.
Agoraphobie : angoisse concernant l'espace.
Agreement : consensus social.
Agrégat, foule : formation d'un groupe au hasard (d : Sozialaggregat).
Agression : comportement hostile.
AIDA : terme américain (attention, intérêt, désir, activation).
Akinèse, akinésie : état d'immobilité (ps. action).
Alalie : mutisme, incapacité de parler.
Algésie : sensibilité douloureuse ou algique.
Aliénation : trouble de la conscience de soi, du moi, perte de la raison, folie (ps. clin. path.)(d : Entfremdung ; e : estrangement).
Alloplastie : direction de la libido vers le monde extérieur (psa.).
Altruisme : oubli de soi, dévouement.
Ambiguïté : signification équivoque (perc., cogn.).
Ambivalence : cœxistence de valeurs contraires.
Amentia : expression vieillie désignant certaines formes de confusion mentale.
Amnésie : perte de la mémoire.
Amok : pulsion meutrière (malais).
Analyse canonique : procédé d'an. factorielle, dit aussi an. multivariée, portant sur la dépendance de plusieurs variables ou données (stat.). ~ de cheminement : procédé de corrélation en fonction d'hypothèses causales (d : Pfadanalyse, e : path analysis). ~ de clusters : différenciation de groupes de caractères en an. factorielle. ~ de contenu : recensement méthodique de certaines caractéristiques d'un contenu (ps. clin. et soc.) (e : content analysis). ~ de covariance : procédé stat. pour vérifier les hypothèses sur les valeurs moyennes. ~ de dépendance : modèle stat. de rapports entre variables. ~ de Fourier : description math. du déroulement de mouvements oscillatoires. ~ de l'information : procédé stat. d'an. de tableaux de contingence pluridimensionnels. ~ de la fréquence de configuration : procédé d'an. multivariée et non paramétrique utilisé pour différencier des types (stat.) (d : Konfigurationsfrequenzanalyse). ~ de séquences temporelles :

procédé stat. pour analyser des développements (d : Zeitreihenanalyse). ~ de variance : procédé stat. pour vérifier l'hypothèse de différences significatives sur un ensemble de moyennes. ~ des fonctions discriminantes : procédé stat. de différenciation entre valeurs. ~ didactique : formation pratique des psychanalystes (d : Lehranalyse). ~ du langage verbal : méthode qui permet de tirer des conclusions à partir du type de discours (ps. clin., ps. soc.)(d : Sprechanalyse). ~ du moi : thérapie pratiquée en ps. des profondeurs et centrée sur l'expérience vécue de soi-même (d : Ich-Analyse). ~ du travail : évaluation des données du travail (ps. appl.) (d : Arbeitsanalyse). ~ existentielle : thérapeutique fondée sur l'an. de l'existence et de la biographie du patient (ps.clin.)(d : Daseinsanalyse, Existenzanalyse).
* ~ factorielle : procédé visant à réduire les données à des variables de base (facteurs).
~ régressive : procédé stat. pour mesurer l'incidence de variables indépendantes sur des variables dépendantes (d : Regressionsanalyse).
~ transactionnelle : procédé thérapeutique de communication pour modifier les prises de décision.
Anamnèse : enquête sur l'histoire de la personne.
Anesthésie : insensibilité.
* Angoisse : peur sans objet, sentiment oppressant (d : Angst ; e : anxiety).
Angoisses nocturnes : fréquentes chez le très jeune enfant (latin : pavor nocturnus).
Animisme : pensée précritique attribuant une âme à toute chose, religion de la nature.
Animus/Anima : couple primaire de contraires (ps. compl.).
Anisotropie : déficience de l'évaluation de la hauteur (perc.).
Annulation, dénégation, déni, forclusion, refoulement : refus de prendre en compte la réalité, faire comme si rien ne s'était passé (psa.) (d : ungeschehenmachen, Verneinung, Verleugnung, Verwerfung, Verdrängung).
Anorexie : refus alimentaire.
Anormalité : comportement ne correspondant pas à celui de la moyenne des individus.
Antagonisme : lutte, opposition.
Antérograde : qui va de l'avant, se dit d'un type d'amnésie, opposé à un type rétrograde.
Anticipation : action de devancer (ps. cogn.).
Apathie : indifférence, absence de participation.
Aperception : saisie consciente, conscience claire.
Aphanisis : disparition des besoins sexuels (grec).
Aphasie : formes de troubles du langage dûs à des atteintes cérébrales.
Appeal : attirance, incitation.
Appétence : attraction naturelle.
Appraisal : appréciation, évaluation.
Appréhension : conception interprétative (perc.).
Approximation : évaluation approchée.
Arbre de décision : diagramme en arbre montrant le déroulement d'une prise de décision.
Arcane : mystère, communication occulte.
Archétype : modèle originel collectif (ps. compl.).

Arousal : activité cérébrale non spécifique, activation, réaction d'éveil.
Arrangement : comportement établi pour éviter les conflits (ps. pers.).
Array : ordre, dispositif de la perception.
Artefact : résultat artificiel (méthodologie).
Asocial : non adapté aux règles de la vie sociale.
Assimilation : ajustement à des schémas, le plus souvent sans conscience (ps. cogn.).
Association : lien entre des éléments psychiques.
Assuétude : dépendance (d : Abhängigkeit ; e : addiction).
Asthénie : manque de force, fragilité, faiblesse (d : Asthenie, Adynamie).
Atavisme : réapparition de caractères venus des ancêtres.
Athymie : mélancolie, incapacité d'exprimer ses sentiments.
Attachement : tendance primaire à rechercher le contact social (e : attachment).
Attensité : clarté de la sensation (e : attensity).
Attention distribuée : répartie sur des tâches simultanées, en opposition à concentrée.
Attitude : état de préparation orienté du comportement et de la personne. * ~ mentale : sélection, orientation et attente orientées vers certains faits (d : Einstellung, Haltung).
* 'Attribution : action de désigner consciemment ou inconsciemment une cause supposée.
Autisme : détachement pathologique à l'égard du monde extérieur.
Autoréférentiel : qui se rapporte à soi (d : selbstreferentiell).
Autocinétisme : illusion de mouvement apparent.
Autonomie personnelle : prise de distance à l'égard des mobiles primaires (d : Motivautonomie).
Autoritarisme : rapport hiérarchique exagéré.
Aversion : refus, répugnance.
Axiome d'Archimède : principe d'après lequel toute chose est constamment mesurable.

Background : arrière-plan, origine.
Balance : équilibre au sein des systèmes.
Ballyhoo : exagération publicitaire.
Bandwagon-effect : effet de suivisme après un succès.
Batterie de tests : groupement de plusieurs tests ayant des buts spécifiques.
* Behaviorisme : théorie du comportement, qui néglige dans une large mesure les contenus conscients.
Bénéfice secondaire : profit tiré de la maladie (e : gain from illness).
* Besoin : orientation du comportement vers un but (d : Bedürfnis).
Bêtise : stupidité occasionnelle.
Biais, biaisement : résultat erroné dû à une erreur de plan d'expérience (e : bias).
Bien-être : disposition agréable du corps, de l'esprit, situation matérielle satisfaisante (d : Wohlhergehen, e : well-beeing).
Binary digit (bit) : unité d'information définie par l'alternative oui-non (0-1).

14 I. Terminologie / Glossaire du vocabulaire spécialisé

Bio-feedback : processus rétroactif d'information (ps. clin.).
Bioénergie : thérapie corporelle visant à libérer les affects (ps. clin.).
Bionique : science des fonctionnements cybernétiques communs à la biologie et à la technique.
Biotique : relatif à la vie.
Bit : abréviation de *binary digit*
Black-out : voir Absence.
Body-sway-test : test sur la suggestibilité au mouvement.
Bogus-erudition : érudition apparente, effort suggestif d'aveuglement.
Boîte noire : symbole du rapport inconnu dans le psychisme entre la cause et l'effet (e : black box).
Bond, bonding : lien social réciproque.
Borderline : trouble psychique de nature intermédiaire entre la névrose et la psychose.
Boredom level : niveau de satiété ou d'ennui.
Bouc émissaire : sujet rendu responsable d'un dysfonctionnement dans un groupe (d : Sündenbock ; e : scapegoat).
Boucle de rétroaction, feedback : reprise par l'entrée d'un système (input) d'un signal de sortie (output) (d : Rückkoppelung).
Brainstorming : entraînement à la créativité en groupe.
Branching : analyse des problèmes selon un modèle d'arbre.
Breaking : rééducation par la contrainte.
Breakthrough : percée, progrès psychothérapeutique.
Bystanding : comportement social positif, intervention du spectateur.

Ça : pour la psa., la couche la plus profonde de la personnalité (d : es ; e : id).
Cadre de référence : contexte, le plus souvent inconscient des impressions d'ordre spatio-temporel et fonctionnel (d : Bezugssystem ; e : frame of reference).
Calibrage : opération consistant à déterminer une unité standard ou une échelle de référence.
Camouflage : dissimulation du comportement (ps. anim.).
Canon culturel : comportement collectif variant selon les sphères culturelles.
Cant : prétexte, prétendue preuve.
Capacité de mémoire : quantité d'informations susceptible d'être traitée par un type de module (TS, MP, MS) (d : Speicherkapazität). ~ par canal : quantité maximale d'informations par domaine sensoriel.
Captatif : qui prend possession.
Case work : procédé d'assistance soc. (ps. clin.).
Catamnèse : rapport final par opposition à anamnèse (ps. clin.).
Catatonie : immobilisme figé.
Catégorie : classe la plus générale.
Catharsis : décharge psychique (purification).
Cathexis : investissement, quantité d'énergie psychique liée aux objets ou aux personnes (psa.) (d : Besetzung).

Causalité : rapport de la cause à l'effet, postulé par le principe scientifique du déterminisme.
Censure : contrôle psychique exercé sur soi ou subi de la part d'autrui (d : Zensur, e : censorship).
Centilage, percentilage : procédé de mesure statistique d'usage plutôt ancien (d : Perzentilwert).
Chaleur du nid : atmosphère familiale ou communautaire positive (d : Nestwärme).
Charisme : rayonnement individuel.
Choix multiple : procédé de test avec choix entre plusieurs réponses (e : multipled choice).
Chunk : faisceau de plusieurs unités de mémoire.
CIM : classification internationale des maladies mentales selon l'Organisation Mondiale de la Santé (e : ICD, International Classification of Diseases).
Circadiens (rythmes) : rythmes bio. dont la période est proche de 24 heures. (d : zirkadiemisch).
Claustrophobie : peur d'être enfermé.
Clean : exempt de dépendance aux toxiques.
Climat social : dispositions d'esprit d'un groupe (d : Sozialklima).
Coaction : action commune de groupes humains.
Codage : transcription de signaux et d'informations (d : Kodierung, e : coding).
Coefficient : valeur index pour une grandeur variable par rapport à d'autres données (stat.). ~ de concordance : indice stat. pour établir les conc. entre plusieurs séries de rangs (d : Konkordanz-koeffizient). ~ de corrélation : mesure stat. servant à décrire la covariation de deux variables.
* Cognition : désignation générique pour l'assimilation de l'expérience, l'acquisition des connaissances et l'élaboration du jugement.
Cohésion : lien de solidarité dans un groupe (ps. soc.), rapport de liaison entre des stimuli (ps. perc.).
Coïtus interruptus : acte sexuel interrompu (d : Karezza).
Colérique : type de caractère impétueux.
Collusion : entente secrète.
Combat rituel : attitudes ludiques entre partenaires (ps. anim.) (d : Kommentkampf).
Combinatoire : ensemble des probabilités d'organisation de *n* éléments (d : Kombinatorik).
Communauté : partie commune des facteurs en an. factorielle (d : Kommunalität).
* Communication : terme générique désignant plusieurs types d'échanges sociaux.
Comparaison par paires : jugement porté sur deux stimuli présentés simultanément (d : Paarvergleich).
Compatibilité : échangeabilité, aptitude psychique à supporter.
Compensation : équilibrage d'une valeur réduite par rapport à une autre.
Compétition : situation concurrentielle, parfois associée à la coopération (d : Wettkamptf ; e : competition).
Complémentaire : qui complète par contraste.
* Complexe : ensemble de représentations et de sentiments inconscients. ~ d'Electre : étroite relation entre le père et la fille (Jung).

~ d'Œdipe : crise de la libido dans le cadre des rapports parentaux, située classiquement au stade phallique (3 à 6 ans) (psa.) (d : Ödipuskomplex).
~ de Jocaste : exagération de l'amour maternel pour le fils.
Compliance : coopération volontaire, soumission sociale.
* Comportement animal : réactions des animaux (description et comparaisons entre les espèces) (ps. anim.) (d : Tierverhalten). ~ de confort : gestes pour se mettre à l'aise, soins corporels (d : Komfortverhalten). * ~ de douleur : formes de réactions à des circonstances négatives. ~ de soumission : inhibition de l'agressivité face à l'adversaire (ps. anim.) (d : Demutsverhalten).
~ parental : protection de la descendance (ps. anim.) (d : Brutverhalten).
Compulsion : acte effectué avec un sentiment de contrainte, en particulier dans la névrose obsessionnelle (ps. clin.). ~ de répétition : tendance névrotique à répéter des situations désagréables ; tendance générale de l'organisation psychique à retrouver des états antérieurs (psa.), voir Principe de Nirvana (d : Wiederholungszwang).
Conation : activation d'une tendance (latin : *conatus*, effort).
Concept de soi : évaluation générale de soi-même (d : Selbstkonzept).
* Conception du monde, idéologie : ensemble des convictions (d : Weltanschauung).
Conceptualisation : élaboration de l'expérience sous forme d'un sytème organisé de concepts (hypothèse, modèle, théorie).
Condensation : réunion, concentration de contenus inconscients (psa.).
* Conditionnement : apprentissage par réflexes conditionnés.
Confabulation : trouble du souvenir, propos hors de la réalité.
Confiance primale : expérience vécue de sécurité pendant la tendre enfance (d : Urvertrauen).
* Conflit : expression des oppositions.
Conformisme : tendance aux déclarations impersonnelles, à des prises de position médianes et vagues (e : central tendency).
Conformité : mise au même niveau, adaptation ; en particulier, unification des opinions sous l'influence du groupe.
Conscience : état d'éveil réfléchi, avec représentation de soi et du rapport à l'objet (d : Bewußtheit, Bewußtsein ; e : awareness).
* Conseil psychologique : entretien à visée de conseil, de directive (d : Beratung ; e : counselling-guidance).
Consistance : stabilité ; équilibre social (ps.soc.) ; exactitude accrue avec l'augmentation des échantillons (stat.) ; degré de résistance thérapeutique des troubles psychiques (ps. clin.).
Constance : perception qui demeure constante malgré les variations des stimuli ; « conservation » (ps. cogn.).
Constitution : nature ou équipement psychophysique durable.

Construction, construct : supposition hypothétique à propos de processus qui n'ont pas été directement observés (d : Konstrukt, e : construct).
Contexte : influence de l'entourage.
Contiguïté : proximité spatio-temporelle.
Contingence : fréquence d'une connexion, réponse de caractère seulement probable à une action.
Continuité : effet du lien social.
Contre-conditionnement : développement de réactions incompatibles.
Contre-investissement : réponse de défense à l'égard d'excitations pulsionnelles refoulées (psa.) (d : Gegenbesetzung ; e : anti-cathexis).
Contre-suggestion : influence contraire à celle recherchée par la suggestion (d : Repudiation).
Contre-transfert : attitude de mise à distance du patient par le thérapeute (d : Gegenübertragung).
* Contrôle : comportement visant à maîtriser une situation.
Controthymie : répression affective.
Conversion : déplacement de symptômes psychiques vers une affection physique, procédé typique de l'hystérie.
Conviction de contrôle : attribution de la causalité à une source soit intérieure soit extérieure (d : Kontrollüberzeugung).
Coping : stratégie consistant à faire face aux difficultés.
Corrélation : dépendance stat. réciproque entre plusieurs variables. ~ de rangs : corr. établies sur des données hiérarchisées (d : Rangkorrelation).
~ comme produit des moments : covariation sans paramètre défini entre deux variables quantitatives (d : Produkt-Moment-Korrelation) voir Coefficient de corr.
Cortex : écorce cérébrale.
Courant de conscience : écoulement continu des contenus de la conscience.
Courbe de travail : mesure des variations du rendement dans le temps (d : Arbeitskurve).
Covariable : grandeur parallèle ne variant pas dans un sens déterminé.
Covariance : valeur stat. moyenne des produits des écarts dans des distributions à 2 variables.
Créativité : aptitude à résoudre des problèmes de manière inhabituelle.
Crispation de la réflexion : sentiment de ruminer dans l'absurde.
Crossing over : échange d'une partie du matériel génétique.
Crowding : sentiment de gêne et tendance à fuir les foules.
Cryptesthésie : affinement perceptif acquis.
Cryptomnésie : contenu de souvenirs enfouis.
* Culture : ensemble des comportements de valeur.
Cunnilingus : contact oral avec les organes sexuels féminins.
Curriculum : plan de formation de l'élève dont le contenu est lié à un objectif.
Cybernétique : théorie mathématique sur les commandes des systèmes.

Daltonisme : cécité aux couleurs.
Débilité : handicap mental d'un degré modéré.
Debriefing : entretien final après une expérimentation.
Décharge : explosion émotionnelle (psa.) (d. : Abfuhr ; e : discharge).
Décibel : unité de mesure de l'intensité sonore.
Décompensation : défaillance des mécanismes de défense (psa.).
Déduction : conclusion logique allant de l'universel (loi) au singulier.
Défense : mécanisme psychologique destiné à éliminer l'angoisse (psa.) (d : Abwehr ; e : defence).
~ perceptive : insensibilité perceptive aux stimuli désagréables (e : perceptual defence).
Déférence : respect des normes sociales (Goffmann) (d : Respondanz).
Déficience mentale : handicap mental, insuffisance des facultés intellectuelles (e : mental deficiency).
Déformation professionnelle : transformation de la personnalité par le métier.
Défusion des pulsions : séparation de l'amour et de la haine, de la libido et de la destrudo (psa.) (e : defusion of instincts).
Dégradation : perte de rang, de statut, de qualité.
Degré de liberté : nombre maximum d'éléments indépendants pour définir l'état d'un ensemble, d'un système (stat.). ~ de résolution : niveau d'articulation (ps. cogn.) (d : Auflösungsgrad).
Délinquance : conduite passible d'une peine (ps. judic.).
Delusional : délirant.
Démence : affaiblissement de l'intelligence.
Démonologie : interprétation de forces inconnaissables.
Démoscopie : enquête d'opinion systématique.
Déontologie : théorie des devoirs, en particulier professionnels.
Dépendance : subordination (e : dependency, d : Abhängigkeit, Sucht). ~ ou indépendance à l'égard du champ : implication ou démarquage à l'égard de l'environnement (d : Feldabhängigkeit).
Dépersonnalisation : aliénation du sujet, de la personne.
Déplacement : détachement, transfert d'énergie pulsionnelle d'une représentation inconsciente vers une autre (psa.) (d : Verschiebung). ~ du but : recherche d'une satisfaction substitutive (e : aim-transference).
* Dépressivité : prédisposition à diverses formes de dépression (ps. clin.).
Déprivation : privation de contact social.
Désengagement : désintérêt à l'égard des devoirs dû à l'âge, repli social.
Désensibilisation : réduction thérapeutique de la sensibilité. ~ systématique : thérapie comportementale pour réduire les angoisses par étapes.
Désintégration : décomposition des rapports.
Désirabilité sociale : tendance à donner de soi une image conforme à celle du groupe d'appartenance (e : social desirability).
* Désir de signification : attente de justifications de l'existence (d : Sinnappetenz).

Détecteur : unité nerveuse qui réagit à certaines excitations.
Détection de signal : identification de signaux porteurs d'une information.
Détour : mode d'action qui n'atteint pas directement son but (d : Umweghandlung).
Détresse ou impuissance acquise : modèle de réaction passive suite à l'expérience de l'inutilité des réactions.
Deuxième système de signalisation : conception théorique de l'apprentissage (Pavlov) concernant le développement du langage.
* Développement : changement avec l'âge (d : Entwicklung).
Déviance : conduite sortant des normes sociales admises.
Dextérité, habileté motrice : caractère des conduites marquées par la précision et la rapidité (e : skill).
Diagnostic informatisé : évaluation ou interprétation élaborée par des moyens électroniques (d : Computer Diagnostik).
Diagramme des flux : représentation schématique des étapes d'un programme.
Diathèse : prédisposition à être atteint de troubles psychiques.
Dichotomie : division en deux parties.
Différence de but : différence entre le niveau d'aspiration et le résultat atteint (Lewin) (d : Zieldiskrepanz).
Différenciateur sémantique : procédé qui permet d'établir une échelle qualitative (diagn. ps.) (Osgood) (d : semantisches Differential).
Différenciation : notion de la théorie gestaltiste concernant l'évolution de la perception.
Dilemme social : relation entre groupes antagonistes (d : Sozialdilemma).
Dipsomanie : abus d'alcool par accès.
Discovery-theory : théorie de la motivation par le désir de découverte d'expériences nouvelles.
Discrimination : activité de distinguer, différencier des stimuli.
Disparité, disparation rétinienne : écart transversal des deux axes visuels du même point dit correspondant sur les deux rétines (d : Querdisparation).
Dispersion : écart stat. (variance). ~ par rapport à la norme : écart par rapport à la valeur moyenne d'une distribution (stat.) (d : Standardabweichung).
Display : mise en ordre de l'information.
Dissimilation : progrès de la différenciation, à l'opposé de l'assimilation (Piaget).
Dissipation : transformation de l'énergie, rayonnement, entropie.
Dissociation : désagrégation de la pensée et de l'agir d'origine démentielle.
Dissonance cognitive : théorie sur l'ignorance ou le rejet de l'information ne concordant pas avec l'opinion propre.
Distance sociale : mesure de l'écart désiré entre soi et autrui (d : Distanzerwartung).
Distracteur : tâche intermédiaire ; question faisant

diversion dans un test à choix multiples (d : Distraktor).
Distribution : graphique montrant les fréquences d'apparition des différentes valeurs d'une variable (stat.) (d : Verteilung). ~ de Poisson : distr. aléatoire asymétrique. ~ F : répartition des quotients de variance (stat.). ~ normale : répartition de caractères d'après la cloche de Gauss (d : Normalverteilung). ~ t : distr. normale avec courbe aplatie.
Ditention : prise de distance sociale.
Divagation : distraction, dissipation de l'attention.
* Don : talent, système d'aptitudes.
Données L : événements biographiques (life) utilisables en ps. de la personnalité (Cattell).
Double bind : double lien, défini par l'incompatibilité des messages venant du partenaire maternel.
Douleur fantôme : illusion de douleur, par ex. chez les amputés (d : Phantomschmerz).
Drop in : thérapie amateur menée par les personnes non autorisées.
Drop out : marginal.
DSM III : nouvelle classification internationale des troubles mentaux.
Ductus : diction , flux de l'expression.
Dureté-tendresse : l'une des oppositions définies par l'an. factorielle des 16 facteurs primaires de personnalité d'après Cattell (e : tough-tenderness minded).
* Dynamique de groupe : actions communes induites par des positions hiérarchiques, des rôles, des relations et des règles (d : Gruppendynamik).
~ de masse : mouvement massif de population.
Dyslexie : trouble de la lecture.
Dysphorie : état de malaise affectif, opposé à euphorie.
Dysplasique : se dit d'un type physique non conforme aux types principaux (Kretschmer).

Echantillon : sélection partielle dans un ensemble de base, une population (d : Stichprobe, e : sample).
Echantillonnage : sélection d'un échantillon à partir d'une population, c.-à-d. d'un ensemble d'éléments ayant un point commun (d : Auslese). ~ au hasard : sélection de sujets ou de variables d'expérience, sans critère défini, c.-à-d. avec chance égale pour tous les éléments de la population d'appartenir à l'échantillon (d : Zufallstichprobe, e : random sampling).
Echelle d'évaluation : suite de questions en vue d'une mesure psychométrique (d : Schätzskala).
~ de Guttmann : échelle cumulative pour mesurer les attitudes. ~ de mesure : ensemble des valeurs d'une variable ; on distingue, du simple au complexe, les échelles nominales, ordinales et d'intervalles. ~ ordinale : organisation simple selon les rangs (d : Ordinalskala).
Echelonnage : création d'une échelle, d'une classification hiérachique (d : Skalierung).
Eclectisme : mélange d'idées.
Ecopsychologie : ps. dont le thème est l'environnement (d : Ökopsychologie).

I. Terminologie / Glossaire du vocabulaire spécialisé

Ecphorie : rappel, évocation d'un souvenir.
EEG : électroencéphalogramme : enregistrement des ondes du cerveau.
Effet Barnum : identification favorisée par des propos vagues. ~ Carpenter : mouvement inconscient indiquant l'adhésion à une pensée. ~ de biais : distorsion d'une enquête en raison de l'influence exercée par l'observateur. ~ de boomerang : retour d'une opinion exprimée, réponse au désir du public (ps. public.), préférence donnée à l'opinion contraire (ps. soc.) ~ de clémence : jugement clément à l'égard de personnes connues (e : leniency). ~ de halo : dû à une surexposition du jugement ; en un sens étroit, adaptation du jugement à l'entourage. ~ de plafond : effectif faible dans la zone supérieure d'un test (e : celling effect). ~ de plancher : effectif faible dans la zone inférieure d'un test (e : floor effect). ~ de positions initiale et finale : préférence donnée au début ou à la fin d'une série de représentations (e : Primacy recency effect). ~ de sévérité : erreur de jugement en raison d'un classement effectué à un niveau trop bas (e : severity-effect). ~ de traction : mouvement apparent de traction. ~ Hawthorne : augmentation du rendement par la conscience d'appartenance à un groupe. ~ Lee : défaillance de la parole en cas de réponse différée transmise par un appareil. ~ Rosenthal : réalisation conforme aux attentes d'autrui. ~ underdog : manifestation de joie en cas de succès du plus faible (e : underdog-effect). ~ Zeigarnik : rétention meilleure des tâches interrompues que des tâches achevées. ~ consécutifs : effets observés après l'interruption d'une stimulation (d : Nacheffekt, e : after-effect). ~ de contraste : dus à l'interaction entre objets perceptibles (d : Kontrast).
Efficience : efficacité.
Ego : représentation centrée sur le moi.
Ego-involvement : engagement de soi, implication (ps. soc., ps. clin.).
Egocentrisme : attitude centrée sur le seul point de vue du sujet.
Eidétisme : représentation d'images d'une qualité très intense.
Eidolon : image, copie (également illusion) (grec).
Electrochoc : perte de conscience sous forme d'épilepsie provoquée artificiellement par un courant électrique.
Emergence : élévation vers une qualité d'ordre supérieur.
* Emotion : affect, sentiment.
Empathie : identification par sympathie, solidarité du thérapeute avec le patient.
Employee attitudes : climat de l'entreprise.
Empreinte : fixation sur des caractéristiques de l'entourage juste après la naissance (ps. anim.) (d : Prägung, e : imprinting).
Encoprésie : incontinence de la défécation.
Encounter groups : groupes thérapeutiques pour développer la perception des contacts sociaux.
Enculturation : adaptation culturelle.
Endogène : d'origine interne.

I. Terminologie / Glossaire du vocabulaire spécialisé

Engagement : sentiment du devoir, implication sociale (e : commitment).
Engramme : trace de mémoire dans le tissu nerveux.
Enquête en coupe : enquête transversale avec une mesure unique par épreuve sur un groupe de sujets (d : Querschnittuntersuchung).
Ensemble de base : population de référence réelle dont sont extraits des échantillons (d : Grundgesamtheit).
Entéléchie : réalisation orientée par un but (Aristote).
Enurésie : incontinence d'urine.
Envirement : somme des influences environnementales
Epidémiologie : science qui étudie l'extension des maladies somatiques et mentales.
Epistémologie : étude des sciences (d : Wissenschaftslehre).
Equilibration : équilibrage cognitif de caractéristiques contradictoires.
Equivalence : valeur identique.
Eréthisme : état de forte excitation.
Ergographe : appareil de mesure des mouvements.
* Ergonomie : études des rapports homme-machine (système homme-machine)
Erogène (zone) : partie du corps susceptible d'être le siège d'une excitation sexuelle.
Erreur de biais : provoquée par un préjugé en cas de problèmes marqués d'un tabou (e : error of bias).
Espace personnel : espace proche à fonction protectrice (ps. de l'env.) (d : individueller Lebensraum ; e : defensible space).
Essai et erreur : principe d'apprentissage par élimination des échecs et fixation des succès (e : trial and error, d : Versuch und Irrtum).
Etalonnage d'un test : construction d'une échelle de valeurs d'une portée générale caractéristique pour un test (d : Testeichung).
Ethologie : étude des comportements en milieu naturel.
Etiologie : théorie sur les causes des troubles, des maladies (ps. clin.).
Etude de cas : étude complète d'un seul individu (ps. clin.) (e : case study).
Euphorie : dominance d'un sentiment positif.
Evaluation des intervalles : vérification de l'exactitude dans une évaluation ponctuelle (stat.).
Evidence : constat qui s'impose, intuition immédiate.
Evitement (conduite d'), fuite : action interrompue, prise de distance en situation conflictuelle, comportement psych. tendant à la fuite (d : Übersprung, Eskapismus, e : withdrawal behavior).
Excellence : degré maximal de réussite (d : Prästenz).
Exhibitionnisme : impulsion à se montrer nu.
Exogène : d'origine externe.
* Expérience : recherche scientifique de caractère systématique.
Expérience pour voir : expérience préalable ou essai dans un domaine mal connu (d : Blindversuch).

Experiencing : intensification du vécu personnel.
Explication : démonstration par preuves explicites.
* Expression (corporelle, émotionnelle) : modification du comportement, de la posture ou de la mimique susceptible d'interprétation (d : Ausdruck).
Extinction : disparition d'un réflexe conditionné (d : Auslöschung, Löschung).
Extrapolation : élargissement d'une démarche théorique au-delà de la série de valeurs déjà trouvées.
Extrapunitive (réaction) : reprochant à autrui la frustration du sujet (test de Rosenzweig).
Extraversion : orientation vers l'extérieur, à l'opposé d'introversion.

Facilitation (frayage) : trace laissée dans le système nerveux central par un apprentissage (d : Bahnung). ~ sociale : accroissement des performances par la présence de spectateurs (e : social facilitation).
Facteur d'intelligence : aspect particulier de l'efficience intellectuelle.
Facteurs de cohérence : caractéristiques ayant des effets conjoints.
Fading : effacement, attitude qui tend à retirer assistance (thérapie comportementale).
Fallace, sophisme : syllogisme, raisonnement erroné.
Falsification : démonstration à l'aide de preuves fausses.
Fausse reconnaissance : souvenir erroné.
Feed back : rétroaction, réafférence.
Feed forward : anticipation à l'aide de représentations portant sur l'avenir (ps. clin.).
Fellation : contact buccal avec les organes sexuels masculins.
Fétiche : objet symbolique.
Fiabilité, fidélité : exactitude des instruments et des techniques de mesure (d : Reliabilität, e : reliability).
Figure de base : organisation fonctionnelle de la perception (d : Figur-Grund).
Fixation : attachement à des impressions de la première enfance (psa.) (d : Fixierung) ; attention ponctuelle (perc.) (d : Fixation).
Flashlight : souvenir soudain.
Flegmatique : caractère faiblement excitable.
Flexibilité : aptitude psychique à s'adapter.
Flooding : procédé de surexposition aux stimuli pour réduire l'angoisse (ps. clin.).
Fluctuation : modification périodique de l'attention.
Fluidité : rapidité d'esprit créative (e : fluency).
Focalisation : mise en évidence d'un foyer (ps. clin.) (d : Fokussierung).
Follow-up study : suivi d'une recherche.
Force des maladies : intensification à l'aide de réactions répétées. ~ du moi : concept psychanalytique de la conscience de soi.
Force-choice-item : items à choix forcés dans un test, un questionnaire.
Formation de compromis : résultat du refoulement

inconscient sous forme d'un contenu conscient : symptôme, rêve, lapsus (psa.) (d : Kompromiß-bildung). ~ réactionnelle : tentative de suppression par une réaction opposée (par ex. pudeur au lieu d'exhibitionnisme) (d : Reaktionsbildung).
FRA : formation réticulaire activatrice ascendante, située dans le tronc cérébral (e : ARAS).
Frigidité : perturbation de l'excitabilité sexuelle chez la femme (impuissance chez l'homme).
Frustration : réduction personnelle ; obstacle à la réalisation d'un désir ; blocage d'une pulsion (psa.).
Fugue : fuite soudaine dans un état de conscience crépusculaire.
Fun morality : rapport à l'instant dicté par l'envie de plaisir
Fureur : état de surexcitation (ps. path.).

Gate-keeper : en psychologie des masses, l'informateur influent, le « portier » qui sélectionne les informations avant de les transmettre.
Généralisation : extension à d'autres situations de données de stimuli ou de contenus de pensée.
Gérontologie : spécialité consacrée à la vieillesse.
* Gestalt : unité qualitative qui représente davantage que la somme des éléments qui la composent.
Gestaltthérapie : procédé humaniste de renforcement de la conscience (ps. clin.).
Gestique : langage gestuel.
Gradient : mesure graduelle de l'augmentation ou de la réduction. ~ d'approche, de but : accroissement de l'attraction à mesure que se rapproche le but (ps. soc.).
Graphe : schéma représentant une relation.
Graphologie : interprétation de l'écriture manuscrite.
Grégarisme : instinct grégaire (e : gregariousness).
Group-think : disposition mentale d'un groupe.
Groupe : réunion d'individus ayant certaines caractéristiques psychosociologiques. ~ Balint : groupe de travail pour thérapeutes. ~ de contrôle : groupe de recherche non soumis à l'effet de la variable indépendante (d : Kontrollgruppe). ~ de référence : communauté à laquelle on s'identifie. ~ en face-à-face : communauté dont les membres sont en contacts directs. ~ informel : unité non officielle dans les organismes de travail. ~ primaire : petit groupe avec contact direct (d : Primärgruppe).
Guidance : guidage, assistance donnée aux enfants à problèmes (e : guidance). ~ infantile : consultation pour les problèmes psychologiques de l'enfant (e : child guidance).
Guilt-feeling : sentiment de culpabilité.

Habitat : espace vital des communautés humaines.
Habituation : constitution d'une habitude.
Habitus : disposition corporelle stable.
Hallucination : illusion sensorielle de nature pathologique.
Héméralopie : cécité la nuit.
Hermaphrodite : individu présentant les attributs des deux sexes.

Hétérostéréotype : image figée de personnes ou de groupes étrangers.
Hiérarchies sociales : très fréquentes dans beaucoup d'espèces animales (e : pecking order).
Hilarité : excitation émotionnelle, joie exubérante.
Histogramme : diagramme en colonnes d'une distribution de notes.
Holisme : conception du tout avant celle des parties (épist.).
Homéostasie : balance d'équilibrage, équilibre des flux dans les systèmes.
Homing : tendance casanière.
Hominisation : évolution vers l'espèce humaine actuelle.
Homophilie : préférence pour des personnes du même sexe.
Hormique : tendantiel, dirigé par des motifs dynamiques, orienté vers un but (grec).
Hospitalisme : trouble grave de l'isolement chez le nourrisson dû à un séjour prolongé dans une institution hospitalière.
* Humilité : trouble de l'empreinte personnelle.
Hygiène psychique : traitement préventif du psychisme (d : Psychohygiene).
Hyperesthésie : hypersensibilité.
Hyperthymie : manifestation excessive de l'affect.
* Hypnose : état de conscience trouble provoqué artificiellement. ~ ablative : auto-hypnose conditionnée d'après les instructions.
Hypocondrie : tendance à s'imaginer malade.
Hypocrisie : dissimulation.
Hypostase : matérialisation de représentations abstraites
Hypotaxe : 2e degré ou degré moyen d'hypnose.
* Hypothèse : tentative d'explication. ~ alternative : hypoth. opposée à l'hypoth. nulle (stat.). ~ frustration-agression : hypoth. faisant dériver l'agression de la frustration. ~ nulle : hypoth. de l'absence de différence significative entre deux distributions de variables (stat.) (d : Nullhypothese).
Hystérie : groupe de névroses présentant des symptômes physiques inexplicables en termes uniquement physiologiques.

Iatrogène : trouble provoqué par le thérapeute.
Idéation : faculté représentative.
Identification : assimilation d'une chose dans le soi.
* Identité : saisie, sentiment de soi.
Idéographie : écriture représentative de concepts.
Idiographique : qui décrit le cas singulier (contr. nomothétique).
Idiolecte : langue ou dialecte privé ou limité à un groupe.
Idiosyncrasie : hypersensibilité individuelle à certaines excitations.
Illusion de déjà-vu : fausse reconnaissance du passé.
Illusion de Hering : courbure apparente de parallèles sous l'effet d'un faisceau de rayons apparaissant par-dessous.

Image : reproduction d'une représentation. ~ de soi : somme des suppositions sur soi-même ; imaginaire (Lacan) (d : Selbstbild). ~ devinette : image sur laquelle on recherche des formes dissimulées (d : Vexierbild). ~ consécutives ou récurrentes : après une excitation lumineuse, plusieurs sortes d'images peuvent apparaître en une succession déterminée de phases (d : Kippfigur).
Imagination : faculté de former des images, fantaisie.
Imago : image originelle inconsciente (psa.).
Imbécillité : handicap mental moyen.
Imitation : reproduction de comportements.
Immunisation : renforcement des résistances contre des influences.
Impact : force de l'impression laissée (ps. de la pub.), charge de travail, pression (ps. du trav.).
Impairment : réduction des performances.
Implication : fonction du conditionnel, connexion : si... alors.
Implosion : surpression dirigée vers l'intérieur.
Impuissance sexuelle : perturbation de l'excitation sexuelle chez l'homme.
Impunitive (réaction) : évitant les reproches à soi aussi bien qu'aux autres (test de Rosenzweig).
In vivo : en situation réelle.
Incentive bonus : récompense pour une performance.
Inceste : relations sexuelles avec un proche parent.
* Inconscient : ensemble de ce qui ne peut être remémoré (d : unbewußt, das Unbewußte ; e : unconscious). ~ collectif : inconscient commun, indépendant de la personne (ps. compl.).
Incorporation : assimilation par le corps, par ex. par contact buccal.
Incubation : phase d'attente dans le déroulement de la pensée.
Index P : mesure de la difficulté de résolution d'une tâche.
Indicateur : variable d'un stimulus qui détermine une différence. ~ sociaux : caractéristiques de groupes (d : Sozialindikatoren).
Indication : mesure thérapeutique préconisée.
Indifférenciation : absence d'organisation des processus psychiques.
Individuation : apparition des différences qui distinguent une personnalité.
Induction : argumentation logique donnant à des événements singuliers une validité universelle ; interaction psychologique d'unités d'excitation.
Inertie : immunité contre l'opinion ou l'information contraire ; paresse d'opinion.
Infantilisme : comportement puéril.
Inférence : déduction statistique.
Inhérent : appartenant au soi.
Inhibition : refrènement, limitation.
Initiation : rituels de maturation.
Injonction paradoxale : prescription du syndrome, technique de l'école de Palo-Alto (ps. clin.) (d : paradoxe Intention).
Input : entrée d'une information.
Insight : introspection (ps. clin.).

Instinct : commande endogène du comportement.
Insuffisance : carence, déficit.
Intégration : assimilation, unification.
Intégrité : se dit d'un psychisme demeuré intact.
* Intelligence : ensemble des facultés intellectuelles potentielles.
Intention : orientation de source intérieure.
Intentionnalisme : théorie du but de l'action.
* Interaction : influence réciproque. ~ centrée sur un thème : technique de groupe relevant de la ps. des profondeurs avec discussion sur un thème.
Interactionnisme : théorie sur le jeu réciproque entre situations et entre personnes. ~ symbolique : théorie qui interprète les relations symboliques par les signes gestuels et leur interprétation.
Interdépendance : dépendance mutuelle.
Interférence : recouvrement de phénomènes.
Internalisation : appropriation, incorporation cognitive.
Interpersonal-process-recall : procédé thérapeutique utilisant un appareillage pour améliorer la connaissance de soi.
Interpolation : équilibrage de valeurs intermédiaires (stat.).
Introjection : reprise à l'intérieur du sujet de contenus étrangers.
Intropunitive (réaction) : dont les reproches, en cas de frustration, sont tournés contre le sujet (test de Rosenzweig).
Introspection : observation de soi-même, examen intérieur.
Introversion : tendance psychique à se tourner vers l'intérieur, orientation centripète.
Intuition : pressentiment, ~ insight : prise de conscience soudaine, déjà chez les chimpanzés (d : Aha-Erlebnis, Einsicht ; e : insight).
Inversion : retournement d'une figure (ps. perc.).
Irradiation : extension, dispersion.
Irréversibilité : impossibilité du retour au point de départ (ps. gén., ps. pathol.).
Isomorphisme : hypothèse d'une correspondance totale entre les processus psychologiques et physiologiques (ps. form.).
Item : question isolée dans un test (diagnos. psy.).
Itération : répétition indéfinie d'une expérience, d'un message verbal.

* Jeu : activité gratuite, qui ne vise aucune fin utile (d : Spiel, e : play, game). ~ de rôles : thérapie où le sujet joue un rôle improvisé (d : Rollenspiel).
Job enlargement : extension des tâches.
Job enrichment : enrichissement de la qualité du travail par les responsabilités qui lui sont associées (ps. prof.).
Job rotation : rotation du travail : changement systématique de poste de travail.
Job satisfaction : satisfaction par la vie professionnelle.
Joining : association de travail thérapeutique.
Juvénilisme : épanouissement de la jeunesse.

Kinésique : étude du langage gestuel.
Kinesthésie : sensation plus ou moins consciente du mouvement propre : sensibilité kinesthétique ou proprioceptive.
Kleptomanie : impulsion à voler.
Klexographie : nom parfois donné aux épreuves d'interprétation des taches avant la grande diffusion du test de Rorschach.

Labeling approach : imputation des troubles psychiques d'après l'étiquetage social (ps. clin.).
Labilité : susceptibilité aux changements, surtout chez les hystériques.
Laisser-faire : absence de contrainte.
Lambitus : cf. Cunnilingus.
* Langage : faculté de parler, expression et communication de la pensée (d : Sprache). * ~ corporel : expression du corps (d : Körpersprache).
Latence : temps de délai.
Latéralité : préférence pour la partie gauche ou droite du corps.
Latitude of acceptance : étendue de la reconnaissance sociale.
Latitude of rejection : étendue du rejet social.
Lavage de cerveau : traitement suggestif par la contrainte (e : brainwashing).
Leading : instructions.
Légasthénie : mot ancien pour dyslexie, faiblesse en lecture.
Leptosome : personne de constitution longiligne avec une tendance à la schizophrénie (Kretschmer).
Léthargie : indifférence à la parole ; manque de participation.
Level of factuality : concordance des faits.
Leveling effect : effet nivelant.
Libido : énergie sexuelle (psa.), opposée à destrudo, pulsion de destruction.
Life events : événements biographiques importants, parfois pénibles.
Lignes visuelles : lignes principales définissant le champ d'orientation de la perception (e : vision line).
Limites de confiance : limites inférieure et supérieure de l'intervalle de confiance défini par un certain seuil de probabilité statistique (d : Konfidenzgrenzen) (e : fiducial limits).
Loading : charge émotionnelle des mots, personnes ou objets.
Locus of control : tendance au contrôle du comportement, et aussi à l'attribution causale, d'origine interne ou externe.
Loi de l'effet : renforcement d'une connexion par l'effet de satisfactions (récompense).
LPC-score : échelle des rapports de domination envers les membres d'un groupe les moins estimés.
Lunatic fringe : fanatique.

Machisme : stéréotype masculin extrême (d : Maschismus).
Mainstreaming : procédé de traitement en commun de personnes souffrant de troubles psychiques

Management de crise : traitement immédiat en cas d'état de panique.
Mandala : figure symbolique (ps. prof.).
Maniement humain : action de diriger les individus, les groupes.
Manipulation : influence exercée par la contrainte.
Manning : état (niveau) d'investissement d'un rôle dans un groupe.
Maquette : projet de mise en forme (pub.) (e : lay out).
Masochisme : excitation sexuelle associée à une souffrance subie.
Masse en présence : masse réellement présente (contr. masse médiale) (d : Präsenzmasse).
~ médiale : masse séparée ayant la même réception des médias (d : mediale Masse):
Masturbation : satisfaction sexuelle au moyen de la main.
Matching-method : procédé visant à équilibrer l'expression dans un groupe.
Matrice : association bidimensionnelle de valeurs (d : Matrix). ~ factorielle : combinaison bidimensionnelle de plusieurs facteurs.
Maverick : nombre extraordinaire, exceptionnel (stat.).
Maximum-likelihood-method : évaluation de paramètres pour le maximum de données observées.
Meaningfulness : signifié, contenu d'une signification.
Measurement : procédé de mesure.
Médiane : séparation par moitiés d'une série de mesures.
Médiateur : terme de liaison postulé dans un processus de pensée (variable intermédiaire) (e : mediator).
Méditation : introspection de caractère hypnoïde.
* Medium : support de communication.
Mégalomanie : folie des grandeurs.
Mélancolique : état dépressif sévère.
Mémoire à très court terme : module échoïque à court terme (d : Ultrakurzzeitgedächtnis). ~ iconique : rétention sensorielle à très court terme.
Memory gap : lacune de mémoire.
Mental set : disposition, attitude intellectuelle.
Mentalité : état d'esprit, manière de penser.
Message : contenu d'une communication.
Métacognition : réflexion sur la pensée, traitement et organisation des connaissances.
Métanoïa : renaissance rituelle.
Méthode centroïde : méthode d'extraction des facteurs en analyse factorielle. ~ Coué : procédé autosuggestif traditionnel. ~ des lieux : procédé d'entraînement de la mémoire. Du petit carré : méthode d'adaptation des courbes (stat.). ~ narrative : procédé qui vise à une description thématique (e : narrative-method). ~ parale : méthode consistant en exercices pour développer des dispositions originales (d : Paralmethode). ~ versale : procédé qui va à l'encontre des dispositions originales (contr. : méthode parale) (d : Versalmethode).
* Méthodologie : étude des méthodes et des procédés de la recherche scientifique.
Microtraumatisme : blessure psychique bénigne.

22 I. Terminologie / Glossaire du vocabulaire spécialisé

Microvibration : mouvement ténu à peine perceptible.
MID : mécanisme inné de déclenchement. (d : AAM ; e : IRM).
Mid point : seuil de valeur moyenne.
Midlife crisis : troubles psychosociaux du milieu de la vie.
Migration : mouvements de déplacement entre groupes ou entre lieux.
Milgram study : études sur l'obéissance extrême.
Mimétisme : formes de camouflage (ps. anim.) (d : Mimikry).
Miosis : rétrécissement de la pupille.
Mischievousness : espièglerie, joie du malheur d'autrui.
Misogynie : hostilité à l'égard des femmes.
Modalité, mode : manières d'être : possibilité - impossibilité, existence - non existence, nécessité - contingence (Kant, épist.) (d : Modalität).
Modèle de grille : représentation des rapports sociaux sur une grille, par ex. sociogramme.
Module : unité fonctionnelle du cerveau (d : Modul).
Moi : siège de la conscience, en partie aussi inconscient (d : Ich ; e : ego, self).
Monotomètre : appareil qui sert à étudier des processus de travail de forme répétitive.
Moralité : conduite morale de la vie, conformité aux mœurs admises (e : moral conduct).
Moratoire : arrêt momentané ; entrée dans la vie active différée par une formation prolongée (d : Moratorium).
Morita : thérapie d'inspiration bouddhiste pour la réactualisation de soi.
Morosité latente : tendance latente à la dépression (d : Untergrundverstimmung).
Morphème : plus petite unité linguistique signifiante (d : Morphem).
Mothering : maternage exagéré.
* Motivation : ensemble des mobiles qui poussent à l'action.
Motivation déficitaire : motivation compensatrice pour la réalisation d'un souhait.
Mouvement apparent : illusion de mouvement pour un objet immobile (d : Scheinbewegung). ~ connexe : geste à peine perceptible (d : Mitbewegung). ~ en mosaïque : mouvement inachevé (d : Mosaikbewegung).
Moyenne : indice de tendance centrale (stat.) (d : Durchschnitt ; e : average).
Multiplicateur : qui possède des possibilités d'extension (ps. comm.) (d : Multiplikator).
Multivalence : signification ou valeur multiple ; surdétermination (psa.).
Myocinétisme : test de mouvement musculaire, apparenté à la graphologie (Mira y Lopez) (d : Myokinese).

Naïakhan : méditation sur le passé d'inspiration bouddhiste.
Narcissisme : amour infantile du corps propre, puis du moi, de soi (selbst, self) (psa.) (d : Narzißismus, e : narcissism).

Nativisme : théorie de l'innéité des propriétés psychiques.
Necking : stimulation sexuelle.
Neural bond : chaîne neuronale.
Neuropsychologie : théorie qui établit les relations entre les processus nerveux et les structures psychiques.
* Névrose : trouble psychique grave (d : Neurose).
~ actuelle : névrose liée à des raisons actuelles.
~ existentielle : trouble psychique dû à la défectuosité des significations vécues. ~ obsessionnelle : trouble psychique marqué par le caractère compulsif de la pensée et du comportement (ps. clin.) (d : Zwangsneurose, Anankasmus ; e : compulsion, obsessional neurosis).
Niveau d'aspiration : degré d'exigence envers soi-même (d : Anspruchsniveau ; e : aspiration level).
Nivellement : égalisation des signes dans la mémoire ; égalisation au niveau des masses (d : Nivellierung, e : levelling).
Nomothétique : qui établit des lois (contr. : idiographique) (d : nomotetisch).
Non paramétrique : non fondé sur l'hypothèse d'une distribution normale (d : parameterfrei).
Non-participation : refus thérapeutique (ps. clin.) (e : noncompliance).
Norme : valeur de référence pour la population, indice de tendance centrale (moyenne, médiane, mode) (d : Standardwert).
Nosologie : étude descriptive des troubles psychiques.
Nostalgie : orientation romantique vers le passé.
Noumène : concept sans objet (Kant, épist.) (contr. : phénomène).
Numen : représentation de la divinité (latin).
Nyctalopie : faculté de voir dans l'obscurité.
Nystagmus : tremblement imperceptible des yeux.

Obédience : dépendance sociale.
Oblivisence : perte progressive de la mémoire.
Observation : examen systématique.
Obsession : symptôme majeur de la névrose obsessionnelle.
Octet : unité de mesure en informatique (= 8 bits).
Œstrus : phase du cycle sexuel, période de rut (ps. anim.).
Ogive : courbe d'effectifs, par ex. la courbe en cloche de Gauss (d : Ogive).
Olfactomètre : appareil servant à tester l'odorat.
Oligophrénie : diverses insuffisances intellectuelles.
Onirologie : théorie de l'interprétation des rêves.
Onset : dépassement d'un seuil, début d'un effet.
Opérant : catégorie de réactions ayant un effet de renforcement, par ex. dans le conditionnement opérant (Skinner).
Opérateur : unité, module d'action (ps. gén.), formule de base d'un calcul (stat.) (e : operator).
Opérationnel, opératoire : applicable dans les procédés d'étude (e : operational).
Ordre de dominance : répartition des individus dans la hiérarchie sociale (ps. anim.) (d : Hackordnung ; e : dominance order).

Orectique : émotionnel, impulsif, qui concerne le désir.
* Organisation : structuration d'une communauté.
Orgasme : paroxysme du plaisir sexuel.
Orthogenèse : direction orientée de l'évolution.
Orthophonie : traitement pour corriger les défauts de langage.
Ostracisme : rejet hors d'un groupe.
Outcome : résultat, réponse.
Outpatient : patient ambulatoire.
Output : issue, sortie d'une information.
Over-under achievement : sous-réalisation par rapport au niveau attendu des performances, en particulier scolaires.
Overshoot : déclenchement électrique d'une impulsion nerveuse.
Over behavior : comportement manifeste.

Pacing : donner le rythme, égalisation des réactions sociales.
Pairing : accouplement.
Panel : technique d'enquête répétée sur le même échantillon, par ex. dans les sondages d'opinion.
Pantomime : expression à l'aide de gestes (d : Pantomimik).
Paracousie : perception acoustique erronée.
Paragnosie : illusion de la reconnaissance perceptive, par ex. dans le sommeil.
Paramètre : grandeur standard représentant les caractéristiques principales d'un ensemble statistique (d : Parameter).
Paramimie : expression mimique discordante, non adaptée à la situation (schizophrénie).
Paranoïa : psychose caractérisée notamment par des idées délirantes de persécution.
Parapsychologie : théorie des phénomènes extrasensoriels.
Parathymie : discordance des sentiments.
Paroxysme : apparition d'un trouble par crises, par attaques (d : Paroxysmus).
PASAR : index des principaux termes de ps.
Pathos : débordement sentimental.
Pattern : modèle, schéma.
Pédérastie : amour des hommes pour les garçons.
Peer-group : groupe social dirigeant.
Pénalité : fixation d'une peine, d'une punition.
Pensée convergente : caractérisée par l'analyse logique de l'expérience (ps. clin.) (e : crystallized intelligence). ~ divergente : marquée par l'imagination, la créativité, l'aptitude intellectuelle au changement, l'indépendance dans la solution des problèmes (e : fluid intelligence).
* Perception : enregistrement et interprétation d'un ensemble de sensations, de stimuli sensoriels (d : Wahrnehmung). ~ extra-sensorielle : terme générique pour la voyance, la télépathie, etc. ~ sociale : saisie, appréhension de processus dans un groupe (d : soziale Wahrnehmung).
* Performance : résultat obtenu dans une tâche (d : Performanz).
Période réfractaire : non-excitabilité temporaire du trajet nerveux (d : Refraktion).

Périscope : appareil de vérification à visée circulaire.
Perlaboration : travail psychique, processus d'élaboration progressive, d'élimination graduelle des résistances au cours d'une psychothérapie (psa.) (d : Durcharbeitung, e : working-through).
Perméabilité : accessibilité d'un groupe.
Permissif : sans contraintes, tolérant.
Permutation : échange de conditions ; nombre d'arrangements possibles entre les éléments d'un ensemble.
Persévération : durée ou répétition compulsive de la même réponse ou réaction (jeunes enfants, malades mentaux).
* Personnalité : ensemble des particularités individuelles (d : Persönlichkeit).
Perturbation : dans la transmission des informations, on l'appelle bruit (*noise*, théorie de l'information).
Perversion : déviation du comportement sexuel.
Petting : contact sexuel non suivi de l'acte.
Phénomène : donnée caractéristique d'une expérience ~ covariants : illusion de mouvement dans l'espace provoquée par un mouvement parallèle ~ de Panum : illusion d'optique due à certains effets obtenus au moyen d'un stéréoscope. ~ de Purkinje : changement de couleur en cas de changement de l'intensité lumineuse. ~ de Ranschburg : effet ralentissant provoqué sur la vitesse de perception par des ressemblances entre stimuli. ~ du gradient de but : accroissement du besoin à l'approche du but (e : goal gradient). ~ phi : mouvement apparent.
Phénoménologie : théorie qui s'appuie sur l'expérience vécue.
Phobie : forme extrême de peur.
Phonème : plus petite unité sémantique signifiante.
Photome : hallucination lumineuse.
Phylogenèse : histoire des espèces animales.
Physiognomonie : interprétation des caractéristiques psychiques d'après l'expression du visage.
Placebo : préparation pharmaceutique inefficace.
Plan d'expérience : description de l'organisation et du déroulement d'une expérience (méthod.)(e : design). ~ en tandem : renforcement n'intervenant qu'après le 2ᵉ conditionnement positif (d : Tandemplan).
Plasticité : adaptabilité psychique.
Pléthysmographe : appareil servant à mesurer le volume de parties du corps et, par ce moyen, les variations de la pression sanguine.
Polygraphe : appareil à inscrire plusieurs données.
Pooling : constitution de classes à l'aide de distributions de fréquences (stat.).
Population : communauté de référence (ensemble de base) pour le choix d'un échantillon.
Potentiel d'action : processus de propagation de l'excitation nerveuse.
Power : force vitale ; niveau de performance testé.
Pragmatique : relation sémiotique entre le signe et l'utilisateur du signe.

Prédicteur : variable de prédiction (d : Prädikator).
Prégnance : relief, manière dont s'impose une figure, en particulier perceptive (ps. forme) (d : Prägnanz).
Préjugé : jugement stéréotypé sans fondement dans la réalité (d : Vorurteil).
Primal, primaire : relatif à un premier événement vécu.
Priming : amélioration de la reproduction mnésique pour des termes couplés.
Primordium : état premier du vécu psychique.
Principe de Nirvana : tendance à réduire toute tension (psa.) (d : Nirwana-Prinzip). ~ de Premack : renforcement produit par la forte probabilité d'occurrence d'un événement. ~ support-modèle-signification : principe fondamental de l'indépendance partielle du psychisme à l'égard du support corporel (d : Träger-Muster-Bedeutungs-Prinzip).
Probabilisme : théorie de la probabilité, de la vraisemblance.
* Probabilité : niveau d'expectation subjective, fréquence d'apparition objective d'événements (d : Wahrscheinlichkeit).
* Problème corps-âme : interrogation sur le rapport entre le corps et les processus psychiques.
Procédé mnémotechnique : amélioration systématique de la mémoire (d : Mnemothechnik). ~ non paramétrique : procédé stat. utilisé en l'absence de distribution normale (petit échantillon).
Prodrome : symptôme précoce.
Production de normes : établissement de règles dans le cadre de la dynamique de groupe et en général de la vie sociale (d : Normenbildung).
Produit scalaire : résultat de la multiplication de facteurs dans un espace vectoriel à n dimensions (d : Skalarprodukt).
Profil de polarités : procédé servant à apprécier une bivalence.
Projection : orientation psychique vers l'extérieur d'éléments du monde intérieur (d : Projektion).
Promiscuité : relations sexuelles avec changement fréquent de partenaire.
Prompting : rappel du déroulement d'un apprentissage.
Propension : action instinctive orientée vers un but (e : propensity).
Propiety : adaptation aux normes sociales.
Proprioception : système sensoriel préposé à la perception de la situation et du mouvement corporel.
Propulsif : qui pousse en avant.
Prosopagnosie : incapacité de reconnaître les visages (ps. clin.).
Protagoniste : acteur principal d'un psychodrame.
Protensity : dimension temporelle de certaines propriétés psychiques.
Proxémique : étude de l'utilisation sociale de l'espace.
Pseudo-droitier : gaucher contrarié (d : Pseudorechtshänder).
Pseudophone : appareil qui sert à inverser la direction des deux canaux de l'ouïe.

* Psychanalyse : première psychothérapie relevant de la ps. des profondeurs, visant à éliminer les refoulements inconscients.
Psychédélique : en état hallucinatoire.
* Psychocybernétique : théorie des origines et des commandes du psychisme (d : Psychokybernetik). ~ neuro-évolutionniste : théorie sur l'origine et la commande psych. fondée sur la neurophysiologie.
* Psychodiagnostic : an. des traits et symptômes psych. ; méthodologie de l'étude et de la compréhension de la personnalité.
Psychodrame : thérapie de groupe avec mise en scène.
Psycholepsie : dégradation psychologique de faible durée (Janet).
* Psychologie complexe : école de la ps. des profondeurs (également : ps. analytique) (d : komplexe Psychologie). * ~ des profondeurs : théorie des processus inconscients (Freud, Jung) ; parfois appelée aussi ps. complexe, analytique ou dynamique (d : Tiefenpsychologie, e : depth psychology). * ~ individuelle : approche thérapeutique relevant de la psychologie des profondeurs (Jung).
* ~ mathématique : traitement abstrait et formel appliqué aux problèmes psychiques.
Psychologique de l'action : théorie du comportement orienté vers un but.
Psychopathies : maladies psychiques.
Psychophysique : théorie de la relation entre stimulus, perception et réaction.
Psychosomatique : théorie de l'interaction entre les souffrances psych. et les troubles corporels.
* Psychothérapie : traitement psychologique.
* ~ par entretien : procédé humaniste (ps. clin.).
Puérilisme : comportement enfantin.
Pycnique : type morphologique râblé, avec tendance à la psychose maniaco-dépressive (Kretschmer).

Qualité de l'environnement : caractéristique durable de l'entourage. ~ des tests : objectivité, homogénéité, fidélité, sensibilité, validité (d : Testkriterien).
Quantifier : représenter en grandeurs mesurables.
Quartile : division par quarts d'une distribution statistique.
Quasi-besoin : besoin conditionné par des circonstances extérieures.
Questionnaire : procédés d'enquête mobilisant plusieurs types de réponses : réponse libre, par oui-non, à choix multiple (ps. clin., ps. soc., ps. prof.) (d : Fragebogen, e : inventory).
Quotient intellectuel, QI : mesure de l'aptitude à l'efficience intellectuelle.

Range : marge de variation, dispersion (stat.).
Rapid eye movement : cf. REM.
Rappel : processus de récupération d'un contenu mémorisé (d : Abruf ; e : retrieval).
Rapport : dépendance en état d'hypnose.
Raptus : accès de fureur (ps. clin.).
Rating : procédé d'évaluation.

Rationalisation : transformation mentale après coup (ps. prof.) (d : Rationalisierung)
* Réactance : réaction à une réduction de la liberté d'action (d : Reaktanz).
Réaction d'orientation : comportement inné du type « que se passe-t-il ? » (ps. appr.) (d : Orientierungsreaktion).
Réalisation d'une prophétie : effet rétroactif d'une prédiction ; voir Effet Rosenthal (e : Self fullfilling-prophecy).
Reasoning : pensée logique.
Rebirthing : procédé électrique visant à l'amélioration personnelle.
Recherche de règle : rech. de déroulements modèles (ps. cogn.) (d : Regelsuche). ~ opérationnelle : type de rech. psychologique concernant la prise de décision, notamment dans les entreprises (ps. écon.) (e : operations research).
Red out : trouble à court terme de l'attention provoqué par une abondance de stimuli.
Redondance : superflu d'informations nécessaire à une communication normale (théorie de l'information) (d : Redundanz).
Réflexe de Moro : geste infantile de cramponnement défensif en cas de frayeur, normal entre 3 et 6 mois.
* Refoulement : mécanisme de défense fondamental dans le registre des névroses (psa.) (d : Verdrängung, e : repression).
Règle : principe directeur (cognition) (e : rule).
~ d'abstinence : évitement de satisfactions substitutives prescrit par le psychothérapeute, (psa.).
~ de Jackson : défaillance régressive de la mémoire en remontant la chronologie des événements.
Régression : retour à des formes de vie enfantines (psa.).
Réification : transposition incorrecte de concepts abstraits en un matériau correct.
Réinsertion et réhabilitation : réintroduire un sujet dans un cadre d'existence normal.
Rejet : répression dirigée vers soi-même ou vers autrui.
Relaxation : relâchement volontaire du tonus musculaire, méthode thérapeutique.
Relevance : signification appropriée (logique) (d : Relevanz).
Relief, saillance : qualité de ce qui se reconnaît facilement, univocité des états psych. ; importance (ps. cogn.) (d : Salienz, e : saliency).
REM (rapid eye movement) : mouvement rapide des yeux pendant le sommeil.
Réminiscence : retour d'un souvenir, soit non reconnu comme tel, soit amélioré.
Rémission : diminution d'un trouble psychique indépendamment de toute influence. ~ spontanée : disparition d'un trouble sans raison apparente (d : Spontanremission).
Renforcement : principe d'apprentissage consistant en une consolidation de la réponse conditionnelle par présentation intermittente du stimulus inconditionnel à la suite du stimulus conditionnel (d : Verstärkung, Bekräftigung).

Renoncement : interdit porté sur une pulsion (psa.) (d :Versagung).
Répartition de la covalence : répart. des charges dans la population (d : Kovalenzverteilung).
Représentation iconique : représentation sous forme d'image.
Représentativité : validité, conformité de l'échantillon aux caractères de la population (stat.).
* Résistance : barrage de l'accès à son propre inconscient (psa.) (d : Widerstand, e : resistence).
~ à l'innovation : inhibition face à la nouveauté.
Restes diurnes : contenus du rêve provenant d'événements de la veille (d : Tagesreste, e : day's residues).
Restructuration : nouvelle conception dans le déroulement de la pensée ; transformation cognitive (d : Umstrukturierung).
Rétention : conservation des effets de l'apprentissage, des souvenirs.
Rétrograde : à effet rétroactif (amnésie, contr. : antérograde).
Rétroplanification : organisation en partant de l'objectif à atteindre (d : Rückwärtsplanung).
Réussite, succès : atteinte d'un but fixé, issue heureuse.
* Rêve : activité mentale survenant pendant le sommeil (d : Traum).
Reward expectancy : attente d'une récompense.
Rigidité : attitude figée, corporelle ou mentale (d : Rigidität).
Risky shift : attirance pour le risque.
Rite : usage conforme à des règles (relig., ps. soc., ps. clin.) (d : Ritus).
Rituel : comportement stéréotypé chez l'animal, chez l'enfant, parfois pathologique (d : Ritual).
Rôle : forme de comportement associé à une fonction dans le groupe (d : Rolle).
Rolfing : procédé de thérapie corporelle (ps. clin.).
Rotation : application analytique ou graphique d'une matrice factorielle ; changement de rôle.
Rumination : mastication empreinte de plaisir chez les nourrissons.
Rut : comportement de l'animal en période d'accouplement (ps. anim.).

Sampling distribution : distribution en éventail.
Sanguin : type expansif et joyeux (d : Sanguiniker).
Saphisme : homosexualité féminine (d : Sapphismus).
Sartori (bouddh. zen) : vécu réel d'une illumination.
Satisfaction substitutive : satisfaction à l'aide d'un succédané (psa.).
Saturation : dégoût, répugnance ; en an. factorielle, corrélation entre test et facteur (d : Sättigung).
Satyriasis : exaspération du comportement sexuel masculin.
Saut qualitatif : rupture dans un processus de développement.
Savoir gris : connaissances latentes, non verbalisées (d : Graues Wissen).

Scanning : décomposition méthodique en éléments ; modifications rapides de l'attention.
Scatter : indice de dispersion intra-individuel dans une batterie de tests ; profil psychologique.
Scénotest : technique projective utilisée chez l'enfant (d : Szeno-Test).
Schéma corporel : représentation du corps propre (d : Körperschema). ~ du petit enfant : enfant comme modèle d'excitation déclenchant des sentiments de protection (d : Kindchenschema).
Schizoïdie : tendance à la schizophrénie.
Scotomisation : aveuglement, mise à l'écart d'une partie de la réalité (psa.) (d : Skotomisierung, e : scotomization).
Screening : sélection méthodique.
Script : séquence descriptive d'instructions comportementales (ps. clin., ps. cogn.) (d : Skript).
Scrupule : conflit intérieur (d : Skrupel).
Séance booster : évaluation finale d'une thérapie comportementale.
Ségrégation : détachement de la figure sur le fond (ps. perc.) ; mise à l'écart (ps. soc.).
Sélection de quotas : sélection d'échantillons effectuée dans la population, en vue par ex. de sondages ou d'enquêtes socio-économiques (d : Quotenauswahl).
Self demand : exigences envers soi-même, autodétermination ; en psa., idéal du moi (d : ichideal, e : ego ideal).
Self disclosure : révélation à soi-même.
Self efficacy : efficacité de l'affirmation de soi.
Self esteem : auto-estime, attention à soi-même.
Self-maximation : dépassement de soi à l'extrême, auto-dépassement.
Sémantique : étude du sens, de la signification.
Sémiotique : théorie générale des signes, de leur composition et de leur signification.
Sénescence : vieillissement, déclin, involution (contr. : évolution, développement).
Sens commun : ensemble d'opinions générales sans vérification scientifique (e : common sens).
Sensibilisation : augmentation de la réceptivité.
Sensitif : qui se sent persécuté ; paranoïa sensitive.
Sensitivity training : procédé utilisant la dynamique de groupe pour développer la personnalité.
Sensoriel : relatif aux sens (d : sensorisch).
Sensory buffer : module sensoriel, unité de traitement des informations (ps. cogn.).
Sentiment de supériorité : estime de soi exaspérée et impliquant des justifications cognitives (d : Superiering). ~ du sacré : disposition à croire aux miracles (latin : sens numinis).
Sentimentalisme : sensibilité émotionnelle (d : Sentimentalität).
Séquelle : effets résiduels de troubles psychiques.
Séquentiel : qui procède par étapes.
Sérendipité : réceptivité à l'accidentel, permettant de nouvelles découvertes (e : serendipity).
Set : niveau d'adaptation.
Set point : niveau d'équilibre de base.
Setting : facteurs d'environnement ; constitution de groupes homogènes.

Seuil absolu : valeur limite inférieure d'une perception (d : absolute Schwelle). ~ de perception : valeur minimale de l'excitation à partir de laquelle la sensation apparaît, change ou disparaît (d : Schwelle, e : Thershold). ~ de réaction : seuil de perception variant selon l'expectation (d : Reaktionsschwelle). ~ différentiel : accroissement ou réduction à peine perceptible d'un stimulus (d : Unterschiedsschwelle).
* Sexualité : ensemble des conduites dont la source est la libido.
Shadowing : procédé utilisant l'imitation.
Shaping : modelage progressif du comportement (thérapie comportementale).
Sharing : répartition des effets.
Shinkeishitsu (jap.) : timidité extrême.
Shrinkage : réduction des données (stat.).
Sigmatique : relation théorique entre les signifiants et leurs objets, ou supports (référents) (d : Sigmatik).
Sigmatisme : trouble du langage, difficulté à prononcer les S (d : Sigmatismus).
Signe : association d'un signifiant et d'un signifié, signe linguistique, symbole (d : Zeichen, e : sign).
Signification (seuil ou niveau de) : degré de probabilité statistique, défini par un seuil d'erreur (alpha : 5%, ou 1%) (d : Signifikanzniveau, e : level of signification).
Similitude : ressemblance entre des stimuli (d : Similanz).
Simulation : reconstitution réelle à des fins expérimentales (méth.) ; allégation de symptômes non véridiques (ps. clin.).
Situation miniature : méthode de simulation de la réalité (d : Miniatursituation).
Skinner box (boîte de Skinner) : cage expérimentale utilisée pour le conditionnement d'animaux.
Sleeper-effect : apparition différée d'un effet.
Social engineering : humanisation des processus de travail.
Socialisation : intégration progressive dans une communauté.
Sociobiologie : théorie comportementale reposant sur des bases génétiques (d : Soziobiologie).
Sociogramme : représentation graphique des caractéristiques d'un groupe (d : Soziogramm).
Sociolecte : langage déviant propre à un groupe.
Sociométrie : description quantitative des groupes.
* Soi : noyau de la personne, principe d'unité et de continuité (d : Selbst, e : self) (psa.).
Somatique : conditionné par le corps.
Sommation : combinaison de stimulants infraliminaires jusqu'au déclenchement du processus nerveux.
Somnambulisme : comportement automatique et adapté pendant le sommeil ; 3e stade de l'hypnose.
Somnolence : trouble de la conscience ; 1er stade de l'hypnose.
Sophrosyne : sagesse , pondération (grec).
Soumission : assujettissement volontaire. ~ à l'autorité : obéissance et dépendance à l'égard d'une source d'influence, d'un principe d'ordre (d : Autoritätsanschluß).

Souvenir-écran : superposition de représentations positives sur les souvenirs désagréables (psa.) (d : Deckerinnerung, e : screen memory).
Spacing : comportement tendant à créer une distance.
Spécimen : échantillon, modèle.
Sphère intime : domaine privé protégé.
Spontanéité : attitude directe, naturelle, sans motif externe.
Stade : étape du développement (d : Stufe, e : stage). ~ anal : 2e phase du développement de l'enfant centrée sur l'expulsion anale (psa.).
~ génital : étape finale du développement sexuel de l'enfant (psa.). ~ oral : 1re phase du développement centrée sur la zone buccale (0-1 an) (psa.) (d : orale Phase).
Standardisation : établissement d'échelles de mesure à l'aide d'échantillons représentatifs, également étalonnage (d : Standardisierung).
Stanine : échelle normative à neuf échelons.
* Statistique : théorie de la quantification.
Stéréotype : représentation préconçue de phénomènes, de personnes.
Sthénique : énergique, vigoureux.
Stigmatisation : attribution à autrui d'attributs négatifs (d : Stigmatisation).
Stimulation : excitation provoquée par un stimulus (d : Stimulierung).
Stimulus : déclencheur d'une excitation . ~ clé : déclencheur inné d'une réaction (d : Schlüsselreiz). ~ d'ancrage : point de départ, niveau neutre du système référentiel (perc.).
Stochastique : relatif au hasard.
Stooge : sujet expérimental factice.
Storage : stockage de contenus dans la mémoire.
Strain : charge due au stress.
Stratification : constitution par couches superposées.
Streaming : constitution de classes de niveau homogène.
* Stress : charge psychique due à des facteurs externes de contrainte.
Stressmanagement : gestion, traitement du stress : procédé utilisant le courant électrique pour lutter contre la sensibilité au stress.
Stroboscope : appareil permettant d'analyser les mouvements.
Structuralisme : théorie de l'articulation des éléments psychiques, opposée à l'associationnisme et au génétisme.
Structure : articulation interne.
Stupeur : inhibition psychomotrice aiguë.
Style cognitif : manière individuelle de penser (ps. cogn.) (d : Denkstil). ~ de commandement : particularité personnelle de la pratique du commandement.
Subception : perception infraliminaire.
Sublimation : transformation de l'énergie sexuelle en réalisations culturelles (psa.) (d : Sublimierung).
subliminal : infraliminaire, d'intensité inférieure au seuil minimal de perception.
Substitution : acte de remplacement (psa.).

Succube : hypothèse d'un démon féminin du sommeil.
Suggestibilité : disposition à être accessible aux suggestions, aux influences, à la persuasion (ps. cl.) (d : Suggestibilität).
* Suggestion : influence contraignante exercée à sens unique.
Supplication : prière insistante.
Surcompensation : réaction de substitution figée en cas de sentiment d'infériorité (ps. indiv.) (d : Überkompensation).
Surfeit : satiété, dégoût, nausée.
Surgence - désurgence : trait fondamental de la personnalité : bonne humeur, naturel, humour, goût du changement, sociabilité (Cattell) (e : surgency-desurgency).
Surmoi : instance la plus élevée de la personnalité et qui exerce une fonction de censure (psa.) (d : Über-ich, e : super ego).
Surprotection : excès du comportement maternel (e : overprotection).
Survalorisation : idées dominant de manière irrationnelle (d : Überwertigkeit).
Syllogisme : forme de raisonnement logique.
Symbiose : interdépendance.
Symbole de statut social : caractéristiques signalant l'appartenance à une couche sociale (d : Statussymbol).
Symbolisation : transposition de phénomènes abstraits en images concrètes ; mécanisme de défense contre l'angoisse (psa.).
Symptomatologie : étude des symptômes, des maladies (syn. sémiologie).
Synchronisme : simultanéité.
Syncope : perte de conscience de brève durée.
Syndrome : ensemble de symptômes. ~ d'alarme : décharge d'adrénaline conditionnée par un stress (Selye) (d : Notfallfunktion).
Synectique : méthode pour favoriser la créativité.
Synergie : action combinée en vue d'un résultat commun.
Synesthésie : perception simultanée dans un autre registre sensoriel, par ex. une audition colorée.
Syntaxe : étude des règles de combinaison des unités significatives en phrases.
Synthèse afférente : convergence des excitations.
Syntonie : humeur en harmonie avec l'entourage.
Système de croyances : ensemble des habitudes de pensée et des convictions (e : belief-system).
~ ultrastable : système qui se modifie rétroactivement en fonction de l'énergie d'entrée (input).

Tai-chi-chuan : boxe chinoise simulée (ps. clin.).
Tachistoscope : projecteur d'images à durée très brève.
Talion : vengeance.
Tapping : test de vitesse motrice, consistant à frapper avec un crayon ; test des cubes de Knox consistant à frapper des cubes dans un certain ordre.
Task leader : responsable chargé de la résolution de tâches.

Tâtonnement : impressions préalables qui précèdent la reproduction (ps. de la mémoire).
Taux d'incidence : nombre de nouveaux troubles psych. apparaissant en une période déterminée (d : Inzidenzrate). ~ de prévalence : proportion des différents troubles psych. dans une population (d : Prävalenzrate).
Taxie : mouvement élémentaire orienté (zool., bot.) (d : Taxis).
Technique delphi : appréciation par un groupe d'experts. ~ de planification par réseau : planification d'un projet en suivant les étapes et la chronologie du travail (ps. org.) (d : Netzplantechnik).
~ hot-seat : procédé suggestif pratiqué en groupe.
~ Q : analyse factorielle longitudinale avec plusieurs mesures successives par épreuve sur la même personne.
Téléoclinisme : tendance passionnelle à poursuivre un but.
Télérécepteur : organe sensoriel fonctionnant à distance (vision, ouïe, odorat) (d : Teleozeptor).
Teli : plus petite unité référentielle sociométrique.
Ténacité : concentration prolongée.
Tenet : principe fondamental d'une orientation de pensée (latin : tenir).
Territorialité : constitution d'un espace de l'organisme, de la personnalité.
Test à trous : procédé de diagnostic se basant sur des phrases à compléter (d : Lückentest). ~ d'aptitude, de niveau (power-test, level-test) : test pour mesurer le niveau qualitatif de rendement ~ d'efficience (speed-test) : test de rendement quantitatif (contr. : test d'aptitude). ~ du Khi-deux : comparaison entre un pourcentage observé et le pourcentage attendu (stat.). ~ t de Student : comparaison entre moyennes de deux distributions.
Thanatologie : étude des questions concernant la mort.
Théorème de Bayes : évaluation des événements en fonction des probabilités a priori de leurs causes.
Théorie de James-Lange : théorie des sentiments en tant que phénomènes partiels concomitants de processus corporels : « Je suis triste parce que je pleure. » ~ de l'échange : théorie de la relation entre le coût et le profit. * ~ de l'environnement : théorie concernant les effets de l'environnement sur l'organisme, le sujet (d : Umwelttheorie).
~ de l'équité : théorie sur les attentes dans le cadre de relations équilibrées (e : equity). ~ de l'évolution : science des origines de la vie. ~ de l'information : représentation mathématique des unités de savoir. ~ de la balance : théorie de l'équilibre des relations. ~ de la dissonance : théorie sur l'évitement des pensées contradictoires. * ~ de la mesure : théorie qui permet de mettre des observations en rapport avec une échelle. ~ des masses : lois empiriques sur le comportement des populations (d : Massentheorie). * ~ des systèmes : étude des effets de réseaux. ~ du destin : détermination fatale de l'existence. * ~ du signe : théorie sur le passage de l'objet à la signification.

Thérapie bio-énergétique : thérapie corporelle pour activer un hypothétique fluide d'énergie vitale (Reich). ~ centrée sur le client : fondée sur le modèle de la non directivité (Rogers). * ~ comportementale : psychothérapie développée à partir des théories du conditionnement (Verhaltenstherapie). ~ de groupe : traitement psychologique reposant sur les effets de rétroaction au sein de la communauté (d : Gruppentherapie). ~ familiale : procédé pour améliorer la communication familiale avec plusieurs ou tous les membres de la famille. ~ focale : thérapie de courte durée pratiquée en ps. des profondeurs (d : Fokaltherapie). ~ primale : procédé thérapeutique qui utilise un « cri primal » expressif (d : Primärtherapie). ~ rationnelle-émotive : thérapie comportementale reposant sur des procédés cognitifs.
Thrill : agitation de masse.
Throughput : traitement central de l'information.
Thymie : disposition affective fondamentale d'un sujet (ps. clin.)
Time binding : référence au temps, au passé, présent ou avenir.
Token-economy : économie de jetons, renforcement par l'effet de récompense.
Tonus : état de tension générale somatique et psychique.
Topologie : type de géométrie, théorie spatiale du psychisme.
Torpeur : caractère figé de l'expérience vécue (d : Torpidanz).
Totalisant : caractère constitutif d'une Gestalt (forme) (d : übersummativ).
Toxicomanie : abus de substances toxiques (d : Abusus, Süchtigkeit).
Tracing : test de précision des mouvements.
Tracking : action de suivre une ligne directrice dans une séquence d'activités.
Tractrice : courbe en étirement.
Training autogène : procédé de relaxation par suggestion.
Training group, groupe de base, de formation, de diagnostic : groupe de discussion destiné à la prise de conscience personnelle (d : Trainingsgruppe).
Training within industry : formation aux fonctions de direction.
Trait : caractéristique permanente de la personnalité.
Transduction : identification d'un modèle (ps. cogn.) (d : Transduktion).
Transfert : transposition du conflit intrapsychique dans la relation avec le thérapeute ; il peut être bienveillant (positif) ou hostile (négatif) (psa.) (d : Übertragung, e : transference) ; se dit aussi de l'effet de facilitation d'un apprentissage sur celui d'une tâche analogue. Il y a parfois aussi transfert négatif ou inhibition, ou interférence (ps. cogn.) (d : Transfer). ~ de modèle : transposition de méthodes ou de concepts d'un domaine scientifique à un autre en vue d'un usage analogique ; par ex. de la neurologie à la psychophysique.
Transformation : modification de valeurs selon des règles. ~ z : modification de variables qui réduit à la même échelle dite z.

Transitif : orienté vers un terme (d : transitiv).
Transitivité : validité constante dans une série de relations en déplacement, par ex : a = B, B = C, A = C (stat.).
Traumatisme : cause d'un trouble psychique (d : Trauma).
Treatment : concept expérimental ou concept de traitement.
Triangulation : relation triangulaire entre des personnes.
Tribadisme : homosexualité féminine.
Trigger : stimulus déclencheur d'un comportement inné ou précoce.
* Trouble psychique : comportement anormal.
Type A : personne avide de performances et sensible au stress. ~ B : personne renonçant à l'action dans les situations conflictuelles. ~ cyclothymique : type de personne extravertie (morph.). ~ idéal : correspondant à un type pur (par construction). ~ schizothymique : type de personnalité introvertie (morph.)
Typologie : classification par groupes.

Unfolding : épanouissement.
Uniqueness : caractère spécifique, spécialité d'un facteur (stat.).
Unité TOTE : modèle d'activation cybernétique : test - operate - test - exit, ou encore : transformation (0) - comparaison (T) - rétroaction.
Urge : unité de stimulation.
Usage : comportement courant, habitudes comportementales.

Valence : valeur positive ou négative, force d'attraction ou de répulsion exercée par les objets (d : Valenz).
Valeur centrale : moyenne stat. (d : Zentralwert). ~ cible : objectif visé par une activité intentionnelle (d : Sollwert, e : target). ~ modale : valeur la plus élevée d'une distribution (d : Modalwert). ~ moyenne : somme arithmétique divisée par le nombre de cas (d : Mittelwert).
Validité : capacité d'un instrument de diagnostic à fournir un résultat fiable concernant la caractéristique visée. (voir Qualités des tests).
Value analysis : mesure des attitudes sociales (d : Wertanalyse).

Variable : grandeur susceptible de présenter une multitude de valeurs (stat.). ~ dépendante : modalité d'efficience, effet d'un facteur causal (variable indépendante).
Variance : indice de dispersion (stat.).
Vecteur : grandeur directionnelle (d. Vektor).
Velléité : volonté défaillante, manque d'énergie, de caractère (e : velleity).
Verbigération : trouble du langage qui se manifeste par la répétition de mots ou de phrases sans suite.
Vérification : confirmation d'une hypothèse au moyen d'une expérience (méth., stat.).
Vertige : sensation de déséquilibration d'origine labyrinthique (d : Vertigo).
Viabilité : aptitude biologique à la vie.
Victimologie : étude des victimes d'actes criminels.
Vigilance : attention, aptitude à observer ; plus récemment, état d'éveil, efficience physiologique générale du système nerveux (d : Vigilanz).
Virilisme : modifications chez certaines femmes dans le sens d'une masculinisation (voix, système pileux, etc.) (d : Viraginität).
Vocational aptitude : aptitude professionnelle.
Volontarisme : conception philosophique mettant l'accent sur le rôle de la volonté dans la vie affective, intellectuelle et morale.
Voyeurisme : recherche du plaisir sexuel liée au regard.
Vulnérabilité : réceptivité excessive, prédisposition, fragilité des systèmes défensifs.

Warming-up : exercice d'entraînement avant le début d'une activité.
Wayward : caractère personnel, indépendant.
Withdrawal behavior : conduite interrompue, évitement conflictuel (ps. clin.).
Worry inventory : questionnaire sur ce qui est vécu comme une charge (voir *Life events*).

Zest : enthousiasme, entrain, gain de plaisir.
Zone d'ombre : ensemble des caractéristiques refoulées de la personnalité (psy. compl.) (d : Schatten).
Zygote : œuf fécondé.

30 II. Histoire des théories / 1. Formation des théories

A Objet et concept

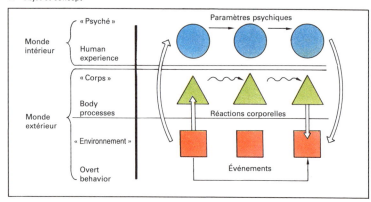

B La théorie en psychologie

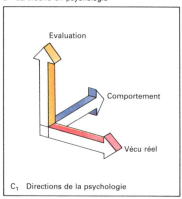

C₁ Directions de la psychologie

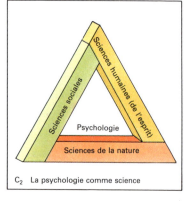

C₂ La psychologie comme science

C Trois aspects de la psychologie

A. Objet et concept

Le Penseur (1880) d'AUGUSTE RODIN et *Le Cri* (1893) d'EDVARD MUNCH sont deux symboles sans égaux du vécu réel et du comportement. Chacun de nous possède sa propre expérience du psychisme et c'est bien la raison pour laquelle cette masse imprécise est difficile à définir.

Il y a près de 2 350 ans, ARISTOTE, l'auteur du premier livre de psychologie, définissait l'âme comme la « première entéléchie d'un corps formé par la nature et pourvu d'organes », l'entéléchie étant définie comme une réalisation poursuivant un but. Au cours de l'histoire de la psychologie, l'objet de la psychologie a été défini de différentes manières. On ressent souvent des termes tels que l' « âme » ou l' « esprit » comme des concepts d'une trop forte charge métaphysique, et on les évite. Au lieu de cela, on parle de façon plus neutre de « psychisme ». Dans la Grèce antique, cette notion signifiait « souffle » ou « respiration » ; dans la mythologie, la psyché était personnifiée comme tendre amante d'Éros. Les définitions du concept de psychologie dépendent des diverses conceptions du psychisme. Si on ne la réduit pas d'emblée, **la psychologie** est aujourd'hui la science du comportement, du vécu réel et de l'expérience (réfléchie) de l'un et de l'autre.

B. La théorie en psychologie

Les images de l'homme qui pense ou qui crie révèlent, dans la sublimation artistique, des états psychiques différents que chacun reconnaît facilement. En revanche, dans la vie quotidienne, il est difficile de deviner ce qui ce passe dans la tête d'autrui. Personne ne possède le vécu d'un autre individu, mais seulement le sien propre. Pour comprendre autrui, on a besoin d'hypothèses et d'interprétations. Chacun conçoit à l'égard d'autrui ce genre de théories banales. Le scientifique ressent bon nombre d'entre elles comme des spéculations mal dégrossies. Il a besoin de connaissances sûres.

Dans les sciences empiriques, dont relève la psychologie, on s'appuie sur des observations (au sens le plus large, donc aussi sur des expériences) : différencier d'après des influences antérieures (variables indépendantes) et des résultats ultérieurs (variables dépendantes). La question est de savoir si ces derniers ont un vrai rapport de « causalité » avec les influences. Cette relation n'est directement saisissable que dans peu de cas ; la plupart du temps, elle reste dans l'ombre (le modèle de la « boîte noire » (*black box*) en est l'illustration.

A ce stade, la théorie n'est guère plus qu'une hypothèse. Ce n'est qu'après avoir été démontrée de manière irréfutable qu'elle devient une connaissance sûre. D'ailleurs, les théories ne sont jamais isolées en soi. Elles reposent sur d'autres théories et forment un entrelacs de théories. Quand on parle de **la psychologie comme science,** on entend deux choses :

La connaissance sûre, et l'ensemble des théories plus ou moins sûres.

Pour la psychologie, le concept de « boîte noire » recouvre largement l'intériorité psychique. La preuve est donc plus difficile que pour les autres sciences qui traitent de choses ou d'événements plus palpables. LAUCKEN et SCHICK (1985) dressent, d'après les distinctions de BARTLEY (1974), un modèle fondamental de la situation de travail du psychologue :

human expérience (expérience humaine),
body process (processus corporel) et
overt behaviour (comportement perceptible) y compris d'autres variables d'environnement.

C. Trois aspects de la psychologie

Dans *La Crise de la psychologie* (1927), KARL BUHLER trace en trois points un schéma d'ensemble du psychisme :

« Le vécu réel, la conduite, ainsi qu'un troisième qui reste encore à dénommer et que nous désignons provisoirement par la lettre G. »

Les noms ont souvent changé, mais les contenus très peu. Dans son *Histoire de la psychologie* (1911), MAX DESSOIR retrouve la trace de ces trois aspects jusque dans l'Antiquité :

« Ainsi, sous l'influence des représentations religieuses, de l'observation de la nature et de l'expérience de la vie rassemblée dans l'art, trois objets et manières de voir se sont constitués, qui, aujourd'hui encore, restent reconnaissables dans notre psychologie apparemment homogène. »

Plus loin, il note :

« ... la situation réelle des choses a presque toujours été celle d'une lutte entre les trois directions. »

Ces trois directions ont été étudiées avec plus de précision jusque dans la période actuelle (C_1) :

le vécu réel, par la phénoménologie et la psychologie clinique ;
le comportement (chez BÜHLER, JANET et LAGACHE, la « conduite »), par le béhaviorisme ;
l'évaluation réfléchie (chez BÜHLER, « la structure de l'esprit objectif » désignée par la lettre G, et dans l'Antiquité, l' « âme spirituelle »), par la psychologie cognitive.

L'examen du psychisme sous ses trois aspects et sans préjugés rebute de nombreux psychologues. On croit devoir se décider pour *l'un des aspects au lieu de tous* ; ainsi, dans les universités, la psychologie est-elle rattachée aux sciences humaines (sciences de l'esprit) ou aux sciences de la nature, ou bien aux sciences sociales (ou alors forme un département à part) (C_2).

En réalité, le psychisme englobe l'immense domaine de l'être qui va des matériaux électrochimiques jusqu'aux modèles sémantiques « non matériels » de notre univers spirituel. Dans cet ouvrage, on essaiera de tenir compte équitablement des trois aspects de la psychologie.

32 II. Histoire des théories / 2. Histoire de la psychologie

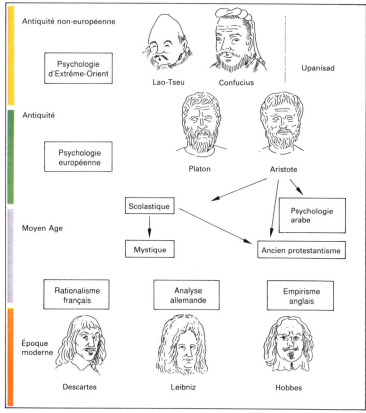

A L'ancienne psychologie

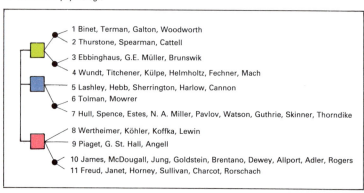

B La psychologie moderne

La psychologie n'est pas une science consciente de son histoire. Cela est non seulement dû à la « jeunesse » de la psychologie moderne, qui a connu une rupture de sa tradition au XIXe siècle mais aussi au progrès technique des pratiques expérimentales, à l'arrivée de psychologues venant des sciences de la nature (par ex. FECHNER, WUNDT), à l'éparpillement en de nombreuses disciplines isolées, sans intégration suffisante en un domaine, ainsi qu'à un intérêt accru pour la recherche « la plus récente », quitte à négliger les connaissances plus anciennes.

A. L'ancienne psychologie

Les grands thèmes de la psychologie, par ex. le problème de la « nature » du psychisme, l'assistance en cas de troubles psychiques, la formation de la perception, la vie avec autrui et dans l'environnement étaient déjà traités dans l'Antiquité. Les réponses que l'on apportait jadis n'étaient certes pas intellectuellement plus faibles que celles d'aujourd'hui. Mais il leur manquait les bases techniques et scientifiques.

Tout comme la psychologie antique européenne, son homologue asiatique est encore indissociable de la philosophie, de la médecine et de la pédagogie. La «psychosophie» chinoise de LAO-TSEU repose sur l'interdépendance dialectique de l'homme avec la nature ; chez CONFUCIUS, sur le lien avec la famille et l'État. Les *Upanisad* indiennes, les textes brahmaniques se réfèrent plus fortement à la dialectique de la psychologie intérieure, entre autres à la pensée et au langage.

La psychologie antique européenne a été développée par PLATON et ARISTOTE à partir de l'ancienne et mystique « théologie de l'âme ». Chez PLATON, l'âme appartient au domaine des idées et fait l'expérience de l'alliance avec le corps lors de sa « chute dans la naissance ». Pour ARISTOTE, l'âme est le principe ordonnateur (l'entéléchie) des processus biologiques. Tous deux sont à l'origine de la distinction entre « l'esprit et l'âme », que l'on retrouve dans la distinction actuelle entre deux systèmes de modèles dans les processus nerveux (p. 79). A la différence de PLATON, ARISTOTE croyait en la fusion des divers niveaux de l'âme, de l'âme nutritive et sensitive avec l'âme intellectuelle, « comme le triangle est contenu dans le carré » (quand on trace la diagonale).

La psychologie médiévale scolastique (THOMAS d'AQUIN) reprend PLATON et ARISTOTE. L'âme est alors une « forme pure » mais « inhérente » au corps (incarnée). Une question essentielle est la disposition naturelle et morale de l'homme. La psychologie arabe (AVICENNE, AVERROÈS) se référait également à ARISTOTE mais était plus fortement imprégnée de matérialisme. Pendant longtemps, le « Commentaire sur l'âme » (1540) de MÉLANCHTHON a représenté le protestantisme originel.

La psychologie des temps modernes commença progressivement à s'organiser en psychologies nationales. Le rationalisme de DESCARTES tendait à dégager une « psychologie de la conscience » qui a été aussi fondée méthodologiquement avec MALEBRANCHE. En dépit de l'insistance mise sur l'esprit, la psychologie française avait une position largement matérialiste. Avec la phrénologie de GALL, elle localisait même, et pour la première fois, les facultés de l'âme dans les lobes du cerveau. La psychologie allemande, en revanche, tendait plus fortement à adopter une attitude de dissociation analytique. Pour LEIBNIZ, le monde était divisé en unités apparentées à l'âme, les monades, ayant entre elles des rapports de force. C'est ainsi que s'ébauchait la psychologie des profondeurs. TETENS répartissait le psychisme selon ses processus. KANT séparait la psychologie de la philosophie et lui attribuait une fonction analytique et synthétique.

L'empirisme anglais (HOBBES, LOCKE, HUME) devait développer les conséquences les plus marquantes des trois tendances nationales. ARISTOTE avait déjà fondé la doctrine de l'association qui, désormais, par le biais de l'empirisme, influencera la psychologie comportementale moderne.

B. La psychologie moderne

Les histoires de la psychologie (BORING, 1950 ; DORSCH, 1963 ; FLUGEL, idem ; ROBACK, 1964) font le plus souvent remonter les débuts de la psychologie moderne à l'ouvrage de Gustav Theodor FECHNER : *Elemente der Psychophysik* [Éléments de psychophysique] (1860). Mais comment classer la masse des travaux des décennies suivantes ? Le psychologue américain R.W. COAN (1968, 1973) avait entrepris une expérience intéressante. Il désignait 54 psychologues connus par leurs théories, et les mettait en corrélation avec 34 variables, puis soumettait les résultats à une analyse factorielle ainsi qu'à une analyse de clusters d'après le critère de la minimisation de la variance (cf. IV. Statistique). Ainsi obtenait-il un arbre (dendrogramme) (ill. B) allant de la psychologie fortement objective (1) à la psychologie fortement subjective (11). Les qualificatifs de 6 polarités se recoupent dans la zone médiane :
  objectif - subjectif
  quantitatif - qualitatif
  idiographique (description du cas spécifique)
  - nomothétique (établissement de lois)
  dynamique - statique
  élémentaire - holistique (global)
  endogène (de source interne) - exogène (de source externe).

Cette classification historique dépend naturellement des noms « proposés » et des connaissances du chercheur (Américain).

Néanmoins, cet arbre peut fournir une image du spectre de la psychologie moderne compris entre une dimension « élémentaire, quantitative, objective » et une dimension « endogène, dynamique, subjective ». Ce tableau (certes incomplet) des *ancêtres* de la psychologie contemporaine reflète l' « ampleur » de cette discipline. Si nous voulons pratiquer la psychologie « contemporaine », il faut tenir compte d'une telle extension.

34 II. Histoire des théories / 3. Typologie

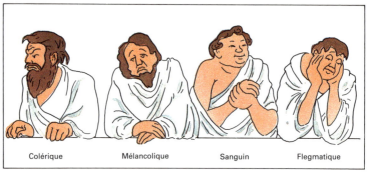

Colérique — Mélancolique — Sanguin — Flegmatique

A Typologie antique

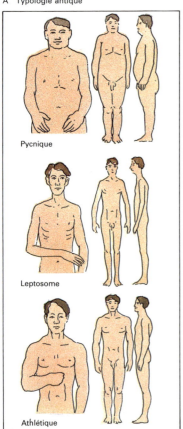

Pycnique

Leptosome

Athlétique

B Typologie moderne

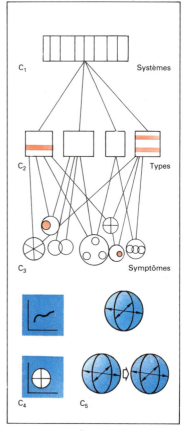

C_1 Systèmes

C_2 Types

C_3 Symptômes

C_4 C_5

C Typologie méthodique

C'est en l'an 314 av. J.-C. qu'apparut la première psychologie de la personnalité avec THÉOPHRASTE, le successeur d'ARISTOTE à la tête du Lycée. Celle-ci décrit plusieurs caractères types. Le chapitre sur le « Vantard » commence ainsi : « La vantardise est, semble-t-il, une simulation d'avantages qu'on ne possède pas. Et voici quelle espèce d'homme est le vantard. Debout sur le Môle, il expose à des étrangers qu'il a de gros capitaux engagés sur mer ; il s'étend sur le prêt maritime et ses avantages, détaillant les profits et les pertes qu'il y a faits personnellement ; et, au milieu de ces hâbleries, il dépêche son petit esclave à la banque, où, du reste, il n'a pas une seule drachme en compte. »

Vu sous l'angle scientifique, ce procédé descriptif est extrêmement incertain. Il y a risque de généralisation prématurée. Dans cette méthode de la description des types, W. HELLPACH (1938) résumait les facteurs de risque :
« Pour notre perception, les groupes d'êtres vivants entrent d'autant plus dans un type qu'ils nous sont éloignés ou étrangers - et plus ils nous sont proches ou familiers, plus ils se détachent dans notre perception comme des individus. »

A. Typologie antique

Bien avant THÉOPHRASTE, HIPPOCRATE a énoncé une théorie des humeurs : la bile jaune (grec : *cholé*), la bile noire (*mélan cholé*), le sang (lat. : *sanguis*) et le mucus (*phlegma, pituite, lymphe*). De ces 4 principales humeurs ont été déduits 4 tempéraments :
Le *colérique* (états psychiques changeant de manière forte et rapide, tendu, et plutôt tourné vers l'extérieur) ; le *mélancolique* (états psychiques changeant fortement mais lentement, tendu, plutôt tourné vers l'intérieur) ; le *sanguin* (états psychiques changeant faiblement et rapidement, détendu, plutôt tourné vers l'extérieur) ; le *phlegmatique* (états psychiques changeant faiblement et lentement, détendu, mais plutôt tourné vers l'intérieur).

B. Typologie moderne

Entre les années 20 et 50, les caractérologies ont connu un grand essor, entre autres : les types de vécus (RORSCHACH : introverti, extraverti, coarté, ambiéqual, dilaté), de conceptions (JAENSCH : globale ou détaillée), de fonctions essentielles (PFAHLER : d'après l'attention, la persévération, l'expressivité émotionnelle, l'activité, le plaisir-déplaisir), d'idéologies (DILTHEY : matérialisme, idéalisme, vitalisme), les types fonctionnels (JUNG : de pensée, sensation, sentiment, intuition), les formes de vie (SPRANGER : esthétique, économique, religieux, social, théorique et politique).

Il n'est guère que la typologie des constitutions morphopsychologiques de KRETSCHNER qui ait survécu. Elle part de critères morphologiques observables et de leur rapport avec un tableau des maladies mentales. On distingue les types : cyclothyme (morphologie pycnique ; grec : *puknos*, trapu), schizothyme (morphologie leptosome ; grec : *leptos*, mince), visqueux (morphologie athlétique), ainsi que leurs variantes extrêmes : cycloïde, schizoïde et épileptoïde.

Statistiquement, le groupe dysplasique (en grec, signifie contrefait), qui ne trouve place nulle part, est le plus important. Cette absence de types « purs » dans la pratique explique pourquoi les typologies ne présentent plus de nos jours qu'un intérêt historique.

C. Typologie méthodique

Depuis les années 50, l'objectif des typologies est passé de l'étude des personnes à celle des processus psychiques. Depuis, on essaie de définir les multiples cibles de la recherche, par ex. la mémoire, la créativité ou les troubles psychiques selon leurs caractéristiques, pour les regrouper en *clusters* (faisceaux) à l'aide de procédés mathématiques et statistiques. Ces systématisations sont appelées classifications taxonomiques. La taxonomie désigne le schéma catégoriel et hiérarchisé d'une matrice de ressemblances et de corrélations. On les obtient par réduction de données, le plus souvent de manière ascendante (agglomérative ; plus rarement descendante ou dissociative) en partant du niveau inférieur pour arriver aux niveaux supérieurs (avec souvent deux autres niveaux). Le niveau inférieur, celui des indicateurs (C_3), regroupe toutes les données importantes. Par réduction des données (par ex. par analyse factorielle, cf. p. 75), le niveau moyen, le niveau de typologisation (C_2), constitue l'étape suivante de la fusion. Le niveau supérieur ou niveau du système (C_1) synthétise tous les types de caractères possibles.

Un exemple de psychologie clinique : les indicateurs du niveau inférieur (C_3) s'appellent ici symptômes, (peur des lieux publics, accélération du rythme cardiaque, etc.). Les symptômes ne sont pas de valeur identique. Les syndromes du niveau médian (C_2) sont « constants », c.-à-d. que ce sont des symptômes qui apparaissent régulièrement et groupés. Ainsi constituent-ils des types distinctifs (agoraphobie). Au niveau supérieur (C_1), l'agoraphobie appartient, ainsi que plus d'une centaine d'autres variétés, au groupe des phobies, qui prend également place dans le système des troubles psychiques.

Concernant la théorie de la mesure, de nombreux problèmes restent encore irrésolus. Nous connaissons des échelles unidimensionnelles (C_4), pierre angulaire de la description des symptômes. Il existe, à l'opposé, les échelles bi- et pluridimensionnelles (C_3) : par ex. trois caractéristiques, déjà dimensionnées dans un espace euclidien, varient dans le temps et en fonction d'une évaluation externe (par un tiers). L'analyse de la variance dans de tels cas présente encore de grandes difficultés.

36 II. Histoire des théories / 4. Psychophysiologie

A Représentations de l'âme

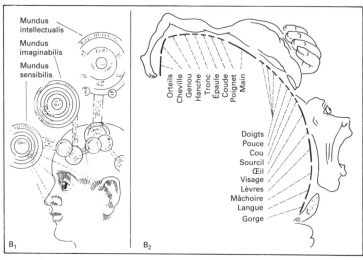

B Hypothèses de localisation

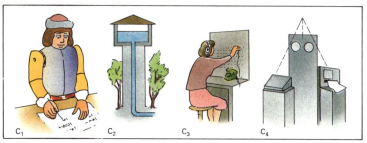

C Hypothèses sur les fonctions

II. Histoire des théories /4. Psychophysiologie

Dans toutes les sphères culturelles et à toutes les époques, les hommes ont réfléchi sur la « nature » du psychisme : trois questions étaient au premier plan :
Comment le psychisme est-il produit en nous ? Où siège-t-il ? Selon quels modes d'action fonctionne-t-il ?

A. Représentations de l'âme

Les hommes ont toujours ressenti le psychisme comme étant extrêmement mystérieux. La mort de l'homme soulevait le problème de sa nature : qu'advient-il de son âme quand le corps meurt ? Répondre sèchement que l'âme meurt elle aussi en même temps que le corps et que l'on ne continue à exister que dans le souvenir des vivants n'a jamais été pleinement satisfaisant.

L'art a souvent montré des représentations de l'âme. Les 4 illustrations sont exemplaires pour une série de représentations selon lesquelles, après la mort, l'âme immortelle prend son envol vers des contrées supérieures. La représentation de la mort dans l'Égypte antique (A_1) montre l'ascension de l'ange de la mort ; le dessin grec de l'Eidolon (image) (A_2) figurant sur une poterie vieille de 2 500 ans nous montre un petit bonhomme en armes qui s'échappe du corps du guerrier mort : dans l'*Apocalypse de Wolffenbüttel* (début du XVe siècle), elle est exhalée de la bouche des morts (A_3), sur la gravure *La Mort sur le champ de bataille* (1917) de PAUL KLEE, les soldats morts s'élèvent dans le ciel noir (A_4).

Il n'est pas rare aujourd'hui que des représentations matérielles de l'âme se dissimulent derrière certaines conceptions spiritistes.

B. Hypothèses de localisation

Dans un ouvrage (hélas oublié) BÉLA RÉVÉSZ (1917) décrit la longue trajectoire de l' « Histoire du concept d'âme et de la localisation de l'âme » des commencements mythologiques avant HOMÈRE, en passant par le Moyen Age et la période moderne, jusqu'à la Première Guerre mondiale. Il parle des tentatives passionnantes mais très déroutantes pour découvrir le siège de l'âme : dans les entrailles, le cœur, les glandes ; mais également et dès le début, dans le cerveau, comme chez les pythagoriciens. Ces tentatives de localisation se présentaient comme globales, c.-à-d. qu'elles attribuaient l'ensemble du psychisme aux organes choisis (B_1 ; R. FLUDD, 1619).

L'œuvre de PIERRE FLOURENS *Recherches expérimentales sur les propriétés et les fonctions du système nerveux chez les animaux vertébrés* (1924) marquait la césure décisive.

Dans cet ouvrage, l'auteur réussit à prouver que, chez les animaux, au moins, le système nerveux est l'organe porteur de tout le psychisme.

Jusqu'à nos jours, cet état de fait n'a pas encore pénétré l'univers des représentations quotidiennes. *On s'étonne encore que ce ne soit pas le doigt qui fasse mal quand nous nous sommes pincés, mais le cerveau.* C'est pourquoi le célèbre homuncule de Penfield (B_2), qui attribue des fonctions aux aires cérébrales, nous semble un peu ridicule.

C. Hypothèses sur les fonctions

L'histoire des hypothèses sur les fonctions est une histoire des symboles : on essayait de se faire une image de ce psychisme manifestement immatériel à l'aide d'instruments techniques visibles.

Le XVIIe et le XVIIIe siècle excellèrent dans la réalisation d'androïdes mus par un mécanisme d'horlogerie (automates), qui pouvaient même écrire. Ils devaient illustrer la manière dont le psychisme fonctionne (et étaient bien plus compliqués qu'un préjugé négatif le répétera constamment lors de discussions ultérieures).

A la fin du XVIIIe siècle, on faisait appel à la comparaison avec les nouvelles technologies hydrauliques. Pour FRIEDRICH VON SCHILLER, le système nerveux ressemblait à un bassin de rétention ou à un château d'eau qui transmettait la pression par les conduits nerveux (aujourd'hui encore, on parle d' « être sous pression »).

Au XIXe siècle, l'illustration favorite du psychisme était le standard téléphonique. Tout comme la standardiste branchait les lignes, celles du système nerveux étaient connectées.

Actuellement, on utilise l'image de l'ordinateur. Comme le système nerveux, il est constitué d'unités de réception, de traitement central et d'émission. Les connections synaptiques, les transmissions d'influx et leur combinaison offrent même des parallèles avec les ordinateurs digitaux, analogiques et hybrides. Mais ce ne sont guère plus que des comparaisons. On ne répond pas ainsi à la question essentielle, le problème « corps-âme » (p. 79).

Quoi qu'il en soit, la psychophysiologie contemporaine aspire à établir la « corrélation » entre les processus psychiques et les phénomènes physiologiques. Ces pratiques sont fréquentes parce qu'on suppose naïvement que, puisque les événements physiologiques que l'on peut enregistrer lors d'une réaction psychique sont connus avec une précision suffisante, l'énigme se résoudra d'elle-même. Même si c'est inexact, ce qu'écrivait HUBERT ROHRACHER (1939) prétend valoir encore sans restriction :

« Les stimulations des cellules ganglionnaires sont la base des processus psychiques. Rien dans cette phrase ne saurait être changé. Si nos formes de pensée sont en mesure de nous amener à la connaissance de la vérité, cette phrase est *juste.* »

Les tendances récentes s'appuient non seulement sur la physiologie, mais aussi sur d'autres sciences de la nature. La psychocybernétique (cf. V/7) tente de transférer, à l'aide de modèles mathématiques et physiques (analyse de Fourier), la codification de modèles physiologiques en modèles de l'activité mentale (« identification de modèles »).

38 II. Histoire des théories / 5. Théorie des modèles

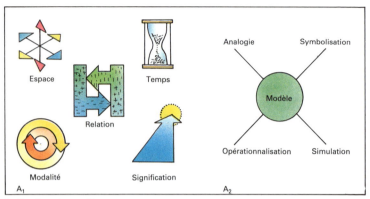

A Fonctions des modèles

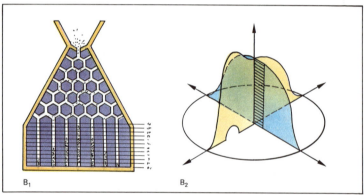

B Théorie de la modalité

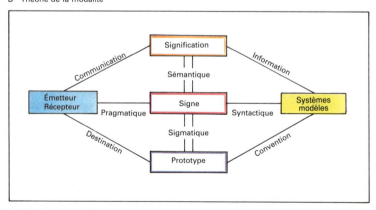

C Théorie de la signification

Quand on aborde une science en néophyte, il n'est pas rare que l'on soit « stupéfait » de sa diversité. Même le chercheur avancé n'est guère capable de maîtriser l'ensemble d'un domaine. En fait, les spécialistes souffrent très souvent d'un manque d'informations et cela à deux égards : d'un côté, ils considèrent souvent les résultats comme insuffisamment garantis et de l'autre, ils éprouvent une sorte de « circonspection théorique » (DEPPE, 1977). En surmontant ces deux obstacles, on puise des forces psychiques nécessaires pour accomplir cet effort de longue durée, parfois non payé de retour, qu'est le travail scientifique.

A. Fonctions des modèles

Beaucoup de scientifiques ne semblent préoccupés que par l'aspect pratique de leurs recherches et ne s'intéressent guère aux théories. Ainsi omettent-ils de voir leur théorie « implicite » (présupposée). Mais ceux qui ont une théorie « explicite » (c.-à-d. formulée) peuvent aussi omettre certaines suppositions inaperçues. Les présuppositions les plus générales sont des catégories fondamentales. Dans l'épistémologie actuelle (théorie de la science), on cite souvent 5 catégories fondamentales (A_1) avec divers compléments descriptifs :

L'espace (substance, échelle de mesure, localisation, etc.),
Le temps (déroulement, évolution, durée d'utilisation, actualité, etc.),
La relation (interaction, causalité, équilibre des flux, voisinage, influence, totalité, action, connexion en réseau, etc.),
La modalité (possibilité, fréquence, probabilité, limite, potentialité, hasard, manque, capacité de substitution, etc.),
La signification (objectif, cible, valeur, sens, désignation, notoriété, lien affectif, symbolisme, efficacité, etc.).

Dans ce contexte, il faut classer les modèles (A_2) en grandes théories. Elles ont 4 fonctions importantes :

L'analogie, la ressemblance avec le prototype, c.-à-d. la « réalité » (par ex. train miniature).
La symbolisation, la transposition en intuitions (par ex. dessin schématique),
L'opérationalisation, la façon dont le modèle (par ex. théoriquement mesurable) peut être manipulé comme « construct » (construction),
La simulation, l'applicabilité du modèle (par ex. comme programme informatique).

B. Théorie de la modalité

Il est rare que l'apparition de certains événements psychiques soit absolument sûre et prévisible. En dépit de cela, notre « certitude » subjective nous abuse souvent en passant aux extrêmes de l'échelle de la probabilité d'apparition (modalité) : constamment... toujours... jamais.
Cependant, pour parvenir à des énoncés sûrs, on s'appuie sur la « loi du grand nombre » : beaucoup d'événements ou beaucoup de participants.

Les billes descendent la planche à clous de Galton (B_1) conformément à la loi de distribution normale (courbe en cloche de Gauß). Mais celle-ci n'est juste que pour les grands nombres et en l'absence de facteurs perturbant cette distribution. Sinon, on obtient des distributions « obliques » (B_2) qui peuvent présenter plusieurs sortes de décalages. Afin d'évaluer un résultat dans sa présence attendue, il faut connaître la composition de l'ensemble de base : par ex. avoir la courbe d'apprentissage de l'enfance avant de décréter qu'un enfant a appris à marcher tôt, en temps normal ou en retard. En raison de l'importance fondamentale de cette condition préalable, la théorie de la probabilité occupe depuis longtemps une bonne place en méthodologie de la psychologie.

C. Théorie de la signification

La signification est, pour la psychologie, une catégorie fondamentale importante. Car tout ce qui est psychique représente quelque chose, indique un contenu et une teneur, exerce une influence, a un intérêt ainsi qu'une importance.
La théorie de la signification propose un modèle fondamental de la production de la signification. Elle se rattache à la sémantique de G. FREGE (1992) et à F. de SAUSSURE (1916). Pour eux, chaque signification repose sur des signes ou modèles (*pattern*) fondés eux-mêmes sur un prototype (« état originel », par ex. objet, support de signe).
Ainsi, le psychisme est la catégorie significative située *au-dessus* du niveau des modèles et *au-dessus* du niveau du support. Or, la « signification » n'est pas définitivement établie, mais dépend de relations qui sont présentées dans la théorie de la signification.
A côté de l'axe vertical support-modèle-signification, on trouve les blocs : émetteur/récepteur (la modification individuelle de la signification par les personnes concernées), système des modèles (réserve globale d'où il est possible d'extraire des modèles spécifiques ; par ex. le langage dont il est question).
En outre, le modèle présente 4 vecteurs relationnels qui reflètent les dépendances internes de la signification (émergente) :

La communication (le type de relation avec autrui dans l'échange de significations), l'information (la transmission d'un contenu objectif, mais aussi les compléments non verbaux), destination (l'utilisation pratique de la signification), la convention (l'utilisation usuelle de significations particulières et leur modification).

Les rapports internes (sémantiques, sigmatiques, pragmatiques, syntaxiques) se réfèrent à la localisation théoriquement significative des relations précédentes (cf. Répertoire des concepts, en annexe).
Avec la théorie de la signification, la psychologie dispose de nouvelles bases pour analyser les contenus signifiants du psychisme.

40 II. Histoire des théories / 6. Théorie des systèmes

A Base des systèmes

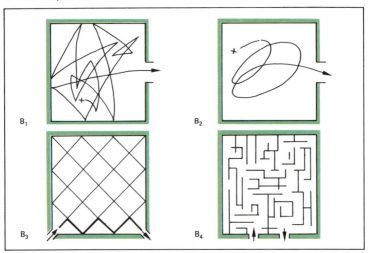

B Qualités des systèmes

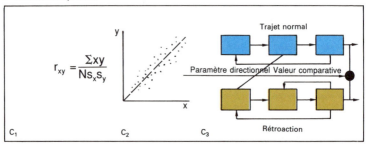

C Représentation des systèmes

En tant que troisième catégorie fondamentale (après l'« espace » et le « temps », cf. p. 109), l'épistémologie de la psychologie (p. 39) contient la « relation ». Une caractéristique essentielle de tout psychisme est la coordination, la composition liée. Dans l'histoire des théories psychologiques, cette catégorie est apparue fréquemment. Elle a été traitée avec le plus d'intensité pendant la phase de la psychologie gestaltiste (p. 107). Actuellement, on l'approfondit dans la théorie des systèmes appliquée au psychisme.

A. Base des systèmes

Tandis que la théorie gestaltiste se préoccupe en priorité de la perception, celle des systèmes va au-delà. Par principe, dans le psychisme, « tout » est lié ; on ne peut tracer de frontière ni dans le système nerveux, ni, concrètement, dans le psychisme, mais seulement à titre d'auxiliaire pour la pensée discriminatrice. Si l'on demande à plusieurs personnes de décrire cette image ambiguë (A), chacun apportera ses conceptions (« imprécision de l'interprétation ») :

Médecin et infirmière, mère et enfant, on fait une injection à l'enfant, la mère compatit, la mère subit une injection, d'autres regardent avec indifférence, ou apportent de l'aide, la scène a lieu dans une salle ou à l'air libre, etc. Les possibilités d'interprétation ne sont guère limitées mais elles dépendent toutes les unes des autres.

Ainsi, nous ne voyons pas seulement des formes (Gestalt), mais nous faisons l'expérience vécue de systèmes qui résident eux-mêmes dans d'autres systèmes ; ensemble, ils constituent des super-systèmes. Pour la théorie des systèmes, la question qui se pose est : que sont les « systèmes » dans le domaine de la psychologie ?

B. Qualités des systèmes

L'illustration montre 4 types comportementaux d'être vivants qui cherchent à s'échapper d'une boîte.

(B_1) Réaction stochastique : on trouve la sortie à l'aveuglette après une succession de vaines tentatives.

(B_2) Hasard dirigé : par des mouvements économiques et en spirale (souvent observés), il est possible de trouver plus facilement le but.

(B_3) Comportement sélectif : à chaque point d'intersection, on laisse la décision ouverte quant au chemin à choisir.

(B_4) Situation panoramique : on peut réfléchir sur le chemin à prendre auparavant, puis l'emprunter. Ces exemples sont indéniablement les étapes progressives d'un comportement amélioré qui présupposent l'amélioration d'un système de capacités correspondantes, ici, un système nerveux supérieur. Pour l'évaluation, il faut surtout décrire les degrés du système et leurs états, leurs modes d'action et leurs propriétés. On distingue 5 degrés :

Le tas (cumulus) contient de nombreux détails juxtaposés et sans lien entre eux.

L'agrégat (comme dans la batterie d'une voiture) est constitué d'un nombre indifférent de cellules connectées parallèlement et juxtaposées librement.

Les compositions sont des relations bilatérales (dichotomie) ou multilatérales dans une fonction cyclique rétroactive (par ex. organisations en bâtonnets et lignes, cf. XXI/5).

Les formes (Gestalt) sont « supra-additionnelles », c.-à-d. que leurs parties s'organisent en totalités (cf. VI/8).

Les super-systèmes enfin, sont imbriqués, ont leur dynamisme propre, se présentent comme opaques et *non maniables* ; ces propriétés les rendent difficilement accessibles à l'analyse, si bien que même dans la science, on préfère partir de relations plus simples, par exemple des modèles de réaction à l'excitation (cf. XXI/5).

C. Représentation des systèmes

Un aphorisme de MARIE VON EBNER-ESCHENBACH peut ici servir d'avertissement : « La vie ne peut être copiée, elle est trop riche pour cela. » Pourtant le scientifique doit représenter les objets de son domaine. Afin de ne pas simplifier, on se sert de la théorie des systèmes. Si l'on veut décrire des objets ou des thèmes, on peut employer diverses méthodes : la description verbale, l'aide d'une illustration (par ex. l'image exemplaire), la visualisation (par ex. un graphique), la mise en forme (par ex. une partition avec restitution isomorphe/ identique ou homéomorphe / ressemblante), et aussi l'imagination (par ex. une allégorie).

Pour le scientifique, la mise en forme est le procédé le plus courant. On procède entre autres au moyen d'une formule mathématique/statistique (C_1, cœfficient de corrélation, produit de variances, p. 73) ainsi que par sa transposition graphique (C_2, ill. des variables x, y) ou par l'image d'un bloc de connexions cybernétiques (C_3, représentation d'un circuit de régulation).

Ici, les blocs représentent des modules de stockage de l'expérience, ou des filtres de décision, ou d'autres sortes d'états ; les lignes de jonction symbolisent divers dispositifs normatifs à rétroaction : mécanismes de gouverne, modifications des paramètres de direction, mesure des valeurs comparatives. En tant qu'illustration de contextes réels, les tableaux de connexions doivent faciliter la vue d'ensemble d'événements imbriqués. Pour recenser scientifiquement les relations qui y sont contenues, l'épistémologie distingue les types de problèmes et de preuves.

Les deux principaux types de problèmes sont du types « découvrir » (trouver, *reperire* (lat.) : les faits doivent être établis) et du type « déduire » (montrer, *aperire* (lat.) : les conséquences résultent d'un « détour » par la théorie).

Les deux principaux types de preuves sont du type de l'exposition (*que, comment* il y a une relation entre les événements) et du type supérieur de l'explication (*pourquoi* la relation existe).

42 II. Histoire des théories / 7. Pratique

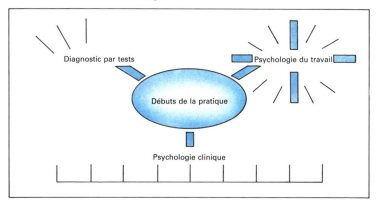

A Évolution des applications

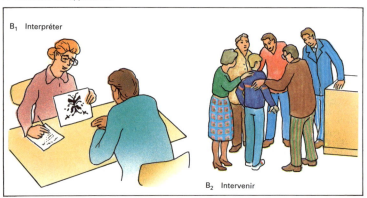

B Formes d'application

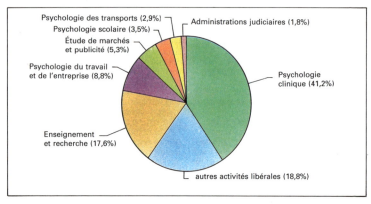

C Domaines d'application

Les sciences mettent au point diverses pratiques. Depuis les débuts de la psychologie en tant que discipline expérimentale, pendant la seconde moitié du XIXe siècle, le rapport entre la recherche et la pratique n'a jamais été sans problèmes. WILHELM WUNDT, fondateur du premier laboratoire universitaire de psychologie, se moquait de quelques-uns de ses élèves quand ceux-ci commencèrent à utiliser les premiers tests. Pourtant la psychologie a connu un développement irrésistible. Aujourd'hui, la psychologie appliquée (cf. XXII) constitue l'essentiel de la formation de deuxième cycle pour obtenir le diplôme de psychologue.

A. Evolution des applications

Au cours de cette évolution, trois aspects ont déterminé les débuts de la pratique en psychologie : le diagnostic par tests, la psychologie du travail et la psychologie clinique.

En 1884, FRANCIS GALTON, le célèbre neveu de CHARLES DARWIN, installait un laboratoire anthropométrique à l'exposition de Londres sur la santé où chaque visiteur pouvait effectuer des mesures dans les domaines de l'anatomie et de la physiologie sensorielle afin de définir ses capacités individuelles. GALTON appela *tests* ces examens et ainsi non seulement il créa un nom, mais encore inventa le diagnostic par tests, qui, par la suite, se développa (cf. XIX).

Parallèlement à d'autres, au début du siècle, EDOUARD CLAPARÈDE étudiait les conditions de travail et de qualification chez des ouvriers horlogers et chocolatiers en Suisse. Aux États-Unis, G.S. HALL, J. MCKEEN CATTELL, H. MÜNSTERBERG et W.D. SCOTT développaient la psychologie du travail dans plusieurs directions si bien qu'elle s'épanouit bientôt dans l'industrie, la profession et les transports.

Au début du siècle, élèves de WUNDT, EMIL KRAEPELIN et LIGHTNER WITMER fondaient la psychologie clinique (cf. XX) grâce à leurs travaux. Toutefois, WITMER remporta davantage de succès à Philadelphie que KRAEPELIN à Munich. Ces débuts donnèrent naissance, aux États-Unis d'abord, puis en Europe avec cinquante ans de retard, au plus vaste domaine d'application de la psychologie à l'heure actuelle. Depuis, ce domaine s'articule en une série de sous-domaines.

B. Formes d'application

Tout comme la profession s'est diversifiée, l'activité du psychologue a subi des transformations. Parmi les tâches très variées qui lui incombent, les principales sont :

le diagnostic psychologique à l'aide de tests ; l'évaluation de diverses aptitudes ou déficiences pour différents commanditaires ; les recherches sur les habitudes générales et la structure des besoins des populations ; le pronostic, la planification et le développement du conseil psychologique et de la psychothérapie individuelle ou collective, compte tenu de l'évolution sociale ; l'étude expérimentale des problèmes fondamentaux de l'application ; l'élaboration et la mise à l'épreuve de projets et de réformes.

D'après DORSCH (1963), les formes d'application se résument à deux domaines d'activités ayant des frontières fluides : interpréter et intervenir.

(B_1) Par *interpréter*, on veut dire : définir et expliquer les faits psychiques. Dans le détail, il peut s'agir de décrire des activités, d'analyser des réalisations, de désigner des dangers, de caractériser des situations, d'interpréter des opinions, de décrire périodiquement des évolutions, de faire des enquêtes sociales, de représenter les responsabilités, etc.

(B_2) *Intervenir* recouvre toutes les espèces de conduites psychologiques : assister, conseiller, rééquilibrer, prescrire, informer, motiver, suggérer, modifier, aider... Surtout en ce qui concerne l'intervention, tout dépend, dans la pratique, du psychologue et de la fertilité de ses idées.

C. Domaines d'application

La psychologie appliquée comprend principalement la psychologie clinique, la psychologie institutionnelle appliquée et la psychologie sociale appliquée.

La **psychologie clinique** concerne la nosographie (classification des troubles en psychoses, névroses, etc.), la sémiologie (formes de manifestation des troubles), l'étiologie (étude des causes des troubles), l'épidémiologie (caractères de propagation des troubles), les indications (mesures thérapeutiques indiquées), les formes de psychothérapie (actuellement environ 140 groupes de thérapies), la prévention (mesures préventives), les recherches sur la motivation thérapeutique.

La **psychologie institutionnelle appliquée** comprend la psychologie du travail, de l'entreprise et de la profession, ainsi que la psychologie de tranports, la psychologie judiciaire (entre autres, la criminologie) et les divers secteurs de la psychologie militaire.

La **psychologie sociale appliquée** est constituée de la psychologie économique (entre autres, l'étude psychologique des marchés), publicitaire, la psychologie des médias (mass media), de l'environnement, des loisirs, de l'opinion publique (entre autres psychologie de la police), la psychologie culturelle (entre autres des idéologies), ainsi que quelques domaines restreints, tel le sport (entre autres, psychologie de l'entraînement).

Le diagramme C présente la répartition des divers secteurs d'activités professionnelles en Allemagne.

C'est en Allemagne (p. 42-43) et aussi aux États-Unis que l'éventail des pratiques professionnelles de la psychologie est connu avec le plus de précision. En France, les données sont moins claires jusqu'à ce jour, bien que les domaines professionnels de la psychologie fassent l'objet d'un inventaire mieux organisé depuis 1985, année de promulgation de la loi reconnaissant et protégeant le **titre de psychologue**. Pour les autres pays, la littérature accessible est à peu près muette.

En France en tout cas, les estimations du nombre des psychologues praticiens, fournies par le Syndicat national des Psychologues (SNP) font état d'une **croissance importante depuis 10 ans** : environ 20 000 en 1985, au moins 30 000 en 1995.

Ces chiffres correspondent d'ailleurs à l'accroissement non moins spectaculaire des **étudiants en psychologie** : un peu plus de 30 000 en 1983, près de 40 000 pour 700 enseignants titulaires en 1987, plus de 50 000 pour environ 1 000 enseignants en 1993.

Une autre donnée importante propre au contexte français est représentée par la prévalence, en forte élévation depuis 25 ans, de la **psychologie clinique** sur les autres registres professionnels. Évalué à environ un tiers des praticiens en 1968, les psychologues cliniciens formaient déjà **59% en 1972**, et enfin près des **trois quarts** (73,6%) de la population des praticiens en exercice en 1988.

Les deux derniers chiffres résultent d'enquêtes par questionnaires portant sur des échantillons d'environ 1 000 personnes. Le deuxième en particulier provient d'une **enquête SNP/Le Monde** menée avec beaucoup de soin sur un échantillon que les auteurs s'estiment fondés à considérer comme représentatif.

Ce chiffre important de 74% ne semble pas du tout concorder à première vue avec la proportion de 41,2% de psychologues cliniciens identifiée en Allemagne. Cependant, on peut avancer à ce sujet plusieurs remarques.

Tout d'abord, les fonctions du psychologue clinicien en France dépassent aujourd'hui assez largement le strict secteur psychiatrique et même aussi le champ de la santé. Ils interviennent par exemple dans des domaines que les chiffres allemands distinguent à part : justice, formation, école.

Pour ce qui est justement du domaine scolaire, il convient de noter que les psychologues scolaires (env. 3 000, c.-à-d. 10%) et les conseillers d'orientation-psychologues (env. 4 000, c.-à-.d. 13%) s'identifient volontiers et de plus en plus au paradigme dominant de la psychologie clinique. Ainsi les deux chiffres, allemand (41%) et français (un peu moins de 50%), pour la psychologie clinique restreinte au strict domaine de la santé, apparaîtraient alors comme beaucoup moins éloignés, sans devenir pour autant absolument comparables. Cela d'ailleurs pourrait tenir à ce que la psychologie clinique en Allemagne fait l'objet d'une réglementation publique beaucoup plus rigoureuse, alors que son **exercice en France** est moins encadré, **plus libéral**.

Toutefois, dans un ordre d'idées proche, on retiendra que **60% environ des publications** nouvelles en Allemagne intéressent aujourd'hui le registre de la psychologie clinique.

A côté de la composante majoritaire représentée par la psychologie clinique, l'enquête *SNP/Le Monde* de 1988 isole deux autres composantes, l'une intitulée « **psychologie sociale et psychologie du travail** » (17%), l'autre enfin dénommée « **recherche** » (9%).

On notera que le premier chiffre sur le monde du travail et de l'entreprise n'est pas très éloigné du même chiffre en Allemagne (8,8%), si on y ajoute comme il se doit celui concernant le marketing et la publicité (5,3%), d'où environ 14%.

Mais il semble peu contestable que le nombre des enseignants-chercheurs soit nettement plus élevé en Allemagne (17,6%) qu'en France (9%).

Les deux sous-populations « clinique » et « sociale » dégagées par l'enquête de 1988 présentent des **caractéristiques différentielles** intéressantes.

La catégorie des psychologues cliniciens est plus féminisée (81% contre 73%), mène des études plus tardives et suit plus de formations complémentaires. Plus exposée au chômage, elle pratique davantage le cumul d'emplois à temps partiel, et compte plus de travailleurs indépendants. Elle est également moins bien rémunérée, et comporte plus de vacataires (24% contre 11%).

En 1988, les salaires médians mensuels des deux catégories clinique et sociale s'élevaient respectivement à 6 389 F et 8 312 F, avec 35% de salaires supérieurs à 10 000 F dans cette dernière catégorie.

En 1994, en exercice indépendant, le taux des vacations s'échelonne de 90 F à 350 F de l'heure. Les honoraires journaliers se situent, à titre indicatif, entre 2 200 et 4 500 F (COHEN-RIEU, 1994 ; TOUATI 1994).

Les métiers de la psychologie intéressent un nombre très varié de secteurs, qu'il est commode tout autant que conforme à la réalité de répartir selon les deux grands domaines principaux définis respectivement par la psychologie de la santé et la psychologie du travail. On peut avancer grosso modo que la première intervient dans les rubriques A, B, C, E, F à titre principal, parfois aussi D ; tandis que la seconde comporte une aire plus restreinte définie par les seules rubriques C, D, et F. Il arrive aussi, dans certains cas, que la tâche du psychologue mobilise des connaissances approfondies dans les deux champs de la santé et du travail (COHEN-RIEU, 1994 ; TOUATI, 1994).

A. Enfance et famille

Les secteurs d'exercice de la profession de psychologue clinicien sont représentés dans cette rubrique par :
- les crèches ;
- les centres de protection maternelle et infantile (PMI) ;
- l'aide sociale à l'enfance (ASE) ;
- les maisons d'enfants à caractère social ;
- la thérapie de couple, les entretiens familiaux, le conseil conjugal et familial, la médiation familiale.

B. Santé

Deux principaux secteurs délimitent ce domaine :
. Le champ de la santé proprement dit, défini par le cadre hospitalier : hôpitaux psychiatriques, hôpitaux de jour, services psychiatriques et médicaux des hôpitaux généraux, dispensaires publics et privés (consultations d'hygiène mentale pour enfants ou adultes) ;
. Le champ médico-social centré sur l'enfance et l'adolescence inadaptées, où l'on distingue :
- les IMP et IMPro (instituts médico-pédagogiques et instituts médico-professionnels) ;
- les instituts de rééducation pour enfants inadaptés, dont les centres de rééducation et d'éducation spéciale (CRES) ;
- les services de soin et d'éducation spécialisée à domicile (SESSAD) ;
- les CMPP (centres médico-psycho-pédagogiques) ;
- les diverses instances d'orientation et de conseil : Commission départementale d'éducation spéciale (CDES), Commissions de circonscription, Commission technique d'orientation et de reclassement professionnel (COTOREP), Centres régionaux pour l'enfance et l'adolescence inadaptées (CREAI), Conseil national consultatif, Centre technique national d'études et de recherches sur les handicaps et les inadaptations (CTNERHI).

C. École et formation
- Les psychologues scolaires sont des professeurs des écoles spécialisés qui opèrent dans le cadre de l'école publique ;
- Les psychologues de l'éducation occupent dans l'enseignement privé la fonction équivalente, mais interviennent aussi dans un secteur plus large : couples, groupes, formation ;
- Les conseillers d'orientation-psychologues exercent dans les collèges, les lycées et les universités ;
- Les psychologues formateurs peuvent investir différents rôles dans le cadre de la formation continue : formateur, conseiller en formation, responsable pédagogique, consultant en formation, ingénieur ou concepteur de formation ;
- Ils participent également, en plus de ce champ plutôt centré sur l'entreprise, à la formation des professions sociales et éducatives (assistants de service social, éducateurs spécialisés, animateurs socio-culturels, conseillers en économie sociale et familiale, éducateurs de jeunes enfants, infirmiers et aides soignants).

D. Travail

On citera en particulier, mais sans exhaustivité, les secteurs d'activité suivants :
- les services de psychologie du travail de la SNCF et de la RATP ;
- la Police nationale ;
- l'Association nationale pour la formation professionnelle des adultes (AFPA) ;
- les centres de psychologie du travail des caisses régionales d'assurance maladie (CRAM) ;
- le marketing ;
- le cabinet de conseil en ressources humaines (env. 300 en 1986) ;
- les examens de sécurité pour aptitudes aux postes à caractère dangereux, réclamés par les médecins du travail ;
- d'autres secteurs de la vie économique et sociale : l'urbanisme et l'environnement.

E. Justice

Son domaine implique le psychologue dans trois secteurs : l'expertise judiciaire ; la protection judiciaire de la jeunesse (PJJ) ; la prison.

F. Exercice libéral

Cette fonction recroise les trois principaux domaines professionnels précédents : secteur clinique (A, B), monde du travail (D) et formation (C). Les psychologues (2 000 en 1993) y mettent en œuvre les techniques les plus diverses : intervention dans des réseaux organisationnels, évaluation, conseil, expertise, audit, prévention et traitement des conflits, recrutement, sélection, orientation, bilan de compétences, examen psychologique, entretien d'aide, psychothérapie, psychanalyse, animation de groupes, conduite de réunions, supervision, stages de perfectionnement, séminaires, sessions pédagogiques.

46 III. Méthodologie / 1. Paradigmes méthodologiques

Expérience sur les animaux
A Behaviorisme

Introspection
B Phénoménologie

Étude longitudinale
C Perspective évolutionniste

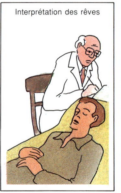
Biofeedback
D Psychophysiologie

Interprétation des rêves
E Psychologie des profondeurs

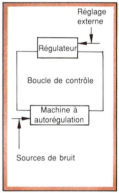
F Psychologie cognitive

G Psychologie écologique

Modèle d'urne
H Psychologie mathématique

Étude de terrain
I Psychologie appliquée

μέθοδος (methodos) est le mot grec qui signifie *chemin, voie* (pour atteindre quelque chose). Il est utilisé au sens figuré pour désigner la démarche d'une étude scientifique. Toute science a besoin de tels « chemins » en nombre important. En psychologie, les nombreuses méthodes usuelles peuvent être réduites à quelques paradigmes (types de modèles), dont on peut déduire les principales orientations théoriques de la psychologie scientifique.

A. Béhaviorisme
C'est par un article de JOHN BROADUS WATSON « Psychology as the behaviorist views it » (1913) que s'est amorcé le triomphe de ce courant de recherche, succès qui ne s'est pas démenti jusqu'à ces dernières années. Selon cette orientation, la psychologie devait se limiter aux caractéristiques comportementales observables et mesurables (*Psychologie sans âme*, F.A. LANGE, 1875), afin d'éviter les défaillances subjectives de la psychologie antérieure. La première place était donnée à l'expérience sur les animaux, où il fallait faire preuve d'« objectivité » scientifique au sens que donnent à ce terme les sciences de la nature.

Dans l'expérience du labyrinthe, on a par ex. établi des chiffres d'erreurs précis pour différentes conditions.

B. Phénoménologie
La phénoménologie, doctrine bien plus ancienne, s'appuie sur l'expérience de soi-même ou introspection (regard à l'intérieur de soi), qui concerne aussi bien chaque psychologue que la personne qu'il étudie. La phénoménologie a été renouvelée par EDMUND HUSSERL (1900) et s'est ensuite scindée en plusieurs branches, dont le paradigme méthodologique commun est l'étude des phénomènes, c.-à-d. des événements tels qu'ils sont immédiatement vécus.

C. Perspective évolutionniste
Depuis la théorie de DARWIN sur l'évolution, cette notion s'est imposée aussi en psychologie, et ce sous les deux aspects de la phylogenèse (par ex. comme psychogenèse – psychobiologie –, ou sociobiologie) et de l'ontogenèse (par ex. étude longitudinale du développement d'une vie entière).

D. Psychophysiologie
Avec l'augmentation des moyens techniques de recherche en médecine, s'est également accrue la possibilité de mesurer et d'influencer les états psychiques liés aux changements corporels. La recherche en biofeedback fait les deux.

On capte par ex. les états de tension électrique de la musculature et on les utilise en feedback comme facteur d'influence sur l'état psychophysique du patient.

E. Psychologie des profondeurs
Avec *L'Interprétation des rêves* (1900) s'est imposée la méthode psychanalytique. Cette interprétation est la « voie royale » de l'étude de la vie psychique inconsciente dans la plupart des écoles relevant de la psychologie des profondeurs.

F. Psychologie cognitive
La psychologie cognitive est née des études de KÖHLER (1917) sur les singes anthropomorphes et des observations de PIAGET sur le développement de l'intelligence enfantine (1927). La psychologie cognitive actuelle se distingue de la méthode expérimentale propre aux théories comportementalistes stimulus-réponse (p. 165) dans la mesure où elle ne présuppose plus une causalité linéaire, mais part de l'organisation autorégulatrice des systèmes étudiés. Il en résulte une différence de paradigmes méthodologiques, qui sont basés sur des relations systémiques très complexes.

G. Psychologie écologique
Le livre de HELLPACH *Geopsyche* (1911) a introduit l'aspect écologique : « Notre espace vital terrestre, la géosphère, est notre véritable patrie, que nous ne pourrons jamais quitter. » Depuis les années 60 (notamment H. PROSHANSKY), on met l'accent sur les 3 points suivants : relations dans la nature, dans la civilisation, et relations culturelles ou plus précisément interculturelles.

H. Psychologie mathématique
La psychologie mathématique concerne notamment les problèmes de théorie de la mesure et de la construction d'échelles (p. 49), mais elle est comprise ici comme exprimant paradigmatiquement des problèmes psychologiques dans un langage formel et plus précisément mathématique. On peut dater son début de l'adaptation des modèles de la cybernétique et de la théorie de l'information (notamment COOMBS, 1970). Dans les modèles d'urne, on reproduit des processus stochastiques ou aléatoires. La formule mentionnée décrit un processus stochastique indépendant avec indication de toutes les distributions de probabilités. Le paradigme méthodologique réside dans la mise à l'épreuve de modèles formels, par ex. en les confrontant à des processus d'échange réels de type faux-vrai dans les processus d'apprentissage.

I. Psychologie appliquée
Ayant rarement l'occasion de se replier sur des expériences de laboratoire, son paradigme méthodologique est l'enquête de terrain concernant des échantillons importants de la population totale. Pour ce faire, on est généralement obligé de développer de nouvelles méthodes adaptées au problème particulier. Un des principaux problèmes rencontrés dans ce contexte est la difficulté d'aborder directement l'échantillon de population concerné. C'est pourquoi les paradigmes de recherche se concentrent sur les interviews indirectes.

Ces 9 branches de la psychologie peuvent être partiellement combinées du point de vue méthodologique et thématique. Il en résulte une telle variété de points de vue que la discipline psychologique elle-même menace de se disloquer.

48 III. Méthodologie / 2. Théorie de la mesure

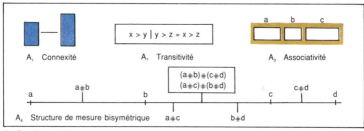

A_1 Connexité A_2 Transitivité A_3 Associativité
A_4 Structure de mesure bisymétrique

A Représentativité

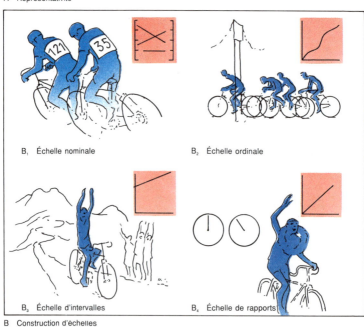

B_1 Échelle nominale B_2 Échelle ordinale
B_3 Échelle d'intervalles B_4 Échelle de rapports

B Construction d'échelles

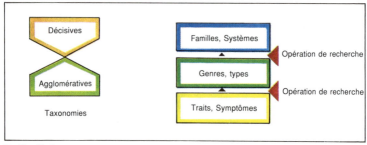

C Classification

« Mesure ce qui est mesurable, quant à ce qui n'est pas mesurable, essaye de le rendre mesurable. » Cette phrase est de GALILÉE (1564-1642). Ce principe est la condition préalable pour établir des lois. Dans le cas de la psychologie, cette tâche est extrêmement difficile.

A. Représentativité

Dans l'ouvrage capital de S.S. STEVENS (1959), on lit : « Mesurer, c'est attribuer des nombres à des choses ou à des événements selon certaines règles. » Pour les sciences physiques, cette attribution ne pose aucun problème, elle se fait par la *mesure fondamentale* des degrés d'un phénomène en termes de longueur, de température, d'angle, de masse, de volume, de charge électrique. Le psychisme, lui, est certes corporel, mais il est en même temps immatériel (cf. V) : il est impossible de dire que quelqu'un aime une jeune fille 3,50 m. La mesure doit donc être obligatoirement une mesure *déduite* et non fondamentale. D'où la tâche de vérifier de façon aussi exacte et fidèle que possible que les événements psychiques sont structurellement « mesurables ».

Quand on veut appliquer des nombres à des événements empiriques, il faut que ces événements remplissent certaines conditions.

(A_1) La connexité stipule que les événements doivent être donnés dans au moins 2 états reproductibles : notamment plus grand que, voire plus petit que, ou bien égal.

(A_2) La transitivité stipule que, si x est plus grand que y et y plus grand que z , alors x est également plus grand que z.

(A_3) Si l'on aligne 3 bâtons, la suite a b c et d'autres variations différentes (qu'on appelle associativité, monotonie, positivité et axiome d'Archimède) ne jouent aucun rôle en ce qui concerne la longueur totale.

Mais il n'est pas facile de vérifier ces « évidences » dans chaque cas particulier. Cela tient aussi au fait qu'il existe un grand nombre de structures de mesure possibles, parmi lesquelles celle de la bisymétrie (A_4). En tant qu'opérations binaires dans des évaluations comparatives, il n'est pas obligatoire que des valeurs centrales par ex. (a#b, a#c, b#d, etc.) concordent avec des mesures objectives.

B. Construction d'échelles

Les valeurs mesurées ne sont pas isolées. Pour les ordonner, on les met en relation en établissant des classements. Cela se fait parfois en regroupant les valeurs (par ex. les revenus annuels entre 20 000 et 40 000 DM). Les échelles définissent des formes de prescription pour une série de données numériques quelconques. Leurs qualités statistiques présentent de grandes différences.

(B_1) Les **échelles nominales** se rapportent uniquement à l'appartenance à un groupe, en termes de présence (1) ou absence (0) d'un trait pertinent. Par ex. les numéros de coureurs figurant sur les dossards permettent de conclure au nombre des concurrents (sauf si certains numéros ne figurent pas à l'appel). L'é. n. est un ensemble de classes non ordonnées.

(B_2) Les **échelles ordinales**, ou par rangs, autorisent des énoncés relatifs du type : meilleur que / pire que, plus de / moins de, etc.

A l'arrivée, on ne considère que les rangs des coureurs 1, 2 , ... : indication du classement sans aucune mention de l'intervalle qui les sépare. L'é. o. est un ensemble de classes ordonnées.

(B_3) Les **échelles d'intervalles** utilisent une mesure déterminée et permettent de dire quelque chose sur les différences entre les valeurs mesurées. L'é. d'i. est un ensemble de classes ordonnées avec estimation des distances.

Aux étapes, les valeurs du jour pour les concurrents, quand elles sont données en unités de temps, indiquent l'écart précis qui les sépare.

(B_4) Les **échelles de rapports** (é. de ratio ou é. proportionnelles, avec des variations dans la définition) commencent par l'identification d'un véritable zéro de l'unité de mesure utilisée et indiquent la valeur totale. C'est le seul cas où il n'est pas absurde de faire une comparaison proportionnelle de valeurs.

Le résultat du tour cycliste s'exprime par la liste d'ensemble des temps globaux, de 0 au départ pour tous les concurrents jusqu'à la valeur mesurée à l'arrivée de la dernière journée pour chacun d'eux.

Ces 4 types d'échelle ont encore des formes intermédiaires : elles sont globalement hiérarchiques, c.-à-d. que le type 2 contient le type 1, etc.

C. Classification

Mesures et échelles sont rarement le stade ultime de l'élaboration scientifique. On s'efforce de distinguer les traits pertinents non seulement par « exemplaires » et par « types de relation », mais aussi par « familles ». Il existe encore différents niveaux de partition en classes. La classification *unique* est celle qu'établit un auteur de manuel en ordonnant les troubles psychiques à l'intérieur d'un schéma global qui lui est propre. Les classifications *collectives* s'appuient sur de nombreux experts, dont on résume les systèmes. Les classifications *taxonomiques* tentent de s'élever au-dessus du niveau nominal inférieur. Dans la taxonomie numérique (dite aussi taxométrie), la distribution initiale s'effectue au minimum au niveau de l'échelle ordinale. La plupart du temps, les taxonomies sont hiérarchiquement ordonnées : agglomératives (procédant du bas vers le haut) ou divisives (du haut vers le bas). Elles se distinguent ensuite par le nombre de leurs niveaux. Pour les taxonomies agglomératives, le niveau inférieur est celui du trait spécifique (par ex. les symptômes d'un trouble psychique). Les traits spécifiques requièrent l'égalité intérieure (homogénéité) et l'inégalité extérieure (isolation).

Par des opérations de recherche appropriées (par ex. des analyses factorielles), on réduit le nombre des phénomènes à des genres ou types. Comme dans la classification de LINNÉ, on aboutit à des familles ou systèmes de phénomènes psychiques.

50 III. Méthodologie / 3. Collecte des données

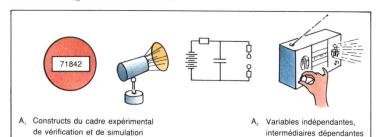

A_1 Constructs du cadre expérimental de vérification et de simulation

A_2 Variables indépendantes, intermédiaires dépendantes

A Variables

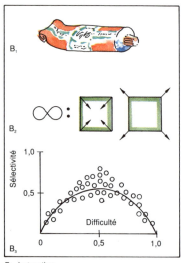

B_1

B_2

B_3 Sélectivité / Difficulté

B Indexation

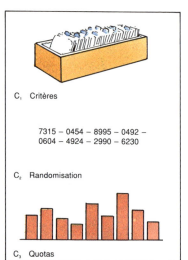

C_1 Critères

7315 – 0454 – 8995 – 0492 –
0604 – 4924 – 2990 – 6230

C_2 Randomisation

C_3 Quotas

C Échantillon

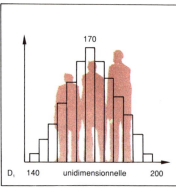

D_1 140 unidimensionnelle 200

D_2 pluridimensionnelle

D Matrice de données

Avant l'essor des sciences de la nature au milieu du XIXe siècle, c'est au niveau de l'esprit que l'on essayait d'appréhender l'« essence » du psychisme. Depuis, on prélève des données concrètes, à partir desquelles on tire ensuite des conclusions quant à l'essence du psychisme. Mais cela ne signifie pas que cette voie a résolu tous les problèmes liés aux fondements méthodologiques.

A. Variables
Avant de se demander comment on fait une étude et qui est étudié, il faut répondre à la question : Qu'étudie-t-on ? La réponse générale est la suivante : des *variables*, c.-à-d. les traits caractéristiques d'un état de choses susceptible de se modifier. Souvent, la « modification » consiste tout simplement dans l'absence ou la présence des caractéristiques. C'est cette variabilité qui fait que les caractéristiques sont méthodologiquement saisissables. Cela étant, on ne néglige nullement les « constances » ou « invariants », c.-à-d. ce qui ne change pas : toutes les sciences essayent de les saisir et de les fixer sous forme de « lois ».
Les variables sont des critères, des caractéristiques, des symptômes, des dénominations ou des points d'identification intéressants du point de vue scientifique, et qui sont, jusqu'à un certain point, construits. On distingue :
(A_1) Les constructs du cadre expérimental (ex. : les compteurs) directement identifiables ; constructs de vérification (ex. : l'éclairage), caractéristique que l'on fait varier pendant l'expérience ; les constructs de simulation (ex. : reconstitution électrique d'un neurone), modèles permettant l'étude des caractéristiques naturelles.
(A_2) Une autre distinction concerne la fonction expérimentale : les variables indépendantes (Vi) sont les caractéristiques que l'on modifie en cours d'expérience conformément à un plan préétabli et dont on observe l'effet sur les variables dépendantes (Vd). Les variables intermédiaires (Vm) sont les maillons hypothétiques situés entre les deux variables et auxquels aucune autre propriété n'est reconnue que cette fonction particulière de dépendance. Ex. de la radio : Vi = tourner le bouton de réglage ; Vd = modification du volume sonore ; Vm = transformation à l'intérieur.

B. Indexation
Pour tout objet d'étude, il faut préalablement établir les ensembles de caractéristiques variables.
(B_1) Pour l'analyse d'un objet, par ex. les traces d'utilisation laissées sur un tube, on déterminera les caractéristiques à étudier. Ici le but recherché est la description psychique exhaustive.
(B_2) Comme celle-ci est pratiquement infinie, on opère une sélection économique dans 2 directions : vers l'intérieur sur les caractéristiques définitionnelles, et vers l'extérieur sur les caractéristiques différenciatrices à l'égard d'autres objets.
(B_3) L'essentiel est la sélectivité (sensibilité), c.-à-d. la possibilité de faire la différence, par ex. dans un test, entre bons et mauvais résultats.

L'analyse du degré de difficulté des items d'un test (cf. XIX / 1) se fait selon la formule :

$$p = \frac{Nj}{N} \quad (Nj = \text{réponses justes})$$

C. Échantillon
L'étude d'un ensemble de référence ou population (par ex. le peuplement d'un pays) est la plupart du temps impossible : on doit se contenter d'une sélection. L'important est alors qu'il y ait une correspondance aussi précise que possible entre l'échantillon (*sample*) et la population.
(C_1) On fait son choix dans un fichier de la population totale en se conformant à certains critères.
(C_2) La randomisation (hasard dirigé) procède par suites tirées au sort : l'exemple reproduit une ligne de la table de TIPPET, d'après laquelle on peut choisir la fiche suivante. Quand les fichiers sont plus petits, les centaines, voire les dizaines sont suffisantes : 15 – 54…
(C_3) La méthode des quotas se conforme aux particularités statistiques de la population concernée (par ex. le pourcentage de groupes d'âge). Dans ce cas, il est possible d'arrondir a posteriori les groupes insuffisamment représentés. Des « correctifs » peuvent être apportés quand les résultats contiennent des erreurs déterminables.

D. Matrice de données
Il est possible d'élaborer les résultats d'une recherche, les « données », pour en obtenir des informations supplémentaires. Le fait est bien connu depuis la discussion sur informatique et libertés. Le principal traitement auquel sont soumises les données est le classement dans une matrice ou un schéma de données.
(D_1) Comme ex. de configuration unidimensionnelle, on a ici l'histogramme des tailles d'un groupe donné.
(D_2) Comme ill. d'une matrice pluridimensionnelle, on a ici le tableau des corrélations entre 7 caractéristiques différentes. Dans une telle matrice, les 49 valeurs possibles ne sont pas toutes intéressantes. La bande jaune reproduit les valeurs identiques à elles-mêmes. Le triangle violet est la réplique en miroir du triangle bleu du haut. Il en résulte que seuls les 21 chiffres du triangle violet sont intéressants. Dans le cas présent, les valeurs elles-mêmes sont « discrètes », parce qu'à la différence des valeurs continues elles sont divisées en intervalles numériquement définissables.
En tout cas, les données dépendent de la façon dont on les collecte, c.-à-d. que c'est la détermination de la méthode qui en fixe la pertinence. C'est après seulement qu'il importe de se demander si la méthode a été correctement appliquée. Les positions générales sur la collecte des données ont souvent changé. Selon CATTELL, la psychologie de la personnalité distingue les données L (*liferecords*, échelles d'estimation de la personnalité), Q (*questionnaire-data*, auto-évaluation) et T (*testdata*, résultats de tests).

52 III. Méthodologie / 4. Plans d'expérience

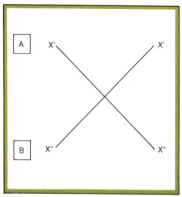

A Plan croisé

B Plan à groupe contrôle

B_1 GE : X″   GC : X′

B_2 Tδ : $<$ GE : X″ / GC : X′

B_3 GE : $X_1″ - X_2″$ GC : $X_1′ - X_2′$

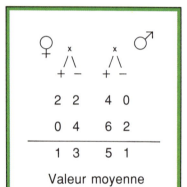

C Plan factoriel

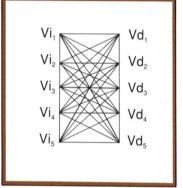

D Plan multivarié

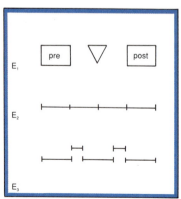

E Étude longitudinale

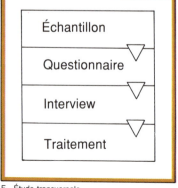

F Étude transversale

Pour contrôler l'effet d'une thérapie, il ne suffit naturellement pas d'étudier l'état du patient après la cure. Même la forme quelque peu élargie consistant à mesurer d'abord l'état de départ et ensuite l'état consécutif à la thérapie peut être une source d'erreurs du fait que le même test peut être mieux maîtrisé la deuxième fois, ou parce qu'une amélioration autonome du trouble (rémission spontanée) est intervenue entre-temps. Ce qu'on appelle le *design de recherche* (organisation de l'expérience) comprend la mise en œuvre réfléchie des plans d'expérience adéquats. Parmi les nombreux plans possibles, nous présentons ci-dessous les principaux.

A. Plan croisé
Le *cross-over-design*, ou plan croisé, est un modèle pour les dispositifs simples à répétition balancée. Un groupe A choisi au hasard est confronté avec un groupe B. Pour le groupe A, on effectue d'abord l'expérience (par ex. un test de concentration) avec la variable indépendante X' (par ex. sans bruit), puis on propose une tâche comparable, comportant la variable indépendante X'' (avec bruit). Pour le groupe B, on adopte l'ordre de présentation inverse : X'' puis X'. On vérifie la différence entre X' et X'' avec le test t de Student (p. 69). Comme tous les procédés, on peut rendre celui-ci plus compliqué, par ex. au moyen d'une organisation en miroir : les deux groupes sont testés dans les deux ordres de présentation.

B. Plan à groupe contrôle
Le plan croisé n'est pas adapté lorsque la variable indépendante (par ex. une psychothérapie) a un effet durable. Dans un cas de ce genre, le chercheur utilise la plupart du temps des plans à deux types de groupes.
(B_1) Après tirage au sort, les sujets de l'expérience sont divisés en 2 groupes de taille comparable : un groupe expérimental GE, pour lequel on applique le dispositif d'expérience X'' (par ex. une thérapie déterminée), et un groupe contrôle GC avec le dispositif X' (sans cette thérapie).
Il est possible d'améliorer ce type de planification en séparant le GE et le GC au moyen d'un pré-test δ (B_2), ou plus précisément en déterminant les différences résultant de la double mesure (B_3). On peut ensuite compléter à l'aide de modèles hiérarchiques d'emboîtement *(nested designs)*.

C. Plan factoriel
Pour certaines recherches, il est réaliste de partir de plusieurs variables indépendantes. On recourt alors à des plans factoriels. La forme la plus simple de plan factoriel est le dispositif 2 x 2.
Dans l'exemple (C), on confronte 2 fois le facteur sexe (femme, homme) avec un facteur x (par ex. l'intérêt pour le sport) et on calcule la valeur moyenne. A partir de là, on peut rechercher, s'il existe une corrélation ou plus précisément une interaction entre le sexe et x.

D. Plan multivarié
Ce groupe de plans part du fait qu'à côté de plusieurs variables indépendantes (Vi) il existe aussi plus d'une variable dépendante (Vd). Comme en psychologie de nombreuses problématiques ayant trait à la Vd ne peuvent être formulées que sur un mode multivarié, ce groupe de recherches présente une grande variété de techniques.
Celles-ci nécessitent la plupart du temps des calculs extrêmement longs, si bien qu'on est généralement obligé de recourir à l'ordinateur, pour lequel on dispose de logiciels d'analyse de variance multivariée par ex. MANOVA *(multivariate analysis of variance)*.

E. Étude longitudinale
Tous les dispositifs de recherche mentionnés sont conçus pour une étude ponctuelle ou relativement limitée dans les temps. Or il est souvent intéressant d'étudier la transformation temporelle de certaines caractéristiques. Pour ce genre de problématique, la variation individuelle est très importante. C'est pourquoi il s'agira avant tout d'études de cas individuels, même si celles-ci ne sont pas réservées à une seule personne. Pour que ces procédures conservent le même statut scientifique que les précédentes, le traitement quantitatif des observations se fait avec un grand déploiement statistique, qui les garantit en même temps contre le hasard (HUBER, 1973).
La forme la plus simple d'étude longitudinale (E_1) est l'étude *pré-post* (avant et après un événement), puis on trouve les études de longue durée (E_2) (par ex. le développement psychologique des enfants allemands nés après-guerre ; THOMAE, etc., 1954), jusqu'aux recherches longitudinales échelonnées (E_3) (phases de vie et phases de recherche alternent à intervalles fixes) et aux analyses de séquences temporelles (p. 77).

F. Étude transversale
C'est la démoscopie (entre autres, méthode des sondages d'opinion, NOELLE-NEUMANN, 1964) qui a fait connaître ce groupe de plans auprès du grand public. Mais cela ne vaut pas au même degré pour la technique elle-même. Pour les grandes enquêtes transversales, on interroge la plupart du temps 2 000 personnes, choisies selon les critères d'échantillonnage décrits plus haut. L'une des tâches principales de la psychologie dans ce genre d'enquête est l'élaboration des questions qui ne doivent pas être suggestives ni demander de trop gros efforts de réflexion. L'interview proprement dite et le traitement des données sont assumés la plupart du temps par des personnes formées.
Les enquêtes sur *panel*, introduites en 1938 par LAZARSFELD, combinent les dimensions longitudinale et transversale : cette méthode d'analyse des processus consiste à interviewer par ex. les attitudes dans l'ensemble de la population sur une période relativement longue et à intervalles réguliers, afin de connaître les tendances de l'opinion et de prévoir d'éventuelles évolutions.

54 III. Méthodologie / 5. Formulation des hypothèses

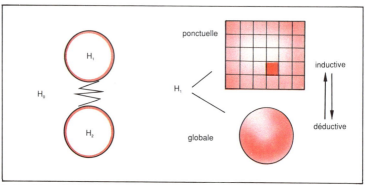

A Hypothèses statistiques

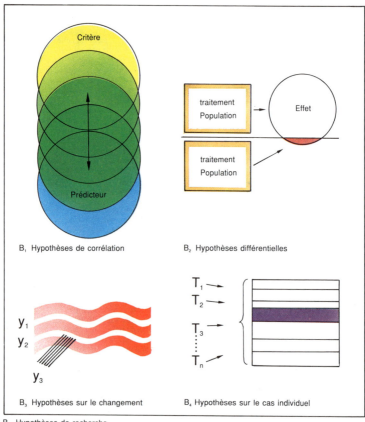

B_1 Hypothèses de corrélation

B_2 Hypothèses différentielles

B_3 Hypothèses sur le changement

B_4 Hypothèses sur le cas individuel

B Hypothèses de recherche

En recherche scientifique, il faut soumettre à la critique ce qu'on a l'intention de rechercher. C'est ce qu'on appelle formulation des hypothèses. Voici comment SELG et BAUER (1971) définissent cette démarche initiale : « Si un problème est une question sans réponse empiriquement vérifiable, alors une hypothèse est une formulation concernant la réponse empirique espérée. » Souvent sous-estimée du point de vue méthodologique, la formulation des hypothèses peut être considérée comme la partie la plus intéressante pour l'esprit de la phase préparatoire d'une recherche. Car c'est à ce niveau qu'est tranchée la question de la fécondité d'une problématique.

A. Hypothèses statistiques

Une hypothèse est une imputation. Cette expression « négative » reçoit ici un sens « positif » : une supposition déterminée est introduite comme tentative d'explication et il y a lieu d'en vérifier la validité. Pour ce faire, on pose 2 conditions principales à l'énoncé hypothéti-que :
   a) clarté (l'hypothèse doit éviter la contradiction dans les termes et l'ambiguïté),
   b) opérationnalisation (l'hypothèse doit être vérifiable avec des méthodes appropriées).

Il n'est pas toujours facile de satisfaire ces deux exigences.

En fonction de sa localisation dans un programme de recherche, on distingue l'hypothèse initiale (en quelque sorte le premier pas, le premier essai d'élaboration d'une théorie) et l'hypothèse décisionnelle (experimentum crucis, celle qui clôt le débat, ou bien ... ou bien ...). Entre ces deux pôles, on trouve les faisceaux d'hypothèses, les pas jalonnant la progression vers une théorie d'ensemble ou une résolution du problème. On distingue logiquement les hypothèses théoriques des hypothèses concrètes, qui se rapportent à l'élucidation rétrospective de certains faits et sont supposées introduire des explications connexes.

(A_1) Une différenciation essentielle sur le plan statistique est celle qui concerne la supposition de validité. Ce qu'on appelle l'hypothèse nulle énonce que la relation supposée *n*'existe *pas*. En face, on a l'hypothèse alternative (aussi appelée hypothèse de travail) concernant la relation supposée. On symbolise la première par H_0, la seconde par H_a, ou mieux par H_1 (parce qu'on peut compléter avec H_2, H_3 , etc.). H_0 doit donner de l'objectivité à l'attitude du chercheur et tempérer ce que son attente peut avoir d'excessif.

(A_2) H_1 se subdivise en hypothèses ponctuelles (avec lesquelles on tire une conclusion inductive concernant une totalité) et en hypothèses globales (destinées à éclairer une problématique étendue, de laquelle on peut tirer des conclusions déductives). Induction et déduction peuvent aussi se compléter l'une l'autre.

B. Hypothèses de recherche

Les hypothèses sont des stades sur la voie menant d'une idée de recherche (formulée sous forme de « thèses ») au but que représente la preuve d'une régularité. Elle sont généralement formulées sous forme de relation : « Si... alors... » Il faut les planifier comme vérification de thèses, les réaliser expérimentalement, en évaluer et en interpréter les résultats. On peut les classer en 4 groupes suivant leurs orientations formelles (BORTZ, 1984).

(B_1) **Hypothèses de corrélation.** Sous le nom d'analyse d'interdépendance, on essaye, dans ce groupe, d'élucider une relation causale. On peut par ex. supposer qu'existe une corrélation entre la fréquence des interventions dans la discussion d'un membre (critère) d'une communauté constituée par hasard et le niveau d'intelligence que les autres participants lui attribuent (prédicteur). Il s'agit alors de vérifier cette hypothèse de corrélation avec un modèle de recherche approprié.

(B_2) **Hypothèses différentielles** . « Cette méthode de traitement *(treatment)* a-t-elle même un sens ? – Y a-t-il une différence entre les femmes et les hommes du point de vue de la conduite automobile ? » De telles analyses différentielles visent une division en pourcentage de 2 états de faits (*treatment*, population) rapportés à un domaine d'effets.

(B_3) **Hypothèses sur le changement.** Les analyses de commutation ont certes la cote (elles absorberaient la moitié des énergies de recherche ; entre autres BALTES, 1977), mais elles n'en restent pas moins problématiques, car elles laissent plus de questions ouvertes qu'elles n'en résolvent. Voici quelques hypothèses quotidiennes types : la télévision est nuisible pour les enfants... La guérison dépend de la volonté de guérir... L'école étouffe les enfants créatifs ! Problématiques sont les tierces variables indépendantes (Y_3) dont l'influence reste ignorée (cf. IV / 6).

(B_4) **Hypothèses sur le cas individuel.** Conformément à sa mission, la psychologie est souvent tenue de s'occuper des cas individuels. Quand il s'agit par ex. d'examiner ce qui a pu causer l'acte d'un accusé, les connaissances générales sur les réactions humaines ne sont pas d'un grand secours. Dans le domaine du psychodiagnostic (cf. XIX), on utilise des « batteries de tests » (c.-à-d. des combinaisons de plusieurs tests allant de T_1 à T_n), qui prennent la forme d'un « profil de tests » et fournissent au diagnostiqueur certaines indications, par ex. sur le degré d'intelligence individuel. Les hypothèses de ce type se distinguent des autres du fait qu'elles sont généralement standardisées, c.-à-d. que le diagnostiqueur s'appuie sur la vérification hypothétique des critères de validité du test appliqué, telle que l'effectuent la théorie et la construction du test.

Concernant les hypothèses, il peut être dit généralement qu'on ne part pas d'une confirmation définitive (vérification) ou d'une réfutation définitive (falsification), mais qu'on parle uniquement de maintien (négation de l'attente) ou de rejet (affirmation de la supposition fondatrice) de l' « hypothèse nulle ».

56 III. Méthodologie / 6. Observation

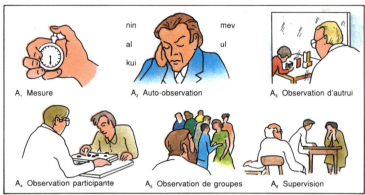

A Formes d'observation

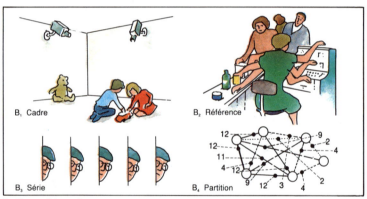

B Champ d'observation

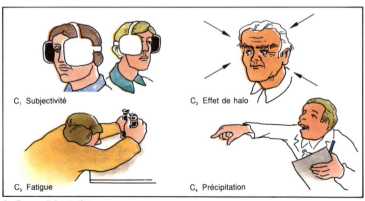

C Erreurs d'observation

La psychologie dispose d'un si grand nombre de méthodes de recherche qu'il est presque impossible d'en faire le tour. Cependant toutes sont fondées sur 3 principes combinables : la perception systématisée, la question consciemment posée (p. 59) et l'expérience orientée (p. 61).

A. Formes d'observation

Comme perception systématisée, observation, le premier groupe de méthodes comprend une série de formes de constat.

(A_1) **Mesure.** C'est à la mesure qu'on fait le moins souvent le reproche périodique de « non scientificité » de la méthode d'observation. Certes, il s'agit aussi d'une perception (la plupart du temps visuelle), mais ce n'est pas l'événement lui-même qui est observé, puisqu'on fait intervenir un appareil technique (entre autres le chronomètre, le galvanomètre, le polygraphe à plusieurs pistes, par ex. pour les processus physiques), qui concentre l'observation pour qu'elle soit « lue ».

(A_2) **Auto-observation.** C'est la forme subjective d'observation. Au début du siècle, EBBINGHAUS a pu démontrer sa valeur scientifique en apprenant par cœur des syllabes dépourvues de sens (nin, mev), puis en notant sa courbe d'oubli pendant des années. Les résultats de son auto-observation gardent encore une validité de principe.

(A_3) **Observation d'autrui.** L'observation d'autrui est sans doute à l'origine de la majorité des connaissances psychologiques. Pour éviter d'importuner le sujet en le fixant des yeux, ce qui pourrait fausser les résultats, on utilise souvent des dispositifs de protection, par ex. une glace sans tain ou des caméras, pour que les sujets de l'expérience, notamment les enfants, ne se sentent pas gênés.

(A_4) **Observation participante.** Dans ce cas, l'observateur ne se distingue pas des membres du groupe observé. L'observateur peut par ex. participer aux jeux du groupe.

(A_5) **Observation de groupes.** Ici, on a non seulement affaire à un nombre plus élevé d'observations du fait de l'augmentation du nombre des sujets, mais on observe en plus les événements interpersonnels.

(A_6) **Supervision.** Au cours de la formation, l'activité pratique de l'étudiant est directement ou indirectement (c.-à-d. par des notes par ex. sur la conduite de l'entretien) contrôlée par un « superviseur » (psychologue formateur). Les corrections sont discutées avec l'étudiant.

B. Champ d'observation

L'observation scientifique demande à être organisée. On peut relever 4 domaines principaux.

(B_1) **Cadre de l'observation.** Il faut déterminer le découpage (par ex. la portion d'espace choisie) et le thème (par ex. des types de comportements), de même que les instruments d'observation (utilisation d'appareils vidéo par ex.).

(B_2) **Référence de l'observation.** Le mode de systématisation de l'observation va de l'observation occasionnelle à l'analyse de comportement (par ex. l'analyse du travail comportant l'enregistrement des mouvements de bras et de mains au cours de processus de travail). Comme toutes les unités d'observation sont en relation contextuelle avec d'autres éléments comportementaux, il faut également enregistrer (cf. XIX / 2) leurs caractéristiques expressives (par ex. les signes de fatigue).

(B_3) **Observation en séries.** L'observation est toujours un événement situable dans le temps. Les échantillons concernent donc souvent des phases d'observation répétées dans le temps *(time sampling)*.

(B_4) **Partition des observables.** Une des grandes difficultés est due à la fugacité des caractéristiques à observer. Comme pour la musique et la notation chorégraphique, on établit une partition des caractéristiques observées (par ex. pour le nombre de contacts visuels entre les sujets d'un groupe expérimental). Depuis qu'on parvient à mieux résoudre le problème technique de la notation optique et acoustique, la valeur scientifique de l'observation s'est également accrue.

C. Erreurs d'observation

(C_1) **Subjectivité.** Concernant les « œillères » limitant l'observation, on dénombre principalement 5 catégories :

l'*horizon* (caractère incomplet selon le niveau d'élaboration correspondant à l'intelligence, aux connaissances préalables, à l'orientation de l'intérêt et au niveau d'attention),

le *manque d'objectivité* (sélection de valeurs centrées sur le moi au détriment de caractéristiques objectives),

la *perspectivité* (mauvais choix, omission de caractéristiques ou superfluité de celles-ci),

la *coloration affective* (déformation par le sentiment),

la *partialité* (influence préalable due à d'autres préjugés individuels vis-à-vis de personnes ou de groupes).

(C_2) **Effet de halo.** Également appelé « effet d'aura » : certaines caractéristiques apparentes (par ex. la première impression) exercent une attraction sur d'autres caractéristiques et les éclipsent. Au nombre des erreurs d'observation analogues, on peut compter l'effet Barnum (propension accrue à accepter des observations imprécises), l'effet d'appétence (choix d'observations allant dans le sens espéré), la tendance centripète (prédilection pour les valeurs moyennes), l'effet d'aggravation (amplification d'observations quand il s'agit de les dénommer), l'effet d'indulgence (déplacements positifs en faveur de personnes connues).

(C_3) **Fatigue.** Tout observateur doit compter avec le fait que son attention décroît en cours d'observation, même s'il ne s'en aperçoit pas lui-même.

(C_4) **Précipitation.** Au stade du jugement final, on peut parvenir à des appréciations prématurées que ne confirment pas les caractéristiques observées. Mais il n'est plus possible d'en tenir compte, puisque le jugement est déjà arrêté.

58 III. Méthodologie / 7. Exploration

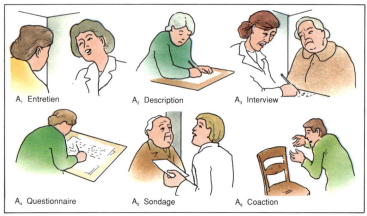

A Formes d'enquête

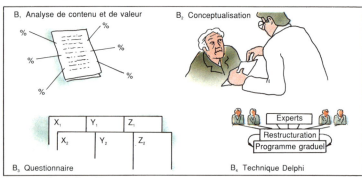

B Construction de l'enquête

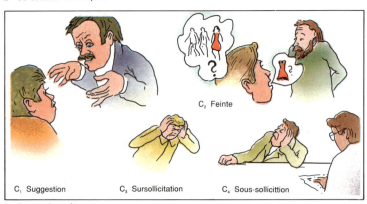

C Erreurs d'enquête

Une bonne discussion raccourcit la route, dit le proverbe. Pour la psychologie, rien ne remplace l'interrogation des intéressés. Second groupe important de méthodes, l'enquête présente de grandes différences qualitatives.

A. Formes d'enquête

(A_1) **Entretien**. Depuis l'essor de la psychologie clinique (cf. XX), on accorde une attention accrue à la conduite des entretiens. Dans la psychologie non directive, chaleur émotionnelle, estime et authenticité sont mises au premier plan du côté du thérapeute, alors que monologue, polémique, attitude d'examinateur, projection (XX/7, B) et détournement des thèmes sous-jacents sont considérés comme des facteurs de perturbation.

(A_2) **Description**. Elle va de la description biographique de soi-même (anamnèse), qui ne dépasse guère le curriculum vitae, jusqu'au « différenciateur sémantique » (OSGOOD, 1953), forme d'auto-description selon des concepts comparatifs bipolaires, par ex. calme-excité, amical-hostile, léger-prudent (SCHÖNBACH, 1972).

(A_3) **Interview**. Cette forme d'enquête, la plus répandue de toutes, comporte d'innombrables sous-formes : la première interview d'une thérapie (que le psychothérapeute américain A. LAZARUS considère comme l'aiguillage décisif pour la thérapie), l'interview diagnostique, de conseil, d'enquête, de recherche, de panel et la discussion de groupe dirigée (processus de formation de l'opinion, E. DICHTER, 1964).

(A_4) **Questionnaire**. Inventaire fixe de questions, pour établir généralement un diagnostic, enquêter sur des opinions ou des attitudes.

(A_5) **Sondages d'opinion**. Depuis G. GALLUP (1936), le sondage d'opinion publique est un domaine établi, qui indique l'opinion de la population totale grâce à un modèle miniature d'environ 2000 personnes interrogées.

(A_6) **Coaction**. Dans cette forme de dialogue, la personne abréagit ses positions et ses opinions, par ex. en face d'une chaise vide sur laquelle elle doit s'imaginer assise elle-même ou une personne de référence.

B. Construction de l'enquête

Construire un questionnaire demande de longs préparatifs, beaucoup d'expérience et de vérifications. Il faut d'abord choisir entre constructions « dure » et « douce ». S'il s'agit d'enquêtes *focalisées* (centrées sur un objectif précis), il y a peu de latitude pour une libre expression libre, alors que les enquêtes *narratives* (sans contraintes verbales) se prêtent beaucoup mieux à des thèmes de recherche complexes et moins structurés.

(B_1) **Analyse de contenu et de valeur**. Pour pouvoir apprécier si des concepts, des questions ou des passages interrogatifs peuvent déclencher des réponses, il faut la plupart du temps analyser la répartition des éléments textuels dans la population du point de vue de la fréquence d'emploi, de la compréhension, etc. Les analyses de valeur sont en outre des procédures quantitatives permettant de connaître les fréquences de signification.

(B_2) **Conceptualisation**. Cette notion (MEICHENBAUM, 1977) désigne l'ajustement correct de la personne interrogée et de la « formulation » du problème : il doit être reformulé dans un langage intéressant et compréhensible pour elle.

(B_3) **Questionnaire**. F. GALTON a proposé dès 1880 des questionnaires pour enquêter sur les différences individuelles. Les questionnaires actuels sont la plupart du temps des instruments psychométriques, les tests analysés par *items*, qui, soumis à des vérifications par analyse factorielle, fournissent des résultats d'une haute « sensibilité » du fait d'être munis de coefficients de validité et de pronostic et aussi d'échelles de correction.

(B_4) **Technique Delphi**. Il s'agit d'une consultation d'experts hyperstructurée, qui sous forme de restructuration à plusieurs niveaux, avec connaissance mutuelle des opinions exprimées, parvient à une solution progressive des problèmes. Elle est complétée par des systèmes experts, c.-à-d. des programmes informatiques avec graduation des meilleures réponses et élimination des erreurs de développement (« stratégies d'évolution »).

C. Erreurs d'enquête

(C_1) **Suggestion**. « Êtes-vous aussi d'avis que.. ? » est une façon d'interroger dont on reconnaît clairement le caractère suggestif. « Préférez-vous la bière blonde ou la bière de malt ? », est une question discriminatoire pour la bière brune, subrepticement présentée comme une « bière pour enfants », et qui agit comme une déformation par suggestion. Cet exemple montre que presque aucune question « normale » ne pourrait être reprise telle quelle dans un questionnaire scientifique.

(C_2) **Feinte**. Dans certains cas, les questions sont destinées à piéger la personne interrogée. Il est vrai que ce genre d'« erreur » provoquée peut être efficace par ex. dans le cadre d'interrogatoires de police : « La robe de cette femme était-elle rouge ? », quand il s'agit d'obtenir un aveu, pour établir s'il y avait une femme sur les lieux. (PAULI, 1957 : « taractique », grec *tarattein* : troubler).

(C_3) **Sursollicitation**. La personne interrogée peut être « trop sollicitée ». Le cas le plus simple est celui de l'ignorance, sans oublier que même dans cette situation il peut y avoir des réponses. Il est plus difficile d'apprécier les cas liés à une motivation contradictoire, par ex. les réponses allant contre les intérêts de la personne interrogée.

(C_4) **Sous-sollicitation**. Ce sont les dangers de déformation le plus fréquemment ignorés. Une personne interrogée qui trouve par ex. les questions posées trop naïves tombera facilement dans des réponses complémentaires ironiques.

L'exploration est critiquée pour les facilités de traitement statistique qui en font le succès. Les questionnaires donneraient une version schématique et beaucoup trop réductrice des thèmes de la réalité quotidienne.

60 III. Méthodologie / 8. Expérimentation

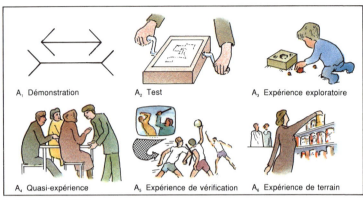

A Formes d'expérience

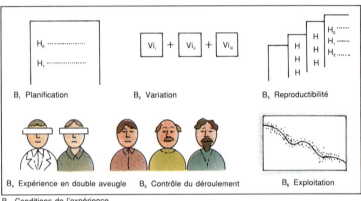

B Conditions de l'expérience

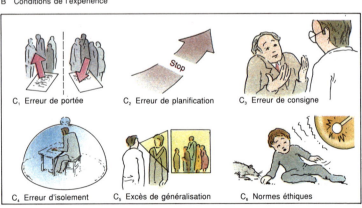

C Erreurs d'expérience

Avant l'introduction de la méthode expérimentale en psychologie au milieu du XIXe siècle, on était obligé de s'appuyer sur l'expérience personnelle d'individualités. La méthode expérimentale élargit ces vues « naturelles » en les complétant par des vues « synthétiques ». L'avantage est qu'on peut les élaborer de façon planifiée, et indépendante d'une validité uniquement subjective. Ce 3e groupe de méthodes fondamentales comprend lui aussi de nombreuses subdivisions.

A. Formes d'expérience

(A_1) **Démonstration**. La présentation de l'illusion de MÜLLER-LYER (p. 99) ne vise pas à accroître nos connaissances, mais à mieux faire comprendre à l'étudiant un phénomène bien connu (impression de grandeur de la ligne inférieure) en le lui présentant sous forme expérimentale.

(A_2) **Test**. C'est une « expérience brève », dans laquelle manquent (cf. XIX/6, coordination manuelle) certaines caractéristiques des expériences ci-dessous (en partie la variation de condition).

(A_3) **Expérience exploratoire**. (*pilot study* ou « expérience pour voir »). Elle a pour objectif l'élargissement des hypothèses de base ou un enrichissement de l'expérience générale, qui devra être consolidé par de nouvelles expériences.

(A_4) **Quasi-expérience**. (analyse d'interdépendance). C'est une situation expérimentale « avec pour seule variation celle qui est naturellement donnée au départ » (SELG et BAUER, 1971), par ex. quand à un groupe expérimental de 3 personnes on en ajoute une 4e et que les changements intervenant dans le groupe ne sont pas interprétés en termes de cause (comme condition du changement).

(A_5) **Expérience de vérification**. C'est la forme « classique » de l'expérience, celle qui permet la vérification causale des hypothèses. A titre d'ex. : est-ce que la violence dans un film (variable indépendante) favorise l'agressivité dans le jeu qui lui fait suite (variable dépendante) ?

(A_6) **Expérience de terrain**. A la différence des expériences « de laboratoire » précédentes, celle-ci est conduite dans un environnement naturel (grand magasin), l'inconvénient étant qu'il est particulièrement difficile d'éliminer complètement les variables « parasites » (effets secondaires).

B. Conditions de l'expérience

(B_1) **Planification**. Il faut donner après coup une description précise des conditions dans lesquelles s'est déroulée une expérience, ce qui oblige à les planifier à l'avance.

(B_2) **Variation**. La répétition à l'identique ne donne pas de résultats très intéressants. Seule la variation des conditions et la comparaison des résultats apporte l'information souhaitée.

(B_3) **Reproductibilité**. Il faut planifier une expérience de telle sorte que n'importe qui puisse la répéter (réduplication) et la vérifier, pourvu qu'il respecte les mêmes conditions.

III. Méthodologie / 8. Expérimentation 61

(B_4) **Expérience en double aveugle**. La perturbation la plus « pernicieuse » est représentée par l'expérimentateur. Pour que ses suppositions ne soient pas reprises inconsciemment par le sujet, on le laisse lui aussi dans l'ignorance de la distribution des conditions (par ex. la répartition du médicament et du placebo).

(B_5) **Contrôle du déroulement**. C'est en tant que personne humaine totale, avec notamment toutes ses motivations, que tout sujet participe à une expérience. Il faut donc contrôler tout changement psychique du sujet au cours de celle-ci.

(B_6) **Exploitation**. Les résultats sont des données « brutes » qu'il faut d'abord traiter (à l'aide de moyens statistiques) pour pouvoir les exploiter. La motivation du sujet, ou l'effet de ses motivations sur les résultats de l'expérience, est le problème partiel qui reste largement ouvert.

C. Erreurs d'expérience

(C_1) **Erreur de portée**. La planification expérimentale réduit les possibilités de recherche à des dispositifs « faisables » (opérationnalisables). Des problèmes importants se dissolvent souvent dans une « psychologie morte » et sans portée, parce qu'on aboutit à une démonstration méthodologique plutôt qu'à la découverte de contenus.

(C_2) **Erreur de planification**. Même la planification la plus clairvoyante ne pourra jamais empêcher toutes les causes d'échec possibles. Il est donc indiqué d'introduire un délai de réflexion avant le début de toute expérience.

(C_3) **Erreur de consigne**. La mauvaise information du sujet est une cause d'erreurs fréquente.

(C_4) **Erreur d'isolement**. Le caractère artificiel de la situation expérimentale peut provoquer chez le sujet des « effets d'isolement » qui dénaturent les résultats.

(C_5) **Excès de généralisation**. Il se produit quand on généralise les résultats au-delà du seuil de validité (la plupart du temps restreinte).

(C_6) **Normes éthiques**. Dans une des premières expériences sur le comportement (WATSON), on effrayait un petit enfant par des bruits, à chaque fois qu'il voyait un rat apprivoisé. Une phobie des rats était ainsi déclenchée. On ne peut pas expérimenter n'importe quoi.

L'expérimentation est condidérée comme la méthode de base en psychologie construite sur le modèle des sciences physiques : du changement de la variable indépendante et du changement consécutif de la variable dépendante, on conclut rétroactivement à l'influence de la première sur la seconde. Comme en physique, on admet et on postule un lien causal *fixe* entre la valeur mesurée et le phénomène. A l'inverse, certaines critiques soulignent que les phénomènes psychiques se caractérisent fondamentalement par la polysémie et l'ambiguïté de leur contenu, que l'organisation expérimentale ne peut que manquer. Ceci explique qu'en psychologie la méthode expérimentale continue à faire l'objet de polémiques épistémologiques.

62 IV. Statistique / 1. Transcription

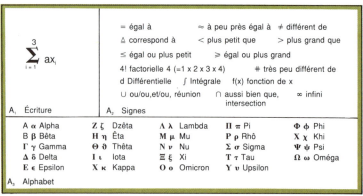

$\sum_{i=1}^{3} ax_i$	= égal à ≈ à peu près égal à ≠ différent de
	≙ correspond à < plus petit que > plus grand que
	≤ égal ou plus petit ≥ égal ou plus grand
	4! factorielle 4 (=1 x 2 x 3 x 4) # très peu différent de
	d Différentielle ∫ Intégrale f(x) fonction de x
	∪ ou/ou,et/ou, réunion ∩ aussi bien que, intersection ∞ infini
A_1 Écriture	A_2 Signes

A α Alpha	Z ζ Dzêta	Λ λ Lambda	Π π Pi	Φ φ Phi
B β Bêta	H η Éta	M μ Mu	P ρ Rhô	X χ Khi
Γ γ Gamma	Θ ϑ Thêta	N ν Nu	Σ σ Sigma	Ψ ψ Psi
Δ δ Delta	I ι Iota	Ξ ξ Xi	T τ Tau	Ω ω Oméga
E ε Epsilon	X κ Kappa	O o Omicron	Y υ Upsilon	

A_3 Alphabet

A Symbolique

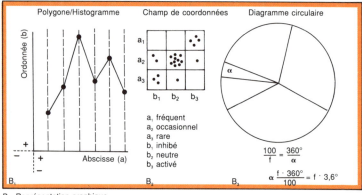

a_1 fréquent
a_2 occasionnel
a_3 rare
b_1 inhibé
b_2 neutre
b_3 activé

$\dfrac{100}{f} = \dfrac{360°}{\alpha}$

$\alpha \; \dfrac{f \cdot 360°}{100} = f \cdot 3{,}6°$

B Représentation graphique

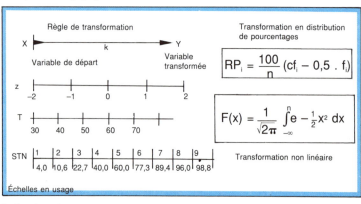

$$RP_i = \frac{100}{n}(cf_i - 0{,}5 \cdot f_i)$$

$$F(x) = \frac{1}{\sqrt{2\pi}} \int_{-\infty}^{n} e - \tfrac{1}{2}x^2 \, dx$$

Transformation non linéaire

C Transformation

Avec la *logique*, la science dispose d'un instrument vieux de plus de 2 000 ans pour vérifier les *énoncés* (verbaux). C'est seulement depuis une centaine d'années que les mathématiques appliquées proposent un instrument de vérification de la pratique des *nombres* (« logique numérique »). Depuis l'introduction de la quantification dans la psychologie, l'instrument de vérification statistique est devenu indispensable.

A l'aide de la *statistique*, les valeurs quantitatives voient leur « objectivité » confortée de 5 façons :
1. la statistique permet une présentation graphique des nombres plus claire et plus commode ;
2. elle donne des indications sur le degré de fiabilité des valeurs numériques ;
3. elle renseigne sur la relation réciproque ou plus précisément l'interdépendance des valeurs numériques ;
4. elle permet de savoir avec quel degré de probabilité peut se reproduire tel ou tel événement ;
5. en réduisant les masses de nombres à quelques valeurs fondamentales, elle tente d'introduire des ordres de grandeur parfaitement clairs.

A. Symbolique

(A_1) **Écriture** : C'est souvent son langage formel qui effraie dans la statistique. Or cette façon de s'exprimer, facile à apprendre, est au service de la précision dans la compréhension. Voici par ex. comment il faut lire l'expression figurant sur l'ill. A_1 :

La somme (Σ) de toutes les valeurs ax_i (= a fois x_1, plus a fois x_2, plus a fois x_3) de x_1 (i = 1) à x_3 (3 au-dessus de Σ).

(A_2) **Signes** : Le langage formel comprend des signes et des lettres.

L'ill. ci-contre donne un échantillon de signes.

(A_3) **Alphabet** : Comme capitales (variable aléatoire : X) et comme minuscule (différentes valeurs : x_3 ; avec le chiffre 3 comme index de la troisième valeur de X [$x_1, x_2, ... x_n$]), les lettres sont empruntées aux dernières lettres de l'alphabet latin.

La lettre capitale utilisée ci-dessus Σ (sigma) désigne la somme ; la minuscule correspondante σ est souvent utilisée pour désigner la variance.

B. Représentation graphique

La statistique descriptive doit assurer la représentation lisible d'un matériau numérique souvent très complexe.

(B_1) Dans le polygone de fréquence (ligne de connexion) et dans l'histogramme en colonnes ou en barres (parties grises), on porte sur l'**abscisse** (axe des caractéristiques) a) les valeurs mesurées à intervalles « discrets » et sur l'**ordonnée** (axe des fréquences) b) la fréquence ou la quantité d'événements (vers la gauche pour les valeurs négatives).

(B_2) Dans le champ des coordonnées, 2 estimations (par ex. nombre a et force b) peuvent être représentées avec 3 degrés (index 1 à 3) sous forme de « nuage de points ».

(B_3) Dans le diagramme circulaire, les angles centraux sont calculés en pourcentages selon la formule α.

C. Transformation

Les valeurs numériques brutes d'une étude sont souvent très élevées ou difficiles, voire impossibles à comparer. Pour une personne donnée, il peut y avoir plusieurs valeurs, ou bien on a besoin d'une distribution normale ou plus précisément d'une homogénéité de la variance : autant de raisons pour retranscrire les valeurs brutes.

Pour ces procédures mathématiques, on dispose d'une série de traductions numériques, qui suivent toutes *la règle de transformation* Y = k(X) et de la variable de départ X tirent la variable transformée Y.

Dans la **transformation en distribution de fréquences (ou rangs de pourcentage)** à titre d'exemple, les résultats numériques sont distribués en rangs. f_i et c f_i sont les fréquences absolues, ou plus précisément les fréquences absolues cumulées de x_i. En soustrayant la grandeur 0,5 f_i, on établit pour les données groupées le rapport à la moyenne de la classe et on évite que soit atteinte la valeur la plus grande possible RP = 100.

Les **échelles en usage** sont des exemples de transformations. Pour la normalisation de différentes mesures, on utilise la *transformation linéaire* des valeurs x en valeurs z, dont la formule est

$$z = \frac{x_i - mx}{\sigma}$$

avec des valeurs ponctuelles en écart-type allant de –2 à + 2 (la valeur moyenne est 0, l'écart-type est 1).

En psychométrie, on utilise notamment l'échelle T selon la formule T=50+10z (valeur moyenne = 50, écart-type = 10).

L'échelle stanine (STN est l'abréviation de *standard nine*) est composée de 9 échelons ou classes avec la valeur moyenne 5 et l'écart-type 2. Après la transformation ci-dessus des valeurs numériques en rangs de pourcentage, on obtient pour les 9 classes les valeurs de pourcentage inscrites en bas.

Quand des valeurs mesurées ne remplissent pas certaines conditions nécessaires à l'utilisation des procédures d'analyse statistique (linéarité et additivité des effets, homogénéité de variance, distribution normale), on peut utiliser la *transformation non linéaire* et les modifier de telle sorte que les données transformées remplissent mieux ces conditions.

Dans la transformation plane non linéaire ci-contre, on tente, tout en essayant successivement les transformations données ci-dessus (transformations T, stanine, etc. en échelons normaux), de rapprocher des distributions anormales de la distribution normale, d'obtenir des valeurs-type pour les tests, et de transformer les valeurs de rang en valeurs à distribution quasi normale.

64 IV. Statistique / 2. Distributions

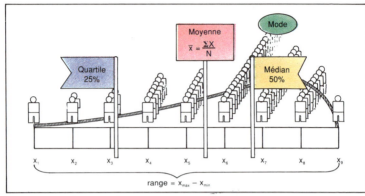

A Indices de tendance centrale

B Indices de dispersion

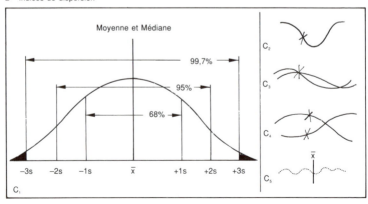

C Distribution normale

On connaît l'aphorisme de PYTHAGORE : « Le nombre est l'essence de toutes choses. » Et à son tour, l'essence du nombre est de représenter une quantité. Les quantités peuvent revêtir des formes très diverses et l'apparence qu'elles prennent constitue le point de départ de leur traitement statistique ultérieur. Il en résulte que les distributions font partie des fondements de la statistique et du savoir de base.

A. Indices de tendance centrale
Comment ordonne-t-on des quantités ? La première des 5 formes reproduites ci-contre est le calcul du nombre central, de la **moyenne** des échantillons (symbolisée par $\bar{x}$, prononcer « x barré », ou encore mx). Cette moyenne arithmétique s'obtient en divisant la somme de toutes les valeurs par le nombre de celles-ci.

Pour la moyenne arithmétique *pondérée* des échantillons saisis, on obtient des estimations différentes des diverses grandeurs en utilisant des facteurs.

La **médiane** divise une série de mesures en deux parties égales en fonction du nombre des valeurs (50%-50%). En cas de distributions obliques, elle ne coïncide pas avec la moyenne. Les **quartiles** séparent les valeurs en quarts (25%-75%).

Le **mode** est la valeur la plus fréquente dans une distribution numérique. Il sert avant tout à caractériser des distributions à plusieurs sommets, lesquels sont négligés par les autres indices de tendance centrale.

Le **range** (on privilégie le terme anglais faute d'avoir pu s'accorder sur un autre terme : gamme de variation, spectre de dispersion, étalement, etc.) est la différence entre la valeur la plus élevée et la plus faible, c.-à-d. l'étendue de la distribution des fréquences.

B. Indices de dispersion
Les valeurs centrales indiquent quelle est la « moyenne », mais elles ne répondent pas à la question : « Quelle ressemblance y a-t-il entre les individus du groupe étudié ? » Cette question porte sur l'écart ou la déviance.

La valeur moyenne par ex. des températures mesurées pendant un an à différents endroits peut être finalement de 12 °C, mais les valeurs particulières mesurées à Quito, à Milan et à Pékin peuvent présenter des variations extrêmement différentes. A Pékin, où il fait très chaud en été et extrêmement froid en hiver, la moyenne annuelle de 12°C peut être la même qu'à Quito (Équateur), où les variations saisonnières sont faibles.

Les suites de nombres peuvent comporter des valeurs particulières atypiques, très éloignées du milieu de la distribution. On décrit cette dispersion au moyen de la *variance* s^2 (= σ^2), carré de l'écart-type de l'échantillon, la moyenne de tous les écarts au carré par rapport à la moyenne arithmétique.

$$s^2 \# \text{ ou } \sigma^2 = \frac{\Sigma (x - \bar{x})^2}{N}$$

Dans cette formule :
$\bar{x}$ est la moyenne des résultats ;
$(X-\bar{X})$ la différence entre une valeur particulière et la valeur moyenne, c.-à-d. son écart à la moyenne ;
$(X-\bar{X})^2$ le carré de chaque écart (les valeurs extrêmes acquérant de ce fait un poids particulier) ;
$\Sigma (X-x)^2$ la somme de tous les écarts au carré ;
N le nombre de résultats.

Comme il est impossible de comparer directement des nombres élevés au carré, on extrait la racine (on annule l'élévation au carré). On appelle alors le résultat (positif)
écart-type (*standard deviation*) s. Cet indice de dispersion est essentiel pour évaluer la fidélité des valeurs estimées :
à condition que les échantillons comparés soient échelonnés de la même façon, qu'ils soient de taille comparable et que les valeurs moyennes soient à peu près du même ordre de grandeur (homogénéité de variance : deux échantillons ne présentent pas de différence significative de variance).

C. Distribution normale
En 1832, CARL FRIEDRICH GAUSS (1777-1855) établit la « courbe d'erreurs » qui porte son nom depuis, donnant une représentation en cloche des erreurs d'observation pour les mesures notamment astronomiques :
symétrique, à sommet unique, avec ordonnée maximale centrée sur $\bar{x}$ et divisant la courbe en deux parties égales (coïncidence de la moyenne, de la médiane et du mode). Plus l'écart-type est faible, plus la courbe se resserre, se rapproche asymptotiquement de l'axe x. Il existe une relation fixe entre l'écart-type d'un échantillon et les pourcentages des portions de surface situées sous la courbe.
Il y a toujours distribution normale, quand une caractéristique (par ex. l'intelligence) naît de l'action conjointe de plusieurs grandeurs qui l'influencent. Les avantages résident dans la possibilité d'un meilleur traitement statistique des séries de résultats distribués de façon normale (en unités d'écart-type).

Mais la distribution normale n'est pas la « divine loi universelle » que l'on a d'abord cru reconnaître (EINSTEIN : « Dieu ne joue pas aux dés. ») A côté, il y a des distributions en U (C_2), en J (C_3), asymétriques à droite ou à gauche (C_4) et d'autres dites de Poisson (C_5), où seule la valeur moyenne $\bar{x}$ est connue, tandis que la distribution qui a en partie plusieurs sommets reste inconnue (pour des événements rares, par ex. les accidents). Afin de conserver malgré tout les avantages de la distribution normale en matière de calcul, on modifie ces distributions, par ex. par transformation notamment en valeur z ou T (cf. p. 63).

66 IV. Statistique / 3. Probabilité

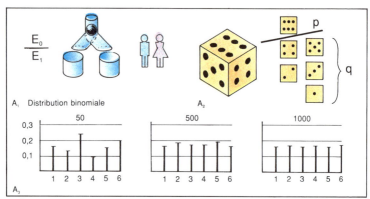

A₁ Distribution binomiale
A₂
A₃

A Événement fortuit

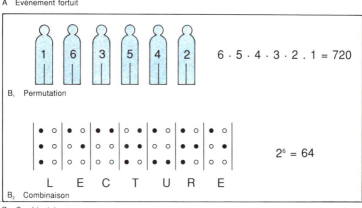

$6 \cdot 5 \cdot 4 \cdot 3 \cdot 2 \cdot 1 = 720$

B₁ Permutation

LECTURE

$2^6 = 64$

B₂ Combinaison

B Combinatoire

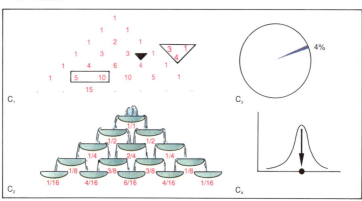

C₁
C₂
C₃ 4%
C₄

C Confiance (intervalle, seuil)

On connaît le passé, mais pas l'avenir. Avant l'introduction de la statistique, on était obligé, pour évaluer la *probabilité* d'un événement futur, de s'en remettre à des mythes et à des oracles comme celui de Delphes.
Le calcul des probabilités permet des énoncés quantitatifs sur l'« éventualité d'occurrence d'événements stochastiques » (stochastique = fortuit, arbitraire, sans système identifiable). Mais le calcul des probabilités est aussi la part la plus « honnête » de la statistique : il met en question les données numériques dont la précision n'est qu'apparente.

A. Événement fortuit
(A_1) **Distribution binomiale** (du latin *ex binis nominibus*, composé de deux termes) : La caractérisation quantitative la plus simple d'un événement est la subdivision en *deux* états distincts :
  Existence (E_1) ou non-existence (E_0) de l'événement, chute de la boule dans le récipient de gauche ou celui de droite, garçon ou fille à la naissance, etc.
Grâce à la technologie informatique, on sait que presque toutes les informations peuvent être représentées avec les deux états : présence (1) et absence (0).
(A_2) **Distribution p-q** : De nombreuses distributions présentent plus de 2 états. Quand on joue aux dés, il y a 6 possibilités.
  En utilisant l'astuce de la subdivision : le coup de dé 6 (symbole p pour probabilité) et tout non-6 (symbole q pour 1 à 5), il est possible de rétablir la bipartition. Il est vrai aussi que « non-6 » implique plusieurs états.
(A_3) **Distribution phimus** (latin *phimus*, cornet à dés) : on peut également aussi mesurer la probabilité des 6 états. Si nous jetons 5 fois les dés, nous pouvons avoir par ex. 3 fois le 6. Mais l'irrégularité disparaît à mesure que s'accroît le nombre de coups.
  Voici le résultat de notre expérience pour 50 coups :
  1 = 8 (0,16 sur 1), 2 = 7 (0,14), 3 = 11 (0,22), 4 = 5 (0,1), 5 = 9 (0,18) et 6 = 10 (0,2).
Entre 500 et 1 000 coups, les colonnes s'égalisent de chaque côté et se rapprochent ainsi du rapport d'occurrence attendu 1/6 ($\simeq$ 0,17).

B. Combinatoire
L'avantage du coefficient binomial apparaît également dès qu'il s'agit de déterminer des combinaisons : dans combien d'arrangements différents 6 personnes peuvent-elles s'asseoir (toutes 6 à chaque fois) les unes à côté des autres ? Dans ce cas, on doit changer l'ordre dans toutes les configurations imaginables.
Un tel arrangement est appelé **permutation**, dont le nombre est égal à n !, c.-à-d. factorielle (!) de n objets, définie par le produit des n premiers entiers : dans le cas présent 1 . 2 . 3 . 4 . 5 . 6 = 720 permutations.
Les **combinaisons** peuvent avoir une importance pratique, entre autres pour l'identification des signes. Pour l'alphabet Braille, on a besoin de 6 éléments par signe pour former 64 signes (26 lettres et 38 autres signes). Dans l'exemple ci-contre (B_2), les points saillants (en noir) forment le mot « lecture ». Pour les combinaisons, on distingue celles qui comportent des répétitions de celles qui n'en ont pas.

C. Confiance (intervalle, seuil)
C'est dans la prédiction de valeurs numériques que réside le principal avantage du coefficient binomial.
(C_1) C'est le triangle arithmétique (dit à tort de PASCAL) qui permet de définir les probabilités d'événements fortuits de toutes sortes. Il s'agit là de lignes ascendantes de nombres, comportant une couronne de un.
  Les nombres intermédiaires de la ligne suivante sont la somme des nombres situés en diagonale sur la ligne supérieure (cf. triangle) ; c'est par addition des nombres successifs (cf. rectangle) qu'on obtient les lignes suivantes.
(C_2) On peut illustrer la lecture inverse (descendante) par l'exemple de la fontaine romaine :
  l'eau de la fontaine coule du haut dans 2 vasques situées sous la première et ainsi de suite, si bien que les réservoirs inférieurs ne recueillent plus qu'une partie de l'eau.
Comment déduire les probabilités de ce qui ressemble à des jeux avec les nombres ?
Si nous jetons en l'air une pièce de monnaie, celle-ci retombe soit côté face (F) soit côté pile (P).
  Pour chaque côté, on a une probabilité de 0,5, c'est-à-dire de la moitié d'*une* « chance » (la langue courante utilise l'expression fifty-fifty). Si nous jetons plusieurs fois la pièce, nous obtenons les combinaisons FPP, FPF, FFF, etc. 0,5 fois 0,5 = 0,25, à savoir un quart, etc.
Les deux modèles de triangle permettent d'obtenir de la même façon les probabilités.
(C_3) Plus l'échantillon est étendu (à partir d'un ensemble de départ homogène), plus la garantie de certitude est grande (seuil de confiance). On double la précision si l'on quadruple la taille de l'échantillon. Le résultat est un intervalle de confiance (dans lequel on peut faire confiance aux chiffres), on ne laisse qu'une faible marge d'erreur (par ex. 4%).
(C_4) On obtient le degré de certitude probable le plus élevé avec la **maximum-likelihood-method** de R.A. FISHER, une combinaison de fonctions d'estimation.
Elle répond à la question :
  Quelle probabilité y a-t-il pour obtenir précisément le type ci-joint d'échantillon ?
La probabilité est d'autant plus élevée que la structure des échantillons est le plus possible représentative de celle de l'ensemble de référence (population parente à distribution supposée normale).

68 IV. Statistique / 4. Inférence statistique

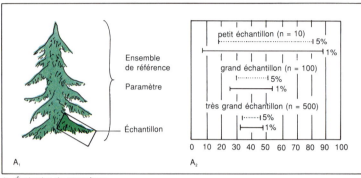

A Évaluation de paramètres

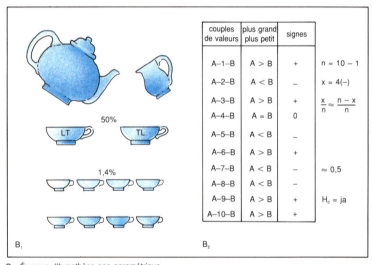

B Épreuve d'hypothèse non paramétrique

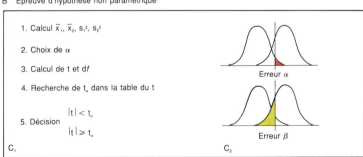

C Épreuve d'hypothèse paramétrique

Une expérience qui ne vaut que pour elle-même n'est guère plus qu'un jeu. En règle générale, les enquêtes ont la généralisation pour objectif. Mais pour ne pas généraliser trop vite, les expériences sont planifiées en fonction de 3 critères : la collecte des données (obtention de valeurs brutes), l'élaboration des données (par ex. l'établissement de graphiques lisibles) et l'évaluation des données (par ex. tests statistiques).

A. Évaluation de paramètres

« Aucune statistique n'est meilleure que son matériau brut. » (SWOBODA, 1971.) Comme il a été dit plus haut (cf. p. 51), on a d'abord besoin d'une théorie du trait caractéristique avant de collecter des données.

Pour connaître le nombre d'aiguilles d'un pin (A_1), il n'est pas nécessaire de compter toutes les aiguilles. Au lieu de cela, on choisit un échantillon. Du dénombrement des aiguilles de l'échantillon, on conclut à toutes les aiguilles de l'« ensemble de référence ».

Pour parvenir à des conclusions logiques correctes, l'inférence statistique offre des procédures de décision. Les caractéristiques de l'ensemble visé (ou « population », quand il s'agit de personnes) sont appelées *paramètres* et signalées par des lettres grecques. Les caractéristiques de l'échantillon expérimental s'appellent des *statistiques* ou *valeurs estimées* et sont signalées par des lettres latines.

L'échantillon est une *estimation de paramètres*, parce qu'il ne reproduit jamais 100% de l'ensemble de référence.

En général, la précision dépend de la taille de l'échantillon (A_2) : plus il est étendu, plus grande est la précision. Avec 5% de probabilité d'erreur, la probabilité de certitude est de 95% ; à un niveau plus exigeant de 1%, le taux de probabilité est de 99%.

Pour distinguer les ensembles de références et les échantillons, on affecte aux valeurs des symboles différents : pour la moyenne de l'ensemble de base, on utilise la lettre μ, et $\bar{x}$ ou m pour celle de l'échantillon.

Les techniques d'épreuve se divisent en 2 groupes principaux. Les techniques non paramétriques ne supposent pas de distribution normale pour l'ensemble de référence, alors qu'elle est requise pour les techniques paramétriques, concernant l'évaluation des données, le calcul de la moyenne et de l'écart-type, c.-à-d. l'évaluation des paramètres.

B. Épreuve d'hypothèse non paramétrique

(B_1) Le statisticien Sir RONALD AYLMER FISHER (1890-1962) raconte qu'une dame se vantait de pouvoir reconnaître au goût d'une tasse de thé au lait si l'on avait d'abord versé le lait (L) ou au contraire le thé (T). Comment vérifie-t-on cette « hypothèse » ? En alternant les séquences TL et LT, on aurait 50% de chances de tomber juste. Plus rigoureuse est la détermination de 4 tasses TL à partir de 8 tasses TL et LT tirées au hasard. Dans ce cas, la possibilité de tomber juste est seulement de 1,4% (NEYMAN, 1950).

(B_2) Un exemple simple de technique non paramétrique (également appelée sans paramètre, sans distribution, indépendante de la distribution) nous est donné par l'épreuve des signes.

Deux commissions A et B doivent examiner 10 cas (par ex. des performances sportives) en fonction de 6 notes : l'hypothèse nulle H_0 énonce qu'entre les deux commissions il n'existe aucune différence dans le niveau de l'évaluation. Certaines notes de A sont plus élevées (+), d'autres plus basses (−) que celles de B. Selon la formule

$$\frac{x}{n} \approx \frac{n-x}{n} \approx \frac{1}{2}$$

x, le nombre des signes plutôt rares (−), devrait être à peu près égal à n−x, le nombre des autres signes (+), avec n égal à 10−1 (une des notes est égale et n'entre donc pas en ligne de compte). Avec une marge d'erreur acceptable de 5%, l'hypothèse nulle peut être maintenue. En d'autres termes : on peut attester que les deux commissions ont un niveau de notation équivalent.

C. Épreuve d'hypothèse paramétrique

Étant employé dans une brasserie, c'est sous le pseudonyme de « Student » que le pionnier de la statistique W.S. GOSSET (1876-1937) a dû publier ses travaux novateurs. Sa « distribution t » a donné depuis naissance à une famille de tests t (dits de Student) que l'on utilise pour vérifier l'hypothèse d'une différence entre les moyennes de deux échantillons. Si l'on suppose la distribution normale et qu'on formule l'hypothèse nulle, la suite comporte 5 étapes : a) calcul des moyennes et des variances des deux échantillons; b) choix du niveau de probabilité (risque d'erreur ou seuil de confiance ; c) calcul de

$$t = \frac{\bar{x}_1 - \bar{x}_2}{\sqrt{s_1^2/N_1 + s_2^2/N_2}}$$

d) l'établissement de la valeur critique t α dans la table du t de Student avec df = n_1+ n_2 − 2 degrés de liberté ; e) décision concernant la différence « non significative » (t < t_α) ou « significative » (t ≥ t_α) entre les deux moyennes.

L'erreur α (risque de 1ʳᵉ espèce) consiste à rejeter l'hypothèse de différence nulle H_0, alors qu'elle est vraie, dans la zone de différence significative (à droite). L'erreur β (risque de 2ᵉ espèce) consiste à accepter H_0, alors qu'elle est fausse, dans la zone de différence non significative (à gauche) (cf. C_2).

Dans le premier cas, on classe par ex. quelqu'un d'inexpérimenté, sur la base de son échantillon de compétences, dans la catégorie des personnes expérimentées ; dans le second cas, c'est quelqu'un d'expérimenté que l'on classe à tort parmi les débutants.

Les limites pour la prise de décision relative au classement – et donc pour les erreurs – sont fixées par l'enquêteur.

Un autre test de signification, appelé khi carré, concerne les différences entre deux fréquences.

IV. Statistique / 5. Analyse de la variance

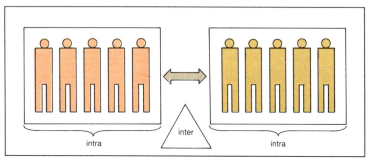

A Analyse de la dispersion

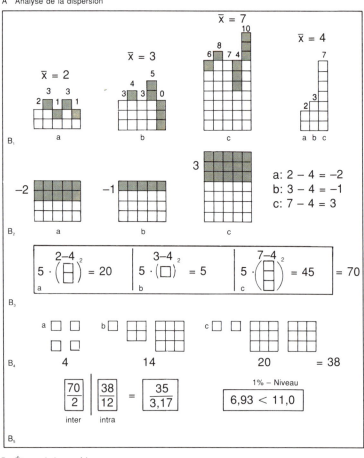

B Étapes de la procédure

Le terme d'analyse de la variance résume un groupe de procédures de vérification statistique où l'on contrôle les différences entre moyennes d'une variable dépendante. L'analyse *simple* est utilisée dans le cas d'*une* variable indépendante (à plusieurs classes), l'analyse *bi-* ou *multivariée* (complexe) pour 2 variables indépendantes et plus.

A. Analyse de la dispersion

Le plan d'expérience très simplifié montre 2 groupes d'expérience comportant 5 sujets chacun, soumis à des méthodes de traitement différents. La phase d'initiation passée, on s'attend donc à une différence de niveau de performance entre les deux groupes. Il faut également préciser qu'à l'intérieur de chaque groupe les différents sujets ne répondent pas de la même façon à chacune des méthodes. Si l'on veut évaluer la validité des deux méthodes, il importe donc ensuite d'analyser la variation entre les groupes, dite « inter » *(between)* et la variation à l'intérieur de chaque groupe, dite « intra » *(within)*.

Suivant le test F (F est un hommage à R.A. FISHER), on examine :

$$F = \frac{\text{Variance « inter »}}{\text{Variance « intra »}}$$

On suivra le déroulement des calculs sur un exemple simple.

B. Étapes de la procédure

(B_1) Il s'agit d'examiner les échantillons a, b, c du point de vue de la dispersion. Pour ce faire, il est nécessaire d'établir l'écart de chaque échantillon par rapport à sa propre moyenne.
Chaque échantillon a 5 sujets (en 5 rangées de colonnes). Le premier sujet de l'échantillon a obtenu 2 valeurs ; le second 3, le troisième 1 ; le quatrième 3 et le cinquième 1. On lira de la même façon les valeurs des 5 sujets des échantillons b et c.
A la seconde étape, on établit la moyenne de l'échantillon a : $(2 + 3 + 1 + 3 + 1) : 5 = 2$. L'écart entre chacune des valeurs et la moyenne 2 est indiqué par les carrés *sombres*. La moyenne arithmétique des moyennes des trois échantillons est $(2 + 3 + 7) : 3 = 4$.

(B_2) A présent, on procède à la correction interne des échantillons, qui se fait (indépendamment des signes + ou –) en comparant avec la moyenne totale 4.
Pour l'échantillon a, cela veut dire que la moyenne de a est 2 et qu'elle présente un écart de 2 unités par rapport à la moyenne totale 4 ; pour b l'écart est de 1 unité et pour c de 3.
C'est ainsi que s'amorce la comparaison des variations « intra » et « inter ».

(B_3) Quand on calcule la dispersion *entre* les échantillons, il faut prêter une attention particulière au carré de chacune des valeurs.
Pour a, cela donne 5. $2^2 = 20$, pour b, 5. $1^2 = 5$, pour c, 5. $3^2 = 45$. La valeur totale de la dispersion entre les échantillons est donc de $20 + 5 + 45 = 70$.

(B_4) C'est B_1 qui permet de lire la dispersion *à l'intérieur* des échantillons, sans oublier, ici encore, de mettre au carré chacune des valeurs.
Mais cette mise au carré ne devient frappante qu'avec le quatrième et le cinquième sujet de l'échantillon b : $2^2 = 4$, et $3^2 = 9$. La somme des écarts au carré à l'intérieur des trois échantillons est de 38.

(B_5) Le travail de calcul proprement dit ne commence qu'à la cinquième étape (pour cet exemple d'une extrême simplicité, on n'a pas encore besoin de recourir à l'ordinateur, sinon à la calculatrice de poche). Pour le calcul, il est indispensable de connaître la notion de « degré de liberté ».

Quand on veut obtenir le nombre 10 à partir de la somme des 3 nombres, on peut en choisir librement deux, par ex. 4 et 3 ; mais on n'est plus libre ensuite dans le choix du troisième nombre : ce *doit* être 3, si l'on veut que la somme des trois nombres soit 10.
L'exemple B_1 comprenait 3 échantillons. Cela donne $3 – 1 = 2$ degrés de liberté. Au total, on avait 15 mesures, ce qui donne $15 – 1 = 14$ degrés de liberté. Mais chacun des échantillons ne comportait que 5 mesures, donc $5 – 1 = 4$, ce qui fait au total 12 degrés de liberté.
Le résultat pour la variance « inter » est 70 divisé par 2, pour la variance « intra » 38 divisé par 12. Ce qui donne, selon la formule F mentionnée plus haut, 35 divisé par $3,17 = 11,0$ comme valeur du test de signification.
Avec cette valeur, on peut consulter les tables du coefficient F de Snédécor (un ouvrage volumineux) pour parvenir à la décision statistique.
Au niveau 99% (1% de probabilité d'erreur), on trouve à la ligne 12 (c.-à-d. pour 12 degrés de liberté) pour la petite variance, et dans la colonne 2 (2 degrés de liberté) pour la grande variance, la valeur limite de 6,93. La valeur obtenue 11,0 se trouve bien au-dessus du seuil de 1% caractéristique des différences *très significatives*.
D'où le résultat : il y a une très forte probabilité pour que les échantillons proviennent d'ensembles de référence *différents*.
On peut ainsi *différencier* les moyennes des performances avec certitude du point de vue statistique, c.-à-d. de façon « significative ».

Ainsi l'analyse de la variance permet l'interprétation des « phénomènes hyperfortuits » par rapport aux « phénomènes fortuits » au sein de la dispersion individuelle normale.
L'analyse de la covariance est un élargissement de ce procédé de vérification. Elle permet d'étudier les « variations conjointes » de deux distributions.

IV. Statistique / 6. Statistique des corrélations

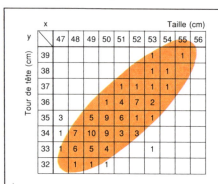

A_1

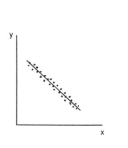

A_2

Sujet	Test X	Test Y	x	y	x²	y²	xy
a	50	10	20	−20	400	400	−400
b	40	20	10	−10	100	100	−100
c	30	30	0	0	0	0	0
d	20	40	−10	10	100	100	−100
e	10	50	−20	20	400	400	−400
Σ	150	150	0	0	1 000	1 000	−1 000

A_3

A Analyse de corrélation

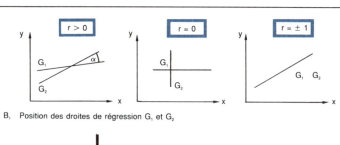

B_1 Position des droites de régression G_1 et G_2

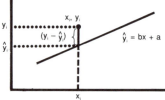

B_2 Calcul du diagramme de scatter

B Analyse de régression

La statistique des corrélations est une autre tâche essentielle de la statistique : la mise à jour des rapports réciproques, des relations de dépendance entre valeurs numériques. S'agissant des échelles d'intervalles, on peut poser deux questions : 1) quel est le degré de corrélation entre plusieurs séries numériques ? 2) de quelle nature est cette corrélation ? Le premier problème relève de l'analyse de corrélation, le second de l'analyse de régression.

A. Analyse de corrélation

Ici, au début de l'analyse « multivariée », on étudie la « parenté » entre 2 ou plusieurs variables, c.-à-d. leur degré de ressemblance ou de dissemblance. La ressemblance absolue (que même les jumeaux monozygotes n'atteignent pas) serait une valeur de +1, la dissemblance absolue de –1, la valeur 0 entre les deux n'exprimant aucun rapport reconnaissable. En règle générale, on a affaire à des valeurs intermédiaires, par ex. 0,81 (que l'on écrit souvent .81, et que l'on prononce : point quatre-vingt-un) exprime une forte corrélation.

(A_1) L'illustration montre la parenté entre taille corporelle et tour de tête à la naissance (KREYSZIG, 1975). On remarque immédiatement que les valeurs numériques forment une ellipse, dont l'axe principal monte obliquement vers la droite. Plus l'ellipse est resserrée autour de son axe, plus le degré de parenté entre les deux séries de valeurs numériques est positif (symétrique), c.-à-d. plus ils sont corrélés.

(A_2) Ce graphique montre le cas inverse. Les points représentant les relations xy sont resserrés autour d'une droite qui descend en oblique de gauche à droite. Celle-ci illustre une relation fortement négative (complémentaire) des corrélations xy.

(A_3) A des fins de meilleure lisibilité, on a choisi comme exemple de calcul avec A_2 la corrélation négative (improbable) la plus extrême. A chacun des 5 sujets testés (a-e), on administre 2 tests (X et Y), dont les valeurs obtenues sont exactement complémentaires. On calcule d'abord la moyenne arithmétique des deux :

$$\bar{x}_X = \frac{\Sigma X}{N} = \frac{150}{5} = 30 \text{ et}$$

$$\bar{x}_Y = \frac{\Sigma Y}{N} = \frac{150}{5} = 30$$

x et y sont les écarts à la moyenne de toutes les valeurs de X et de Y, x^2 et y^2 leurs carrés, et xy les produits des écarts de chaque couple de résultats. L'écart-type pour les deux distributions x et y est le même :

$$s = \sqrt{\frac{\Sigma x^2}{N}} \text{ ou } \sqrt{\frac{\Sigma y^2}{N}} =$$

$$= \sqrt{\frac{1000}{5}} \text{ ou } \sqrt{200} = 14{,}14$$

Ces valeurs peuvent être à présent rapportées à la formule du coefficient de corrélation r (produit des moments) de Bravais-Pearson :

$$r = \frac{\Sigma xy}{Ns_x s_y} = \frac{-1000}{5 \cdot 14{,}14 \cdot 14{,}14} =$$

$$= \frac{-1000}{1000} = -1.00$$

Ceci est un exemple de corrélation négative maximale. Si l'ordre des valeurs du test Y était inverse, c.-à-d. si les valeurs de X et de Y étaient identiques et de même signe, le coefficient de corrélation serait de + 1.00. Dans l'exemple A_1 il est de .67.

B. Analyse de régression

L'analyse de régression (également appelée « analyse de dépendance ») fait un pas de plus dans l'analyse des corrélations. On peut diviser la « dépendance » de deux effets orientés X et Y : en « prédicteurs » (variable de prédiction) pour le « critère » (variables des autres effets orientés).

(B_1) La position des droites de régression G_1 et G_2 est indiquée par le coefficient de corrélation r : si r > 0, G_1 et G_2 forment un angle plus ou moins aigu α après le point d'intersection de $\bar{x}$ et $\bar{y}$ – plus cet angle est faible, plus la parenté est grande ; si r = 0, il n'y a pas de rapport, les droites forment un angle de 90°; si r = ± 1, celles-ci sont identiques selon une direction (dans le même sens ou opposée) positive ou négative.

(B_2) Pour le calcul de la régression (elle est « linéaire », quand c'est une droite, « non linéaire », quand elle revêt la forme d'une parabole ou d'une autre courbe), on utilise la formule algébrique de la valeur d'estimation $\hat{y} = bx + a$. La valeur b (coefficient de x) caractérise la montée des droites et a le point d'intersection avec l'axe y (segment y) : dans l'équation y = 4x + 2, 4 est la montée des droites et 2 le segment y. Le paramètre a est défini par $\bar{y} - b\bar{x}$. Le coefficient de régression

$$b = r_{x,y} \frac{s_y}{s_x}$$

sera défini par le calcul de corrélation cité plus haut. Le diagramme de scatter (*scatter* = dispersion) reproduit l'écart $y_i - \hat{y}_i$ comme erreur de prédiction.
Il faut être prudent dans l'interprétation de telles « dépendances » réciproques, car elles peuvent conduire à des corrélations apparentes ou absurdes, quand des conditions « tierces » se trouvent derrière. Il y a plusieurs décennies, HELEN M. WALKER décrivait dans son manuel de statistique la corrélation absurde entre l'âge des femmes et le fait de marcher les pieds en dehors. Or on ne peut ni faire dépendre l'âge de la façon de marcher ni celle-ci de l'âge. Il s'agit plutôt du fait que « les femmes plus âgées ont grandi à une époque où l'on apprenait aux jeunes filles qu'il fallait mettre les pieds en dehors en marchant, ce qui n'est pas le cas des plus jeunes ».

IV. Statistique / 7. Analyse factorielle

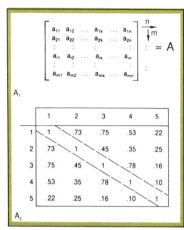

A Matrice de corrélations R

	Facteurs		
	1	2	u^2
1	.8 (0,64)	.3 (0,09)	(0,27)
2	.9 (0,81)	0 —	(0,19)
3	.5 (0,25)	.8 (0,64)	(0,11)
4	.4 (0,16)	.7 (0,49)	(0,35)
5	.3 (0,09)	0 —	(0,91)

B Matrice factorielle F

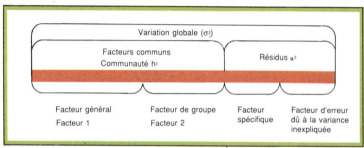

C Extraction de facteurs

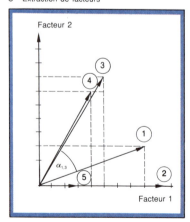

D Graphique factoriel

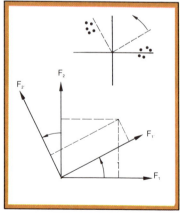

E Rotation

L'exactitude des sciences de la nature repose aussi sur la possibilité d'extraire d'un nombre infini de phénomènes un petit nombre de variables fondamentales (par ex. masses, poids, éléments chimiques) qui suffisent à analyser et à prévoir tous les phénomènes combinés. C'est la même chose que P. HORST (1971) exige de la psychologie : « Ce dont nous avons besoin, ce sont des méthodes objectives pour définir les variables élémentaires de notre discipline. »
Avec l'analyse factorielle (AF), on essaye de ramener la diversité des variables psychologiques à quelques « variables primaires » (c.-à-d. des facteurs).

A. Matrice de corrélations R

(A_1) Le point de départ de toute AF est une matrice de corrélations, mise entre crochets pour la caractériser (la plupart du temps par la lettre A) comme grandeur mathématique homogène. Cette matrice a des lignes (n) et des colonnes (m), et n.m éléments (m x 1 – vecteur colonne ; 1 x n = vecteur de ligne). Les vecteurs colonnes peuvent être transposés en vecteurs lignes.
(A_2) Les corrélations, par ex. les corrélations r (produit des moments ; cf. p. 73), peuvent être représentées sous forme de tableaux. Certaines variables sont en corrélation plus grande les unes avec les autres (1/3 = .75), d'autres beaucoup plus faible (4/5 = .10). Si l'on parvient à concentrer des corrélations élevées, on appelle « facteur » le nouveau critère d'ordonnancement. Pour chaque matrice, il est possible de trouver un nombre optimal de facteurs communs.

B. Matrice factorielle F

La transposition de la matrice de corrélations en matrice factorielle F est la décision la plus difficile. Si l'on ne dégage pas assez de facteurs, la description est imprécise ; s'il y en a trop, ils sont redondants (c.-à-d. chargés d'information superflue). C'est pourquoi l'AF fournit des « critères d'interruption » (indications permettant de savoir quand on atteint le nombre optimal de facteurs). Cela se fait entre autres par l'indication du pourcentage à partir duquel les facteurs dégagés expliquent la « variance totale ».
Dans l'exemple ci-contre, il s'agit de 2 facteurs. Les indications numériques donnent la « saturation » des variables selon les 2 facteurs (ligne supérieure). Les carrés des saturations (ligne du bas) sont les parties de variance propres aux différentes variables, qui sont expliquées par chacun des facteurs. Le résidu par rapport à 1,00 se trouve dans la colonne u^2.

C. Extraction de facteurs

Le facteur 1 a de l'importance pour les 5 tests, et on l'appelle facteur général.
Pour le facteur 2, on n'a des saturations élevées que pour le groupe de tests 3/4, aussi est-il appelé facteur de groupe.

La partie de variance expliquée par les facteurs communs s'appelle la **communauté h^2**.
Les résidus (u^2) comprennent (malheureusement la terminologie est changeante) les parties de variance spécifiques aux tests, de même que la variance d'erreur, c.-à-d. la fraction de variance non explicable par les tests.

D. Graphique factoriel

Dans la représentation graphique, les extrémités de chacun des vecteurs sont reliées au point zéro du système de coordonnées à angle droit. C'est de cette façon qu'on illustre les saturations des variables et leurs corrélations (par le produit de deux longueurs vectorielles et le cosinus de leur angle commun α).

E. Rotation

Comme la plupart des formes d'AF présupposent un système de coordonnées à angle droit (cartésien ou orthogonal), il peut arriver que celui-ci ne repère pas au mieux les nuages de variables. Il est possible de corriger ce défaut par rotation des axes de coordonnées (conversion par les fonctions angulaires).

A-E fournissent les aspects essentiels de ce groupe de procédés généralement très compliqués. Pour les calculs nécessaires, il faut la plupart du temps recourir à l'ordinateur avec les logiciels appropriés (programmes de calcul).
Les complications des différents procédés d'AF résultent des 3 étapes majeures du procédé :
estimation de la communauté (toutes sortes de procédés économiques),
l'extraction de facteurs (en particulier l'analyse des axes principaux) et
la rotation (outre la « structure simple » développée par THURSTONE, le pionnier de l'AF, en particulier la méthode Varimax).
K. ÜBERLA (1958) résume de la façon suivante : « Les corrélations observées sont considérées comme l'expression d'une grandeur non observée, d'un facteur, à partir duquel les corrélations peuvent être calculées de façon simple. Le facteur se trouve toujours derrière les grandeurs observées et n'est pas directement accessible. [...] L'analyse factorielle met à jour ces facteurs hypothétiques et cette construction d'hypothèses lui confère toujours un caractère provisoire. Mais c'est justement cela qui lui fait dépasser les procédés statistiques courants, en déduisant des données ces grandeurs hypothétiques ou facteurs. »
Il existe d'autres procédés voisins, notamment l'analyse des fonctions discriminantes (calcul de fonctions d'isolement pour la construction de classes), l'analyse de clusters (différenciation de sous-groupes corrélés entre eux ou clusters avec postulats statistiques plus réduits), l'analyse de fréquence de configuration (procédé multivarié sans distribution pour différencier des types ou des syndromes).

76 IV. Statistique / 8. Analyse de séquences temporelles

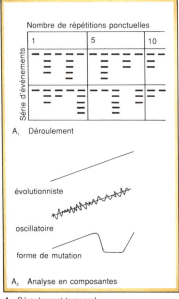

A₁ Déroulement

évolutionniste
oscillatoire
forme de mutation

A₂ Analyse en composantes

A Déroulement temporel

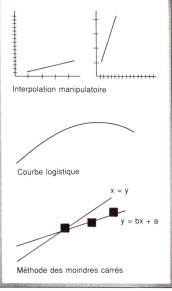

Interpolation manipulatoire

Courbe logistique

$x = y$
$y = bx + a$

Méthode des moindres carrés

B Extrapolation

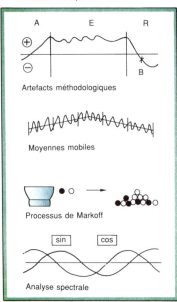

Artefacts méthodologiques

Moyennes mobiles

Processus de Markoff

sin   cos

Analyse spectrale

C Analyse de tendance

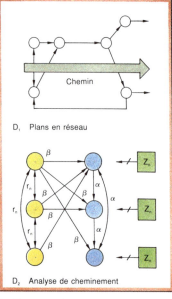

D₁ Plans en réseau

D₂ Analyse de cheminement

D Plans pronostiques

Le concept statistique essentiel de « variable » renvoie à la propriété fondamentale qu'a le psychisme d'être en perpétuel changement. Dans la statistique, c'est l'*analyse de séquences temporelles* qui rend le mieux compte de cette dynamique en essayant de décrire le changement lui-même. Finalement, ce projet mène au pronostic, puisque celui-ci se demande comment l'évolution discernée pourrait se poursuivre. Mais comme on se heurte ici à certaines difficultés au niveau de l'épistémologie et de la recherche concrète, ce domaine est un des plus rarement abordé.

A. Déroulement temporel

(A_1) **Phénomène du déroulement**. Selon le Polonais LEC, auteur d'aphorismes, le « temps est la matière première la plus importante ». La question de savoir comment l'inclure dans un design de recherche se pose également au statisticien. Depuis BRÜCKER-STEINKUHL (1980), on distingue le nombre de répétitions ponctuelles (nombre d'expériences) et la série d'événements (fréquence cumulée d'événements E ; en intervalles temporels constants : séquences ; ou arbitraires : itérations). Le design de recherche le plus simple est le design pré-post avec des mesures antérieures et postérieures à un événement (par ex. un traitement thérapeutique). Celui-ci connaît des extensions avec les designs à plusieurs points (notamment le *withdrawal-design* : alternance de phases de traitement et de repos avec mesures ; le *reversal-design* avec contingences inverses).

(A_2) **Analyse en composantes**. « Faute de certitude, nous nous servons de la probabilité. » Selon ce principe du philosophe WITTGENSTEIN, ce qui importe au statisticien est le contrôle pronostique de la probabilité. Selon KELLERER (1960), on distingue 3 « composantes temporelles », dont on sépare les influences :
1) une tendance « évolutionniste » (évolution linéaire du passé vers l'avenir : extrapolation),
2) fluctuation « oscillatoire » (irrégularités momentanées de l'évolution linéaire),
3) déplacement d'une tendance sous forme de « mutation », et apparemment contingent (influences d'événements extraordinaires : saut qualitatif).

B. Extrapolation

Ce terme désigne la continuation du tracé d'une ligne dans la même direction, c.-à-d. celle qui a été préalablement mesurée. Les fluctuations oscillatoires peuvent être égalisées par ex. par interpolation (notamment courbes « aplanies » dans les répétitions concentrées de processus). On l'utilise à des fins de manipulation quand le même résultat gagne en relief visuel par déplacement des intervalles. On conjecture des courbes logistiques avec palier de saturation (extrapolé). Pour le calcul d'une tendance, on utilise souvent la méthode des moindres carrés (cf. p. 73, B_3) : avec le calcul différentiel, on maintient la somme de tous les écarts à un niveau aussi bas que possible (droite passant par des valeurs repères).

C. Analyse de tendance

Il existe plusieurs façons de calculer une tendance. De nombreux sondages S sont terminés un jour après l'événement E (par ex. une émission de télévision), alors que sous l'effet du désenchantement l'enthousiasme simultané (+) est retombé (–). On évite de tels artefacts (altérations artificielles) méthodologiques en divisant l'enquête en 3 phases : celle de l'état antérieur A (prospective), celle de l'événement proprement dit E (simultanée) et celle du retentissement ultérieur R (rétrospective).

Pour traiter statistiquement les résultats, on se sert de la méthode des moyennes mobiles, où l'on ramène des mesures ponctuelles à des valeurs moyennes. Pour les mesures instantanées, on compare les valeurs présentes avec les valeurs passées (opérateur de backshift). Concernant les processus de Markoff, il existe des dépendances internes dans la succession probable des événements (notamment dans les tirages de boules noires ou blanches *sans* remise dans l'urne, qui en modifie la proportion dans celle-ci). Dans l'analyse spectrale, les séquences temporelles sont représentées par la somme de différentes oscillations de sinus et de cosinus.

D. Plans pronostiques

Ce sont des combinaisons de méthodes au niveau de l'analyse des réseaux, et ils constituent comme tels la forme la plus complexe du pronostic.

(D_1) Les plans en réseau (cf. XXI/5, B) reproduisent dans un diagramme de profondeur d'un chemin « critique » C comme modèle de la durée maximale d'un processus. Dans le plan en réseau, les « nœuds » (cercles) représentent les différents événements effectués et les « trajets » le temps mis à les préparer ou à les effectuer, de même que les « boucles de rétroaction » figurent notamment les corrections, les alternatives, etc.

(D_2) Les interactions entre les « nœuds » sont calculées sur le mode du pronostic grâce à l'analyse de cheminement, la forme la plus complexe de l'analyse de régression (p. 73). Cette technique d'analyse quantitative permet de calculer à l'avance, grâce à des ordinateurs, des facteurs d'influence d'un ordre extraordinaire concernant les déplacements de tendance à forme de « mutation » brusque (cf. plus haut A_2, 3). Dans le modèle ci-contre, X_n représente les variables causales ou paramètres d'influence, Y_n les variables d'effet ou les paramètres de but, r_n les coefficients de corrélation et Z_n les variables résiduelles non spécifiques. On affecte à chaque chemin un coefficient de chemin β (processus cause-effet) ou α (effet secondaire).

Grâce à des opérations appropriées (multiplication de chaque équation de structure avec chaque équation causale, sommation des équations sur tous les produits des valeurs et division par n – 1), les équations de structure constituent des systèmes d'équations pour les coefficients de chemin encore inconnus.

78 V. Neuropsychologie / 1. Problème corps-âme

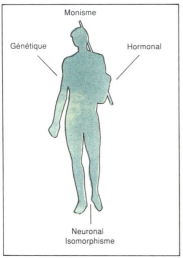

A Identité

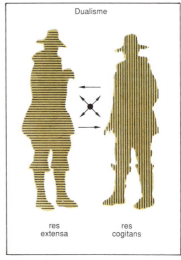

B Interaction

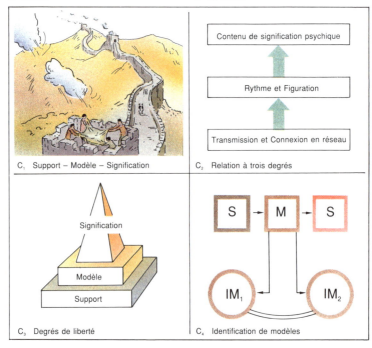

C₁ Support – Modèle – Signification

C₂ Relation à trois degrés

C₃ Degrés de liberté

C₄ Identification de modèles

C Triplicité

Comment notre conscience est-elle née ? Comment la vie psychique se fabrique-t-elle en nous ? Comment notre cerveau parvient-il à faire en sorte que nous puissions sentir, penser, éprouver ? Ces vieilles énigmes continuent à susciter des réponses contradictoires. Mais le développement de la psychocybernétique crée une situation nouvelle.

A. Identité

Le problème corps-âme n'a pas simplement une très longue histoire, il a aussi été traité sous les noms les plus divers. A dire vrai, il s'agit toujours d'une « psychothéorie », c.-à-d. de la question de savoir quels sont les fondements « substantiels » de la vie psychique. Depuis l'Antiquité, de nombreux auteurs ont postulé une isomorphie ou une identité entre le corps et l'âme.

Pour PLATON, l'« âme » était un être qui était la source de son propre mouvement et orientée, dans le processus de la pensée, vers les idées et non vers les objets. Aussi existe-t-il également une « âme du monde » immortelle.

Dans la *psychophysiologie* actuelle, on penche plutôt pour l'analyse aristotélicienne du complexe psychophysiologique. Pour éclairer les fonctions psychiques, on distingue les facteurs génétiques, hormonaux et neurologiques. Quant à savoir quelle est la nature des liens qui relient ces facteurs entre eux, on préfère contourner la question sur la base du présupposé tacite, du postulat moniste implicite d'une identité.

B. Interaction

A l'aube de la science moderne, DESCARTES (1596-1650) distinguait 2 substances fondamentales : res cogitans (l'élément spirituel) et res extensa (l'élément corporel), distinction qui revenait à postuler l' « immatérialité » (incorporéité) du psychisme. Mais pour réintégrer la relation évidente avec le corps, DESCARTES postulait une interaction croisée par l'intermédiaire de la glande pinéale.

En opposition avec le postulat « moniste » (unitaire) précédent de l'identité défendu par la psychophysiologie, est né le postulat « dualiste » (binaire) d'une interaction. Il est illustré par la *psychosomatique*, que défendent aujourd'hui beaucoup de cliniciens et nombre de professeurs.

C. Triplicité

Depuis le milieu du XXe siècle, l'ensemble des neurosciences, avec sa branche psychologique, la *neuropsychologie*, est venu s'ajouter à la psychophysiologie et à la psychosomatique comme discipline intégratrice.

(C_1) Au lieu de postuler une unité (monisme) ou une dualité (dualisme) du corps et du psychisme, on élargit le triangle au niveau d'une triade « support-modèle-signification » (BENESCH, 1954 ; 1988). Ce principe SMS est né de la théorie sémiologique de la communication (G. FREGE, 1892 ; F. DE SAUSSURE, 1916 ; C.W. MORRIS, 1938 ; C.E. SHANNON, 1949).

Les signaux de fumée de la Chine antique permettent d'illustrer le principe : on a besoin d'une émission continue de fumée en tant que base substantielle (processus de support) ; celle-ci est interrompue, par ex. à l'aide d'une couverture, interruption qui obéit à un certain rythme (processus de modèle, *pattern process*) ; la connaissance de la convention sémiologique (signification) permet d'encoder et de décoder le message.

Par analogie, le principe SMS ne vaut pas seulement pour la technique de l'information, par ex. le tube cathodique, mais essentiellement aussi pour la « technologie » des processus cérébraux.

(C_2) Cette structure triadique contient 2 processus de support neuronaux (la transmission axonale de l'impulsion nerveuse et la connexion synaptique) qui se manifestent dans 2 types de modèles (rythme et figuration). Ces deux formes de modelage, de modélisation, constituent la base de la teneur en signification (émotivo-cognitive) du psychisme. C'est ainsi que s'explique la corrélation entre le psychisme et le processus neuronal aussi bien que sa différence qualitative avec des processus somatiques.

(C_3) En dépit de l'identité de la base neurologique dans les processus de support, le principe support-modèle-signification comporte 2 *degrés de liberté* :

1) Les *modèles* sont « transportables ». De même que les modèles mélodiques peuvent être transférés d'un support sonore à un autre, les modèles (rythmes et figurations) se propagent dans le système nerveux comme dans l'environnement physique par l'intermédiaire d'ondes sonores, lumineuses ou vibratoires. Ainsi peut-il y avoir interaction à l'intérieur comme à l'extérieur de l'homme.

2) Les *significations* sont à leur tour plus « libres », du fait qu'elles sont soumises à des conventions et sont donc fondamentalement variables : un modèle corporel comme le hochement de tête par ex. peut signifier, par convention, « non » dans beaucoup de pays et « oui » dans d'autres. Voilà qui permet de fonder pourquoi le psychisme est « plus » que l'élément corporel et « différent » de celui-ci, bien qu'il ne puisse exister que sur une base neuronale (« émergence » pyramidale).

(C_4) L'objectif de recherche de la neuropsychologie est l'« identification de modèles » (IM), et ce dans 2 directions :

IM_1 concerne l'interprétation physiologique des modèles : quelles séquences électrochimiques constituent les processus de support et comment se forme leur modélisation ?

IM_2 s'intéresse à la « capacité de signification » des modèles.

Avec l'introduction de la notion de modèle, les vieilles positions antagoniques du monisme (matérialiste) et du dualisme (idéaliste) se trouvent dépassées au profit d'une position cybernétique unifiée de la référence psychophysiologique.

L'identification de modèles est une des tâches principales de la « psychocybernétique neuro-évolutionniste » (cf. p. 91).

80 V. Neuropsychologie / 2. Méthodes psychophysiologiques

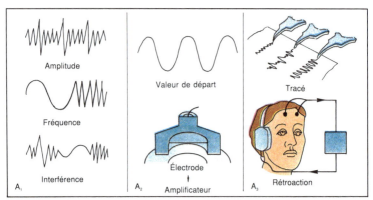

A Enregistrement

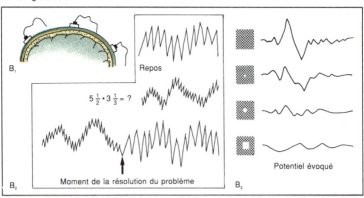

B Électroencéphalographie

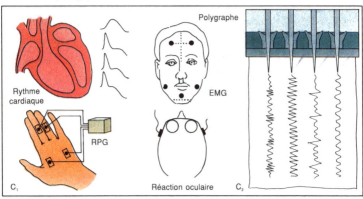

C Polygraphie

Dans sa totalité, le corps constitue une unité. Le psychisme fait partie de cette unité. La limite entre l'élément psychique et l'élément corporel s'exprime dans la façon dont nous vivons subjectivement l'un et l'autre.

Par cette interdépendance étroite, les réactions corporelles peuvent nous apprendre des choses essentielles sur la vie psychique. C'est la tâche de la psychophysiologie.

A. Enregistrement

La saisie des réactions corporelles liées à des états psychiques concomitants s'effectue en fonction de la forme de réaction. Quand cette forme est déjà électrique, elle peut être directement transmise grâce à un appareil ; mais quand il s'agit de formes chimiques, par ex. des sécrétions, on doit recourir à des « transformateurs biologiques » pour les transformer en enregistrements électriques.

(A_1) Sous cette forme électrique, les réactions se manifestent concrètement par leur amplitude (hauteur de l'onde), par leur fréquence (rythme de déclenchement) et leur interférence (chevauchement de formes d'onde différentes).

(A_2) Il importe ici de connaître la valeur de départ (par ex. celle du potentiel de repos, *base-line*), afin de pouvoir apprécier correctement les changements consécutifs. Comme instrument de détection, on se sert surtout de l'électrode, c.-à-d. d'un capteur technique. Il faut utiliser des amplificateurs électriques pour pouvoir capter des biosignaux d'une intensité extrêmement faible.

(A_3) Les signaux brefs sont généralement recueillis par des appareils enregistreurs, qui permettent une exploitation ultérieure. Une forme d'exploitation particulière consiste dans les informations en retour fournies à l'émetteur, ces biosignaux servant donc à leur tour à déclencher des réactions corporelles modifiées.

B. Électroencéphalographie

Peu après l'invention de la lampe amplificatrice, HANS BERGER (1873-1941) découvrit grâce à elle l'activité électrique de l'encéphale. Aujourd'hui, l'EEG constitue la méthode psychophysiologique essentielle.

(B_1) A l'aide de 8 à 25 électrodes fixées à la surface du cuir chevelu, on capte à travers la boîte crânienne les ondes imperceptibles de l'événement cérébral.

(B_2) Dans l'une de ses premières expériences avec sa fille, BERGER lui fit résoudre un problème de calcul mental. On peut voir en haut le potentiel de repos avant l'exposé du problème, au milieu son état pendant le travail et en bas la transformation de l' EEG au moment de la résolution du problème : on peut dire en général qu' au repos prédominent des rythmes plus simples qu'en cours d'activité. Pour ces rythmes, on distingue aujourd'hui 4 classes de fréquence, le rythme allant de pair avec une attention soutenue étant appelé rythme bêta (ou rythme de Berger).

(B_3) Aujourd'hui, les conditions des expériences se sont fort compliquées, les types d'ondes sont analysées par ordinateur et les appareillages sont plus fins. En outre, l'électroencéphalographe est également utilisé à des fins diagnostiques, par ex. pour identifier d'éventuelles tumeurs. Les résultats les plus importants obtenus par la recherche grâce à l' EEG sont la découverte de centres d'activation (MORUZZI et MAGOUN, 1949), de certains états de consciences (HAIDER, 1969), et concernent la thérapie par rétroaction biologique *(biofeedback)* (cf. XX / 10, C).

A côté de cet *on - going* ou EEG spontané (enregistrement variant selon l'état psychique), on utilise également des potentiels évoqués, c.-à-d. couplés avec certains stimulus (par ex. optiques).

Dans cet exemple (ill. B_3), on aperçoit des changements de potentiel évoqués par voie optique en fonction de 4 modèles de stimuli différents.

C. Polygraphie

Étant donné la variété des enregistrements possibles de réactions corporelles liées à des changements d'état psychique, on utilise souvent plusieurs types d'enregistrement et l'on compare les décélérations et les différences d'intensité qui existent entre eux afin d'obtenir des informations supplémentaires.

(C_1) A côté de formes d'enregistrement rarement utilisées (par ex. les colorations de la peau quand on rougit), on se sert des 4 types suivants :

L'importance psychique de la circulation du sang est connue depuis la nuit des temps. A la simple mesure du pouls vinrent s'ajouter des méthodes compliquées comme l'électrocardiogramme (ECG), qui a également sa place dans la recherche, il est vrai sous une forme très différenciée avec des enregistrements de diverses régions du cœur.

L' électromyogramme (EMG) est un exemple de la richesse des recherches sur le système musculaire moteur. Par les microvibrations en particulier (mouvements minuscules accompagnant par ex. l'activité de penser), les oscillations des tissus servent d'indices de labilité (disposition aux fluctuations psychiques).

C'est le « détecteur de mensonges » qui a fait connaître la réaction psychogalvanique (RPG) : on mesure les variations de résistance électrique de la peau accompagnant différents états psychiques. Même les différentes réactions oculaires peuvent être enregistrées, par ex. la mobilité du regard, la dilatation des pupilles ou l'électro-oculogramme (EOG) pour des recherches sur le sommeil en phase REM (cf. XX / 18, A). A l'aide d'électrodes, on mesure par ex. les changements de tension entre la surface et le fond de l'œil après chaque va-et-vient des yeux.

Mais comme le montre le « détecteur de mensonges » (RPG), l'interprétation des relations psychophysiologiques est extrêmement difficile.

(C_2) Pour l'enregistrement, on utilise des polygraphes qui enregistrent simultanément plusieurs points et différents types de détection.

82 V. Neuropsychologie / 3. Équivalents génétiques

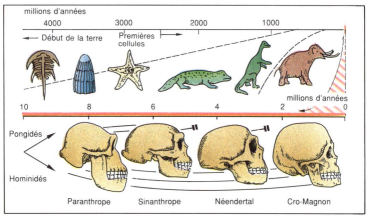

A Évolution

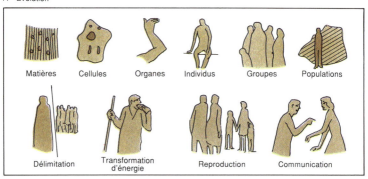

B Fondements de la vie

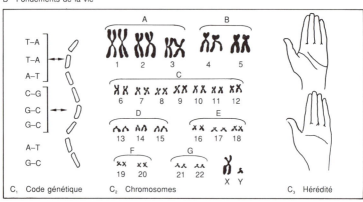

C_1 Code génétique C_2 Chromosomes C_3 Hérédité

C Information héréditaire

Tout comme le corps, le psychisme n'est pas apparu en une fois. Les espèces se sont créées par de longs processus génétiques et le psychisme s'est constitué parallèlement. On peut logiquement supposer qu'existent dans le psychisme des fixations génétiques correspondant aux résidus corporels (vestiges de stades antérieurs).

A. Évolution

CHARLES DARWIN (1809-1882) fut sa vie durant en désaccord avec les estimations de l'âge de la Terre (environ 25 millions d'années) qu'il jugeait trop basses. Aujourd'hui, cet âge est estimé à 4 ou 5 milliards d'années. C'est durant cette période qu' a eu lieu l'« apparition des espèces » selon DARWIN. Toutefois, la séparation des pongidés (ressemblant à des singes) et des hominidés (ressemblant à des hommes) s'est effectuée au sein d'une période inférieure à 10 millions d'années (lignes rouges). Après cette séparation, l'évolution d'autres lignées (comme celle des hommes de Neandertal) s'est interrompue. Celles qui ont subsisté ont donné lieu à des mélanges inconnus, si bien que dans l'humanité actuelle on ne distingue plus en fait de « races » que 4 couleurs de peau. C'est pourquoi il serait extrêmement douteux de vouloir faire des distinctions psychiques en fonction de caractéristiques raciales.

B. Fondements de la vie

Au début de l'évolution de la vie, on trouve les acides aminés, dont l'apparition ne fut vérifiée en laboratoire qu'en 1953 par un étudiant en chimie : il fit subir à la soupe primitive d'abord réchauffée (eau, dioxyde de carbone, méthane et ammoniac) des décharges à haute tension (correspondant aux violents orages de l'ère primaire). La « chaîne de la vie » se poursuit avec la formation des cellules, des organes, des individus et des groupes jusqu'aux populations (les espèces).
Fonctions principales : la délimitation de l'individu (création d'individus), la transformation d'énergie (prélèvement d'énergie provenant de l'alimentation), la reproduction (engendrement, naissance) et la communication – une des tâches centrales de la psychologie.

C. Information héréditaire

Peu de domaines de la psychologie sont aussi contestés que la psychogénétique. Il y a un accord relatif pour ne pas mettre en doute l'existence de caractéristiques psychiques héréditaires, mais on suppose que leur réalisation est en fait beaucoup plus déterminée par les influences subies au cours de la vie. Quand on étudie des jumeaux univitellins, on est certes frappé par d'étonnantes correspondances, même lorsqu'ils ont grandi très tôt séparément. Il est néanmoins impossible d'ignorer les différences, qui renvoient à l'influence du milieu environnant.

(C_1) Le code génétique est un stock d'informations chimiques. L'ADN (acide désoxyribonucléique) est la substance de l'information. Il est composé de constituants chimiques entre lesquels on peut distinguer 4 bases : adénine = A, thymine = T, cytosine = C et guanine = G. Les combinaisons s'effectuent par paires de bases, mais les combinaisons AT, TA, CG et GC sont les seules possibles. 3 paires de bases constituent un « triplet » (codon) qui peut être ensuite traduit en acide aminé. Le nombre de combinaisons possibles suffit pour caractériser les 20 acides aminés que l'on trouve régulièrement ainsi que pour fournir des indications informatives sur le début d'une séquence (GTG) et sa fin (TAA). Les modèles moléculaires qui proviennent ainsi de plusieurs centaines d'acides aminés sont les protéines, qui conditionnent à leur tour, notamment sous forme d'enzymes, les caractéristiques chimiques du corps.

À côté d'un nombre croissant de gènes connus, on a récemment identifié des gènes de contrôle (homéogènes, chronogènes, gènes segmentaux), qui assurent un pilotage spatial, temporel et fonctionnel du développement cellulaire. Avec ces gènes, commence un principe général de pilotage cybernétique, qui va jusqu'aux motifs de contrôle de la psychologie de la perception (cf. XIII / 14).

(C_2) Les chromosomes sont les supports de l'information héréditaire ADN dans le noyau de chaque cellule du corps (à l'exception des globules rouges). Les gamètes de l'homme contiennent 23 chromosomes, les cellules du corps 46. En fonction de leur taille, on distingue 7 groupes de 22 paires d'autosomes (par suite d'une erreur historique, la paire la plus petite porte le chiffre 21) et une paire de chromosomes sexuels (XY chez les hommes, XX chez les femmes). Ils se distinguent également par la forme et le lieu de jonction entre les deux moitiés. Si l'on va du point de nouage à la périphérie, les deux moitiés sont subdivisées en différentes régions allongées formant des sortes de bandes.
Du fait qu'il est parfaitement possible de voir au microscope les chromosomes sous la forme qu'ils ont avant la division cellulaire, c'est dans cet état qu'on les représente généralement.

(C_3) En tant qu'équivalent génétique de caractères psychiques, l'*hérédité* n'est pas très claire. D'après la sociobiologie (E.O. WILSON), le comportement social lui aussi rapporté à la sélection naturelle des gènes.

En ce qui concerne les caractéristiques corporelles, on a une meilleure connaissance des déterminations génétiques. Quand le chromosome 21 présente 3 chromosomes au lieu de 2 (trisomie 21), il se produit l'anomalie suivante : la paume de la main comporte une seul sillon de flexion (en bas : « sillon des 4 doigts ») au lieu des deux sillons habituels (en haut).

Pour l'hérédité des caractères psychiques, on postule une équivalence à strates multiples. Dans le cas le plus simple, on a un gène pour une caractéristique, mais il est vraisemblable qu'on trouve plus fréquemment plusieurs gènes pour une particularité psychique (polygénie) ou un gène pour plusieurs particularités (polyphénie).

84 V. Neuropsychologie / 4. Équivalents énergétiques

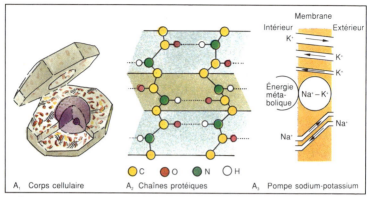

A₁ Corps cellulaire A₂ Chaînes protéiques A₃ Pompe sodium-potassium

A Échange d'énergie

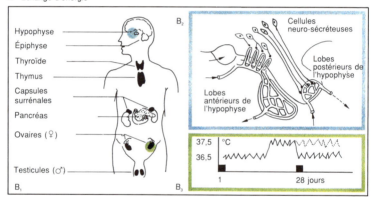

B Activation hormonale

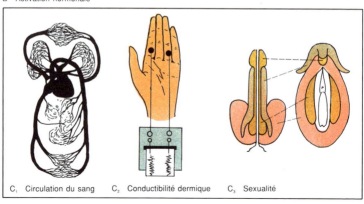

C₁ Circulation du sang C₂ Conductibilité dermique C₃ Sexualité

C Activation fonctionnelle

En tant qu'instance située au niveau du modèle et de la signification, le psychisme ne possède pas d'énergie propre, mais reçoit son intensité de processus corporels énergétiques. Ceux-ci, en tant que modèles physiques (fréquence, amplitude, interférence), sont représentés dans leur force et donnent ainsi une impression psychique du dynamisme et de l'intensité.

A. Échange d'énergie

Dans le domaine de la technique, il y a la plupart du temps une source centrale d'énergie (par ex. une centrale électrique) qui fournit de l'énergie à un grand nombre de consommateurs de courant périphériques. Le corps ne dispose pas d'une telle dynamo centrale, ses énergies sont produites sur un mode décentralisé à des milliards d'endroits et utilisées localement. L'avantage est que les coupures sont uniquement locales et que la mort seule entraîne une coupure totale de l'alimentation en énergie. La production d'énergie est un processus chimique qui se présente aussi bien sous forme chimique qu'électrique.

(A_1) Dans les corps cellulaires, comme sur ce modèle ouvert, on aperçoit le noyau cellulaire avec le corpuscule nucléaire, les mitochondries (jusqu'à 1 000 transporteurs d'alimentation) et d'autres organites (parties de la cellule).

(A_2) Pilotés par le matériel génétique (p. 83), certains transmetteurs, tels que les peptides et les protéines, sont créés par transcription et traduction. Les chaînes sont stabilisées par des ponts hydrogène (lignes pointillées) et reçoivent ainsi une structure déterminée (par ex. les structures plissées).

(A_3) C'est la « pompe sodium-potassium » qui provoque l'augmentation de la production électrique des cellules nerveuses. A cause des différentes solutions salines aqueuses à l'intérieur et à l'extérieur de la cellule, il existe sur la membrane de la cellule un potentiel électrique, qui est activé par l'échange sodium-potassium (potentiel d'action). La propagation des potentiels active d'autres cellules nerveuses et corporelles (par ex. les cellules musculaires) et commande ainsi l'organisme.

B. Activation hormonale

Les hormones, substances actives spécifiques au corps, peuvent avoir des effets psychophysiologiques même en très faible quantité (l'adrénaline par ex. agit diluée au 1 : 400 millionième).

(B_1) Les 8 glandes à sécrétion interne citées ci-contre provoquent diverses réactions. En voici deux exemples :

(B_2) L'hypophyse commande une série de processus tels que la croissance et la puissance sexuelle, mais aussi, en cas de fonctionnement excessif ou au contraire trop faible, des effets psychiques tels que la mauvaise humeur, l'irritabilité, ou pouvant aller jusqu'à l'indifférence ou la négligence totale. En tant que système hormonal partiel, l'hypophyse est elle-même soumise à un contrôle complexe : le lobe antérieur et le lobe postérieur de l'hypophyse sont activés par des cellules neuro-sécrétrices, fournissent des substances hormonales aux ramifications artérielles et régulent par l'intermédiaire du flux sanguin la stimulation des systèmes de glandes ou d'organes (notamment les glandes sexuelles).

(B_3) L'autre exemple d'une glande endocrine est le corps jaune (corpus luteum), dont l'hormone opère la modification de la muqueuse utérine en vue de l'implantation d'un œuf fécondé tout en empêchant d'autres fécondations. On met son activité en relation avec les sautes d'humeur avant le début des règles. Elle cesse au milieu de la période des règles, mais se poursuit en cas de grossesse. L'élévation de la température d'environ ($\simeq 36,5°$ à $\simeq 37,5°$) atteste ce processus hormonal et sert donc de première indication de grossesse.

C. Activation fonctionnelle

Les processus corporels intéressent le psychologue sur le double plan des effets psychiques qu'ils produisent et qu'ils subissent.

(C_1) Pour la *circulation du sang*, cette interaction est connue depuis W. HARVEY (1619). L'activité cardiaque transporte le sang à travers les poumons dans la « petite » circulation et à travers le corps dans la « grande » circulation. La tension artérielle varie en fonction de la quantité de sang, de la capacité cardiaque, de la résistance vasculaire, de l'endroit où on la mesure, de la fatigue, de l'âge, mais aussi de la systole (contraction) et de la diastole (dilatation) du muscle cardiaque. Pour l'exercice calorique du training autogène (XX / 12, C), on peut régulièrement constater le changement de distribution sanguine qui en résulte. A l'inverse, une augmentation de l'hypertension artérielle peut modifier le comportement social et la prise de risque.

(C_2) La *conductibilité dermique* est liée à l'activité des glandes sudoripares. En tant qu'indice de « disposition à la dépense énergétique », elle renvoie à une activation plus intense en cas de peur, d'anxiété, etc. Son utilisation par le « détecteur de mensonge » est problématique car la *simple crainte* que l'interrogateur puisse être à l'affût d'un mensonge entraîne une élévation excessive des grandeurs mesurées.

(C_3) On n'a pas attendu FREUD pour considérer la *sexualité* comme une fonction corporelle essentielle, qui est également de nature psychique. Dans ce contexte, le problème de la différence entre sexualités masculine et féminine joue fréquemment un rôle. Le déroulement des phases de l'orgasme comporte de notables différences.

Depuis quelque temps, on met en avant la ressemblance entre les sexes. Pour conforter ce point de vue, on peut par ex. invoquer les correspondances anatomiques entre organes sexuels masculins et féminins (cf. ill. ci-contre). On ne peut toutefois nier qu'il y a là aussi des différences. A la correspondance anatomique entre les organes érectiles (gland et clitoris) s'oppose la diversité des taux d'excitation. Une femme sur deux seulement réagit avec cet organe.

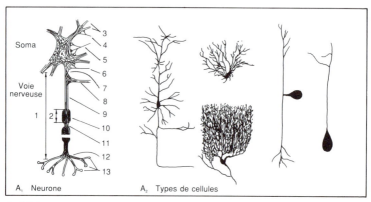

A₁ Neurone A₂ Types de cellules

A Cellules nerveuses

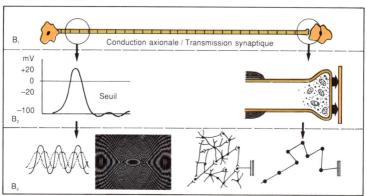

B Fonctions nerveuses

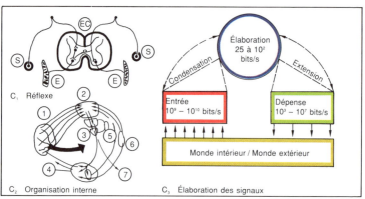

C₁ Réflexe
C₂ Organisation interne
C₃ Élaboration des signaux

C Formes fondamentales de contrôle

Le corps humain est gouverné par le système nerveux. La plus petite unité de ce système est le neurone, la cellule nerveuse avec ses constituants. Sa caractéristique essentielle d'être *isolée* des autres cellules détermine précisément sa capacité particulière d'établir des connexions. La résolution de cette apparente contradiction est une des tâches principales de la neurologie.

A. Cellules nerveuses

Les deux parties principales du neurone (A_1) sont le **corps cellulaire** (soma) avec le noyau de la cellule et le corpuscule nucléaire ainsi que les organites, et la **voie nerveuse** (axone) avec ses prolongements. L'axone (1) peut être enveloppé d'autres corps cellulaires (2) ou au contraire d'une gaine très fine. Dans ce cas, la conduction de l'influx nerveux est plus lente. Autres parties de la cellule nerveuse : dendrites (3), synapses axodendritiques (4), synapses axosomatiques (5), synapses du segment initial (6), cône d'implantation ou nodosité initiale (7), collatérale (8), axone (9), gaine de myéline (10), étranglement de Ranvier (11, qui dépolarisent les potentiels d'action, si bien qu'ils produisent la conduction « saltatoire », c.-à-d. sautant de nœud en nœud), arborisations terminales (12), boutons terminaux présynaptiques (13).
Ce principe de base est réalisé de façon variée pour différents types de cellules (A_2), qui constituent avec les cellules du même type des chaînes nerveuses *(neural bonds)*.

B. Fonctions nerveuses

Les cellules nerveuses ont deux fonctions physiologiques essentielles :
(B_1) La conduction électrique de l'influx le long de l'axone, et l'activité de la synapse chimique excitatrice ou inhibitrice permettant le passage à l'unité physiologique suivante (cellule nerveuse ou organe fonctionnel). Par synapse, on entend l'unité constituée par le bouton terminal présynaptique, une mince faille (espace intersynaptique) et la plaque terminale postsynaptique de l'unité physiologique suivante.
(B_2) Ces deux fonctions donnent 2 formes différentes de réaction. La conduction de l'excitation électrique est déclenchée de l'extérieur, c.-à-d. par une autre cellule ou un stimulus extérieur. De ce fait, le potentiel de repos se transforme en potentiel d'action, qui consiste en une décharge et une phase consécutive d'insensibilité à de nouvelles excitations (période réfractaire du nerf). La conduction de l'excitation est par conséquent *rythmique*.
La seconde forme de réaction est totalement différente. La transmission chimique de l'excitation est phylogénétiquement plus ancienne. Une transmission d'informations à courte distance était suffisante chez des individus simples. Il a fallu qu'apparaissent des individus de grande taille pour que la conduction électrique d'une impulsion sur de grandes distances corporelles devienne nécessaire. En revanche, les sauts synaptiques, que ménagent jusqu'à 1 000 boutons terminaux dans de nombreux neurones, permettent une extrême malléabilité dans les trajets.
(B_3) Il en résulte 2 systèmes de modèles. L'un est constitué par les nombreuses décharges *rythmiques* des différentes cellules nerveuses, qui se superposent et constituent ainsi une image d'interférences comme pour des cercles projetés les uns sur les autres. L'autre forme un réseau momentané *(neuronal tissue)* comportant une certaine *figuration*. Ces deux modèles physiques sont la base de la « signification fonctionnelle » de l'événement neuronal. Conformément au principe support-modèle-signification, on peut considérer que dans le processus d'identification par modèles (p. 91) la modélisation rythmique est une composante émotionnelle du psychisme alors que la modélisation figurative en est une composante cognitive. Par là même, la division entre l'« âme » (anima) et l'« esprit » (animus) , telle qu'on la connaît depuis l'Antiquité, acquiert un sens neuropsychologique, même si les deux fonctions des cellules nerveuses sont inséparables.

C. Formes fondamentales de contrôle

Les cellules nerveuses sont certes les unités fondamentales du système nerveux, mais sans la collaboration d'autres cellules sensorielles ou nerveuses elles ne peuvent se décharger. Il en résulte qu'il faut aller chercher du côté des unités supérieures de cellules nerveuses pour comprendre l'événement nerveux dans sa tâche de contrôle et de régulation.
(C_1) La forme la plus simple de tâche collective des neurones est le réflexe. Dans le modèle ci-contre, il est constitué de deux neurones à droite et de trois à gauche. Tout réflexe comprend une stimulation (S), l'élaboration centrale (EC) et l'effet (E), par ex. une contraction musculaire.
(C_2) L'organisation interne est constituée de couplages de réflexes avec des boucles de rétroaction, activées par stimulation endogène. Si l'on prend l'exemple d'un groupement de noyaux de la motricité, on peut voir les relations réciproques entre cortex moteur (1), striatum (2), pallidum (3), thalamus (4), subthalamus (5), locus niger (6) et des prolongements jusque dans des régions cérébrales plus profondes (7).
(C_3) Concernant l'élaboration des signaux dans l'ensemble du SNC, on peut s'en faire une représentation chiffrée en utilisant les unités de mesure de l'élaboration cybernétique (exprimées en bit/s).
L'organisme reçoit un nombre impressionnant de stimuli, que l'on peut chiffrer de 10^9 à 10^{10} bits / s. Mais seuls 25 à 10^2 bits / s, selon l'état de concentration, font l'objet d'une élaboration. Il en résulte une condensation ou un filtrage du matériel de stimulation. Quand il y a dépense (output), notamment au profit des effecteurs corporels, il en résulte à nouveau une extension à environ 10^3 et jusqu'à 10^7 bits / s.
De tels chiffres font mesurer la tâche que le système nerveux doit accomplir à la seconde.

88 V. Neuropsychologie / 6. Régulation par le système nerveux central

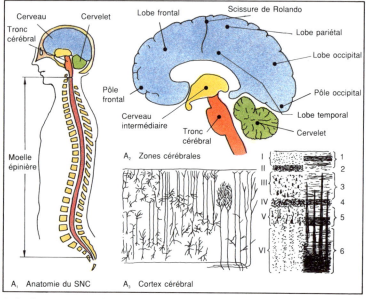

A₁ Anatomie du SNC
A₂ Zones cérébrales
A₃ Cortex cérébral

A Système nerveux central

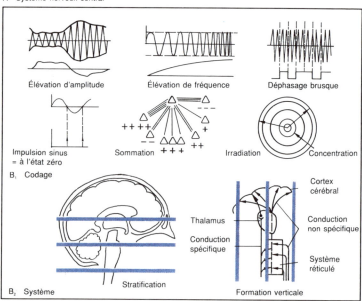

Élévation d'amplitude
Élévation de fréquence
Déphasage brusque
Impulsion sinus = à l'état zéro
Sommation
Irradiation
Concentration

B₁ Codage

Stratification
Formation verticale

B₂ Système

B Réseaux fonctionnels

Avec 10^{11} de cellules nerveuses et 384 000 km de fibres, le système nerveux central (SNC) est le véritable gouvernement de l'être humain. Sa tâche comprend tout ce que les hommes sont susceptibles de faire. En dépit de la somme de nos connaissances, bien des énigmes demeurent.

A. Système nerveux central

(A_1) **Anatomie macroscopique du SNC**. La moelle épinière émet 31 paires de nerfs rachidiens. Sa tâche principale est de pourvoir aux réflexes sensori-moteurs. Le tronc cérébral est une partie ancienne du SNC du point de vue de l'évolution. On le subdivisera ici ainsi (de bas en haut) : arrière-cerveau (bulbe), cerveau postérieur (protubérance annulaire et cervelet), cerv. moyen, cerv. intermédiaire (hypothalamus et thalamus), et cerv. terminal.

(A_2) Les fonctions du **tronc cérébral** (les trois premiers niveaux) se rapportent aux régulations végétatives (respiration, circulation du sang) et à la commutation, partiellement aussi à la connexion, des contacts avec le monde extérieur et leur propagation jusqu'au cortex cérébral.

Une région essentielle située dans les régions moyenne et supérieure du tronc cérébral est la formation réticulée, qui comprend une variété de types de cellules que l'on ne rencontre pas ailleurs. Cette région « non spécifique » est entourée de régions nerveuses « spécifiques ». Ces dernières transmettent les stimuli sensoriels par l'intermédiaire d'un petit nombre de synapses et sont constamment actives. A l'inverse, la région « non spécifique » ne travaille que s'il y a conscience. Sa structure très complexe envoie des faisceaux de fibres par le thalamus dans le cortex cérébral et reçoit des impulsions des aires corticales.

Le **cervelet** sert surtout à la coordination des mouvements volontaires. Le **cerveau** est constitué de 2 hémisphères reliés par les commissures interhémisphériques. Sur les hémisphères, on peut distinguer 4 lobes cérébraux : frontal, pariétal, temporal et occipital. Leur surface comporte des circonvolutions (gyrus) et des scissures (sulcus), dont la scissure de Rolando.

(A_3) Sous la surface des circonvolutions, se trouve une couche de matière « grise » riche en cellules, de 2 à 3 mm d'épaisseur : le **cortex cérébral**. C'est là que se terminent les voies nerveuses sensorielles et qu'elles se connectent avec les voies motrices.

La partie gauche de l'illustration donne une image schématique des cellules corticales où se voit la différence entre les variétés de cellules afférentes (ascendantes) et efférentes (descendantes). La partie droite donne une image des 6 couches corticales que l'on distingue (chiffres romains pour les cellules, chiffres arabes pour les fibres).

B. Réseaux fonctionnels

Comment le psychisme naît-il des séquences qui ont lieu dans le SNC ? Comme cela se produit dans les systèmes techniques, une conversion des qualités en formes et en modèles est absolument nécessaire. C'est ce processus qui est appelé **codage** (B_1). Pour cela, le système nerveux dispose d'une série de formes de codage.

L'*élévation d'amplitude* reproduit des informations en modulant la hauteur de la courbe (comme pour les ondes moyennes de radio). A l'opposé, on trouve l'*élévation de fréquence* qui module la vitesse d'oscillation (comme dans le domaine de la MF à la radio).

La *modulation de phase* est produite par le déphasage brusque, la modification soudaine de la cadence porteuse par un blocage.

S'agissant des supports d'impulsions, une *modulation du codage de l'impulsion* selon l'état sinus = zéro peut contribuer à l'information.

Le *principe de sommation* est continu. Dans le SNC, les informations sont presque toujours transmises à plusieurs reprises, si bien que les pannes ont moins d'effets. Mais cette redondance (surabondance d'informations) n'est pas simplement une parallélisation, car il s'agit aussi dans la majorité des cas d'une combinaison d'impulsions excitatrices et inhibitrices. Il y a propagation de l'impulsion quand la somme des impulsions excitatrices l'emporte sur les impulsions inhibitrices. L'*irradiation* est une diffusion de l'excitation dans des régions nerveuses étendues et elle constitue avec la *concentration* (rétrécissement) un codage dynamique.

Ces ex. de codage peuvent être plus étendus. L'important est qu'ils sont combinables et qu'ils potentialisent par là même le codage des modèles.

(B_2) Il faut relier au codage 2 autres structures de réseau qui sont anatomiquement visibles en tant que systèmes.

La **stratification horizontale** en couches inférieures et supérieures dans le SNC se retrouve au niveau des fonctions. En règle générale, le principe suivant prévaut : les régions profondes sont les plus anciennes du point de vue de l'évolution et elles sont plus simples, ou plus précisément plutôt « émotionnelles » dans leurs performances. A l'inverse, les régions superficielles sont considérées comme plutôt « cognitives », parce qu'ici la structure de liaison l'emporte sur la simple structure d'excitation.

L'agencement en **formation verticale** des processus nerveux peut être observé sur le plan macroanatomique à partir de la division du cerveau en deux hémisphères. On y reconnaît aussi une différenciation fonctionnelle, par ex. dans le stockage individuel des centres du langage. Ceci a modifié la doctrine des localisations qui attribuait des aires cérébrales fixes à des fonctions déterminées.

Un principe important d'organisation verticale est apparu également quand on a découvert que le système d'activation ascendant (FRA) était un système nerveux « non spécifique ». On a là les prémices d'une explication psychophysiologique de la conscience sous la forme d'une connexion entre systèmes nerveux spécifique et non spécifique.

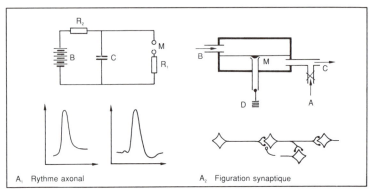

A₁ Rythme axonal   A₂ Figuration synaptique

A Neurobionique

B₁ Attribution fixe

B₂ Attribution individuelle

B₃ Attribution arbitraire

B₄ Changement de signification

B Transfert de modèle

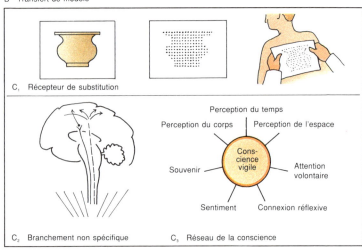

C₁ Récepteur de substitution

C₂ Branchement non spécifique   C₃ Réseau de la conscience

C Formation de la conscience

Sous le terme de cybernétique (grec : « l'art de gouverner un vaisseau »), WIENER a fondé en 1948 une science transdisciplinaire qui devait comprendre sous forme de modèle toutes les fonctions de gouvernement et de régulation. Aujourd'hui, la cybernétique comprend de nombreuses subdivisions, qui (comme la psychocybernétique) élaborent des modèles de base de leur objet de recherche en les soumettant à une maquette mathématico-technique.

A. Neurobionique

Une première approximation des modèles psychophysiologiques est fournie par la bionique, théorie cybernétique des fonctions à mi-chemin entre biologie et technique. En tant que neurobionique, elle sert à la modélisation technique de l'événement neuronal. On peut réaliser une simulation approximative des deux fonctions principales de la cellule nerveuse à l'aide des modèles suivants.

(A_1) Le rythme axonal est reproduit par le circuit représenté (B : batterie, C condensateur, R : résistances, M : instrument de mesure). L'allure du potentiel de la décharge technique (à gauche) se rapproche de celle du potentiel d'action (à droite) dans le trajet nerveux.

(A_2) En revanche, la figuration synaptique est un processus de courant chimique, que l'on s'efforce de reproduire notamment avec des courants atmosphériques. Dans ce modèle à deux compartiments, une membrane M ouvre ou ferme une soupape selon la compensation de pression (B : pression du signal, A : pression de mise en route, C : sortie de la pression du signal, D : ouverture libre). Si l'on connecte plusieurs de ces systèmes en les couplant les uns derrière les autres, les signaux peuvent être stockés, ce qui les rapproche des dispositifs régulateurs (usage de critères) des systèmes synaptiques simples.

B. Transfert de modèle

Les modèles de processus neuronaux relient le support physiologique avec la signification psychique, car les modèles physiologiques sont porteurs de significations et, inversement, toutes les significations psychiques reposent sur des modélisations, ceci avec 3 fonctions libres différentes.

(B_1) L'attribution la plus simple des processus de support nerveux, de leur modèle physique et de leur signification psychique transcrit une correspondance *fixe,* comme c'est le cas ici avec des modèles très fréquents pour traduire l'excitation.

(B_2) On peut étudier les modèles *individuels* avec des sonogrammes.

(B_3) Les modèles *arbitraires* sont les plus fréquents. Le processus physiologique fournit la base pour les modèles, mais ceux-ci restent ouverts quant à leur signification. A signification égale, l'écriture cunéiforme (ill.) pourrait être « transférée » en idéogrammes chinois, en hiéroglyphes ou dans une écriture alphabétique. Certes le psychisme est dépendant de supports physiques, mais il comporte aussi un « contenu de signification » arbitraire et indépendant.

(B_4) C'est encore plus net en cas de *changement de signification.* Que le modèle physique reste le même ou change, il est possible de modifier les significations : l'alphabet peut être transformé en morse ; en gardant le même modèle, par ex. la lettre A peut signifier le « premier rang » ou la lettre a avoir une autre signification (a privatif).

L'homme vit dans un continuum de modèles. Il peut par conséquent découvrir partout du psychique, s'il le veut, ou alors rester complètement indifférent, s'il ne transforme pas pour lui-même ces modèles en significations.

C. Formation de la conscience

L'étude de ces relations support-modèle-signification ne sert pas seulement à l'élucidation théorique des rapports corps-âme. Il suffit pour l'illustrer de l'exemple simple du développement des récepteurs techniques, par ex. pour les aveugles.

(C_1) L'image réelle d'un pot peut être transformée en une simple image de modèle, que l'on projette ensuite sous cette forme sur le dos d'un aveugle , lui procurant ainsi une reproduction primitive, avec laquelle il peut avoir un rapport personnel. Il y a longtemps que l'on cherche à améliorer techniquement ce genre de prothèses sensorielles, afin d'en implanter directement les modèles physiques dans le système nerveux.

(C_2) Selon la psychocybernétique (BENESCH), la conscience se crée par branchement du système du sujet *non spécifique* sur le système de l'objet *spécifique* (la conscience comme « relation sujet-objet actuelle », H. THOMAE). Le système du sujet ne travaille qu'à l'état de veille. En revanche, le système de l'objet ne cesse jamais d'être actif. Il travaille comme instrument sensoriel inférieur à la conservation de la vie, y compris dans l'état inactif de sommeil ou d'anesthésie. C'est pourquoi nous pouvons être réveillés par un bruit que nous n'avons pas entendu consciemment.

(C_3) La conscience vigile correspondant au système (non spécifique) du sujet est composée de nombreux systèmes partiels créateurs du moi. On peut avoir une expérience « vécue » de leur branchement par ex. après une anesthésie ou un sommeil profond brutalement interrompu : il faut commencer par se rappeler où l'on est, l'heure qu'il est et la raison pour laquelle on est tellement désorienté.

Ces systèmes partiels (« modules », GAZZANIGA, 1989) se développent (« autoréférentiellement », PRIBRAM, 1971) dans les premières années de la vie. L'enfant commence très tôt à créer par ex. une conscience de son corps propre, notamment par le jeu fonctionnel avec ses doigts. Il en va de même avec les autres cercles fonctionnels du modèle de la conscience ci-contre. La conscience vigile est une connexion de modules cybernétiques engendrant un « vécu du moi » avec de nombreux organisateurs du sujet qu'il est possible de distinguer et qui varient d'une personne à l'autre.

92 VI. Psychologie de la perception / 1. Fondements de la perception

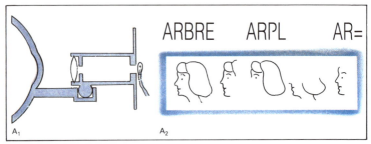

A Stabilisation de la perception

B Figures ambiguës   C Hallucination par réduction sensorielle

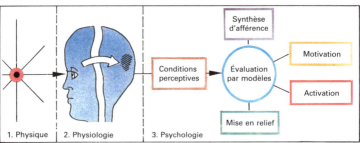

D Processus perceptif

VI. Psychologie de la perception / 1. Fondements de la perception

Voir, entendre, sentir, etc. quoi de plus naturel pour l'être humain ? Aussi est-il surprenant de constater que bien des aspects de la perception demeurent inexpliqués. Cet état de choses ne devrait guère se modifier à moyen terme. Plus on approfondit les problèmes de la perception, plus on découvre des aspects étonnants de cette « évidence » apparemment sans problèmes.

A. Stabilisation de la perception

Chacun connaît ce qu'on appelle souvent une crampe oculaire : on regarde fixement ce qui est proposé à la vue. Mais simultanément les contours de l'objet s'estompent d'étrange façon. Un dispositif (A_1) permet de fixer artificiellement l'image (à l'aide de lentilles de contact et d'un œilleton). De ce fait, le nystagmus (mouvement oculaire complexe échappant à l'attention, qui comporte de 30 à 70 oscillations de l'œil par seconde) est complètement neutralisé. En utilisant un autre dispositif, récemment développé, on peut compenser le nystagmus à l'aide d'un miroir, de sorte que l'image se trouve « figée ».

(A_2) Il se produit alors quelque chose de curieux. L'objet vu disparaît progressivement et il ne reste plus qu'un champ vide. Mais l'image ne s'évanouit pas de manière uniforme, elle s'efface par zones successives, succession qui obéit à un principe de cohérence et d'importance relatives. S'agissant de textes écrits, il arrive même qu'apparaissent momentanément des suites de lettres « fausses ». Plus une partie de l'image est importante, plus elle se conserve longtemps. La partie sur laquelle on concentre consciemment son attention est celle qui se maintient le plus longtemps. Une telle situation expérimentale ne fait qu'exagérer quelque chose qui détermine aussi la perception quotidienne. Toute perception est une synthèse de stimuli donnés, de conditionnements dus à l'appareil physique de la perception et de déterminations psychologiques concomitantes.

Ces dernières peuvent modeler si fortement les images « objectives » que le psychologue suédois KATZ, jouant sur la langue allemande, a pu parler de perceptions « vraies » (*Wahr-Nehmungen*) et « fausses » (*Falsch-Nehmungen*). Dans bien d'autres langues, les mots désignant la perception font une place à la composante individuelle propre à chaque sujet. Dans les traités scientifiques, on utilise également la notion d'aperception (du latin « saisir quelque chose en plus ») lorsqu'on veut attirer l'attention sur cette composante supplémentaire de toute connaissance fournie par les sens.

B. Figures ambiguës

Un des exemples les plus célèbres de modification a posteriori de la chose vue est donné par l'œuvre de SALVADOR DALI *Le Marché aux esclaves*. Dans l'image du haut on peut voir aussi bien des messieurs avec une toque sur la tête qu'un buste de Voltaire (les deux images du bas distinguent successivement chacune des deux visions proposées par l'œuvre). Ce genre de figure a reçu divers noms : figures ambiguës, réversibles, renversées, etc. On peut également peser sur le choix de l'une des deux visions en distribuant récompense et punition (effet de Schafer et Murphy). De tels exemples mettent en évidence la composante personnelle de la vision.

C. Hallucination par réduction sensorielle

A l'inverse, l'homme est existentiellement dépendant des stimuli extérieurs. Dans les expériences de privation sensorielle (cf. chapitre XV/3), on protège le mieux possible les sujets de tout stimulus extérieur. On constate alors régulièrement que ces personnes commencent par se détendre, allant même jusqu'à s'endormir, pour tomber ensuite progressivement dans un état d'agitation extrême. Au bout de 2 ou 3 heures au maximum, apparaissent des formes blanches, des visions striées qui rappellent l'hallucination nocturne d'un fantôme de « femme blanche » et se transforment souvent en perceptions concrètes. Ainsi l'homme se procure des perceptions même quand il n'y en a pas. Lors de la catastrophe minière de Lengede (1963), 11 mineurs passèrent 14 jours dans une galerie sombre et étroite à 55 mètres sous terre. Plus tard, un des mineurs fit part de ses hallucinations :
« Je voyais un verger avec des pommiers, des palmiers, des pâturages verts, des vaches en train de paître et des gens que je ne connaissais pas... J'ai vu tout cela tout à fait naturellement, exactement comme si c'était vrai. »

D. Processus perceptif

Si l'on veut analyser la perception, il faut tenir compte des trois domaines essentiels d'une « science de la perception » :
1) La physique de la vision se concentre sur les fonctions de la lumière. Son domaine de recherche va du stimulus-source à l'organe sensoriel.
2) La physiologie de la vision étudie l'appareil perceptif, de l'œil au cortex visuel dans le cerveau.
3) La psychologie de la vision s'occupe de la naissance de la perception et étudie expérimentalement les conditions de développement de la perception. Elle se base pour ce faire sur 5 fonctions de contrôle (cf. illustration ci-contre et pp. 99 et 125).

Ces 3 domaines constituent la perception. La nature n'est pas plus proche du physicien, du physiologue ou du psychologue : elle est à égale distance de chacune de ces spécialités. Mais le savoir scientifique communément diffusé l'est de façon extrêmement inégale et les connaissances acquises par la psychologie expérimentale ne sont pas encore très répandues. On sous-estime souvent l'étendue de leur domaine de validité, qui s'étend par exemple jusqu'à la psychologie sociale (Cf. chapitre XV).

94 VI. Psychologie de la perception / 2. Physique de la vision

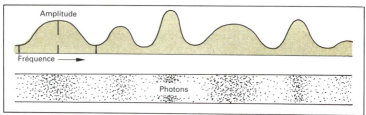

A Support matériel

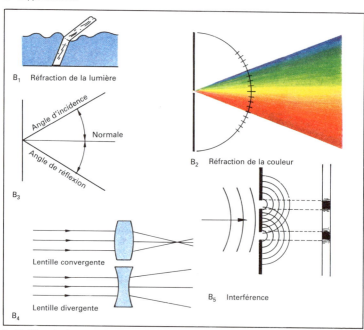

B₁ Réfraction de la lumière
B₂ Réfraction de la couleur
B₃
B₄ Lentille convergente / Lentille divergente
B₅ Interférence

B Modèles physiques

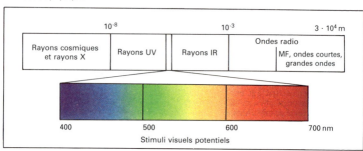

C Signification fonctionnelle

Sans la lumière, il ne peut y avoir de perception complète. Mais qu'est-ce que la lumière ?
Pour répondre à cette question, nous sommes obligés de recourir à la triade support-modèle-signification (base-structure-fonction) (cf. p. 91) : la lumière
– peut être envisagée comme une série de processus purement matériels (support) ;
– ces processus sont soumis à une série de modèles physiques (structure) ;
– ceux-ci reçoivent leur signification fonctionnelle comme lumière du fait de conditions biologiques de stimulation.

A. Support matériel

Depuis l'Antiquité, on s'interroge sur l'origine de la lumière. PLATON pensait que ce sont les yeux qui émettent des rayons lumineux sur les objets. Mais dès cette époque, on soute-nait également la thèse inverse. PYTHAGORE et son école croyaient ainsi que les objets visibles diffusent des flux de particules lumineuses. Mais pour ARISTOTE la lumière se propageait sous forme d'ondes. Il fallut attendre le XVIIIe siècle pour que ce problème soit abordé expérimentalement. NEWTON défendait (à quelques restrictions près) la théorie des particules ou corpuscules, alors que CHRISTIAAN HUYGENS soutenait la théorie ondulatoire. La théorie ondulatoire l'emporta d'abord, mais au XXe siècle la théorie corpusculaire regagna du terrain.
On considère de nos jours que la lumière est une combinaison de particules et d'ondes. L'illustration ci-contre montre en haut ce qu'est l'hypothèse ondulatoire (la hauteur de l'ondulation est appelée amplitude). Ces ondes transportent un grand nombre de particules (photons), et le carré de leur amplitude est, dans un secteur dé-fini, proportionnel au nombre de particules contenues dans cette section (ill. A, en bas).

B. Modèles physiques

On sait depuis l'Antiquité que la lumière se propage en ligne droite.
(B$_1$) La réfraction de la lumière – par exemple le fait qu'un bâton à moitié plongé dans l'eau soit perçu comme brisé à la surface de l'eau, est expliquée depuis le début du XVIIe siècle par le plus ou moins grand degré de perméabilité du milieu, ce qui veut dire que dans l'eau la diffusion de la lumière est plus lente que dans l'air.
(B$_2$) La réfraction dépend également de la longueur de l'onde. Lorsqu'un pinceau de lumière blanche traverse un prisme sous un angle approprié, il se décompose en ses différentes couleurs. Un rayon bleu est plus réfracté qu'un rayon rouge.
(B$_3$) Une autre propriété physique de la lumière est également connue depuis l'Antiquité : la lumière est réfléchie lorsqu'elle tombe sur une surface réfléchissante et l'angle de réflexion est égal à l'angle d'incidence (de même qu'au billard une boule qui vient frapper la bande est renvoyée en formant le même angle avec la normale).
(B$_4$) Une autre propriété essentielle est que la lumière est susceptible d'être focalisée. Les lentilles convergentes font converger les rayons primitivement parallèles, les lentilles divergentes les font diverger.
(B$_5$) Une des premières preuves de la nature ondulatoire de la lumière est due au médecin et physicien THOMAS YOUNG (1773-1829) :

Il dirigea une source lumineuse sur une surface où l'on avait ménagé deux petites ouvertures. Les radiations lumineuses ainsi partagées se superposèrent, intensifiant la lumière sur un écran lorsque les ondes étaient en phase (crête de l'onde plus crête de l'onde ou creux de l'onde plus creux de l'onde), mais la faisant disparaître en cas de déphasage (crête de l'onde plus creux de l'onde). Cette interférence des ondes disparaît dès que l'on recouvre un des deux trous et la projection redevient homogène.

La théorie corpusculaire fut démontrée au début du siècle par PHILIP LENARD (1862-1947) :

En utilisant l'effet photoélectrique avec de la lumière ultraviolette, il parvint à faire sortir des électrons du zinc et plus tard d'autres métaux (irradiation) : l'intensité du rayon détermine le nombre d'électrons expulsés.

C. Signification fonctionnelle

Dans l'immensité des gammes d'ondes, la lumière visible n'occupe qu'une portion très mince comprise entre les longueurs d'ondes allant d'environ 380 à 780 nm (1 nm = 10^{-9} microns). En tant que stimulus, la lumière dispose de quelques propriétés physiques importantes pour la perception.

A première vue la vitesse de la lumière ne semble pas en faire partie. Elle est de 299 792, 458 km à la seconde (ce qui a par ex. pour conséquence que l'information optique transmise par Andromède nous est donnée avec un « retard » de plusieurs millions d'années).

Si cette vitesse était moins grande, on aurait par exemple une image courbe d'un bâtiment que l'on longe en marchant.

Une autre propriété physique est la transformation de couleurs complémentaires en lumière blanche (p. 113).
On fait aussi la distinction entre lumière naturelle (celle du soleil) et lumière artificielle (sans oublier le laser, lumière produite par la technique), ainsi qu'entre lumière directe et indirecte.

La lune, par exemple, fournit une lumière indirecte réfléchie. Dans ce cas, un petit nombre de photons parvient jusqu'à notre œil, si bien que si nous lisons un journal la nuit à la lumière pâle de la lune, nous ne pouvons déchiffrer que les titres : observation tout à fait quotidienne confirmant la justesse de l'hypothèse corpusculaire.

La lumière est également importante pour la perception du fait de son pendant : l'ombre. Les différentes formes d'ombre (l'ombre portée, la pénombre, etc.) contribuent à nous faire voir les choses sous une forme plastique.

96 VI. Psychologie de la perception / 3. Physiologie de la vue

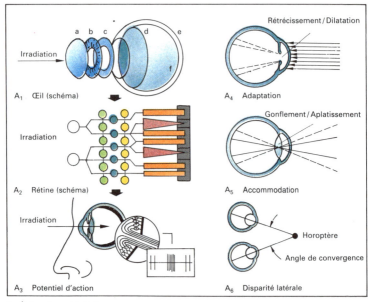

A Élaboration périphérique

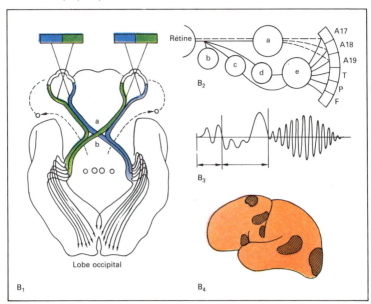

B Élaboration centrale

Passer de la physique à la physiologie de la vue rend l'observation encore plus complexe. Malgré un certain nombre de progrès très récents, nos connaissances concernant le versant corporel de la perception sont encore très lacunaires.

A. Élaboration périphérique

(A_1) L'**œil** en tant qu'appareil optique : (a) la cornée antérieure et postérieure avec la chambre antérieure, protégée et améliorée du point de vue optique par le réflexe de fermeture de la paupière ; (b) l'iris avec l'orifice de la pupille, qui règle l'entrée de la lumière au moyen de fibres musculaires orbiculaires (sphincters) et radiaires (dilatateurs) ; (c) le cristallin, rattaché au corps ciliaire par les fibres de la zonule ; (d) le globe oculaire (e) enveloppé par la sclérotique et qui contient l'humeur vitrée ; (f) la rétine, qui se prolonge assez loin en avant sur la paroi interne du globe et au milieu de laquelle se trouve la fovéa.

(A_2) La **rétine**. L'origine du mot (du latin *rete* : réseau, filet) est très parlante pour désigner le plus important des organes récepteurs. Sa structure en réseau montre que ses composants constituent un organe sensoriel d'une extrême complexité.

On distingue 3 fonctions cellulaires : fonctions de réception, d'association transversale et de soutien.

Les cellules photoréceptrices comprennent les 2 types principaux de cellules visuelles, les bâtonnets (orange) et les cônes (violet), puis les cellules bipolaires (bleu) et ganglionnaires (blanc).

Les cellules d'association transversale comprennent les cellules horizontales (jaune) et amacrines (vert). La névroglie et le pigment (noir) forment le tissu de soutien.

Les cellules visuelles ressemblent à des pinceaux avec leur hampe. Les bâtonnets, plus étroits, sont sensibles à la lumière, mais ils ne comportent pas comme les cônes, qui sont plus épais, les trois sous-catégories sensibles à la couleur.

La combinaison de bâtonnets et de cônes, propre aux organismes supérieurs, permet la discrimination des couleurs et des formes. L'homme possède environ 250 millions de cellules visuelles, dans la proportion de 18 bâtonnets pour 1 cône. Leur répartition sur la rétine est très inégale. Dans la fovéa, les cônes dominent, ailleurs ce sont les bâtonnets. Lorsqu'il y a irradiation, le pourpre rétinien qu'ils contiennent (la rhodopsine) se décompose et blanchit.

(A_3) **Transformation du stimulus.** Les réactions chimiques complexes qui résultent d'une irradiation engendrent dans la rétine (a) des impulsions électriques, dont le fonctionnement n'est pas encore entièrement expliqué, qui sont transmises par la voie du nerf optique (b). Lorsqu'il n'y a pas de stimulation, les bâtonnets et les cônes ont un potentiel de repos très faible. Dès qu'il y a stimulation, le potentiel de la membrane s'élève. Ajoutons cependant qu'on ne peut observer et enregistrer de potentiel d'action (avec des pointes après irradiation comme au milieu de c) que dans les cellules ganglionnaires.

(A_4-A_5) Réactions oculaires.

(A_4) Comme le diaphragme d'un appareil photographique, la pupille se dilate ou se rétrécit pour laisser passer plus ou moins de lumière (adaptation). La quantité de lumière que laisse passer la pupille ne dépend pas seulement de l'intensité de la source lumineuse : le degré d'ouverture est également déterminé par l'état psychique.

(A_5) Le gonflement et l'aplatissement du cristallin (accommodation) modifient la réfraction et rendent possible la vision proche et la vision lointaine (d'environ 10 cm jusqu'au punctum remotum à environ 10 m).

(A_6) Le décalage des axes visuels (disparité latérale) des deux yeux empêche la création d'une image double et réduit la surface de fixation (horoptère).

B. Élaboration centrale

On attribue à HERMANN VON HELMHOLTZ, grand physiologue du XIXe siècle, la phrase suivante :
« Si l'œil avait été conçu et fabriqué par un opticien, il faudrait absolument le lui rendre. »
Si la perception visuelle, malgré les déficiences optiques de l'œil, peut être tenue pour le couronnement de notre rapport au monde environnant, elle le doit d'abord à la réussite de l'élaboration centrale.

(B_1) **Système de transmission.** Les voies optiques (nerf optique) transmettent séparément pour les deux hémichamps l'image fournie par l'œil gauche et par l'œil droit en sorte que 4 cordons nerveux mènent jusqu'au lobe occipital. Ils se croisent partiellement au niveau du chiasma optique (a).

La zone médiane (b) est celle où se produisent non seulement des connexions, mais aussi des stimulations nerveuses en retour pour les réactions oculaires évoquées plus haut.

(B_2) Systèmes de connexion. Schématiquement, les connexions de la zone médiane se font en passant par le corps genouillé externe (a), le système accessoire (b), l'aire prétectale (c), les tubercules quadrijumeaux antérieurs (d) et le pulvinar (e). Ces potentiels se projettent sur les aires occipitales 17 à 19 et en direction des lobes temporal (T), pariétal (P) et frontal (F).

(B_3) **Différence de potentiel.** Concernant les potentiels évoqués plus haut (p. 81), on distingue les signaux spécifiques et aspécifiques. Ils fournissent une information sur notre capacité à percevoir consciemment. A une stimulation, le nerf optique réagit par 3 effets électriques : par les réponses primaire et secondaire aussi bien que par le potentiel consécutif.

(B_4) **Activation de la lecture.** Avec la méthode isotopique, il est possible d'enregistrer des différences d'irrigation sanguine permettant de conclure à l'activation de certaines aires. On démontre ainsi la participation de plusieurs aires du cortex cérébral au processus de la lecture. En cas de lésions, l'inversion de polarisation des aires (quand elle reste possible) peut durer plusieurs mois. C'est la preuve de l'interdépendance dynamique des fonctions dans le système nerveux central (SNC).

98 VI. Psychologie de la perception / 4. Théories de la perception

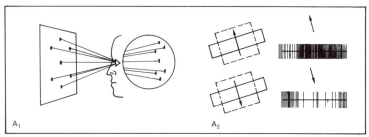

A Théories sensualistes

B Théories molaires

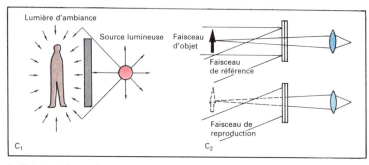

C Théories de la compétence

La science est très souvent un combat d'opinions dans lequel des émotions trop humaines jouent aussi un rôle. Dans la discussion sur la psychologie de la perception, on peut distinguer 3 directions dominantes depuis le milieu du XIXe siècle.

A. Théories sensualistes

WUNDT et TITCHENER furent les représentants du sensualisme, mot désignant un groupe d'hypothèses théoriques qui s'occupent exclusivement des mécanismes sensoriels. Ils étaient profondément influencés par les grandes découvertes physiologiques de leur temps. L'idée centrale était de transférer telle quelle la structure physiologique sur les phénomènes psychologiques. Aussi leur direction théorique est également appelée « structuralisme ».
De même que les récepteurs, les fibres nerveuses et les régions du cerveau sont faites de petits composants qui s'assemblent pour former des systèmes. On pensait pouvoir décrire la perception sur ce modèle (A_1). TITCHENER écrivait : « Chacune des quarante mille luminosités et couleurs que nous pouvons voir, chacun des onze mille sons que nous pouvons entendre, est une sensation. » De telles évaluations quantitatives ne sont plus de mise aujourd'hui.
Encore plus contestable est l'hypothèse que la perception d'une chaise, par ex., serait faite de l'addition de quelques milliers de sensations particulières. Certains théoriciens donnèrent ensuite le nom d' « élémentaristes » à de telles conceptions. On trouve toutefois chez les sensualistes des éléments d'une conception intégrative, supposant des facteurs « dynamiques » ou « volontaristes » que l'on référait à des « conclusions inconscientes ».
Ce sensualisme que l'on disait mort réapparut dans une nouvelle version par le détour de la psychophysiologie. En expérimentant sur les animaux, on découvrit que certains ganglions centraux procèdent à une sélection des stimuli (A_2). Certaines cellules nerveuses n'émettent une impulsion que lorsqu'on agite une barre de haut en bas, alors que d'autres ne réagissent qu'au mouvement inverse. Lorsque la stimulation est inadéquate, la séquence d'impulsions électriques est beaucoup plus faible. Apparemment, l'hypothèse sensualiste considérant « la sensation comme la plus petite unité perceptive » n'était pas si aberrante. Sous le nom de « détecteurs visuels », on identifie aujourd'hui des unités qui fournissent des informations partielles.

B. Théories molaires

Une des illusions perceptives les plus connues fut découverte par FRANZ CARL MÜLLER-LYER (1889) qui lui a donné son nom (B_1). Dans la vie quotidienne, on observe ce phénomène avec les angles dans l'espace : une même verticale paraît plus longue quand les lignes latérales s'écartent (angle rentrant à gauche), et plus courte avec le rétrécissement des lignes latérales dû à la perspective (angle saillant à droite). La perception ne reproduit donc pas le monde de façon « objective ». En utilisant le concept de *Gestalt* (Forme) forgé par CHRISTIAN VON EHRENFELS, les théoriciens dits gestaltistes ont étudié les conditions dans lesquelles l'organisme saisit les phénomènes extérieurs.
Le concept de « molaire » introduit par E.C. TOLMAN (1932) est utilisé pour subsumer les différentes écoles totalisantes :
Un certain nombre de taches (B_2) peuvent être réunies pour constituer l'image molaire d'un cavalier (eidotropie).
HARRY HELSON élargit la théorie gestaltiste à une théorie du niveau d'adaptation : la perception met en jeu des expériences antérieures, un cadre de référence vécu (stimulus d'ancrage) et le rapport qu'entretient le stimulus actuel avec ces deux facteurs.
Celui qui vient de soulever un poids très lourd ressent un poids plus léger mais en réalité assez lourd comme « léger » (B_3).

C. Théories de la compétence

Depuis le milieu du siècle, les théories gestaltistes ont été relayées par des théories de la compétence (nouvelles théories de l'apprentissage). Pour celles-ci, l'impression de totalité ne se constitue pas dans la tête, mais elle se trouve déjà dans le processus physique de la stimulation. JAMES GIBSON se demande alors « ce qu'un organisme doté de compétence sensorielle peut en prélever pour lui-même ». Sous son « aspect écologique », notre perception est l'objet d'un dressage permanent. Il est par ex. rare qu'une lumière perçue provienne directement d'une source lumineuse : la plupart du temps elle vient d'une lumière ambiante (*ambient light*) qui enveloppe l'observateur de tous côtés (C_1).
Depuis qu'il existe des holographies (C_2) qui fournissent une image tridimensionnelle produite par l'interférence de deux faisceaux lumineux, on sait encore plus précisément que la perception est soumise à un dressage et à un apprentissage permanents. Les nouvelles théories de la compétence envisagent ces relations fonctionnelles sous différents aspects : état du corps (par ex. modification sous l'effet de la faim), degré d'entraînement, refoulement de points de vue désagréables, pression du groupe social, influences cognitives (par ex. dressage perceptif).
Enfin 5 fonctions de contrôle sont privilégiées : 1. déterminants sensoriels (par ex. domaines sensoriels impliqués) ; 2. synthèse d'afférences (par ex. action simultanée de la forme et de la couleur) ; 3. motivation (entre autres besoins momentanés) ; 4. activation (par ex. intérêts spéciaux) ; 4. mise en relief (appropriation sélective).
A côté des théories de la situation globale, d'autres théoriciens mettent en avant la sélection des stimuli, l'interprétation (hiérarchisation des significations), la formation de la perception (*scanning*, genèse actuelle), la dépendance à l'égard du champ (degré d'influence du champ environnant), l'exploitation de modèles, l'évolution de la perception et la recherche active d'informations.

100 VI. Psychologie de la perception / 5. Organisation perceptive

	Stimuli	Récepteur	Voies nerveuses	Capacité en bits	Système nerveux central	Élaboration consciente
Yeux	380–760 nm	10^7–10^8	$2 \cdot 10^6$	$5 \cdot 10^7$		
Oreilles	Oscillations 18–18000 Hz	1–$3 \cdot 10^4$	$2 \cdot 10^4$	$4 \cdot 10^4$		
Pression Douleur	Déformation	$5 \cdot 10^5$ $3 \cdot 10^5$	10^4			
Froid Chaud	Changement de température	10^5 10^4	10^6	$2 \cdot 10^3$	10^{15} Neurones	16–150 bit/s
Odorat Goût	Concentrés chimiques	10^7 10^7	$2 \cdot 10^3$ $2 \cdot 10^3$	10–100 10		
	1	2	3	4	5	6

A Spécificité

B₁ Détection   B₂ Locomotion

B Localisation

C₁   C₂

C Transduction

Si l'on imagine un cercle s'élargissant à l'infini, enseignait NICOLAS DE CUES à la fin du Moyen Âge, la courbure du cercle se transforme insensiblement en ligne droite. Pour l'infini divin comme pour le cercle et la droite, il postulait une *coincidentia oppositorum*, une coïncidence des contraires. L'extrême complexité de l'organisation perceptive fait constamment penser au principe de la coïncidence des contraires.

A. Spécificité

Depuis des temps immémoriaux, on attribue 5 sens à l'homme. On aurait donc là un premier critère simple d'organisation du système perceptif. Mais on pourrait tout aussi bien dénombrer trois fois plus de sens si l'on distinguait par ex. perception de la couleur et perception de la forme, ou si l'on subdivisait cette dernière en différents détecteurs de forme.

Bien qu'en théorie on distingue généralement 8 récepteurs sensoriels spécifiques (2 récepteurs à distance et 6 récepteurs à proximité), l'homme ne se ressent pas comme vivant dans un nombre équivalent de mondes sensoriels. Du fait de la synthèse d'afférences (association de stimuli), il vit dans *un seul* monde, subjectif il est vrai.

Une autre « coincidentia » résulte de la concurrence entre les sens (les impressions optiques inhibent par exemple les impressions acoustiques), étant entendu qu'il y a quand même des possibilités de compensation, voire de renforcements réciproques.

Les différents stimuli (ill. A) du monde environnant (et du corps propre) sont reçus par un nombre très variable de récepteurs, puis transmis par un nombre en général beaucoup plus restreint de voies nerveuses. La capacité de transport est mesurée en bits. Le cerveau contient environ 10^{15} neurones, dont la capacité réunie ne fournit que quelques douzaines de bits dotés de conscience.

B. Localisation

La tâche principale de la perception est de permettre l'orientation dans l'espace. Là encore ont peut observer la coïncidence des contraires.

(B_1) A première vue, pareille figure est parfaitement concevable. Mais si l'on promène le regard (permettant ainsi à plusieurs détecteurs d'angle de fournir une information en retour), on ne tarde pas à découvrir qu'elle est en réalité « impossible ».

(B_2) L'orientation ne doit pas s'interrompre lorsqu'on se déplace soi-même (locomotion). Si l'on entre dans un nouvel espace, il se produit instantanément un processus de repérage très rapide de la position des objets dans l'espace.

C. Transduction

Aux deux principes d'organisation précédents vient s'ajouter l'identification au moyen de modèles que nous décrirons à l'aide du concept biocybernétique de « transduction ». Si nous ne savions pas ce qu'est l'objet perçu et localisé, nous serions incapables de le reconnaître.

(C_1) On peut saisir la figuration abstraite de couleur bleue ou celle de couleur jaune, mais pas les deux en même temps. Cette observation montre une fonction essentielle de la transduction. Pour chaque perception, on se fixe sur une représentation dont on ne peut changer que plus ou moins facilement. Cette décision subjective, la plupart du temps inconsciente (HELMHOTZ parlait déjà de « conclusions inconscientes » dans la perception), permet à l'expérience, à la motivation ainsi qu'à la situation personnelle et sociale d'exercer une influence sur la perception.

(C_2) L'image vue est reproduite à l'envers sur la rétine et c'est le cerveau qui la remet à l'endroit. A l'aide de lunettes prismatiques, on peut inverser la trajectoire du rayon.

Le sujet de l'expérience voit maintenant le monde à l'envers. Au bout d'une semaine pendant laquelle il utilise constamment ces lunettes prismatiques, le sujet parvient régulièrement à voir le monde normalement, c'est-à-dire à l'endroit. Il peut à nouveau marcher, conduire et s'orienter à peu près aussi bien qu'avant (cf. p. 105).

Les lunettes une fois retirées, le monde se retrouve sur la tête, pour se remettre à l'endroit au bout d'une période sensiblement plus courte.

Les 3 principes d'organisation ont un rôle décisif dans la construction de l'expérience perceptive :

La **spécificité** nous procure un monde à la stratification complexe parce qu'elle nous le présente à partir de plusieurs classes perceptives.

La **localisation** nous permet de nous approprier l'espace environnant : nous pouvons conquérir notre monde.

La **transduction** transforme ce qui est simplement vu en objet de connaissance, c'est-à-dire que nous pouvons nous sentir « chez nous » dans notre monde.

Avec ces principes, la perception nous sert de premier auxiliaire pour la fonction biologique de l'adaptation. Depuis la première psychologie de la perception (HERBART, WUNDT, GIESE), on utilise 3 concepts pour cette intensification de la perception :

Perception (« j'entends un coup de feu ») ;
Apercption (« c'est dangereux ») ;
Appréhension (« je suis en danger »).

Les informations partielles complexes résultant de la spécificité, de la localisation et de la transduction sont réunies pour fournir une signification globale.

Toute cette élaboration qui vient s'ajouter à la simple réception des stimuli, nous n'en prenons réellement conscience que lorsqu'elle se trouve dérangée par des expériences d'illusion perceptive. C'est pourquoi la psychologie de la perception s'intéresse tellement aux illusions perceptives et à la perception inadéquate (cf. p. 125), car « démasquer » ainsi l'illusion lui permet de mieux connaître la réalité des fonctions perceptives.

VI. Psychologie de la perception / 6. Les lois de la perception

A Contraste

B Seuils

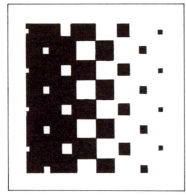

C Figure-Fond

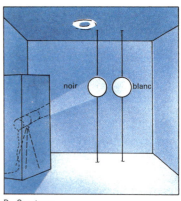

D Constance

E Assimilation

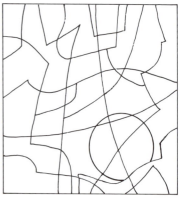

F Prégnance

Découvrir des lois a toujours été considéré comme le but recherché par toute science. En psychologie, il a été très difficile d'établir des « données certaines » à cause des variations individuelles. Selon WUNDT, les exceptions sont en ce domaine plus fréquentes que la règle. La psychologie de la perception connaît une série de régularités (c.-à-d. des lois approchées). Les 6 suivantes en sont les plus importantes.

A. Contraste
Les valeurs lumineuses et les valeurs colorées ne sont pas absolues, elles se modifient dans la perception en fonction de déterminants extérieurs.

Si l'on fixe, mais pas plus de trente secondes, le bout du nez de la jeune fille de gauche et si l'on regarde ensuite celui de la jeune fille de droite, on observe la naissance d'une image complémentaire contrastée : le visage paraît vert.

Ce phénomène s'explique par des processus physiologiques dans l'œil et le cerveau et il est d'une importance pratique considérable (un médecin, par ex., qui doit interpréter des parties sombres sur une radiographie peut être gêné par des zones de clarté proches des zones sombres qu'il doit discriminer). Les différentes formes de contraste (bord, surface, simultanéité, clarté, couleur) améliorent globalement la précision de l'image en elle-même assez floue qui est reproduite sur la rétine. Mais lorsqu'on regarde la télévision, on recommande à l'inverse un éclairage supplémentaire pour atténuer le phénomène de contraste.

B. Seuils
On sait que le chien perçoit des sons plus aigus que l'homme : cette sensibilité perceptive est exploitée avec des ultrasons lors du dressage.
À côté de ces seuils « absolus » (supérieurs ou inférieurs), on connaît les seuils « différentiels ».

Quand on allume une seconde bougie après une première, on voit la différence de clarté, mais celle-ci est invisible quand on allume une onzième bougie à côté de dix autres en train de brûler.

C'est en 1850 que G.TH. FECHNER a formulé la « loi » qui rend compte du phénomène :

« L'intensité vécue croît proportionnellement au logarithme de l'excitation physique », c'est-à-dire qu'il faut élever logarithmiquement $2° = 1$; $2^1 = 2$; $2^2 = 4$; $2^3 = 8$; $2^4 = 16$..., pour noter 1, 2, 3, 4... degrés de clarté linéaires.

Les « seuils de réaction » constituent un troisième groupe : à chaque situation correspond une façon différente de percevoir les stimuli (des maux d'estomac seront vécus de façon plus intense dans l'attente d'un travail redouté qu'avant une excursion).

C. Figure-fond
Le nombre des excitations venant du monde environnant est infini. Personne ne peut prêter attention à tout. C'est pourquoi nous opérons une sélection en privilégiant certaines de façon plus ou moins consciente, le reste disparaissant à l'arrière-plan. L'illustration ci-contre montre le passage progressif de la figure à l'arrière-plan. Comme c'est le cas ici, la figure est la plus pe-tite des deux formes (à gauche des carrés blancs, à droite des carrés noirs) et la plus grande le fond. Mais il faut ajouter que des relations signifiantes, des délimitations fortes, des formes closes et simples jouent également leur rôle.

D. Constance
Les stimuli se modifient constamment. A la lumière solaire, un morceau de charbon réfléchit à peu près autant de lumière qu'un morceau de craie au crépuscule. S'il nous était impossible de discerner dans tous les cas la craie blanche du charbon noir, nous aurions beaucoup plus de difficultés à nous repérer. Pour éviter ce genre de difficultés, un mécanisme perceptif central annihile le perpétuel changement des choses, qui sont ainsi maintenus dans un état à peu près constant (constances de clarté, de taille, de position dans l'espace, de forme et de couleur).

Le principe de constance peut être expérimentalement vérifié par une ruse (ill. D). Dans une pièce éclairée par un plafonnier, on envoie, à l'insu du sujet, un pinceau lumineux sur le disque noir placé à gauche : celui-ci est alors semblable au disque blanc placé à droite.

E. Assimilation
Tout photographe sait d'expérience combien il est difficile de contrôler les différences de luminosité avec un appareil photo. La perception humaine dispose d'un mécanisme de compensation.

Le sujet regard à l'intérieur d'un hémisphère creux et ne voit qu'une surface uniforme de couleur ocre, même si l'on augmente l'éclairage sur un côté. Mais si l'on projette une ligne fine dans l'hémisphère, apparaissent alors différentes surfaces colorées. Ici, c'est le contraste (A) qui opère.

Avec les 2 surfaces colorées sur ce schéma, c'est de nouveau l'assimilation qui opère : même si l'on fait varier leur coloration, elle apparaît uniforme.

L'assimilation simplifie l'image alors qu'elle est beaucoup plus différenciée du point de vue physique.

F. Prégnance
Un jeu perceptif populaire est la figure « devinette » (p. 125). On présente une multiplicité de lignes dans laquelle on est invité à découvrir le chasseur, le lièvre, etc. Dans la vie quotidienne aussi, de nombreux objets se cachent alentour alors que d'autres sortent de l'anonymat et s'imposent à nous de façon « prégnante ». Cet effet joue un rôle important dans l'imagerie publicitaire. Les figures simples et closes (carré, cercle) se détachent plus facilement de ce qui les entoure. Dans ce contexte, il faut évoquer un autre mécanisme que l'on appelle tendance à la prégnance : bien que le cercle (ill. F) ne soit pas complet, on le referme involontairement. On parachève, sans le remarquer, les figures prégnantes.

104 VI. Psychologie de la perception / 7. Sémantique de la perception

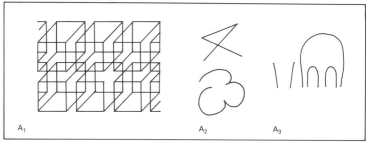

A Évaluation par modèles

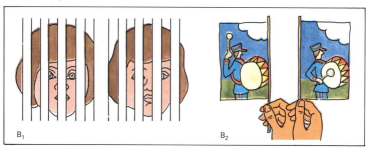

B Synthèse d'afférences

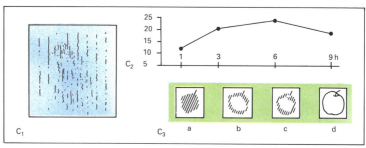

C Motivation

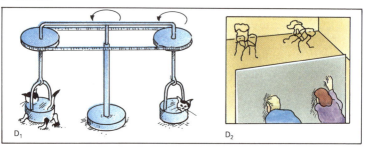

D Activation

L'homme trouve le monde dans lequel il vit, mais on peut dire aussi qu'il l'invente. En d'autres termes : la perception n'est pas seulement reproduction des données sensorielles fournies par le monde extérieur, elle est également un acte créateur. La sémantique de la perception en tant que sémiotique de l'objet vu cherche à découvrir comment se construisent les perceptions.

A. Évaluation par modèles

3 exemples montreront comment des modèles simples donnent naissance à des objets signifiants :
(A_1) La série de parallélépipèdes est d'abord vue dans une direction déterminée en profondeur. Si l'on met l'image à l'envers, la même impression demeure bien que les figures soient maintenant inversées. Mais par la pensée on peut à volonté orienter ces parallélépipèdes dans la direction opposée (vers le haut ou vers le bas).
(A_2) L'une des deux figures est appelée Takete, l'autre Maluma. Laquelle ? Plus de 90% de la population choisit d'appeler Takete la figure du haut et Maluma celle du bas. Certes les figures ne représentent rien et les mots sont absurdes, mais cela ne nous empêche pas de leur donner une signification que nous identifions même comme lien entre les mots et les signes.
(A_3) A première vue les 5 signes ne disent rien. Mais dès le moment où on les désigne comme « femme de ménage avec un seau à côté d'elle », cela peut être vu sans aucun problème sur l'image. C'est de ces phénomènes que s'occupe plus particulièrement la théorie de la détection du signal (GREEN, SWEETS, 1966). Dans ce qu'on appelle le « bruit de fond » sont presque noyés certains signaux imperceptibles que l'on découvre quand on augmente leur intensité, mais qui peuvent aussi franchir le seuil de la perception en fonction du champ (dépendance par rapport au champ), des attentes du sujet, de la connaissance qu'il a ou non des signaux et de ses motivations personnelles.

B. Synthèse d'afférences

L'homme enrichit ce qu'il voit en y conférant des significations. En fonction de l'importance de ces adjonctions, l'objet vu peut se charger de tant de signification qu'il est possible de renoncer à une partie des informations fournies par le stimulus : elles sont « redondantes ».
(B_1) Pour les visages qui nous sont familiers, nous pouvons notamment nous contenter de morceaux. Le visage de la jeune fille a été découpé en bandes et chaque moitié suffit pour qu'il soit identifié : nous « synthétisons » l'image complète.
(B_2) On dessine deux tambours au recto et au verso d'un fanion et on les montre alternativement en faisant pivoter la hampe : si on accélère la vitesse de rotation de la hampe, on ne voit plus qu'un seul personnage en train de battre le tambour. Cette forme élémentaire de la stroboscopie (p. 111) est en quelque sorte l'ancêtre du cinéma. Ici, la synthèse naît de la fusion de deux images intermittentes.

C. Motivation

(C_1) On montre sous un verre cathédrale une figure que l'on ne peut que deviner. Le jeûne des sujets les conduit à des modifications frappantes dans l'interprétation qu'ils font des objets.
(C_2) Au bout de 3 heures, la part des aliments augmente notablement, elle augmente à nouveau au bout de 6 heures, puis elle tombe au bout de 9 heures lorsque la faim est surmontée.
(C_3) Dans une expérience analogue, l'objet a n'a pratiquement jamais été identifié comme pomme par les jeûneurs, l'objet b un peu plus souvent, c l'a été en plus grand nombre par des sujets rassasiés, mais beaucoup eurent besoin de la figure d pour reconnaître une pomme.
Ces expériences montrent que les contenus perceptifs dépendent de qualités psychiques qui ne se trouvent pas seulement dans la perception. Cette interaction avait déjà été notée par ARISTOTE :
« Tout phénomène, quel qu'il soit, se présente lui-même non seulement lorsque l'objet adéquat excite les sens mais aussi lorsque les sens entrent d'eux-mêmes en état d'excitation, à condition, toutefois, que l'excitation se produise de la même façon que si l'objet était réellement présent. »
La recherche récente (« fonctionnaliste ») sur la perception a mis en avant une série de facteurs susceptibles d'intervenir dans le processus perceptif : caractéristiques individuelles (suggestibilité, persévération, rigidité, dépendance du champ, etc.), situations (actions suspendues, échecs, intérêts du moment, etc.) et facteurs sociaux (notamment les jugements de groupe).

D. Activation

(D_1) Dans une expérience de HELD et HEIN, deux chatons ont été soumis pendant la durée de l'expérience à des stimulations visuelles semblables. Mais l'un des deux restait immobile dans sa nacelle que l'autre poussait d'un mouvement régulier. Au bout d'une période assez longue, il est apparu que seul le chaton actif était capable de percevoir alors que le chaton passif se conduisait comme un aveugle bien que sa vision n'ait jamais été restreinte. Ceci démontre l'importance de la motricité dans le processus de perception. Il en va de même avec les lunettes d'inversion (p. 101) qui opèrent des déplacements remarquables au cours de la première phase de l'expérience : lorsque le sujet se mettait à se déplacer lui-même ou avait affaire à des événements non rationnellement saisissables, l'image inversée basculait très vite dans la position correcte.
(D_2) Les sujets voient, à gauche, une chaise faite de morceaux de corde, mais ils identifient également une chaise dans le fouillis de droite. Lors de telles expériences et d'autres du même type (le piège de la croisée) avec des sujets qui ne connaissaient pas ces objets auparavant (par ex. dans la brousse africaine), il est apparu que l'illusion n'opérait pas.

106 VI. Psychologie de la perception / 8. Perception de la forme (*Gestalt*)

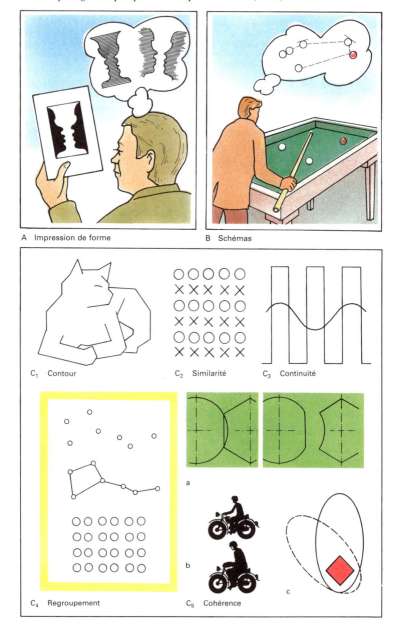

A Impression de forme

B Schémas

C₁ Contour

C₂ Similarité

C₃ Continuité

C₄ Regroupement

C₅ Cohérence

C Facteurs de forme

« Le tout est plus que la somme des parties. » Ce slogan caractérise jusqu'à nos jours la psychologie gestaltiste : l'« impression de forme » comme performance propre de celui qui perçoit. A la suite des différentes écoles gestaltistes, la psychologie cognitive souligne l'importance des anticipations intellectuelles avant tout processus psychologique. L'un de ses fondateurs, F.C. BARTLETT, écrivait sur son jeu au tennis :
« Quand j'exécute un coup, je ne produis pas quelque chose d'absolument nouveau et je ne répète jamais quelque chose d'ancien. Le coup est vraiment produit à partir des « schèmes » momentanés et vivants de la vue et de la position, ainsi que de leurs relations réciproques. »
La notion de « schème » avait déjà été utilisée par F.W. SCHELLING dans sa philosophie de la nature (1799) pour les modèles du monde environnant dans la tête de chaque être humain.

A. Impression de forme

L'exemple du vase de Rubin (du nom du psychologue danois EDGAR RUBIN) permet de rendre compte de l'inversion d'une image (la représentation d'un vase ou le profil de deux visages qui se regardent). On ne peut voir qu'un des deux aspects de l'image, qu'une seule « forme » (Gestalt), et non les deux à la fois. La forme est une unité de signification qui constitue un tout pour celui qui perçoit. Elle n'est pas conçue comme une simple configuration du stimulus qui doit obligatoirement donner à chaque fois la même image. Mais elle n'est pas non plus une interprétation résultant de l'arbitraire subjectif. On la situe entre ces deux positions comme une organisation spécifique de signes distinctifs qui doivent présenter les 4 qualités suivantes :
– *Prégnance* : les formes s'imposent à l'individu qui perçoit en fonction de facteurs de forme (C) en « compétition ».
– *Suradditivité, primat du tout* : la forme principale est plus signifiante et plus prégnante que la somme de ses parties constitutives.
– *Transposabilité* : comme pour le schème mélodique, la forme (en dépit par ex. d'un changement d'instrumentation) peut être transposée sans cesser d'être reconnaissable.
– *Cadre de référence* (frame of reference) : dans la forme, un « stimulus d'ancrage » agit comme une sorte de clef ouvrant à chaque fois une conception spécifique.

B. Schémas

Un autre groupe de théoriciens met en avant un aspect particulier du processus perceptif. Pour U. NEISSER, les schémas sont une
« partie du cycle perceptif global, qui est à l'intérieur de l'individu percevant, variable en fonction de l'expérience antérieure et spécifique de ce qui est perçu. »
On les appelle aussi « feed forward units » (boucles d'anticipation). Ce qui distingue un bon joueur de billard d'un mauvais, c'est d'abord qu'il dispose de meilleurs schémas. Il possède une représentation exacte de la trajectoire des boules quand il les frappe d'une certaine façon (carte mentale, *mental map*).

C. Facteurs de forme

Quelle que soit la direction théorique choisie pour interpréter la perception, toutes soulignent la faculté humaine de fabriquer des « signes iconiques ». Les uns y voient une des harmonies existant entre les objets et la structure sensorielle (par ex. le fait que l'évolution ait placé nos yeux côte à côte et non l'un au-dessus de l'autre), d'autres interprètent ces signes comme des stéréotypes acquis, d'autres enfin pensent qu'il s'agit de reproductions d'archétypes en termes de psychologie des profondeurs. H. HELSON a présenté la collection la plus riche : 117 facteurs de forme.
(C_1) *Contour*. Les formes sont limitées. Si des délimitations ne leur viennent pas d'emblée du monde extérieur dans lequel elles sont situées, certains processus cérébraux leur assignent des bords. La possibilité d'identifier une figure (par ex. ce chat) se trouve améliorée par des détecteurs de contours. La recherche sur le comportement a mis au jour chez les animaux certaines formes de déclenchement (cf. XVIII/1). C'est ainsi que la détection des contours, que la théorie avait étayée de plusieurs façons, se trouve confirmée en tant que facteur de forme.
(C_2) *Similarité*. Dès le XVIIIe siècle, la psychologie associationniste anglaise avait reconnu que le facteur de similarité était un auxiliaire de la mémoire. Bien que les figures de l'illustration soient toutes à même distance les unes des autres, que ce soit verticalement ou horizontalement (ce qui est signalé comme facteur de proximité par certains théoriciens), la similarité entraîne une plus grande visibilité de l'alignement horizontal.
(C_3) *Continuité*. On privilégie le dessin de la courbe alors qu'on pourrait l'associer aux barres et la voir comme un profil de vallée. C'est la continuité dans la structure de la courbe qui fait que cette seconde interprétation n'est pratiquement jamais proposée.
(C_4) *Regroupement*. Les constellations constituent la plus ancienne interprétation concluant à un ensemble cohérent. Les étoiles de la Grande Ourse tout comme les cercles sont « regroupées » à cause du faible écart qui les sépare les unes des autres.
(C_5) *Cohérence*. Les 3 exemples suivants montrent les effets du facteur de synthétisation.
a : Cette figure est interprétée comme la superposition « courante » d'un cercle et d'un hexagone et non comme la configuration « inhabituelle » que l'on voit à droite.
b : Dans les deux cas, la moto a la même taille, mais celle du bas paraîtra plus petite parce que le conducteur est plus grand.
c : Si l'on prend le carré rouge comme « ancre » pour l'ovale vertical, ce carré est un losange ; mais associé à l'ovale en pointillé, il est perçu comme un carré oblique.

108 VI. Psychologie de la perception / 9. Perception de l'espace et du temps

A₁ Illusion de profondeur
A₂ Illusion de taille
A₃ Illusion lunaire
A₄ Perspective géométrique et perspective aérienne

A Expérience de l'espace

B Expérience du temps

L'espace et le temps sont les catégories fondamentales les plus générales (cf. p. 41). Toutes les sciences, de la physique à la philosophie, doivent obligatoirement se confronter à ces deux catégories dans leur propre cadre de référence. Pour la psychologie, il s'agit d'abord d'expliquer à quelles conditions nous avons une expérience personnelle de l'espace et du temps.

A. Expérience de l'espace

L'image télévisée naît de la projection d'un rayon modulé sur le fond plat d'un tube de télévision. L'image, plane, donne pourtant une illusion de profondeur. Elle est comme creusée vers l'arrière et logée dans l'appareil.

Pour éprouver des sensations de profondeur, nous avons besoin d'un certain nombre d' « indices de profondeur ». Les réactions oculaires (accommodation, disparité latérale, cf. p. 87) permettent la formation d'une image assez nette de ce qui est proche et d'une image indifférenciée de ce qui est éloigné. En effet, ces informations ne sont satisfaisantes que pour la portion d'espace comprise entre le punctum proximum et le punctum remotum (d'environ 10 cm jusqu'à 10 m). Quant à l'espace tactile, il fournit encore moins de données. Des objets peuvent être disposés les uns derrière les autres, ceux du premier plan recouvrant partiellement ceux de derrière. En outre, ils s'échelonnent de telle sorte que, pour l'observateur, être grand et être devant s'équivalent. Enfin l'horizon et la distribution de l'ombre fournissent aussi des éléments de comparaison.

Les lignes de fuite de la perspective fournissent une autre information spatiale importante. L'air produit aussi un effet de perspective par les contours et les couleurs qui deviennent plus flous à l'arrière-plan. La couleur modifie également l'évaluation de la profondeur (cf. p. 113). Enfin le champ environnant procure des informations spatiales supplémentaires, par ex. sur l'échelle des choses. Mais toutes ces informations peuvent aussi être la source d'illusions visuelles.

(A_1) *Illusion de profondeur*. Dans certaines expériences sophistiquées (J. J. GIBSON), il est possible de fausser l'évaluation de la profondeur : en découpant par ex. 3 cartes à jouer, de sorte que celles qui sont plus éloignées et beaucoup plus grandes paraissent recouvrir celles qui sont plus proches.

(A_2) *Illusion de taille*. Dans cette expérience, les délimitations spatiales sont déformées comme le montre le schéma dessiné en bas. Mais lorsqu'on regarde par un trou, la pièce semble être de proportions normales, au contraire des personnages qui paraissent grands ou petits selon leur position dans la pièce. L'évaluation de l'espace et de la taille dépend aussi de l'environnement perceptif.

(A_3) *Illusion lunaire*. A proximité de l'horizon et en rapport direct avec les silhouettes qui se profilent, la lune paraît plus grande qu'au zénith du ciel nocturne.

(A_4) *Perspective géométrique et perspective aérienne*. La perspective géométrique (à gauche) s'appuie sur les lignes de fuite et l'horizon optique, qui se trouve à la hauteur de nos propres yeux. La perspective aérienne (à droite) étend l'illusion de profondeur par la dégradation des couleurs (couleurs pâles, bleutées) et un lointain vaporeux.

B. Expérience du temps

L'homme vit le temps comme une suite de « présents » continus, de longueur inégale, que la variété du vécu et l'importance relative des événements font paraître étendus ou raccourcis (« paradoxe temporel subjectif » : l'abondance d'événements raccourcit l'impression du temps écoulé ; mais rétrospectivement l'intervalle de temps est vécu comme étendu). La psychologie du temps comprend 4 points principaux :

1. La *dépendance* à l'égard du temps est particulièrement ressentie après de longs voyages en avion et se traduit par des difficultés d'adaptation : l' « horloge interne » (insertion psychophysique dans le temps) commence à se dérégler.

2. On étudie les *seuils temporels* en tant que différences absolues (délai d'appréhension le plus court pour la vue : 0,01-4 s, plus bref pour l'ouïe : env. 0,002 s) et différences relatives (« position temporelle ») : 2 sons parvenant par les écouteurs d'un casque sont perçus jusqu'à un intervalle d'1 ms comme un seul son au milieu de la tête ; décalés de 3 ms, on les assimile au premier son et il faut un intervalle de 30 ms pour être capable d'en identifier la suite chronologique. Les seuils de réaction (p. 103) dépendent de ce l'on voit.

Une image chaotique (B_1) requiert un temps d'exposition plus long et c'est le centre qui paraît d'abord plus structuré, partiellement déjà coloré (B_2). Ce n'est qu'après un temps d'exposition beaucoup plus long que l'image est reconnue dans son entier, un détail (B_3) étant de plus en plus souvent sélectionné (par ex. une connaissance que l'on vient d'apercevoir).

Un allongement sensible de ces 3 seuils serait un indice de troubles psychiques.

3. La *réalisation temporelle* est déterminée par un compromis entre temps individuel et temps social : en résulte l'impression d'ennui ou d'excitation fébrile. La pression du temps modifie généralement le niveau de performance. La réduction du temps imparti pour prendre une décision peut engendrer des blocages. Outre les différences culturelles, sociales et situationnelles, la soumission aux normes temporelles influence également l'orientation dans le temps, c.-à-d. l'intervalle de temps subjectivement saisissable.

4. La *perspective temporelle* se rapporte à la façon dont l'individu élabore et évalue le temps de l'événement : on peut être plus sensible au passé, au présent ou à l'avenir, et puisqu'il y a un « esprit du temps », on peut s'y conformer (être « up-to-date »), ou le refuser. Cette « conscience du temps » ne peut à son tour être dissociée d'une conception personnelle du monde qui mettra en avant soit la conservation de l'état de choses existant, soit la restauration d'un état antérieur, soit l'espoir d'un futur différent.

110 VI. Psychologie de la perception / 10. Perception du mouvement

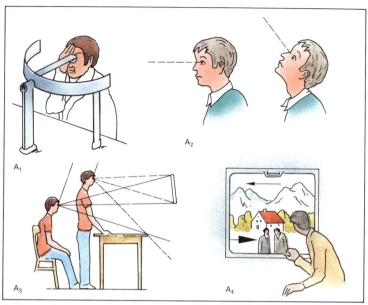

A Champs visuels

B Mouvements propres et objectifs

C Mouvement apparent

D Stroboscopie

Perception et mouvement sont indissociables. Là où il n'y a plus de mouvement, comme dans l'exemple donné plus haut (p. 93) de stabilisation de l'image visuelle, il y a également disparition de la perception. Le corps est soumis à un micromouvement de 4 à 25 oscillations par seconde et à une amplitude de 0,5 à 5 μm pour son état spontané de base dont se détachent les macromouvements.

A. Champs visuels

(A_1) **Périmétrie.** Les récepteurs à distance, la vue et l'ouïe, ont un certain rayon de perception. Pour l'œil, celui-ci a assez précisément la forme d'un demi-cercle. On pourrait donc en conclure que pour la réception du stimulus optique aucun mouvement de l'œil ou de la tête n'est nécessaire. Or il n'en est rien. L'image optique varie beaucoup quand on parcourt l'arc de cercle du champ visuel et si l'on a toute liberté de mouvement, le regard se tourne avec sûreté du côté du centre d'intérêt visuel. L'utilisation d'un périmètre permet de démontrer la nécessité de l'orientation du regard.

Le regard du sujet étant fixé sur le centre du périmètre, on promène une image de l'extrémité de l'arc de cercle vers le centre. A une distance d'environ 10° à 5° du centre, le sujet a les plus grandes peines à reconnaître quelque chose de l'image proposée.

(A_2) **Mouvement du regard et de la tête.** Lorsqu'on renonce à bloquer artificiellement le mouvement du regard, comme on le fait avec le périmètre, on s'aperçoit que la tête suit automatiquement toute nouvelle orientation du regard. Cette contrainte est liée à ce qu'on appelle le réflexe d'orientation (cf. XIII/10, A).

(A_3) Mouvement du corps. Dès que la personne qui perçoit se lève et a fortiori dès qu'elle se déplace, ce qu'elle voit se modifie considérablement. C'est grâce au phénomène de constance (cf. p. 103) que ces modifications visuelles n'obligent pas le sujet à se réorienter complètement à chaque fois.

(A_4) Mouvement de l'environnement. Enfin c'est l'image de l'environnement qui bouge la plupart du temps elle aussi, phénomène particulièrement évident quand nous regardons au dehors pendant un voyage en train. Les objets proches défilent rapidement et sont presque impossibles à reconnaître, alors que le lointain se déplace lentement et (apparemment) dans le sens inverse du mouvement précédent.

B. Mouvements propres et objectifs

La perception quotidienne est une synthèse de toute la succession des lieux, des mouvements et des fixations définissant l'observation. Quant à suivre expérimentalement ces changements extrêmement rapides, c'est possible depuis peu grâce à une caméra fixée sur un casque en liaison avec des lunettes. On peut voir ensuite le film les différents mouvements de la tête aussi bien que les changements de points de fixation du regard en fonction du lieu et de la durée dans le champ visuel. Cette méthode permet par exemple de tester les réactions d'un conducteur aux différentes situations qu'il rencontre sur la route (ill. B : réaction devant un obstacle à la circulation).

Les mouvements propres ne sont pas seulement « afférents » (réceptifs), ils sont aussi « réafférents », c.-à-d. qu'une « information en retour » de l'état corporel est fournie au système nerveux central par l'intermédiaire de différents récepteurs :

cellules de Golgi, faisceaux musculaires, récepteurs d'articulation, de vibration, etc.

C. Mouvement apparent

Le physicien FARADAY avait déjà fait des expériences sur le mouvement apparent (1831). En 1912, WERTHEIMER leur donna le nom de phénomènes phi, d'ordre sui generis et qui ne peuvent être analysés plus avant. Plus tard, il a été cependant possible de les décomposer en différents phénomènes particuliers (des mouvements alpha jusqu'aux mouvements epsilon).

Il s'agit d'impressions apparentes qui ont leur source dans la construction de notre appareil perceptif.

(C_1) C'est sur les tableaux lumineux des aéroports que l'on peut observer la forme la plus simple du mouvement apparent :

du fait de l'inertie de notre perception visuelle, les petites lampes qui s'allument tour à tour sur le tableau produisent un effet de va-et-vient lumineux qui n'existe pas dans la réalité.

(C_2) Les cercles proches les uns des autres ne sont pas vus séparés mais se recouvrant de façon changeante : le mouvement apparent de rotation des cercles naît d'interférences sur la rétine. Dans le cas de la spirale d'Exner, on a une illusion de mouvement centrifuge.

D. Stroboscopie

Sous le nom de stroboscopie (du grec *strobos* « rotation, tournoiement »), on a commencé dès le XIXe siècle à produire des images animées à l'aide du stroboscope (ill. D). Vinrent ensuite la cinématographie, puis la télévision. Chacun de ces procédés exploite l' « inertie » de nos organes perceptifs pour nous présenter des objets avec une apparence de mouvement.

La perception télévisuelle se distingue à plusieurs points de vue de la perception normale :

Du côté des avantages, on a la limitation du cadre visuel, la pénombre dans laquelle est plongé l'environnement, le contraste entre l'abondance des événements et le statisme du champ environnant, l'aspect caverneux de l'image découpée et l'effet d'aspiration qui en résulte. Les inconvénients résultent du peu de plasticité des images, par ex. la médiocre perception de la profondeur à cause du manque d'indices de profondeur, une différenciation quelque peu réduite de la figure et du fond, la concurrence plus vive par rapport à la perception normale entre perceptions visuelle et acoustique.

De telles expériences modifient progressivement les attentes placées dans les offres perceptives.

VI. Psychologie de la perception / 11. Perception des couleurs

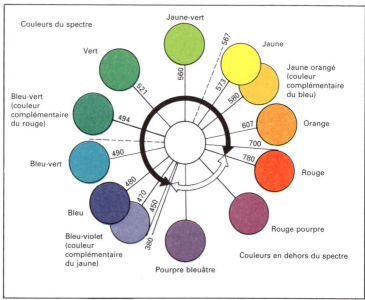

A Topologie des couleurs

B₁ Effet de profondeur

B₂ Effet de Bezold

B₃ Effet de Stroop

B Effets de la couleur

La plupart des êtres vivants ont une vision spécialisée soit dans les formes, soit dans les couleurs. L'homme, lui, dispose d'un système forme-couleur relativement équilibré, son aptitude à discriminer les couleurs étant particulièrement marquée.

A. Topologie des couleurs

La vision des couleurs fut une des questions les plus controversées : GOETHE combattit NEWTON et au XIXe siècle HELMHOLTZ s'opposa à HERING.
Il y a de nos jours encore des positions différentes. On a toutefois reconnu que dans ces oppositions c'est la prééminence de telle ou telle perspective physique, physiologique ou psychologique qui joue un rôle plutôt que la réalité factuelle des phénomènes colorés.
Pour la *physique*, les couleurs (ill. A) sont des ondes de différentes longueurs provenant du spectre de la lumière visible (de 380 nm à 780 nm). On a tenté d'introduire des intervalles dans ce champ.
Une telle division en degrés égaux est à la base du système des couleurs d'Ostwald (atlas de Munsel pour les USA). Cette « topologie » des couleurs est également importante pour la psychologie. Grâce à la similarité entre le début et la fin de la différence spectrale, les couleurs se réunissent pour former un cercle chromatique.
Du point de vue *physiologique*, ce sont les cônes de la rétine qui sont chargés de la perception des couleurs. Les trois types de cônes ne sont pas également répartis sur le spectre. Dans les grandes longueurs d'onde, ce sont les récepteurs de vert-jaune et de rouge-jaune qui prédominent, dans les petites les récepteurs de bleu. Grâce aux cellules nerveuses branchées sur la rétine, le système à 3 canaux fait place à un système à 2 canaux (avantage : accélération de la vitesse de traitement).
Ces 2 canaux rendent cybernétiquement possibles 4 tonalités :
le rouge et le vert dans un canal, le jaune et le bleu dans l'autre (c'est également la source du phénomène des couleurs complémentaires). Les deux canaux travaillent ensemble. Le canal rouge-vert atteint son maximum avec environ 655 nm, le canal jaune-bleu avec environ 575 nm.
Malgré quelques inconvénients mineurs, le grand avantage est que nous pouvons combiner un mélange lumineux en une infinité de nuances colorées. Certaines expériences ont permis de distinguer 128 tons. C'est ainsi qu'existe la tonalité pourpre absente du spectre.

B. Effets de la couleur

La physique et la physiologie fournissent les fondements d'une *psychologie* de la perception des couleurs comportant 7 domaines principaux.
L'*expérience vécue* de la couleur s'appuie sur les « couleurs primaires » (HERING) : bleu-vert-jaune-rouge. Mais comme on peut l'observer avec la télévision en couleurs, les trois couleurs fondamentales (rouge-vert-bleu) sont techniquement suffisantes (à cause de la structure de la rétine) pour couvrir tout le champ chromatique. Pour chaque couleur, on a une grande partie du spectre (parfois même la moitié) avec une ou plusieurs dominantes. La façon dont on voit la couleur dépend également des expériences antérieures.
On appelle « couleur de mémoire » le fait par ex. de continuer à voir sa voiture bleue dans des conditions de lumière très variées, avec d'énormes fluctuations de couleur.
Peu de gens présentent des anomalies de la vision des couleurs (daltonisme) : 0,02% ne voient aucune couleur, 1,78% des hommes ne voient pas le vert, 1,08% le rouge, l'insensibilité au bleu étant beaucoup plus rare. Chez les femmes, le daltonisme est beaucoup moins répandu.
Les *couleurs complémentaires* sont des paires de couleurs dont la combinaison donne la lumière blanche. Des couleurs analogues ont une composante commune.
La *saturation* d'une couleur est déterminée par la plus ou moins grande présence de cette couleur : si une couleur est faiblement saturée, le rose par ex., c'est qu'elle contient beaucoup de blanc (c.-à-d. « toutes » les couleurs). Elle procure alors une impression de délavé.
La *luminosité* d'une couleur dit quelque chose sur la propriété qu'auraient apparemment les couleurs d'émettre de la lumière. Le jaune peut être plus « lumineux » que le bleu foncé.
Pour les *facteurs de champ*, on distingue différents effets dus à la coloration des plans, des surfaces et de l'espace, aux reflets, aux chatoiements, à la transparence, etc.
(B$_1$) Que la vision de la profondeur (cf. p. 109) soit elle aussi dépendante des couleurs, c'est ce que montre la maison rouge en donnant l'impression d'avancer.
(B$_2$) L'effet dit de Bezold illustre les changements de coloration résultant du contraste avec les lignes de contour.
Avec le phénomène de Purkinje, les couleurs se modifient en fonction de la luminosité de l'environnement : au grand jour ce sont le vert et le bleu qui se distinguent.
Le *climat* se rapporte à la chaleur ou à la froideur synesthésique des couleurs. Le vert par ex. est considéré comme tranquillisant.
La *symbolique* des couleurs dépend de l'arrière-plan culturel. En Orient par ex. le blanc est la couleur du deuil. L'effet de Stroop montre à quel point les couleurs influencent notre pensée.
(B$_3$) Quand on peint des noms de couleur avec une couleur erronée ou quand on les entoure d'un environnement de couleurs erronées, on rend plus difficile la restitution correcte de ces noms.
La perception des couleurs ne rend pas seulement le monde plus attrayant :
les couleurs fournissent des informations complémentaires à la représentation purement formelle du monde. Elles caractérisent, mieux que la forme, la structure des matières ; elles peuvent contribuer à camoufler les objets ou à en faciliter la découverte ; elles donnent plus d'intensité aux rapports affectifs avec les objets.

114 VI. Psychologie de la perception / 12. Physiologie de l'audition

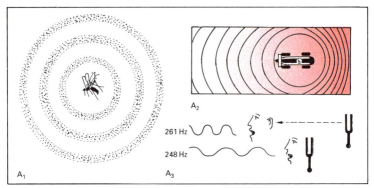

A Phénomènes acoustiques

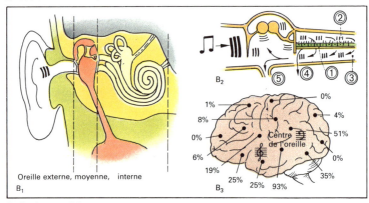

B Systèmes auditifs

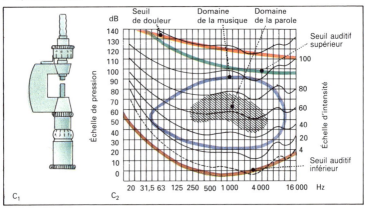

C Domaines auditifs

L'oreille est considérée comme le plus complexe des organes sensoriels, elle est même plus différenciée que l'œil. Sa complexité tient à sa mécanique de pression sonore : par l'intermédiaire de membranes, d'osselets, de muscles, de canaux de forme très particulière et remplis de liquide, les ondes sonores sont transformées en variations de pression qui finissent par infléchir de petits cils, dont la mécanique transmet des impulsions électriques dans le cortex temporal.

A. Phénomènes acoustiques

L'air est normalement le support physique des ondes sonores. Le physicien ROBERT BOYLE a pu en faire la démonstration dès le XVIIe siècle.

> Il suspendit une cloche dans un bocal de verre, y fit le vide et s'aperçut qu'en frappant la cloche il était impossible d'en obtenir le moindre son. En réintroduisant un peu d'air, il réentendit le son de la cloche, qui devint de plus en plus fort à mesure qu'il fit rentrer l'air.

La vitesse du son dépend de la température et du support : par une chaleur de 20° C elle est de 343 m/s, par 0° C elle n'est plus que de 311 m/s, mais dans l'eau elle atteint jusqu'à 1480 m/s.

(A_1) Il suffit d'une faible pression acoustique pour donner lieu à une perception auditive, comme le montre l'exemple du bourdonnement d'une mouche que l'on peut entendre derrière une vitre avec une pression d'un millième de billion de watts.

(A_2) L'effet Doppler (du nom du physicien CHRISTIAN DOPPLER) renvoie à la modification de la fréquence par un phénomène ondulatoire pour un observateur fixe : le bruit d'une voiture de course paraît plus aigu lorsqu'elle se rapproche et plus grave lorsqu'elle s'éloigne.

(A_3) La distance qui sépare la source sonore de l'oreille joue également un rôle :

> Lorsqu'on tente de reproduire vocalement le ton d'un diapason en *do* de 261 Hz situé à environ 3 m de l'oreille, on parvient à l'unisson ; si le diapason est tenu tout contre l'oreille, on chante la plupart du temps un ton de 248 Hz.

B. Systèmes auditifs

(B_1) L'oreille se subdivise en 3 parties principales :

> oreille externe (pavillon et conduit auditif), moyenne (tympan avec osselets : marteau, enclume et étrier), interne (limaçon avec fenêtre ovale et fenêtre ronde, nerf auditif).

Organe d'équilibration (cf. chap. VI/16, A).
Le stimulus auditif (si l'on fait abstraction de la transmission osseuse qui joue un rôle moins important) est conduit jusqu'au tympan par le canal auditif. Les osselets transportent les vibrations jusqu'à la fenêtre ovale du limaçon.

(B_2) Si l'on se représente le limaçon déroulé, il mesure à peu près 3,5 cm de long sur 1 cm de large et s'aplatit vers son extrémité. Il est divisé par la membrane basilaire (1) en deux cavités (supérieure et inférieure) à travers lesquelles se produit un mouvement liquide. La membrane basilaire est pourvue de nombreux cils, au nombre d'environ 23 500 (2). Lorsque certains cils sont infléchis en fonction de l'intensité de l'onde auditive (3), les nerfs convertissent ce stimulus en impulsions électriques qui sont ensuite transmises par les fibres nerveuses (4) correspondantes. Pour assurer l'équilibre de la pression, la trompe d'Eustache (5) sert de valve.

(B_3) Les fibres nerveuses, environ 30 000, se réunissent dans le nerf auditif qui, avec relais et croisements, conduit au cerveau en passant par le tronc cérébral (spécifique et aspécifique). C'est là que l'émission sonore se répartit dans des régions assez étendues, avec des phénomènes de concentration, en particulier le lobe temporal. Les pourcentages montrent la fréquence des réactions électriques.
Il faut également souligner que la hauteur tonale joue un rôle dans cette répartition, ce que montrent les symboles de la clef de sol pour les sons aigus et de la clef de fa pour les sons graves.

C. Domaines auditifs

Il existe deux caractéristiques essentielles pour les sons : la hauteur tonale et l'intensité (p. 117).
Avec le sifflet de Galton (C_1), on peut faire monter un sifflement de façon continue jusqu'à franchir le seuil auditif supérieur et constater ainsi d'importantes différences individuelles.

> Certains animaux comme le chien entendent des sons beaucoup plus aigus que l'homme, ce qui permet l'utilisation de sifflets à ultrasons pour leur dressage.

(C_2) L'appareil auditif humain réagit aux fréquences comprises entre 18 Hz (seuil auditif inférieur) et 18 000 Hz (seuil auditif supérieur). La hauteur tonale varie avec la fréquence, mais pas exclusivement. Les lignes transversales indiquent la dépendance de la hauteur tonale en fonction de la pression et de l'intensité sonore. La durée peut également influencer la hauteur tonale à fréquence égale.
Les hautes fréquences sont davantage absorbées au cours de la propagation du son : c'est pourquoi un coup de tonnerre proche claque sur toute la gamme de fréquences alors qu'il ne fait plus entendre qu'un « grondement » grave au loin.
Seules certaines parties de la gamme de fréquences sont utilisées dans le domaine de la parole (hachuré) et en musique (bordé de bleu). Les sons isolés sont en général des sons mélangés, avec des sons plus aigus et des bruits additionnels qui en complètent la différenciation.
Les sons élevés nous paraissent plus perçants, plus durs, plus stridents et plus froids, alors que les sons graves donnent l'impression d'être plus lourds, plus volumineux et pleins, plus chauds, plus doux et plus fondus.
La diversité, le nombre de ces traits caractéristiques permettent de comprendre comment nous pouvons reconnaître des centaines de personnes uniquement au son de leur voix.

116 VI. Psychologie de la perception / 13. Perception auditive

A Intensité (en phones)

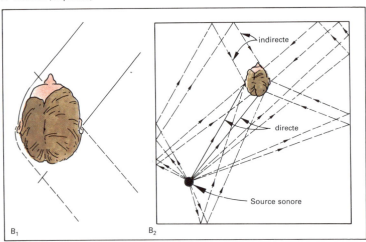

B Espace et audition

C Base de signification

A. Intensité

L'intensité sonore est le résultat des différences d'amplitude dans les retransmissions sonores (exprimées en phones). Lorsqu'il atteint le seuil de la douleur, le son est environ mille milliards de fois plus intense que le son le plus faible encore audible (selon LINDSAY). Le bruit commence à gêner à 35 dB, les troubles de compréhension commencent à 45 dB, il y a diminution de la capacité auditive entre 70 et 80 dB, pouvant aller, au-delà, jusqu'à la destruction de l'organe auditif.

Il faut cependant préciser que les troubles auditifs sont également liés à l'élaboration psychologique.

B. Espace et audition

En 1895, on pria le physicien C.W. SABINE d'étudier la mauvaise acoustique de la plus grande salle de cours de l'Université de Harvard. A l'aide de son chronomètre, il put constater que l'écho d'un mot durait 5,5 s. Lorsqu'un orateur prononçait une phrase de 15 mots, les auditeurs avaient donc encore dans l'oreille à la fin de la phrase l'écho du premier mot prononcé.

Pour commencer, il fit empiler dans l'amphithéâtre les 1500 coussins des sièges d'un théâtre voisin, ce qui lui permit de réduire l'écho à 1,14 s, puis il fit usage de matériaux absorbant le son pour transformer les lieux à la satisfaction du public. Ce fut le début de la psychoacoustique.

Pour parvenir à une audition « correcte », il faut pouvoir différencier et localiser suffisamment les sons. Pour la différenciation, l'écho optimal (ni trop grand ni trop faible) est très important. Les conditions de résonance sont d'abord à chercher dans la bouche, la gorge et le nez du locuteur ou du chanteur.

Un autre facteur important est l'arrière-plan sonore.

Dans une soirée, il y a souvent beaucoup de bruit. Pouvoir continuer à parler avec un partenaire devient de plus en plus difficile avec l'âge (« surdité de la soirée »).

Malgré cet inconvénient et quelques autres, l'audition éclipse tous les autres organes sensoriels en ce qui concerne la capacité de différenciation.

L'oreille n'a même aucune peine à distinguer les doubles cordes d'un violoniste, alors que dans le domaine visuel on ne peut voir que du vert dans la superposition de jaune et de bleu.

La localisation de la source sonore se fait par la pression sonore (éloignement) et la différence de temps (direction) nécessaire au son pour atteindre les deux oreilles (B_1).

Une simple différence de 0,003 ms est déjà déterminante pour apprécier la direction. A 0,6 ms, on perçoit le son sur le côté, exactement à angle droit (90°). On perçoit déjà des différences de 3° à 5° comme un changement de direction.

Dans des espaces de dimensions réduites (B_2), c'est une image sonore compliquée qui domine, faite de son (direct) et d'ombre sonore (indirecte), que l'on utilise pour localiser le son. Il faut cependant préciser que l'ombre sonore n'est opérante qu'à de hautes fréquences.

Aussi est-il important pour la stéréophonie de bien calculer l'emplacement des haut-parleurs d'aigus, alors que l'emplacement des haut-parleurs de basses est indifférent.

C. Base de signification

L'audition ne sert pas seulement à l'orientation, c'est également le premier moyen dont disposent les hommes pour communiquer entre eux : sous forme de communication verbale allant du cri et de l'exclamation (onomatopéique) à la poésie élaborée ; sous forme de communication non verbale allant de bruits fonctionnant comme signaux (par ex. une sonnette) jusqu'à la musique. Cette extraordinaire ampleur, la communication acoustique la doit à l'extrême élasticité de ses supports. En combinant fréquence, amplitude et période (phase), on a des supports matériels aptes à former des modèles complexes pour servir de baseà la signification. Conformément à la triade support-modèle-signification, les modèles aussi bien que les significations jouissent d'une grande liberté par rapport aux supports matériels (son, pression dans l'oreille interne, modèle rythmique et figural dans le processus neuronique).

L'émotion musicale est fondée sur la compréhension musicale qui peut servir d'exemple pour la base de signification du phénomène auditif. Le son isolé présente déjà des différences d'intensité et de hauteur. Chaque instrument modifie les qualités du son grâce aux harmoniques et aux attaques (MOZART appelait « violon de beurre » l'instrument qui avait sa préférence à cause de son timbre).

La densité sonore exprime l'impression produite par la compression ou la dispersion sonore ; le volume l'impression de son plein ou strident ; la brillance exprime l'éclat ou la matité d'un son. Il faut enfin mettre en exergue la consonance en tant que fusion, liée au fait que les caractéristiques de timbre décrites ici sont plus ou moins mélangées. Mais l'intégration de ces différentes caractéristiques n'est que la condition préalable de toute compréhension musicale. L'émotion musicale proprement dite naît de la transformation de modèles en émotion liée à la signification. A celle-ci s'associe, comme le montrent les gestes du chef d'orchestre, une représentation spatiale synesthésique et imaginaire. Cette représentation permet de donner une image concrète d'une structure émotionnelle et cognitive, dont la richesse en tant qu'expression non verbale dépasse infiniment les possibilités de représentation verbale des données psychiques. Elle utilise pour ce faire la mélodie, l'harmonie, sans oublier le rythme (notamment pour la représentation spécifique d'énergie psychique).

118 VI. Psychologie de la perception / 14. Perceptions olfactive et gustative

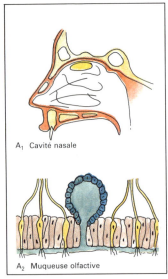

A₁ Cavité nasale

A₂ Muqueuse olfactive

A Récepteurs olfactifs

Type	Matière première	Expression
Oriental	Ambre, Santal	chaud, sensuel
Asiatique	Patchouli	fruité, sec
Fleurs	Rose, Lilas, Jacinthe	gracieux, féminin
Fougères	Filicinées, Lavande	vital, sportif
Épicé	Jasmin, Iris, Épices	exotique, extravagant
Boisé	Cèdre, Bois de santal	vigoureux, viril
Agrumes	Agrumes, Bergamote	froid, élégant
Eau	Citron, Mousse	frais, excitant

C Généalogie des parfums

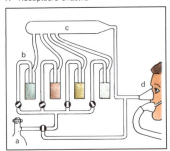

B Expériences olfactives

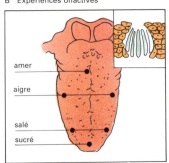

D Récepteurs gustatifs

E Impression alimentaire

L'odorat et le goût ont été moins étudiés par la science que l'audition. A la différence de celle-ci, qui trouve son origine dans une sensibilité mécanique, la nature de l'énergie excitatrice de l'odorat et du goût est une chimio-sensibilité.

A. Récepteurs olfactifs

(A_1) La cavité nasale forme un auvent trapézoïdal divisé en 2 fosses par la cloison nasale et subdivisée en 4 canaux par 3 cornets. Ces passages étroits réchauffent l'air.

Dans la respiration simple, le canal inférieur est privilégié, et c'est seulement quand on hume que naissent des tourbillons d'air qui portent la molécule odorante jusque dans les régions supérieures de l'épithélium olfactif. Aussitôt que le flux diminue, en particulier dans les régions supérieures, la sensation olfactive se tarit.

(A_2) La muqueuse olfactive est constituée de cellules olfactives et de cellules basales en forme de bâtonnets, formant du côté extérieur un réseau terminal dont émergent les boutons olfactifs avec leurs innombrables cils.

B. Expériences olfactives

Pour tester les impressions olfactives, on se sert d'un olfactomètre mélangeur.

Grâce à la pression d'un médium neutre (vapeur) provenant d'une bouteille (a), les substances odorantes sélectionnées passent par un mélangeur (b) avant de parvenir dans un mixeur (c), puis dans un inhalateur (d) où lès recueille le sujet de l'expérience, l'air expiré étant évacué à part.

Ce qui frappe d'abord dans cette expérience, c'est la différence de temps mis par une substance odorante pour parvenir à l'épithélium et susciter une perception olfactive. Les odeurs ne se maintiennent pas longtemps avec la même intensité (adaptation par ex. au fromage 5-8 mn), moyennant quoi l'accoutumance s'étend partiellement à d'autres odeurs similaires. D'un autre côté, on conserve longtemps des odeurs « dans le nez ».

On ne connaît pas encore très bien les propriétés physiques ou chimiques qui déterminent l'odeur des substances. Taille ou forme de la molécule, solubilité dans l'eau, rayonnement infrarouge ou propriétés électriques (ferromagnétisme), tels sont certains des facteurs actuellement discutés.

Pour l'étude psychologique, les indices d'intensité et de qualité sont au premier plan. Problèmes d'intensité : où commencent et où finissent les odeurs (seuils absolus), comment les distingue-t-on (seuils différentiels), comment se modifient les odeurs quand on les sent constamment (déplacement adaptatif des seuils), dans quelles circonstances, par ex. sur qui, les sent-on (seuils réactionnels) ?

C. Généalogie des parfums

L'odorat est un sens qui sert d'abord à avertir et à séduire, mais qui ne permet qu'une localisation approximative des sources d'excitation sensorielle. Les deux fonctions d'évitement et d'attraction sont représentées par la « puanteur » et les « parfums ».

Pour qualifier les parfums, on a longtemps utilisé le prisme olfactif de HENNING à 6 valeurs (fleuri, pourri, fruité, épicé, brûlé, résineux), auxquelles on ajouta ensuite d'autres qualités fondamentales, jusqu'à ce qu'on convienne de la vanité d'une telle division.

Dans le domaine de la psychologie des parfums, les parfumeurs empruntèrent d'autres voies. En mettant de côté la fonction d'avertissement, ils étudièrent les différentes fonctions de séduction et aboutirent à une « généalogie des parfums » qui sert surtout de référence à la parfumerie française (ill. C).

Cette échelle est avant tout basée sur « l'expression » des parfums, laquelle s'associe synesthésiquement aux couleurs qu'on leur prête.

D. Récepteurs gustatifs

Odeur et goût sont indissociables. On sent des odeurs lorsqu'on mange, et réciproquement des stimuli gustatifs montent également du pharynx. Les principaux organes de la gustation sont concentrés dans les régions papillaires qui sont pourvues de 3 à 150 bourgeons du goût (ill. D, en haut à droite). Sur la langue, on peut distinguer certaines zones plus particulièrement spécialisées dans les saveurs : amer, aigre, salé et sucré.

Cette division est relativisée par l'association du goût avec l'odorat, avec des sensations tactiles (poli, âpre, tranchant, brûlant, etc.), avec le degré de sécrétion salivaire où se dissout l'aliment, avec l'état organique du moment (faim, soif, etc.), enfin avec l'aspect visuel de l'aliment : l'œil « dévore » aussi. Le goût est aussi une affaire éminemment subjective.

E. Impression alimentaire

C'est la combinaison des conditions fondamentales de l'ingestion de la nourriture qui constitue la discrimination gustative.

Les premières expériences sur l'apprentissage faites par PAVLOV (p. 145) montrent déjà la part de l'acquis :
pour saliver, les animaux n'attendent pas que la nourriture ait atteint les bourgeons du goût ; au bout d'un certain temps, ils le font dès l'apparition de leur gardien (réflexes conditionnés).

Ce qu'on appelle la succulence d'un repas est conditionné par une disposition complexe à l'alimentation, faite de composantes innées, acquises par apprentissage et cognitives. Notre préférence pour tel ou tel ensemble de saveurs dépend plus d'attitudes subjectives que de sensations factuelles. La répulsion générale pour les aliments bleus en est une preuve (ill. E).

120 VI. Psychologie de la perception / 15. Perception tactile

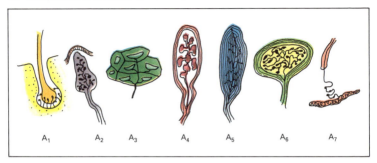

A Récepteurs tactiles

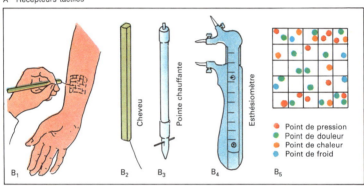

B Expériences tactiles

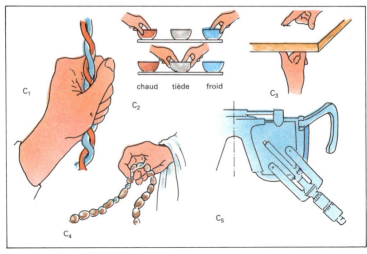

C Sensations tactiles

L'étude de la perception tactile a une longue histoire. ARISTOTE notait déjà qu'il n'y avait pas d'organe unitaire pour son « cinquième » sens. Il découvrit l'illusion du toucher à laquelle il a laissé son nom : si l'on croise le majeur et l'index et qu'on place 1 bille entre les deux, on a l'impression (à condition de ne pas regarder) de tenir 2 billes.

Jusqu'au XIXe siècle, on s'efforça progressivement de distinguer les processus tactiles : BELL (1830) sépara la perception du chaud et celle du froid, BLIX celles de pression et de douleur.

A. Récepteurs tactiles

La peau avertit le corps. Elle dispose pour ce faire (en dehors des récepteurs musculaires) de 7 cellules sensorielles relativement spécifiques :
(A_1) Follicule pileux (toucher et pression/tirage) ;
(A_2) Corpuscules de Meissner (toucher ; en outre corpuscules de Merkel et de Dogiel) ;
(A_3) Terminaisons nerveuses libres (douleur) ;
(A_4) Corpuscules de Golgi-Mazzoni (pression) ;
(A_5) Corpuscules de Vater-Pacini (pression de la profondeur) ;
(A_6) Corpuscules arrondis de Krause (froid) ;
(A_7) Organes terminaux de Ruffini (chaleur).

Non seulement les organes du toucher sont inégalement répartis à la surface du corps (cf. plus bas), mais ils réagissent aussi de façon différente. Pour obtenir une perception tactile (seuil absolu), il faut une pression de 2 g/cm^2 sur le nez, de 12 g/cm^2 sur le dos de la main et de 33 g/cm^2 sur l'avant-bras.

B. Expériences tactiles

Si l'on serre 2 crayons l'un contre l'autre et qu'on les tient (sans regarder) contre la pulpe d'un doigt, on sent 2 points de contact, alors que généralement on n'en perçoit qu'un sur le dos de la main. La capacité de différenciation (seuil différentiel) est fonction du nombre de récepteurs cutanés.

Pour expérimenter sur le toucher, on appose un timbre dessinant une grille fine sur un fragment de peau (B_1). On pratique sur cette grille un certain nombre de tests de stimulation avec les principaux excitateurs : cheveu (B_2), pointe chauffante (B_3) et esthésiomètre (B_4).

L'esthésiomètre est une sorte de pied à coulisse (la troisième pointe est utilisée de temps à autre pour provoquer une stimulation intermédiaire avec une seule pointe afin d'éliminer toute erreur d'interprétation). Pour pouvoir discriminer deux points d'excitation, il faut respecter les écarts minimaux suivants : 2,3 mm pour l'extrémité interne du doigt, 11,3 mm pour le plat de la main, 16 mm pour la plante du pied, 54 mm pour la nuque et 67,1 mm pour le dos.

Les 250 000 points de chaleur et les 30 000 points de froid sont répartis de façon plus homogène à la surface du corps. Mais il y aussi des parties du corps (comme certains endroits à l'entrée du nez) qui n'ont aucun point de froid, d'autres (comme des parties du genou) qui ont exclusivement des points de froid.

Comme le montre la grille (B_5), les récepteurs tactiles sont répartis sur l'avant-bras de façon assez homogène.

C. Sensations tactiles

Si l'on fait couler de l'eau froide et de l'eau chaude dans deux tuyaux entrelacés, la main qui les enserre a une sensation de chaleur (C_1). Dans ce cas, aucune différenciation n'est opérée. Des sensations de chaleur et de froid extrêmes donnent des impressions « brûlantes » composites. Le passage de la sensation de froid à celle de chaleur, et réciproquement, dépend de la chaleur propre de l'environnement des récepteurs. Si celle-ci est de 33 °C, le seuil de chaleur s'établit entre 34,5 et 36 °C et le seuil de froid entre 32 et 30,5 °C.

Une expérience avec des bols (C_2) permet de faire sentir le changement de température. Si on laisse pendant 20 s une main dans de l'eau froide et l'autre dans de l'eau chaude, et qu'on plonge ensuite les deux dans de l'eau tiède (environ 30 °C), on a une sensation de chaleur dans la première main et de froid dans la seconde.

On a affaire à des phénomènes analogues avec les stimuli de pression. Avec des appareils à leviers pour déclencher ces stimuli, on peut produire des contacts allant de l'imperceptible au seuil de la douleur. Une expérience permet de démontrer qu'un second stimulus peut modifier la qualité du premier : isolé, celui-ci donnait une impression de netteté et d'acuité, mais, combiné avec le second, il apparaît maintenant sourd et vague.

Ces phénomènes sont encore plus forts quand il s'agit de stimuli complexes qui ont un fondement sensoriel plus étendu et sont alors ressentis comme lâches ou fermes, âpres ou lisses, durs ou mous, humides ou secs. Des changements thermiques peuvent modifier ces qualités complexes et faire paraître des surfaces lisses comme plus âpres dès qu'on élève la température.

Pour les sensations tactiles, la perception visuelle est importante, car normalement les deux champs perceptifs ne travaillent pas séparément. Dans des expériences tactiles à des endroits situés en face l'un de l'autre (C_3), on utilise des lunettes obscurcissantes à ouverture progressive (C_5) pour tester la palpation dans l'obscurité jusqu'au jour : ainsi se concrétisent peu à peu des sensations tactiles floues.

En opposition avec l'imprécision relative des sensations tactiles, leur fonction émotionnelle apparaît d'autant plus essentielle. Les caresses sont une expression du contact social et sont aussi au service de la stimulation somatique. Que ce puisse être également un fait narcissique, c'est ce que montrent les nombreux chapelets, parfois composés de pierres précieuses (C_4), qui servent au jeu manuel particulier à l'Orient.

122 VI. Psychologie de la perception / 16. Perception du corps

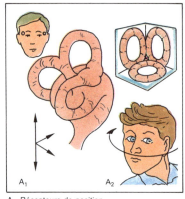

A Récepteurs de position

B Récepteurs musculaires

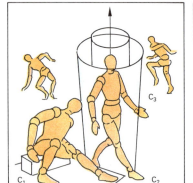

C Fonction de stature et de posture

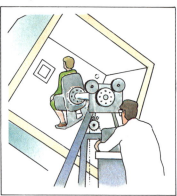

D Expériences sur la position

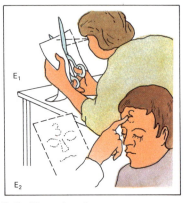

E Expérience vécue du corps

F Expériences sur l'orientation

Par perception on entend généralement le contact sensoriel avec l'extérieur. Mais le corps a également des possibilités de percevoir son propre état.

A. Récepteur de position

Le récepteur de position le plus important est l'organe de l'équilibration (appareil vestibulaire) dans l'oreille moyenne. Les parties principales (A_1) sont :
  3 canaux semi-circulaires, leurs liaisons de base (ampoules) et un double sac de forme allongée (utricule, saccule). Ils contiennent un liquide aqueux : la périlymphe.
Ces 5 unités renferment 2 sortes de cils, qui, comme dans l'oreille interne, transmettent des mouvements mécaniques aux fibres nerveuses.
Les impulsions électriques de ces dernières passent par le tronc cérébral pour aboutir dans différentes aires du cerveau et du cervelet.
L'organe de l'équilibration cherche à contrebalancer les effets de mouvements violents.
  En cas de mouvement rapide de la tête par ex., les yeux se tournent dans la direction opposée (A_2).
Les tours de manège ou les voyages sur une mer agitée peuvent aussi provoquer vertige et vomissements.
Du fait de l'apesanteur (astronautes), l'équilibre est dérangé et doit être compensé.

B. Récepteurs musculaires

Les récepteurs musculaires et articulaires mesurent le degré d'extension ou de flexion des muscles striés et des articulations.
  Dans l'enveloppe des fuseaux musculaires se trouvent de minces fibres musculaires qui sont attachées aux pôles du fuseau (B_1). Leur propre état de contraction est indiqué par de fines fibres neuromotrices.
Autour des fibres musculaires sont enroulées des fibres nerveuses en forme de spirale. Les impulsions nerveuses sont transmises au cervelet et aux aires corticales sensorielles. Dans l'obscurité ou les yeux fermés, on peut donc reconnaître comment sont orientés les mouvements des membres (B_2).
A côté de ces sensations, appelées proprioceptives, nous possédons également des perceptions corporelles extéroceptives (qui transmettent les sensations cutanées externes) et intéroceptives (qui fournissent des informations provenant de l'intérieur du corps).

C. Fonction de stature et de posture

L'immobilité et la marche imposent une tâche perceptive complexe. En effet, toute position nécessite une information en retour pour modifier la chaîne des mouvements en cas de besoin. On distingue les réactions locales (par ex. la position des yeux), segmentaires (par ex. la position de la tête et du cou) et générales (par ex. les informations en retour pendant qu'on sautille).

On peut se faire une petite idée de la diversité des opérations que doit nécessairement effectuer le corps par ex. pour se lever ou se déplacer en réglant les positions de mannequins comme ceux utilisés par les peintres.
Le fœtus pratique déjà ces fonctions dans le ventre de sa mère. A la naissance, un certain tonus est déjà établi, celui-ci est ensuite modifié par l'entraînement, les réactions aux accidents, etc. et aussi par des régressions dues à l'âge. Les postures corporelles actuelles peuvent être utilisées pour un diagnostic d'expression.

D. Expériences sur la position

A gauche et à droite, devant et derrière, en haut et en bas : ces coordonnées font l'objet d'un examen constant de la part des organes de l'équilibration. Que se passe-t-il quand une ou plusieurs informations sur la situation corporelle ne sont pas « justes » ?
Dans un simulateur de position (ill. D), on peut 1) incliner l'espace environnant, 2) incliner le sujet avec son siège, 3) effectuer en même temps les deux opérations de bascule.
  Si l'on incline la chambre, il en résulte une différence entre l'impression optique de la pièce et l'orientation des récepteurs conforme à la pesanteur : le sujet est désorienté.
  Si l'on ne fait basculer que le siège, on retrouve une situation du quotidien et les récepteurs de position l'intègrent dans leurs calculs.
De telles expériences montrent l'intérêt de la concordance des différentes informations concernant la perception du corps.
En cas d'ivresse, c'est l'élaboration centrale qui ne fonctionne pas : l'espace environnant semble bouger.

E. Expérience vécue du corps

Les rapports purement somatiques avec le corps (à côté de l'identification avec le corps propre cf. XIII / 13, B) ne s'arrêtent pas à la frontière cutanée. Personne ne fait attention à l'activité de ses doigts quand on écrit ; celui qui coupe fait attention aux endroits où les ciseaux vont couper le papier (E_1). Notre corps comporte une « aire corporelle » :
  Quand nous utilisons un bâton pour vérifier la fermeté d'un sol vaseux, nous « sentons » la vase comme si nous utilisions nos propres doigts.
Si nous peignons un ε (epsilon) sur le front d'un sujet ayant les yeux fermés, la plupart des gens identifieront un 3 à partir de la « vision intérieure ». Ce n'est qu'en énumérant l'alphabet grec que le ε est identifié comme epsilon (E_2).

F. Expériences sur l'orientation

L'une des tâches les plus ardues de la perception corporelle consiste à identifier les changements de direction sans contrôle optique. Toute personne perdue dans une forêt a tendance à s'orienter à gauche.

124 VI. Psychologie de la perception / 17. Perception inadéquate

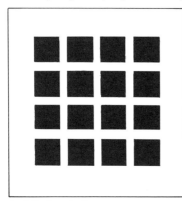

A Grille de contraste

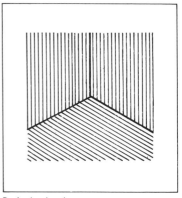

B Angles de cubes

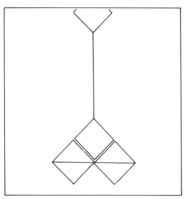

C Illusion de hauteur

D Image-devinette

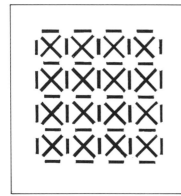

E Effets d'Ehrenstein

F Illusion de Zöllner

Dans le célèbre mythe de la caverne, PLATON affirme que nous voyons le monde comme des êtres enchaînés dans une caverne sur le mur de laquelle seules les ombres du monde supérieur seraient reconnaissables, que si l'on nous faisait voir les choses telles qu'elles sont en réalité, nous serions éblouis, aveuglés, et nous ne croirions plus rien.

Il est patent que nos sens ne reproduisent pas le monde avec une fidélité totale. Les seuils de perception nous gênent, les seuils différentiels ne nous donnent pas une orientation suffisante et nous sommes abusés par une série d'illusions perceptives. Mais il y a dans l'évolution un principe constant qui nous montre finalement le monde tel que nous en avons besoin pour nous adapter et le maîtriser : le principe de *redondance*.

Appliqué à la perception, ce principe dit qu'un même phénomène nous est transmis plusieurs fois, y compris dans le même domaine sensoriel, si bien que cette « surinformation » (partielle) nous permet de faire des comparaisons.

A. Grille de contraste

Le contraste (p. 103) est une forme très riche de correction perceptive. Il permet en particulier de souligner les surfaces délimitatives.

A l'occasion, il peut même nous tromper en nous faisant voir des choses qui n'existent pas.

La grille de contraste produit l'illusion d'un contraste secondaire. Si l'on regarde l'espace intermédiaire, on voit apparaître des endroits sombres aux points de croisement blancs, sauf dans la portion d'espace qu'on est précisément en train de fixer (E. HERING).

On peut aussitôt vérifier le phénomène en déplaçant le point de fixation.

On retrouve des phénomènes de contraste analogues sur une surface grise : elle paraît légèrement verdâtre sur fond rouge et, inversement, légèrement rougeâtre sur fond vert.

B. Angles de cubes

Si l'on voit seulement le schéma d'un cube ou, comme ici, un seul de ses angles, les informations optiques ne sont pas suffisantes pour reconnaître s'il est vu d'en bas (on verrait alors son côté inférieur) ou vu d'en haut (on verrait alors l'intérieur du cube). En s'exerçant un peu, on peut passer à volonté d'une lecture à l'autre et réciproquement. Cela montre que des aspects conceptuels se glissent toujours dans la perception (L.A.S. NECKER).

C. Illusion de hauteur

Le trait horizontal paraît plus court que le trait vertical : si l'on mesure pour vérifier, les deux traits sont de longueur égale. Cette illusion de hauteur (BENESCH) vaut en particulier quand il s'agit d'évaluer la hauteur de bâtiments, de tours, etc. (anisotropie). Cette incertitude tient notamment aux illusions de perspective et à la position transversale de nos yeux : nous ne sommes pas soumis aux mêmes conditions perceptives pour les dimensions latérales et verticales.

D. Images-devinette

Dans cette image-devinette (ill. D), la figure (l'ours) est assez facile à découvrir entre les arbres. Cette sorte d'image est intentionnellement construite à partir de la figure qu'il s'agit de cacher (et en général plus difficile à trouver).

Le processus est inverse lorsqu'on se met à imaginer des figures dans des formations nuageuses ou des nœuds de racines d'arbres. Le psychodiagnostic (cf. XIX / 5) utilise cette liberté de choix pour fabriquer des tests projectifs.

E. Effet d'Ehrenstein

Au milieu des lignes rayonnantes, les croisements manquants apparaissent comme des cercles collés sur le dessin. On trouve plusieurs variantes de cette illusion de contraste de surface : avec des lignes obliques ou comme illusion sensorielle trapézoïdale (W. EHRENSTEIN).

F. Illusion de Zöllner

Les petits échelons latéraux infléchissent les parallèles. Si l'on regarde celles-ci à partir d'un angle réduit, l'inflexion s'accentue encore ; mais si on les regarde d'en bas et tout à fait de biais, le parallélisme est rétabli. Cette illusion montre clairement l'interaction sensorielle de fragments isolés d'image, interaction que l'on retrouve également pour les couleurs.

A côté de ces illusions, il existe aussi une « défense perceptive » (BRUNER, POSTMAN) accompagnée d'inhibitions de conception :

Quand des objets perceptifs rencontrent un refus ou le désintérêt du sujet de la perception, il faut beaucoup plus de temps pour concevoir l'objet et/ou le taux d'erreurs d'identification de l'objet est bien plus élevé.

Comme pour la théorie de la détection des signaux (p. 105), on explique cette détérioration de la perception par des conditions annexes.

La nouvelle psychologie de la perception introduit donc une subdivision en distinguant facteurs sensoriels et facteurs d'influence. D'un côté, elle s'occupe spécialement de la transformation de stimuli (physiques) en excitations (physiologiques) et de leur conversion en expériences (psychologiques) du monde extérieur et intérieur vécues par un sujet ; de l'autre, elle s'occupe de facteurs d'influence (VI/1, D_3) répartis en 5 groupes :

Synthèse d'afférences (par ex. la complémentarité réciproque de la vue et du toucher).

Motivation (celui qui a faim, par ex., voit plus souvent des choses comestibles).

Activation (le but perçu d'une activité s'impose spontanément).

Mise en relief (face à des figures qui peuvent être interprétées de plusieurs façons, on peut arbitrairement privilégier telle ou telle lecture).

Évaluation par modèles (cf. chapitres suivants).

126 VII. Psychologie de la mémoire / 1. Fonctions de la mémoire

A Supratemporalité

B Fixation (encodage)

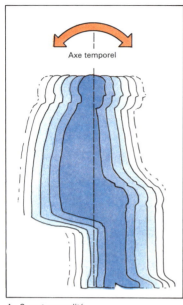

C Conservation (rétention)

D Rappel (évocation)

Le mot « mémoire » peut laisser supposer que notre cerveau contient un casier spécial dans lequel nous conservons des données importantes. Les psychologues entretiennent cette erreur en reprenant à la technologie de l'ordinateur la notion de « stockage » (all. : *Speicher*, angl. : *storage*, fr. : mémoire) . Or, notre mémoire n'est pas un élément passif installé au sein d'un appareil et qui reste inactif jusqu'à sa mise en marche.

La *mémoire* est plutôt la désignation globale de fonctions qui reviennent presque toutes au psychisme, et dont les 4 principales sont la supratemporalité, la fixation, la rétention et le rappel.

A. Supratemporalité

Le psychisme s'inscrit dans la temporalité. Le ver plat ne réagit pas uniquement à la stimulation immédiate, mais exploite des excitations antérieures. Le chien se souvient de l'os qu'il a enterré, les singes reconnaissent les objets.
Le cerveau humain conserve, tout en les traitant constamment, une foule de connaissances et d'événements. Sans cette faculté, nous serions incapable de lire une phrase, d'utiliser un marteau, de courir, de rouler à bicyclette ou de parler à d'autres individus. L'expérience d'actes passés, celle aussi de nombreuses générations antérieures, entrent dans tous les processus psychiques.

Des termes comme mémoriser, se souvenir, rappeler, venir à l'idée, rafraîchir, se rappeler, etc., marquent la distanciation par rapport au présent actuel, temporellement défini.

Cette émancipation du lien temporel s'applique également au futur. Ne serait-ce que lorsque nous voulons couper une feuille de papier, toute l'expérience jusqu'à présent acquise dans l'acte de couper du papier sert à planifier l'action correspondante dans le futur proche.
La supratemporalité (ill. A) prolonge le psychique sur les deux axes temporels passé et présent. Meilleure est la mémoire, meilleure est la planification dans l'avenir. C'est la raison pour laquelle la recherche sur le potentiel de la mémoire constitue une des tâches essentielles de la psychologie.
La difficulté réside d'abord dans la complexité des stratifications de ces « mémoires » multiples. L'homme intelligent a une bonne mémoire. Pourtant, bon nombre d'individus intelligents présentent des défaillances partielles de la mémoire, par ex. pour les noms, les chiffres, les physionomies. Qui plus est, personne n'a constamment une mémoire d'égale efficacité. Chacun de nous a connu des baisses de la mémoire en cas d'épuisement, pendant un demi-sommeil ou sous l'effet de la fièvre. L'antibiotique puromycine, par ex. peut provoquer une diminution de la capacité à fixer une chose, inversement, la puissance de la mémoire peut être accrue sous hypnose.
Notre mémoire dépend de la situation, des contenus remarqués, de la motivation, de l'atmosphère environnante, de l'entraînement et du contexte sensoriel. C'est pourquoi, en dépit de recherches intenses, la psychologie de la mémoire est un domaine d'étude qui n'a pas encore atteint la perfection.

On répartit les 3 autres fonctions essentielles de la mémoire selon la série fonctionnelle :
fixation, rétention, rappel :
ou bien d'après son contraire, la manifestation de troubles :
distraction, (par ex. identification erronée),
amnésie (amnésie des vieillards pour les événements récents),
troubles du rappel (par ex. difficulté à se souvenir).

B. Fixation (encodage)

La fonction de fixation répond à des exigences liées à notre époque.
Autrefois, quand peu d'individus savaient lire et écrire, les conteurs répandaient le matériau des connaissances de base (ill. B). La somme des expériences nécessaires à la vie s'acquérait par imitation.
Actuellement, les répertoires de mémoire que l'on exige de la plupart d'entre nous, les matières apprises (les curricula) semblent autrement importants. Le mode d'enregistrement approprié met un certain temps à évoluer. La révolution électronique modifie de façon croissante les procédés de l' « encodage ». Les facilités d'imprégnation augmentent le capital mémorisé.

C. Conservation (rétention)

C'est à HÖLDERLIN que nous devons cette assertion hardie : « Ce qui reste est l'œuvre des poètes. » Pourtant, créer ce qui reste incombe à chacun d'entre nous. Notre mémoire a souvent été comparée à une bibliothèque interne (ill. C) ; or cette comparaison est inadéquate puisque notre « bibliothèque cérébrale » fonctionne parfois mieux. Elle contient aussi un savoir *modifiable*.

D. Rappel (évocation)

Lors d'un examen (ill. D) , les questions de l'examinateur sont plus ou moins adroites, si bien que parfois, l'étudiant doit d'abord trouver en lui-même l'évocation correcte (angl. : *retrieval*) .
Dans une fête bruyante, il est souvent difficile de comprendre son voisin, mais si quelqu'un prononce notre nom à quelque distance de là, nous réagissons promptement.
Toute bonne mémoire possède un système de recherches qui fonctionne bien et va droit au but après avoir fouillé les rayons de la bibliothèque mentale avec fiabilité et rapidité. Si, par exemple, nous y cherchons un :

« gros livre bleu et blanc, qui contient dans sa dernière partie, en haut d'une page, à droite, une indication importante »,

quel bibliothécaire ou ordinateur pourrait trouver l'ouvrage à partir d'une telle évocation ?

128 VII. Psychologie de la mémoire / 2. Théories de la mémoire

A Théories du filtre

B Théories de l'association

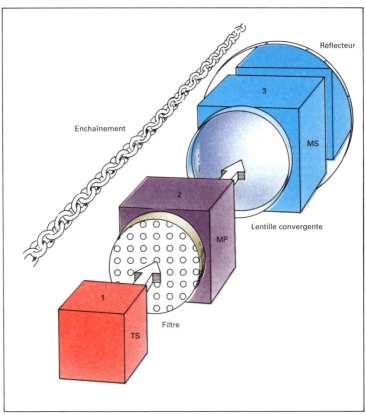

C Théories des trois phases

Nos connaissances physiologiques sur la plupart des processus psychologiques sont déjà très vastes. Tel n'est pas le cas de la mémoire. Sur la base des cellules nerveuses, le cerveau sert plus ou moins de support à la mémoire. C'est dire que celle-ci ne peut pas être uniforme. Il nous faut compter avec ses nombreuses variantes (cf. VII/6).

La complexité de cette situation explique pourquoi il y a tant de théories sur la mémoire pour appréhender les strates très diverses de ses opérations effectives. Afin d'expliciter la grande diversité de ces théories, nous les avons réparties en trois groupes.

A. Théories du filtre

Quand on verse des matériaux dans un tamis (ill. A) quelques-uns traversent les mailles. On garde les autres dans le tamis.

> D.E. BROADBENT transmettait des nombres à un sujet expérimental au moyen d'écouteurs, par ex. 945 dans l'écouteur gauche et, simultanément, 723 dans le droit. Lors de la reproduction, on obtenait soit 945 723 ou 723 945 ; en revanche, jamais des nombres tels que 974 235 ou autres n'étaient observés.

On a conclu à partir de nombreuses expériences que la mémoire possède une organisation rigoureuse. L'idée principale de ce groupe de chercheurs est :

Le flux de données ne peut être maîtrisé que par choix (sélection).

Dans la théorie des cohortes (TYLER), on pense que, pour l'identification d'un mot, le début du mot active une cohorte de termes ayant le même commencement jusqu'à ce que, progressivement, seul le mot candidat subsiste encore.

B. Théories de l'association

Ce groupe remonte certes à plusieurs siècles mais il a de nouveau un nombre croissant de représentants. D'après cette théorie, les faits sensoriels transmis sont rassemblés selon certains critères, comme dans le foyer d'un miroir ardent (ill. B) :

la ressemblance (similitude), l'opposition (contraste), le contact dans le temps ou l'espace (contiguïté) et le contexte (cohérence), augmentent la rétention.

D'après les points de vue actuels, la formation d'une structure (Gestalt), l'identification d'un modèle, la constitution d'un schème, les constructions cognitives favorisent le travail de la mémoire.

> On a établi que le mot *butter* (beurre) est identifié plus rapidement s'il succède à *bread* (pain) que s'il est placé après le mot *nurse* (bonne d'enfants) de la même longueur.
>
> Lors d'une autre expérience, on a glissé un as de pic rouge et un neuf de cœur noir dans un jeu de cartes, les participants les ont recherchés dans leur couleur normale.
>
> Les prestidigitateurs comptent sur l'expérience vécue ancrée dans la mémoire et sur les attentes schématisées.

C. Théories des trois phases

Depuis les années 50, la recherche sur la mémoire est arrivée à une conclusion universellement reconnue : la mémoire n'est plus considérée comme une forme d'unité inarticulée. On est passé aux conceptions dites « plurimodulaires » :

toutes les informations qui parviennent traversent successivement ou simultanément des « points de contrôle » où ont lieu divers traitements qui les rendent plus ou moins aptes à être mises en mémoire.

Cette conception générale est examinée sous trois aspects distincts :
– l'aspect *structurel* doit clarifier l'organisation interne des articulations de la mémoire,
– l'aspect *capacitaire* considère les diverses quantités de chaque mise en mémoire,
– l'aspect *fonctionnel* examine l'utilisation des modules.

Le principe général d'organisation contient 3 stockages (mémoires), 3 contrôles de transfert et d'autres articulations. Les définitions divergent et ne se recouvrent pas entièrement.

Le module 1 enregistre beaucoup, mais ne retient que très brièvement. Noms : tampon sensoriel (TS), mémoire à très court terme, stockage iconique et échoïque (en écho), registre sensoriel (pare-excitation, FREUD).

Le module 2 retient un peu plus longtemps, mais sa capacité est faible. Noms : mémoire primaire (MP), mémoire à court terme, rétention immédiate.

Le module 3 retient pratiquement sans limite dans le temps, il est rempli de contenus variés et plus difficilement accessibles. Noms : mémoire secondaire (MS), mémoire à long terme, stockage permanent (et de manière isolée : « mémoire tertiaire »).

Les flèches indiquent la direction d'entrée. Les données peuvent, soit emprunter la voie directe vers les divers stockages (mémoires), soit une voie indirecte qui passe par les stockages intermédiaires. Les points de contrôle intermédiaires (filtre, lentille convergente) opèrent avec les critères des théories du filtre et de l'association. Le réflecteur représente la fonction de la « métamémoire », ou appréciation individuelle de sa propre mémoire (cf. VII/4, F).

Dans le meilleur des cas, tous les éléments s'enchaînent, c'est dire que nous possédons une mémoire qui fonctionne *par étapes*.

Cela ne contredit pas le fait qu'il existe des problèmes spécifiques de la mémoire, par ex. pour le langage, le sentiment, la pensée. Certains possèdent une meilleure mémoire visuelle pour les tableaux que pour les schémas. La théorie de l'hologramme essaie d'éclairer ces différences. Par la comparaison avec l'holographie en physique de la lumière (p. 99), des intersections fonctionnelles d'ordre spatiotemporel seront confrontées aux opérations psychophysiologiques du cerveau.

130 VII. Psychologie de la mémoire / 3. Mémoire à très court terme et à court terme

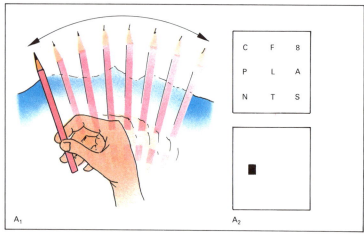

A   Mémoire à très court terme

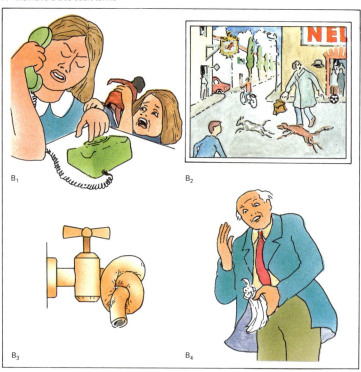

B   Mémoire à court terme

La mémoire ne se laisse pas plus isoler de tous les autres états psychologiques que l'eau de la vague : l'une se déploie dans l'autre. Mais comment peut-on répartir les divers types de vagues, de la vaguelette à la grande houle ? En ce qui concerne le continuum de la mémoire, on croit pouvoir distinguer trois phases d'après quelques caractéristiques essentielles, bien que, naturellement, toutes présentent des points communs.

A. Mémoire à très court terme

(A_1) Quand on regarde dans le vague et que l'on fait aller et venir rapidement un crayon devant les yeux (mieux, devant un œil), ce crayon va et vient en tirant comme une ombre.

Pour que l'ombre continue d'apparaître, le crayon doit au moins passer devant l'œil 20 fois en 5 secondes. Si le mouvement se ralentit, la traînée d'ombre cesse.

La durée du mouvement consécutif est d'environ 1/4 de seconde.

Des manifestations semblables sont observables dans une multitude de cas, par ex. :

on peut compter les coups du carillon aussitôt après qu'il a cessé de retentir, toutefois, l'exercice s'avère plus difficile et vraiment imprécis s'il sonne 12 coups.

Le phénomène dit des « couleurs de mémoire » fournit un exemple comparable.

Si, lors d'une expérience avec un périscospe (p. 111), on déplace lentement un crayon rouge au bord de l'appareil, la couleur rouge est encore perçue dans le champ visuel latéral, là où une perception de couleur n'est en vérité plus possible.

Si, derrière un cache, on échange prestement le crayon rouge contre un bleu et qu'on le dirige progressivement vers le milieu du champ visuel, il reste rouge, même dans la zone de vision de la couleur.

Au bout d'un certain temps seulement, l'impression rouge s'efface brusquement et le bleu apparaît.

(A_2) Si l'on montre le tableau du haut pendant un 500e de seconde, on réussit à reproduire au maximum 3 signes répartis au hasard sur la grille.

Mais si, peu de temps après celui du haut, on projette le tableau du bas avec une marque au lieu d'une des lettres précédentes, on peut presque toujours restituer cette lettre.

On obtient ce même effet, renforcé, en demandant : « Quel chiffre était parmi les lettres ? » La mémoire à très court terme joue également un rôle dans la lecture. L'œil ne « glisse » pas sur l'écriture, mais, chez le lecteur exercé, il saute par-dessus plusieurs mots, qui sont traités à l'arrêt.

B. Mémoire à court terme

(B_1) Pour composer un numéro de téléphone que l'on ne connaît pas par cœur (non enregistré dans la mémoire à long terme) il faut agir assez vite et ne pas être dérangé, sinon le numéro est bientôt oublié. A la différence de la mémoire immédiate qui n'enregistre guère au-delà d'une seconde, le stockage atteint ici jusqu'à 15 secondes.

Le gros inconvénient de la mémoire à court terme est sa capacité limitée. En général, la règle est la suivante :

7 ± 2 ; c'est-à-dire qu'entre 5 et 9 détails (on appelle cela *chunk* ou paquet) peuvent être notés sans effort.

Mais, dès qu'on répète le numéro, sans interruption et imperceptiblement, le passage dans la mémoire à long terme peut s'opérer.

(B_2) Il existe des cas rares de personnes ayant une mémoire « eidétique » (du grec *eidos*, image). Si l'on montre brièvement une scène aussi complexe que celle de l'ill. B_2, en particulier à des enfants, ou à des handicapés mentaux, on peut les questionner, avec succès, même sur de petits détails.

Sur l'image fixe, l'eidétique peut en quelque sorte repérer d'emblée où se trouve le ballon.

(B_3) De nombreux facteurs peuvent influencer le passage de la mémoire à court terme à la mémoire à long terme. La répétition systématique, l'apprentissage (chap. VIII) constituent l'étape la plus pénible. Les procédés mnémotechniques permettent des passages plus simples, presque imperceptibles (p. 135).

La visualisation (figuration) permet une amélioration :

un nœud dans le robinet comme image pour une conduite d'eau bouchée par le calcaire.

(B_4) Autrefois, on faisait un nœud à son mouchoir pour se souvenir de quelque chose. Aujourd'hui ce procédé mnémotechnique est tombé en désuétude (à cause aussi des mouchoirs jetables). En raison du surmenage de la vie quotidienne, le temps de latence d'autrefois nous manque pour laisser mûrir les représentations afin qu'elles puissent se développer « d'elles-mêmes ».

Pour éduquer la mémoire, il est également nécessaire de solliciter les processus de la mémoire à court terme.

Celui qui a déjà essayé de fixer une impression au moyen d'un croquis ou d'un dessin au crayon, saura soudain mieux la reconnaître (éducation de l'expérience visuelle entre autres).

C'est particulièrement dans cette zone de la mémoire que l'on examine la capacité de réserve (*spare capacity*) de la rétention qui, dans des circonstances exceptionnelles, par ex. la transe, présente des taux plus élevés. On suppose ici qu'il n'y a plus d'influences perturbatrices des autres canaux sensoriels sur la mémoire à court terme et que s'ouvre une voie de passage vers la mémoire à long terme. Cette théorie permet d'expliquer les exemples de mémoire anormale, comme dans les jeux publics de quitte ou double.

132 VII. Psychologie de la mémoire / 4. Mémoire à long terme

A Répertoire

B Courbe de la mémoire

C Reproduction

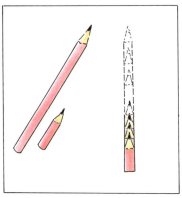

D Recognition

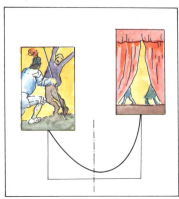

E Positions initiale et finale

F Métamémoire

Comme par le passé, la mémoire à long terme (MLT) est considérée comme la « vraie » mémoire. Occasionnellement, elle est également appelée « mémoire du savoir », ce qui exprime les attentes qui lui sont associées.

A. Répertoire

Personne ne connaît l'étendue de notre mémoire à long terme. A elle seule, la mémoire active du vocabulaire (réellement utilisé) contient plusieurs milliers de mots ; s'y ajoute le vocabulaire passif (compris mais non utilisé), encore plus vaste. Si nous y adjoignons notre mémoire visuelle, des chiffres, celle des événements inoubliables, notre savoir spécifique, etc., on obtient une masse énorme.

SINZ (1977) suppose que la « mémoire protocolaire », une forme préalable de la mémoire à long terme, a une capacité de 10^4 à 10^{16} bits. La plus grande partie n'est pas disponible en permanence, il faut d'abord la faire remonter en cas de besoin.

En outre, on a prouvé l'existence d'une mémoire qui ne peut être rappelée que dans les situations exceptionnelles, par ex. en état de stress. Dans les écoles de la psychologie des profondeurs (cf. XXI), on considère un inconscient à trois niveaux (personnel, familial, collectif), que l'on ne peut extraire de la mémoire à long terme qu'à grand peine.

Le répertoire de notre mémoire ressemble à celui d'un comédien (ill. A). Comme lui, nous avons souvent besoin d'une sorte de souffleur qui active notre mémoire en donnant la réplique.

B. Courbe de la mémoire

HERMANN EBBINGHAUS, un des premiers psychologues de la mémoire, réalisait des expériences sur les performances de sa propre mémoire. Il apprenait par cœur des syllabes sans signification jusqu'à savoir les réciter sans faute. Afin de pouvoir mieux vérifier l'efficacité de l'exercice dans le temps, il inventa la « méthode de l'économie ».

Plus tard, quand il devait réapprendre les mêmes syllabes, bien sûr vite oubliées, il avait besoin de moins d'essais (= économie) pour bien les maîtriser à nouveau.

Par cette méthode et d'autres, il parvint à une courbe de la mémoire, qu'il put suivre jusqu'à 22 ans après le premier apprentissage. La courbe (ill. B) présente une forte diminution de la rétention juste après les premiers essais ; par la suite, elle diminue plus lentement.

On distingue 2 types importants de contenus de la mémoire : les contenus réels (reproduction) et pensés (recognition).

C. Reproduction

La reproduction (*recall*) dépend de la justesse de la « restitution » (*Wieder-Gabe*) de ce qui a déjà été mémorisé.

Si nous devons nous orienter dans une ville, nous repérons les endroits les plus marquants. Nous y parvenons plus difficilement dans les quartiers uniformes que là où les maisons sont aisément reconnaissables ; plus elles se ressemblent, plus la confusion est grande (ill. C).

D. Recognition

Dans la recognition, nous retenons des caractères généraux de classification qui sont nécessaires pour s'orienter intellectuellement dans le monde.

Nous n'avons pas besoin de réfléchir pour savoir si un crayon est long ou court, chacun de nous possède dans sa mémoire un schéma d'évaluation correspondant (ill. D).

Le nombre de telles mises en mémoire recognitives est extraordinairement élevé, elles s'avèrent utiles et même indispensables ; toutefois, elles peuvent être la base de préjugés figés.

E. Positions initiale et finale

Quand nous assistons à une conférence, lisons un livre ou regardons une émission, la plus grande partie de la substance se perd. Ce qu'il en reste dépend de nos préférences individuelles, en particulier d'exemples frappants entre autres. Mais un phénomène capital imprègne toutes les mémorisations dans la mémoire à long terme :

L'effet de position initiale et finale (angl. : *Primacy-Recency-effect* ; autres termes apparentés : effet d'extrémités, principe de Jost) signifie que le début et la fin d'une information sont mieux retenus que le milieu.

Le point le plus bas se situe légèrement à droite du milieu, toutefois la longueur totale ainsi que les caractéristiques de forme et d'intérêt peuvent entraîner des déplacements.

La publicité qui, en principe, s'adresse à un public indifférent, donne de l'importance à l'« accroche », donc à la première prise de contact qui doit éveiller directement l'intérêt.

En dramaturgie théâtrale, on a moins besoin d'accroches puisque le public assis dans la salle est déjà attentif. En revanche, le dramaturge doit accorder beaucoup d'importance à la fin de chaque acte ainsi qu'à la conclusion de la pièce, car l'impression qu'elles laissent a un effet beaucoup plus fort après le spectacle.

F. Métamémoire

L'homme n'a pas qu'une seule mémoire ; il pense savoir s'il a une bonne ou une mauvaise mémoire. Ces jugements sont très variables et souvent inexacts. Le terme de métamémoire recouvre les réflexions sur notre propre mémoire. Dans l'Antiquité, on faisait une distinction semblable entre : *Mnémé* et *Anamnésis*.

En tant que réaction à la diminution ou à l'amélioration de la mémoire, ce jugement est très significatif, il faut y porter une attention particulière lors du traitement des troubles de la mémoire.

134 VII. Psychologie de la mémoire / 5. Amélioration de la mémoire

A Amélioration de la fixation

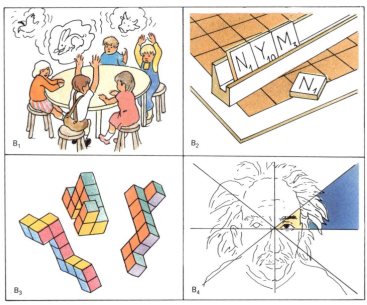

B Amélioration du rappel

Presque personne ne se plaint de son manque d'intelligence, alors que beaucoup déplorent un manque de mémoire. Pourtant on ne peut pas les dissocier ; les tests d'intelligence contiennent également des tests de mémoire. Toutefois, on peut se consoler :
La mémoire est très capable de s'adapter, on peut l'améliorer.
Le plus important est d'accroître l'intérêt.
De plus, on peut éduquer les deux aspects les plus significatifs de la mémoire à long terme : la fixation et le rappel.

A. Amélioration de la fixation

(A_1) *Sleeper-effect*. Le manuel sous l'oreiller appartient davantage au domaine de l'autosuggestion qu'à celui de la psychologie de l'apprentissage. Il en va autrement du « *sleeper-effect* », l'effet différé et progressif des informations.
On devrait laisser la chose mémorisée agir pendant un certain temps jusqu'à ce qu'elle se soit décantée.
Donc, quiconque apprend jusqu'au dernier moment avant un examen se porte préjudice.
(A_2) *Procédés mnémotechniques*. De nombreuses astuces permettent de faciliter la rétention, par ex. le fractionnement : le matériau à mémoriser est divisé en unités maniables, les numéros de téléphone par ex. ;
l'utilisation de la comparaison : on remarque que dans le labyrinthe de l'organe auditif (p. 115), le trou du « haut » est ovale comme le « *o* » (oben) tandis que celui du « bas » est arrondi à sa base comme un « *u* » (unten) ;
la figuration : les articulations des doigts permettent de noter la longueur des mois (les « creux » sont les mois courts et les « bosses » les mois longs).
(A_3) *Encodage élaboré*. La « science des ânes » existe depuis l'Antiquité (*pons asinorum*). L'une des plus anciennes méthodes est la « méthode de la localisation ». On prend un lieu que l'on connaît bien, par ex. sa chambre, puis on rattache mentalement et successivement des notations abstraites aux objets.
Si l'on doit noter 15 types de dépressions, on y parviendra plus facilement en notant 15 objets de sa chambre.
(A_4) *Encodage réductif*. La mémorisation précédente était soutenue par un ajout (les objets de la chambre), l'encodage réductif aboutit au même résultat par la suppression.
Si l'on compare les styles d'architecture gothique, renaissance et baroque, de nombreuses caractéristiques les différencient. Mais on peut également les réduire à des « notations » typiques : par exemple à la forme des fenêtres, arcs en ogive, en plein cintre, et en fronton brisé.
L'insolite se remarque mieux que l'habituel : Si l'on imprime un texte comme celui-ci à l'envers, il y aura davantage de chances qu'on le retienne.

Ainsi, certains procédés d'apprentissage tentent de rendre certains contenus « insolites ». Cela signifie aussi qu'il vaut mieux ne pas trop répéter une idée nouvelle : elle « s'use » vite et devient ennuyeuse.

B. Amélioration du rappel

Par rappel, on entend la remémoration de ce qui a été noté. Avoir une réserve de connaissances et y puiser en cas de besoin sont deux faits bien distincts. On peut, certes, savoir quelque chose, et ne pas s'en souvenir au moment opportun. Il existe 4 types de rappels que l'on peut exercer séparément.
(B_1) *Rappel des faits*. En jouant à pigeon vole, les enfants exercent leur rapidité de rappel. A chaque injonction exacte, les participants doivent lever la main. Celui qui, par exemple, lève la main pour « lièvre » ou la laisse baissée pour « moineau », a perdu. On considère fréquemment la rapidité du rappel comme le signe de connaissances sûres. Même si cela est souvent inexact, il faut malgré tout exercer la promptitude du rappel.
(B_2) *Rappel par recherche*. Le jeu de scrabble requiert une tout autre forme de rappel. On cherche dans son vocabulaire un mot correspondant aux lettres piochées, aussi long que possible et composé de lettres d'une valeur élevée. Cependant, on peut soit chercher trop longtemps parce que l'on voudrait un mot encore plus long, soit se satisfaire trop vite d'un mot court. Ce rappel par recherche exige, en outre, que l'on évalue son propre stock de mémoire.
(B_3) *Rappel ralenti*. Le contenu de la mémoire n'est pas fixé de façon statique comme sur une bande magnétique ; on peut le modifier pendant le rappel.
Le modèle formé par les dés (B_3) est reconnaissable même après une rotation, on peut le distinguer d'autres schémas qui ne lui correspondent pas.
Dans le cas de sujets d'examens difficiles, il est fortement conseillé de pratiquer le rappel au ralenti, afin d'augmenter le taux de rappel de la mémoire.
(B_4) *Rappel productif*. Nous sommes toujours étonnés du peu de repères nécessaires au rappel du contenu global.
Environ 12% du portrait d'EINSTEIN suffisent pour qu'on reconnaisse son visage.
De même, des mots repères très brefs déclenchent un rappel massif, c'est pour cette raison que les conversations animées sont aussi fécondes.
Lors de bons examens, le candidat se sent plus savant que d'habitude parce que la production de sa mémoire s'est intensifiée.
Un travail accru de la mémoire relie les contenus ; il les noue pour en faire une entité supérieure, dont le contexte ne nous était pas venu à l'esprit auparavant. Ici, la mémoire se présente comme un niveau de traitement supérieur, et non seulement comme l'acquis passif d'exercices antérieurs, ainsi qu'on le croit souvent à tort.

136 VII. Psychologie de la mémoire / 6. Variantes de la mémoire

A Mécanique ou productive

B Auditive, visuelle ou motrice

C Différenciée ou intégrée

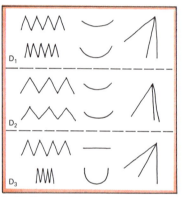

D Nivelée ou précisée

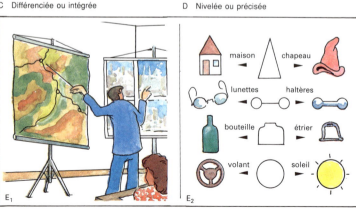

E Épisodique ou sémantique

La masse des opérations de la mémoire oblige les spécialistes à divers essais de classification. On a produit des couplages qui mettent en évidence certaines caractéristiques de la mémoire et en négligent d'autres. Parmi ces critères de différenciation, on ne trouve pas qu'une simple répartition fonctionnelle de la mémoire, mais encore des indices sur les tendances personnelles ou les propriétés individuelles de cette fonction.

A. Mécanique ou productive
Un père soupire en pensant à ses enfants : l'un ne comprend rien mais sait tout faire ; l'autre comprend tout, mais ne sait rien faire. Différence que décelait déjà ALFRED BINET, un des premiers chercheurs sur l'intelligence :
   La compréhension en profondeur est inutile pour la mémoire mécanique ; en revanche, elle est nécessaire pour la mémoire productive qu'il appelle « idéative ».
Pour la mémoire mécanique, il suffit, comme autrefois dans certaines écoles (A_1), de répéter en chœur ce que l'on doit apprendre jusqu'à ce que l'on sache tout par cœur, jusqu'aux noms des prophètes.
A l'inverse, F.C. BARTLETT a démontré comment opérait la mémoire productive.
   A un sujet d'expérience, il montrait brièvement le dessin d'un hibou (A_2) que celui-ci devait immédiatement reproduire de mémoire ; son dessin était ensuite montré au sujet suivant, etc. ; au dixième sujet expérimental, le résultat était un chat.
BARTLETT en concluait que la mémoire opère aussi de manière productive.
Une forme spécifique connexe est la mémoire potentielle qui produit des repères par un effort mental. En cela, les comparaisons et les interférences avec les contenus préalablement mémorisés ainsi que les motivations de la mémoire ont un effet positif.

B. Auditive, visuelle ou motrice
Des expériences ont prouvé que les nerfs optiques et auditifs se font concurrence quand les données arrivent simultanément.
Néanmoins, ceci dépend aussi des conditions de stimuli (par ex. intensité sonore et lumineuse), de la nature des stimuli (entre autres de leur quantité), de leur mode de présentation, de la situation et, ensuite seulement, de la préférence individuelle pour un canal sensoriel, qui garde la primauté.
   Certains ont avantage à entendre un texte ou à le lire à haute voix (B_1), d'autres à le lire simplement des yeux ou à le recopier (B_2).
Le dernier point renvoie aux sujets kinesthésiques qui préfèrent reconstituer une chose par le mouvement, par la voie motrice.

C. Différenciée ou intégrée
En ce qui concerne la mémoire, le psychologue américain WALTER KINTSCH a réactualisé l'ancienne distinction entre les procédés logiques déductif et inductif. Dans certains cas, on mémorise une chose plus vite si l'on va du général (macrostructure) au détail singulier (microstructure) ; dans d'autres, c'est l'inverse.
En littérature, par ex. dans certains romans policiers qui doivent captiver fortement le lecteur, on trouve des indications générales sur les protagonistes (comme dans un programme de théâtre).
Grâce à cette structure générale, les détails « différenciateurs » sont ensuite mémorisés.
A l'inverse, dans le cas du procédé « intégrateur », la totalité se construit progressivement à partir des détails.
   Une ombre avance dans l'obscurité et se dirige vers une maison... la porte est ouverte... lentement, il la pousse..., etc.
De telles structures vécues rassemblent plusieurs détails selon un procédé d' « intégration » dans le fil de l'intrigue.

D. Nivelée ou précisée
Dès 1922, F. WULF montrait comment une donnée peut se modifier dans la mémoire.
   Pour ces trois modèles (D_1), on étudiait, lors de leur reproduction (entre 1/2 heure et un jour plus tard) les types de modifications. Certains (D_2) « nivelaient » les modèles, c.-à-d. harmonisaient ou polissaient (*leveling*), d'autres (D_3), les précisaient, c.-à-d. les accentuaient (*sharpening*).
Toutefois, ces deux tendances peuvent alterner selon les tâches chez une même personne.

E. Épisodique ou sémantique
Une distinction récente des types de mémoires (E. TULVING, 1968) traite d'une différence omise jusqu'à présent dans les types d'exercices.
(E_1) Si un professeur situe certaines villes sur le cours d'un fleuve, énumère leurs noms et les fait répéter, on fixe inévitablement ces épisodes d'apprentissage « procéduraux » en même temps. L'expérience de l'apprentissage fait elle-même partie de ce qui est mémorisé.
(E_2) Lors de reproductions « déclaratives » de ce qui n'a été présenté qu'une fois et qui doit être ensuite reconnu, les aspects langagiers sont particulièrement frappants (L. SQUIRE).
   Si, à divers sujets d'expérience, on présente des esquisses « neutres » avec les légendes figurant à gauche ou à droite, lors de la tentative de reproduction, on obtient des variations caractéristiques selon le mot donné pour chaque modèle.
Dans les deux cas (E_1, E_2), il est certain que les conditions de l'apprentissage influent sur la rétention.
   Lors d'une expérience, DÜKER et TAUSCH (1967) montraient, pendant la lecture d'un texte de sciences naturelles sur les cobayes, une reproduction de l'animal ou alors un animal vivant.
Le taux de rétention du texte pouvait être nettement augmenté.

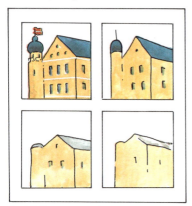

A Défaillance spontanée

B Reproduction erronée

C Oubli par interférences

D Oubli par confusion

E Oubli motivé

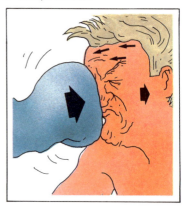

F Oubli traumatique

L'inverse du souvenir est l'oubli. En général, nous regrettons d'avoir oublié une chose. Mais le rancunier, celui qui ne peut rien oublier, n'est pas une personne très sympathique. Oublier peut être salutaire. L'ordinateur a ceci d'« inhumain » qu'il n'oublie rien ; il faudrait lui charger un « programme d'oubli ». Il n'y a pas d'oubli uniforme ; on peut distinguer six formes.

A. Défaillance spontanée
La mémoire se distingue de la perception en ce qu'elle ne dépend pas de la présence des objets. Les représentations qui lui sont nécessaires sont plus schématiques :
> La représentation d'un crayon est « plus irréelle » que le crayon vu.

Si l'on n'emploie pas certaines représentations pendant une longue période, elles s'atrophient comme un muscle non utilisé. Les souvenirs dont on n'a pas besoin s'effacent jusqu'à leur disparition complète.
Pour éviter cela, il faut constamment rafraîchir les souvenirs. Dans le cas contraire, ils deviennent de plus en plus ténus, présentent moins de détails et s'éloignent. Par principe, toutes les expériences vécues sont soumises à cette destruction spontanée (perte de mémoire, *obliviscence*). Le fait que toutes ne soient pas oubliées dépend des multiples obstacles à la destruction spontanée qui sont liés à l'objet, à la situation et à la personnalité.

B. Reproduction erronée
Le souvenir erroné est une tout autre forme de l'oubli. Au lieu du souvenir réel qui a été oublié, survient un substitut qui, au mieux, ressemble à ce qui avait été mémorisé à l'origine. Les déficiences de lecture et d'écriture (dyslexie) en sont un exemple. L'inversion de lettres (d/b) ou la confusion entre les lettres (v/f), les ruines de mots (Mma au lieu de Maman), la perte de la terminaison (Dir pour Dire) sont des fautes courantes.

C. Oubli par interférences
La simultanéité peut gêner ; nous oublions une chose parce que nous sommes trop occupés à une autre. On appelle cela processus d'inhibition active (dans les trois formes temporelles connexes : inhibition rétroactive, proactive et transfert négatif).
Pendant l'apprentissage d'une tâche, le sujet d'expérience est soumis à un choc : par ex. la déflagration d'un coup de pistolet, le pied de la chaise se casse ou la lumière s'éteint.
Un tel supplice anéantit ce qu'il vient d'apprendre (*red out*, éclipse). Dans les cas extrêmes (accident grave), il peut y avoir apparition d'une amnésie rétrograde (perte de mémoire rétroactive) des jours et semaines antérieurs. Ici, le mécanisme de l'oubli est interprété comme une irradiation par des stimuli plus forts (souvenir occulté).

D. Oubli par confusion
Plus nous nous concentrons sur une chose, plus les autres deviennent anodines et méritent d'être oubliées. De ce fait, la personne concentrée apparaît facilement comme confuse.
> Autrefois, le « professeur distrait » qui ne trouvait pas les lunettes relevées sur sa tête, embrassait son œuf à la coque et cognait sur la tête de sa femme avec sa petite cuiller, était un sujet de plaisanterie traditionnel.

Ce type d'oubli s'exprime dans la confusion des contextes quotidiens.

E. Oubli motivé
C'est à Friedrich Nietzsche que nous devons la phrase suivante :
> « Je l'ai fait, dit ma mémoire. Je ne peux pas l'avoir fait, dit mon orgueil et, il reste inflexible. Finalement – ma mémoire cède. »

Nous verrouillons solidement dans notre mémoire nos humiliations en public, nos échecs, en particulier nos comportements honteux, par ex. une non-assistance à autrui (ill. E) comme si nous avions perdu la clé pour y accéder. Chaque individu possède une « cryptomnésie », une mémoire cachée.
Dans la psychanalyse freudienne, le concept de refoulement (cf. XX/3) recouvre toute une série de mécanismes de défense, qui se tournent contre des revendications pulsionnelles inavouées.
Le point commun à toutes ces formes d'oubli motivé est un essaie de réprimer la mémoire (les vécus négatifs sont le plus souvent oubliés).

F. Oubli traumatique
Les boxeurs qui ont encaissé de violents coups sur la tête peuvent avoir le cerveau endommagé par la force de la commotion cérébrale (*punch drunk*). Les pertes de mémoire (*black out*) apparaissent d'abord de manière dissimulée : on ne peut plus se rappeler certains événements isolés, le vocabulaire dépendant de la mémoire se rétrécit, les expressions courantes sont conservées alors que les expressions compliquées disparaissent.
Chez les personnes atteintes de troubles cérébraux organiques (par ex. maladie d'Alzheimer), les déficiences concernent plutôt la période récente, tandis que les événements intenses et surtout heureux du « bon vieux temps » sont conservés (loi de Ribot ou règle de Jackson).
L'argumentation psychophysiologique de l'oubli se réfère en général à la diminution des réflexes conditionnés. Faute de confirmation (Pavlov) ou de renforcement (Skinner), il s'ensuit nécessairement un effacement (extinction) des associations temporaires (cf. chap. VIII). D'après Pavlov et Hull, cela se produit à cause de la prépondérance des potentiels d'inhibition neuronale, d'après Guthrie du fait d'un refoulement provoqué par des stimuli plus efficaces, et d'après Lawrence et Festinger, à cause d'une réaction active d'évitement.

VII. Psychologie de la mémoire / 8. Déviations de la mémoire

A Retour de mémoire (Primordium)

B Mémoire des rêves

C Phénomène « sur la langue »

D Blocage de la mémoire

E Témoignage

F Confabulation pathologique

Les descriptions précédentes montrent à quel point les performances de la mémoire sont fragiles. Quelques exemples significatifs peuvent illustrer les conditions dans lesquelles la mémoire réagit de manière inhabituelle.

A. Retour de mémoire (Primordium)

Un état étrange, et bien connu, est parfois ressenti juste après le réveil (plus fortement après une hypnose ou une anesthésie) : il nous faut d'abord réfléchir pour savoir où nous sommes. En règle générale, pendant ce bref état entre l'inconscience et la conscience (appelé *primordium*, premier commencement), le simple nous vient d'abord à l'esprit (par ex. où nous sommes) puis le compliqué (par ex. les événements survenus avant l'assoupissement). La phase primordiale met en évidence le nombre d'éléments nécessaires à la conscience et à une efficacité totale de la mémoire.

B. Mémoire des rêves

La mémoire n'est pas liée à l'état conscient, elle joue aussi un rôle dans le rêve. D'un côté, c'est ce qu'on appelle les « restes diurnes » (FREUD), des événements vécus incomplètement effacés (signifiants inachevés) avant l'assoupissement. De l'autre, l'effet d'images plus anciennes se prolonge. Elles seraient les indices codés de problèmes non résolus.

Dans la psychanalyse en particulier, on considère le rêve comme dévoilant les refoulements. Dans d'autres écoles de la psychologie des profondeurs, on l'interprète même comme la mémoire archaïque de nombreuses générations.

On reconnaît généralement qu'il y a une différence entre la mémoire du rêve et la mémoire en état d'éveil. Dans la mémoire du rêve (surtout dans les phases non-REM, cf. XX/18), on ne se rappelle que des « fragments de pensée ». La mémoire opère à l'aide d'images déguisées derrière lesquelles il s'avère alors souvent impossible de trouver des significations sensées. Il en va autrement des rêves standards (« typiques », FREUD), qui ont des thèmes souvent récurrents, entretiennent une relation étroite avec la problématique de la vie et adhèrent mieux à la mémoire que les rêves casuels, ne survenant qu'occasionnellement.

C. Phénomène « sur la langue »

Parfois, nous avons un mot « sur le bout de la langue », c'est-à-dire que nous avons l'impression qu'il va venir dans l'instant, mais en vain : « Il doit commencer par "quo" ou quelque chose du même genre... »

Pour surmonter cette hantise, on peut laisser reposer la chose jusqu'à ce que cette recherche crispée se relâche et que le mot apparaisse de lui-même. Ou bien, on peut s'attaquer à cet état de fait par une recherche systématique (décrispée) des associations possibles, par ex. qua – que – qui – *quo* – qu... quob – quod, etc.

Ainsi trouvé, ce mot (dans la mesure où il n'a pas été refoulé de façon motivée) ne s'oubliera pas de sitôt, car on s'est exercé à le traquer.
Dans l'essai *L'art de... de... ah oui... de se souvenir*, G.W. BOWER écrit :
« Les techniques de la mémoire doivent être apprises dans nos écoles tout comme on enseigne les techniques de lecture et d'écriture. »

D. Blocage de la mémoire

Les blocages de la mémoire sont de brèves défaillances qui atteignent en priorité la mémoire à court terme. Ces états ne sont pas uniformes, leur effet diffère selon la cause.

Le plus connu est le blocage de la mémoire par l'alcool. Le sujet ivre « s'oublie lui-même... il ne sait plus qui il est ». Plus tard, il n'a aucun souvenir de son état (amnésie rétrograde).

Chez les personnes âgées (vraisemblablement pour des raisons hormonales), il peut y avoir apparition de blocages mnésiques allant de 1 à 6 heures, caractérisés par une perplexité angoissante. On trouve des blocages fonctionnels de même type dans plusieurs formes de troubles psychiques.

Les blocages en situation apparaissent autrement. Lors d'examens par exemple, ils se manifestent comme des « *black out* » temporaires (amnésie proactive), conditionnés par un état d'excitation élevé et ressemblant à l'oubli par interférence (p. 139).

E. Témoignage

Hormis les entorses volontaires, le témoin de bonne foi est également sujet à certaines erreurs :
1. La perception des faits (surtout en cas de grande excitation) est sélective,
2. Les modifications vont dans le sens d'une certaine attente,
3. Les résultats des attentes se renforcent avec le nombre des répétitions,
4. Avec le temps qui passe, les craintes ou les espérances concernant le souvenir réel augmentent.

F. Confabulation pathologique

Une série de troubles de la mémoire va au-delà de simples modifications : on se souvient d'un produit de l'imaginaire comme d'un fait réel.

L'expérience du déjà-vu est relativement bénigne. L'expérience inquiétante d'avoir déjà vécu exactement la même chose à un moment donné a conduit à des spéculations idéologiques (jusqu'à l'hypothèse de la métempsycose).

Chez les sujets avides de se faire valoir, ces « élucubrations » prennent la forme de fanfaronnades (*Pseudologia phantastica*).

On rencontre les confabulations les plus dramatiques chez les schizophrènes, qui se construisent des mondes de souvenirs correspondant à leurs perceptions déformées, ce dont témoignent leurs allusions « démentes » (par ex. des voix irréelles).

142 VII. Psychologie de la mémoire / 9. Constitution de la mémoire

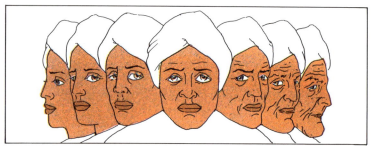

A   Continuité

B   Exposition

La psychologie de la mémoire prend plusieurs directions. La plus importante est l'analyse la plus précise possible du travail de la mémoire. Elle est complétée par son autre versant : l'investigation des troubles de la mémoire. Une troisième direction vise à étudier la mémoire pour sa contribution au développement de l'homme et de sa culture.

A. Continuité

La vie humaine est impensable sans mémoire. Grâce à ses fonctions les plus simples, elle sert à reconnaître (réminiscence) ; ses fonctions supérieures aboutissent à façonner et à mûrir la personnalité.

Lors d'une expérience simple (REICHER, LIGON et CONRAD, 1971) certains mots rimant entre eux étaient mêlés à une liste de mots pris au hasard (par ex. voiture, peinture, voilure). Le souvenir du groupe de mots ayant la même rime était bien meilleur.

A partir de nombreuses expériences identiques, nous constatons que notre mémoire obéit à des règles que l'on peut abstraire. Nous ne nous rappelons pas tout de manière égale, bien ou mal, mais retenons mieux certaines caractéristiques, parmi lesquelles les connexions de sens viennent en premier. Ce qui accroît le sens est mieux conservé.

En cela, notre mémoire est bien plus étendue qu'un simple stock de connaissances. Elle relie des fragments du quotidien pour en faire la totalité d'une vie.

Dans une ancienne légende hindoue, un brahmane revient dans son village au bout de 30 ans. Quand les voisins le reconnaissent, ils s'écrient : « Ainsi donc, l'homme qui nous a quittés est encore en vie ? » Mais le brahmane leur réplique : « Je lui ressemble, mais je ne suis plus le même ! » (ill. A).

Et bien que la vie ne se décompose pas en éléments, nous nous souvenons d'hier, d'avant-hier, du mois dernier et de l'année passée, en dépit de toutes les métamorphoses : nous imbriquons notre passé dans notre présent pour en faire une unité personnelle. Le travail de la mémoire crée le continuum de notre biographie.

La continuité, cette fonction supérieure de la mémoire, vaut pour toute l'humanité : son histoire naît des événements conservés dans la mémoire.

B. Exposition

L'exposition (la récupération) des faits est encore plus significative. Nous ne vivons pas les événements quotidiens comme des événements situés sur le même niveau de signification : certains sont inoubliables, d'autres anodins et même apparemment superflus. Ces hauts et ces bas dans le vécu réel sont nécessaires. L'uniformité totale de la réalité vécue (comme c'est le cas pour les perceptions fixées, p. 3) nous ferait mourir de l'intérieur. Pour que les expériences vécues deviennent particulièrement significatives, leur importance actuelle ne suffit pas, elles doivent figurer sur le film de la mémoire au niveau du souvenir ; en d'autres termes, au moment du vécu réel, nous devons éprouver que celui-ci est inoubliable. Cette caractéristique de la mémoire est appelée « exposition » (par référence métaphorique au terme technique utilisé en photographie).

Quels sont les événements vécus qui ont la propriété d'être « inoubliables » ? Les exemples ne manquent pas. Depuis les années 20, des recherches (SANDER, 1927 ; BENESCH, 1973 ; MONDEN-ENGELHARDT, 1986) ont mis en lumière les « vécus inoubliables » (angl. : *life events*) propres à diverses tranches d'âge :

(B_1) Les impressions les plus fortes se trouvent dans les contextes de décès, le plus souvent dans la famille, mais aussi dans le cas d'accidents mortels auxquels le sujet a assisté.

(B_2) La force de l'empreinte familiale sur la mémoire à long terme apparaît dans le groupe des événements familiaux : fêtes (surtout Noël), naissances, mariages.

(B_3) Les expériences faites en commun : rencontres, querelles, réconciliations, séparations.

(B_4) Les états d'angoisse qui, selon les circonstances, présentent des contenus différents : situations de pressions, épreuves dangereuses, impuissance douloureuse.

(B_5) L'expérience vécue de la nature.

(B_6) La vie professionnelle : débuts dans un métier, licenciement, conflits avec les supérieurs hiérarchiques, ennuis avec les collègues.

(B_7) Les voyages, les vacances.

(B_8) Les succès et échecs importants, souvent même sans séparation ; les petits échecs se répercutent fortement sur les succès.

(B_9) Les souvenirs d'école constituent un fonds considérable : examens, farces.

Le capital de la mémoire des 4 générations étudiées se ressemble fortement même si les contenus diffèrent. Chez tous les sujets, les vécus graves représentent environ les 2/3, les vécus heureux 1/3 et constituent une auto-création unitaire. Plusieurs thérapies ont tiré profit de la signification existentielle de la mémoire comme forme de « maîtrise du passé ». En général, l'objectif consiste (là où c'est nécessaire) à avoir une autre vision du passé. Dans la psychanalyse freudienne, la névrose se rattache aux conflits avec les parents, qui remontent à l'enfance. Dans la thérapie japonaise du Naïakhan, le patient doit parvenir à une compréhension cathartique de la manière dont il peut libérer sa mémoire des erreurs du passé. De nombreux procédés opèrent par interrogations : que signifient pour moi certains événements de ma vie ? Comment ai-je psychologiquement assimilé les événements signifiants ? Qu'ai-je manqué dans le passé ?

La mémoire est non seulement un processus psychique ou un « bien » que l'on possède, mais aussi une tâche qu'il faut accomplir. En tant que telle, elle favorise la maturation de la personnalité. KANT l'exprime dans la formule :

« Mémoire : imagination avec conscience. »

144 VIII. Psychologie de l'apprentissage / 1. Conditionnement classique

A Réflexes conditionnés

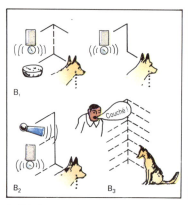

B Théorie du conditionnement

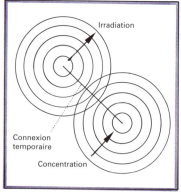

C Processus nerveux conditionnés

Au cours du XXᵉ siècle, la *psychologie de l'apprentissage* s'est développée pour devenir l'une des sous-disciplines les plus importantes de la psychologie. En effet, la découverte par les sciences de la nature des bases de l'apprentissage a ouvert d'innombrables possibilités d'application à l'école, dans les thérapies comportementales, le sport, les cours de langues et le dressage des animaux. A une époque, l'apprentissage a représenté un tel centre d'intérêt pour la recherche que l'on croyait pouvoir expliquer l'ensemble du psychisme à partir de ses lois. Aujourd'hui comme par le passé, ce sujet constitue le domaine essentiel de la psychologie appliquée à la pédagogie ou encore psychopédagogie (cf. XXI/11).

A. Réflexes conditionnés

En 1904, le physiologiste russe IVAN PETROVITCH PAVLOV (1849-1936) obtenait le prix Nobel pour ses recherches sur le réflexe de salivation.

(A_1) Il pratiquait sur des chiens des fistules salivaires afin de pouvoir déterminer le moment et la quantité de la salivation.

(A_2) Il remarqua que ce réflexe n'était pas uniquement lié au stimulus originel, la nourriture. Normalement, le réflexe ne se déclenche que lorsque la pâtée entre en contact avec les papilles gustatives. Or, à mesure que le chien s'habituait, le réflexe survenait dès qu'apparaissait le préposé à la nourriture.

(A_3) Cette salivation précoce était un réflexe acquis. Alors, PAVLOV différencia le réflexe originel ou « inconditionné », qui est inné, du réflexe acquis ou « conditionné », qui ne résulte que des conditions d'apprentissage.

(A_4) Pour étudier les conditions exactes et nécessaires au « réflexe conditionné », il construisit un dispositif expérimental. Le chien est attaché à un châssis (a). Un appareil (b) enregistrant le flux salivaire est raccordé au tube descendant de la fistule. Une sonnerie (c) est régulièrement actionnée *avant* la distribution de la pâtée (d). Après plusieurs essais effectués dans l'ordre signal sonore – pâtée (jamais l'inverse), la salivation se déclenche sur une simple sonnerie sans distribution de pâtée. Grâce à ce dispositif de base, on a pu, au cours des décennies suivantes, explorer, dans le monde entier, les résultats de l'apprentissage dans des conditions sans cesse modifiées.

B. Théorie du conditionnement

La base théorique repose sur le concept de « réflexe » introduit par DESCARTES (1596-1650). Le réflexe comprend le circuit afférent (réception ascendante du stimulus en tant qu'excitation), le traitement dans le système nerveux central et le circuit efférent (excitation descendante qui conduit à l'organe concerné, par ex. la glande salivaire). La théoric de PAVLOV stipule :

(B_1) Quand on lance un signal sonore en même temps qu'on donne de la nourriture, se forme un frayage central appelé « connexion temporaire ». Le schéma de droite montre le nouveau cheminement : la sonnerie déclenche la salivation.

(B_2) Ce « réflexe conditionné » simple peut être étendu. Si, à plusieurs reprises, le son d'un avertisseur retentit juste avant la sonnerie, ce signal sonore (sans qu'il y ait apparition simultanée de pâtée) déclenche également la salivation. PAVLOV appelait ce processus « réflexe conditionné de 2ᵉ ordre ». Lors d'expériences de même type, on a pu mettre en évidence des réflexes conditionnés du 7ᵉ ordre chez l'homme.

(B_3) Si l'on remplace le signal habituel par le langage, on obtient, avec ce « deuxième système de signalisation », des déclencheurs beaucoup plus différenciés, notamment chez le chien, quand on dit « couché », « ici », « promener », etc. L'animal ne répond désormais plus par une seule réaction, mais par une foule de réactions particulières qui ont formé un « stéréotype dynamique », un complexe de réactions dans le système nerveux central.

C. Processus nerveux conditionnés

Comment apparaissent ces « connexions temporaires » ? PAVLOV portait un grand intérêt à ce problème crucial de la théorie physiologique de l'apprentissage. D'après sa conception, le traitement central est constitué de foyers d'excitation qui s'élargissent en ondes circulaires, comme lorsqu'on jette une pierre dans l'eau. Or, si deux cercles se chevauchent, une « connexion temporaire » se déclenche, qui disparaît (extinction) s'ils ne se produisent pas ensemble pendant longtemps. PAVLOV et d'autres ont pu prouver par des expériences importantes que les foyers centraux de l'excitation s'élargissent réellement, mais aussi qu'ils se rétractent. Il appela ces processus « irridiation » et « concentration ». Parallèlement, des stimuli semblables (par ex. une clochette) produisent des réactions semblables mais plus faibles (par ex. une petite sécrétion de salive) : c'est la « généralisation ». Inversement, on peut exclure des excitations semblables si elles induisent des conséquences négatives (par ex. décharge électrique au son de la cloche). Alors le réflexe conditionné ne se déclenche pas : c'est la « différenciation ».

A côté de ces foyers d'excitation, on a pu recenser des foyers d'inhibition. Une couronne d'excitation peut entourer un foyer d'inhibition (induction positive), et une couronne d'inhibition entourer un foyer d'excitation (induction négative). Cette situation concurrentielle est baptisée « opposition dynamique » (schizocinèse).

Une telle appellation renvoie à des mécanismes fonctionnels d'ordre physiologique : du point de vue physiologique, l'apprentissage est un système très complexe de connexions temporaires qui se créent en la présence répétée et simultanée d'un stimulus. Ainsi peut-on augmenter substantiellement le faible répertoire comportemental, inné et génétiquement transmis, d'un nouveau registre acquis.

146 VIII. Psychologie de l'apprentissage / 2. Conditionnement opérant

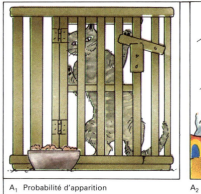

A_1 Probabilité d'apparition

A_2 Récompense

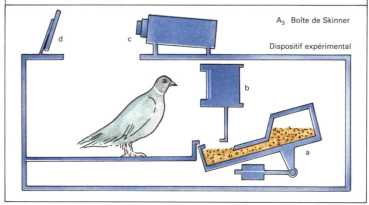

A_3 Boîte de Skinner

Dispositif expérimental

A Comportement renforçateur

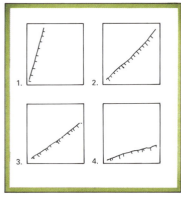

B Plans de renforcement

C Apprentissage par imitation

En 1938, BURRHUS FREDERIC SKINNER donnait une nouvelle orientation à la théorie du conditionnement. D'après lui, le stimulus déclencheur n'est pas directement et nettement reconnaissable. Par conséquent, il porta son attention sur la partie de l'expérience que PAVLOV appelait « confirmation » (soutien par le réflexe inconditionné et inné qui succède immédiatement). Utilisant le concept de « renforcement » (*reinforcement*), SKINNER et d'autres étudièrent l'amélioration des résultats de l'apprentissage par diverses récompenses (renforcement de la connexion). Ce conditionnement est appelé « opérant » parce que l'animal doit effectuer certaines opérations (par ex. piquer sur un tableau) avant d'obtenir un renforcement par la nourriture.

A. Comportement renforçateur
Au lieu de la réaction quantitative (PAVLOV), SKINNER envisagea la « probabilité d'apparition » d'une réaction, de nature plus qualitative.

(A_1) Un précurseur de SKINNER, EDWARD LEE THORNDIKE, enfermait des chats dans des cages dont ils pouvaient ouvrir le verrou après plusieurs essais. Ils y parvenaient plus souvent quand on déposait une pâtée devant la cage (loi de l'effet, p. 153). Néanmoins, cette *probabilité d'apparition* (la fréquence de répétition d'un comportement) ne peut être estimée qu'en la comparant à des réactions non renforcées (c.-à-d. sans pâtée ou autre récompense).

(A_2) Dans ses expériences sur les animaux, c'est la nourriture qui produit la plus grande probabilité d'apparition. Chez l'homme, elle interviendrait plutôt lors du coup de téléphone avec un ami chaque soir. D'après PREMACK, un comportement est renforcé quand un autre lui succède aussitôt avec une plus grande probabilité d'apparition (principe de Premack). Lors du dressage d'un animal, on provoque ce renforcement en lui donnant régulièrement une friandise après chaque prouesse.

(A_3) Afin d'étudier le renforcement, on utilise généralement la fameuse boîte de Skinner. L'animal (souvent un pigeon) se trouve dans une cage, devant une écuelle qui se relève automatiquement (a) et une boîte pourvue d'un signal (b) ; une caméra vidéo (c) enregistre le comportement par l'intermédiaire d'un miroir (d). Si le bon tableau apparaît dans la boîte à signaux et que l'animal le touche en piquant la vitre, la mangeoire se relève brièvement et le pigeon peut prendre sa récompense ; si c'est le mauvais tableau, il ne reçoit rien. A la longue, le pigeon apprend à ne réagir qu'en cas de renforcement par la nourriture. En l'absence de récompense ou s'il est soumis à une punition (par ex. une décharge électrique), l'animal évite de réagir au « mauvais » tableau. Toutefois, la punition a une conséquence indésirable : une réaction de peur peut effacer la chose apprise préalablement.

B. Plans de renforcement
Lors des expériences, on distingue les renforcements durables ou *systématiques* des renforcements occasionnels ou *partiels*, qui, selon les diverses planifications d'intervalles, peuvent comporter un rythme fixe, ou bien des renforcements fortuits ou extrêmement rares.
Les 4 courbes typiques d'élaboration (ill. B) :
1 : Le renforcement après un quota fixe montre une bonne réussite ; 2 et 3 : Avec des intervalles fixes ou variables, on obtient une réussite moindre. 4 : Les renforcements rares donnent la réussite la plus faible.
Mais il résulte aussi de telles expériences que les renforcements les plus fréquents n'entraînent pas toujours les plus grandes réussites.
SKINNER renvoie aussi aux auto-renforcements chez l'homme : « Un joueur qui, un jour, a eu une chance particulière alors qu'il portait une certaine cravate, portera éventuellement cette cravate en "porte-bonheur". »

C. Apprentissage par imitation
ALBERT BANDURA a introduit un complément essentiel, à savoir l' « apprentissage par imitation ». Il constata : (1) l'animal, et surtout l'homme, imitent des modèles dont ils reprennent le comportement sous forme de « stimuli complexes » (PAVLOV) ; (2) parfois, ils se représentent de tels comportements complexes d'après lesquels ils s'orientent (apprentissage de règles) ; (3) ils modifient leur comportement en se créant eux-mêmes les stimuli environnants (apprentissage social), qui produisent des renforcements (auto-renforcements). Un renforcement mutuel au cours du processus d'apprentissage apparaît lors de cette expérience : le « modèle » (à gauche) et l'« imitateur » (à droite) peuvent se voir à travers une vitre. Si le modèle pique sur un certain point de la vitre, la nourriture tombe dans la mangeoire de l'imitateur (au fond). Si, au même moment, l'imitateur se tient sur un plot d'allumage (X), les deux pigeons obtiennent de la nourriture. Un processus interactif se développe alors au fil des exercices. Par un piétinement insistant, le modèle amène l'imitateur à se poser sur le plot pour ensuite piquer lui-même le point de la vitre.
Chez l'homme, ce genre d' « apprentissage en alternance » permet l'acquisition de nouveaux schémas comportementaux ; il a un effet inhibant ou désinhibant selon les conséquences du comportement, et permet aussi aux formes de comportement apprises au préalable de se manifester plus facilement.
En *thérapie opérante*, on procède également par imitation quand, par ex., un enfant craintif a pour modèles des enfants qui ne craignent rien, jusqu'à ce qu'il adopte lui-même leur comportement. Dans les jeux de rôles, on s'exerce à suivre le comportement représenté. Dans la vie, les enfants procèdent de même. Ils jouent au papa et à la maman, au médecin, au policier, etc. Les habitudes ne doivent donc pas se constituer individuellement, elles peuvent aussi être reprises, pour ainsi dire, à l'état de préfinition.

148 VIII. Psychologie de l'apprentissage / 3. Conditionnement cognitif

A Restructuration

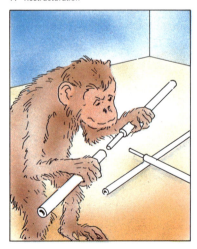

B Action par discernement (*Einsicht*)

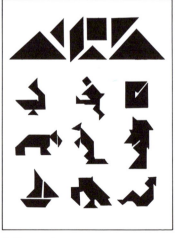

C Nouveauté

Pour créer un conditionnement, il ne suffit pas de s'appuyer sur les renforcements décrits précédemment. Les conditions dans lesquelles certaines réactions surviennent peuvent également être ouvertes, par ex. en créant une situation problématique et en se fiant à l'aptitude de l'animal ou du sujet d'expérience à la maîtriser.

A. Restructuration

Au début de la Première Guerre mondiale, le psychologue allemand WOLFGANG KÖHLER fut interné 4 ans sur l'île de Ténérife (Canaries). Pendant sa détention, on l'autorisa à installer une station de recherche sur les singes anthropoïdes. Dans un livre célèbre *Intelligenzprüfungen an Menschenaffen* (1921) [*L'intelligence des singes supérieurs*, 1931], il décrit avec précision comment les singes surmontent des situations problématiques.
(A_1) Il fixait une banane, dans la cage, à une hauteur telle que l'animal ne pouvait pas l'atteindre.
(A_2) Puis il mettait à leur disposition quelques outils qui leur permettaient de résoudre le problème, entre autres des caisses ainsi que des bâtons qu'ils pouvaient enfiler les uns dans les autres.
(A_3) Le singe essaie au hasard, joue avec les caisses et les bâtons. Tout à coup, on peut observer l'ébauche d'une solution. Tout se passe alors assez vite. Le singe superpose les caisses et attrape la banane avec les bâtons qu'il a enfilés bout à bout.
Concernant l'interprétation, les psychologues gestaltistes qui entouraient KÖHLER ont appelé cette performance « restructuration ». Ainsi désignait-on la modification ciblée du matériel disponible, afin de le réorganiser en vue d'une solution. L'important ici est que la solution trouvée ne sera guère désapprise.

B. Action par discernement *(Einsicht)*

Les trois formes de conditionnement (classique, opérant et cognitif) ne s'excluent pas, mais elles renvoient à différents aspects cruciaux de l'apprentissage. Le moment précis de la prise de conscience (intuition) que KARL BÜHLER appelait « Aha-Erlebnis » (Ah, c'est cela), ne saurait être expliqué à l'aide des théories précédentes.
Un pic apparaît sur les courbes d'apprentissage : dans le déroulement de la résolution, il indique la soudaineté du vécu de la solution. C'est ici qu'intervient la théorie du conditionnement cognitif. Ce genre d'apprentissage repose certes sur les théories déjà citées : par ex. en l'absence de renforcement, l'animal essaie longtemps au hasard (ce que le conditionnement classique interprète comme une réaction inconditionnée). Si l'on examine les moyens de résolution, on découvre toujours des orientations typiques. Cela laisse supposer qu'à partir d'un certain moment, au cours de ces essais, s'ajoute une connaissance sous-jacente qui permet l'approche de la solution. Ce constat nous amène à un point d'articulation des processus psychologiques. Car ces types d'apprentissage sont bien plus que de simples essais et réactions à un renforcement. Les singes anthropoïdes disposent déjà de formes d'apprentissage qui ne relèvent pas uniquement de l'accroissement des connaissances ou des aptitudes, mais indiquent la compréhension d'un principe de solution. Le philosophe HEGEL l'exprimait comme suit :
   « Apprendre ne signifie pas seulement apprendre les mots par cœur avec sa mémoire – les pensées des autres ne peuvent être comprises que par la pensée, et cette réflexion est aussi apprendre. »
Avec cette forme d'apprentissage, nous parvenons donc au seuil de la pensée – si nous ne l'avons déjà franchi.

C. Nouveauté

Le jeu chinois du Tangram fournit un bon exemple de la signification des trois théories du conditionnement. Dans la Chine ancienne, ce jeu s'appelait la « planche aux sept ruses ». Au moyen des sept formes (en haut), on peut assembler les figures indiquées en dessous (réduites ici). Reconstituer ces figures (et mille autres) tient du véritable casse-tête. Pour certaines d'entre elles, on doute que cela puisse marcher. Dans d'autres cas, la solution se trouve à l'occasion, on la découvre par hasard. Parfois, on doit la construire suivant une règle.
Il existe donc diverses stratégies d'apprentissage pour ce jeu. Si l'on parle ici de « discernement », d'intuition, on songe somme toute à l'apprentissage d'une règle. Grâce à ce genre de règles, on entrevoit le principe, mais pas encore la solution réelle. Néanmoins, on est sur la bonne voie et la découverte de la solution n'est plus qu'une question de temps. L'intervalle entre le « Ah, c'est cela » et la solution complète du problème peut se définir comme l'apprentissage par discernement, ou intuition.
Dans le détail, cela se produit grâce à un processus de traitement de l'information. Entre l'état initial et l'état final d'une situation à problème, on fait intervenir des « opérateurs » (des moments de solution partielle significatifs et déjà connus). Tout dépend ici du « degré de notoriété des moyens » (DÖRNER). Plus le sujet d'expérience est expérimenté dans la résolution de ce genre de problèmes, par ex. improviser dans un métier manuel, plus les possibilités de combinaison seront nombreuses et les solutions nouvelles. On peut s'exercer à ce genre de démarche. On apprend à restructurer plus rapidement, à étendre le champ des solutions pour un type de problème. Un nouveau savoir est combiné librement à un savoir semblable déjà stocké, ce qui produit soudain une nouvelle ébauche de solution.
PIAGET, qui a intensivement travaillé sur ce sujet (cf. XIV/4), signale l'avantage qui consiste à pouvoir faire intervenir des domaines le plus possible étrangers à une discipline.

150 VIII. Psychologie de l'apprentissage / 4. Théories formelles de l'apprentissage

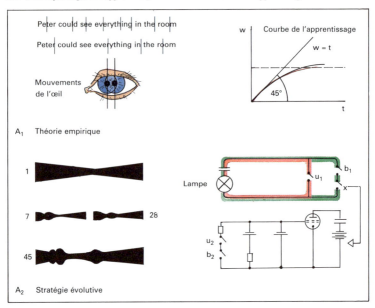

A₁ Théorie empirique

A₂ Stratégie évolutive

A Théories normatives

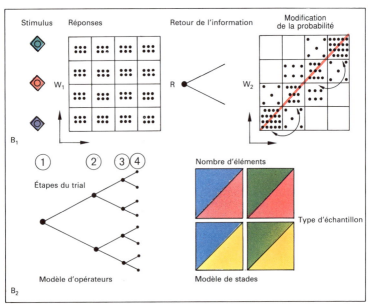

B Théories mathématiques

Exprimé d'une manière générale, l'apprentissage est une modification du savoir ou du comportement par l'expérience. Si l'on tente d'élargir encore cette définition et de la formaliser, on arrive à l'ébauche de deux groupes de théories formelles : la théorie *normative* et la théorie *mathématique*. Il est évident que des généralisations aussi extrêmes se vérifient difficilement, mais en dépit de toutes leurs faiblesses, ces théories pourraient fournir une base de départ pour le futur et ouvrir des perspectives pour un apprentissage au moyen de l'informatique.

A. Théories normatives

Comme tout comportement, l'apprentissage répond à des lois que l'on souhaiterait présenter sous forme de théories. On peut se contenter de les fixer après coup (suite à l'expérimentation) sur une courbe d'apprentissage.
Mais pour pouvoir prévoir les résultats d'un apprentissage, on a besoin de théories dont les valeurs prédictives puissent être comparées aux résultats réels après l'apprentissage. Plus une théorie est bonne, plus la courbe prévisionnelle et la courbe de résultats se recouvrent et concordent avec fiabilité.
(A_1) La première tâche consiste donc à formaliser pour soi les résultats de l'apprentissage. « Savoir mieux lire » n'est pas saisissable d'une manière formelle. En revanche, on peut quantifier l'aptitude à la lecture au nombre de mouvements de l'œil (la lecture n'est pas coulante, cursive, mais opère par phases, par à-coups).
D'après cet exemple de G.T. Buswell, le lecteur peu entraîné a besoin de 8 phases, et le lecteur entraîné de 4.
La courbe d'apprentissage (à dr.) est une représentation graphique de la fonction de l'exercice (w = nombre de réponses fausses, t = nombre de schémas d'apprentissage). Dans une expérience où il s'agit d'attribuer à des schémas de signification ambiguë une signification définie, il faut de 40 à 60 présentations environ pour parvenir à une attribution définitive.
La courbe montre le degré d'apprentissage entre « tout faux » (w = t) et « tout juste » (parallèle à l'axe t). Dans la théorie empirique, la courbe théorique (noire) est alors comparée à la courbe concrète (rouge).
(A_2) Sous le concept de stratégie évolutive, on comprend les imitations (éventuellement techniques) de l'évolution (au sens biologique), les « mutations » sont ici la modification des conditions techniques.
L'illustration montre le développement « évolutionniste » d'une tuyère : 1 = forme initiale, 7 = 7^e stade etc., au 45e stade, on a obtenu la tuyère idéale.
De telles données techniques sont transposables aux problèmes psychiques.
L'exemple de droite montre la solution électrique d'un circuit qui imite un événement du type « réflexe conditionné ».

Le circuit du haut (rouge) est comparable à un « réflexe inconditionné » ; le circuit « vert », (réflexe conditionné) ne fonctionne que si les deux commutateurs de droite b, et x sont fermés. Le commutateur x est relayé en fait par le circuit du bas. Avec ce dernier, il est possible de produire des « connexions temporaires », c.-à-d. des réflexes conditionnés (les commutateurs u_2 et b_2 fonctionnent à titre de « confirmations » au moyen de câbles et de condensateurs).

B. Théories mathématiques

A partir d'un petit nombre d'hypothèses sur les processus d'apprentissage, les théories mathématiques déduisent des principes formels qui autorisent des prédictions d'apprentissage sous forme mathématique. On distingue deux modèles principaux : les modèles d'opérateurs et les modèles de stades (Coombs et coll., 1975). Mais dans les deux cas, il faut d'abord formaliser le déroulement de l'apprentissage.
(B_1) La forme la plus simple comprend 4 étapes :
– un nombre de *stimuli* (descriptibles sans référence au comportement).
– une *réponse* en termes de probabilité (sa probabilité au hasard W_1 est par ex. définie par r = O, c.-à-d. que tous les essais ont une chance égale),
– le *retour de l'information* (outcome, le résultat de la réponse pour chaque essai est reconnu par le sujet d'expérience et « agit »),
– la *modification de probabilité* W_2 (dans l'exemple, la marge de jeu du comportement se resserre le long de la droite rouge : r = .90).
(B_2) Les modèles d'opérateurs tirent leur nom des *règles de transition* entre W_1 et W_2.
4 étapes sont prédites pour les essais (*trials*) dans l'exemple de gauche. La plus simple de toutes les possibilités serait d'autoriser 2 orientations de réponse. Il en résulte un processus de dissociation avec une série correspondante de distributions du retour de l'information.
D'essai en essai, cette série de distributions est subordonnée aux lois théoriques de la probabilité, qui forment le contenu théorique particulier des modèles d'opérateurs.
Les modèles de stades se distinguent des précédents en ce qu'on estime fini le nombre des états supposés (on les appelle aussi « modèles à états finis »). Ces modèles prennent 2 aspects :
le nombre d'éléments (composantes du stimulus : peu d'éléments – ou N éléments) et le choix du type d'échantillon (de taille déterminée – ou indéterminée) : 1-2 éléments (bleu) ; N-éléments (vert) ; taille déterminée (rouge) ; taille indéterminée (jaune).
Les deux groupes ont un but commun : pouvoir établir une forme mathématique correcte des progrès de l'apprentissage, à partir de laquelle on pourrait déduire une prédiction quantitative exacte des grandeurs observées dans les processus d'apprentissage.

A Apprentissage au hasard

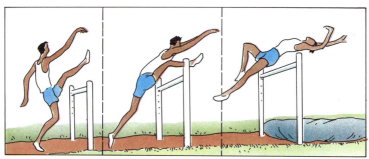

B Apprentissage par accumulation

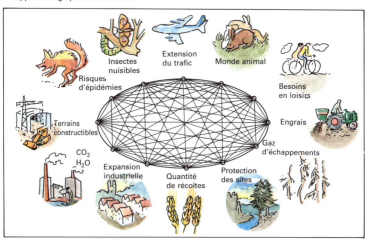

C Apprentissage par concept

Apprendre n'est pas un processus homogène. Outre les différences de contenu (cf. p. 155), il y a différentes formes d'apprentissage qui produisent un accroissement des savoir-faire, des connaissances, etc. On peut répartir ces différences sur trois niveaux. Même si, dans la perspective de l'amélioration des stratégies d'apprentissage, on pense à une progression, on ne peut assimiler ces étapes à de simples niveaux de développement, car elles se présupposent aussi et se complètent réciproquement.

A. Apprentissage au hasard

Ce groupe a plusieurs noms : recherche aveugle, activité d'épreuve et *trial and error* (« essai et erreur »), une expression utilisée depuis THORNDIKE, et qui évoque un principe fondamental. Des essais aveugles conduisent le plus souvent à des solutions insatisfaisantes et même fausses ; elles sont rejetées. Or, parmi ces innombrables essais, une solution juste peut apparaître à un moment donné. Elle est couronnée par un succès visible. THORNDIKE formulait ainsi sa « loi de l'effet » :

Une action sera répétée d'autant plus certainement que l'état d'ensemble associé est plus satisfaisant – ou, plus simplement : le succès se répète volontiers.

Une deuxième loi définit les perspectives du « *trial and error* » : le succès de l'activité d'essai dépend du nombre des possibilités et des solutions justes. S'il n'y a qu'une bonne solution, mais d'innombrables hypothèses classées comme « *error* » (erreurs), ce procédé n'est pas payant. On ne réussit guère à reconstituer la position initiale d'un cube magique qui a été tourné en tous sens en essayant au hasard.

B. Apprentissage par accumulation

L'apprentissage a le plus souvent à voir avec l'amplification, l'accroissement, l'augmentation de performances ou d'expériences. Sur une position de départ se greffent des modifications qui vont dans le sens d'une extension spatiale, temporelle, qualitative ou quantitative.

L'apprentissage par accumulation (apprentissage graduel, incrémentiel, additif, ciblé) est évalué en tenant compte de trois aspects : les données préalables (1), le déroulement (2), et la méthode (3).

(1) La tendance préalable indique la direction de l'apprentissage, donc les valeurs buts.

Pour des performances comme le saut en hauteur, la tendance à l'apprentissage coïncide avec l'augmentation moyenne de la hauteur sautée.

En ce qui concerne la transmission de connaissances, outre la multiplication factuelle, certaines caractéristiques qualitatives telles que la précision et le transfert (exactitude et possibilité d'étendre l'application des faits) jouent d'abord un rôle décisif.

(2) La progression des performances est rarement constante.

En saut en hauteur, le sportif parvient à des seuils différents selon son niveau d'entraînement et sa forme physique du jour.

Les progressions de l'apprentissage montrent occasionnellement un nivellement des taux d'accroissement (plateaux d'apprentissage).

(3) Pour franchir ces plateaux, on change souvent de méthode d'apprentissage.

En saut en hauteur, le saut par enjambée du débutant devient le flop à la Fosbury.

C. Apprentissage par concept

Dans la psychologie récente de l'apprentissage, la troisième étape est appelée *learning by concept* (« apprentissage par classement de caractéristiques »). Ici, il ne s'agit plus d'amasser comme dans l'apprentissage par accumulation, mais d'arriver à des modes de vision ou d'action à ramifications complexes. Les deux psychologues américains JEROME BRUNER et DAVID AUSUBEL conçoivent celui qui apprend, l'apprenti, comme étant aussi un découvreur (*discover*) qui incorpore un matériau nouveau (*subsumption*) dans ses propres dispositifs intellectuels.

En partant du châtaignier, du sapin, etc. qu'il connaît, l'enfant combine déjà un « concept d'arbre », c'est-à-dire une représentation de tout ce qui appartient obligatoirement à un arbre.

Dans l'apprentissage simple par accumulation, l'homme acquiert un savoir de plus en plus vaste. Or, aujourd'hui, il est submergé de faits qui rendent la vue d'ensemble difficile ou impossible. En vérité, il devrait évaluer avec exactitude toutes les données dans leur interchangeabilité (BRUNER parle d'une vérification simultanée, c'est-à-dire d'une évaluation concomitante de l'activité).

Si, dans l'équilibre socio-écologique, on ne voulait considérer que certains facteurs agissants (cf. ill.) en même temps que leur corrélation, on atteindrait vite la limite de l'intelligibilité.

Il en va de même du sportif qui arrive à la limite de ses capacités de performances. Mais existe-t-il une limite absolue, en saut en hauteur par ex. ? Quand les records du monde sont battus, c'est souvent grâce à de nouvelles méthodes d'entraînement. Dans les sciences, ces bonds en avant se produisent grâce à de nouvelles technologies et théories.

Après l'invention de l'amplificateur, il ne fallut pas attendre longtemps avant que BERGER l'utilisât pour amplifier des signaux extrêmement faibles du cerveau (EEG).

Les nouvelles théories provoquent des « révolutions scientifiques » (TH. KUHN) parce qu'elles surmontent des difficultés tenues jusqu'alors pour insolubles en apportant de nouvelles solutions ou « systèmes de conceptions ».

L'apprentissage par concept requiert une autre méthode. Comme ses objets sont liés à des systèmes ou supersystèmes (systèmes de systèmes), il est judicieux, pour cet apprentissage « systématique », de recourir à l'ordinateur ; ainsi l'homme et l'ordinateur s'associeraient pour former une unité d'apprentissage. (cf. p. 207).

154 VIII. Psychologie de l'apprentissage / 6. Domaines d'apprentissage

A Apprentissage de savoir-faire

B Apprentissage de connaissances

C Apprentissage de comportements

D Apprentissage de l'adaptation

Au XVIᵉ siècle, en Bohême, le théologien et pédagogue JOHANN AMOS COMENTUS (1592-1670) rapportait qu'un petit garçon de sept ans avait grandi dans les bois parmi les bêtes sauvages. De tels cas se sont produits ici et là. Ainsi, il y a quelques décennies en Inde, un frère et une sœur ont passé leur prime jeunesse avec des loups. Dans les rapports, il apparaît qu'il n'est guère possible de développer ces enfants pour en faire des adultes normaux. Les premières années sont décisives pour la vie future.

Mais, même au cours des étapes suivantes de notre vie, nous devons apprendre toujours plus pour ne pas nous scléroser ni souffrir de dommages psychiques. Néanmoins, cet apprentissage de toute une vie n'est pas égal. Il dépend de changements constants, tant dans les contenus que dans les méthodes.

A. Apprentissage de savoir-faire

Un premier domaine d'apprentissage est celui des savoir-faire dont nous avons besoin dans les secteurs d'activités les plus importants comme la vie professionnelle, les loisirs et les tâches quotidiennes.

> Ces domaines requièrent des fonctions sensorimotrices très variées, par ex. pour conduire une voiture. Pour tresser un panier ou faire une poterie, le professionnel ou l'amateur a besoin de connaissances, de dextérité, de bons matériaux, d'endurance, etc.

Si l'on résume ces conditions (comme GUILPORD dans ses analyses factorielles pour les performances techniques), on se heurte à 4 tâches primordiales pour l'apprentissage :
(1) Disposer des conditions techniques peut provenir de soi-même ou d'autrui ; néanmoins, leur prise en charge personnelle présente des avantages.
(2) Les conditions personnelles sont cruciales, selon la tâche, en dépit de différences considérables : force physique, état de santé, aptitudes sensorielles, rapidité de réaction, capacité de synthèse.
(3) Le feed-back de la performance, soit la connaissance des résultats produits, est très important pour l'évolution de la réalisation ; il inclut aussi la motivation qui entraîne plus loin.
(4) La coordination globale n'apparaît qu'au terme d'une performance sensori-motrice achevée et maîtrisée, autant dans l'harmonie des réalisations partielles que dans l'orientation dynamique.

B. Apprentissage de connaissances

Si celui qui acquiert un savoir-faire se réfère toujours en pensée et en parole à son apprentissage, cela s'applique bien moins à celui qui apprend un savoir. Chez lui, la connaissance en soi figure au premier plan et occupe ses pensées. Aussi l'apprentissage de connaissances est-il très rarement envisagé dans ses procédés.

Ce n'est qu'au cours des dernières décennies que l'on a étudié les diverses formes d'acquisition de connaissances, dans la recherche sur la créativité.

Pour l'essentiel, il s'agit de distinguer l'apprentissage convergent du divergent (de même pour la pensée).

Dans le premier cas, une seule forme d'objectif doit être élaborée, dans le second aucune ou plutôt de nombreuses formes possibles de buts vers lesquelles on peut tendre.

Ces différences ne sont pas toujours présentes à l'avance, parfois on se les fixe soi-même.

> Un débutant qui travaille sur le style architectural de la Renaissance, apprendra chaque élément « juste » de la construction.
> Le spécialiste joue avec son savoir : il reconnaîtra les modifications par rapport aux modèles antiques ou remarquera leurs mutations régionales. Son apprentissage est plus flexible que celui, figé, du débutant.

C. Apprentissage de comportements

C'est dans ce troisième domaine que l'on apprend les comportements réglementés, le plus souvent de façon inopinée, et par des modèles.

> Quand, par exemple, on souhaite apprendre à un enfant à traverser, les exhortations ne servent guère si, au moment même, un piéton passe impunément au rouge.

L'exemple (positif ou négatif) a un effet plus intense comme facteur d'impulsion à l'apprentissage. Dans les recherches sur l'effet de l'exemple, certaines caractéristiques sont particulièrement importantes. Les modèles exercent une action plus forte quand ils sont souvent présents et qu'on peut s'identifier à eux (par ex. dans le jeu de rôles).

> En règle générale, cela s'applique d'abord plus fréquemment aux parents qu'à d'autres personnes.
> Plus tard, d'autres exemples agissent s'ils sont de notoriété générale, particulièrement attrayants, honorables, et dans la mesure où l'on croit pouvoir atteindre plus facilement, d'après leur modèle, les buts fixés.

D. Apprentissage de l'adaptation

Ce domaine d'apprentissage est le plus vaste. La plupart des comportements d'adaptation ne doivent pas être appris individuellement.

> Telle espèce d'oiseaux, par ex., vit en couple dans la jungle, mais en bande dans la savane parce que la nourriture disponible y est ainsi mieux utilisée.

Chez l'homme aussi, beaucoup de formes d'adaptation sont innées, néanmoins de nouvelles adaptations peuvent réussir.

> Par exemple, les programmes d'entraînement pour plongeurs et astronautes.

Dans cet apprentissage, il faut laisser du temps au corps, et l'entraîner afin qu'il puisse se plier aux nouvelles conditions.

Les éléments accessibles pour chacun, les degrés de ces 4 domaines d'apprentissage et leurs formes particulières diffèrent d'un individu à l'autre. En règle générale, toutes les possibilités ne sont pas complètement épuisées.

VIII. Psychologie de l'apprentissage / 7. Étapes de l'apprentissage

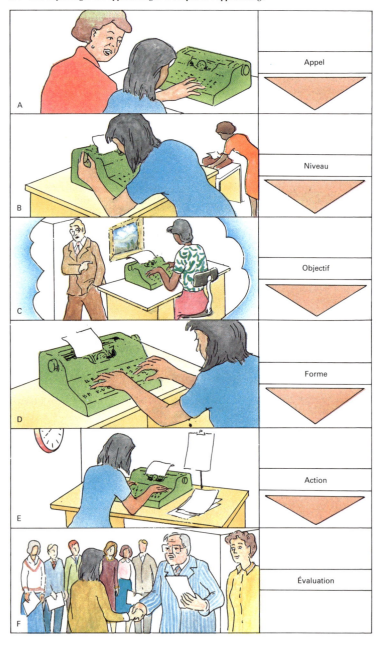

L'apprentissage ne « va de soi » que pour une infime partie ; le plus souvent, il est pénible, fatigant, demande du temps et déçoit. L'enseignant devrait se mettre (même si cela lui est difficile) dans la position de celui qui apprend. Cette situation met en évidence la succession de l'ensemble des étapes de l'apprentissage.

A. Appel
Les objets de l'apprentissage se font mutuellement concurrence. Personne ne peut tout apprendre. C'est pourquoi l'objet à apprendre doit être envisagé dans sa signification.
> Par ex. la dactylographie. On peut en fait vouloir apprendre autre chose : pourquoi la dactylographie en particulier ?

Les réponses visent à créer une motivation pour l'objet de cet apprentissage.

B. Niveau
Les élèves d'un cours de dactylographie, même s'ils n'ont encore jamais tapé à la machine, ont diverses connaissances préalables, par ex. la manipulation d'outils techniques, l'habitude de prendre des cours, etc.
> Pour ne pas être rebutés d'emblée, ils doivent le plus souvent se faire une vue d'ensemble, pratiquer un « échauffement » avec la machine, puis jouer, s'habituer à l'atmosphère du cours.

Chaque apprentissage dépend beaucoup du premier contact (comme la première impression que donne une personne).

C. Objectif
On n'entend souvent par motivation que la motivation préalable. Pour l'apprentissage, la motivation ciblée est plus importante : que pourrai-je faire plus tard de la chose ou de la *compétence* apprise ?
> L'élève qui se voit déjà réussir en tant que parfaite secrétaire de direction, c'est-à-dire qui peut se représenter la « récompense » de son effort, présente de meilleures dispositions, même pour ce qui est de tenir jusqu'à la fin du cours.

D'un point de vue théorique, l'homme n'attend pas les pilules alimentaires comme le pigeon conditionné, l'*attente* de la récompense est déjà un renforcement. Aussi l'indication occasionnelle du « sens » de tous ces efforts n'a-t-elle rien d'erroné.

D. Forme
Dans le système d'apprentissage de la dactylographie à dix doigts, les doigts doivent prendre une position « imaginaire » définie afin d'actionner « en aveugle » les touches qui leur sont attribuées.
De même, un bon gardien de but a les dimensions des buts dans la tête.
La meilleure forme d'apprentissage est celle où cette forme pénètre dans le corps et le cœur de l'élève.

Le moyen d'y parvenir fera l'objet des pages suivantes. On ne traitera ici que brièvement de ceux qui apprennent, les apprentis, auxquels la recherche sur l'apprentissage prête trop peu d'attention. L'aspect social de l'apprentissage n'est pas moins important que l'aspect didactique.

L'enseignement est mieux géré par certaines personnes que par d'autres. Comment s'y prennent-elles ?
Pour l'essentiel, un peu d'abnégation, d'oubli de soi est nécessaire :
> Il faut aller à la rencontre de l'apprenti, deviner d'avance les obstacles, ne pas s'agacer des résistances ni être blessé par l'ingratitude.

E. Action
La partie décisive et la plus longue de l'apprentissage est sa mise en place. Ni l'enseignant ni l'apprenti ne restent identiques dans la durée. Tandis que l'un connaît une « ascension », l'autre maîtrise peut-être une « descente ». Les petites étapes et les répétitions sont donc importantes pour garantir les chances d'une harmonie.
Parfois, il est utile de connaître un bref passage à vide dans l'apprentissage verbal (pas dans l'apprentissage écrit puisque le lecteur s'en charge lui-même !).
Le mouvement oscillant se rapproche davantage du psychisme que la ligne droite. Quand on sent que le sens d'un tout se perd (ce qui se passe obligatoirement), l'apprenti comme l'enseignant doivent se souvenir des 4 règles régissant les efforts du moment :
1) cela me sert,
2) c'est important,
3) cela ne saurait nuire, et
4) cela peut aussi faire plaisir.

F. Évaluation
Dans l'apprentissage, il faut, le plus possible, toujours savoir où l'on en est.
> L'enseignant a le devoir de donner une réponse à l'apprenti sur le niveau atteint, de lui dire ce qu'il maîtrise déjà et ce qui l'attend encore, sans le rebuter.

Aussi trop et trop tôt valent-ils souvent mieux que trop peu et trop tard. Quand on loue la cuisinière pour son repas, mieux vaut ne pas le faire après le dessert. Dans notre cours de dactylographie, les séquences de leçons peuvent faire l'objet de tests intermédiaires.
Il est aussi important de savoir que certains supportent davantage d'information en retour, de réponses que d'autres, et la plupart moins de réponses négatives que positives. Seule l'expérience enseigne le bon dosage.
La meilleure méthode d'enseignement consiste à éveiller l'enthousiasme. Cela ne réussit que là où on élimine les obstacles à l'enthousiasme, qui surgissent partout, tant à cause de circonstances extérieures que par manque d'énergie intérieure.

158 VIII. Psychologie de l'apprentissage / 8. Règles de l'apprentissage

A Unités d'apprentissage

B Contexte d'apprentissage

C Effet d'entraînement

D Motivation

E Teneur en signification

F Teneur en sens

Cette rubrique traite de l'énorme gaspillage de temps. Il est difficile de mesurer le nombre d'heures de travail perdues chaque jour en étudiant mal, les vaines dépenses causées par de mauvais manuels.

A. Unités d'apprentissage

Chaque matière contient une foule de données que l'on peut organiser de diverses façons. Si, par ex., on doit acquérir un savoir sur le continent australien (comme enseignant/auteur ou élève/lecteur), tout dépend d'abord de la sélection des faits.

> Comme l'exhaustivité ne peut être atteinte, il faut par conséquent décider de ce qui sera écarté : éliminer est plus difficile que collectionner.

Ce qui reste doit être réparti en portions. Il est rare qu'on puisse se satisfaire d'un seul niveau de portions. La réflexion suivante consistera donc à constituer un index hiérarchisé des contenus (échelonnés selon la taille).

Dans une progression décroissante, on arrive à des sous-rubriques, à des périodes isolées, jusqu'aux petits points d'information qui ne comprennent qu'un seul aspect ou quelques phrases. Dans les tests, ces dernières unités sont appelées *items* (tâches isolées). Signalées par une organisation en unités d'apprentissage, elles facilitent la (re) -connaissance. Les deux critères les plus importants sont :
– l'objectivité (est-ce fiable, exact, d'une validité générale ou hypothétique ?) ;
– le niveau de difficulté (quantité de connaissances préalables, nouveauté, dépense de temps, intérêt pour le public).

En ce qui concerne le niveau de difficulté, il est utile d'introduire une systématique de l'effort physique ou intellectuel (si possible du plus facile vers le plus ardu).

B. Contexte d'apprentissage

Quiconque acquiert des connaissances sur l'Australie non pas pour un examen, mais pour y voyager, rassemble aussitôt les informations dans un cadre organisateur (contexte). Le savoir constitue une totalité dans laquelle l'unité d'apprentissage la plus inférieure n'est plus isolée. Si on en fait l'articulation d'une progression, l'ensemble du processus d'apprentissage acquiert une qualité supérieure. On apprend bien plus facilement quand on sait exactement pourquoi on apprend.

C. Effet d'entraînement

Les unités d'apprentissage doivent être fixées et préparées dans la perspective du travail ultérieur. Il n'existe aucune recette universellement valable pour cela.

> Au tennis, le « revers » est une unité d'apprentissage. On peut d'abord supprimer certaines sous-fonctions par l'entraînement, par ex. la musculature des avant-bras, puis laisser l'entraîneur servir toujours du côté gauche (pour un droitier) jusqu'à ce que cette unité soit fixée.

Tout dépend ensuite du « transfert ». On entend par là les exercices en corrélation avec d'autres unités d'apprentissage, par ex. ici, l'alternance rapide de coups droits et de revers.

D. Motivation

Dans l'exemple du tennis, la coupe est l'un des meilleurs renforcements au sens de la théorie de l'apprentissage de SKINNER (cf. p. 147). S'il n'y pas de coupe à gagner, il faut entraîner soi-même sa motivation. On y parvient mieux en parlant des progrès (échange mutuel entre l'entraîneur et le joueur) jusqu'à ce que l'amélioration des performances de ce dernier lui « échauffe la tête ».

E. Teneur en signification

Avec le concept de *meaningfulness* (teneur en signification), plusieurs chercheurs (NOBLE et coll., 1952) ont défini une caractéristique importante pour les effets de l'apprentissage.

> Si on demande les représentations qu'une série de mots déclenchent, certains entraînent beaucoup d'associations et d'autres peu.

La qualité de représentations données constitue un bon indice de la vocation du mot à être retenu et de son effet suggestif. Plus il suscite de représentations, et plus il est difficile de lui échapper et plus il est certain qu'il nous retiendra.

Mais pas toujours dans un sens positif ; les effets négatifs sont souvent plus forts.

Des mots tels qu' « arbre » ou « forêt » comptent parmi ceux qui sont le plus fortement « investis ». On peut aisément en faire des « slogans » (la paix des forêts - la mort des arbres) qui se répandent rapidement ; il n'est pas rare qu'ils soient utilisés comme des armes.

F. Teneur en sens

Dans une expérience de LYONS (1974), les sujets d'expérience avaient, en moyenne,

> besoin de 93 mn. d'apprentissage pour 200 mots dépourvus de sens, de 24 mn. pour une prose de 200 mots et de 10 mn. pour 200 mots rimés.

Un poème en vers est plus facile à retenir, son rythme s'imprime et nous retient prisonnier. L'intensité de l'apprentissage augmente encore si les unités d'apprentissage ont un rapport direct avec nos préoccupations et nos objectifs personnels.

Tout matériau d'apprentissage présente plusieurs niveaux de sens, sa finalité pour le sujet (utilité, relation à l'expérience propre), sa valeur (effet positif pour la vie personnelle), son intérêt général (reconnu par d'autres), son caractère agréable (source de plaisir).

> Quiconque, par exemple, apprend le *T'ai Chi Chuan* (cf. XX/11) en même temps que son arrière-plan de significations, souhaitera en maîtriser les règles complexes.

160 VIII. Psychologie de l'apprentissage / 9. Entraînement à l'apprentissage

A Organisation de l'apprentissage

B Aides à l'apprentissage

C Participation propre

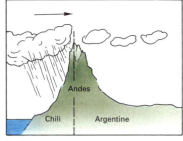

D Condensation du matériau

E Enrichissement du sens

F Réduction de l'angoisse

G Contrôle de l'apprentissage

H Apprendre en enseignant

L'entraînement à l'apprentissage est la planification consciente et l'installation des meilleures conditions d'apprentissage. Ses principes essentiels s'articulent en 8 domaines.

A. Organisation de l'apprentissage

La mise en ordre est la loi primordiale de l'apprentissage. Pour la plus petite tâche, la régulation de l'environnement, l'articulation des périodes d'apprentissage et la répartition des unités de savoir ont une importance décisive.

1) *L'environnement* : si possible sans perturbation et favorable à l'apprentissage. De plus, il faut que les moyens auxiliaires dont on a besoin soient à portée de main (par ex. des dictionnaires).

2) *Articulation de l'apprentissage* : des périodes d'apprentissage fixes, mais modulables avec flexibilité. Pour certains travaux plus importants de vérification des connaissances, l'alternance systématique entre le travail individuel et le travail en groupe est favorable. Les groupes (de 4 à 5 personnes de capacité semblable) ont une claire répartition des tâches, qui exige une préparation individuelle.

3) *Unités d'apprentissage* : le fractionnement en petites portions est recommandé. On peut augmenter progressivement la taille et le nombre des unités. De courtes pauses intermédiaires (jusqu'à une minute) servent à la détente.

4) *Périodes d'apprentissage* : en général, mieux vaut trois fois 20 mn. que 60 mn. en une seule fois. Ici, on alternera l'oral, l'écrit et la motricité.

B. Aides à l'apprentissage

Les aides à l'apprentissage sont autant de mains tendues (pense-bêtes). A mesure de l'informatisation de l'apprentissage, de nouvelles formes deviendront de plus en plus évidentes, mais les anciennes conserveront malgré tout leur validité :

GOETHE avait épinglé de nombreux tableaux aux murs de son bureau. L'ill. montre un « pense-bête », le terme anglais *duck* (canard) peut être associé en pensée au mot *dock* (port) où pataugent les canards.

C. Participation propre

D'emblée, la matière à apprendre est encore étrangère. Il faut se l' « approprier ».

SCHOPENHAUER dit d'une vérité simplement reprise, qu'elle est, comme la fausse dent, un élément artificiel dans notre corps. Seule la vérité acquise par soi-même « nous appartient réellement ».

Il faut décider soi-même de la manière dont on s'approprie un savoir. On pourra, par ex., assister à une conférence supplémentaire accompagnée d'une projection de diapositives. Une esquisse au crayon, même imparfaite, permettra de rafraîchir rapidement le souvenir par la suite.

D. Condensation du matériau

La compréhension par condensation, synthèse, peut avoir lieu quand une chose est d'abord simplifiée (« en une phrase »). L'image est l'un des moyens les plus forts pour atteindre cette densité « claire comme le jour ».

La raison pour laquelle l'Argentine est plus sèche et moins fertile que le Chili est rendue plausible par l'image (ill. D).

HERDER : « Pour se faire comprendre, il faut parler à l'œil. »

E. Enrichissement du sens

Entre l'apprentissage de syllabes dépourvues de sens et un texte sensé, il n'y a que des différences graduelles. Presque toutes les syllabes dépourvues de sens (par ex. de nouveaux noms de marques) ne tardent pas à être sous-tendues par un quelconque sens que l'on fabrique soi-même. Quiconque ne tend pas à cette attribution de sens a un handicap considérable pour l'apprentissage. Néanmoins, on peut favoriser consciemment l'enrichissement du sens (ill. E).

Celui qui a réussi à se créer un rapport aussi personnel avec les chiffres, réussira également dans d'autres cas à se composer une représentation sensorielle et vivante ; c'est un gain pour la profondeur de l'élaboration.

F. Réduction de l'angoisse

La peur de l'examen est naturelle ; il ne faut pas la dramatiser mais l'éliminer :
- se détendre avant l'examen ;
- freiner les pensées négatives ;
- avoir des conversations avec des personnes qui ont réussi cet examen ;
- pratiquer des jeux de rôles en changeant de position avec celle de l'examinateur ;
- s'exercer à des situations dans lesquelles on ne sait rien, en essayant de s'en sortir avec le plus de naturel possible ;
- renforcer la confiance en soi, par ex. dans un groupe d'apprentissage des statistiques où l'on s'appellerait par des noms « significatifs » (« M. Gauss », « M. Leibniz »).

G. Contrôle de l'apprentissage

On appelle « âge du pourquoi » un moment de la prime enfance dont bien des traits se perdent par la suite. En effet, les explications du pourquoi ressemblent aux croisements de rues ; plus il y a de connexions, plus la signification du point de convergence est grande.

Des associations complémentaires peuvent être mises en œuvre dans les contrôles. L'autocontrôle s'avère très efficace par mise sur fiche quotidienne du pensum réalisé. Le contrôle par autrui a lieu, entre autres, par l'écoute.

H. Apprendre en enseignant

« *Homines, dum docent, discunt* » (les hommes apprennent en enseignant), disait SÉNÈQUE.

En enseignant, on respecte toutes les règles précédentes comme des évidences (effet enseignant-enseigné) ; mais on transpose surtout la matière dans une forme qui vous est adaptée.

162 VIII. Psychologie de l'apprentissage / 10. Perturbations de l'apprentissage

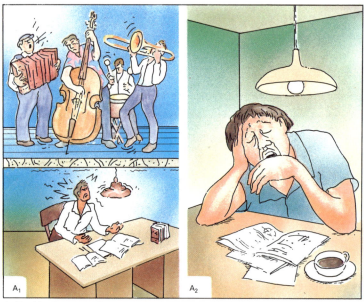

A Troubles dus aux conditions

B Troubles de la réalisation

Les troubles de l'apprentissage (déficiences dans la progression) ne sont pas obligatoirement des handicaps, ils peuvent provenir de certaines aptitudes dans des domaines d'apprentissages concurrents. On répartit selon leurs causes et leurs effets les troubles venant des conditions préalables à l'apprentissage et les troubles du déroulement de l'apprentissage.

A. Troubles dus aux conditions

(A_1) Qui pourrait apprendre ses leçons quand une fête a lieu à l'étage du dessus ? Pour les perturbations extérieures, il n'y a aucun critère unique. Ce qui dérange l'un ne gêne absolument pas l'autre.
On peut aussi se protéger des sources de perturbations en se bouchant les oreilles avec des boules Quies ou même en s'entraînant. Évidemment, les perturbations ne peuvent plus être compensées quand elles approchent le seuil de la douleur.
Les sources de perturbation sont plus nocives quand elles apparaissent de façon irrégulière, et surtout quand elles sont inhabituelles.
(A_2) Les perturbations internes ne sont pas aussi manifestes. Leur palette va des lacunes en connaissances, un handicap pour les progrès de l'apprentissage, jusqu'à l'épuisement grave qui rend l'apprentissage impossible. Outre ces empêchements passagers, il en existe de durables : un rythme d'apprentissage moyen défectueux, une matière trop réduite, la lenteur due à l'âge, de mauvaises aptitudes à l'abstraction, une nature exagérément craintive.
Toutes ces perturbations dues aux conditions peuvent apparaître isolément ou en liaison les unes avec les autres.

B. Troubles de la réalisation

Pour pouvoir assimiler une chose avec succès, on a besoin de beaucoup de disponibilité dans l'instant présent.
Tel enfant apprend difficilement parce qu'il ne lâche pas son jouet préféré, que ses rêves planent autour de lui comme des papillons, que ses camarades jouent au football dehors. Alors les chances mêmes d'une réussite didactique sont très faibles.
L'interdiction de quitter la maison et d'autres mesures répressives ont encore moins d'effets positifs sur la réussite de l'apprentissage.
Mais les attentes exagérées ou trop faibles provoquent le pourcentage de troubles de l'apprentissage le plus fort. Toutes deux ont des répercussions immédiates sur les performances réelles. On produit sans le savoir les dommages que l'on voudrait éliminer.
Une autre raison psychologique aux troubles de l'apprentissage est que dès l'âge de 10 ans environ, l'être humain développe des intérêts spécifiques. Dans un milieu offrant peu de sollicitations, ou dans un entourage incompréhensif, notamment si les éducateurs ne font prévaloir que leurs propres intérêts, il est difficile de maintenir cette tendance interne à élargir ses intérêts propres. Les meilleures propositions ne serviront à rien pour celui qui n'a pas « envie » de rien. Seul, celui qui veut faire un effort connaît la disponibilité, la curiosité, l'enthousiasme (en croissance linéaire).
Un autre groupe de troubles de l'apprentissage dépend encore d'autres sources de perturbation.
En cas d'agressivité, d'envie de se faire valoir, d'inhibitions, l'influence exercée sur les intérêts se fait plus limitée pendant les périodes critiques du comportement.
Ce facteur entrave le développement d'une atmosphère propice à l'apprentissage.
En outre, le défaut de concentration est l'une des causes des troubles de l'apprentissage. Celui qui manque de concentration est dans l'incapacité d'apporter suffisamment d'énergie pour organiser son attention. Les raisons en sont, parmi d'autres :
l'épuisement physique, l'afflux excessif de stimuli, la fixation sur d'autres objets, le manque d'entraînement, la fatigabilité, une grande distraction, le surmenage.
Récemment, on a particulièrement insisté sur le facteur social à l'origine des troubles de l'apprentissage. En règle générale, l'apprentissage est un processus social. Même en apprenant seul, par le livre, nous avons un partenaire en face de nous. Cela s'applique encore plus fortement pour ces trois relations très importantes :
enseignant-élève, élève-élève, élève – entourage familial (parents, frères et sœurs).
Comme dans les autres processus de dynamique de groupe (cf. XV/9), les problèmes de hiérarchies, de rôles, de contacts et de normes interviennent ici.
Par exemple, un professeur antipathique, un enfant laissé pour compte, des camarades de classe que l'on redoute peuvent progressivement provoquer les troubles par interaction.
Les interprétations fausses – quand on commet l'erreur de considérer l'enfant anxieux qui s'isole comme une tête de mule, ou quand on attend d'un professeur plus de retour d'information qu'il ne peut en donner – constituent des sources de ces troubles de la réalisation.
Lors d'une expérience (BRANDNER, 1959), des écoliers apprenaient un poème par cœur. Sans que les auditeurs le remarquent, ils le lurent tous avec 15 fautes lors de l'examen. Chez les meilleurs élèves, les auditeurs ne détectèrent que 9 fautes en moyenne, mais en revanche 14 chez les plus mauvais.
Souvent les enfants les moins reconnus ont un malus de performances, c.-à-d. qu'on attend d'eux des performances plus faibles, que l'on met en relief. Inversement, les élèves reconnus peuvent prétendre à un bonus de performances. C'est ainsi que des carrières d'apprentissage sont co-déterminées. Car dans une sorte de *self-fulfilling-prophecy* (auto-réalisation d'une prophétie), celui qui apprend, l'apprenti, s'oriente aussi d'après les attentes de son entourage.

164 IX. Psychologie de l'action / 1. Théories de l'activation

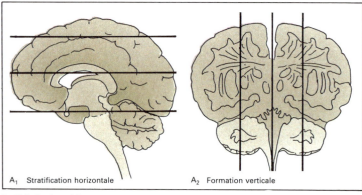

A₁ Stratification horizontale A₂ Formation verticale

A Théories énergétiques

B Théories S-R C Théories de l'instinct

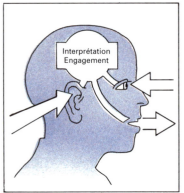

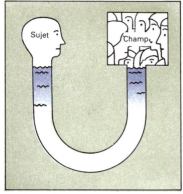

D Théories cognitives E Théories sociologiques

Le terme de psychologie de l'action désigne une discipline générale et récente qui regroupe plusieurs thèmes anciens de la psychologie (par ex. la volonté, l'attention) ainsi que d'autres plus nouveaux (par ex. l'action dans les systèmes) concernant les fonctions motrices. Ce regroupement thématique a l'avantage de placer sur une base psychophysiologique commune des problématiques jusqu'alors dispersées. Car en ce domaine, il ne s'agit plus de décrire des processus psychologiques, mais d'expliquer comment le psychisme fonctionne.

Jusqu'à ces dernières années, il ne semblait pas utile d'expliquer ce point. On admettait simplement telle ou telle impulsion comme source évidente du psychisme. Aujourd'hui, au moins 5 positions fondamentales décrivent le déclenchement des fonctions psychiques.

A. Théories énergétiques

En 1845, ROBERT MAYER décrivait le principe de la conservation de l'énergie. Dès 1860, GUSTAV THEODOR FECHNER appliquait cette première proposition de la (future) thermodynamique aux fonctions psychiques. D'après lui, le système nerveux dispose d'une force ordonnatrice, d'une « énergie nerveuse », qui lui permet de maîtriser la vie et qu'il investit, en cas d'« excédent de force » (SPENCER), dans le jeu.

Avec le progrès des connaissances en physiologie du cerveau, deux aspects sont venus s'ajouter :
(A_1) Le système nerveux central est constitué de plusieurs couches horizontales (moelle épinière, tronc cérébral, cervelet, cerveau moyen, cerveau intermédiaire et cerveau terminal), avec décharges énergétiques correspondantes. Rattachées à celle-ci, d'autres théories sur les couches énergétiques du psychisme sont apparues (FREUD, LERSCH, ROTHAKKER).

(A_2) En outre, il y a quelques années, on a découvert une formation verticale (système nerveux réticulaire non spécifique et spécifique simplifié avec différentes fonctions des deux hémisphères).

Il y a une ébauche de fusion théorique entre ces deux topographies. Toutes les théories énergétiques ont ceci de commun qu'elles considèrent le courant psychique comme expliqué par l'activité nerveuse.

B. Théories S-R

Les théories stimulus-réponse (S-R) forment un deuxième groupe. D'après elles, le psychisme est activé quand les excitations (*stimuli*) sont connectées à des réactions (*responses*) en un système d'excitations - réponses. Ceci se produit toujours quand les excitations dépassent un seuil psychique.

Ce dépassement est interprété de façons diverses : comme déterminé seulement par l'intensité de l'excitation (HOLT) ; ne se produisant que pour des modèles innés d'excitation (TAYLOR) ; les excitations non susceptibles de réactions sont retenues par un filtre (BROADBENT) ; il existe une directivité interne ou tendance à réagir (TOLMAN, TREISMAN).

Pour ces dernières théories, la frontière avec les théories cognitives est fluctuante. Car pour certains théoriciens, entre S et R, intervient une instance « intermédiaire » sous forme d'excitations cachées (*covert*) issues du milieu interne, (TOLMAN parle de liaisons réaction-réaction.) Ainsi le concept de pensée que réfutent les behavioristes (p. 47) est-il apparemment contourné.

C. Théories de l'instinct

Les théories du stimulus invoquent principalement des causes externes, les théories de l'instinct des causes internes. W. MCDOUGALL écrit :

« Chaque force instinctive produit donc, si elle est excitée, libérée, éveillée, une tendance à agir. »

Il appelle sa théorie « psychologie hormique » (du grec *horman* : mettre en mouvement, propulser). Outre le système nerveux, un système hormonal (qui lui est très étroitement associé) commande le comportement. Dès l'Antiquité grecque, on rendait les « humeurs corporelles » responsables des réactions psychiques et de leurs troubles.

Les glandes surtout (glandes génitales, surrénales et thyroïde) déterminent le comportement, notamment par l'intermédiaire des hormones sexuelles. Quant à l'agressivité, on lui suppose également une origine hormonale (KERAMI).

Certaines théories relèvent plus de 100 instincts spécifiques.

D. Théories cognitives

Les théories cognitives (cf. X/2) soulignent la tendance des individus à poursuivre un but (destination) comme mobile de l'action. Les informations qui affluent sont ensuite vérifiées quant à leur qualité (interprétation), et la réponse a lieu selon la disposition mentale établie (engagement).

E. Théories sociologiques

De leur point de vue, l'homme se situe dans un champ social dont l'équilibre la pression comme dans un système de vases communicants (cf. XV/1). La « psychologie topologique » (LEWIN) tente de définir la situation et les moments dynamiques de ce champ social (objets, personnes, groupes).

D'autres théories sociologiques expliquent le passage à l'action en se fondant sur la sociobiologie (tendances génétiques à la satisfaction), sur des aspects économiques (donner et prendre des offres équivalentes), ou invoquent des raisons d'assise sociale (pour atteindre un certain but, on a, par ex. besoin d'alliances dans un parti politique), et aussi des critères de valorisation (par ex. prendre ses distances vis-à-vis de la communauté pour mieux se trouver soi-même).

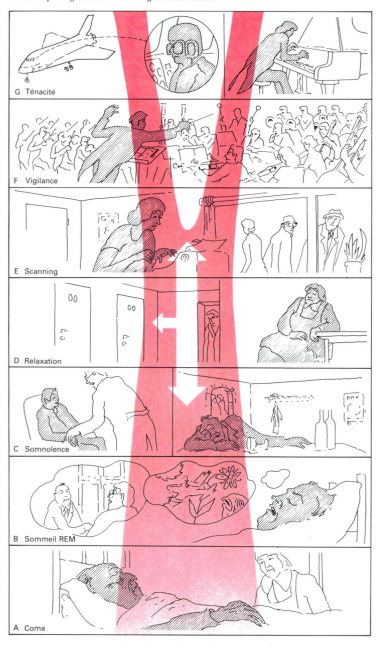

Dans la psychologie de la fin du siècle dernier, les chercheurs ne s'intéressaient qu'aux processus psychiques devenus conscients. Par la suite, sous l'influence de SIGMUND FREUD, on a repris d'anciennes idées sur l'inconscient (LEIBNIZ, KNAPP, V. HARTMANN). En conséquence, on a supposé deux instances séparées, le conscient et l'inconscient, s'influençant réciproquement. Du même coup, on faisait de la « conscience » un objet isolé que l'on possède ou pas. Certains affirmaient même que l'on pouvait avoir une « fausse » conscience.

Toutefois, cette conception a été reconnue comme erronée. Il n'y a qu'un seul genre de psychisme, même s'il présente d'innombrables différences qualitatives. Une variante particulièrement significative est représentée par le niveau qualitatif de la conscience.

Dans ses divers échelons graduels, le psychisme s'étend du coma, de l'inconscience profonde (où des processus psychovégétatifs se produisent quand même) jusqu'aux niveaux de conscience les plus élevés, ceux de la concentration (cf. ci-dessous et ill.).

En nous réveillant, nous éprouvons ce qui se modifie quand nous prenons conscience d'une chose. Ce changement dans notre état psychique est provoqué par l'excitation du système nerveux non spécifique (FRA cf. p. 89), bloqué dans une large mesure jusqu'alors et qui devient un système nerveux spécifique toujours en éveil. Le système non spécifique représente notre système propre (expérience corporelle, perception spatiale, sentiment de familiarité, etc.), qui dès lors produit avec le système spécifique (expérience sensorielle au sens le plus étroit) une unité supérieure, celle de la conscience en éveil référée à la réalité avec sentiment de l'identité personnelle.

A cette connexion succède d'abord un état plus large à manifestations épisodiques. Ce n'est que lorsque ce courant est unifié et objectivement resserré que nous atteignons un degré supérieur de conscience où nous nous concentrons progressivement à partir de champs annexes exempts de conscience vers un champ principal. Deux critères qualitatifs essentiels en résultent :

Parallèlement au « resserrement » du conscient, il faut qu'une « intensification » se produise et que la quantité des élaborations psychiques augmente.

Si l'on mesure la quantité de performance psychique en unités électroniques de base, le plus grand nombre de bits par seconde atteint jusqu'alors a été constaté chez les astronautes pendant les manœuvres d'atterrissage. Cette performance requiert une concentration extrême, associée à l'interchangeabilité ou simultanéité de plusieurs points de fixation.

Nous pouvons choisir entre plusieurs centres de conscience (cf. la séparation des flux de conscience, en magenta sur l'ill.). Les espaces intermédiaires restent entièrement ou à demi inconscients comme dans les degrés de conscience plus profonds : nous les « éteignons » pendant la concentration.

Certes, l'illustration décrit un psychisme restant inconscient, mais donne une représentation bien trop faible de sa proportion quantitative. Le psychisme conscient ne forme qu'une fraction du non-conscient. Pour certains psychologues, cette partie est sans importance pour leur conception du psychisme. En revanche, il faut souligner qu'un grand nombre de performances psychiques, même dans les processus de pensée, ne franchissent pas le seuil du conscient. Quant une idée nous vient à l'esprit, elle nous vient de l'inconscient. Conscient et inconscient ne sont pas seulement stratifiés verticalement, mais encore juxtaposés comme des colonnes.

On peut distinguer et décrire divers états de conscience :

A. Coma
État extrême ne présentant que quelques rares réactions psychovégétatives ; le sujet est non réactif, par ex. en cas de mort cérébrale ou en cas de choc épileptique ou diabétique.

B. Sommeil REM
Divers degrés de vécu profond pendant le rêve s'étagent de représentations visuelles incohérentes jusqu'à des séquences de rêve bien ordonnées.

C. Somnolence
Le stade le plus léger de l'hypnose où l'on est certes assoupi mais capable de se souvenir de parties d'événements après la suggestion d'éveil.

D. Relaxation
On est certes éveillé, mais on somnole sans attention, en particulier dans certaines situations d'attente.

E. Scanning
Notion nouvelle pour l'état d'attention diffusée où l'on n'observe pas directement un objet, mais où l'on tâtonne rapidement et sans fin, à la recherche d'une chose intéressante.

F. Vigilance
Attention durable : le chef comme l'orchestre font preuve d'une concentration prolongée qui, aux moments difficiles, peut encore augmenter (ténacité).

G. Ténacité
Attention extrêmement tendue et intensité d'élaboration, par ex. 150 bits chez les astronautes pendant l'atterrissage, 90 bits chez un pianiste en concert. Les diversions doivent être absolument évitées, donc les points de fixation sans importance doivent être « inconscients » afin d'atteindre le nombre élevé de bits exigés pour la tâche étroitement délimitée.

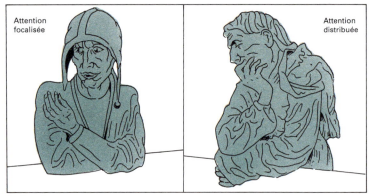

A Attention

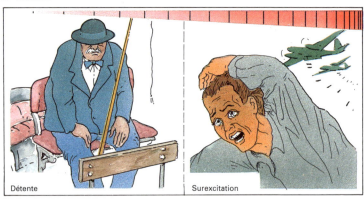

B Tension

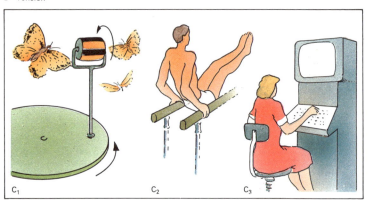

C Adaptation

SHAKESPEARE fait dire à Hamlet :
« Si cela n'arrive pas maintenant, cela arrivera dans l'avenir, l'essentiel est d'être prêt. »
La disponibilité est la condition préalable à l'action, à son démarrage en quelque sorte. Avant d'agir, certaines conditions doivent être remplies concernant l'attention, la tension et l'adaptation.

A. Attention

Un sujet lit un roman passionnant qui le captive. Dans l'instant, il n'éprouve aucun vécu réel de lui-même. Il ne revient (fâché) au sentiment de soi que si le téléphone sonne.
Inversement : un paysage ne suscite qu'une attention modérée ; soudain apparaît un oiseau inhabituel, l'attention augmente.
On peut distinguer les 6 caractéristiques suivantes :
(1) *La direction de l'attention* détermine la cible (locale). Dans la déflexion, on peut même éliminer la perception de soi.
(2) *L'étendue de l'attention*, la quantité (limitée) des objets observables simultanément (environ 7 éléments).
(3) *L'intensité de l'attention*, appelée aussi tension.
(4) *La durée de l'attention*, son étendue (limitée) dans le temps.
(5) *La discrimination de l'attention*, le fait de discerner les différences minimales entre des objets ou des événements, pour pouvoir les distinguer les uns des autres.
(6) *La thématique de l'attention*, les contenus intéressants (limités).
Deux sculptures médiévales à Strasbourg (NICOLAS GERHAERT) mettent en évidence deux modes caractéristiques de l'attention :
Attention focalisée (concentrée) et **attention partagée** (distribuée)
La capacité d'attention nous empêche de sombrer dans le chaos des afflux permanents de stimuli (C. CHERRY les appelait notre « problème du cocktail »). En cas de niveau d'activation variable (*level of activation*, *arousal*), l'attention est autant dirigée vers l'extérieur (par des stimuli intensifs) que vers l'intérieur (observation motivée). Une attention accrue limite la fluctuation de l'observation, empêche la distraction par des bruits annexes. Cette faculté diminue avec l'âge (« surdité aux soirées »).

B. Tension

La disponibilité à l'action est un état changeant entre le goût pour la commodité et l'esprit d'initiative. On peut se laisser aller en toute commodité ou faire un effort conscient. Cela dépend aussi des incitations extérieures.
Les positions extrêmes du spectre de tension sont l'absence de tension dans l'attente et la tension excessive dans l'angoisse de mort.

Concernant le premier cas, dans les années 20, le psychothérapeute J.H. SCHULTZ a, pour sa thérapie de détente, trouvé un bon exemple chez les postillons (fréquents à l'époque). Souvent obligés d'attendre pendant des heures, ceux-ci adoptaient une attitude corporelle la plus détendue possible : dos légèrement voûté, tête baissée, jambes légèrement écartées et bras reposant à l'intérieur des cuisses.

En revanche l'attitude corporelle propre à l'angoisse de mort montre une tension extrême. H. SELYE examina plus tard les réactions corporelles en cas de situations graves comme la maladie, la détresse, les faits de guerre. Il constata une sécrétion accrue d'hormone surrénale qui, répétée, peut entraîner une hypertrophie du cortex surrénal. Le terme de « stress » désigne les états de tension externes et internes, selon le mécanisme : « le stress provoque la tension » (SPIELBERGER).

La tension est appréciée de différentes façons selon sa signification. FREUD pensait que l'homme visait à réduire la tension (appelant cette tendance principe de Nirvâna). A l'opposé, le philosophe SÖREN KIERKEGAARD mettait l'accent sur le danger de l'ennui comme état exempt de tensions. H. HECKHAUSEN postule un « cercle » reposant sur un mouvement ascendant ou descendant contrôlé de tension. De même, SELYE distingue le stress en « *distress* » (mauvais) et « *eustress* » (bon). D'après la « loi de YERKES-DOBSON » un niveau d'excitation moyen est bénéfique.

C. Adaptation

L'attention et l'adaptation sont des conditions préalables à l'action ; pour que celle-ci s'opère, plusieurs registres d'adaptation à l'environnement se sont développés au cours de l'histoire de l'évolution.

(C_1) L'inventaire d'actions le plus ancien est celui des réactions innées. Des stimuli déclencheurs minimaux (*trigger*) suffisent au machaon (papillon jaune et noir) pour suivre une femelle factice un rouleau en rotation à rayures noires et jaunes.

(C_2) Concernant leur aptitude à l'apprentissage, la plupart des espèces animales possèdent un autre registre d'action. L'homme par ex. peut s'entraîner à des exercices de gymnastique.

(C_3) Un troisième registre comprend les commandes inconscientes de l'action. Dans les situations complexes, on forge des plans pour des stratégies d'action.

La tendance évolutionniste de ces trois formes d'action est évidente : à des situations d'excitation de plus en plus complexes répondent des réactions de plus en plus compliquées. A l'aide de son troisième registre cognitif d'action, l'homme couvre les deux précédents sans pouvoir les exclure complètement.

170 IX. Psychologie de l'action / 4. Activation réactive

A Réaction d'état

B Réaction aux situations

C Réaction par expérience

Les réponses à la question à quoi et comment réagit l'homme sont nombreuses. La psychologie doit cependant tenter de rendre possible l'analyse des réactions, c'est-à-dire des « actions répliques » et de leurs caractéristiques les plus importantes. La division la plus évidente – si l'on ne peut les séparer nettement en raison de leurs imbrications – se rattache à la répartition ternaire évolutionniste (p. 169) du comportement :
les systèmes de réactions *fixes* se rapportent le plus souvent à notre corps ; ce sont des réactions d'état ;
les systèmes de réactions *conditionnées* répondent à des situations extérieures ;
les systèmes de réactions *ouvertes* se rattachent aux expériences de la vie et les intègrent dans le comportement.

A. Réaction d'état

Dans le jeu de poker, tout dépend de l'impénétrabilité du visage, de la « pokerface », car personne ne doit remarquer la chance que l'on a au jeu. Les joueurs expérimentés y excellent, – excepté en ce qui concerne la réaction de leurs pupilles. Si le jeu est bon, les pupilles se dilatent automatiquement. Un bon « psychologue du poker » peut en tirer des avantages.
Les états intérieurs tendent vers certaines réactions. Le sujet triste se replie sur lui-même, le sujet furieux sort de lui-même, comportement du reste aussi conditionné par la culture : dans certains pays orientaux, on hurle sa douleur.
De tels exemples indiquent la multitude de circonstances liées aux réactions d'état. Tous, nous sommes déterminés de diverses manières par le sexe, l'âge, la couche sociale, la nationalité, la morphologie, etc., qui règlent aussi notre registre de comportements. Le caractère théoriquement sans limite de nos possibilités de comportement s'en trouve ainsi restreint.
La réduction très forte de la quantité de réactions typiques dépend de la socialisation, c'est-à-dire de l'entrée progressive dans la communauté.
En cas de divergence d'opinions, l'un s'excuse, très soucieux, tandis que l'autre commence à jurer ; le troisième en fait une plaisanterie, etc. Outre un comportement modifiable, chacun possède aussi des formes de réaction fixes.

B. Réaction aux situations

Un automobiliste se fâche contre « les » piétons :
Ils font exprès de traverser lentement la rue, pour contrarier « les » automobilistes.
Peu de temps après, il est lui-même piéton :
Alors, il réagit par la colère parce que « les » automobilistes sans scrupules effrayent les piétons.
Nous ne réagissons pas uniquement en fonction d'états intérieurs, mais aussi de façon variable selon les divers types de situations extérieures qui peuvent modifier le comportement de chaque être humain. Les plus importantes sont :
les situations de performance, de repos, de communication et les situations « logistiques » (par ex. changer de lieu entre le travail et le domicile ou faire les courses).
Toutes ces catégories peuvent elles-mêmes se subdiviser : le repos, par ex., en périodes de sommeil, loisir, vacances, retraite etc.
Ici, 2 tendances sont importantes pour expliquer les réactions aux situations : d'une part, notre comportement est différemment influencé selon le type de situation :
certaines personnes sont très différentes dans la vie professionnelle et dans la vie « privée ».
L'autre tendance est probablement plus fréquente. Un secteur recouvre l'ensemble des situations de la vie ordinaire.
par ex. la situation professionnelle nous détermine si fortement qu'elle codétermine aussi les autres secteurs : même en vacances, certains sont encore Monsieur le chef de service.

C. Réaction par expérience

Même en cas de conduite irréfléchie, la réaction ne dépend pas seulement d'états et de situations, mais elle s'appuie aussi rétrospectivement sur les expériences vécues par le sujet.
Si une voiture roule dans une flaque, elle éclabousse.
Personne n'a besoin d'élaborer de telles relations de cause à effet. Si on a un parapluie sous la main, on l'utilise systématiquement pour se protéger. Chacun possède une foule de ces réactions simples et dues à l'expérience.
Un élargissement essentiel de notre expérience consiste à reprendre les expériences de nos personnes de référence et de communautés plus vastes.
Dans les sociétés totalitaires par ex. l'enfant fait très tôt l'expérience de la réserve à laquelle il faut se contraindre lorsqu'on s'exprime en public ; surtout si un représentant des autorités est à proximité.
Par la rétroaction (*feed back*) de plusieurs de ces expériences, on s'exerce à une attitude d'ensemble, à une « seconde nature » appelée « *habit* » ou réaction acquise par habitude. De la ressemblance entre répertoires comportementaux, il résulte des répertoires de réactions spécifiques à des familles, des couches sociales, des nationalités.
Au cours de la socialisation, on s'exerce très tôt à ces schémas réactionnels. En prenant l'hospitalisme pour exemple (trouble de l'isolement causé par un séjour en foyer), il apparaît que la pauvreté de l'entourage en matière de stimulations dans la prime enfance a des effets nocifs plus tard. L'enfant ne s'habitue pas à recevoir des suggestions. Par la suite, il continue à se fermer à toutes les impulsions favorisant le développement.

172 IX. Psychologie de l'action / 5. Activation intentionnelle

A Activation animiste

B Activation finalisée

C Activation régulatrice

L'homme ne subit pas seulement son existence, il « dirige » également sa vie. L'aspect que prend cette direction générale vers un but dépend aussi de la conception qu'on se forme de la vie et peut se référer à 3 attitudes déterminantes.

A. Activation animiste

« La détermination du monde doit se situer en dehors de lui », dit le philosophe LUDWIG WITTGENSTEIN.

Il exprime ainsi une hypothèse valable pour bien des gens et qui marque leur activation intentionnelle. Ils ressentent le monde comme déterminé de l'extérieur, comme mystérieux et mû par des puissances inconnues. Or, comme ils ne le comprennent pas, ils veulent au moins le reconnaître dans ses « présages », sortes de signes voilés

Un tableau tombe du mur sans raison apparente, un verre se brise dans le buffet ; coïncidant avec un accident ou la mort d'un parent, ces événements acquièrent un caractère d'indication.

La coïncidence est interprétée comme un contexte et sert désormais d'explication causale. Dans de nombreux mythes, ce « déterminisme externe » est suggéré à l'homme de différentes manières. La croyance aux horoscopes, encore très répandue aujourd'hui, indique une activation animiste. On souhaiterait non seulement percer ces puissances au clair, mais aussi les conjurer. Partant de leurs connaissances sur bon nombre de rites des peuples primitifs (aspersion d'eau, formation de tabous), des ethnologues se réfèrent aux conjurations de démons. On voudrait, chacun pour soi, acquérir du pouvoir sur les puissances inconnues. On trouve des résidus de ce modèle de l'activation dans les sociétés modernes, par ex. dans les feux de la Saint-Jean.

B. Activation finalisée

Certains rendent l'homme responsable de l'aspect de son visage dès sa première année de vie. Une opinion aussi exagérée présuppose que chacun peut, plus ou moins, tout atteindre, être l'unique forgeron de son bonheur, c.-à-d. s'autodéterminer avant tout de manière intentionnelle.

Dans les sociétés modernes du bien-être, l'homme se suggère à lui-même d'innombrables objectifs :
  il veut toujours davantage, ayant toujours en vue l'objectif suivant qui lui semble « indispensable » ; il est comme la chèvre d'attelage devant sa carotte.
  L'économie se saisit de cette autosuggestion en proposant des biens matériels toujours plus nombreux : propriétés, sécurité, aisance, possibilités d'expériences, prestige social, etc.

Avec cette attitude de pensée marquée par le plaisir (« *fun morality* »), les hommes se rangent dans le système social tout en se démarquant les uns des autres par des hiérarchies de rangs et de distances, par ex. en possédant davantage de biens. Chaque sujet se voit prescrire ce qu'il « doit atteindre » (activation finalisée).

Les objectifs gagnent en force non seulement quand ils ne déterminent pas la vie de manière automatique (sans qu'on les remarque) mais quand le moment précis de leur concrétisation semble prescrit (l'âge de réussir un examen, de se marier).

C. Activation régulatrice

Les hommes ne dépendent pas seulement de la causalité externe, ou de la causalité autodéterminée, celle de l'action intentionnelle. Certains se conçoivent comme procédant d'un super-système de l'univers qui, pour continuer à se développer, n'a pas nécessairement besoin de raisons externes mais peut être également *codéterminé*. Ce système se maintient lui-même par rétroaction. Le modèle de cette théorie de l'activation a été créé par MILLER, GALANTER et PRIBRAM avec leur unité TOTE également appelée TCR (ou encore transformation - comparaison - rétroaction).

Quiconque enfonce un clou avec un marteau doit, après avoir frappé (O = *operate*, c.-à-d. travailler, fonctionner), vérifier si le clou est enfoncé assez profondément mais pas trop (T = *test*, c.-à-d. brève vérification, information en retour), puis répéter cette opération jusqu'à ce que (après un T), il atteigne l'état final souhaité (E = *exit*, fin).

La plus ancienne rétroaction dans le domaine technique date d'il y a 500 ans lorsque LÉONARD DE VINCI décrivait une lampe à huile avec une mèche qui remonte automatiquement :

« Dans la mesure où l'huile diminue, la roue s'enfonce... et celle-ci repousse lentement, au moyen de dents, la mèche vers le haut. »

Dans sa fameuse courbe du chien (pendant la promenade, le chien qui fait un détour doit calculer le chemin entre-temps parcouru par son maître), LÉONARD DE VINCI démontre ce principe également chez l'animal (tractrice). Dans les théories modernes de l'action, cette activation régulatrice est décrite comme une *adaptation* mesurée : commandée et se commandant elle-même.

Dans l'Antiquité, on appelait l'activation régulatrice « sophrosyne » (pondération), au Moyen Age « diu mâze » en moyen haut-allemand (modération) ; dans le langage courant actuel, c'est un « équilibre de flux » (VON BERTALANFFY) où peuvent se produire un équilibre social ou l'échec des projets.

En vérité, ces trois formes d'activité intentionnelle – la détermination externe, l'autodétermination et la codétermination – s'excluent mutuellement, mais en règle générale, les hommes les amalgament les unes aux autres en tendant vers l'une ou l'autre forme selon l'âge, les circonstances ou les situations.

174 IX. Psychologie de l'action / 6. Activité sociale

A Activité à deux

B Activité de groupe

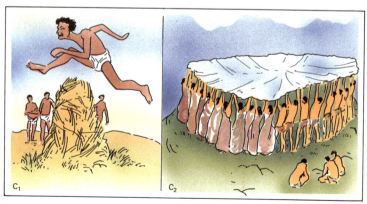

C Activité communautaire

L'activation *régulatrice* (IX/5, C) évoquée précédemment se continue sous forme de régulation sociale ou transactionnelle. La régulation consiste ici à surmonter des objectifs unilatéraux. quand on ne poursuit qu'un seul but, ou seulement quelques-uns, d'autres orientations de la vie sont obligatoirement perturbées :
  L'individu n'ayant d'autre préoccupation que sa moto ne pourra pas porter beaucoup d'attention à d'autres buts ou personnes.
Ces perturbations doivent être maîtrisées par l'activation sociale.

A. Activité à deux

MARX appelait l'activation par la communauté « stimulation des esprits vitaux ». C'est là formuler une autre explication de la manière dont l'activité peut favoriser le changement psychique. Nous sommes subordonnés à une pression de la communauté qui peut aussi bien nous stimuler que nous figer.
En raison du principe évolutionniste de la reproduction sexuée chez les vivants supérieurs, la relation de couple est devenue un pilier de la réalisation sociale. A elles seules, les théories instinctuelles de l'activation n'expliquent pas la nécessité contraignante de cette pulsion communautaire : leurs arguments vont des facteurs hormonaux aux facteurs existentiels dans l'explication de la « symbiose » entre homme et femme. Il est probable que, dans cette forme de relation, l'une des causes sinon la seule décisive soit donnée dans l'excitation psychique.
Mais pas plus que toutes les hypothèses positives, celles d'ordre négatif ne doivent être exclues.
  Dans l'amour, être à deux est vécu comme un soi supérieur (A_1) et les intérêts du partenaire sont mis au même niveau que les siens propres. En l'absence de condition régulatrice de l'équilibre des intérêts, des conflits de rang apparaissent, accompagnés de mouvements de défense réciproques, par ex. dans la forme douce des bras croisés (A_2).
Pour les sociétés (par ex. les nations), ce niveau inférieur de la formation d'une communauté revêt une grande importance, même si elle n'est souvent considérée que comme une garantie biologique du maintien de la grande communauté. En fait, la relation de couple est aussi le modèle de base de toutes les formations collectives plus grandes : si, dans la moyenne de la population, ce niveau inférieur ne présente aucune stabilité, on s'imagine difficilement comment l'atteindre dans des communautés plus vastes.
Cette réflexion constitue la base de l'enseignement de CONFUCIUS. Un des premiers confucéens (CHU HSI) écrit :
  « Si l'on rectifie le sens, alors on ennoblira sa propre personne. Si l'on ennoblit sa propre personne, alors les familles seront en ordre. Si les familles sont en ordre, alors les pays seront bien gouvernés. Et si les pays sont bien gouvernés, alors il y aura la paix dans le monde. »

B. Activité de groupe

Une des activités les plus importantes de l'existence est la formation de groupes. Chaque individu est membre d'une série de groupes, par ex. la famille, le cercle d'amis, le groupe de travail, qui le rendent apte à intensifier sa vie. On peut en donner trois raisons :

(1) La communauté permet un *accroissement du vécu* par la masse des suggestions, le sentiment d'appartenance, l'amélioration des performances grâce au nombre des participants, les retours de sympathie liés au climat affectif du groupe. La tendance à prendre des risques, c'est-à-dire à augmenter la disponibilité à l'égard du risque, est caractéristique des groupes qui fonctionnent.

(2) Le groupe offre des avantages spécifiques pour l'activation par le *processus de groupe*. Sans lui, il n'y aurait ni hiérarchie (par ex. positions dirigeantes), ni rôles (offres d'aides). Le plus souvent, les succès communs sont vécus avec plus d'intensité que les succès individuels.

(3) Inversement, les *résistances* nécessaires dans le groupe vivifient : grâce à elles, on peut par ex. imposer des décisions et maintenir la cohésion du groupe. Ceci ne s'applique pas uniquement aux groupes durables ; déjà les « groupes ad hoc », par ex. plusieurs personnes réunies pour une partie de baby-foot, développent cette activité vivante.

C. Activité communautaire

Toutes les grandes communautés, par ex. tribus, nations, églises, partis, ont élaboré certaines normes comportementales susceptibles d'activer la vie communautaire. Ici, on remarque deux règles principales :

(C_1) Pour entrer dans la communauté, on met en place des obstacles afin de rendre l'appartenance attirante. L'adhésion à un parti (et les épurations), les étapes de l'entrée dans une profession (apprenti, compagnon) illustrent ce principe.

  Dans plusieurs tribus d'Indonésie, les jeunes garçons s'exercent à sauter toujours plus haut, par-dessus une pierre enveloppée de paille, pour prouver leur virilité.

(C_2) Le sentiment communautaire est animé par des formes de mouvement de masse, comme les fêtes et rituels populaires à dates périodiques (processions, championnats, etc.).

  Au Sri Lanka, les villageois se rendent au sommet de montagnes sacrées pour y soulever un grand drap au-dessus de leurs têtes comme symbole d'appartenance.

En cas d'activité communautaire exagérée, on peut facilement arriver à une contre-activation (effets de réactance) : on essaie d'échapper à la pression vers la conformité.

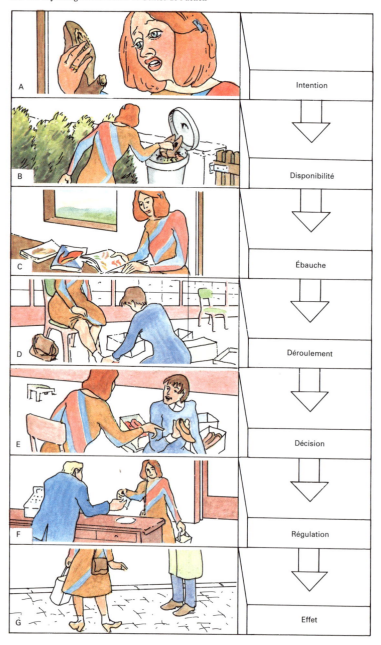

L'activation psychique de l'être humain se déroule selon les buts qu'il s'est fixés dans l'instant ou à long terme. Dans *Théorie du monde vivant* (SCHÜTZ, 1982), on essaie d'éclairer ces domaines. Ce regard thématique porté sur l'activation met l'accent sur les opérations concrètes de l'action. Les séquences de l'action ainsi postulées sont des distinctions théoriques qui, dans un cas concret, varient très fortement.

L'acte d'acheter est un exemple typique comportant une succession d'actions.

A. Intention

Nous voulons acheter une paire de chaussures. En nous demandant quand et comment la première envie a pu nous en venir, plusieurs éventualités s'offrent à nous :

Peut-être avons-nous trouvé un trou irréparable dans nos chaussures usées – ou avons-nous besoin d'une autre paire pour une occasion particulière – ou encore une personne de notre entourage veut s'acheter des chaussures et nous l'imitons.

L'intention se situe au début de l'« organisation hiérarchique de l'action » (MILLER, GALANTER, PRIBRAM). Nous ressentons comme un appel, c'est-à-dire qu'un besoin, un désir s'est éveillé en nous. Cependant, on peut garder les vieilles chaussures de façon irrationnelle sans plus jamais les mettre.

B. Disponibilité

Dans l'appel (invitation à l'action), nos motivations et nos expériences s'organisent. Ici, il s'agit de représentations de souhait bien définies, par ex. : élégance, prestige ou alors de la concrétisation de notre « savoir quotidien » (MATTHES), c'est-à-dire de nos expériences et de nos réflexions significatives.

Les chaussures à acquérir doivent être différentes, par ex. mieux adaptées au but, plus à la mode, plus chères, ou bien satisfaire des besoins (irréfléchis) de protection, ce qui peut s'exprimer concrètement dans le souhait d'un cuir plus brut ou de semelles épaisses.

C. Ébauche

Le véritable « courant de l'action » (ATKINSON, BIRCH) est soutenu par des tendances rivales qui produisent un « scintillement de l'action » (KÜHL), c'est-à-dire une alternance changeante entre plusieurs tendances. La manière dont l'action se déroulera ensuite dépend essentiellement des réflexions antérieures à l'achat, et aussi des particularités personnelles (dispositions à décider, tendance au risque), du type d'achat (achat occasionnel ou achat régulier).

Les ébauches d'actions sont soutenues par des publicités ou par des conseils personnels. Elles vont des « images de recherche » (LERSCH), en passant par les « symbolisations » (MEAD), jusqu'aux « plans » (MILLER et coll.), qui renferment une anticipation intellectuelle, une « stratégie », un quand, où, avec qui on effectuera l'achat.

D. Déroulement

Le véritable « processus de contrôle » (ROTTER) a lieu dans le magasin. Les rôles sont répartis entre le client et le vendeur, mais ils ne sont pas fixes. Un client hésitant attend un autre vendeur que le client résolu ; ici on peut déjà en venir aux conflits. Sur place, la force ou la faiblesse des ébauches d'action ne tarde pas à se manifester.

Le nombre des choix possibles (les modèles de chaussures présentés) trouble le client hésitant et laisse insatisfait le client grincheux.

Ces raisons peuvent conduire, entre autres, à une interruption de l'achat.

E. Décision

Le processus de décision constitue la phase critique de l'achat. Dans le conflit entre les représentations antérieures et la réalité actuelle, une tendance l'emporte, assez d'inconvénients sont occultés et les avantages délimités. Le déterminisme de la sélection (choix) a préoccupé de nombreux théoriciens de l'action (SIMON, 1957, ATKINSON et KÜHL, 1976). Le processus ressemble à celui de la concentration des degrés de conscience (p. 167).

Avant la décision définitive, on observe souvent un temps de repos (phase de retardement) jusqu'à la décision, ou *impetus* (du latin : élan), avec un « sursaut de volonté » (STERN) ou l'« hypothèse d'une probabilité de succès » (GJESME) qui réduit la « distance du but » (RAYNER). SIMON a observé une tendance à saisir la première solution ou la première valable.

F. Régulation

En allant à la caisse et en payant, on vit une restructuration de l'action et de la motivation. Souvent des scrupules resurgissent que l'on apaise en reprenant les arguments du vendeur.

La motivation est « satisfaite », soit elle diminue, soit elle prend un autre caractère (par ex. une sorte de fierté du « butin »).

G. Effet

Le succès ou l'échec de l'achat ne sont pas des données purement objectives comme par exemple un achat manqué.

Le succès se mesure toujours autant par rapport au niveau d'aspiration antérieure (LEWIN) qu'aux attentes de l'entourage.

Car maintenant l'acheteur est obligé de défendre son achat face à lui-même et face aux autres. L'expérience pour de futurs achats s'édifie à partir de cette confrontation.

178 IX. Psychologie de l'action / 8. Perturbations de l'action

A   Perturbations subjectives

B   Perturbations sociodynamiques

C   Perturbations antisociales

L'activation du psychisme est extrêmement complexe et peut par conséquent être perturbée de diverses façons. Pour se faire une vue d'ensemble de cette diversité, on peut la différencier d'après la distance à l'individu (moi, groupe, masses). Au sein de ces trois domaines de perturbations, on peut ensuite distinguer le « trop » (excès), le « trop peu » (déficit) et le « défectueux » (défaut).

A. Perturbations subjectives

Nous envoyons un enfant aller chercher quelque chose à la cave. Que va-t-il faire ?
Il peut se figer de peur et prendre la fuite, siffler fort ou descendre en hurlant à tue-tête, ou bien y aller en tremblant et bousculer quelques verres au passage sans le faire exprès : autant d'exemples d'activations déficitaires, excessives et défectueuses. Tout un chacun en a sa part.
Des exemples de perturbations subjectives (à l'égard du moi) sont les « troubles du schéma corporel » (PICK), les déformations de l'« orientation par rapport au corps propre ». Le courrier des lecteurs dans les magazines en montre la fréquence :

On se trouve trop petit, trop grand, un nez trop laid et certains se trouvent même trop beaux.

Les troubles fonctionnels (par ex. troubles psychogènes du métabolisme), les troubles des conduites (par ex. phobie de l'école), la fatigabilité ou les faiblesses de concentration en font également partie.
Un déficit de l'activation particulièrement courant est le manque de sûreté de soi qui peut se manifester sous de nombreuses formes : manque d'autonomie, sentiment d'infériorité, défaut de penchant pour le risque, surestimation des crises, perplexité, timidité, inhibition, crainte des décisions, peur de l'avenir.
Les troubles hystériques, par ex. avec excès spectaculaires et auto-agressions allant jusqu'au suicide, appartiennent aux troubles par excès.
D'autres perturbations relatives au sujet sont les névroses obsessionnelles, les états dépressifs et les états d'aliénation (p. 239).

B. Perturbations sociodynamiques

La marginalité est le prototype des perturbations sociodynamiques déficitaires. Le marginal se met à l'écart, construit peu de relations, retarde les réponses et réduit ainsi fortement sa propre activité sociale.
Inversement, l'agressivité est typique des troubles sociodynamiques excessifs. Le comportement de nuisance sociale propre à l'agressif tend à des contacts « captatifs » (SCHULTZ-HENCKE) ou appropriatifs ; il entrave les relations de sympathie, s'appuie sur le chantage, détruit les rapports de groupe et augmente globalement la méfiance sociale.
D'autres formes importantes de troubles de l'activité de groupe peuvent être mises en évidence.
(1) *Troubles du contact.* Au niveau le plus profond, la déprivation empêche la structuration de l'activité. Là où n'existe aucune expérience réelle, donc pas de contacts bénéfiques dus à la socialisation, l'enfant qui grandit se trouve dans une situation de manque (par ex. absence de mère, hospitalisme, conséquence du chômage). Des formes plus bénignes de déprivation se manifestent quand la quantité d'informations en retour (par ex. entre homme et femme dans la vie quotidienne) est ressentie comme trop faible ou trop élevée.
(2) *Troubles de la relation.* L'insatisfaction des souhaits concernant le rang social (ne pas se sentir assez reconnu) ; et aussi les conflits non résolus qui continuent à s'amplifier sans être remarqués, peuvent par ex. prendre la forme d'un « état de vexation ».
(3) *Troubles concernant les normes.* Ils résultent des infractions aux règles du jeu communautaire : un participant refuse certaines normes, ou bien il omet constamment que l'on attend de lui de se montrer disponible pour le groupe.
(4) *Les troubles dus à la situation.* La situation donnée ou les circonstances momentanées peuvent être tellement oppressantes que l'on recherche une issue avec vigueur, à moins qu'on ne se résigne à en supporter les conséquences psychologiques.

On se réjouit à l'idée des vacances, mais sur place tout est différent de ce que l'on attendait peut-être de façon irrationnelle.

Tout autant de troubles de l'action résultent de situations non maîtrisées : contraintes de fait liées aux organisations, manque d'assurance en des lieux étrangers, problèmes de séparation, phases d'adieu à l'approche de la mort (KÜBLER-ROSS).

C. Perturbations antisociales

En 336 av. J.-C, HÉROSTRATE, un jeune homme d'Éphèse incendiait le temple d'Artémis parce qu'il voulait devenir célèbre (ce qu'il a réussi).
Comme acte de gloriole criminel, l'hérostratisme est un exemple de trouble de l'activation dirigé contre l'ensemble de la population.
Outre la délinquance en tant que forme d'activité illégale (« énergie criminelle ») existent aussi des actions nuisibles à la société, difficiles à appréhender par le droit : par ex. la destruction de l'environnement, la procédurerie, la formation de bandes à caractère dangereux. Plus d'un HÉROSTRATE contemporain se venge de sa propre névrose contre la société ; à l'inverse, la société utilise l'« étiquetage », la définition de ce qui est « malsain », pour réprimer l'individu.
SIGMUND FREUD résume les sources principales des troubles de l'action comme suit :

« la puissance écrasante de la nature, la fragilité de notre propre corps et l'insuffisance des institutions qui règlent les relations des hommes entre eux dans la famille, l'État et la société ».

180 X. Psychologie de la cognition / 1. Méthodes de recherche

A Introspection

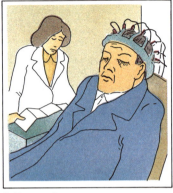

B Extraspection

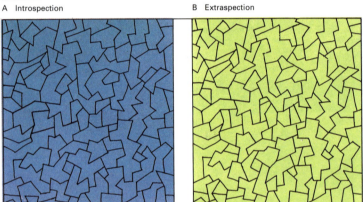

C Vérifications particulières

D Procédé in vivo

Dans la *psychologie de la cognition* des années 60, le concept de cognition était utilisé comme terme générique pour la plupart des processus psychiques (dont : pensée, perception, action, volonté, mémoire et apprentissage). Comme pour l'ancienne psychologie de l'apprentissage des années 30, on a exagéré l'ampleur de ce nouveau courant au départ.
Mais la recherche sur la cognition ne remplace pas les autres disciplines. Cette nouvelle branche de la psychologie fournit plutôt une meilleure explication des fonctions intellectuelles de l'homme. Si l'ancien concept de pensée suggérait une « strate élevée », à part dans le psychisme, le concept de cognition évoque maintenant une maîtrise ascendante et constante de l'existence d'ordre spécifiquement humain.

La **cognition** est un effort intentionnel pour trouver des objets, les saisir, les reconnaître, les comprendre, les distinguer, les classer, les apprécier et les traiter comme des thèmes, c.-à-d. les modifier par différents procédés intellectuels (concrétisation et abstraction).

Grâce à cette définition élargie par rapport au concept de pensée, on peut aussi attribuer une place dans la vie intellectuelle à des associations de représentations très confuses (que FREUD appelait « conscience inconsciente »)

A. Introspection

Étant donné que, de l'extérieur, la « cognition » (donc penser, au sens le plus large, une anticipation qui s'opère dans le mental) ne se reconnaît chez les autres qu'aux actions connexes, au XIXe siècle – donc au début de la psychologie expérimentale – W. WUNDT supposait que l'on ne pouvait pas l'étudier par l'expérimentation. Au début du XXe siècle, l' « école de Würzburg » en « psychologie de la pensée » tentait d'examiner les vécus de pensée de sujets d'expérience entraînés en les interrogeant. ÉD. CLAPARÈDE objectivait (entre autres) l'introspection en laissant le sujet d'expérience s'exprimer pendant l'acte intellectuel par « pensée à voix haute ». Aujourd'hui, on appelle cette méthode réactualisée : « stratégie de recherche verbalisée » (B. REISER).

B. Extraspection

Dans l'extraspection, on examine les modifications corporelles qui se produisent pendant le déroulement de la pensée. On indiquera sept secteurs méthodologiques : les ondes du cerveau (EEG), le potentiel de la peau (RPG), l'action musculaire (microvibrations, EMG), l'activité cardiaque (tension artérielle, ECG), l'activité oculaire (EOG), l'activité respiratoire (fréquence et volume) et autres mesures sur l'état général (température corporelle, sécrétions, érection).
Dans les recherches sur la pensée, on préfère les mesures électriques de résistance de la peau (prises sur les doigts, et appelées à tort « détecteur de mensonge ») ainsi que l'électroencéphalogramme (ill. B).

C. Vérifications particulières

Les mesures d'efficience de l'activité de pensée recouvrent un secteur méthodologique particulièrement riche.
L'ill. C nous en montre un exemple.
De quoi s'agit-il ? De 2 carrés de couleur différente avec de nombreux traits reliés entre eux. Certains sujets d'expérience peuvent en rester là. Mais les curieux iront plus loin (un « niveau supérieur d'exploration » est propre à beaucoup de sujets intelligents), ils rechercheront les différences.
Les carrés sont presque semblables, mais l'un d'eux comporte davantage de traits.
De nouveau, les sujets d'expérience peuvent s'arrêter là. Pour aller plus loin, c.-à-d. pour pouvoir indiquer le nombre de traits supplémentaires, on a besoin d'une « stratégie », d'un plan d'action (par ex. avec une règle qu'on fait descendre peu à peu). Ainsi obtient-on, de façon *indépendante*, le résultat final :
il y a 30 traits de plus à droite.
Cet exemple de méthode, de technique de résolution peut être conçu comme épreuve. Le sujet d'expérience a pour *tâche* de trouver les traits manquants. Alors, cette expérience est exclusivement un test d'efficience pour l'aptitude à la concentration, un exemple pour l'étude des activités spécialisées du processus de pensée.

D. Procédé in vivo

Le psychologue DIETRICH DÖRNER a conçu une ville fictive « Lohausen » d'après le modèle de Grünstadt, puis, dans un ordinateur, il a entré ses caractéristiques locales, institutions, transports, techniques d'approvisionnement (« logistique »), ses caractéristiques industrielles, financières, etc., soit 1200 facteurs. Chacun des 48 sujets d'expérience a été engagé comme « maire » avec des pouvoirs illimités. L'ordinateur a calculé les conséquences de leurs décisions.
Certains faisaient prospérer la ville, d'autres la ruinaient. Qu'est-ce qui caractérise les bons maires ?
Ils sont avides de savoir, ne craignent pas les changements ; dans un plan hiérarchisé, ils incluent les solutions par petites étapes.
En cas d'excès de zèle, on risque de perdre la vue d'ensemble à cause d'une dispersion sur des problèmes partiels jusqu'à ce que, dans une panique aveugle, on fasse ce qu'il ne faut pas faire.
Le comportement adéquat ne dépend ni de la bonne volonté, ni d'une intelligence exceptionnelle, ni de la culture, mais de la capacité à se faire une vue d'ensemble grâce à laquelle on peut manier un bon modèle schématique avec flexibilité. Ainsi a-t-on élaboré de nouvelles méthodes proches de la vie pour la recherche sur la cognition.
On a omis, ici, un groupe de méthodes qui sera présenté ultérieurement : les études sur le développement des opérations logiques (cf. XIV/4).
JEAN PIAGET a élaboré des modèles qui indiquent à partir de quel stade de développement les enfants sont capables de certaines structures de solutions cognitives.

182 X. Psychologie de la cognition / 2. Théories de la cognition

A Théories de la médiation

B Théorie de la restructuration

C Théorie de l'exploration

D Théorie des facteurs

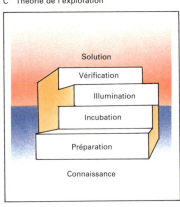

E Théorie des stades

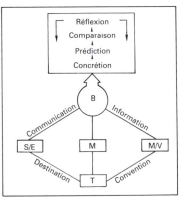

F Théorie de la signification

Comment l'homme pense-t-il ? Que se produit-il « intellectuellement » dans sa tête quand, dans la vie quotidienne, il réfléchit : que vais-je faire aujourd'hui, comment mettrai-je cela au clair, comment faut-il que je comprenne cela, où est la différence, quelles conséquences ceci peut-il avoir ?

A. Théorie de la médiation

D'après ARISTOTE, il y a pensée logique quand deux propositions sûres amènent une troisième proposition :
« Tous les hommes sont mortels –
SOCRATE est un homme :
donc SOCRATE est mortel. »
Les empiristes anglais du XVIIIe siècle ont élaboré les lois de l'association (p. 129) pour expliquer cette « conclusion » (lien logique). Au XIXe siècle, EDWARD BRADFORD TITCHENER présentait la pensée comme un mouvement intérieur d'associations. Aujourd'hui, la pensée est vue par ce groupe de théories comme une liaison (principalement langagière) au moyen de médiateurs (articulations communiquantes ; OSGOOD) :
Pommes, tomates, choux :
(comme conclusion) aliments végétaux.

B. Théorie de la restructuration

Une poule qui ne peut pas atteindre une écuelle à cause d'une grille doit faire un détour (seuls les animaux supérieurs y parviennent).
De nombreux tours de magie fonctionnent comme la grille pour la poule. Il faut traverser une idée, chercher à savoir ce qu'il y a « derrière ». D'après cette théorie, l'élément central de la pensée est une métamorphose ou une restructuration.
GOETHE, déjà, appelait la pensée « attente de la bonne idée ».

C. Théorie de l'exploration

Depuis les débuts de la théorie de l'apprentissage (PAVLOV), on suppose un « réflexe d'orientation » inné : nous portons une attention active sur notre environnement par « intérêt pour la nouveauté » (J. PIAGET) ou par activité de curiosité accrue (« comportement d'exploration », D. E. BERLYNE).
L'enfant qui veut savoir comment fonctionne une voiture, la démonte.
Ainsi, la pensée est une superorientation : le sujet pensant est un « chercheur ».

D. Théorie des facteurs

Le professeur montre des bulletins scolaires : un élève est bon en mathématiques et en physique, un autre en anglais et en français.
On parle de corrélations supérieures, c.-à-d. qu'il y a davantage de concordances *au sein* d'un même groupe de disciplines que d'un groupe à l'autre. Par l'analyse factorielle (p. 75), on a calculé des faisceaux qui présentent une image de l'efficience de la pensée avec plusieurs centres de gravité.

E. Théorie des stades

On demande « à quel schéma correspond plus ou moins la solution d'un problème » (GUILFORD, 1964). Au début du XXe siècle, WALLAS et d'autres ont analysé la pensée en stades :
La préparation (collecte d'informations), l'incubation (progrès du travail intellectuel inconscient), l'illumination (apparition d'une solution), vérification (mise à l'épreuve et élaboration de la solution).
Tandis que plusieurs chercheurs multiplièrent le nombre de ces étapes, on revint généralement à 2 étapes principales ; entre autres, PIAGET (assimilation généralisatrice et accommodation différenciatrice), RUMELHART et LINDSAY (base de données et interprétation), MCCARTHY et HAYES (structures épistémologique et heuristique). D'après eux, penser est un processus de construction.
Dans la *consolidation des connaissances*, on n'accumule pas seulement des informations, mais on parvient à les améliorer en éliminant les lacunes, les flous, les erreurs ainsi que les incompatibilités.
Mais la pensée est une élaboration (par ex. interprétation, modification, résolution de problèmes, créativité). L'intérêt principal de cette tendance réside dans les diverses « analyses buts-moyens » (NEWELL et SIMON), par ex. en fonction de critères établis (bon – mauvais, juste – faux, etc.) ou d'étapes de planification (vérifications anticipées ou rétrospectives).

F. Théorie de la signification

Cette théorie tente d'étudier les performances cognitives supérieures : par quel moyen parvient-on à pénétrer le monde par l'abstraction ?
D'après la théorie de la signification (cf. II/5, C et XIII/4, B) il y a, théoriquement, une relation signalétique entre les objets et leur signification (principe du support-modèle-signification : cf. V/1, C). La signification apparaît avec son contenu d'abstraction sous forme d'échelons. CH. DARWIN (1872) ne trouva chez les peuples primitifs qu'un faible contenu d'abstraction langagière (par ex. des chiffres allant jusqu'à 4).
Les stades de l'abstraction vont de la *concrétion* (niveau concret : quantité suffisante de matériaux observables) à la *prédication* (niveau du prédicat : abstraction intuitive, niveau des exemples verbalisés et non verbalisés), puis à la *comparaison* (genèse de relations comparatives pour extraire des caractéristiques communes) jusqu'à la *réflexion* (généralisation de validité universelle). La réflexion opère le retour à la concrétion, pour relier l'universel au particulier.
Le processus d'abstraction est favorisé ou inhibé par l'information (par ex. comme la redondance), la communication (niveau matériel des participants), la destination (par ex. le but de la pensée) et les conventions (par ex. le niveau d'abstraction attendu dans une couche sociale).

184 X. Psychologie de la cognition / 3. Éléments de la pensée

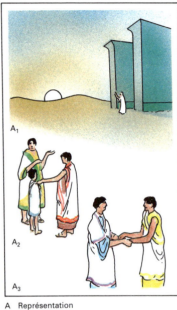

A Représentation

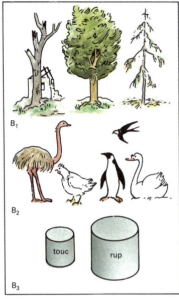

B Concept

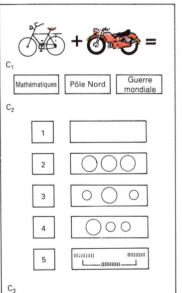

C Combinaison

D Opération

D'innombrables définitions ont tenté de décrire l'acte de penser. En général :
Penser est une réflexion (mentale ou à voix haute) sur des possibilités ; une mise en place de contenus représentés.
Cette définition est en soi un produit typique de la pensée : dans la discussion interne rétroactive et constante, on aperçoit l'une des caractéristiques les plus importantes de la pensée. Concernant la pensée, on retiendra les critères principaux et indispensables qui suivent.

A. Représentation
Penser sans contenu est exclu. Définir de quel type sont ces contenus a sans cesse conduit à des controverses.
Au temps des Upanishad (p. 33), les discussions portaient déjà sur la prééminence de la pensée ou du langage.
STALINE, le dictateur soviétique, a élevé l'identité entre pensée et langage au niveau du dogme. Mais chacun connaît leur autonomie :
Qui aujourd'hui, en entendant le terme de « lever du soleil » (A_1) pense à l'ancienne représentation d'une quotidienne « création originelle » du soleil ?
Le chercheur sait aussi qu'il ne dispose, dans un premier temps, ni de mots ni de signes pour de nouvelles découvertes (savoir « gris » pas encore verbalisé) jusqu'à ce qu'enfin, des formules verbales ou mathématiques lui viennent d'une vague représentation.
Le terme de « représentation » désigne l'immense champ qui va de « pâles » schémas intellectuels aux produits de l'imagination riches en contenus et d'une « représentation iconique » précise (BRUNER).
BERLYNE distingue 3 formes :
Les modèles de stimuli (représentations d'images spatiales),
Les modèles de réactions (représentations gestuelles),
Les symboles (significations transformées).
Les représentations mentales et le langage peuvent, bien sûr, former une unité.
Si, comme en latin, on fait une distinction sémantique entre oncles maternel et paternel (A_2), on agit de même pour les contenus des représentations.
La plupart des mots déclenchent des représentations visuelles, par ex. le terme « échange » (A_3), celle de poignée de main.

B. Concept
L'autruche, la poule, l'hirondelle, le pingouin et le cygne (B_2) peuvent être vus comme divers oiseaux, mais aussi réunis sous le concept d'oiseau.
Les concepts naissent de représentations, par l'*association* de divers contenus ; par l'*abstraction*, quand on porte son attention sur des caractéristiques qui se répètent ; par la *hiérarchisation* en classes conceptuelles s'ils sont plus étroitement délimités, plus concrets (par ex. le concept de « principe d'égalité »), ou plus vastes et au contenu plus large (le concept voisin de « justice »).
Les représentations conceptuelles ne cessent d'évoluer, ou sont modifiées consciemment (par soi ou d'autres) , par ex. les propriétés de rappel du concept d'arbre (B_1) .
A la question « Qu'évoque le mot *arbre* ? » la première association qui venait, après la Deuxième Guerre mondiale, était celle d'arbres détruits ; 10 à 20 ans plus tard, les beaux arbres verts dominaient ; actuellement, des visions d'arbres mourants s'imposent souvent.
L'une des tendances générales de la formation de concepts est un accroissement constant des éléments nouveaux d'images avec, à l'opposé, une évacuation des caractères d'images qui s'estompent, et une transposition ou un décalage quand des mots prennent une signification modifiée. Les blocs dits de WYGOTSKI (B_3) montrent à quelle vitesse ceci se produit :
Si l'on appose des syllabes dépourvues de sens comme « lusch » et « gon » sur deux cylindres de taille différente, on ne tarde pas à percevoir la différence de taille de ces syllabes.

C. Combinaison
« Reconnaître par concepts » (KANT) est un des stades inférieurs de la pensée. La production d'un réseau de concepts, entre autres de métaconcepts (C_1) , fait partie de la véritable pensée :
Bicyclette + Moto = Deux-roues.
Dans la méthode des trois mots de R. MASSELON (1903) , on nomme 3 concepts (C_2) qui doivent être reliés en une phrase. Ensuite, la tâche consiste à rapporter dans le détail ce que l'on a ressenti (C_3) :
(1) changement brusque de tension (passage à vide apparent) ,
(2) ressenti conceptuel (par ex. l'impression de froid à propos de pôle Nord) ,
(3) mot central (l'un d'eux est plus important) ,
(4) structure de relations (le mot principal est placé au début ou à la fin) ,
(5) formulation (la phrase est composée).
Néanmoins, la plupart du temps, le déroulement réel est beaucoup plus compliqué.

D. Opération
Parfois, la pensée entrave l'action ou la rend superflue ; mais en règle générale, elle lui est bénéfique et conduit à sa réalisation. Même les actes que l'on ne remarque pas sont provoqués par la pensée (effet de CARPENTER). Dans ce qu'on appelle « mouvements liés à la pensée » (*Denk-Mitbewegung*), la pensée dirige sans que nous le voulions.
Si l'on suspend un anneau par un fil et que l'on s'efforce de maintenir son bras immobile, au bout d'un certain temps, l'anneau commence à se balancer dans la direction à laquelle on pensait intérieurement.
La motricité sous-jacente est indissociable de la pensée (par ex. langage corporel, chap. XIII/17).

186 X. Psychologie de la cognition / 4. Styles de cognition

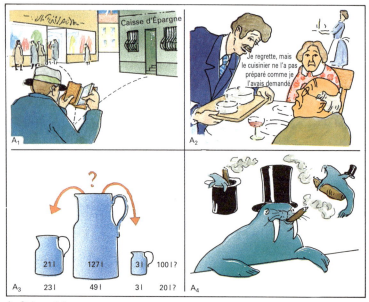

A Style routinier

B Style heuristique

« Penser est interpréter d'après un schéma dont nous ne pouvons pas nous débarrasser. » (FRIEDRICH NIETZSCHE)
Ces schémas figent la pensée, mais ils peuvent être maniés avec flexibilité. La psychologie n'a pas encore traité la signification existentielle des styles de pensée de manière exhaustive. Dans quel but utilise-t-on la pensée ? Le plus facile est de repérer les positions extrêmes.

A. Style routinier

La routine est souvent méprisée comme exécution sans participation intérieure. Mais si l'on observe les activités de pensée quotidiennes, par ex. dans la vie professionnelle, il est évident qu'il est impossible de toujours s'atteler aux tâches comme si elles étaient nouvelles, en s'impliquant intérieurement et en réfléchissant intensivement. Ce serait antiéconomique. Nous avons non seulement besoin d'actes automatisés, mais aussi de pensées schématiques pour maîtriser la masse des exigences intellectuelles.

(A_1) Quiconque est confronté à faire des courses quotidiennes ne ressentira pas l'alternative « acheter » ou « économiser » comme un problème de décision ; par expérience, il sait depuis longtemps ce qu'il doit faire.

(A_2) Il en va autrement des désagréments imprévus. Que dira le client, si le serveur apporte un mauvais plat ? Ici aussi, il y a un comportement mental typique : l'un protestera et renverra le plat, l'autre dira que cela ne fait rien, mais beaucoup d'autres réponses sont possibles.

(A_3) L'exemple de LUCHINS montre avec quelle rapidité on tombe dans la routine intellectuelle. On doit mesurer une quantité d'eau donnée le plus simplement possible à l'aide de 3 brocs dont on connaît le volume.

Pour obtenir 100 l avec des brocs de 21, 127 et 3 litres, on prend le broc du milieu et l'on verse une fois 21 l et deux fois 3 l.

Lors des essais suivants, viennent quelques tâches ayant le même principe de solution (en partant du broc du milieu) .

Les trois quarts des sujets d'expérience tombent dans la routine au point de résoudre la tâche en dessous (23, 49, 3 ; avec résultat final 20 l) en partant du broc du milieu (49 l) bien qu'il eût été plus facile de verser 3 l du récipient de gauche dans celui de droite pour obtenir 20 l.

(A_4) « Un morse avec chapeau claque et cigare. » Presque tout le monde voit le chapeau sur la tête du morse et le cigare dans sa bouche, mais on pourrait aussi se les imaginer les uns à côté des autres.

On tend, en règle générale, à comprimer les représentations mentales.

Ces exemples montrent notre tendance à l'économie de la pensée. Les expériences transmises ou acquises par soi-même conduisent à la routine.

Cette sorte d'économie présente des inconvénients si elle empêche les innovations (résistance à l'innovation) ou provoque des idées préconçues ou des préjugés négatifs.

B. Style heuristique

« Eurêka » (j'ai trouvé) s'écria ARCHIMÈDE en trouvant la solution de son problème. Le style de pensée heuristique est un procédé pour trouver des solutions d'un type nouveau quand la routine n'apporte plus aucune aide.

(B_1) A Königsberg, à l'époque de KANT, les quartiers de la ville, séparés par plusieurs bras de la Pregel, étaient reliés par 7 ponts. Le mathématicien EULER posa le problème suivant :
Peut-on lors d'un circuit, traverser chaque pont, mais chacun une seule fois ?
(C'est impossible.)

(B_2) Dans la rangée supérieure sont représentés des « périchacs », les figures de la rangée inférieure n'en sont pas. Question :
Qu'est-ce qu'un périchac ?
(Un corps avec une encoche, mais jamais deux ou aucune.)

Les deux questions se ressemblent, car le but à atteindre est donné, seuls les moyens diffèrent. Dans le premier exemple, on peut essayer au hasard, dans le second beaucoup moins. Pour cela, comme le chercheur, on a d'abord besoin d'une hypothèse qui sera confirmée par la vérification ou réfutée (falsification).
Cette « analyse-moyens-buts » peut encore être approfondie, même si les buts à atteindre sont ouverts.

(B_3) Souvent, le peintre ne connaît pas encore le but qu'il veut atteindre quand il commence sa toile.

(B_4) Le quotidien fournit aussi des situations de décision sans but univoque.
Le fait qu'un écolier laisse son camarade copier sur lui ou non caractérise aussi ses buts : s'il veut accroître son avance (sur un rival), il refusera ; si, en revanche, il apprécie davantage la communauté, il partagera volontiers son savoir (et donc le succès).

Les deux styles de pensée cités ne recouvrent pas l'étendue des modes de pensée. Mais ils caractérisent la manière dont on peut se confronter à des problèmes. D'une façon générale, la pensée doit unifier la multiplicité et clarifier ce qui est unifié en le différenciant.
Lors d'expériences sur la pensée, on a étudié les facteurs d'amélioration ou d'obstruction : la dépendance du champ (implication ponctuelle ou globale de l'environnement), l'orientation de la pensée (habitudes de pensée réalistes ou irrationnelles), les cartes cognitives (analogies spatiales dans le champ intellectuel), la complexité cognitive (degré de différenciation des systèmes conceptuels), la spontanéité (style impulsif ou réfléchi), l'empreinte (nivellement ou accentuation ; cf. VII/6).

188 X. Psychologie de la cognition / 5. Formes de pensée

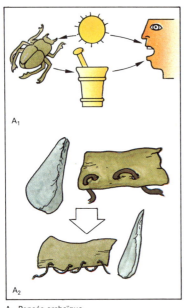

A Pensée archaïque

B Pensée analogique

C Pensée causale-linéaire

D Pensée en réseau

La *pensée* diffère d'une personne à l'autre ; néanmoins nous sommes tous subordonnés à une série finie de formes de pensée comparables. Depuis LEISEGANG (1928), ce concept résume le cheminement de l'argumentation.

Quiconque pense fait découler ses représentations conceptuelles ou ses propositions rationnelles de représentations ou de propositions de base jusqu'à ce que, par une chaîne déductive, il parvienne à des « axiomes » ou à des « principes de base » supposés vrais (souvent d'obédience idéologique), qu'il les reconnaisse comme tels ou non.

Il y a quatre formes de justification sur la base d'axiomes.

A. Pensée archaïque

La pensée tente de saisir la réalité. Mais ce qu'est la « réalité » dépend toujours de l'interprétation. Aux débuts de l'humanité, la pensée était primitive, « archaïque ». A partir de divers outils et objets de culte, on a reconstitué cette forme de pensée. Sa caractéristique principale est le renvoi de la « réalité » à des causes démoniaques, animistes ou magiques.

Tous les événements inexplicables, par ex. le destin, la mort, la chance, l'origine du monde, etc., sont attribués à des forces surnaturelles et à leur intervention directe.

Dans le culte solaire de l'Égypte antique, on invoquait le dieu Amon figurant le soleil, comme cause de tout ce qui survenait. Le scarabée (A_1), un coléoptère, était considéré comme sacré car il semblait être sous la protection du soleil ; il est le seul à voler dans la chaleur torride de midi, pond ses œufs dans des boules de fiente et les laisse couver au soleil.

Pour obtenir les faveurs du soleil, on écrasait des scarabées dans des mortiers puis on les mangeait : ainsi croyait-on, en s'incorporant des parties du soleil, capter sa bienveillance.

(A_2) Depuis les temps les plus reculés, la pensée progresse, ce qui apparaît dans l'évolution des outils de silex. Ceux des Neandertaliens faisaient des trous relativement grands quand on s'en servait pour coudre, tandis que, plus tard, ceux de l'homme d'Aurignac étaient beaucoup plus fins.

B. Pensée analogique

Si l'on lance une pièce de monnaie, d'après les lois de la probabilité, elle tombera aussi souvent du côté face que du côté pile. Mais si le côté face est apparu plusieurs fois, pour le sujet d'expérience, la probabilité que le jet suivant donne face s'est concentrée subjectivement.

On transpose donc directement l'expérience de l'*analogie* dans la prédiction. Autres exemples :
« Ccla m'a aidé, donc cela m'aidera encore. »
« Nous avons gagné les dernières élections, c'est pourquoi nous gagnerons aussi les prochaines. »
« Si quelqu'un ment une fois, plus personne ne le croit, même s'il dit la vérité. »

C. Pensée causale-linéaire

La mère entre dans la pièce et voit le vase brisé : Qui a fait cela ? Celui qui est le plus près des morceaux.

D'après la loi d'association par contiguïté (chap. VII/2), on conclut à un rapport linéaire de cause à effet.

Lors d'expériences, on a raccordé des générateurs électroniques fonctionnant selon le principe du hasard à une série de lampes. Les lampes s'allumaient donc par pur hasard. Puis on ajouta un commutateur qui pouvait déterminer l'allumage mais pas le choix de la lampe. Les sujets étudiés ne tardèrent pas à procéder à des attributions causales, par ex. :
« Si j'appuie plus fort, une lampe située en haut s'allume. »

On a tendance à construire des relations *causales* et à les faire intervenir de façon *linéaire* même là où elles n'entrent pas en jeu.

D. Pensée en réseau

La chronologie des 4 dessins a été inversée. Ils doivent être remis en ordre en fonction du titre : « Le Putsch ». Pour cela, il faut interpréter plusieurs aspects (que représente chaque image ? quel est le rôle du buste à l'arrière-plan ?) dans leur réseau de relations jusqu'à ce que l'on ait une suite logique (3, 4, 2, 1).

Cette simple *mise en réseau (Vernetzung)* illustre la pensée dans un contexte de système. Les grands systèmes comportent de nombreuses composantes qui sont toutes interactives, si bien que l'on ne peut plus distinguer la « cause » de l'« effet » parce que, dans un grand système, tout est en relation avec tout.

Ainsi par ex. les effectifs de lapins et de renards varient (théoriquement) en fonction du taux démographique de l'une ou l'autre de ces deux populations, pourtant ils sont modifiés par les battues et les épidémies.

La pensée « en réseau » essaye de ne pas prendre les choses plus simplement qu'elles ne le sont.

Il faut ajouter mentalement à ces 4 formes de pensée dominantes d'innombrables particularités de la pensée, par ex. les styles de pensée (cf. p. 187), leur amalgame, les ruptures de pensée, les rationalisations (par ex. ce qu'on appelle pensée de souhait (optative) qui est une forme particulière de la pensée analogique). Ainsi la pensée est-elle difficile à cerner dans ses déroulements, par ex. quand on suit le déroulement d'une discussion. C'est pourquoi les quatre lois de la pensée logique (l'objet de la pensée ne doit pas être ambigu – les contradictions doivent être éliminées – il ne doit pas y avoir de troisième terme entre le vrai et le faux – chaque proposition doit être suffisamment justifiée) ne peuvent guère s'imposer dans la vie quotidienne.

X. Psychologie de la cognition / 6. Processus du jugement

A Raisons du jugement

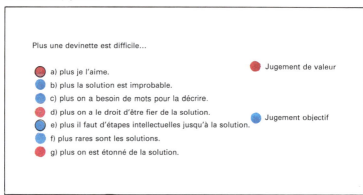

B Critères de jugement

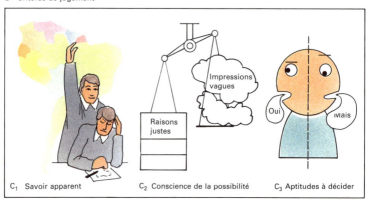

C Situations de jugement

Quand on dit de quelqu'un qu'il a un « bon » jugement, on pense à la justesse régulière de ses propos. La logique en cherche les règles, en revanche la psychologie s'intéresse aux conditions individuelles des jugements corrects.

A. Raisons du jugement

L'une des plus anciennes applications du jugement conduit fréquemment à des erreurs :
(1) Un client entre dans une librairie et achète un manuel à 60 marks, il donne 100 marks.
(2) Comme le libraire ne peut pas rendre la monnaie, il envoie son apprenti chez le voisin avec les 100 marks et obtient de la monnaie.
(3) Le libraire peut alors donner la marchandise au client et lui rendre 40 marks.
(4) Plus tard, le voisin arrive avec le billet et montre qu'il est faux. Le libraire doit l'échanger contre un vrai.
Quel est le dommage pour le libraire ? La plupart répondent qu'il est de 100 marks.
Or ce n'est pas aussi simple. Il faut déduire la marge bénéficiaire, par ex. 30%, alors le dommage est de 42 marks, plus 40 marks de monnaie, donc de 82 marks.
Concernant les jugements erronés (« fallaces »), on distingue deux groupes : déductions fausses et conclusions fausses. Les généralisations erronées appartiennent au premier groupe :
« Tu maîtrises ce que tu n'as pas oublié, tu n'as pas oublié l'arabe, donc tu maîtrises l'arabe. »
(Les prémisses sont formulées avec trop d'extension.)
L'ambiguïté en est une autre forme :
« Le coucou pond des œufs, cette pendule est un coucou, donc les pendules pondent des œufs. »
Bien que cet exemple semble absurde, ces cas surviennent souvent sans qu'on le remarque, par ex. quand des adversaires se querellent sur la « liberté » et sous-entendent autre chose par ce terme.
Les conclusions erronées ne sont pas rares, par ex. :
« Le jour succède à la nuit. Donc, la nuit est la cause du jour. »
On trouve souvent de tels « glissements » de conclusion dans les discussions politiques, par ex. :
« Nous avons toujours parlé de la paix, donc nous sommes les plus pacifiques. »

B. Critères de jugement

Quand on mesure une chose, on utilise bien sûr un mètre. On omet facilement que les « échelles métriques » sont tout aussi importantes pour le jugement. La norme décisive est de différencier si une chose est objectivement vérifiable ou non.
Est objectivement vérifiable le jugement de fait suivant : « Paris est situé sur les berges de la Seine. » « Paris est beau » est un jugement de valeur qui n'a qu'une validité subjective.
Malheureusement, la séparation est difficile. Dans les exemples (ill. B), on discerne aisément les jugements de valeur (a) des jugements objectifs (e). On peut produire artificiellement des confusions de jugement : ainsi par l'altération du sens des mots (« nouveau » prix, au lieu de plus élevé), par l'emploi abusif d'un terme (« démocratie populaire ») , par l'amalgame dévalorisant (« obéissance de cadavre »), par l'objection exagérée, par l'enflure du propos en guise de logique. Dans la Bible, on lit déjà (Act. 19, 32) :
« Les uns de crier ceci, les autres cela, et la communauté était confuse... »

C. Situations de jugement

Chaque jugement se situe dans un contexte à plusieurs composantes, individuelles, spatiales, temporelles qui exercent une influence sur la formation du jugement.
(C_1) *Savoir apparent*. W. POPPELREUTER a demandé à des sujets d'expérience où se trouvaient des montagnes, fleuves, villes et États connus en Amérique du Sud. Les sujets pouvaient répondre par « oui », « environ », « non ». Puis il leur présenta les contours de l'Amérique du Sud et leur demanda de les situer en les dessinant. Le résultat montre qu'en règle générale, on se surestime.
(C_2) *Conscience des possibilités*. Sous ce concept, BRUNSWICK résume le fait que les conditions préalables (prémisses) sont souvent insuffisantes pour le jugement. Outre les raisons justes, existent des impressions vagues qui, malgré leurs différences qualitatives, peuvent confluer dans le jugement, puis ensuite avoir aussi valeur de « preuves ».
Les déformations du jugement les plus fréquentes sont :
La tendance vers le centre (déplacement du jugement vers un vague milieu) ,
l'effet de halo (surexposition par d'autres jugements),
l'opposition contraste – ressemblance (effets consécutifs de jugements antérieurs),
l'interprétation de valeur (le verre demi-plein ou demi-vide),
l'effet d'appétence (empreinte du jugement dans la direction de l'attente).
(C_3) *Décision orientée*. On peut également observer la dépendance du jugement dans les formulations de type « oui, mais » : à cause de convictions adoptées depuis longtemps, on juge prématurément dans le sens de ses intérêts (préjugé) ; ou en dépit de raisons contraires manifestes, on peut ne pas parvenir à la conclusion correcte (résistance au changement) :
On admet la nécessité de la construction d'une route, mais pas si le bruit de la circulation dérange.
Cette dépendance à l'égard des conséquences est renforcée par d'autres dépendances : culturelles, sociales, temporelles, par une suite d' « effets de lassitude » à juger, comme le manque d'envie de se soumettre à l'effort de jugement, si bien que l'on préfère se contenter d'un « jugement en coulisse » (propos indécis).

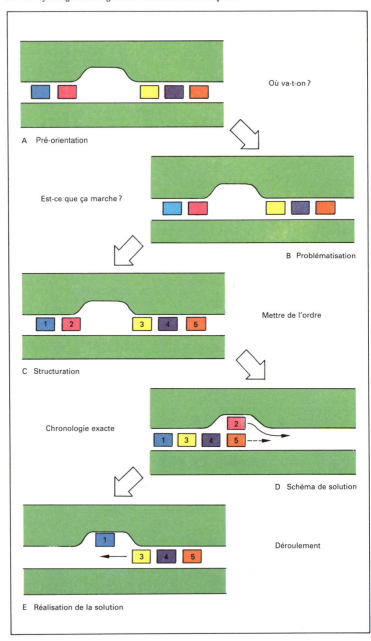

Penser est un processus « progressif » , c'est-à-dire qu'en pensant, on entend produire quelque chose qui interprète l'*état initial disparate* d'un problème et conduise à un *état final* plus ou moins précis, que l'on désigne comme réalisation cognitive, résolution de problème, vision de l'essence (« Wesensschau ») , ou tout simplement comme résultat de la pensée.

Ce processus est polymorphe, si bien qu'il est parfois vécu comme une progression « organique », souvent comme errance confuse, mais aussi comme abstraction formelle ou comme évidence matérielle. D'une telle diversité, il serait vain de déduire des « types de pensée » . Aussi essaie-t-on plutôt de décrire des étapes, des stades du déroulement concret de la pensée.

On a illustré par un exemple le déroulement des stades de la résolution cognitive et leur évaluation. En outre, l'observation des caractéristiques psychologiques (durée de la solution, traitement des conflits, réactions circonstantielles) est importante.

A. Pré-orientation

Lors de parties d'échecs, le psychologue russe TICHOMIROV remarqua des mouvements oculaires rapides qui ressemblaient aux phases REM en cas d'activité de rêve accrue (cf. XX/18) . Lors d'expériences américaines (DOWNS et STEA), ce processus a été appelé « cartographie cognitive ». L'homme s'oriente aussi sur le « terrain » de son problème intellectuel en observant plus ou moins autour de lui.

« De quoi s'agit-il ? »
  2 colonnes de voitures avancent sur une route à une seule voie avec un dégagement.

B. Problématisation

Si les automobilistes se font réellement face, on saisira tout de suite la difficulté de la situation. Pour d'autres problèmes, il faut d'abord se mettre dans une « attitude de recherche » . On peut aussi éviter la problématisation : un conducteur peut tenter d'écarter l'autre à coups d'avertisseur. Il perçoit le conflit comme se rapportant à lui seul et cherche la solution en s'imposant sans scrupules. S'il s'agit d'un test papier-crayon, on peut également se dérober : « Ah ! je n'aime pas les jeux d'esprit. » Il faut alors accepter le problème, par curiosité ou par devoir.

Ce problème peut aussi être mal défini : il faut le ramener à une forme de recherche personnelle, par ex. combler les lacunes ressenties dans sa formulation.

Une des questions préalables est la clarification du but :
  Les voitures veulent se croiser.

Puis : « Est-ce possible ? »
  Certes oui, car les voitures peuvent avancer ou reculer, et une voiture peut prendre place dans le dégagement.

C. Structuration

Cette étape est souvent considérée comme la plus importante ; elle est certes la plus problématique et donc particulièrement focalisée par la théorie (p. 183). Cela se remarque déjà dans de nombreuses désignations : outre structuration, on trouve classification, formation d'hypothèses, étiquetage, construction, planification. Toutes renvoient à la tâche de rendre « manipulable » le problème reconnu comme tel.

Ici, cela se produit par une « mise en ordre » : on numérote les voitures pour pouvoir décrire les manœuvres et exclure celles qui sont inutiles (DUNCKER : « définition du domaine »).

On peut, à la manière des arbres de solutions (p. 207) , envisager des planifications par étapes avec de petits modèles. Mais TICHOMIROV a montré que la planification de la solution d'une partie entre un jeu d'échecs électronique et un bon joueur présente des différences : l'homme a
1) un autre « besoin de recherche » , car il peut varier les buts, regretter un coup manqué pendant un certain temps et réfléchir sur ce qui aurait été le mieux.
2) Il a une autre attitude par rapport au but ; il peut risquer plus ou moins, envisager des stratégies à long terme ou viser le but proche ; et même inclure des buts étrangers.
3) Contrairement à l'ordinateur, il dispose de « groupes de contenus significatifs » et met en jeu des besoins de buts qui, dans la signification du jeu d'échec, codéterminent instantanément son attitude par rapport au but.

D. Schéma de solution

Le sujet pensant se retrouve dans ce labyrinthe ; il a intuitivement découvert une règle générale ou l'a élaborée systématiquement. Au cours de sa vie, l'homme acquiert de telles clés et gagne en expérience.

Dans le cas précédent la règle élémentaire est : l'ordre de succession « juste ».

E. Réalisation de la solution

L'étape suivante est facile, il suffit de l'exécuter. Néanmoins, on peut élaborer la solution de façon productive ou improductive, classer les clés de la solution dans plusieurs trousseaux, et même produire de nouvelles clés *sans* besoin concret.

Dans sa « loi de la fréquence » , MARBE a tenté de comprendre cette fonction de la pensée. D'après cette loi, nous formons des hyperschémas de pensée. On entend par là une pensée selon des règles qui conduit, d'après des principes définis, aux modèles d'utilisation quotidiens de la pensée (stéréotypes de pensée) .

Les formes typiques en sont, d'après leur fréquence : le contraste (noir - blanc) , la ressemblance (mauvais - méchant) , la causalité (œuf - oiseau) et les séries de significations apprises (fleur - plante) . Elles préparent les réactions en chaîne du déroulement de la pensée, grâce auxquelles nous pouvons penser vite et avec succès, mais aussi tomber plus facilement dans des cheminements de pensée automatisés.

194 X. Psychologie de la cognition / 8. Intelligence

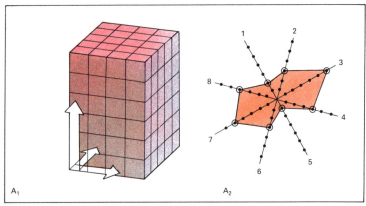

A Structure de l'intelligence

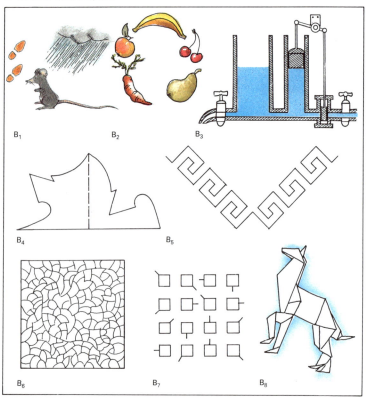

B Facteurs d'intelligence

On entend généralement par intelligence un « don » grâce auquel un sujet est intellectuellement supérieur à un autre. Vue sous l'angle de la psychologie, l'intelligence est un assemblage d'aptitudes avec lesquelles on maîtrise mieux x tâches à l'école, dans la vie professionnelle, et en général dans l'existence. Elle produit des significations de deux manières : par la compréhension (« saisir ») et son prolongement (« produire »). Une telle définition révèle immédiatement les strates multiples du concept.

A. Structure de l'intelligence

A propos de l'intelligence comme « aptitude à l'acquisition d'aptitudes », 3 questions se posent :
Quelles sont ces aptitudes ?
Quel est leur rapport entre elles ?
A quel étalon doivent-elles être mesurées ?
Lors des premières investigations sur l'intelligence (GALTON), on a cherché à étalonner le « génie héréditaire » dans les généalogies de certaines familles célèbres. Plus tard, on a obtenu des échelles de mesures plus modestes : BINET et SIMON (1905) ont été chargés par le gouvernement français d'élaborer des tests pour détecter les enfants inintelligents (retardés) en vue de les placer dans des écoles spéciales.
TERMAN (1912/1916) élargit et améliora le test de Binet pour en faire l'échelle de Stanford, plusieurs fois révisée, qui a été répartie en tranches d'âge. Grâce à un étalonnage sur 1 000 enfants californiens, on a pu calculer un âge mental moyen (AM), ce qui créait les bases du quotient intellectuel (QI).
Ensuite, le QI a été étalonné sur l'ensemble de la population si bien que l'intelligence moyenne théorique a été fixée à environ 100 points (le génie à plus de 140, et la débilité à moins de 70 points). Toutefois BINET reconnaissait déjà que des conditions extra-intellectuelles influençaient les tests, que ces mesures étaient globales et ne tenaient guère compte des aptitudes individuelles (cf. « Tests d'intelligence », XIX/7).
Au début de l'analyse factorielle de l'intelligence par SPEARMAN (1904/1927), on opposait un facteur « g » supérieur (facteur général d'énergie intellectuelle) à nombreux facteurs « s » (facteurs spécifiques).
(A_1) Le modèle de structure le plus courant aujourd'hui comprend 120 types de performances intellectuelles et est dû à GUILFORD (1956). Il contient 3 dimensions :
La profondeur = opérations de pensée (identification, mémoire, production divergente et convergente, évaluation),
La hauteur = produits de la pensée (unités, classes, relations, systèmes, transformations, implications) et
La largeur = contenus de pensée (contenus iconiques, symboliques, sémantiques et de comportement).
(A_2) MEILI (1955) a pris un autre chemin qui a permis la fusion de quelques aptitudes primaires en un profil intellectuel individuel, codifié plus tard dans plusieurs systèmes de tests (par ex. HAWIK, système 8- dimensionnel).

B. Facteurs d'intelligence

Huit facteurs primaires expliquent le concept par des exemples simples :
(B_1) *Expression verbale*. Ce rébus teste la rapidité à trouver des mots : aptitude à l'expression.
(B_2) *Logique conceptuelle*. L'un des objets (carotte) n'appartient pas au groupe (fruit) : aptitude à la pensée déductive.
(B_3) *Don pratique-technique*. Que se passe-t-il si l'on ouvre le robinet de gauche ? (la conduite fermée de droite s'ouvre) . Côté pratique de l'intelligence : reconnaître les relations causales.
(B_4) *Représentation spatiale*. Les figures de Rybakoff sont découpées et séparées de sorte qu'en assemblant les moitiés, on obtient un carré. Transposition spatiale : aptitude à créer des combinaisons mentales.
(B_5) *Mémoire*. Cette figure doit être ensuite identifiée parmi d'autres ou reproduite de mémoire : stocker du matériel d'information et l'élaborer.
(B_6) *Prise de conscience du milieu*. Une image doit être reconnue dans cette confusion d'écailles (oiseau) : aptitude à voir une chose, là où les autres ne discernent rien.
(B_7) *Persévérance*. Dans de longues listes formées de ce genre de figures, on demande de cocher les carrés qui ont un trait vers le bas (on établit le rapport entre la durée et le nombre de fautes). Le sujet intelligent fait preuve de ténacité concentrée.
(B_8) *Habileté*. Il faut réaliser une solution donnée (modèle de pliage) selon la technique du papier plié (*origami*) : aptitude à transposer (d'après un modèle) rapidement et habilement la chose présente (ici, par un acte, le pliage correct).

La critique de la mesure de l'intelligence a souligné, avec raison (WALTER), que celle-ci se fonde sur l'image de l'homme que l'on souhaite avoir. De plus, le concept d'intelligence est souvent trop abstrait.
Un « juste mélange synergétique » (BENEDICT) est plus important que ces facteurs primaires ou d'autres : celui-ci donne la personne concrètement intelligente.

Les recherches les plus récentes sur l'intelligence tentent surtout d'extraire les tendances générales du traitement intelligent de l'information, entre autres, la différence entre l'intelligence « divergente » (*fluid intelligence* : passage rapide à de nouveaux thèmes, aptitude à combiner) et l'intelligence « convergente » (*crystallized intelligence* : haute aptitude à différencier, compétence de jugement). La première est plutôt la marque de personnes jeunes, la seconde de sujets plus âgés ; toutes deux peuvent être acquises par entraînement.

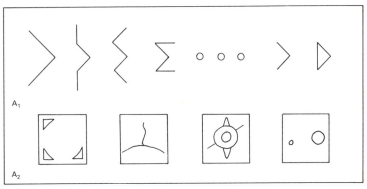

A Comportement de recherche

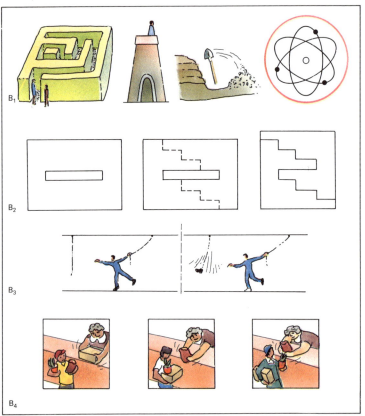

B Stratégies de solution

Pour qui les perçoit, les problèmes sont des défis intellectuels. Dès qu'ils sont résolus, ils font figure de cognition juste. A cause de cette fonction, de nombreux psychologues s'y réfèrent pour clarifier les processus cognitifs.

Même s'il est vraiment exagéré d'assimiler la pensée à la résolution de problèmes, le « décodage » doit pourtant être l'une des fonctions essentielles de la cognition. On distingue tout d'abord les différences qualitatives qui s'imposent selon le degré de difficulté (problèmes simples, complexes). Mais on peut aussi répartir les faits en fonction d'autres différences qualitatives moins manifestes touchant la résolution des problèmes.

A. Comportement de recherche

Un effort de recherche plus ou moins grand fait partie de la cognition. Une différence qualitative est essentielle : le but peut être donné au préalable ou rester ouvert.

(A_1) *Recherche de règle.* La tâche est certes simple, mais contient certains pièges. Les 4 signes de gauche sont proposés. Ils forment une série. Le premier stade de solution est atteint quand on a décelé la règle de modification à laquelle ces signes sont soumis (deux « charnières » dont les bras sont mus par une rotation d'un huitième de tour). Assigner une règle aux 5 signes suivants (à droite) devrait être relativement facile.

(A_2) *Recherche du thème.* Des carrés magiques que l'on propose n'ont aucune solution universellement valable (« situation originelle » ambiguë) Il est amusant de leur attribuer des thèmes toujours nouveaux ;

par ex. Mexicain avec sombrero dans un canoë (3e image).

B. Stratégies de solution

Le concept de stratégie vient du domaine militaire. C'est la raison pour laquelle la littérature militaire a contribué à la plupart de ses définitions. Selon GNEISENAU, la stratégie serait « ... la science de l'utilisation du temps et de l'espace », pour CLAUSEWITZ « ... une économie de forces », et pour MOLTKE « ... un système d'expédients ». La stratégie est manifestement multiple.

(B_1) Stratégies typiques pour la solution cognitive de problèmes :

La stratégie du labyrinthe, par laquelle on trouve le bon chemin après une série d'épreuves, d'essais et expériences.

La stratégie de la tour résout un cas, comme l'enquêteur de police judiciaire, d'après des indices qu'il observe d'un point plus élevé (intellectuellement).

La stratégie par strates extrait, comme en archéologie, couche par couche, et reconstruit par strates pour y démontrer le schéma, le principe, etc.

La stratégie par modèles simplifie, réduit ou agrandit le but (comme dans le modèle de l'atome) pour pouvoir étudier les fonctions à l'aide de ce modèle.

(B_2) Essai : le rectangle avec un trou allongé (à gauche) peut être découpé (milieu) de sorte que l'on ait un carré complet (à droite). Ce type de solution se trouve facilement en essayant avec des modèles en papier.

(B_3) Reconnaître un principe général de solution. Cette tâche provient de DUNCKER, l'un des premiers chercheurs à s'être penché sur la résolution des problèmes : deux cordes sont accrochées au plafond à un certain intervalle ; on peut les saisir toutes deux, par ex. en lestant l'une avec une chaussure et en déclenchant un mouvement pendulaire.

(B_4) Les solutions cognitives au vrai sens du terme sont des solutions pronostiquées, anticipées en pensée, sans essais ni modèles d'expérience, et qui sont ensuite appliquées comme principes d'action lors de l'exécution. Dans un exemple de DAVIS, on demande comment un garçonnet peut porter des objets en une seule fois (gros paquet, pot de fleurs, cruche). Le paquet sera utilisé comme plateau. Avec de telles anticipations intellectuelles, la cognition est comprise comme un troisième programme d'évolution.

DARWIN a découvert le premier programme d'évolution, un programme d'adaptation aux modifications de l'environnement, une sélection. Des mutations fortuites (modifications transmissibles), support de nouvelles aptitudes, doivent s'avérer plus favorables face aux répétitions héréditaires.

Le deuxième programme d'évolution a été étudié par le physiologiste russe I. P. PAVLOV. Dès le début de la vie de l'individu, peuvent se produire des adaptations du comportement par expérience si des connexions temporaires se forment dans le système nerveux.

Enfin le troisième programme d'évolution élargit l'adaptation de manière décisive. Par la formation de modèles neuronaux, on peut créer des significations immatérielles qui sont planifiées, vérifiées, discutées et qui sont finalement exécutées en tant que solutions cognitives de problèmes.

L'homme est souvent confronté à des problèmes qu'il ne peut pas maîtriser à partir de ses connaissances préalables et qui ne semblent pas solubles par des essais tentés au hasard. De tels cas avèrent la valeur de ce troisième programme d'évolution. Par la réflexion, pour sortir de l'impasse actuelle (stratégie ouverte) pour se rapprocher d'un but anticipé (stratégie liée), l'individu qui résout un problème cherche les moyens et les chemins (méthode) qui lui permettront de dépasser son expérience présente.

Cet élargissement des programmes d'adaptation présente l'inconvénient de pouvoir aboutir à des manœuvres dans des situations sans issue, à cause d'une planification erronée.

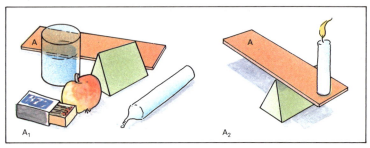

A Sensibilité au problème

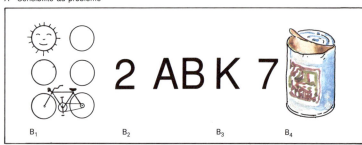

B Idées divergentes (fluidité idéative)

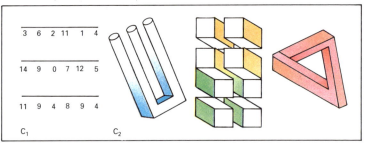

C Flexibilité

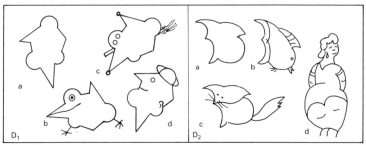

D Originalité

En 1950, lors d'un congrès, J.P. GUILFORD, président de la Société américaine de psychologie, critiquait la situation de la recherche sur la créativité : « On néglige ce thème de manière effroyable. » Après le fameux « choc Spoutnik » (1957, premier vol spatial soviétique), on releva cette critique. On étudia la question dans de vastes recherches.

« Pourquoi un sujet a-t-il beaucoup d'idées, un autre peu et la plupart des autres aucune ? » (W. METZGER)

On en attribuait fréquemment la responsabilité au système d'enseignement scolaire qui privilégiait les performances non créatives et tendait à ne considérer les élèves créatifs que comme des trublions.

La question du rapport entre intelligence et créativité constituait l'un des points centraux de la recherche. Les résultats permettent de conclure qu'elles sont relativement indépendantes l'une de l'autre, même s'il faut considérer un niveau moyen d'intelligence comme la condition préalable à la créativité. La thématique exerce une très forte influence sur le comportement créatif, tout comme les conséquences attendues (par ex. la reconnaissance) et l'attitude de l'entourage face aux idées soudaines.

Les trois orientations de recherches les plus importantes sont :

Le groupe de recherche **holistique** (M. WERTHEIMER, K. DUNCKER, R.M. MOONEY) explique le comportement créatif par les rapports entre les expériences vécues, les événements et une productivité générale : il doit y avoir selon eux divers types de créativité.

Le groupe des adeptes du **conditionnement** (A.F. OSBORN, S.A. MEDNICK) part lui aussi de modèles de pensée fondés sur la théorie associationniste. D'après ce dernier, le sujet créatif vide son réservoir d'associations plus lentement que le non créatif, ce qui permet des productions plus étendues et plus originales.

Le groupe de recherche **structuraliste** (J.P. GUILFORD, E.P. TORRANCE) s'est révélé le plus fructueux. Il a dégagé 4 caractères principaux du comportement créatif (cf. A–D). Partant de là, TORRANCE a défini 16 moyens pour favoriser leur développement, entre autres l'apprentissage d'une écoute, d'une observation et d'une action en profondeur.

A. Sensibilité au problème

Les problèmes doivent être découverts et acceptés dans leur « valeur de question ».

(A_1) SZEKELY demandait : « Essayez, en n'utilisant que ces objets, de poser en équilibre la planche sur la cornière de telle façon qu'en quelques minutes l'extrémité A s'incline d'elle-même vers le bas. »

(A_2) « Que se passe-t-il quand on allume la bougie ? »

Une seule solution est attendue en réponse à la question A_2. En revanche, la tâche A_1 est plus proche de la performance créative parce qu'ici, il est nécessaire d'avoir une sensibilité, une réceptivité au problème avant qu'il puisse être résolu.

B. Idées divergentes (fluidité idéative)

Le matériau d'idées présent (mots, pensées, représentations, liens entre les idées) doit, ici, être contrôlé dans son entière disponibilité (*fertility*).

(B_1) Dans un test de fluidité (*fluency*), on donne 30 cercles qui doivent être rapidement complétés pour obtenir n'importe quels objets (sans utiliser plus de deux cercles) : soleil, vélo.

(B_2) 2 AB (deux abbés).

(B_3) K7 (cassette).

B_2 et B_3 servent à vérifier l'appréhension rapide de combinaisons inhabituelles.

(B_4) Modèle de la manière dont la production d'idées est explorée ou encouragée : « Imaginez tout ce que l'on peut faire d'une boîte de conserve vide.

C. Flexibilité

Il s'agit ici de vérifier l'aptitude créative spécifique à transformer le réel disponible.

(C_1) Les nombres représentent des noms de villes : Madrid, Berlin, Moscou, il faut trouver l'ordre correct.

(C_2) Les figures dites « impossibles » sont des structures qui n'existent qu'en tant que dessins mais pas dans la réalité. La tâche consiste à faire un effort d'imagination et à trouver des structures semblables, par ex. la « fourche du diable » (à gauche).

D. Originalité

Critère de vérification de la créativité le plus ardu : ici on vérifie non seulement le nombre et la modification des idées, mais aussi leur qualité en prenant leur rareté pour critère. En général, on applique le critère d'originalité du test de Rorschach (cf. XIX/5, B_2).

Une solution est originale si son résultat n'apparaît en moyenne qu'une seule fois sur 100 réponses au test.

Dans le test d'imagination de Sander (D_1 et D_2), on a étalonné ces fréquences. Les contours donnés (a) doivent subir une rotation jusqu'à ce qu'une solution picturale, la plus originale possible, semble plausible. Il ne s'agit pas de la « beauté » du dessin, mais uniquement de la rareté de l'idée picturale (b = non original, c et d = original).

Dans le cadre de ce décodage du comportement créatif, on a tenté, à plusieurs reprises, de développer des programmes d'entraînement ultérieurs. Un des groupes s'oriente (comme dans les exemples ci-dessus) vers des domaines de créativité isolés, l'autre vers des tâches de créativité globale. Dans la méthode synectique, il s'agit pour un groupe de travail de rendre l'étranger familier par ex. et le familier étranger.

200 X. Psychologie de la cognition / 11. Métacognition

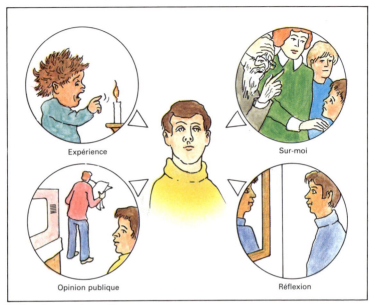

A Connaissance métacognitive

B Engagement métacognitif

D'après le philosophe SPINOZA (1632-1677), l'homme « sait qu'il sait ce qu'il sait ». ARISTOTE identifiait déjà cette démarche en boucle comme la caractéristique suprême de l'activité intellectuelle :
« Mais c'est elle-même que perçoit la raison en saisissant le perceptible... et percevoir c'est percevoir le percevoir. »
La cognition ne consiste pas seulement en une accumulation de connaissances, de solutions de problèmes, de transformations créatives, mais aussi en une réflexion sur la connaissance.

A. Connaissance métacognitive

L. OOSTWAL raconte la vie en Nouvelle-Guinée : « Il est cinq heures de l'après-midi, soudain, Katuar, un Papou adulte, se met à courir à travers le village en criant de frayeur : *bowèz, bowèz !* Immédiatement l'atmosphère paisible se transforme en une panique sauvage. Les femmes abandonnent la préparation du repas, attrapent leurs enfants et, craintives, les pressent contre elles. Les hommes, excités, courent sur la place du village. Ils se bousculent autour de Katuar et veulent savoir exactement ce qui s'est passé. Mais Katuar est toujours hors de lui. Il ne peut pas parler. La panique grandit. Des enfants pleurent, des hommes saisissent leurs arcs et leurs flèches, au moins pour faire quelque chose. Mais en même temps, ils sentent leur impuissance. Il n'y a rien à faire contre le *bowèz*. Enfin, Katuar bredouille son récit : « Je suis arrivé à l'arbre à bois de fer qui est au portail, je me suis assis pour me reposer. Soudain, j'ai vu des feuilles de tabac sur le sol. Ne touche surtout pas à ces feuilles, ça te ferait du mal. J'ai immédiatement couru vers la maison pour vous avertir. C'est *bowèz* ! »
Dans la langue des Papous, *bowèz* est tout ce qui déclenche le malheur, la fatalité, les coups du sort, les catastrophes. Nous lisons dans cet exemple étrange ce qui, partout, détermine la connaissance métacognitive. Les faits de la vie difficiles à comprendre, ou inextricables, sont interprétés et désignés pour pouvoir y répondre avec le répertoire des comportements coutumiers. Dans les recherches sur la métacognition (J.H. FLAVELL, 1979), ces interprétations sont étudiées selon divers concepts, tels que l'attribution causale, l'évaluation, le labeling-approach, l'étiquetage.
L'homme est contraint de s'expliquer le monde puisqu'il n'en possède aucune connaissance directe, par ex. pourquoi vit-il, à quoi lui sert sa vie, pourquoi faut-il mourir. Il s'explique de nombreux problèmes existentiels dans des cadres interprétatifs (schémas), qu'il stocke étape par étape lors de son développement personnel pour en former ses attitudes, ses préjugés, ses opinions, sa philosophie de vie et sa conception privée du monde, dont il répond par un engagement plus ou moins manifeste.

La psychologie clinique a étudié l'importance de ces interprétations de la vie, dans le cas de leur manque. Ainsi, le patient dépressif ne souffre pas moins de ses schémas négatifs que de lui-même, de son avenir et tout simplement du monde. Le fait que toutes ces interprétations déterminent plus ou moins nos vies n'est pas discutable. Par conséquent, il vaut mieux examiner comment elles apparaissent.
Les quatre domaines d'influence les plus importants sont (ill. A) :
l'expérience propre (le petit enfant qui se brûle le doigt) ;
les nombreuses influences morales venues des parents, des éducateurs, de la religion, etc. (en psa., le surmoi) ;
les effets de l'opinion publique (mass media, opinion populaire, pression vers la conformité intellectuelle) ;
les réflexions personnelles, le reflet de nos décisions : pourquoi ai-je fait cela ?

B. Engagement métacognitif

Les attitudes face à la vie sont rarement statiques. Certes, on affirme que l'humanité n'apprend pas de ses erreurs, mais pour les individus au moins, l'irréflexion et le discernement devraient s'équilibrer. Quant à la question du « sens de la vie », on y recherche sans cesse de nouvelles réponses : du souhait de simple survie jusqu'aux valorisations élevées portant sur un monde régi par la finalité. Ces questions se posent à chacun, du moins implicitement. L'homme doit consentir à la vie. La manière dont il le fait caractérise son engagement métacognitif.
Les possibilités sont infinies avec, le plus souvent, un mélange entre plusieurs significations existentielles nodales :
(B_1) « Réalisation de soi », camper son propre portrait.
(B_2) « Communauté » (amitié, famille, nation).
(B_3) Métaphysique (religion), vénération d'une puissance absolue et rédemptrice.
(B_4) Engagement politique, de la politique quotidienne à la planification à long terme.
(B_5) Engagement social, abolition de la répression sociale.
(B_6) Engagement pour la protection de l'environnement.
Toutes ces formes d'engagement et d'autres semblables (par ex. pour la paix) deviennent consistantes (fixes) et sont défendues soit *temporairement, fanatiquement*, ou de manière *éclectique et flexible*. En tout cas, elles constituent une tentative d'harmonie intellectuelle avec soi-même et avec le monde.
A certaines périodes apparaissent des « marginaux » à l'égard des habitudes intellectuelles et des idéologies valables jusqu'alors. Comme les sismographes, ces poussées idéologiques mettent en évidence les secousses souterraines qui ébranlent les bases de l'existence.

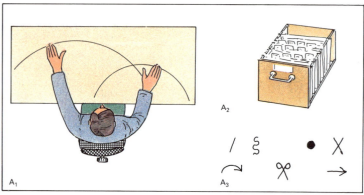

A Techniques de travail

B Techniques de traitement

C Techniques de transmission

« La plupart n'apprécient pas ce qu'ils comprennent ; mais il révèrent ce qu'ils ne peuvent saisir. »

Ce constat fait par GRACIÁN Y MORALES il y a plus de 300 ans est encore valable aujourd'hui. Bien des hommes préfèrent l'information qui dissimule, le clair-obscur verbal, ceci pour des raisons politiques, tactiques, économiques, idéologiques ou scientifiques, pour que l'on ne puisse pas les débusquer. Pour résister à cette fréquente entrave à l'activité intellectuelle, il faudrait tendre vers la clarté et la vivacité de la pensée, prendre les objets traités à bras le corps, tendre à des différenciations exactes, aider à la communication de la pensée et éveiller la confiance.

A. Techniques de travail

Penser est aussi, en partie, un « métier ». On peut rendre ce métier facile ou difficile pour soi-même et pour les autres. Hélas, le débutant est, le plus souvent, laissé seul en ce qui concerne la partie technique de son travail intellectuel.

(A_1) Quel doit être l'aspect du lieu de travail ? En fait, l'ergonomie (cf. XX/2) n'étudie quasiment que les postes de travail de l'industrie. Par ex. connaître le rayon d'action du bras au bureau peut être utile pour d'autres.

(A_2) Comment doit-on conserver les informations ? Les possibilités vont des fichiers et des registres jusqu'à l'informatique. Les archives de journaux offrent les meilleurs exemples.

(A_3) Comment doit-on canaliser le flux d'informations ? Chacun devrait s'inventer un système d'abréviations individuel pour des traitements particuliers (par ex. comme les 7 signes de l'illustration : important, douteux, conclusion, tester ; transposer, découper, rechercher).

B. Techniques de traitement

SOCRATE a dit :

« Si l'élève n'a pas parcouru au moins la moitié du chemin lui-même, il n'a rien appris. »

Cette proposition de base vaut pour l'ensemble de la cognition. Stocker des informations sans aspects particuliers est une chose que l'ordinateur sait mieux faire. Il faut devenir « maître » de l'information. De grands esprits se sont inventé des astuces à cette fin.

GOETHE a souvent rapporté sa méthode de travail. Il aimait les lieux de travail simples, presque désordonnés, où il fixait des fiches annotées aux murs (« chambre aux tablettes ») et dictait à JOHN, son secrétaire, tout en allant et venant dans la pièce. Il ne répugnait pas aux astuces :

« Je viens aujourd'hui de faire relier le manuscrit de la deuxième partie (du *Faust*) pour l'avoir sous les yeux comme une masse sensible. J'ai comblé l'emplacement de l'acte IV en le marquant avec du papier blanc, et de toute évidence, le livre fini attire et incite à achever ce qui est encore à faire. Cela réside dans ces choses sensibles plus qu'on ne le pense, et l'on doit venir en aide à l'esprit avec toutes sortes d'artifices. »

C. Techniques de transmission

Déjà âgé, PESTALOZZI, le père de la pédagogie, résumait les réalisations de sa vie :

« Quand, maintenant, je regarde en arrière et me demande : "Qu'ai-je véritablement fait pour l'essence de l'éducation des hommes ?" alors je trouve que j'ai placé le principe suprême, supérieur de l'enseignement, dans la reconnaissance des opinions en tant que fondement absolu de toute connaissance. »

On pourrait croire qu'il aurait ainsi chassé la pensée hors des salles de classe. Ne nous y trompons pas. Plus la pensée est exercée avec intensité, plus elle s'attache avec précision à son objet. Même la formule mathématique la plus abstraite se distingue parce qu'elle n'est pas étrangère aux objets.

La première étape est de mettre de l'ordre.

PASCAL :

« La faculté la plus importante : celle qui ordonne toutes les autres. »

FRANCIS BACON, l'un des premiers scientifiques au sens moderne du terme :

« Ce sont surtout la disposition, la répartition et les distinctions entre les différents points qui sont l'essence d'un achèvement rapide. »

Si le matériel adéquat est en ordre, on peut prendre l'élève par la main et l'amener vers une matière bien ordonnée.

Que ce soit un discours ou un travail écrit que l'on prépare, il faut avant tout appliquer des règles de base :

Bâtir un bon plan (table des matières), résumer à intervalles (même pour soi), s'efforcer de rendre l'objet compréhensible, essayer de trouver des « accroches » intéressantes, susciter aussi des sentiments (surprise, tension, curiosité, bienveillance), et indiquer les effets ultérieurs positifs (utilité vérifiée de ce qui est transmis).

SCHILLER, qui était très estimé comme professeur à l'université, dit :

« L'enseignant au sens strict doit s'orienter d'après l'indigence ; il part d'une prémisse d'incapacité... » et il ajoute : « un mode d'enseignement est beau quand il interroge et fait jaillir les mêmes vérités de la tête et du cœur de celui qui écoute. »

Quand on a éveillé l'intérêt, on peut apporter à l'élève ce qui appartient aux réalisations intellectuelles les plus élevées : l'impression vécue intense d'un jugement.

GOETHE :

« Il y a trois sortes de lecteurs, l'un est ravi sans jugement, l'autre juge sans plaisir, au milieu, celui qui juge en prenant plaisir à plaisir à juger ; ils reproduisent l'œuvre d'art en une nouvelle. Les membres de cette catégorie ne sont pas nombreux. »

204 X. Psychologie de la cognition / 13. Troubles mentaux

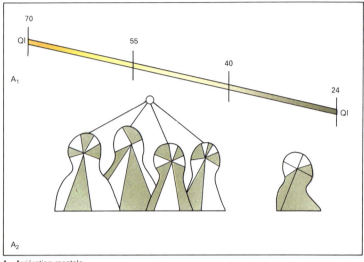

A Arriération mentale

B Aberrations mentales

Les stratifications multiples de la cognition se reflètent dans la multiplicité de ses altérations possibles. On peut les résumer en 2 groupes : handicap des performances intellectuelles (arriération mentale) et aberrations mentales.

A. Arriération mentale

Il n'est pas rare que la situation de l'arriéré mental soit rendue plus difficile par la communauté. Dans de nombreux domaines, les aptitudes des arriérés ne sont pas inférieures à celles des gens « normaux », mais, comme la cognition réclame une norme universelle très élevée, elles ne sont mesurées qu'à ce critère et échouent avant d'avoir pu faire leurs preuves en d'autres secteurs de l'existence. Le centrage sur l'intelligence est visible dans les répartitions usuelles.

(A_1) La classification officielle américaine, ainsi que beaucoup d'autres, part du quotient intellectuel (QI, cf. p. 195) et définit les « faibles d'esprit » entre 70 et 55 points comme débiles ou arriérés légers, ceux entre 54 et 40 comme imbéciles ou arriérés moyens et ceux entre 39 et 24 ou en dessous comme idiots ou arriérés profonds ; ces derniers sont répartis entre éréthiques (excités) ou torpides (obtus). Nombreux sont ceux qui pourraient être plus fortement soutenus qu'on ne l'a fait par le passé, mais les coûts élevés et, plus tard, la situation concurrentielle avec les non handicapés s'y opposent. Il en résulte une situation d'isolement de l'arriéré.

(A_2) La communauté réunit ou sépare les individus selon leurs performances intellectuelles. Elle met les arriérés à l'écart parce que, « selon toute apparence, le monde de l'arriéré mental est son monde et doit le rester, monde sur lequel... finalement on ne peut rien affirmer ». (SPECK et THALHAMMER, 1974). C'est pourquoi une intégration de l'arriéré est difficile et exige une absence de préjugés à l'égard de son autre monde vécu.

B. Aberrations mentales

(B_1) La forme la plus légère de l'aberration mentale est le préjugé. C'est un modèle d'interprétation stéréotypé qui préexiste sous une forme donnée et surgit dès qu'une situation semblable ou comparable à une autre survient, sans que la cause en soit identifiée.

Par ex., des différences du système sudoripare résulte le préjugé : « Les Noirs sentent mauvais. »

Une autre forme de trouble mental est la crédulité.

Les différentes formes de superstition représentent un vaste domaine. La magie de l'amulette est inoffensive (par ex. un porte-bonheur accroché dans sa voiture). Les effets des « médecines occultes » (PROCOPE) sont dangereux, surtout quand on attend la guérison par des moyens entièrement inadaptés, voire nocifs, alors que l'on néglige un traitement efficace.

(B_2) L'un des besoins cognitifs les plus forts est le décodage de l'avenir. Outre les pronostics obtenus par ordinateur, il existe encore en usage aujourd'hui un grand nombre de formes de prédictions. Les « arts divinatoires » les plus importants sont :

la lecture dans les cartes (cartomancie), la lecture dans les lignes de la main (chiromancie), la lecture de formes dans la poussière (géomancie), la baguette de sourcier (radiesthésie), le marc de café (domancie), l'interprétation des rêves (oniromancie), le jugement divin (ordalie) et l'astrologie.

On regarde certains « indices » comme des signes de forces inconnues portant sur un avenir qu'elles ont prédéterminé.

(B_3) Le domaine le plus dangereux de l'aberration mentale concerne la formation irrationnelle de groupes. Ici aussi, il y a des dangers plus ou moins graves.

Des bandes se constituent dans l' « uniformité » (même aspect extérieur, distance par rapport au reste de la société) pour susciter parfois des menaces par l'accroissement du potentiel du groupe, ce que l'individu isolé ne pourrait atteindre.

Les mouvements de masse augmentent ce potentiel, leur dynamisme étant plus fortement déterminé par le *fanatisme* (*lunatic fringe*). Au XXe siècle, des « mouvements » de ce genre ont entrepris l'anéantissement de certains groupes de population. Le Ku Klux Klan est un exemple antérieur aux égarements fascistes qui, plus tard, ont atteint le paroxysme inconnu jusqu'alors avec le National-socialisme allemand.

Comment un individu peut-il être mis au pas et devenir un adepte de tels groupes ? Dans une étude de *sectologie* (recherche sur la formation de groupes marginaux), on mentionne quelques étapes principales : distanciation et isolement à l'égard des liens antérieurs, familiaux, culturels, etc. ; déplacement des besoins fondé sur l'idéologie ; prétendue infaillibilité de la nouvelle doctrine ; formation d'un langage (formules langagières au service de la non-pensée) ; rituel d'élection ; obéissance absolue à l'égard du chef charismatique ; flux d'informations sélectionnées et propagande terrifiante concernant le camp adverse ; modification radicale des valeurs morales.

Plus inoffensives, mais non moins préjudiciables, sont les formes très répandues d' « inhibition de l'élan intellectuel » (système de documentation AMP). Exemples :

inhibition de la prise de décision, pensée maniaque (fuite des idées), manie de plaisanter (moria), vide de la pensée (action démentalisée), vacuité du sens (incapacité à reconnaître une chose comme utile, valable, digne d'efforts ou plaisante).

206 X. Psychologie de la cognition / 14. Intelligence artificielle

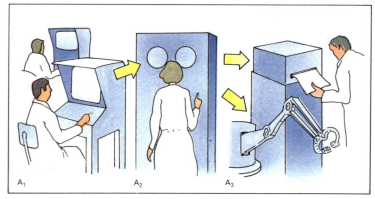

A Structure de support

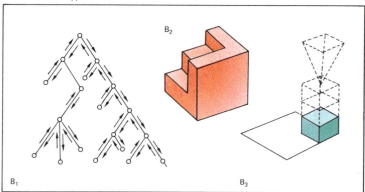

B Structure du traitement

C Système homme-ordinateur

Avec l'ordinateur, l'homme a un concurrent qui, dans le domaine de la cognition, maîtrise mieux plusieurs fonctions. Toutefois, on commet des erreurs d'appréciation en surestimant ou en sous-estimant l'ordinateur comme instrument d'intelligence artificielle.
La sous-estimation repose en partie sur une attitude de défense ou un sentiment d'étrangeté ; elle entraîne, entre autres, la mise en doute qu'un ordinateur puisse être « créatif ». La surestimation résulte la plupart du temps de l'erreur selon laquelle la cognition serait déjà ce que l'on sait d'elle ; alors l'ordinateur s'en tire encore mieux. La psychologie de la cognition en a malgré tout tiré profit ; sans la technologie informatique, elle n'aurait guère été pratiquée avec autant d'intensité ces derniers temps.

A. Structure de support

L'ordinateur est certes une machine, mais une machine extrêmement flexible. Grâce à lui, on peut accomplir d'innombrables tâches. A la différence de la plupart des autres appareils, c'est un système de machines qui contient trois grandes unités :
(A_1) Des **unités d'entrée** des données (*input*) : un clavier (sorte de machine à écrire), des appareils de mesure, des connexions avec d'autres ordinateurs, etc.
(A_2) Des **unités de traitement** ou unités centrales (*throughput*) : des systèmes de commandes (pour le déroulement des programmes), des systèmes de calcul (pour les opérations comparatives) ainsi que des mémoires principales et annexes de dialogue.
(A_3) Des **unités de sortie**, ou d'édition (*output*) : entre autres, l'écran, l'imprimante, des commandes manuelles ou commandes de machines (pour les robots). Ensemble, ils forment le « hardware », c.-à-d. la partie matérielle de l'ordinateur.
Selon le type de traitement, on distingue les ordinateurs analogiques (opérant comme une règle à calcul en grandeurs fluctuantes, par ex. avec des différences de tension), les ordinateurs digitaux (semblables à une planche à calcul, ou abaque, en unités entières) et les ordinateurs hybrides (combinaison des deux).
Les processus de travail des ordinateurs digitaux utilisés dans la pratique reposent sur des connexions et déconnexions. L'un des deux états est 1 et l'autre 0 (ou « oui » et « non »). Techniquement, l'état bit 1 est la magnétisation et l'état bit 0 la démagnétisation du noyau de ferrite d'une mémoire magnétique. Un taux de mémoire de 8 positions-bits (octet) a 256 diverses possibilités d'expression. Ainsi peut-on, à l'aide des deux états, reproduire tous les nombres (en système de nombres binaires) et, par conséquent, tout l'alphabet ainsi qu'emmagasiner de nombreuses représentations de signes et des c-bits (bits de contrôle).

B. Structure du traitement

A l'inverse du « hardware », on trouve le « software », la partie (livrée avec l'appareil) des programmes de traitement disponibles. Ces programmes trouvent le chemin qui va de l'état initial d'un problème à son état final ou solution, en passant par toute une série de procédures partielles.
(B_1) La forme la plus importante pour le déroulement est l'arbre de résolution. Il est représenté ici à l'envers : la procédure se déroule à partir de la racine (ici en haut) en passant par toutes les alternatives données (à l'exclusion des négatives) jusqu'à une ou plusieurs solutions plus ou moins optimales.
(B_2) Une autre forme de résolution d'un problème est le procédé par tâtonnements. Pour la simple identification de modèles, une antenne imaginaire palpe les objets et en dessine éventuellement les contours sur l'écran. On peut retourner peu à peu ces objets et les reproduire sous plusieurs angles. A titre d'extension de ces programmes, on peut fabriquer des formes « créatives ».
(B_3) Un ordinateur au travail peut par ex. empiler des objets dans un « monde de petits cubes » (WINOGRAD) et évaluer dans quelle mesure une telle tâche peut être accomplie ou échouera, comme dans le cas d'une pyramide posée sur la pointe.

C. Système homme-ordinateur

L'ordinateur sert d'assistance cognitive là où il est plus rapide, plus exact et a moins de prétentions. Par ailleurs les processus cognitifs sont simulés par l'ordinateur qui vérifie ainsi la psychologie de la cognition.
Dans le processus de décision (par ex. une partie d'échecs), on peut installer de nouveaux *regel-sets* (diverses règles générales, par ex. un enchaînement rétrogressif de la solution vers le problème initial, des raccourcis de décision, un risque accru, etc.) qui sont plus proches des situations de la vie.
Pour beaucoup de problèmes, le cheminement de la solution ne peut être défini d'avance, par ex. quand un adversaire se trompe dans ses manœuvres. Mais on peut aussi vouloir induire son partenaire en erreur en le manipulant. Aucun programme, même très perfectionné, ne peut prévoir toutes ces embûches.
La plupart des programmes partent d'une « matrice de gain fixe » facile à programmer.

La pensée ne doit pas être « informatisée » – tout comme l'ordinateur ne doit pas imiter la pensée dans ses détours apparents, ses abréviations, ses idées annexes, dans la formation de schémas, d'abstractions, de hiérarchies de concepts et de stratégies d'évaluation. Il faut valoriser un système homme-ordinateur (SHO) ouvert avec une autonomie réciproque.
Dans ces conditions, le SHO peut être utilisé en particulier pour calculer d'avance les développements futurs, dont l'ensemble des réseaux de déterminations ne pourrait être perçu sans ordinateurs.

208 XI. Psychologie de la communication / 1. Théories de la communication

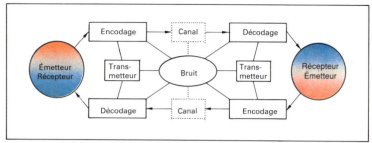

A Théories de l'information

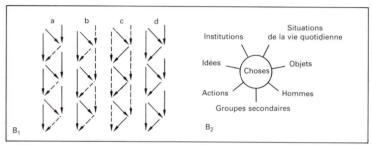

B Théories du profit

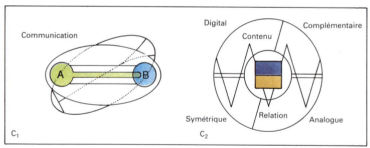

C Théories de l'équilibre

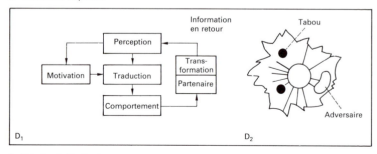

D Théories de l'évaluation

Il y a deux siècles, le baron VON KNIGGE écrivait dans son ouvrage de la *Fréquentation des hommes* :
« Intéresse-toi aux autres si tu veux que d'autres s'intéressent à toi. »
Si l'on connaît le « moi » et même le « toi », un domaine reste encore énigmatique, celui de la médiation ou de la séparation entre le « moi » et le « toi ».
Qu'est-ce que la communication ? Certains pensent que rien ne se produit « entre » ceux qui y participent – que tout serait action et réaction de part et d'autre –, d'autres estiment que l'on peut parler d'un « esprit collectif » qui engloberait plus qu'une simple action et réaction. Mais la plupart des théoriciens laissent cette question ouverte.

A. Théories de l'information
Grâce à l'essor des médias (téléphone, presse, télévision, etc.), les théories de l'information, qui se définissent d'après les appareils de communication, sont devenues le modèle de la plupart des théories de la communication (CH. CHEREY).
Les deux participants (émetteur/récepteur) sont des éléments comparables dans une relation d'alternance. Des canaux assurent la transmission de contenus de messages qui doivent être tour à tour chiffrés et déchiffrés (codés et décodés, c'est-à-dire exprimés ou reconnus d'après la signification apprise).
La technique utilise des appareils de transmission (ou « transmetteurs »).
Le concept central de source de perturbation (« bruit ») ne désigne pas seulement d'éventuels défauts techniques (déformation de la parole, « grésillement », etc), mais aussi les malentendus personnels pendant la transmission.

B. Théories du profit
Ces théories attirent en particulier l'attention sur l'utilisation délibérée des moyens de communication.
(B_1) VON RIPPE formule l'interaction à deux (*dyade*) (THIBAUT et KELLEY) en des termes résolument économiques :
« Les individus aspirent à maximiser leur salaire net (salaire brut moins les frais). »
Le désagrément, le temps dépensé, etc., représentent les frais, tandis que les opinions recueillies, la chaleur humaine, l'information, la valorisation de soi, les services, la sécurité, désignent le profit. On tire un « profit » des relations positives et on subit une « perte » du fait des relations négatives.
JONES et GERARD ont dessiné le modèle de communication suivant : (a) les deux partenaires ne communiquent qu'avec eux-mêmes ; (d) voici le cas d'un échange mutuel idéal ; les relations intermédiaires sont plus probables : (b) asymétrique, (c) symétrique.
En revanche, d'après la théorie de l'équité (*equity-Theorie*) (HOMANS, ADAMS), l'homme n'aspire pas au profit, mais à la similitude d'offres bilatérales et ne viserait qu'à un équilibre de la relation. (*L'inequity* (inéquité) serait équivalente à un « surpaiement » unilatéral.)
(B_2) L'interactionnisme *symbolique* renvoie à G.H. MEAD :
« Le comportement d'un individu ne peut être compris qu'en liaison avec le comportement de tout le groupe social dont il est membre. »
Ainsi attribue-t-on à tous les objets ambiants (*choses*, c'est-à-dire personnes, institutions, etc.) une signification symbolique, à laquelle le groupe adhère plus ou moins. Dans cette « conversation par gestes », l'individu (d'après C. W. MORRIS) est apte à
« déclencher en lui la réaction que son geste provoque chez les autres, puis à utiliser cette réaction pour contrôler ensuite son propre comportement ».

C. Théories de l'équilibre
Ce groupe se réfère davantage au « champ social » entre les partenaires.
(C_1) Dans la *théorie du champ* de K. LEWIN, l'espace vital est déterminé par des « forces » sociales ; le comportement (C) des participants A et B est une fonction (f) de la situation de la personne (P) et de son environnement (E) :
C = f (P, E).
(C_2) La *Théorie de la communication* de P. WATZLAWICK (et coll.) part de « causalités cycliques » où « le comportement d'individus isolés conditionne celui de toute autre personne ». Ainsi donc on peut tout aussi bien « ne pas non-communiquer », puisque même le silence est interprété comme une « réponse ».
Ces théoriciens de la communication distinguent le niveau du contenu (de quoi s'agit-il) du niveau relationnel (où les poids se font équilibre) et des systèmes symétriques (images semblables) ou complémentaires (se complétant mutuellement) (cf. XX/8, A).

D. Théories de l'évaluation
Communiquer c'est aussi évaluer ou satisfaire son propre besoin de communication.
(D_1) Le *modèle des aptitudes* de M. ARGYLE part du principe qu'il faut apprendre à communiquer (comme à jouer du piano ou à nager). L'instauration des relations sociales dépend surtout des réponses obtenues à chaque phase, de l'expérience sociale.
(D_2) Dans la *théorie de la réactance* de J.W. BREHM, l'influence sociale oblige à céder ou à résister. La liberté de communication est restreinte par ex. par le caractère d' « anticommunication » d'un message déguisé et plus encore par l'autolimitation, les tabous et les adversaires physiques. Par crainte pour l'intégrité psychique personnelle, une « réactance latente » repousse les tentatives d'influence présumées.

210 XI. Psychologie de la communication / 2. Processus de communication

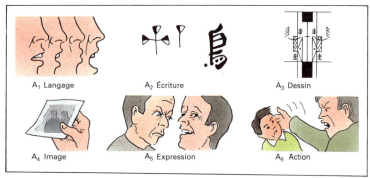

A₁ Langage A₂ Écriture A₃ Dessin
A₄ Image A₅ Expression A₆ Action

A Moyens de la communication

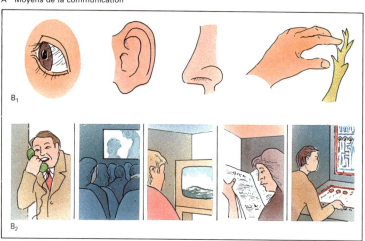

B₁

B₂

B Voies de la communication

C₁ C₂

C Effets de la communication

Généralement tout s'édifie à partir du *triangle de la communication* : aux deux angles de la base, on trouve le communicateur (que l'on appelle aussi expéditeur, producteur, auteur, émetteur, inspirateur, etc.) et le communiquant (appelé récepteur, destinataire, sujet atteint, concerné, percevant, interprète, consommateur, personne cible, etc.) puis au sommet, un *message* (ou parole, information, intention, contenu, énoncé, signification, requête, comportement non verbal, etc.). La communication naît de la « fonction de chaîne » du message, par ex. de l'information que le communicateur transmet au communiquant. En fait, la communication n'est pas très « stable », mais plutôt une alternance très variable et rapide qui ne peut guère être saisie tout entière dans l'instant.

A. Moyens de la communication

Le langage, en tant que forme supérieure de la communication, passe par la vue et l'ouïe. Que se produit-il si l'on ne dispose pas de ces deux sens ?

> Dans le cas célèbre d'HELEN KELLER, le professeur de cette fillette sourde et aveugle a réussi, à l'aide du toucher, à l'amener si loin qu'elle a achevé ses études universitaires par un doctorat.

Il existe donc divers moyens de communication dont les plus importants sont :

(A_1) **Le langage** : il prédomine sur les autres formes de communication car il peut transmettre des millions d'informations.

(A_2) **L'écriture** se place juste derrière **le langage** (normalement, elle ne peut pas reproduire la mélodie de la parole). L'illustration montre le mot « oiseau » écrit en cunéiforme, puis l'idéogramme chinois.

(A_3) **Le dessin** : ici une figure de danse (saut cosaque) dans une partition chorégraphique.

(A_4) **L'image** : une photographie peut aussi être un « message ».

(A_5) **L'expression** : le rire a aussi valeur d'« énoncé narratif ».

(A_6) **L'action** : une gifle est une « information », même si elle est désagréable.

B. Voies de la communication

Ces voies sont déterminées par les étapes initiales et finales représentées par les organes de perception (B_1) que sont l'œil, l'oreille, le nez, le toucher, etc.

Il y a divers « canaux » entre l'étape de l'*input* et celle de l'*output* (B_2) ; le plus simple est le contact direct entre les partenaires avec le son, la lumière ou les ondes traversant l'espace intermédiaire. Ce canal simple peut être complété par la technologie : par l'intermédiaire du téléphone, de magazines, du cinéma, de la télévision, mais aussi par jeux électroniques. Au cours des dernières décennies, les voies de communication ont évolué du contact direct vers le contact à distance. Cette tendance générale semble devoir se poursuivre dans l'avenir.

La conséquence psychologique de cette évolution réside dans le changement qualitatif des attentes de communication, surtout pour les contenus attrayants.

C. Effets de la communication

Les effets vont de l'*inattention* à la *manipulation*. Une information peut n'être pas entendue soit parce qu'elle n'a pas d'effet acoustique, soit parce qu'on n'en prend pas une connaissance consciente.

Par ailleurs, des procédés de suggestion, par ex. tentatives de manipulation mentale, peuvent contraindre un sujet sans qu'il le remarque à des actes qu'il ne ferait pas volontairement (cf. XX/12).

La plupart des effets se situent entre ces deux extrêmes, les informations et les suggestions formant un mélange.

La recherche sur les effets est un domaine délicat puisqu'il est impossible de s'appuyer sur aucun effet constant. Il existe une grande différence entre effets *simultanés* et *ultérieurs*. Ils peuvent souvent se contredire :

> par ex. un effet instantané intense dans un spectacle télévisé peut s'estomper immédiatement après la fin de l'émission.

Dans d'autres cas, un effet simultané faible peut entraîner une modification d'influence durable sur la pensée et les actes du spectateur. De nombreuses émissions avec des scènes de brutalité peuvent renforcer, suivant une tendance qui se généralise, l'impression inconsciente que la violence est chose normale, donc acceptable.

Il est plus difficile de répondre à la question sur l'*orientation de l'effet* du point de vue du contenu. La conséquence ordinaire est simplement de rafraîchir une opinion qui est vite remplacée par la suivante. La plus grande partie des effets ne sont que des copies échoïques à court terme.

Il en va autrement de l'*imitation* en profondeur. Ici, le champ environnant (le contexte) est repris. On obtient l'effet maximal au niveau du contenu par influence sur les commandes mentales. Si l'on parvient à former l'idéologie d'une personne, il est fort probable qu'il en résulte des effets durables dont les racines ne pourront plus guère être reconnues plus tard.

Pour évaluer l'effet de la communication (par ex. d'une émission télévisée), il est nécessaire de définir séparément chacun de ces divers champs d'action.

Mais pour ensuite établir leur interaction, il faudra utiliser des logiciels capables de calculer la corrélation entre cette multitude d'effets. Car la communication a toujours une interaction pour effet, c'est-à-dire un système d'effets en réseaux synergiques difficile à percevoir.

212 XI. Psychologie de la communication / 3. Postures de communication

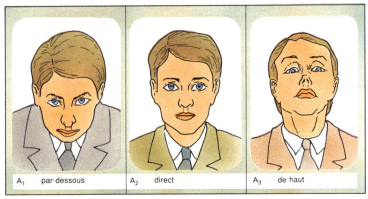

| A₁ par-dessous | A₂ direct | A₃ de haut |

A Communicateur

| B₁ Activité | B₂ Intensité | B₃ Évaluation |

B Contenu de la communication

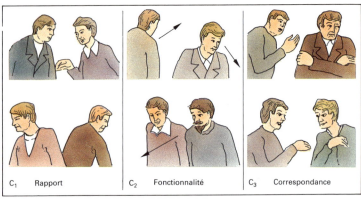

| C₁ Rapport | C₂ Fonctionnalité | C₃ Correspondance |

C Communiquant

Un proverbe dit : *L'écho reçu est celui du cri lancé dans la forêt*. Cette rétroaction est la base de nombreuses lois de la communication.

A. Communicateur

Des expériences ont établi que les hommes sentent par un instinct très fin quand et comment on les regarde. Le comportement de trois commentateurs de la télévision peut nous servir d'exemple :

A_1 regarde vers le bas ; quand il lève les yeux on a toujours l'impression qu'il regarde « par-dessous ». Cette attitude indique la soumission à l'égard du public. Certes, il s'impose moins, mais en général la foule méprise les solliciteurs.

A_2 a un contact oculaire direct ; s'il donne l'impression d'être détaché et amical, il place son public au même niveau que lui (exception : un regard trop fixe, par ex. rivé au-delà de la caméra à un téléscripteur.)

A_3 relève la tête davantage que les autres ; il donne une impression d' « arrogance ». Cette attitude peut ne cacher que de l'embarras bien qu'on l'interprète souvent comme un rejet ou un refus du public.

B. Contenu de la communication

A partir d'analyses de contenu, CHARLES OSGOOD a déduit trois critères :

(B_1) **Activité** : par ex. les traits actif-passif, dépendant-indépendant du but, dirigeant-dirigé.

Dans le mythe antique, Sisyphe accomplit un châtiment divin ; il hisse sa pierre au sommet de la montagne, qu'elle dévale ensuite en roulant. L'écrivain ALBERT CAMUS en a fait le symbole des aspirations humaines : même inefficace, l'activité comme telle est indispensable à l'homme.

De même, en plus de seulement informer, la communication définit le sens de la vie.

(B_2) **Intensité** : par ex. fort – faible, dur – tendre.

Dans les fêtes populaires, on trouve des « jeux » qui mesurent la force physique.

Même si elles sont assez difficilement mesurables, on peut distinguer des relations « fortes » ou « superficielles et faibles » dans la communication.

(B_3) **Évaluation** : par ex. bon – médiocre – mauvais, agréable – désagréable, positif – négatif.

Comme pour certaines disciplines sportives où un jury attribue une note, la communication contient une référence de valeur : une querelle implique des références négatives, l'harmonie des références positives. Les examens comportent une évaluation directe des contenus.

C. Communiquant

La position du communiquant, de l'« interlocuteur », alterne souvent avec celle du communicateur. Trois critères principaux intéressent la position dans la relation :

(C_1) **Rapport** : La base de toute relation est la disponibilité à aller vers autrui (*attachement*). L'attraction ou l'évitement en sont les composantes fondamentales. Quiconque refuse une relation, entrave les caractéristiques relationnelles futures.

(C_2) **Fonctionnalité** : Les aspirations peuvent diverger de manière « dysfonctionnelle » : on ne se comprend pas mutuellement ou l'on trouve qu'autrui vous traite de façon incorrecte. D'autre part, l'harmonie peut atteindre divers degrés : de la similitude des opinions jusqu'au proverbial « unisson des esprits et des cœurs ».

(C_3) **Correspondance** : Il existe des processus relationnels unilatéraux, par ex. discours, télégrammes. En revanche, la plupart sont réciproques mais pas obligatoirement équilibrés.

Ces diverses positions ont une action combinée. Cette intégration intensifie le déroulement de la communication, dans laquelle l'influence des trois positions peut varier : tantôt le thème est le plus important, puis de nouveau la personne.

On peut essayer d'analyser le caractère oscillant de la communication actuelle de deux manières.

(1) La structure de la communication peut être examinée sous l'angle de la théorie des systèmes, et selon 6 groupes de propriétés :

(a) Les conditions de participation : critères extérieurs tels que le nombre de participants, la durée des contacts isolés, leur distribution temporelle.

(b) Les caractéristiques du groupe : homogénéité, perméabilité à des tiers, cohésion, régularité des rencontres et présence des participants (maturité).

(c) Les caractéristiques de l'activité : degré d'activité dans la communication (participation), niveau d'orientation vers des buts communs (polarisation), proximité humaine (intimité), indépendance individuelle (autonomie), ampleur de l'observation mutuelle (contrôle).

(d) La pente de la relation : domination ou soumission (rangs), tâches spécifiques (rôles).

(e) La hiérarchie des contacts : attentes de spontanéité, d'intelligibilité, de sérénité, d'univocité, etc.

(f) Les prescriptions de normes : règles comportementales, par ex. étendue des directives, des privilèges.

(2) On utilise un autre mode d'analyse pour décrire globalement le déroulement de la communication. R.F. BALES (1951) a réalisé un tableau de 12 catégories comportant, entre autres, les caractères suivants : fonctions de soutien, de commentaire, de détente, de mise en question des opinions, d'activation de la tension. D'après lui, une communication satisfaisante se développe en cas de solidarité (assistance mutuelle) et d'atmosphère détendue avec un fort consentement mutuel (cf. p. 303 et 357). La référence morale joue également un rôle important. Quand on estime quelqu'un d'une valeur morale supérieure, on préfère adhérer à ses contenus.

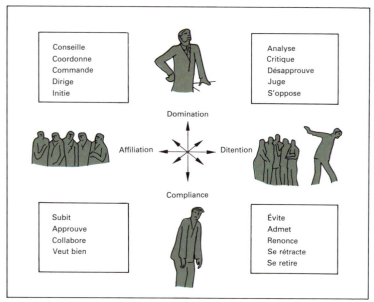

A Référence de la communication

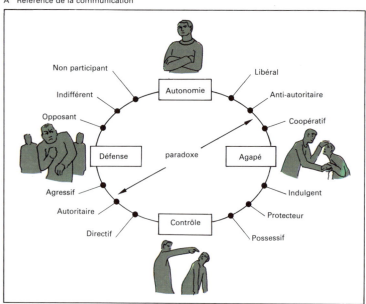

B Rapports de communication

« A quoi cela sert-il et pourquoi ces longues dentelles sur l'habit de soirée ? » demande WILHELM BUSCH dans un poème satirique. Dans les relations quotidiennes, nombre d'éléments ont perdu leur sens original. Nous traînons avec nous des significations, et souvent même des conflits qui n'ont plus aucun sens actuel. Ceci correspond à une loi complexe de la communication :
> Tout comportement communicatif dépend d'innombrables facteurs qu'il n'est pas en notre pouvoir de maîtriser.

A. Référence de la communication

Ces significations que l'on traîne avec soi indiquent aussi que les références de la communication se constituent peu à peu. En effet, nous ne sommes pas uniquement influencés par la famille, mais aussi par la couche sociale, la nationalité, les attentes liées à l'âge, au sexe, etc. Le comportement interhumain s'apprend d'après ces références.

Pas à pas, nous nous forgeons un comportement préférentiel qui demeure relativement constant : c'est notre style de communication. Quand d'autres nous jugent, ils se réfèrent d'emblée à ce style.

A l'aide de diverses analyses factorielles, on s'est efforcé de réduire les particularités individuelles dans les interactions à quelques caractères principaux (BERKOWITZ). Deux dimensions se sont révélées particulièrement éclairantes pour représenter la formation de styles de communication.

La première décrit la tendance à la communication au moyen de 2 concepts.

Par **affiliation** (ou « contention »), on entend la référence à d'autres personnes sans objectif direct (pulsion sociale, assimilation, *pacing*).

Le concept opposé de **ditention** signifie l'éloignement social (*spacing*), la prise de distance délibérée à l'égard d'autrui.

La deuxième dimension se réfère à 2 concepts ayant trait au rapport hiérarchique.

Par **dominance**, on entend l'affirmation par le sujet de positions de pouvoir. R.B. CATTELL cite ici les caractéristiques suivantes : recherchant le pouvoir, directif, affirmé, dur, déterminé, habitué au commandement.

Le concept opposé de **compliance** (S. MILGRAM) signifie la soumission « sans volonté » à des ordres et à des directives de comportement, sans opposer de résistance notoire : « ne pas se faire remarquer ! »

Le *conformisme* est une forme spécifique d'adaptation opportuniste aux normes et aux objectifs d'une collectivité, mais qui peut aussi receler une hostilité latente.

Si l'on croise les deux aspects, on obtient :
(en haut à gauche) l'*affiliation dominante*,
(en haut à droite) la *ditention dominante*,
(en bas à gauche) l'*affiliation compliante*,
(en bas à droite) la *ditention compliante*
et leurs caractéristiques correspondantes. D'autres liens entre ces dimensions sont pensables non seulement en combinaison, mais aussi en alternance, selon la référence aux personnes, aux circonstances temporelles, aux situations.

B. Rapports de communication

Dans une recherche de LUFT et INGHAM, on a identifié quatre états notoires dans le rapport interactif (cf. chap. XIX/2, B) :
le domaine que je suis seul à connaître,
(personne privée, sphère intime)
celui que les autres connaissent aussi,
(personne publique),
celui que les autres connaissent, mais que j'ignore de moi-même,
(ma zone d'ombre)
et celui qui est généralement inconnu,
(domaine verrouillé).

Chez la plupart des individus, cette « zone d'ombre » des particularités, qui définit la manière dont on communique avec les autres, est sans doute assez vaste. C'est pourquoi l'analyse de nos rapports de communication apporte une aide de grande valeur.

Le cercle des fonctions met l'accent sur 4 positions primordiales :
L'autonomie : l'indépendance, comprise ici comme l'absence de dépendance à l'égard d'autrui.
L'agapé : l'amour généreux, par ex. sous forme d'amour du prochain.
Le contrôle : comprend les exigences envers autrui.
La défense : caractérise l'attitude défensive de celui qui s'attend en permanence aux attaques latentes des autres.

On a réparti dans le cercle les types significatifs de relations établies avec autrui.

Un tel modèle présente le double avantage de fournir un panorama rapide et de définir les contraires. Les modifications s'effectuent plus facilement quand on peut indiquer la position opposée. En effet, une des fonctions essentielles de la psychologie de la communication devrait être d'améliorer les relations entre les hommes, que ce soit au niveau du couple ou au sein de grandes collectivités.

Les relations désirées avec les partenaires peuvent tout aussi bien se créer de manière congruente (égalité ou similitude des positions), symétrique ou complémentaire (positions qui se complètent).

Il y a relation de communication paradoxale quand on utilise par ex. l'agression (morsure, coup) au sens coopératif pour susciter le contact ou dans le jeu amoureux. Ceci montre nettement à quel point les styles de communication sont combinables.

216 XI. Psychologie de la communication / 5. Communication verbale

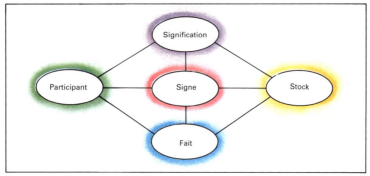

A Système du langage

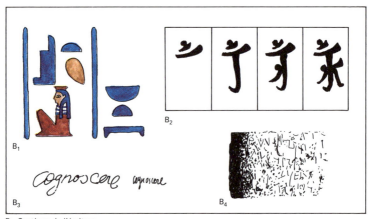

B Système de l'écriture

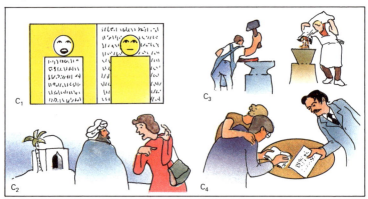

C Fonction du langage

La place particulière tenue dans le processus de communication par le langage, ce « système d'information réglementé » (J.L. AUSTIN, J.R. SEARLE), résulte de l'extrême précision de son message. C'est dans le langage scientifique que l'on s'efforce le plus de transmettre avec clarté des contenus compliqués, mais c'est dans la « bonne » littérature qu'on y parvient le mieux. Néanmoins, nous négligeons le langage dans la vie courante. Plus le locuteur et l'auditeur se connaissent, plus le langage s'émousse, s'abrège, devient succinct et grammaticalement imparfait.

A. Système du langage

Le langage n'est pas monotone. Grâce à lui, on peut établir des liens intellectuels avec autrui mais aussi s'en distancier par un langage inintelligible ; il permet aussi bien de formuler l'inclination que le rejet ; il peut servir de soupape, à s'approprier le savoir, à améliorer la pensée, à faire preuve d'activité artistique, à chercher un sens, à influencer les autres, etc.

La maîtrise de tous ces aspects est aussi la tâche de la *psycholinguistique* qui s'est développée à partir de l'ancienne psychologie du langage.

Le concept central de la psycholinguistique est le signe (ill. A).

C'est d'abord un modèle dépourvu de sens (d'utilisation arbitraire) qui relie un fait, un état de chose, un référent (par ex. un objet, une personne) à une signification.

La fonction du signe (tout comme les faits et les significations) est variable.

Le signal linguistique ou signe « table » relie l'objet à la signification établie par notre langue. Dans la plupart des cas, ces conventions sont introduites depuis des siècles, tandis que d'autres mots ne sont usités que depuis peu. Les termes usuels se « diluent » peu à peu, ils prennent une signification plus large, moins précise.

Les phrases élargissent la base des significations. Généralement, la signification est surchargée par l'usage du langage (« redondance »).

Si par ex. dans la plupart des phrases on négligeait toutes les voyelles, la phrase serait encore compréhensible.

Le stock de signes dont disposent les participants est pratiquement illimité. Le langage est en mesure d'amplifier sa différenciation de manière imprévisible.

B. Système de l'écriture

Tandis que le langage passe pour remonter à plus de cent mille ans, l'écriture ne date que de quelques milliers d'années.

(B_1) L'écriture chinoise, comme les hiéroglyphes de l'Égypte antique (ill. : « Isis, déesse du ciel ») était une écriture imagée.

(B_2) Au cours des millénaires, celle-ci a pris une forme de plus en plus abstraite par rapport à son caractère originel : aujourd'hui, chaque concept doit être appris séparément et dessiné dans un rectangle fictif.

(B_3) Les écritures manuscrites contiennent des caractéristiques individuelles qui tendent à s'estomper avec la technologisation des échanges écrits. La graphologie a tenté de déchiffrer le « caractère » d'une personne à partir de ces caractéristiques.

(B_4) Les Phéniciens ont accompli une révolution en inventant l'alphabet ; l'illustration en montre un des exemples les plus anciens.

C. Fonction du langage

L'intercompréhension par le langage a contribué à la supériorité de l'homme. La communication est tout d'abord verbale, pourtant le langage peut entraver la communication.

(C_1) Le vocabulaire diffère fortement d'un sujet à l'autre. Il faut faire la distinction entre le vocabulaire actif (utilisé) et le vocabulaire passif (seulement compris).

(C_2) Des barrières linguistiques ont été édifiées mais aussi éliminées au cours de l'histoire du langage. L'importance des dialectes n'a cessé de décroître, processus interrompu seulement par des phases de revalorisation. L'une des barrières les plus lourdes de conséquences est apparue avec la terminologie scientifique.

Le langage est aussi une possession personnelle ; l'aisance de la parole élève l'individu au-dessus des autres. Ceci s'applique particulièrement au multilinguisme très répandu de nos jours en raison notamment de la fréquence des voyages à l'étranger. Si jadis (comme dans la Bible) on considérait le polyglottisme comme un châtiment divin, il est devenu un critère de culture par la suite.

Par ailleurs, la diversité des langues spécifiques a favorisé la formation des nations et l'identification à celles-ci.

(C_3) On peut suivre clairement l'évolution des fonctions du langage à partir de l'apparition et de l'évolution des patronymes.

Vers 1200, 30 000 personnes vivaient à Cologne et les prénoms ne suffisaient plus à les distinguer : on y accola notamment le nom du métier ou de la demeure. Vers 1150, 18% de la population possédait un nom de famille, et 80% dès 1250.

A Vienne, en 1288, il ne se trouvait plus guère de personne à ne porter qu'un prénom. En revanche, dans les régions rurales, le nom complet ne s'est imposé qu'au XIXe siècle.

L'histoire a connu plusieurs phases de transformation des noms (comme par ex. une latinisation au début des temps modernes, ainsi qu'une adaptation aux langues locales avec les vagues d'émigration).

(C_4) Le vocabulaire d'une communauté linguistique est constamment soumis à des modifications d'usage et de signification. Ceci est dû à des causes extérieures (par ex. changements sociaux) et aussi inhérentes au langage (par ex. reprise de terminologies spécialisées dans des dictionnaires généraux faisant autorité).

218 XI. Psychologie de la communication / 6. Communication non verbale

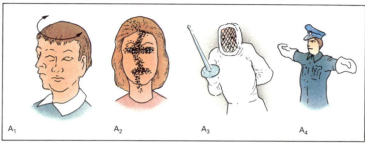

A Signalement de l'action

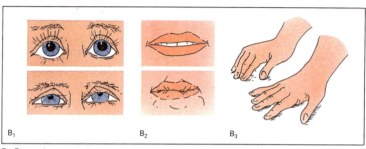

B Expression corporelle

C Maintien corporel

D Figuration consciente

Quand un chien rencontre un autre chien, il est important, même vital pour tous deux de discerner les intentions réciproques avant le contact direct.
Les caractéristiques comportementales sont donc des *informations préalables*. Mais beaucoup d'entre elles, par ex. le battement de queue du chien, sont liées à l'espèce et transmises héréditairement sans exprimer toujours l'« intention » du moment.
Chez l'homme, ce comportement est autant un « signalement » (c.-à-d. la représentation voulue d'un message) qu'une « posture d'état » (c.-à-d. un sentiment intérieur momentané ou un état durable qui s'extériorise plus ou moins involontairement).

A. Signalement de l'action

« Non verbal » ne signifie tout d'abord que l'exclusion de la parole. La communication non verbale est souvent consciente, et même n'intervient que lorsque le langage est trop pénible, sérieux ou ennuyeux.
LA ROCHEFOUCAULD disait à propos de cette fonction apparentée au langage :
« Nos actes sont comme des rimes sur lesquelles chacun peut faire son vers. »
Le signalement de l'action peut :
(A_1) remplacer le langage : Dans la plupart des pays, remuer la tête signifie une négation, mais un peu moins « nette » qu'un « non » littéral. Il n'y a donc pas correspondance totale mais une possibilité supplémentaire de communiquer avec autrui à un deuxième niveau.
(A_2) être connexe au langage : Il serait très impoli de ne pas regarder son partenaire pendant la conversation, ni très aimable non plus de le fixer avec insistance. Le regard doit effectuer certains mouvements.
Comme des expériences l'ont prouvé, la plupart des gens agissent ainsi. Les pointillés indiquent les endroits du visage de l'interlocuteur le plus souvent regardés.
(A_3) être une action autonome (par ex. en sport) : En escrime, on ne simule pas seulement l'attaque de l'autre mais on l'effectue.
(A_4) être un signal standard : L'agent de police qui arrête la circulation de face ne pourrait pas la contenir physiquement. Son geste a fonction de substitution d'un pouvoir qu'il peut exercer. S'il devait toujours arrêter la circulation verbalement, ce serait bien moins économique que le message « non verbal ».
Certains de ces groupes d'actions sont automatisés : le contenu réel du message a été, pour l'essentiel, oublié.

B. Expression corporelle

L'expression corporelle englobe divers registres qui reproduisent les états psychiques, le plus souvent sous forme inconsciente.
(B_1) La région des yeux participe de façon très marquée à l'expression corporelle. En cas d'émotion, les pupilles se dilatent et les paupières s'ouvrent plus largement, par ex. en cas de surprise ou de frayeur.
(B_2) Une bouche relâchée ou pincée indique le degré de tension intérieure.
(B_3) Dans une expérience, des sujets devaient, sans instructions plus précises, poser la main sur un support. Parmi ceux qui ont posé la main à plat en écartant les doigts, il y avait nettement plus de sujets sûrs d'eux-mêmes que chez ceux qui avaient posé leur main en formant une sorte de voûte.

C. Maintien corporel

A la différence du point précédent, il s'agit ici d'une utilisation plus consciente des moyens corporels.
(C_1) Contact corporel ; le baiser est un mode d'expression bien plus fort que la déclaration d'amour « verbale » la plus éloquente.
(C_2) Les bras ouverts ne signalent pas seulement le désir d'étreindre, mais « parlent » de l'affection et de la protection que l'on voudrait apporter.
(C_3) La révérence, qui jadis servait certainement à amadouer, est aujourd'hui considérée comme marque de soumission excessive ; cet exemple montre que le maintien corporel peut se modifier selon les époques.
(C_4) Le contact avec soi-même dans toutes ses formes d'expression, par ex. s'enlacer, se caresser, passer la main dans ses cheveux, etc., traduit très souvent un besoin de tendresse ou une attitude « narcissique ».

D. Figuration consciente

Si les formes de communication non verbale citées précédemment étaient plus ou moins inconscientes, il existe un domaine où se forgent consciemment de multiples possibilités d'expression.
(D_1) Les symboles de puissance des monarques et dictateurs stylisent leur personne selon une dimension inaccessible pour souligner l'écart avec leurs sujets. Ces symboles ne sont pas non plus étrangers aux dirigeants démocrates, mais ils sont utilisés avec moins d'ostentation.
(D_2) De tout temps, le vêtement a été un mode d'expression non verbal. Au Moyen Age, il était strictement réglementé dans le cadre d'une symbolique des rangs.
(D_3) Les bijoux sont une surenchère sur le vêtement par leur caractère expressif.
(D_4) La forme extrême d'expression non verbale est la création artistique.
Dans les modèles multimédias de la communication non verbale les plus récents, on part de la compréhension de modèles environnementaux. On introduit également l'expression non verbale de l'environnement dans la ville (styles architecturaux) et dans le paysage (nature), ce qui, sans aucun doute, marque aussi notre attitude à l'égard de la vie.

XI. Psychologie de la communication / 7. Communication de masse

A   Mass media

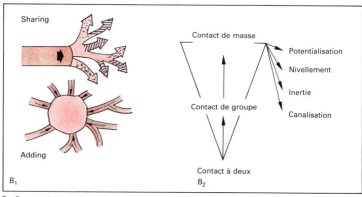

B   Contact de masse

C   Pouvoir sur les masses

Connaître la *communication de masse* est considéré comme détenir la « science du pouvoir ». Celui qui sait comment diriger et influencer le grand public peut – à supposer qu'il bénéficie des mass media adéquats – exercer un pouvoir considérable, et cela même sans fonction gouvernementale. Il importe plus encore d'avoir des connaissances précises en ce domaine pour le maître du pouvoir.

A. Mass media

Le concept de mass media n'est en rien univoque. En effet, le seul terme de « masses » peut être compris de deux manières.
(A_1) Dans le domaine télévisuel, la masse est constituée d'un ensemble de téléspectateurs ou de groupes de téléspectateurs isolés (*masse médiale*).
(A_2) En revanche, dans une réunion électorale, la foule est placée en contact direct (*masse présente*).
Comme passerelle entre le lieu de l'action et les masses, les médias sont parfois identiques pour ces deux types de masses (*masses médio-présentes*).

Dans les concerts de rock, tout comme dans les grandes assemblées, on recourt à la transmission par les technologies. En Asie orientale, on a pour la première fois dirigé des émeutes à distance par la voie des ondes, des milliers de postes de radio ayant été distribués dans la masse présente.

Pour profiter de la plupart des mass media (journaux, magazines, radio, supports sonores), l'utilisateur doit d'abord payer. La communication de masse est donc aussi un commerce.
Il en résulte que les (quelques) détenteurs de mass media s'impliquent dans leur objectif. Quand le public décide d'acheter, le nombre de consommateurs devient un régulateur. Par ailleurs, les occasions (l'opportunité des situations) règlent l'offre. Celle-ci est codéterminée par les opinions que diffusent les médias concurrents, les instances de contrôle public, les restrictions légales. Par conséquent, l'offre des mass media est soumise à des contraintes variables.
Les manifestations actives, soit la « liberté de presse du citoyen », font contrepoids à l'empire des médias.

B. Contact de masse

Que « veulent » les lecteurs, les spectateurs, etc. ? Cette question est une énigme permanente pour le journaliste (cf. chap. XVI, Psychologie des masses).
(B_1) Le motif principal de la variation des désirs du public réside dans la *loi de modalité de l'effet* :
une influence unique peut comporter divers effets (*sharing*),
un effet unique peut être la somme de plusieurs influences (*adding*),
l'effet est toujours aussi le résultat d'effets connexes simultanés,
à tout moment existent des préconditions latentes qui peuvent contribuer à l'explication.
(B_2) Il est donc inévitable que certains effets étonnent. En fait, on a constaté certaines formes de dérive du mode d'action de la communication dans les contacts, qu'il s'agisse de deux personnes (dyade), de groupes ou de masses.
L'effet le plus frappant est la **potentialisation** du vécu réel, des opinions et des aspirations.

Prenons le cas de la circulation d'une rumeur : en supposant qu'en un quart d'heure une personne fasse parvenir une nouvelle à deux autres, puis que chacune d'elles la fasse parvenir à deux autres pendant le quart d'heure suivant et ainsi de suite, théoriquement, il ne faudra pas même huit heures pour que la population mondiale soit envahie par cette information (G. NIESE).

Le **nivellement** des messages de masse correspond aux pertes de nuances qui apparaissent. Il est par ex. plus facile de transmettre un simple fait événementiel qu'un rapport abstrait.
L'**inertie** des masses se rapporte aux efforts plus ou moins grands pour les mettre en mouvement ou pour les freiner.
La **canalisation** consiste à délimiter certains traits de la personnalité : attributs de sympathie et d'antipathie, capacité d'inspirer confiance, etc., facteurs aisément manipulables par le rétrécissement des canaux dans le contact de masses.

C. Pouvoir sur les masses

MACHIAVEL (1469-1527) pensait déjà qu'il ne peut rien arriver au prince qui a les foules à ses côtés. Mais pour cela, il faut tenir compte de quelques lois.

Dans une expérience (G.D. WIEBE, 1956), on a associé un événement politique important qui faisait la une d'un journal à une information anodine sur « Trixi », un petit chien qui, par ses aboiements, avait sauvé un jeune enfant de la mort par asphyxie. 60% des lecteurs ont restitué cette nouvelle contre 22% pour l'événement principal.

Pour être sûr de capter l'intérêt des masses, il faut remplir plusieurs conditions :
susciter des émotions fondamentales,
(passage à l'action, pitié, dénouement heureux, etc.)
s'adresser à autrui,
(inspirer la confiance)
sélectionner l'interlocuteur,
(primauté de l'opinion courante)
bénéficier d'un bonus moral.
(impression de valeur morale supérieure)
Toutefois, l'observation de ces règles risque de nuire au niveau de maturité de la population. Il faut à chaque occasion choisir entre « dire les paroles attendues » et « parler au-delà du public ».

222 XI. Psychologie de la communication / 8. Troubles de la communication

A Communication corporelle

B Troubles relationnels

C Troubles de l'isolement

Compte tenu de l'étendue du processus de communication, les *possibilités de perturbation* sont multiples : perturbations dans le rapport à soi-même ; comportement inadéquat dans certaines situations ; difficultés d'adaptation aux conditions extérieures ; troubles de l'interaction ou de la relation avec le partenaire le plus important ; crises familiales ; troubles de l'isolement ; conflits dans la vie professionnelle ou quotidienne ; perturbations sociales allant jusqu'à la criminalité.
On prendra ici pour exemple le cadre restreint de la personnalité.

A. Communication corporelle

Le rapport à son propre corps n'est pas sans problème ; certes on s'« identifie » en général avec lui, mais bon nombre d'individus tentent de l'ignorer ou l'observent avec une attention accrue souvent accompagnée de déplaisir (hypocondrie). La dévalorisation traditionnelle du corps « mauvais » joue certainement ici un rôle non négligeable.
(A_1) Chez les jeunes gens en particulier, l'aspect extérieur est déterminant pour l'attrait personnel exercé dans le contact social. Il est moins facile à cet âge d'y substituer les symboles de prestige qu'à un âge plus avancé. Les femmes surtout sont soumises aux contraintes sociales (par ex. normes de silhouette) : ainsi est-il prouvé qu'elles s'intéressent davantage à leur aspect extérieur.
(A_2) D'après A. PICK, l'homme se forge un « schéma corporel » pour le cours de sa vie, c'est-à-dire qu'il entretient une représentation de son propre corps qui n'est peut-être plus actuelle (par ex. nombreux sont ceux qui ont presque le poids idéal tout en indiquant avoir des problèmes de poids).
(A_3) Un secteur extraordinairement plus vaste concerne les troubles de la communication sexuelle. Outre les troubles fonctionnels (impuissance, frigidité), on relève, entre autres, le manque d'information, les inhibitions de l'approche, les différences d'attentes sexuelles. Les malentendus sexuels entre partenaires reposent souvent sur la méconnaissance des différents processus d'excitation ainsi que sur la diversité des besoins de tendresse après l'acte sexuel.
(A_4) Dans la vie professionnelle, on fait de moins en moins appel au corps comme support de performances. Le besoin d'activité dans les loisirs croît dans la même proportion. Les troubles apparaissent lorsqu'on surestime ses capacités physiques. Les transformations dues à l'âge jouent ici également un grand rôle et, de façon générale, le vieillissement pose un problème fréquent dans la communication corporelle.

B. Troubles relationnels

(B_1) L'un des époux (assis à côté du chauffeur) attire l'attention de l'autre sur un danger, ce dernier réagit en se vexant ; c'est un indice de trouble relationnel. Bien qu'il n'ait rien à objecter à cet avertissement, le conducteur le ressent comme une indication latente de son incapacité ou même comme arrogance (usurpation de rang) du partenaire. Tout couple joue sur sa structure hiérarchique qui très souvent est modifiable. Si le couple ne parvient pas à exprimer ces changements, des troubles de la relation apparaissent à coup sûr (P. WATZLAWICK).
(B_2) ERIC BERNE, dans son analyse transactionnelle, tente de décomposer les habitudes comportementales acquises (« scénarios » inconscients) d'après leur période d'apparition : moi-enfant, moi-parent, moi-adulte.
Si un partenaire dit : « Ne crois-tu pas que tu manges trop ces temps-ci ? », le moi-adulte de l'autre pourrait lui répondre : « Tu as raison. », ou bien, (dans la communication croisée) le moi-enfant : « Il faut toujours que tu me donnes des leçons. »
(B_3) Ces différences renvoient à la théorie du double lien de GREGORY BATESON, qui voit ici des « séquences insolubles » (exhortations niant leur but) :
On offre deux chemises à quelqu'un, il en met une. Puis vient la question : « L'autre ne te plaît-elle donc pas ? »

C. Troubles de l'isolement

Plus fortement encore que les injonctions paradoxales et que l'absence de relation due aux situations de double lien, l'isolement par rapport aux autres perturbe l'équilibre psychique.
(C_1) On peut observer les effets de la privation de communication dans le cas extrême d'une prise d'otage avec isolation. Lors de la première phase, de choc, les otages se sentent désorientés par rapport à toutes leurs relations préalables. La plupart du temps, une tentative de résistance y succède qui n'est pas toujours tournée contre le kidnappeur mais qui prend souvent la forme de reproches envers soi-même et parfois d'auto-agression. Au bout d'un certain temps, avec le sentiment de l'inutilité de la résistance, apparaissent la résignation et l'épuisement, qui s'intensifient par crises et peuvent même être récurrentes par poussées après la libération.
(C_2) L'isolement propre à la vieillesse est d'un cours moins dramatique, mais non moins tragique que celui d'otages dépérissant peu à peu.
Ces cas négatifs indiquent combien la communication interhumaine est indispensable à une vie psychique saine.

Mais les troubles des conduites de communication ne se limitent pas aux strictes relations entre individus. Il existe aussi des troubles de la communication dans les unités sociales plus larges : organisations (troubles de l'adaptation), contextes (loisirs de masse), vie publique (haine des minorités), écologie (crime contre l'environnement), système judiciaire (délinquance), société (terrorisme).

224 XII. Psychologie de l'émotion / 1. Dimensions émotionnelles

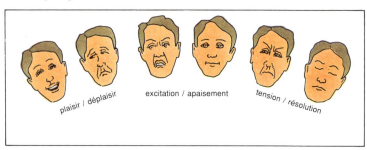

A Théorie des composantes

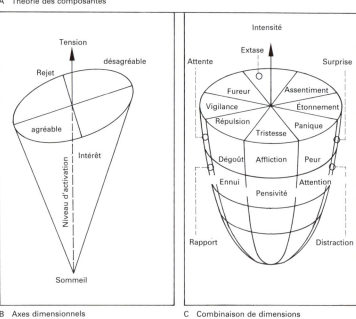

B Axes dimensionnels

C Combinaison de dimensions

D Émotivité moyenne

L'émotion fut hors de mise, « out », à certaines époques. Aujourd'hui elle est « in », mais en dépit de ce « tournant émotionnel » (EULER et MANDL) l'étude scientifique des émotions est encore à ses débuts. Se dégage actuellement une tendance générale à une différenciation croissante : loin d'être des phénomènes homogènes, les émotions sont constituées de plusieurs composantes, labiles en elles-mêmes et dans leurs rapports.
1) Du point de vue du système nerveux, l'une des fonctions fondamentales des cellules nerveuses, la séquence *rythmée* de transmission des informations, fournit déjà la base de l'excitation pertinente concernant l'émotion.
2) Les différents centres nerveux, réagissant à diverses émotions, organisent un déplacement émotionnel *thématique*.
3) Les effets de ces structures émotionnelles sont en corrélation avec des aires d'élaboration supérieures, si bien que des *significations* cognitives forment une unité inséparable avec les émotions.

A. Théorie des composantes

Dès le début des recherches expérimentales, W. WUNDT essaya de ramener la profusion des émotions à un ordre simple. Il utilisa pour ce faire 3 couples d'oppositions : plaisir-déplaisir, excitation-apaisement, tension-résolution. Cette réduction à quelques dimensions simples (« alghédonie », c.-à-d. théorie basée sur la douleur et le plaisir, du grec *algos* : douleur, *hêdonê* : plaisir) n'était pas simplement destinée à couvrir toute l'étendue des émotions, elle devait aussi trouver des correspondances dans des indices physiologiques au niveau du pouls et de la respiration. Cette orientation générale consistant à ramener les émotions à un ordre de base s'est maintenue jusqu'à nos jours, mais elle ne résiste pas à la vérification expérimentale. S'agissant d'émotions concrètes, il est par ex. impossible de distinguer entre apaisement et résolution. Par ailleurs, des émotions très différentes les unes des autres ont des caractéristiques à peu près identiques si on les rapporte aux couples d'opposition.

B. Axes dimensionnels

Dès 1915, C. BURT tenta d'analyser les jugements affectifs en utilisant la théorie factorielle. Outre un facteur général (*general emotionality*), il distingua 2 facteurs bipolaires : sthénique-asthénique (très affectif ou émotionnellement faible) et euphorique-dysphorique (semblable au couple plaisir-déplaisir de WUNDT).
Une autre tentative faite cette fois par SCHLOSBERG (1952) n'alla pas beaucoup plus loin que WUNDT. Il est vrai qu'elle se situait sur un terrain expérimental tout à fait nouveau. SCHLOSBERG fit photographier des modèles expressifs réalisés par un acteur et tenta de les ordonner selon certaines dimensions, créant ainsi un système d'axes qui est encore utilisé fréquemment. Sous la forme « agréable-désagréable », on retrouve ici aussi la dichotomie plaisir-déplaisir. S'y ajoute une composante sociale sous forme d'une opposition « intérêt-rejet ». Une troisième dimension, celle du « niveau d'activation », retrouve l'opposition de WUNDT entre excitation et apaisement, mais SCHLOSBERG la fait commencer à un niveau inférieur : le sommeil.

C. Combinaison de dimensions

La description des émotions actuellement la plus courante est celle de R. PLUTCHIK (1960/80). Dans une demi-sphère (allongée), le plan de section constitue une « roue de l'émotion » divisée en quatre paires d'émotions « primaires » : allégresse-tristesse, adhésion-répulsion, vigilance-étonnement, fureur-panique. En direction de la diminution d'intensité, on trouvera les émotions affaiblies correspondantes. PLUTCHIK souligne que cette présentation permet une meilleure description des émotions déviantes (cf. p. 239).

D. Émotivité moyenne

Les émotions sont-elles passagères ou durables ? Comme la plupart des autres processus psychiques, elles sont les deux à la fois. L'instant peut déterminer des émotions qui s'affaiblissent peu après et disparaissent. A l'inverse, on parle aussi de déterminations fondamentales qui finissent par marquer durablement une personnalité. Il existe un lien entre ces deux formes : ce sont les tendances émotives moyennes, qui permettent de dire de quelqu'un qu'il est triste ou gai.
Les deux illustrations reproduisent chacune 50 femmes (à droite) et 50 hommes (à gauche) : on obtient ces deux images par superposition de photos. Malgré le nivellement dû à l'échantillon, il en résulte une différence d'expression émotionnelle. Depuis les travaux de CATTELL et SCHEIER (1961), de SPIELBERGER (1966) et d'IZARD (1977), on distingue 2 formes de phénomènes émotifs :
Les **émotions-états**, qui sont par ex. des accès de colère ne durant parfois que quelques secondes. D'autres émotions peuvent de l'affliction peuvent persister des semaines entières (EWERT, 1983). Et dès qu'il y a chronicité d'émotions intenses, on peut parler de troubles psychiques.
Les **émotions-traits** sont, à l'inverse, des dispositions émotives tendancielles, ce qui veut dire que les personnes concernées ont un seuil plus bas pour certaines émotions ou qu'elles se trouvent globalement dans une situation telle qu'elles s'adonnent plus souvent à des émotions d'un certain type. Ces tendances n'expriment pas simplement des dispositions innées, mais bien plutôt des effets culturels et sociaux. Un grand nombre de tendances émotionnelles sont le produit d'un apprentissage social, c.-à-d. qu'elles nous viennent d'une atmosphère émotionnelle, par ex. celle de la famille, et que nous en faisons une tendance émotionnelle habituelle. L'être humain change souvent aussi d'environnement existentiel, par ex. professionnel, avec une dominante émotionnelle à chaque fois nouvelle, à laquelle on s'adapte plus ou moins facilement et sans toujours en être conscient.

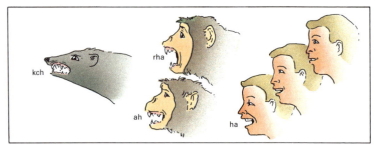

A Théories phylogénétiques

B Théories de l'effet secondaire

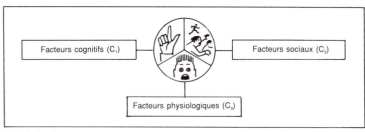

C Théories du contexte

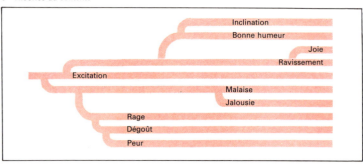

D Théories de la différenciation

Le psychologue américain M.F. MEYER écrivait au début des années 30 dans un article intitulé « la baleine parmi les poissons – la théorie des émotions », que dans les années 50 on se moquerait du thème de l'émotion comme d'une curiosité préhistorique. Cette prophétie ne s'est toujours pas réalisée. Un grand nombre de théoriciens soulignent le caractère fondamental de la vie émotive pour tous les processus psychiques. Évidemment, cela veut dire également que nous devrions en avoir une bien meilleure maîtrise. C'est le but que s'assignent les théories des émotions. ROBERT PLUTCHIK (1980) en dénombre 28. Celles décrites ci-après représentent les principales tendances.

A. Théories phylogénétiques

Dans *La Descendance de l'homme* (1872), CHARLES DARWIN souligne la continuité de l'expression émotive des mammifères jusqu'à l'homme. Des travaux plus récents (VAN HOOF, 1972) reprennent cette idée. On soupçonne une parenté « biologique évolutionniste » entre la façon dont les mammifères inférieurs découvrent les dents, celle déjà plus différenciée dont les singes montrent les dents et les formes très diverses que revêtent le ricanement, le rire et le sourire humains (ill. A).

Une fonction globalement communicative est donc devenue, du point de vue phylogénétique, une information non verbale extrêmement précise. DARWIN y voit la « possibilité d'une coopération plus précise entre les membres de la société ». Pour ces théories, les formes d'expression émotionnelles chez les espèces développées sont des instruments destinés à contrecarrer la rigidité du lien entre le stimulus et la réaction.

B. Théories de l'effet secondaire

Le psychologue américain WILLIAM JAMES et le physiologiste danois CARL LANGE ont élaboré séparément à la fin du XIXe siècle une théorie qui porte leurs deux noms. Dans le célèbre exemple de l'ours (ill. B), qui ne cesse d'être utilisé aussi dans d'autres théories, JAMES écrit :

« Le sens commun dit... nous rencontrons un ours, nous avons peur et nous nous sauvons... Ma théorie... est que les transformations somatiques suivent immédiatement la perception d'un fait. »

Il en tire la conclusion suivante :

« que nous nous sentons tristes parce que nous pleurons ; et que nous sommes en colère parce que nous frappons ; anxieux, parce que nous tremblons. »

Ici, les émotions sont considérées comme un effet des processus physiologiques. On critique cette théorie en arguant que les transformations physiologiques sont beaucoup trop lentes pour qu'on puisse les considérer comme la cause des émotions. Au lieu de quoi, on les a considérées plus tard (par ex. CANNON) comme des phénomènes résultant d'autres causes, par ex. comme produits secondaires des situations. Celles-ci ne sont pas nécessairement des situations sociales (par ex. des conflits), mais peuvent également provenir, comme plus haut, de la perception de changements physiologiques du corps propre.

C. Théories du contexte

Une expérience de SCHACHTER et SINGER (1962) a montré qu'aussi bien des facteurs physiologiques et sociaux (comme établi dans le groupe de théories précédent) que des facteurs cognitifs (ill. C) jouent un rôle dans l'apparition des émotions. Comme d'autres chercheurs avant eux (par ex. MARAÑON), ils injectaient aux sujets un stimulant (adrénaline) ou un placebo. En outre, ils informaient (C_1) une partie des sujets de l'expérience de l'effet physiologique de la préparation injectée et exposaient ensuite l'ensemble du groupe (C_2) à différentes situations émouvantes. Les réactions physiologiques (C_3) conduisaient à des émotions *quelconques*, alors que les facteurs *spécifiques* telles que la colère ou la joie étaient obtenues par les autres facteurs (C_1, C_2, C_3). Ce qui permit à R.S. LAZARUS (1968) de mettre particulièrement en évidence les jugements cognitifs. (« L'ours est un animal particulièrement dangereux. »)

D. Théories de la différenciation

Ce groupe s'appuie sur le fait que chez l'enfant l'émotion aussi évolue et mûrit. K. BRIDGES (1932) a développé une théorie de la différenciation progressive des émotions depuis la naissance (ill. D). Selon sa théorie, il n'y a chez le tout petit enfant qu'une excitation unique et non spécifique aussi bien pour le malaise que pour le ravissement, lesquels ne se « différencient » que plus tard. L'énorme charge affective primitive diminue en même temps. Chez l'enfant plus âgé, on peut même constater un « endurcissement émotionnel conditionné par l'environnement », que l'on ne peut dissocier de la pénétration de plus en plus grande d'éléments cognitifs dans l'émotion. Selon ce modèle d'évolution, chacun atteint la quantité de richesse émotionnelle qui lui est accessible et qu'il peut également reperdre. BARTLETT et IZARD (1972) ont essayé d'ordonner la diversité des émotions selon leur intensité et leur genre à l'aide d'une « échelle différentielle des émotions » : intérêt, joie, surprise, chagrin, colère, dégoût, plaisir, peur, honte, timidité, sentiments de culpabilité. Il est pratiquement impossible de rendre compte de la profusion des émotions avec de telles hypothèses de classement. Il existe par ailleurs des recherches sur la description générale des émotions. On s'accorde à dire que les émotions sont des états subjectifs d'excitation à thématique variée, échelonnés dans le temps, se propageant facilement (irradiation) et d'intensité variable. Selon la situation, des causes identiques peuvent déclencher des émotions différentes. Prenant l'intensité comme critère distinctif, SCHULER parle de froideur émotionnelle (hypothymie) et, à l'autre pôle, de tempête affective.

228 XII. Psychologie de l'émotion / 3. Émotions somatiques

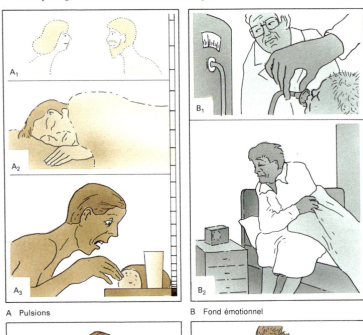

A Pulsions

B Fond émotionnel

C Peur

D Angoisse

L'élément somatique (corporel) est incontestablement étroitement lié aux émotions. ARISTOTE écrivait déjà dans sa « Psychologie » (*De l'âme*) :
« Il est évident que dans la plupart des cas l'âme ne peut être affectée ni se mettre en action sans que le corps soit aussi de la partie : il en est ainsi quand elle enrage, risque ou désire. »
C'est beaucoup plus vrai pour un groupe d'émotions somatiques que pour les émotions cognitives (cf. p. 235).

A. Pulsions
Voici ce qu'écrit ARISTOTE, quelques pages plus loin, au sujet de l'« âme végétative » :
« Elle a pour fonctions la reproduction et la nutrition. Parmi les fonctions des êtres humains, pour autant qu'ils soient normalement constitués et non difformes ou qu'ils ne naissent pas d'eux-mêmes sans avoir été engendrés, la fonction la plus profondément ancrée dans la nature est d'engendrer un être qui lui est semblable. »
On peut lire des propos analogues dans les œuvres de SIGMUND FREUD. Pourtant, cette opinion n'est pas unanimement partagée. D'un côté, les divergences portent sur la question de savoir quelles sont les pulsions fondamentales : des recherches effectuées notamment sur l'entraînement à la suivre ou les situations extrêmes (p. ex. l'enfermement dans les camps de concentration) ont montré qu'en cas de réduction forcée des pulsions, il ne reste plus que la faim, la soif (A_3) et le sommeil (A_2) comme besoins fondamentaux (ce qui signifie donc que la sexualité (A_1) a tendance à disparaître).
D'autre part, on ne sait toujours pas exactement comment naissent ces pulsions fondamentales. On pensait par ex. que c'étaient les contractions de l'estomac qui déclenchaient le sentiment de faim. Des expériences de déconnexion de celles-ci ont permis de réfuter cette hypothèse. On admet maintenant (comme dans la théorie de SCHACHTER et SINGER, cf. p. 227 et XIII/9, A) qu'une émotion naît d'une stimulation physiologique (qui ne provient pas toujours de l'organe d'origine) et d'une situation stimulante reconnue. Cette combinaison est appelée « état central de motivation » par BINDRA (1969).

B. Fond émotionnel
Différentes études (SIQUELAND, 1969) ont permis de mesurer la tétée du nourrisson en fonction de sa rapidité et de son intensité (B_1). Selon les stimuli proposés, on a pu distinguer les moments d'allégresse des moments d'ennui.
Tous les êtres humains sont assujettis à une humeur continue qui va de l'euphorie à ce qu'on appelle la « fatigue émotionnelle » (SCHAEFER, 1959). Il y a d'innombrables modifications à l'intérieur de ce continuum. La « saturation psychique » (LEWIN) se distingue par ex. du « fléau de l'ennui » (KIERKEGAARD) par la réaction de défense contre une situation vécue comme monotone.
Ces deux cas sont caractérisés d'après un « boredom level » (seuil d'entrée dans la sursaturation ou dans l'ennui) comme un état difficilement supportable de vide intérieur accompagné d'une excitation émotionnelle simultanée.
LERSCH (1956) appelle ce fond émotionnel, ou humeur de base, « timbre spécifique du sentiment de la vie ». Le fond somatique et les qualités de l'humeur sont situés dans un même cercle d'influence. D'une part, les états émotionnels de base forment le cours continu de l'humeur qui caractérise un homme comme plutôt vivant ou plutôt mélancolique, d'autre part, les attitudes adoptées et les situations modifient sans cesse ce fond émotionnel. On en a un exemple avec les gens qui « se lèvent du pied gauche » et qui ont beaucoup de mal à émerger du sommeil (ill. B_2). La morosité comme base de « carences de la régulation émotionnelle » (SCHMIDTKE, 1965) a particulièrement retenu l'attention des chercheurs à cause de son importance pour toutes sortes de troubles psychiques (notamment les inhibitions du travail).

C. Peur
Le réflexe de Moro, chez les animaux supérieurs et les nourrissons, renvoie au caractère fondamental des réactions d'effroi : en cas de danger, le geste de s'agripper est automatique (C_1, C_2). Même adulte, chacun ressent cette crispation intérieure comme réaction de peur. Le pouls, la respiration et même la conscience peuvent cesser pour un court instant. L'état de choc est la manifestation extrême des émotions affectives.

D. Angoisse
L'angoisse a elle aussi un effet paralysant. Elle se manifeste sur le plan somatique par l'élévation du pouls, la dilatation des pupilles, le geste de se tordre les mains, etc., correspondant psychiquement à l'épouvante, au sentiment de se trouver dans une situation sans issue. L'homme sent oppressé par l'angoisse sous d'innombrables formes particulières, mais l'absence totale d'angoisse serait également dangereuse.
Bien qu'elle soit négative, il y a des circonstances dans lesquelles l'homme recherche volontairement l'angoisse : dans des lieux de divertissement, certains s'infligent de l'angoisse comme source de plaisir (D_2). Il arrive même que les petits enfants jouissent de leur angoisse (D_1).
Les conditions dans lesquelles se manifeste l'angoisse sont assez vagues. Les raisons qui président un état d'angoisse peuvent tenir à un excès d'anxiété (*trait-anxiety*) ou à un sentiment aigu de menace (*state-anxiety*). L'angoisse est aussi bien le sentiment secondaire accompagnant une réaction de fuite que la reconnaissance cognitive de l'absence d'espoir.
L'angoisse est autant le produit que la cause (SCHULTZ-HENCKE) et peut conduire dans les deux cas à des atteintes durables (« panique chronique »), à une « attitude de pessimisme » qui ne cesse de s'aggraver tout au long de la vie (ATKINSON). C'est pourquoi l'angoisse est devenue l'un des chapitres les plus importants et le plus souvent abordés de la psychologie de l'émotion.

230 XII. Psychologie de l'émotion / 4. Émotions de situation

A Joie

B Colère

C Souci

D Surprise

Certaines situations peuvent totalement modifier les réactions émotives.

Quand un homme boite du fait d'une blessure à la jambe, personne n'en rit ; mais si deux personnes marchant à côté l'une de l'autre boitent de la même façon, l'effet sera ridicule. On pensera que l'une imite l'autre et réciproquement. Il y a d'innombrables situations qui contribuent à déterminer les émotions.

A. Joie

FRIEDRICH SCHILLER disait qu'elle était l'« étincelle divine ». Le sentiment de joie nous donne la liberté intérieure, nous rend plus grands et plus lumineux, il nous réchauffe.

La joie comme événement subjectif peut être subdivisée selon ses différentes directions et ses degrés d'intensité. En tant que sentiment de bonheur, elle est liée à des réussites auxquelles nous avons participé.

Beaucoup plus passifs et globaux sont les états de bonne humeur et de satisfaction qui nous saisissent, quand la nature nous procure un plaisir particulièrement intense. Nous vivons des états semblables de façon beaucoup plus active, si nous nous livrons à une activité qui nous amuse (hilarité).

Une troisième direction peut être à son tour divisée en plusieurs branches. Le comique de situation (comme dans l'exemple des deux boiteux) déclenche le rire. Quant au mot d'esprit, il a encore plus besoin de contradiction. A l'inverse, l'humour est plutôt une attitude fondamentale distanciée et relâchée qui s'inclut elle-même : c'est « la souffrance causée par le monde mais surmontée » (JEAN PAUL).

Le mot d'esprit ou plus encore le triomphe peuvent être rapprochés de l'extase ; ils peuvent même donner un sentiment de joie maligne consistant à se réjouir du malheur d'autrui. Mais si l'on excepte ces dérapages, on ne soulignera jamais assez l'importance personnelle et sociale des émotions de joie. La joie contribue à alléger la vie.

B. Colère

La colère est un bref accès de folie (HORACE). Elle mobilise aussi (selon KANT) des forces permettant de résister aux obstacles. Mais si l'on prend en compte tous les ravages provoqués par la colère dans les rapports interpersonnels et dans l'histoire, quand elle revêt la forme de la fureur et de l'hostilité, on conviendra qu'elle est dangereuse.

Dans l'état de colère, par ex. en cas de heurt, le sang se met à « bouillir », le visage s'enflamme, les muscles se contractent. Quand cet état dure, il est source d'un stress qui provoque des ulcères à l'estomac, une élévation de la tension artérielle et d'autres problèmes somatiques.

Les motifs de colère varient beaucoup d'un individu à l'autre. Ceci vaut aussi bien pour le seuil de déclenchement que pour les prétextes. Il s'agit généralement de frustrations (cf. XX/2) telles que l'impossibilité de parvenir à un but, les blessures psychiques, la menace de perdre son partenaire (jalousie), les insultes, le favoritisme et les contraintes.

La colère est étroitement liée au problème du pouvoir. Quand notre pouvoir de contrôle est rogné, nous subissons une perte de liberté que nous souhaiterions annuler de façon plus ou moins véhémente (réaction). On abréagit son irritation en fonction de son degré d'impulsivité.

Mais comme cette réaction peut souvent conduire à se nuire à soi-même, la psychologie clinique (cf. XX) tente d'élaborer un entraînement au contrôle de la colère : relaxation, contre-argumentation cognitive lors des accès de colère, élaboration de réflexions positives pour contrecarrer les motifs de colère et incitation à l'observation des situations qui nous mettent facilement en colère.

C. Souci

L'Organisation mondiale de la santé préconise « le parfait bien-être physique, mental et social » pour les hommes. Ce noble but est inaccessible. La situation existentielle de l'homme comporte inévitablement des maux et des difficultés, de la douleur, du chagrin, de la détresse. Aucun être humain ne peut s'en garantir.

Quels rapports a-t-on avec ses soucis ? Au cours de sa vie, chacun d'entre nous élabore sa stratégie propre. L'un désespère facilement, un autre les sous-estime, un troisième trouve des compensations, d'autres encore convertissent les souffrances psychiques en maladies somatiques, et la plupart essaient de réaliser ce que FREUD a appelé le « travail du deuil » : tout un travail d'élaboration psychique pour dominer la souffrance.

Mais on ne souffre pas simplement de soi-même, on souffre aussi du fait des autres. Le propriétaire d'un chien qui voit celui-ci souffrir souffre en même temps que lui.

On souffre quand un mal a commencé à produire ses effets, mais on se fait aussi du souci en pensant à d'éventuelles souffrances à venir.

De tels soucis révèlent les seuils de souffrance individuels, le degré de pression exercé par la souffrance, la situation de souffrance sociale (c.-à-d. la façon dont notre entourage réagit à notre souffrance) et le travail que nous cherchons à faire sur notre souffrance.

D. Surprise

Toute surprise montre que nous sommes porteurs d'une certaine image du futur. Cette « attente concernant le futur » imprime sa marque sur de nombreuses parties de notre trame affective (BERGIUS, 1957).

La surprise peut venir de choses tout à fait différentes. L'inattendu que nous communique une lettre peut nous réjouir ou nous consterner.

L'homme se fabrique une carapace pour se protéger de trop grosses surprises et cherche à anticiper toutes les possibilités imaginables par la pensée. Les surprises expriment une carence de sa capacité à prévoir, mais elles sont aussi le sel de la vie, car sans elles nous nous ennuierions.

A Amour

B Altruisme

C Antipathie

D Agression

Tous les êtres vivants supérieurs ont construit des relations sociales compliquées. Avec celles-ci se développent des sentiments sociaux différenciés que l'on peut décrypter par l'observation de gestes sociaux complexes.

A. Amour

Pour beaucoup, l'amour est le sentiment essentiel. Mais une telle appréciation n'a pas beaucoup de sens, parce que ce sentiment est aussi l'un des plus différenciés. Il y a l'amour sexuel, l'amour du prochain, l'amour de la nature, l'amour maternel, l'amour de l'humanité, sans parler de ce qu'on aime en tant qu'amateur de ceci ou de cela, toutes formes d'amour qui ont peu de traits en commun.

Pris dans son sens général, l'amour est un sentiment de lien, dans lequel sont incluses différentes composantes psychiques, les unes indispensables, les autres complémentaires, même si elles sont souvent dominantes (par ex. les besoins sexuels).

En tant que sentiment de lien, l'amour s'appuie sur la réciprocité, ce qui suppose tendresse, bonté, bienveillance. La séparation en individus différents, qui succéda à la simple multiplication par division cellulaire au cours de l'évolution, se trouve ainsi compensée par le lien entre individus. L'autre aimé devient une part inaliénable de soi-même ; ce qui lui arrive nous concerne tout autant, voire même plus.

Le fondement psychique de l'amour est la confiance mutuelle, qui implique « compréhension » et abnégation mutuelles. Il repose sur l'attirance réciproque, c.-à-d. l'attrait de l'autre, qui conduit à le reconnaître pleinement et à lui pardonner ou à ignorer les détails désagréables.

En tant que sentiment actuel, l'amour est proche du merveilleux. Mais cette satisfaction ne peut être que provisoire. La stabilité d'une relation amoureuse repose sur la capacité à se transformer propre au sentiment d'être lié.

Comme l'état amoureux est éphémère, la priorité passe à la communauté d'intérêts (*social referencing*, CAMPOS et STENBERG, 1981), aux buts communs, aux convergences intellectuelles. C'est pourquoi l'amour est aussi une tâche. Si l'un des deux partenaires veut l'ignorer, il n'y a pas d'accomplissement possible dans la relation.

B. Altruisme

ARISTOTE décrit cette attitude comme un sentiment pour autrui recherchant le bien de l'autre au nom du bien en soi. Cette formule permet de faire la différence avec le simple échange d'avantages réciproques : on n'attend aucun dédommagement.

> Avec l'image du Bon Samaritain (ill. B), la Bible prône le désintéressement à l'égard de tous les hommes.

Mais des déceptions de toutes sortes restreignent cette attitude à un nombre d'hommes plus ou moins grand.

C'est dans l'amitié que l'altruisme trouve son expression la plus fréquente. L'amitié est une harmonie émotionnelle, mais celle-ci ne joue pas nécessairement sur tous les plans de la relation. Il lui faut certes moins d'intimité que l'amour, mais elle requiert presque autant d'adhésion personnelle, de reconnaissance, de respect et de confiance réciproque pour construire une « bonne » relation. L'amitié ignore partiellement les intérêts propres au profit de ceux de l'autre, sans pour autant le rendre dépendant. C'est cette ambivalence qui constitue la problématique de l'amitié.

L'altruisme en tant que bienveillance est recommandé, à titre d'attitude fondamentale, par C. ROGERS pour les thérapeutes non directifs (cf. XX/7) : empathie, estime, authenticité.

C. Antipathie

L'antipathie est une notion qui veut rassembler toutes les émotions négatives sans hostilité ouverte (par ex. l'envie, la malveillance). C'est une attitude que l'on peut adopter vis-à-vis de choses, d'animaux, de personnes ou d'idées. Selon son degré d'intensité, elle va du dédain imperceptible au dégoût public.

Dans les relations interpersonnelles, il y a plusieurs signaux pour la « blessure symbolique » (MORRIS, 1982) :

> Le nez relevé (ill. C), les bras croisés en signe de refus, le bâillement comme expression de l'ennui en présence de l'autre, les grimaces de dégoût qui tordent le visage.

D. Agression

L'agression fait partie des émotions le plus souvent traitées par la psychologie. Il existe au moins 37 groupes de théories (BENESCH, 1981) sur l'agression : depuis celles tirées de la psychologie animale jusqu'aux théories cybernétiques. L'agressivité se situe sur plusieurs plans à la fois (pensée, langage, comportement). Elle se présente dans plusieurs versions : plaisir sournois causé par le malheur de l'autre, cris incongrus, insultes et malédictions, blessures et destructions intentionnelles, vengeance froide à un moment inattendu, accès de fureur aveugle conduisant à tout casser. Ces torts causés à soi-même et à autrui ne sont pas simplement de nature individuelle : intéressant des communautés plus larges et des peuples, l'excitation à la haine peut aller jusqu'à la guerre et au génocide.

C'est pourquoi la psychologie s'efforce de dégager des procédures de diminution de l'agressivité, tout au moins sur le terrain individuel. On distingue généralement les domaines suivants :

> Analyse de situations types d'agression (ill. D), observations concernant les comportements qui réduisent l'agression (par ex. apprendre à mettre de côté ses intérêts propres), abréaction, élaboration de techniques permettant de résoudre les problèmes (cf. p. 196), recherche de possibilités de s'exercer à un comportement prosocial.

A Intérêt

B Espérance

C Sentiments esthétiques

D Sentiments religieux

Les sentiments cognitifs montrent bien à quel point les émotions sont mêlées aux autres processus psychiques. Les composantes intérieures sont interprétées et intégrées dans des corrélations intellectuelles ou idéologiques de niveau supérieur. Ou, comme le dit GEORGE BERNARD SHAW : « C'est le sentiment qui incite l'homme à penser, et non pas la pensée qui l'incite à ressentir. »

A. Intérêt

La notion d'intérêt a une curieuse histoire, puisqu'on passe de l'étymologie latine *inter esse* (« être entre ») à la notion d'importance pour quelqu'un, en passant par le vieux sens de tort, de préjudice et de dédommagement versé pour réparer un préjudice.

La littérature psychologique actuelle introduit en plus une donnée psychophysiologique dans la notion d'intérêt. Avec la notion de « réflexe d'orientation », PAVLOV avait mis en évidence le fondement inné de l'intérêt. Cette histoire complexe permet d'expliquer pourquoi cette notion est utilisée sans grande homogénéité en dépit de son importance fondamentale. H. B. et A. C. ENGLISH (1958) l'utilisent par exemple dans le sens de « sentiment de signification : un sentiment agréable accompagnant une activité qui parvient sans obstacle à son but ».

Dans l'usage actuel, on peut distinguer trois catégories d'interprétations :

sensibles : aptitude à l'attention concentrée, découverte de l'attrait, curiosité, désir de savoir ;

interprétatives : adaptation à la réalité spécifique de domaines donnés (par ex. en matière de ressources culturelles), valences objectales, préférences, hobbies ;

volitives : engagement, ambition, zèle, passion pour une activité, appétit du gain.

Actuellement, l'importance de cette notion pour le développement de la personnalité est au premier plan. Lorsqu'un enfant est curieux, on aura tendance à encourager son « comportement d'exploration » (BERLYNE, 1974).

B. Espérance

« Le présent est l'objet de la perception, l'avenir est celui de l'espérance. » (Aristote)

Puisque l'homme a nécessairement un rapport avec le futur, l'espérance peut être considérée comme une émotion fondamentale. Elle représente l'assurance, la confiance en soi, l'aptitude à se fixer des buts, la tension optimiste, le désir d'avenir. Pour le philosophe ERNST BLOCH, auteur du *Principe Espérance*, c'est « l'utopie en tant que processus concret ».

Mais elle peut aussi vous faire errer dans l'illusion. Les attentes réalistes font place à la surinterprétation de pays de cocagne irréalistes. Mais dans des situations difficiles à supporter (par ex. l'emprisonnement), l'homme a besoin d'espoir et il doit apprendre à vivre avec ses sentiments d'espérance.

C. Sentiments esthétiques

L'impression d'agrément suscitée par des objets, des rapports de grandeur et d'espace, des figures, des rapports chromatiques, etc., va de la jouissance immédiate à la « compréhension » intellectuelle, laquelle correspond plutôt au sentiment de l'importance de l'œuvre d'art (ici en face de Néfertiti). Les jugements esthétiques sont extrêmement dépendants de leur époque et fluctuent beaucoup dans le temps. Ce qui passait pour laid il y a 80 ans, peut être ressenti aujourd'hui par la majorité comme beau.

Dans le domaine esthétique plus que dans tout autre, il ne faut jamais oublier que les jugements sont fréquemment soumis au conformisme dominant. Beaucoup de ces jugements relèvent de la négation des impressions esthétiques effectives. Dans ce contexte, l'habitude joue un rôle important.

> Quand on a fréquemment écouté un morceau de musique inhabituel, on en reconnaît les structures, on les comprend de mieux en mieux, on les intègre et l'on finit par y trouver de l'agrément.

D. Sentiments religieux

> GOETHE fait dire à Faust : « Appelle cela comme tu veux, appelle-le bonheur ! Cœur ! Amour ! Dieu ! Je n'ai pas de mot pour cela ! Le sentiment est tout ; le nom n'est que bruit et fumée... »

Les sentiments religieux sont des expériences spirituelles (donc cognitives), qui changent de caractère selon l'objet central de la religion et la référence personnelle. Pour beaucoup de ceux qui croient en un Dieu personnel, la prière est un rapport émotionnel, le sentiment d'un lien, qui peut aller de l'abandon enfantin jusqu'au lien immatériel avec l'absolu. Les religions sans représentation de Dieu comme le bouddhisme Hīnayāna n'ont pu se maintenir sous cette forme ésotérique auprès de la masse des croyants, et ont été remplacées dans le bouddhisme Mahāyāna par d'innombrables attributs offerts à la vénération. Pour SPINOZA, les sentiments d'amour et de joie sont au centre de sa profession de foi :

> « L'amour pour une chose éternelle et infinie nourrit l'âme de la seule joie réelle et est exempt de toute tristesse. »

Les nombreuses religions existantes, d'une extraordinaire diversité d'expression y compris en matière de vie morale, renforcent ces expériences de lien :

par des représentations de la joie céleste, la peur des tourments de l'enfer, des explications concernant la destination de l'homme, l'espoir d'un salut dans l'au-delà, la délivrance des maux terrestres, la suspension des horreurs de la mort et l'espoir d'une justice qui ne semble pas exister sur terre. Ces modèles ont servi à beaucoup d'autres conceptions du monde dénuées de références transcendentales.

236 XII. Psychologie de l'émotion / 7. Emotions méditatives

A Pudeur/honte

B Estime de soi

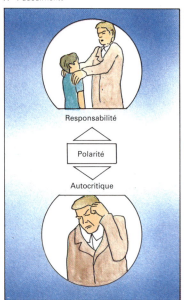

C Sentiments de culpabilité

D Sentiments moraux

Cette partie du répertoire des émotions est réfléchie. L'homme ne vit pas simplement ses sentiments, mais il essaie continuellement de les reprendre et de les modifier : de donner plus d'intensité à ceux qui sont déficients, d'atténuer ceux qui passent la mesure, de remplacer ceux qui lui pèsent par de « beaux rêves ». Cette confrontation est elle-même de nature émotionnelle. Mais c'est une émotivité méditative, c.-à-d. qu'elle consiste d'abord en une expérience de soi par la plongée dans son propre vécu. Selon l'intensité du travail qu'elles effectuent, les émotions méditatives vont de la simple attente, pour voir si le sentiment s'affaiblit, jusqu'à l'« enstase » (W. MASSA), qui est de l'extase tournée vers l'intérieur. Plus que les émotions d'état, les émotions méditatives contribuent à enrichir l'émotion ou, comme le formule C. F. von WETZSÄCKER pour toutes les émotions, à produire une « transformation de la nature de la conscience ».

A. Pudeur/Honte

La pudeur est le type même de l'émotion touchant l'intégrité. Quand nous disons de quelqu'un qu'il est sans pudeur, nous voulons dire qu'il ne manifeste aucune retenue, que ce soit du point de vue physique, spirituel ou éthique. Physiquement, la pudeur se manifeste par une attitude tournée vers l'intérieur : tête baissée, regard détourné, gestes cherchant à recouvrir. IZARD (1981) dit de la pudeur qu'elle est « la gardienne du respect de soi ». Quand quelqu'un éprouve de la honte, c'est qu'il ressent la mise à jour d'une « nudité » physique ou spirituelle comme une atteinte à l'image de soi qu'il s'est forgée, comme la menace d'une souillure. Dans des situations embarrassantes et même au souvenir de celles-ci, il arrive que l'on offre une grimace de défense. Les sentiments de honte ne sont donc pas seulement actuels, il y en a aussi de refoulés et d'acquis par apprentissage.

Il y a un rapport mystérieux entre le sentiment de pudeur et le rougissement du visage. Comme l'avait observé DARWIN, chez les gens qui sont habitués à se présenter torse nu, ce n'est pas seulement le visage qui rougit mais toute la partie visible du corps. En dehors des situations pénibles, la louange aussi fait rougir. La raison devrait en être recherchée dans la crainte d'une trop grande considération, c.-à-d. dans la timidité. Dans une enquête, ZIMBARDO, PILKONIS et NOGWOOD ont constaté que 82% des gens interrogés disaient se montrer timides à un moment ou à un autre. Une excessive timidité est d'ailleurs considérée comme un signe de dépressivité larvée.

On estime généralement que les sentiments de honte ont pour fonction la protection de soi, voire la compensation d'un exhibitionnisme caché, la conservation du pouvoir de séduction sexuelle, enfin la régulation sociale en tant que respect de l'intégrité d'autrui.

B. Estime de soi

Les sentiments d'estime de soi-même jouent un rôle essentiel de régulation dans le comportement des hommes, ce qui en fait un élément important de l'atmosphère des rapports humains. Les hommes réagissent en fonction d'un domaine spécifique, c.-à-d. qu'en bien des domaines de la vie, par ex. celui du sport, leur rang est moins important pour eux qu'ailleurs, par ex. le domaine professionnel (prestige, reconnaissance sociale).

Les sentiments d'estime de soi sont généralement le produit de trois processus d'évaluation :

La *détermination propre* représente tout ce à quoi nous nous sentons moralement tenus et constitue en quelque sorte la ligne de base des sentiments d'estime de soi. Dans le *respect de soi* (*self-esteem*, DITTES, 1959), nous sommes notre propre critique, sur la base de critères que nous fixons nous-mêmes. L'*appréciation d'autrui* nous dit quel écho nous rencontrons chez l'autre. Cette dernière est souvent observée dans les moindres détails et largement surévaluée. Il arrive souvent que nous réinterprétions ou que nous évitions les informations menaçantes. Ce travail permanent d'évaluation est sans doute dû en dernière instance au fait que la mobilité de notre société est créatrice de flous hiérarchiques qu'il faut essayer de clarifier. Les changements de position hiérarchique entre les groupes (par ex. pour les femmes) font aussi bouger les sentiments d'estime de soi, qui sont considérés comme les prédicteurs essentiels de l'influençabilité des individus (NISBETT et GORDON, 1967).

C. Sentiments de culpabilité

Les sentiments de culpabilité sont consécutifs à une mauvaise réaction, un manquement au devoir ou un méfait. Il y a une constellation de base pour le sentiment de culpabilité : il faut d'un côté qu'existe un sentiment de responsabilité constitué, de l'autre cette polarité exige une autocritique qui peut s'exprimer sous forme de remords et d'exigence de réparation. On considère que les facteurs de déclenchement peuvent tout aussi bien être des mobiles innés, acquis ou cognitifs, consciemment gérés.

Du point de vue du contenu, ROLLO MAY (1960) indique les motifs suivants : refus de possibles, impossibilité de s'identifier complètement avec l'autre et divergence entre vie naturelle et vie dans la civilisation.

D. Sentiments moraux

Les sentiments moraux requièrent en plus des émotions méditatives idéologiquement fondées. Pour l'enfant, le sentiment d'avoir tort est largement dépendant du quantum de la peine. La morale, elle, requiert un code. Le christianisme amplifie la dépendance par rapport à la faute avec l'idée de péché originel, si bien que même en l'absence de faute actuelle la dépendance morale perdue. Même pour d'autres conceptions du monde, l'édification d'une « conscience » (morale) est une présupposition nécessaire pour la conduite morale (*moral conduct*, HOGAN, 1973). Du point de vue psychologique, la conscience (morale) est la résistance intériorisée à la tentation (MAHER, 1966).

238 XII. Psychologie de l'émotion / 8. Troubles émotionnels

A Troubles parathymiques

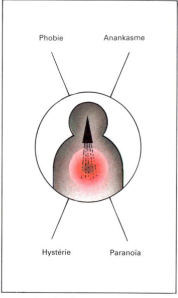

B Troubles névrotiques

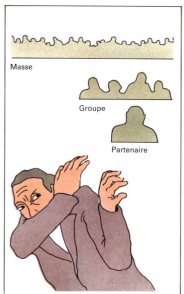

C Troubles sociopathiques

D Dépressivité

L'homme accessible aux sentiments vit le monde avec plus d'intensité. Le revers de cet avantage est une sensibilité exacerbée. Celle-ci peut aussi bien conduire à des troubles psychiques qu'à son contraire : l'indifférence affective (athymie) et le refoulement affectif (contrathymie). Les 4 types de troubles suivants et les exemples choisis illustrent toute l'ampleur de cette pathologie.

A. Troubles parathymiques

Dans les cas de parathymie (littéralement : sentiments déviants), le caractère insolite de l'émotion va dans 2 directions : *éréthique* (excessive) et *torpide* (inhibée).

Les sentiments en tant qu'« expérience vécue d'accès et de transformation d'humeur » ont déjà d'ordinaire tendance à se transformer en explosions affectives. Mais lorsqu'ils se manifestent de façon cumulative, exacerbée et nettement plus durable, on peut parler de troubles du sentiment. Dans la psychose carcérale par ex., on assiste à des explosions de rage éréthiques pouvant aller jusqu'au meurtre.

Par *éréthique*, on entend le caractère querelleur, bruyant, récriminateur et tyranniquement violent. Au pôle opposé, on observe le caractère *torpide* qui a une propension aux dysphories (états de malaise), à la morosité, qui trouve toujours à redire à tout et se montre d'une extrême susceptibilité, en somme l'incarnation du parfait trouble-fête. Ce qu'est également l'*hypocondriaque*, qui se signale par une sensibilité excessive par rapport à ses signaux corporels et réagit donc avec un excès d'anxiété.

Comme formes extrêmes de troubles émotionnels, on a l'*hypothymie* (inhibition affective, également appelée stupeur émotionnelle ou alexithymie, par ex. dans les phénomènes connexes d'un certain nombre de psychoses) et l'*hyperthymie* (tempête affective, par ex. dans le spasme affectif des alcooliques). Le passage de l'état éréthique à l'état torpide s'effectue dans le comportement *cycloïde*, caractérisé par une alternance entre ces deux pôles (notamment dans le syndrome maniaco-dépressif bipolaire).

B. Troubles névrotiques

La *phobie* est une réaction d'angoisse irrationnelle caractérisée par certains symptômes tels qu'épisodes de panique, abondance de sueur, malaise, sentiments de faiblesse. La personne concernée voit souvent que ses peurs sont infondées, mais elle est incapable de s'en libérer.

Le syndrome *anancastique* (du grec *anagké* : contrainte) constitue la *névrose obsessionnelle* caractérisée par le fait que le patient ne parvient pas à se défaire de certaines idées ou réactions, qui lui font du tort : le tatillon, par ex., souffre de son obsession de l'ordre, le cleptomane de l'obsession de voler, le pyromane de l'obsession de mettre le feu.

Dès l'Antiquité, l'*hystérie* était considérée comme un trouble affectif, mais la longue histoire de la notion n'a pas contribué à l'éclairer beaucoup. Du point de vue émotionnel, il y a lieu de souligner les caractéristiques suivantes : labilité (instabilité), exaltation des sentiments et propension à l'intrigue, conversion (déplacement de la souffrance par somatisation).

La *paranoïa* est considérée comme une notion générale englobant des réactions de démence telles que l'impression d'être persécuté, d'être constamment désavantagé et trompé.

C. Troubles sociopathiques

Dans le formulaire de diagnostic CIM (Classification internationale des maladies) de l'Organisation mondiale de la santé, les troubles sociopathiques sont définis comme
« troubles de la personnalité accompagnés d'absence de respect des obligations sociales, d'insensibilité vis-à-vis d'autrui, d'agressivité démesurée, de désintérêt plein de dureté. »
Ces troubles peuvent être classés en 3 groupes : vis-à-vis de partenaires isolés, de groupes ou de masses. En tant que troubles interactionnels, ou relationnels, ils embrassent les formes extrêmes des troubles touchant le rang et le rôle (conflits de dominance) aussi bien que les troubles du contact (recherche consciente du conflit ou évitement systématique des conflits). Les troubles se rapportant aux groupes et aux masses, c.-à-d. à la société, se regroupent autour du non-respect des normes sociales : exploitation et destruction des groupes, délinquance et criminalité.

D. Dépressivité

La notion générale de « dépressivité » englobe une extrême diversité de formes dépressives allant de la dépression endogène, ou mélancolie, aux dépressions réactionnelles, par ex. après la perte d'un partenaire. DÖRNER et PLOG (1978) décrivent l'attitude du dépressif « telle qu'on la trouve dans les manuels » : expression sévère, vide et inquiétude intérieurs tout à la fois, tendance à l'affaissement du maintien corporel.

Selon WOODRUFF, GOODWIN et GUZE (1974), 5% des hommes et 10% des femmes auraient connu un épisode dépressif au moins une fois dans leur vie. D'après A.T. BECK (1981), le dépressif manifeste 3 façons de voir négatives : concernant lui-même, son environnement et son avenir. Pour M. E. SELINGMAN (1979), cette attitude exprime avant tout une « détresse acquise », selon laquelle toute réaction est finalement vaine.

Beaucoup de dépressifs racontent qu'ils se sentent inutiles et comme pétrifiés ; qu'ils ne peuvent même pas être tristes ; que leur pensée tourne en rond et se perd en ratiocinations ; que les soucis exprimés par la famille n'arrangent rien ; qu'ils se sentent infiniment las et malades.
Un trouble de l'affectivité si dramatique et la réflexion qu'il autorise montrent l'importance des émotions pour le domaine psychique en général. S'il néglige ses sentiments, l'homme aura du mal à ne pas être submergé par la vie.

240 XIII. Psychologie de la personnalité / 1. Conception de la personnalité

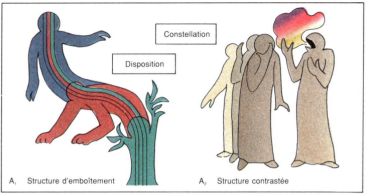

A Structure individuelle

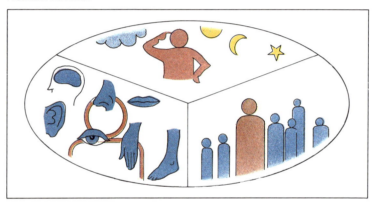

B Individuation

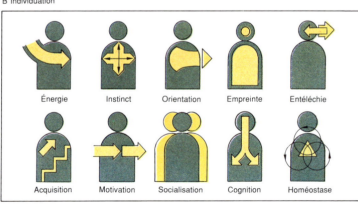

C Mobilisation

La traduction libre d'un ancien traité américain de psychologie de la personnalité (KLUCKHOHN, MURRAY, 1948) dit à peu près :

> Chaque homme ressemble d'un certain point de vue à *tous* les autres, il est en partie comme *certains* mais aussi comme *nul* autre.

La plupart des chapitres de la psychologie sont traités dans une perspective générale, la **psychologie de la personnalité** se concentre au contraire sur les particularités des individus.

Qu'est-ce qui détermine ces particularités ?

Il est impossible de répondre exhaustivement à cette question qui semble pourtant si simple. Avec une base biologique de près de 60 billions de cellules et un environnement d'une diversité d'influences pratiquement infinie, l'homme a une histoire individuelle faite d'une quantité de transformations incommensurable.

La recherche doit filtrer cette masse de variations impossibles à délimiter. On explore l'individu selon des points du vue déterminés, on dévoile sa complexité, on propose des théories et on les vérifie. Il en résulte une diversité de perspectives qui porte à confusion. Cependant, toutes les **conceptions de la personnalité** élaborées au cours de l'histoire de la psychologie ne peuvent s'abstenir de répondre, même partiellement, aux trois questions fondamentales suivantes.

A. Structure individuelle

Bien que l'homme soit un « individu » (littéralement : un être indivisible), personne depuis l'Antiquité ne doute qu'il ne contienne différentes composantes psychologiques.

On distingue 2 directions principales :

(A_1) Les uns tentent d'établir une structure d'**emboîtement** (des dispositions) et, à la façon d'ARISTOTE, différenciant plusieurs « gradations psychiques » :

végétative (la plante)
sensitive (l'animal)
intellective : l'esprit ou âme qui, chez HOMÈRE, survit un certain temps après la mort dans la mémoire des vivants sous forme d'âme astrale.

(A_2) Les autres partent de l'unité individuelle, mais l'opposent sous forme de **structure contrastée** (en constellations) aux différences « typiques » d'*autres* individus. C'est ainsi que THÉOPHRASTE, successeur d'ARISTOTE au Lycée, décrivait 30 types comme le célèbre portrait du Vantard (cf. II/3). Aujourd'hui, d'après HERRMANN (1985), ces deux groupes se retrouvent chez les « traitistes » (théoriciens des propriétés) et chez les « interactionnistes » (théoriciens des situations).

B. Individuation

La deuxième question historique est la suivante :

De quoi dépend le psychisme ?

Cette interrogation sur les conditions fondamentales de l'individu préoccupe aussi l'homme depuis longtemps. La psychologie antique considérait l'être humain comme objet du destin, image de Dieu, « zoon politikon », composante de la nature, etc. Au début des temps modernes, ces images de l'homme se sont dissociées en une série de « caractères ». A ses débuts, la caractérologie cherchait à définir la « nature » de l'homme. Actuellement, on pense que cet objectif ne peut être atteint. On examine plutôt le réseau relationnel de l'individu comme système corps-environnement (stable-instable). D'après quoi l'homme est soumis à trois dépendances fondamentales.

(1) Sa *dépendance organique* en fait d'abord le représentant de sa corporéité individuelle.

(2) Sa *dépendance sociale* le soumet à l'influence constante de son environnement proche et lointain.

(3) La *dépendance quant au principe dirigeant* est interprétée de diverses façons : comme dépendance à l'égard du moi ou de forces transcendantales, ou encore du développement de soi et de la manière dont on maîtrise la vie et les conflits.

Pour la recherche sur la personnalité, il en résulte trois niveaux qualitatifs de l'individu (cf. p. 251/253) :

sa *singularité* (unicité psychique),
la *congruence* (constance dans le changement)
et la *dignité* (composante en valeur).

Réunies, elles doivent réfléter la diversité des strates ainsi que l'unité de l'homme.

C. Mobilisation

La troisième question d'ordre général concerne la « mise en œuvre » des forces humaines. On essaie souvent en vain de réduire l'homme à *un* principe de mobilisation. Les concepts suivants se complètent tout en rivalisant relativement :

(1) *Energie* (force psychique de base, par ex. « force du moi »),

(2) *Instinct* (mobilisations génétiques, entre autres « pulsions » inconscientes),

(3) *Orientation* (attention de type réflexe à l'égard de l'environnement),

(4) *Empreinte* (disposition héréditaire à des réactions pendant certaines phases « sensibles »),

(5) *Entéléchie* (dans l'Antiquité : direction vers un but, aujourd'hui : réalisation de soi),

(6) *Acquisition* (apprentissage au cours de la vie),

(7) *Motivation* (théories les plus diverses, cf. p. 255 sq.),

(8) *Socialisation* (habituation non perçue dans le tissu des liens collectifs),

(9) *Cognition* (intériorisation mentale, création de lignes directrices de vie),

(10) *Homéostase* (flux d'équilibre psychophysiologique).

En songeant au nombre de combinaisons possibles de ces 10 définitions principales, on comprend mieux que l'évaluation de l'être humain rencontre des limites.

242 XIII. Psychologie de la personnalité / 2. Le modèle des sciences de la nature

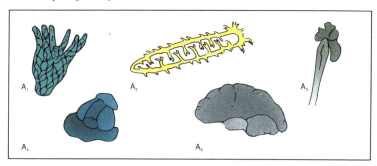

A Neuro-évolution

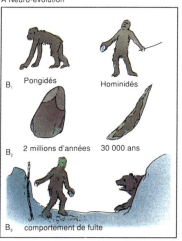

B Biopsychologie

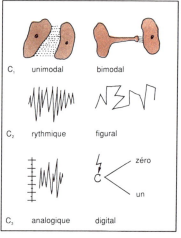

C Neuropsychologie

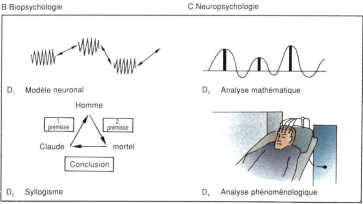

D Psychocybernétique

La multiplicité des théories de la personnalité est un fait incontournable. En effet, *une* théorie ne saurait à elle seule épuiser la richesse des variables de la personnalité. A la différence des groupes de théories qui suivront, les théories inspirées des sciences de la nature mettent l'accent sur les bases *corporelles* de la personnalité.

A. Neuro-évolution

(A_1) Dans l'histoire de l'évolution (cf. V/3), le système nerveux se développe depuis environ 500 000 ans. Les premières cellules nerveuses se sont formées, comme maintenant chez l'embryon, à partir des cellules externes (peau). Les systèmes les plus simples sont les réseaux nerveux (comme chez les polypes d'eau douce). Leur fonction se limite à quelques formes de contractions musculaires.
(A_2) Le système en échelle de corde représente le stade de développement suivant (par ex. certains vers plats). Ici on remarque une double disposition régulière, qui se concentre dans le secteur de la tête pour former des chaînes et des anneaux de ganglions.
(A_3) Le stade des trois bulbes (entre autres chez les poissons) révèle déjà un développement plus avancé vers les cerveaux frontal, intermédiaire et postérieur.
(A_4) Chez les vertébrés supérieurs, l'encéphale est déjà constitué.
(A_5) Avec ses 15 milliards de cellules nerveuses, qui forment des zones très spécialisées, le cortex (subst. grise) est sans rival ; la densité élevée du réseau de fibres nerveuses (env. 500 000 km) (subst. blanche) garantit une alternance dynamique des fonctions.

B. Biopsychologie

(B_1) La séparation progressive entre les *pongidés* (famille de singes anthropomorphes) et les *hominidés* s'est amorcée voici à peu près 9 millions d'années et s'est poursuivie jusqu'à l'homme actuel *(Homo sapiens sapiens)*. On a sans cesse tenté de définir l'« hominisation » à partir d'un caractère particulier (volume du cerveau, locomotion bipède, usage de la main, adaptation à l'environnement, utilisation d'outils, langage, transmission de l'expérience à travers les générations, etc.). Il vaut mieux souligner le rôle, dans la détermination de l'homme, du jeu conjugué de ces facteurs et d'autres encore.
(B_2) Cette durée est lisible par l'étude de l'outillage lithique. Il y a presque 2 millions d'années, la pierre n'était préparée comme outil que dans sa partie supérieure ; tandis que chez l'homme de Cro-Magnon, voici 30 000 ans, le silex devint un instrument hautement spécialisé.
(B_3) Les formes de comportement accumulées par le progrès des expériences collectives recouvrent, chez l'homme, le programme originel sous-jacent des actions instinctives : par ex. le comportement de fuite devant les animaux dangereux, dont le centre de gravité s'est déplacé dans notre société sur les angoisses relatives à la sécurité.

C. Neuropsychologie

Au début du XIXe siècle, on identifiait le *siège physique* du psychisme avec l'activité cérébrale. Mais comme les cerveaux se ressemblent pour l'essentiel, les particularités individuelles semblaient inexplicables. On sait aujourd'hui que les voies de liaison entre les cellules nerveuses n'arrivent que tardivement à maturité, qu'elles varient au cours de la vie et qu'ainsi l'aspect physiologique assure aussi la marge de jeu individuelle (cf. V/1).
(C_1) Les systèmes neurologiques originels étaient de type unimodal, c.-à-d. dépendants de moyens *chimiques*. Grâce à l'allongement des fibres de liaison (des axones atteignant parfois jusqu'à 1 m, certains ayant jusqu'à 1 000 terminaisons), l'ensemble du système nerveux constitue un organe à commande variable (bimodale), fonctionnant selon 2 modes d'action, ou modèles de processus, *électrique et chimique*.
(C_2) Le transfert de modèles s'effectue lui-même au moyen de deux types de modèles : *rythmique* (conduction électrique) et *figural* (configurations chimiques variables).
(C_3) Grâce à un code de significations, les modèles sont traduits de façon *analogique* en excitations rythmiques et de manière *digitale* en informations figurales.

D. Psychocybernétique

(D_1) L'un des deux types de modèles, digital-figural (outre le modèle analogique-rythmique) permet une comparaison formelle avec les modèles logiques.
(D_2) Dans le syllogisme logique, on produit une conclusion formelle :
   1re prémisse (Claude est un homme), 2e prémisse (Tous les hommes sont mortels), à laquelle succède la conclusion (Claude est mortel).
Cette structure formelle indique que le psychisme peut également s'interpréter d'après des modèles *formels* : l'aspect rationnel (comme ici) est associé aux modèles figuraux.
Depuis que les langages informatiques décodent les informations sur le mode digital, on sait que ce procédé est partout applicable. Pour sa part, le côté émotionnel peut être décodé selon des modèles d'excitation rythmiques (comme dans les ordinateurs analogiques).
(D_3) La base commune des modèles neuronaux et psychiques (transfert de modèles) étant considérée comme point de départ de la recherche, l'analyse mathématique (analyse de Fourier) est en mesure de recenser les fréquences et les amplitudes à l'aide de systèmes numériques d'identification de modèles.
(D_4) Inversement, l'analyse phénoménologique permet d'enregistrer le côté vécu (psychique) et d'établir, par identification formelle de modèles, un lien avec les modèles neuronaux.
L'approche théorique de la solution du problème âme-corps dans le cadre des sciences de la nature (cf. V/1) est l'amorce d'une analyse strictement scientifique de l'interprétation de la personnalité.

244 XIII. Psychologie de la personnalité / 3. Le modèle des sciences sociales

A₁ Contact intime   A₂ Contact à distance

A Lien

B Milieu

C₁ Relation   C₂ Ordre hiérarchique

C Communauté

D₁ Accord sur les règles   D₂ Accord sur l'absence de règles

D Formation de normes

Ce que représente l'homme en tant qu'individu est dans une large mesure façonné par le contexte (c.-à-d. le réseau des circonstances concomitantes) de ses relations passées et présentes avec les autres hommes, et par la situation dans laquelle il vit. Cette proposition retrace la quintessence des théories s'inspirant des **sciences sociales**, autre grand ensemble de théories (notamment thèse de l'interaction ; MISCHEL, 1973) qui tentent de définir les particularités individuelles.

A. Lien
Le vécu intense résultant du contact du jeune enfant avec sa mère ou une autre personne importante est décisif pour son développement futur. Il vit tout d'abord dans une uniformité sujet-objet indissociée. RENÉ SPITZ parle d'un « stade anobjectal » chez le nouveau-né, qui parvient à une séparation sujet-objet en passant par des « stades objectaux ». On peut comprendre que ces phases de la prime enfance déterminent très fortement son équilibre psychique de base. Dans cet état introverti, il bénéficie ou manque de cette confiance primale qui forme la base de la confiance en soi et en autrui. Il faut que la personne de référence soit capable de créer un *contact intime* qui donne à l'enfant l'impression de « chaleur du nid ».

Il est tout aussi important pour son développement que ce contact se relâche progressivement et que l'enfant sente – en dépit de l'éloignement – un soutien fiable.

Le lien social *(bonding)* ressemble souvent à une très longue laisse *(contact à distance)* qui nous relie aux autres personnes, pour la protection de nous-mêmes et des autres. Ce lien doit, dès l'enfance, concerner progressivement des unités sociales plus grandes. Nous nous sentons liés par ex. à des camarades d'école, au pays natal, à des représentations idéales, etc., qui forment une partie de nous-mêmes.

B. Milieu
Le milieu de la prime enfance en tant qu'expérience globale d'un environnement naturel et social constitue la base de départ *(level)* qui sert de mesure pour l'ascension ou le déclin futur. En même temps, il marque de son empreinte les attentes sociales et les exigences d'organisation (par ex. dans l'aménagement de l'habitation).

Ces assimilations intériorisées sont pour chacun des espérances ou des craintes, généralement inaperçues et présumées, quant au maintien du propre standard de vie.

C. Communauté
Depuis l'Antiquité, la communauté *(communitas)* est considérée comme un fondement où se résorbe l'individu :
« Les premiers fruits des études philosophiques sont le sens de la communauté, la bienséance et le sentiment d'appartenance. » (SÉNÈQUE).

La multiplicité des collectivités exerce une grande variété d'influences sur la formation de l'individu. Selon le type de communauté (famille, tribu, groupe de travail, habitat partagé, nation, etc.), les principales directions de leurs effets diffèrent.

En général, on peut distinguer les influences négatives et positives.

Influences positives :
La collectivité peut aider l'individu à remplir des rôles (par ex. rôle de chef). Elle lui offre une multitude d'occasions de développer son vécu, par ex. dans les groupes de jeu. Elle peut le rendre plus fort qu'il ne le pourrait seul. La communauté le stimule par la comparaison sociale.

A l'opposé, on trouve des influences négatives :
La collectivité peut réprimer l'épanouissement individuel. L'abus de pouvoir d'un chef peut placer l'individu dans des situations insupportables. Les privilèges entravent la justice sociale. La formation de certains groupes d'appartenance augmente les occasions de conflits entre les hommes. Les grandes collectivités créent des contradictions d'intérêts qui menacent l'humanité entière.

La communauté agit sur l'histoire individuelle dans deux directions principales.

(C_1) Selon la manière dont les relations avec la collectivité sont envisagées, on distingue les relations d'*assistance*, qui contribuent au soutien réciproque et les relations de *confrontation*, qui provoquent des conflits.

(C_2) La seconde direction concerne l'*ordre hiérarchique* dans la collectivité qui peut être *assimilateur* (égalisateur : orienté vers l'harmonisation des comportements) et *singularisant* (élitisant : intéressé à une différenciation nette).

D. Formation de normes
On peut déjà déduire des trois points précédents que la collectivité marque l'individu. Or la formation de normes collectives intensifie ce processus sous forme de nombreuses lois non écrites.

On peut énumérer les directions d'assimilation suivantes :

institution de normes d'après les *rangs* (domination, soumission), les *rôles* (comportement adapté), les *situations* (circonstances momentanées), les *époques* (styles à la mode), les *lieux* (entre autres, règles régionales), les *contenus de l'information* (entre autres, tabous verbaux), la *morale* (règles de bienséance).

Du fait de ces ensembles de normes, les membres des collectivités se ressemblent de plus en plus jusqu'à ce qu'un « unisson » (similarité) devienne l'étalon de l'attraction sociale et que la dissemblance soit considérée comme mauvaise *(consensus de règles)*. Même l'insistance sur l'« absence de règles » peut être élevée au niveau de règle *(consensus sur l'absence de règles)*.

246 XIII. Psychologie de la personnalité / 4. Le modèle des sciences de l'esprit

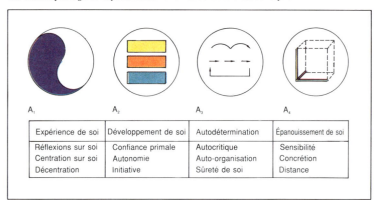

Expérience de soi	Développement de soi	Autodétermination	Épanouissement de soi
Réflexions sur soi	Confiance primale	Autocritique	Sensibilité
Centration sur soi	Autonomie	Auto-organisation	Concrétion
Décentration	Initiative	Sûreté de soi	Distance

A Théories humanistes

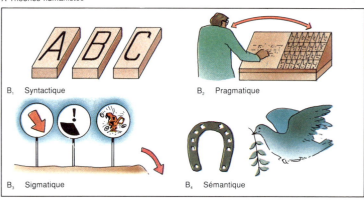

B Interprétation sémiotique

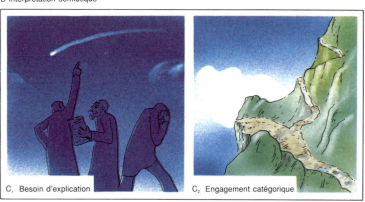

C Orientation idéologique

En 1967, J.T.F. BUGENTAL écrivait dans un essai : « Nous, humanistes, psychologues, sommes navrés d'être psychologues si la psychologie consiste à observer l'homme comme un gros rat blanc ou un ordinateur un peu lent. »
Depuis le « tournant cognitif » de la psychologie qui s'est amorcé à cette époque, on a abordé l'étude de la personnalité dans le cadre de théories fondées sur le modèle des sciences de l'esprit en insistant encore davantage sur l'aspect des régulations mentales.

A. Théories humanistes

A. MASLOW, CH. BÜHLER, V.E. FRANKL, C. ROGERS, E.H. ERIKSON, R. MAY, E. ELLIS, A. KOESTLER, F. PERLS, E. GOFFMAN, E. FROMM, A. LAZARUS, E. BERNE, G. KELLY, J. ROTTER appartiennent au groupe à facettes multiples des psychologues humanistes. Leur thème principal porte sur les rapports difficiles de l'homme avec lui-même.

(A_1) L'**expérience de soi** développe la question : « Qui suis-je ? »
Jusque tard dans leur jeunesse, les gens tentent de se faire une idée claire de leurs particularités fonctionnelles et individuelles sous forme de réflexions sur soi (attention à soi, représentation de soi, auto-attribution, auto-contrôle). Ce faisant, la centration sur soi et la décentration par rapport à soi alternent de façon complémentaire (orientation vers ou distanciation à l'égard de soi) comme dans le symbole taoïste du Yin et du Yang (les représentants de ce courant défendent souvent des idées venues d'Extrême-Orient).

(A_2) Certains se réclament d'un « principe inhérent à la personne » (CH. BÜHLER), en termes de **développement de soi**. D'après ERIKSON, l'autonomie personnelle et l'initiative non conformiste succèdent à l'institution d'une confiance primale.

(A_3) L'**autodétermination** (émancipation personnelle) caractérise la « majorité », c.-à-d. la découverte de soi comme connaissance de soi et auto-éducation.

Le 1er des 3 niveaux du cercle A_3 porte sur l'*autocritique* qui, d'après W. JAMES, doit créer un équilibre entre les aspects sujet (je) et objet (moi) ainsi qu'entre les images idéale et réelle de soi (C. ROGERS). L'*auto-organisation* (planification individuelle, auto-instruction, « construction d'une perspective de vie », A. MASLOW) transpose ce premier aspect en objectifs de vie. La sûreté de soi est caractérisée par une vulnérabilité psychique moindre aux moments de danger intérieur et extérieur.

(A_4) L'**épanouissement de soi** élargit la « conceptualisation de soi » (V.G. RAIMY) selon trois dimensions dans la perspective de la maturité individuelle :
la *sensibilité* (réceptivité ouverte, disponibilité à l'égard de la nouveauté), la *concrétion* (traduction claire dans l'expérience personnelle, la *distance* (autosuffisance). Du point de vue globalisant de la psychologie humaniste, ces quatre approches sont indissociables.

B. Interprétation sémiotique

La sémiotique (théorie du signe et de la signification, fondée par G. FREGE, 1892) est probablement la théorie des sciences de l'esprit la plus féconde du XXe siècle. Elle englobe 4 sous-disciplines, dont la théorie de la signification (cf. II/4) qui trouve aussi des applications dans la définition de la personnalité.

(B_1) La *syntactique* décrit le stock des signes (les « lettres ») et leur structure relationnelle. On définit par ce moyen l'aptitude au codage (codability) du stock des particularités individuelles pour l'étude de la personnalité.

(B_2) La *pragmatique* renvoie au lien du signe à celui qui l'utilise (« le typographe ou l'imprimeur ») ; c'est l'interprétation sémiotique de l'orientation et de l'intentionnalité personnelles (destination).

(B_3) La *sigmatique* décrit la propriété des signes indicateurs (ill., plusieurs panneaux de circulation pour un « précipice »), appliquée au pouvoir affirmatif de l'expression personnelle.

(B_4) La *sémantique* se rapporte à la signification plus délimitée du signe : le fer à cheval comme symbole de bonheur ou la colombe de NOÉ comme symbole de paix. Les déterminations intellectuelles, les idéaux qui caractérisent l'individualité font partie du contexte personnel.

Le système d'interprétation sémiotique est symbolisé par des tableaux de commandes cybernétiques (cf. p. 41) décrits par un vocabulaire technique.

C. Orientation idéologique

Le concept de « métacognition » (FLAVELL, 1979) regroupe les convictions idéologiques qui peuvent distinguer l'individu des autres selon 2 directions.
(C_1) Le *besoin d'explication* varie d'une personne à l'autre. De nombreux événements (comme les coups du sort ou des phénomènes astronomiques inhabituels) suscitent des conjectures « transcendantales », sous forme d'arguments empruntés à des idéologies anciennes, ou bien d'opinions propres qui situent l'événement de manière plus ou moins plausible dans l'horizon personnel.
(C_2) Le plus souvent, la simple explication ne suffit pas. L'homme se sent appelé à un engagement qui lui permet de trouver une voie vers le sens de la vie.

Les jeunes, en particulier, cherchent fréquemment une orientation de vie « supérieure » (expansive ou plus sévère) parmi leurs congénères ou dans des situations exceptionnelles.
Sous le concept d'*engagement catégorique*, on résume l'ensemble de toutes les initiatives et intentions morales possibles, qui réclament certes davantage de la part de l'individu, mais qui, simultanément, valorisent sa personne. Là où ces orientations idéologiques sont entièrement absentes, la désorientation provoque des troubles.

248 XIII. Psychologie de la personnalité / 5. Le modèle de la psychologie des profondeurs

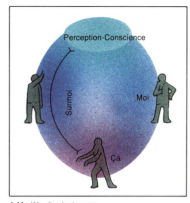

A Modèle des instances

B Unité dynamique

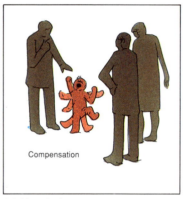

C Schéma de vie

D Libération du soi

E Analyse existentielle

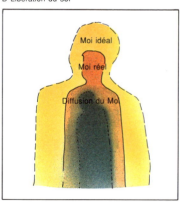

F Analyse du moi

Pour définir la personnalité, la quatrième famille de théories part de ses motions inconscientes. Ce serait chose simple de décrire ces théories s'il n'y avait qu'une seule conception de l'« inconscient ».

Au contraire, l'inconscient peut être vu autant comme une instance psychique autonome séparée de la conscience, que comme une composante fluide, et même intégrée à la conscience.

On distingue 5 groupes de fonctions inconscientes :

Le *subconscient* (en deçà du seuil de perception), l'*inaperçu* (certes ressenti mais repoussé ou non remarqué), l'*instinctif* (impropre à la conscience), le *préconscient* (inconnaissable avant maturation ou à cause d'un obstacle), l'*acquis machinal* (comportement appris sans consigne cognitive).

En dépit des différences d'opinions, une idée rassemble les théories s'inspirant de la *psychologie des profondeurs*, c'est que l'homme est avant tout commandé de l'intérieur par son inconscient.

A. Modèle des instances

Dans sa psychanalyse, SIGMUND FREUD a développé un modèle pour ce qu'il présumait constituer les instances de la personnalité. Ces trois instances (cf. XX/2, A_1) sont :

le « ça » qui représente le côté pulsionnel de la personnalité,
le « moi », l'instance qui gère les intérêts de l'ensemble de la personnalité et se trouve investi de « libido narcissique », et enfin
le « surmoi », l'instance critique et juridictionnelle, née de la reprise des préceptes et interdits parentaux.

Le rôle relativement faible de la conscience perceptive renvoie à l'opinion de FREUD d'après laquelle l'inconscient occupe un territoire bien plus vaste que le conscient.

B. Unité dynamique

CARL GUSTAV JUNG (1936) a établi un modèle représentant sa conception stratifiée de l'inconscient. A l'opposé de la « persona » extérieure, il supposait une unité dynamique de 4 fonctions psychiques fondamentales (pensée, sensation, intuition, sentiment) dont l'intériorisation conduit vers les couches de plus en plus « obscures » de l'inconscient (inconscient personnel, puis collectif, dont une part enfin ne remonte jamais au niveau conscient). Des images représentatives générales comme les archétypes de l'« animus » (conception de l'homme) chez les femmes et de l'« anima » (conception de la femme) chez les hommes, appartiennent à l'inconscient collectif supra-individuel.

C. Schéma de vie

Le concept de *compensation* occupe une place centrale dans la psychologie individuelle d'ALFRED ADLER. L'individu vient « au monde », où tous sont plus forts que lui. A cause de sa faiblesse (dépendance sociale, infériorité de ses organes, etc.), il est contraint de lutter pour obtenir péniblement un par compensation sa part de pouvoir social. ADLER souligne constamment que comprendre une personne signifie saisir l'orientation de ses buts (son « schéma de vie »). Or comme ces orientations vitales s'impriment dès la première enfance, la plupart des hommes n'en ont pas conscience. Et ADLER présume que l'effort vers la maîtrise est le but universel de l'homme.

D. Libération du soi

Aussi différentes que puissent être les orientations néo-analytiques de la psychologie des profondeurs, elles soulignent presque toujours que contrairement à FREUD, on devrait plus fortement tenir compte des fonctions du moi. Déjà sa propre fille, ANNA FREUD, a complété le nombre des mécanismes de défense possibles de l'instance du moi (cf. XX/3, A). A partir de là, d'autres auteurs tels que V.E FRANKL, KAREN HORNEY, W. REICH, E. FROMM, H. KOHUT, mettent l'accent sur le rôle actif du soi face à la multitude des dangers.

FRANKL invoque la « recherche du sens »,
HORNEY l'« analyse du soi »,
REICH exige l'« élimination de la cuirasse caractérielle »,
FROMM invite à surmonter la « peur de la liberté »,
KOHUT préconise la concentration sur une « autonomie secondaire » (accroissement du soi).

Ces concepts doivent permettre de libérer le soi de l'emprise de dépendances subreptices.

E. Analyse existentielle

En psychologie des profondeurs, plusieurs écoles d'analyse existentielle (L. BINSWANGER, V. VON WEIZSÄCKER, M. BOSS) sont influencées par l'existentialisme. Celui-ci postule que l'existence humaine précède l'« être ainsi » (sa nature). L'homme serait par conséquent un être « jeté » dans la relation au monde.

Pour l'analyse existentielle s'enchaînent des handicaps typiques des âges successifs de la vie :

le manque d'autonomie de l'enfant,
la pression des performances subie par l'écolier,
le fardeau du travail et de la vie chez l'adulte,
le poids de la maladie chez le vieillard.

F. Analyse du moi

Les écoles les plus récentes de la psychologie des profondeurs (GRINKER, GEDO, TOLPIN, ERIKSON, etc.) partent de la différenciation générale entre un moi idéal et un moi réel. Les représentations de soi ne sont pas des grandeurs objectives ; conformément à cela, le rapport à soi-même est mis en danger de deux côtés :

tout d'abord, le moi idéal surenchérit sur le moi réel (amour de soi narcissique) ; par ailleurs, la diffusion du moi rend le moi réel méconnaissable et le concept de soi se dissout.

250 XIII. Psychologie de la personnalité / 6. Recherche quantitative

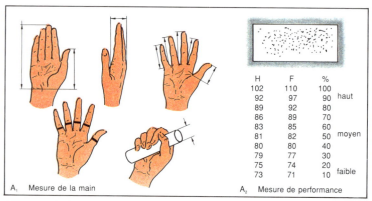

A₁ Mesure de la main   A₂ Mesure de performance

A Mesures objectives

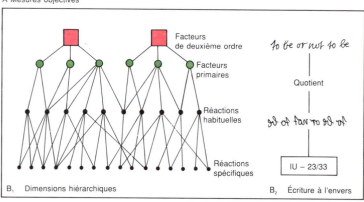

B₁ Dimensions hiérarchiques   B₂ Écriture à l'envers

B Dimensions factorielles

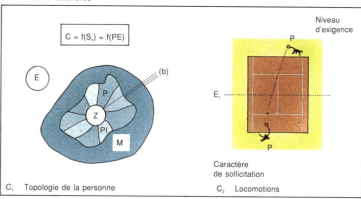

C₁ Topologie de la personne   C₂ Locomotions

C Quantification topologique

Comment peut-on explorer la personnalité ? A ce sujet, les opinions divergent. On ne saurait voir la « personnalité » (mais seulement Madame X ou Monsieur Y se comportant ou s'exprimant de telle ou telle manière). On la « découvre » ; c.-à-d. qu'il faut élaborer une *construction (construct)* ou se faire une idée de la personne X ou Y, voire de tous les hommes. On a besoin pour cela de quelques hypothèses préalables (souvent intuitives, « implicites »). Dans l'ordre, les trois prémisses les plus importantes pour la personnalité sont :

la *singularité* (chaque individu est plus ou moins unique),

la *congruence* (bien que l'homme n'ait pas toujours le même corps, cependant il se comporte dans la durée d'une manière relativement uniforme ; en dépit des changements, il est au moins reconnaissable à certaines réactions typiques) et

la *dignité* (chaque homme investit certaines valeurs et non-valeurs, c.-à-d. que, comme personne, il est « support de valeurs »).

En règle générale, ce mélange de réalité *sensible* et d'interprétation *mentale* n'est pas considéré comme équilibré. Certains psychologues tendent davantage à explorer les faits tangibles – et pratiquent une recherche de type fondamentalement quantitatif. D'autres tendent à chercher les faits compréhensibles – et procèdent selon un mode essentiellement *qualitatif* (cf. XIII/7).

A. Mesures objectives

Du point de vue corporel, les mesures objectives ne posent aucun problème. En ergonomie (XXI/2) on effectue des mesures élémentaires pour harmoniser le mieux possible l'homme et la machine.

(A_1) En mesurant la main, on établit certaines valeurs essentielles en vue d'une adaptation des gestes.

(A_2) Dans les mesures de performances, il existe une multitude de grandeurs objectivement mesurables. Le tapping (test du cube de Knox) met à l'épreuve ce qu'on appelle le tempo personnel : à l'aide d'un crayon gras, il faut inscrire, en 6 secondes, le plus de points possible les uns à côté des autres avec la main droite puis avec la main gauche. La liste indique (d'après MEILI, 1963) les performances moyennes des hommes (H) et des femmes (F) dans la moyenne de la population.

B. Dimensions factorielles

Mais les mesures de performances ne représentent que le début de la recherche quantitative. Pour l'étude de la personnalité, tout dépend des prémisses évoquées précédemment et surtout de la seconde :

Qu'y a-t-il de stable dans les réactions ?

(B_1) Au niveau inférieur du modèle hiérarchique, les réactions spécifiques ne sont pas encore très stables ; par ex. le tapping (cf. A_2) dépend aussi de la fatigue, de l'envie, de l'attente ainsi que d'autres conditions. Tout change déjà pour les réactions acquises par habitude. Elles présentent une stabilité supérieure et caractérisent une personne de manière plus durable.

(B_2) Pour préciser encore cette caractérisation individuelle, la recherche quantitative utilise l'analyse factorielle (cf. IV/7). On recherche alors dans les résultats les « communautés » qui, à deux niveaux, doivent conduire des facteurs primaires aux facteurs de deuxième ordre.

Dans de nombreux travaux, R.B. CATTELL (dès 1946) a développé un modèle de la personnalité représenté par 21 facteurs - indices universels (IU) (facteurs primaires). Il est désormais possible d'établir une image individuelle de la personnalité à l'aide de nombreux tests objectifs.

On écrira par exemple sur dictée dans le sens normal, puis à l'envers. En établissant les quotients de durée pour les deux exercices, on peut à partir d'un quotient assez élevé (différence) en déduire les facteurs IU 23 et 33 : forte tendance régressive (cf. p. 381) et équilibre fiable.

C. Quantification topologique

La psychologie topologique ou vectorielle de KURT LEWIN (1935 ; 1969) franchit un pas de plus. D'après lui, pour obtenir une quantification authentique, la psychologie est « finalement obligée d'appliquer non seulement le concept de temps, mais aussi celui d'espace ».

(C_1) Pour définir l'espace de l'homme, on prend pour base une équation de comportement :

Le comportement (C) est fonction (f) de la situation (S) ou encore fonction du produit de la personne (P) par l'environnement (E).

A titre d'exemple, LEWIN écrit :

« La personne se trouve dans une situation exempte de contrainte : les parties périphériques de la région personnelle intérieure PI sont facilement accessibles de l'environnement (E) ; la région personnelle intérieure PI agit avec une aisance relative sur la région motrice M. »

Les limites (barrières ; b) entre ces domaines se modifient dans les situations de pression. Les « locomotions » (c.-à-d. les mouvements) des forces du champ psychologique sont définies, entre autres, par le niveau d'exigence (du côté P) ou par le caractère de sollicitation (entre E et P). Les personnes (P) comme l'environnement (E) comprennent alors des valences, c.-à-d. des supports de valeurs.

Ce modèle topologique qui comporte les trois prémisses de la personnalité, autorise aussi, d'après LEWIN, une définition quantitative en termes mathématiques, portant sur des rapports spatiaux « quasi physiques » (locomotions).

(C_2) En prenant le tennis pour exemple, on pourrait définir *quantitativement* les forces du champ psychologique (plus réduit lors du service que pendant l'échange de balles) dans les limites d'espace variables dans le temps E_t.

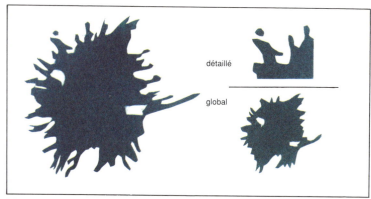

A Dichotomies

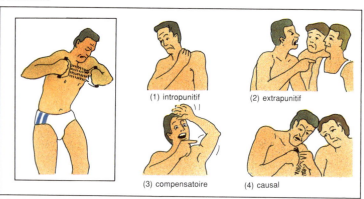

B Styles de réactions

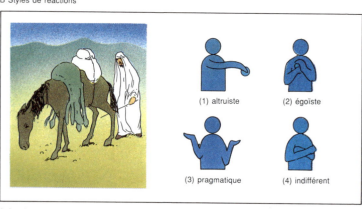

C Systèmes d'opinions

La recherche quantitative faisait prévaloir, dans la description des trois prémisses de la personnalité (singularité, congruence, dignité), la possibilité d'établir des échelles numériques (XIII/6). En règle générale, cela réussit mieux pour les deux premières prémisses. En revanche, la recherche **qualitative** s'efforce de produire des descriptions ouvertes de facteurs d'évaluation individuelle (3 prémisses) sur la base de modèles généraux. Pour les caractériser, on peut se contenter de choisir des valeurs isolées, ou plusieurs, ou bien d'en considérer un grand nombre. Au lieu de mentionner ici toutes les possibilités, on observera d'abord la complexité croissante des modèles utilisés à partir d'exemples : en distinguant des groupes de particularités limitées (dichotomies), puis les styles de comportements (spécifiques comme styles de réaction), et les systèmes d'opinions.

A. Dichotomies

Très nombreuses ont été, dans l'histoire de la psychologie, les tentatives de répartir les êtres humains en deux groupes à partir d'un critère unique considéré comme fondamental. FRIEDRICH SCHILLER (qui, en 1779 remit sa thèse de doctorat à un professeur de psychologie) s'y essaya par la dichotomie « naïf - sentimental » (mode de réaction direct opposé à réfléchi). D'autres dichotomies ont été introduites par C.G. JUNG (1931) : « introverti - extraverti » (orienté vers l'intérieur ou l'extérieur), par H.A. WITKIN (1962) : « dépendance - indépendance du champ » (forte ou faible influence de l'environnement) ; ou aussi « rationnel - sensoriel » (MINKOWSKI).

L'illustration montre une dichotomie moins connue. A. BINET (1903), puis E.R. JAENSCH (1929) différenciaient déjà « perceptions globale et détaillée », vu que les gens tendent à s'intéresser soit aux aperçus globaux soit plutôt aux détails précis. L'image « ambiguë », c.-à-d. à plusieurs significations (s'inspirant du test d'imagination de Sander) peut être interprétée de manière globale ou détaillée : ensemble de figures (détaillée) ou crâne d'animal (globale).

B. Styles de réactions

Les dichotomies réussissent à mettre en relief une séparation plus graduelle qu'exacte entre les individus. C'est pourquoi on essaie fréquemment d'établir tout d'abord des catégories descriptives plus vastes. On parle alors de styles comportementaux, par ex. de styles éducatifs (orientation de base du comportement éducatif parental). Les *styles de réactions* (comportement moyen dans certaines situations) sont un sous-groupe des styles de comportements. Si par ex. on invite de jeunes culturistes à tirer sur des extenseurs préparés de sorte que l'on puisse influer sur la réussite ou l'échec, on pourra observer et comparer les réactions à l'échec et le comportement en cas de succès. Dans cette expérience, 4 types de réactions à l'*échec* se distinguent nettement les uns des autres :

(1) on impute immédiatement la « faute » à soi (intropunitif) ;
(2) de dépit, on attribue la « faute » ailleurs (extrapunitif) ;
(3) souvent on déjoue préalablement l'éventualité de l'échec par des « farces » (compensatoire) ;
(4) on recherche les causes objectives sans se sentir personnellement concerné (causal).

Les deux premiers styles de réactions pour résoudre un conflit sont particulièrement significatifs. Une personne qui provoque un accident grave peut réagir de manière dépressive et ne plus jamais vouloir conduire une voiture – ou bagatelliser l'accident et rejeter au moins une partie de la faute sur la victime. Il y a réactions compensatoires ou causales, quand on tire certaines conséquences.

Les concepts d'attribution concernent ces styles de réactions (XII/14, B).

C. Systèmes d'opinions

De nombreux théoriciens ne croient pas que les conceptions de la vie se constituent peu à peu à partir d'expériences singulières, mais pensent qu'inversement on adopte d'abord des *attitudes* générales avant de les préciser de plus en plus dans des situations isolées. Pour cette perspective de recherche, il s'agit donc de recenser les systèmes d'opinions profondément ancrés sans qu'on les perçoive.

Nous citerons un exemple :

Dans une fable de LA FONTAINE, un bédouin fait porter toute la charge à un âne tandis que le cheval ne porte rien. Pour finir, l'âne s'écroule et le cheval porte la charge et l'âne.

Si on écarte, dans la recherche, la morale que LA FONTAINE attache à la fable, on peut saisir diverses orientations dans la conception de l'existence à partir de cette histoire ambiguë.

(1) L'*altruiste* reconnaît tout de suite l'appel moral : « La serviabilité qui ne pose pas de questions est une qualité noble et juste. »
(2) L'*égoïste* découvre une situation avantage - inconvénient : « Vérifie le profit que tu en tires pour n'avoir aucun dommage. »
(3) Le *pragmatique* évalue et décide selon la situation, moralement ou non : « Partage la charge et tu t'en tireras mieux. »
(4) L'*indifférent* ne reconnaît absolument pas le caractère d'appel moral de la fable : « Cette histoire enseigne que, dans le désert, mieux vaut se protéger du soleil. »

De telles différences d'interprétation indiquent qu'à l'arrière-plan existent des systèmes cognitifs d'opinions et des orientations comportementales bien plus complexes.

XIII. Psychologie de la personnalité / 8. Dimensions de la motivation

Les dix dimensions principales de la motivation

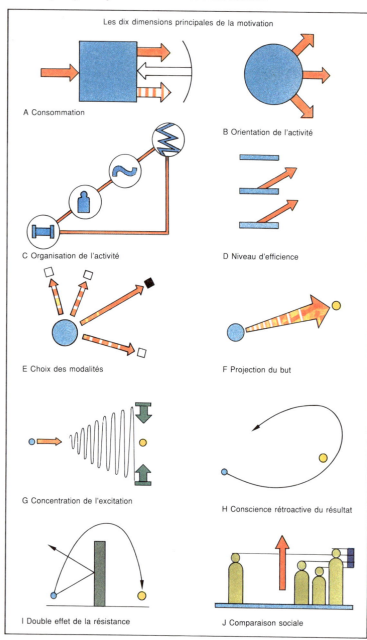

A Consommation

B Orientation de l'activité

C Organisation de l'activité

D Niveau d'efficience

E Choix des modalités

F Projection du but

G Concentration de l'excitation

H Conscience rétroactive du résultat

I Double effet de la résistance

J Comparaison sociale

« Le concept de motivation est sans doute le concept central de la psychologie actuelle », écrivait CHARLOTTE BÜHLER (1972). Ce concept explique trois aspects généraux :
(1) la *stimulation* d'un processus psychique (le « fait » qu'il se déclenche),
(2) la *dérivation fonctionnelle* (« d'où » vient la stimulation et « où » elle conduit),
(3) la *variabilité du comportement* (« pourquoi » l'un réagit différemment de l'autre).

Aujourd'hui, les mobiles sont moins considérés comme des « causes » puisque le motif et l'effet sont à peine dissociables dans l'imbrication du processus comportemental. Depuis GEORGE KELLY (1958), ce concept est souvent remis en question.

En fait, l'homme ne serait pas « immobile », – puis mis en mouvement, mais toujours activé et dirigé d'abord de l'intérieur et complémentairement de l'extérieur.

Les motivations sont plutôt des modifications temporaires d'activations constantes (cf. IX).

A. Consommation

Les stimulations déclenchant un certain comportement comportent des *déterminants arbitraires*, c.-à-d. qu'il est rarement possible d'établir un rapport cause-effet direct (« liberté » ou contingence essentielle de la motivation). Car en fait tout dépend de la façon dont on aborde les impulsions, comment on les « consomme » : si on les renforce, les affaiblit ou les modifie ; si on les utilise dans un but (motivation finalisée) ou si l'on cherche seulement à en tirer un soulagement (motivation claire) ; si on réagit de manière variable (mutabilité, humeur) ou en fonction d'une attitude durable (« état de centration sur le motif », cf. XII/3, A).

B. Orientation de l'activité

Les mobiles sont des directions données à l'activité. Leur origine et leur destination peuvent être caractérisées au sens spatio-temporel par divers *niveaux d'activation* :
d'origine interne ou externe ;
ambitieux (initiative) ou flegmatique (commodité) ;
mobiles à court terme (*fun morality*, satisfaction immédiate) ou à long terme (composante morale) ;
dépendant de l'environnement (assimilation) ou tendant vers l'indépendance (réactance) ;
impulsif (déterminé par l'instant) ou réfléchi (élaboré en pensée).

C. Organisation de l'activité

Par principe, les mobiles sont organisés de manière ouverte, c.-à-d. qu'ils peuvent présenter une organisation fixe (= mobile et réaction correspondent toujours), ou alors sont individuels et constants (= leur relation est caractéristique de la personne concernée), ou arbitraires (= le motif, la pensée et l'action se relient de manière variable), ou stochastiques (= la relation entre l'occasion, le mobile et la réaction semble fortuite).

D. Niveau d'efficience

Toute motivation change selon le niveau de la *situation initiale* :
La réceptivité alimentaire de la personne rassasiée diffère obligatoirement de celle du sujet affamé.
Dans le déroulement de la motivation aussi, des transformations sont nécessaires (changement de mobile).

E. Choix des modalités

Tout un chacun possède une série de présomptions, pour la plupart inconscientes, sur les *possibilités de choix* qui lui sont accessibles. Il reconnaît les alternatives qui se dégagent dans chaque cas concret. A partir de celles-ci, il construit les versions de son plan de vie (par division = déduction à partir d'opinions générales ; par agglomération = divers mobiles se rejoignent pour former une conviction).

F. Projection du but

Si le but est sûr, il est renforcé de l'intérieur (progression de l'attente ») avec d'autant plus d'intensité qu'il se rapproche et que la situation de concurrence agit nettement. Simultanément s'opère, en règle générale, une concentration sur le but avec attention sélective (effectuant un choix) qui éclipse d'autres buts, et les efforts s'intensifient (effet d'appétence ; *goal gradient*).

G. Concentration de l'excitation

Le côté émotionnel est indissociable des mobiles. La force des mobiles se reflète dans l'*accroissement de l'excitation*. Ici, les sentiments négatifs (par ex. peur d'événements redoutés) et positifs (espoir de satisfaction et d'accomplissement) peuvent se distinguer ou se recouvrir de manière ambivalente.

H. Conscience rétroactive du résultat

Les hommes ne « subissent » pas seulement les motivations, mais à partir de leur expérience, ils se créent une information en retour sur les *effets des mobiles*. C'est ainsi que naît progressivement un trésor de connaissances sur la motivation (conscience fonctionnelle des mobiles).

I. Double effet de la résistance

La plupart des mobiles ne sont pas suivis d'un accomplissement rapide. Des *barrières* se dressent entre le souhait et sa réalisation. Non seulement celles-ci entravent, mais peuvent aussi accroître l'excitation.

J. Comparaison sociale

Les mobiles ne sont pas uniquement une affaire personnelle. L'entourage et la collectivité sont impliqués de plusieurs manières. L'*entourage* fournit des mobiles pour l'imitation, il leur propose des normes (limites). Les rivalités externes exercent une influence sur les mobiles et la société peut les discréditer comme trop « en vogue » (par ex. la vogue de la hifi).

256 XIII. Psychologie de la personnalité / 9. Mobiles de l'impulsion

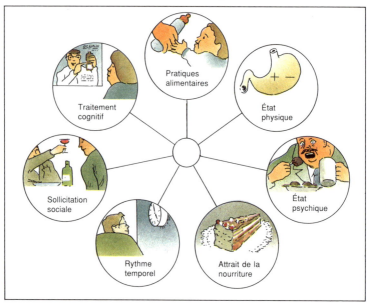

A Cycle des stimulations

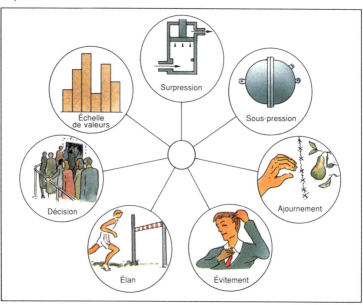

B Modification de l'impulsion

Les impulsions biologiques sont considérées comme les mobiles les plus fondamentaux et contraignants. Elles assurent les fonctions vitales essentielles, la respiration, la motricité corporelle, le sommeil, le métabolisme et la procréation. Mais ce serait une erreur de n'y voir que le seul aspect des fonctions biologiques. L'homme investit ses motivations « de façon arbitraire » (et parfois libre). Cela signifie que grâce à elles, outre les fins biologiques, il peut poursuivre des buts supplémentaires ; en fait, il n'est pas rare qu'il les transforme même d'une manière déraisonnable qui lui cause préjudice.

A. Cycle des stimulations
Comme exemple des autres impulsions (appelées « mobiles primaires »), on traitera ici de la « pulsion alimentaire ».

Quels sont les mobiles de l'alimentation ?

Ils forment un cycle de motivation fermé avec une série de groupes de mobiles qui peuvent se favoriser ou s'entraver mutuellement (troubles de l'alimentation, entre autres, adiposité, obésité).

On distingue 7 domaines de la motivation alimentaire qui, ensemble, forment un « équilibre de base » *(set point)* individuel, mais peuvent aussi se désolidariser en partie et perturber l'équilibre.

Les *pratiques* alimentaires sont apprises très tôt puis complétées ensuite par l'expérience. Le fait de nourrir un enfant régulièrement ou selon les manifestations de la faim *(self demand),* en quelle quantité, dans quelles circonstances affectives, constitue une expérience acquise qui marquera sa « carrière alimentaire » ultérieure d'une « conscience alimentaire » individuelle (attribution de récompense et de punition).

L'état *physique* provoque des signaux de faim. A titre d'exemple, le taux de sucre dans le sang est signalé dans le cerveau. Mais quand l'estomac est plein, les signaux de satiété se produisent bien trop tard pour exercer un contrôle efficace.

Les états *psychiques* interviennent de manière rétroactive ainsi que compensatoire : ils modifient le comportement alimentaire (par ex. ennui) ; tout comme à l'inverse, par ex., la carence en vitamines agit sur l'état général.

L'*attrait* de la nourriture joue un rôle : on mange avec les yeux.

Le *rythme temporel* influence plus fortement encore l'appétit : quand le déjeuner est servi régulièrement à 13 heures, l'horloge biologique se manifeste à cette heure-là.

La *sollicitation* sociale intervient également dans ce processus de motivation. Manger en société modifie aussi le comportement alimentaire individuel.

Le *traitement* cognitif, donc l'attitude à l'égard de la nourriture (par ex. celle du végétarien) ou les conceptions idéologiques (idéologie alimentaire collective) peuvent marquer fortement la motivation alimentaire. Dans de nombreuses religions, le jeûne par ex. a valeur de moyen d'approcher Dieu.

B. Modification de l'impulsion
Le processus de l'impulsion est presque toujours un acte homéostatique, c.-à-d. un processus d'équilibre rétroactif ; en revanche, les successions figées excitation-réaction sont l'exception. Aussi accorde-t-on une importance accrue aux causes de variation des réactions à l'impulsion. On distingue 7 types de modifications qui apparaissent selon 2 tendances complémentaires :
   modification de l'excitabilité (pression ou *drive*) et
   modification de l'attitude face à la stimulation (sélection ou changement de point de vue).

Le terme de *surpression* obéit à un modèle de l'impulsion, selon lequel le besoin biologique s'accumule jusqu'à ce que la pression intérieure dépasse le seuil de libération de la soupape. C'est ainsi qu'on peut expliquer l'intensité particulière de réactions impulsives après une accumulation d'énergie.

A l'opposé, le modèle de la *sous-pression* (illustré par les deux hémisphères sous vide) explique les tendances atrophiées, à savoir l'altération de l'impulsion après absence d'usage prolongée : la capacité de déclenchement est freinée.

Le modèle de l'*ajournement* des réactions interprète les conséquences d'obstacles intérieurs (par ex. angoisse) ou extérieurs (par ex. interdits) pour la satisfaction pulsionnelle. L'ajournement de la réaction peut avoir un effet stimulant sur la formation du désir.

Le modèle de l'*évitement* est déjà observable dans le monde animal sous forme d'« activité non pertinente ».

Ainsi quand une poule de rang inférieur gratte d'un air « embarrassé » au lieu de se défendre. Tandis que l'homme, entre autres, se gratte la tête, replace sa cravate ou joue avec ses clés.

Le comportement ludique et le « comportement de confort » (nettoyer, se détendre) sont interprétés de la même manière.

L'*élan* de l'impulsion concerne les diverses conditions de son déclenchement. Si un désir est vécu comme difficile ou inaccessible, il peut conduire à la réduction ou à l'exagération de l'activité (résignation ou surcompensation). La « nouveauté » des excitations modifie également le processus d'impulsion.

La *décision* quant aux impulsions dépend du modelage culturel. En effet, toute grande communauté a souvent intérêt, pour son équilibre social, à restreindre et à endiguer les impulsions. Les impulsions sont soumises à des jugements de valeur de type moral qui débouchent sur des *échelles de valeurs*. Mais toutes les tentatives faites pour les formuler en termes de validité universelle ont échoué. D'un point de vue individuel, l'ordre hiérarchique peut varier, par ex. sous la contrainte d'une manie ; d'un point de vue général, les variations liées à l'époque (comme lors de la vague de libération sexuelle) peuvent inverser ces hiérarchies. Diverses institutions (par ex. églises et partis) contribuent fortement à définir la valeur morale des impulsions.

258 XIII. Psychologie de la personnalité / 10. Mobiles de l'excitation

A₁ Sécurité
A₂ Assise

A Réaction d'orientation

B₁ Dressage
B₂ Intuition heureuse

B Formation des intérêts

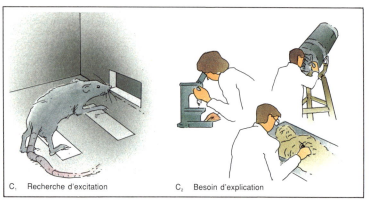

C₁ Recherche d'excitation
C₂ Besoin d'explication

C Exploration

En posant la question « qu'est-ce qu'un réflexe », PAVLOV (cf. VIII/1) attirait l'attention sur les *mobiles de l'excitation*, en plus des mobiles de l'impulsion (p. 257).
Les impulsions sont essentiellement d'origine interne, les excitations d'origine externe. On a aussi parlé de « pression » et de « tension » dans la motivation (HÖFLER, METZGER). Certes ces facteurs ne s'excluent pas, mais se différencient quant au centre de gravité de leur cause : nous sentons que l'un nous pousse à agir, tandis que l'autre nous entraîne à faire quelque chose.

A. Réaction d'orientation

(A_1) *Sécurité :* l'orientation active se situe en bas de l'échelle. Quand un animal ou un troupeau paissent, ils surveillent sans cesse pour ne pas être surpris.
(A_2) *Assise :* au restaurant, sans réfléchir longtemps, on préfère les places qui protègent le dos. Dans les cultures anciennes, comme en Chine, la politesse stricte exige que l'invité soit placé face à la porte tandis que l'hôte lui tourne le dos.
SOKOLOW (1963) étudiait les réactions d'orientation et pouvait établir qu'elles se manifestent
   quand des stimuli *nouveaux* ou *complexes* interviennent,
   quand des situations signalent une *ambiguïté* ou un danger (par ex. en cas de stimuli contradictoires) et
   quand surgissent des stimuli *liés à la personne* (par ex. son nom).
Sous l'effet de ces stimuli, le corps modifie son attitude de disponibilité :
   attention accrue (ou sensibilisation), augmentation du tonus musculaire, accélération des potentiels cérébraux, accroissement des réactions végétatives.

B. Formation des intérêts

L'étymologie du concept d'intérêt est étrange. A l'origine, on ne rencontrait que le verbe *inter-esse,* « se trouver parmi, être avec » ; puis il s'est substantivé au Moyen Age pour devenir un terme juridique signifiant « obligation de verser une contrepartie pour un dommage ». Dans les temps modernes, son contenu s'est transformé en « taux de prêt » ou « agio » (ce qui vaut toujours en anglais et en français). Actuellement, ce concept est surtout utilisé au sens psychologique de « tendance relationnelle dynamique ». Néanmoins cette définition générale requiert quelques explications complémentaires.
   (1) A la base de l'intérêt se trouvent des tensions dirigées vers l'extérieur dont le contenu est souvent incertain : on souhaiterait faire une chose significative.
   (2) Partant des innombrables possibilités qui nous attirent, un souhait, un désir apparaît plus ou moins subitement : « les intérêts se découvrent mais ne s'apprennent pas » (TYLER, 1956).
   (3) Les choses sélectionnées doivent sembler agréables, voire susciter l'enthousiasme, et même parfois dégager une impression de mystère.
   (4) L'intérêt ne naît d'une préférence à court terme que si elle perdure longtemps, associée au dévouement et à l'application.
   (5) La plupart des intérêts portent sur la profession et les loisirs (hobby) ; ceux-ci agissent de manière vivifiante sur la personne et sont souvent renforcés par la société.
(B_1) *Dressage :* en règle générale, les animaux sont capables d'apprendre ce qui correspond à leurs aptitudes. Ainsi certaines races de chiens apprennent très vite à rapporter un objet, tandis qu'il est aisé d'en dresser d'autres à rechercher une piste.
(B_2) Chez l'homme, les intérêts se développent de plusieurs manières.
   La petite fille par ex. prend conscience de son intérêt pour la danse en regardant de la gymnastique rythmique.
Il ne faut certes pas omettre que certains intérêts semblent « innés » (par ex. le dessin en cas de don et sans modèle), mais bien d'autres paraissent naître d'une *intuition heureuse*. Ici, la répulsion à l'égard d'autres directions joue un grand rôle si bien que le choix se restreint. Le sentiment de satisfaction est de l'importance. Les intérêts possèdent un caractère spécifique lié au rôle (en fonction de la couche sociale et surtout du statut sexuel).

C. Exploration

Depuis le tournant cognitif de la psychologie, on a étendu les recherches sur les réactions d'orientation aux réactions d'exploration. W. STERN (1911) appelait les excitations « issues des grandes profondeurs » *phéno-mobiles*.
(C_1) Lors d'expériences sur des rats, on a pu prouver que les animaux étaient disposés à accepter des préjudices considérables (par ex. des décharges électriques) pour se procurer un niveau supérieur de stimulation dans leur *recherche d'excitation,* ou pour découvrir de nouvelles sources de stimuli.
(C_2) Chez l'homme, c'est chez le « chercheur » que la réaction d'exploration est le plus fortement marquée. Son *besoin d'explication* scientifique semble illimité : jusqu'au cosmos, à l'intérieur de l'homme et dans les micro-univers. Mais le caractère explorateur se forge des barrières. De plus, le comportement d'exploration peut porter préjudice à bien des secteurs de la vie et certains affects intenses :
   le « comportement conquérant » dans le domaine social (prise de pouvoir contre soumission) ;
   la tendance à dépasser les limites, par ex. en espionnant la vie privée d'autrui ;
   et touchant l'exploration de soi, l'intérêt exagéré pour ses réactions corporelles chez l'hypocondriaque.

260 XIII. Psychologie de la personnalité / 11. Mobiles de l'action

A Action impulsive

B Action non dirigée vers un but

| Perfectibilité | Connaissance du but | Conditions conjoncturelles | Niveau d'engagement | Évaluation cognitive | Information en retour |

C Action dirigée vers un but

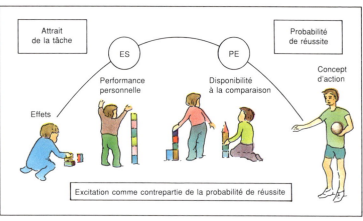

D Motivation de performance

Les **actions** sont des unités d'activité simples ou complexes qui présentent certaines structures d'organisation. En termes plutôt rapides, chaque action comprend :
le *déclenchement* (l'expérience vécue d'un appel),
diverses *opérations* (disposition originelle « parale », ou habitude acquise « versale », et les *buts* ou leur « sens » comme signification subjective.
L'action peut s'effectuer de manière réfléchie (rationnelle) ou non intentionnelle (inconsciente).

A. Action impulsive

Certains se sentent poussés à donner un coup de pied dans la boîte de conserve qui se trouve dans la rue.
Le tableau accroché de travers, le ricanement « insolent » d'un voyou, ou, dans un tout autre ordre, la frimousse d'un petit enfant rayonnant de joie (« schéma du petit enfant ») possèdent aussi un caractère d'appel (LEWIN).
La psychologie de la vente utilise ce caractère d'appel pour susciter des achats impulsifs : devant la caisse se trouvent des paniers de marchandises attrayantes, que l'on emporte presque contre sa volonté. Autant d'exemples d'un déclenchement irréfléchi de l'action, dont le mobile ne dépasse pas le niveau de l'idée soudaine et spontanée.

B. Action non dirigée vers un but

En situation d'attente, par ex. chez le coiffeur, il faut surmonter une période d'inactivité. La plupart du temps, des magazines illustrés y pourvoient. Leur contenu informatif est en rapport avec de telles situations : on souhaite se distraire avec *n'importe quoi*. Le contenu en soi est relativement indifférent car on a besoin d'un divertissement « sans but ».
Certes dans ces actions non dirigées vers un but, les buts ne sont pas complètement absents mais sont si dispersés qu'ils n'entrent pas dans le champ de vision ; c'est plutôt l'inverse : on sait exactement ce que l'on *ne veut pas* (par ex. des informations substantielles, détaillées et spécifiques). Il apparaît, avec cette catégorie, que les trois éléments de l'action déjà mentionnés (déclenchement, opération, but) occupent des positions variables.

C. Action dirigée vers un but

On prendra ici l'exemple de la pratique du vélo. Que se produit-il d'un point de vue psychologique ?
– il faut savoir en faire ;
– savoir pourquoi on le veut ;
– tenir compte de l'état des routes ;
– faire preuve d'une certaine disponibilité à l'effort ;
– avoir conscience du profit qu'on peut en tirer ;
– en ressentir la pratique comme bénéfique en soi.

Chacun de ces 6 points présente également plusieurs aspects :
perfectibilité (répartie selon les aptitudes et les compétences) ;
connaissance du but (compréhension de la tâche, connaissance des alternatives, anticipation du but, identification de l'utilité du but, etc.) ;
conditions conjoncturelles (adaptation aux circonstances réelles) ;
niveau d'engagement (par ex. sentiment du devoir, prise de responsabilité, disponibilité à l'effort) ;
évaluation cognitive (attente d'un bénéfice, estimation des probabilités de succès, etc.) ;
information en retour (conséquences tirées du déroulement de l'action).

D. Motivation de performance

Les performances sont des cas spécifiques d'actions dirigées vers un but, comportant l'aspect caractéristique de situations concurrentielles (« accomplissement d'une exigence de performance »).

Le petit enfant ne reconnaît que les *effets* du jeu. Après 3 ans seulement, il n'est plus indifférent au fait qu'il construise lui-même la tour ou qu'un autre le fasse : désormais il a conscience de sa *performance personnelle*. Plus tard d'autres critères s'adjoindront : la *disponibilité à la comparaison ;* l'enfant ressent à présent le succès et l'échec en comparant sa performance à celle d'autrui. Finalement, l'homme élabore des *concepts d'action* différents pour les divers secteurs de sa vie (profession, sport, etc.).

MC CLELLAND a étudié expérimentalement le besoin de performance comme réponse à une action.
On a pu distinguer d'après leurs tendances comportementales dominantes deux groupes de sujets, les uns *motivés par le succès* (espoir de succès : ES) et d'autres *évitant l'échec* (peur de l'échec : PE). Les premiers préfèrent les tâches d'un niveau de difficulté moyen, les autres peuvent osciller entre tâches trop faciles et trop difficiles. Dans la courbe ES-PE, la perception de l'« attrait de la tâche », et l'expectative d'une « probabilité de réussite » jouent un rôle déterminant quant à la stimulation (courbe croissante ou décroissante) exercée par la tâche comme contrepartie de la probabilité de réussite (« attente x estimation de valeur » : niveau de la motivation totale de performance MT = différence ES – PE, soit « l'espoir net de réussite »).

D'après des expériences récentes, cette théorie, selon laquelle, contrairement à la peur de l'échec, l'espoir de réussite augmente la performance, se vérifie plutôt pour les performances ayant des perspectives limitées dans les temps ; en revanche les performances à long terme ou celles dont le succès est différé sont modifiées par des mobiles de contrôle (XIII/14).

XIII. Psychologie de la personnalité / 12. Mobiles sociaux

A Facilitation

B Lien et distance

C Cohésion

D Reconnaissance sociale

E Pouvoir et réactance

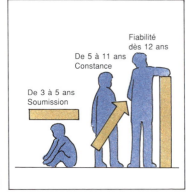

F Formation de la confiance

Une grande part de la motivation relève de *conditions sociales*. Se réglant presque constamment sur la collectivité, l'homme ne peut se dispenser des *mobiles sociaux*. Néanmoins, il ne s'agit pas toujours d'attirance, mais parfois aussi d'une motivation de rejet.

A. Facilitation
Dans des expériences anciennes (MEUMANN, 1904), on a prouvé que des réactions simples (comme lever un poids avec un doigt) conduisent à des résultats meilleurs en présence de spectateurs. En revanche, PESSIN (1933) démontrait qu'on observe le phénomène exactement inverse pour l'apprentissage de syllabes dépourvues de sens. C'est pourquoi, il n'a pas été tenu compte de cet effet de facilitation pendant longtemps.
ZAJONC (1965) a été le premier à clarifier ces contradictions. Il a réussi à démontrer que seul le comportement « dominant » (c.-à-d. important et fréquent) dans la classe d'actions concernée est renforcé par la « présence d'autrui ». Il apparaît, dans ces conditions, que la simple présence d'un autre, et à plus forte raison de nombreux spectateurs (comme lors d'un match de football) exerce un effet stimulant.

B. Lien et distance
Dans une célèbre étude de HARRY F. HARLOW (1959), de petits singes rhésus ont été élevés avec un « substitut de mère » :
un premier groupe auprès d'une « mère en fil de fer » (structure métallique soudée) et un autre auprès d'une « mère d'étoffe » (recouverte de tissu éponge). Dans des conditions par ailleurs identiques, le groupe de la mère d'étoffe semblait plus fortement lié à cette figure de référence ; ils s'agrippaient plus longtemps à leur mère d'étoffe que les autres à leur mère en fil de fer. Les enfants de la mère en fil de fer présentaient des réactions d'angoisse plus marquées quand un objet étranger se trouvait dans la cage, tandis que les enfants de la mère d'étoffe examinaient l'objet avec curiosité, puis entre-temps s'agrippaient à elle en la retrouvant comme une base sûre.
Transposés à l'homme, ces exemples mettent en évidence des besoins sociaux profonds de lien et de « contact consolateur ». Au contraire, la distance est maintenue face à des objets nouveaux ou ressentis comme menaçants.

C. Cohésion
La cohésion d'un groupe de personnes résulte d'une série de mobiles sociaux. On citera en premier lieu la tâche collective (par ex. la « chaîne des porteurs d'eau », qui potentialise les forces de l'individu. En outre, l'effet de cohésion naît de l'attrait qui émane des membres de la communauté, de leurs initiatives sans cesse renouvelées, de la difficulté d'entrer dans un groupe, de l'interaction satisfaisante entre les membres, etc. A partir de cela, se développent les vécus de groupe (le « sentiment du nous ») grâce auxquels l'individu a l'impression d'un soutien.

D. Reconnaissance sociale
Le désir de reconnaissance sert à garantir une assise sociale. Comme la personne non reconnue dans les domaines vitaux essentiels (mariage, profession, voisinage, etc.) se trouve dans une situation néfaste sans rapport avec la valeur personnelle qu'on lui attribue souvent, le mobile social se rencontre fréquemment. La tendance à se faire valoir recouvre souvent un sentiment d'infériorité.
L'attention portée sur soi d'un point de vue social représente un faisceau de mobiles susceptibles de se différencier selon trois directions :
la *prééminence* (statut), c.-à-d. le respect, la position sociale et la supériorité hiérarchique ;
la *considération* (prestige), c.-à-d. la notoriété, la célébrité et les distinctions ;
l'*appréciation de la valeur morale*, c.-à-d. la réputation et l'estime de la personne.

E. Pouvoir et réactance
Comme mobile social spécifique, le mobile du pouvoir repose sur l'ambition d'imposer ses propres représentations aux autres. A titre de tendance comportementale, l'aspiration au pouvoir peut apparaître très tôt sous forme d'empreinte de supériorité (par ex. sur les frères et sœurs) ou, plus tard, dans l'aspiration à des postes de responsabilités, ou (son côté négatif) pour compenser un manque d'assurance. On peut défendre ses propres intérêts (égocentriques) ou les intérêts du groupe (exocentriques).
Les moyens d'exercice du pouvoir différent : *légitimation* (transmission institutionnelle du commandement avec fonctions et insignes), *autorité* personnelle (attentes des subordonnés, par ex. sous forme d'aide), *reconnaissance* de services (surprotection), *connaissances spécialisées*, suggestion du *prestige* personnel, *violence* physique ou psychique, *contrôle* des situations, *détention d'informations*, etc.
Les mobiles du pouvoir se heurtent souvent à une « réactance ». Sous ce terme, BREHM (1966) regroupe toutes les initiatives des personnes qui se sentent restreintes dans leur liberté et veulent la recouvrer (« opposition tous azimuts »).

F. Formation de la confiance
La confiance sociale à l'égard des autres s'édifie progressivement.
Chez l'enfant de 3 à 5 ans, elle commence avec la certitude qu'étant le plus faible, il peut faire appel aux autres.
Chez l'enfant de 5 à 11 ans, elle se règle sur la prévisibilité des réactions de l'autre.
A partir de 12 ans seulement et dans certaines circonstances, naît un sentiment de fiabilité (loyauté, fidélité) qui permet de « compter » sur l'autre.
Ces stades sont également valables pour l'édification de la confiance entre communautés (par ex. peuples).

264 XIII. Psychologie de la personnalité / 13. Mobiles d'abondance

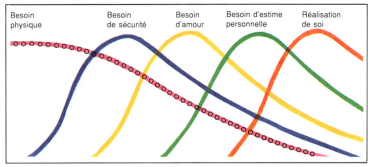

A Satisfaction dilatoire

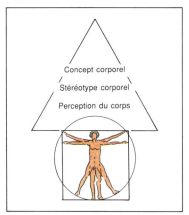

B Schéma corporel

C Identification

D Concept de soi

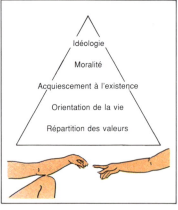

E Aspiration au sens

On a considéré longtemps la motivation comme étant exclusivement une tentative pour compenser l'absence de satisfactions. Il fallut attendre qu'A. MASLOW (1973) oppose à ce « mobile déficitaire » le groupe des **mobiles d'abondance** (lat. : *abundantia,* superflu) dans lesquels il voyait la tendance à *dépasser* un état de satisfaction accepté.

A. Satisfaction dilatoire
D'après la théorie de MASLOW, la motivation comporte dans son ensemble un caractère dilatoire (c.-à-d. une tendance à différer) : le besoin suivant et supérieur n'entre dans le champ de vision que lorsque les besoins fondamentaux ont été satisfaits. MASLOW établit une hiérarchie de 4 groupes de mobiles qui ne laissent le champ libre au groupe suivant qu'après leur décrue :

Les besoins de sécurité physique, d'amour, d'estime et finalement le besoin de réalisation de soi.

B. Schéma corporel
Le célèbre cercle de LÉONARD DE VINCI, dans lequel s'inscrivent les mouvements, symbolise ci-contre un premier domaine d'expansion de la motivation.
Le corps propre est l'objet d'identification le plus évident. On conçoit aisément que le « garantir-au-delà-de-soi » dont relèvent les mobiles d'abondance s'y réfère.

Dans la *perception du corps,* on ne voit pas seulement l'image spéculaire réelle mais plutôt une représentation qui, de façon caractéristique, est captée « en un clin d'œil » (par ex. l'aspect extérieur que l'on a depuis des années).

Chaque société propose des *stéréotypes corporels* (canons corporels) d'après lesquels il convient de se guider.

La manière dont on forme son *concept corporel* à partir de ces deux éléments, se manifeste nettement dans les difficultés qu'éprouvent nombre d'individus avec leur apparence.

C. Identification
L'analyste ERIK ERIKSON a établi (sur la base de sa propre expérience) un vaste système de tâches d'identification (cf. XIII/9, D), qui part de la *confiance primale,* par ex. celle ressentie par le petit enfant qu'on lance en l'air et qu'on rattrape, et se complète ensuite de 6 critères d'identification supplémentaires. Il écrit :

« L'assemblage final de tous les éléments d'identification convergents (et l'élimination de ceux qui divergent) vers la fin de l'enfance semble être une tâche d'une difficulté inouïe : comment peut-on attendre qu'un stade aussi « anormal » que l'adolescence puisse la mener à bout ? »

D. Concept de soi
Depuis W. JAMES (1890), le problème du « soi » occupe une place centrale en psychologie. En général, on entend par là le *processus* de constitution de soi-même :

Comment une personnalité originale naît-elle de l'« ombre » de soi-même ?

Plusieurs tendances d'abondance reliées au soi émergent de l'ensemble des références associées au concept de sujet.

L'*expansion de soi* constitue le principe de décision quand on songe à « progresser » en allant contre le confort.

Le *choix des intérêts* délimite le cadre essentiel de l'activité.

De ce point de vue, les conflits ne sont pas rares : il faut (surtout pour aller de l'avant plutôt que de se heurter à des exigences irréalisables) promouvoir un *équilibre des exigences.*

Le *sentiment de la valeur personnelle* repose sur la confiance en soi acquise par une ascension progressive offrant la base de la réalisation de soi.

La résistance de soi (contre soi) protège et maintient l'équilibre qui vient d'être acquis entre le moi idéal et le moi réel, entre l'auto-satisfaction et la dévaluation de soi.

E. Aspiration au sens
En philosophie (par ex. le moi transcendantal de Kant), le « grandir-au-delà-de-soi » propre à l'homme joue un grand rôle autant pour la théorie de la connaissance qu'en éthique. La psychologie peut également prendre ces principes en considération. La pensée élève l'homme au-dessus de ses intérêts propres et de ceux d'autrui. Il peut former des pensées sur la valeur et le sens de l'ensemble du cosmos, s'observer et se situer réflexivement.

Cette aspiration est illustrée de manière toute symbolique dans le geste de Dieu le père (plafond de MICHEL-ANGE à la chapelle Sixtine à Rome).

ARISTOTE prônait déjà l'« optimalisme » : l'homme aspire vers tout ce qu'il considère comme bien.

Cette aspiration vers le sens contient plusieurs niveaux d'« abondances » :

La *répartition des valeurs* suppose une décision individuelle sur ce que l'on estime prioritaire pour soi ou pour tous.

L'*orientation de vie* doit, par comparaisons, conduire à des critères de bonheur réalistes.

L'*acquiescement à l'existence* interprète la vie personnelle comme dotée de sens (« certitude du sens »).

La *moralité* restreint apparemment l'orientation de vie (en excluant les comportements jugés amoraux) mais, du fait de cette restriction, elle accroît plutôt l'incitation à une vie sensée.

Chez bien des personnes, l'aspiration au sens s'élargit vers une *idéologie* personnelle (cf. XXII/4).

266 XIII. Psychologie de la personnalité / 14. Mobiles de contrôle

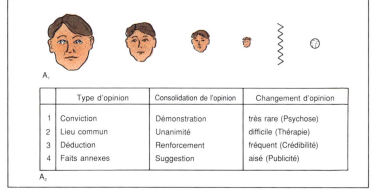

A Attitude

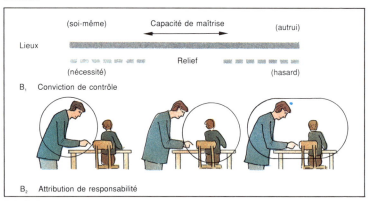

B Attribution

C Motivation corrective

Ce groupe de mobiles ne vise pas des buts concrets, mais introduit pour ainsi dire la « contrepartie » des mobiles mentionnés précédemment. Au sens le plus large, ce sont donc des **mobiles de contrôle.**

Le contrôle signifie ici la vérification consciente ou inconsciente, au préalable ou après coup, des aspirations. Il en résulte une modification, une inhibition, ou un déplacement des aspirations existantes en référence à une motivation d'ordre supérieur.

A. Attitude

Notre « objectivité » est pénétrée de « subjectivité ».

Si on laisse (sur un écran par ex.) deux points se mouvoir librement, on discerne, dans ce mouvement, une *relation* entre eux au lieu d'une simple modification de leur distance. Il s'en dégage l'impression involontaire qu'ils se poursuivent, s'épient, s'évitent mutuellement, etc.

Le plus souvent, nous ressentons une « contrainte à l'interprétation ».

(A_1) Si l'on établit la relation entre la balle (à droite) et les visages, on obtiendra une balle de ping-pong, de tennis, de handball, etc., selon le visage avec lequel s'effectue la comparaison.

(A_2) Notre disponibilité latente (sous-jacente) à l'interprétation se manifeste très nettement dans nos *opinions*.

A ce sujet, M. ROKEACH a établi une échelle d'attitudes (représentée sous forme simplifiée) concernant les *types d'opinions*.

(1) *Conviction* (conception fixe), par ex. : « Je l'ai vu. » Ces opinions se consolident en un « consensus à 100% » (comme démontrables) : « Tous l'ont vu. » Un changement d'opinion n'est guère possible (les psychotiques ont éventuellement des hallucinations).

(2) *Lieux communs*, par ex. : « Les couteaux sont dangereux. » ; consolidation de l'opinion par l'unanimité : « Nombreux sont ceux qui en ont fait l'expérience. » Le changement d'opinion s'opère difficilement (au besoin par « thérapie »).

(3) *Déduction*, par ex. : « C'était dans le journal. » ; consolidation de l'opinion par renforcement : « C'est *mon* journal. » Le changement d'opinion se produit entre autres par retrait de la crédibilité : « Ce journal ment. »

(4) *Faits annexes* (considérés comme sans importance), par ex. : « Le dentifrice X est bon. » ; consolidation de l'opinion par autorenforcement : « *Je* le trouve bien. » Le changement d'opinion est relativement aisé, par ex. sous l'effet de la publicité : « Le dentifrice Y est très bien. »

B. Attribution

(B_1) L'attribution avance d'un pas : elle procède en attribuant des « causes » (souvent de façon irréfléchie). J.B. ROTTER (1965) formulait à ce propos la thèse d'un « *locus of control* » (conviction de contrôle) : A qui de la « faute » ?

B. WEINER (1984) réfère cette « causalité perçue » à trois dimensions (combinables) :

Le *lieu* désigne l'agent causal : soi-même ou autre chose (par ex. la chance, d'autres personnes) ;

le *relief* (saillance) représente le degré mesurable de valeur ou de signification (W. STERN, 1950) ;

la *capacité de maîtrise* : soit on ne peut rien faire contre, soit on aurait pu, soi-même ou d'autres, entreprendre quelque chose pour ou contre.

(B2) L'« attribution de responsabilité » se règle sur le type de participation.

(1) Pour nombre d'enseignants, le mauvais élève est stupide ou paresseux.

(2) Nombre d'élèves justifient leur échec en invoquant l'enseignant ou l'exercice qui n'a pas encore été expliqué.

(3) Une analyse différenciée des erreurs peut en revanche aboutir à bien d'autres raisons : problèmes familiaux, doses exceptionnels, intérêts de valeur supérieure, etc.

Dans la vie quotidienne, mais aussi dans de nombreuses analyses scientifiques, les attributions causales souffrent d'une tendance à l'« économie », que G.W. ALLPORT comprend comme satisfaction anticipée dès la « première justification venue » (« conclusion hâtive »).

C. Motivation corrective

(C_1) Compte tenu des efforts requis par la construction du soi, on peut comprendre qu'une tendance générale de motivation cherche à ne pas mettre ce « soi » en danger et à le maintenir dans la position occupée jusqu'alors. Sous l'effet de la *résistance cognitive*, on se dit :

« Tout est bien tel quel, et moi comme je suis » (même si ceci se révélait faux dans une large mesure).

Dans la théorie de la « dissonance cognitive » (FESTINGER), on part du principe qu'on préfère sélectionner les informations, opinions et faits qui s'harmonisent avec les conceptions propres, tandis qu'on rejette ce qui leur est contraire. La psychanalyse (XX/3) met l'accent sur ces mécanismes de défense jusque dans le rêve.

(C_2) Le contrôle cognitif envisage les motivations personnelles pour les vérifier. Dans nombre de théories (entre autres, la *self efficacy*, l'auto-efficacité de BANDURA ; le *psychological well-being*, le bien-être psychologique de BRADBURN, et coll. ; l'*opponent-process*, le contre-effet, de SOLOMON, CORBIT ; la *réactance*, la contre-conduite dans les situations restrictives de BREHM), on mentionne les raisons d'un contrôle autonome de la motivation.

Dans l'examen de soi *(self monitoring),* il est à distinguer

si, après abus d'alcool, un automobiliste, laisse sa voiture au parking pour des raisons *internes* (autotéliques, intrinsèques), par ex. responsabilité à l'égard de sa famille, ou pour des raisons *externes* (hétérotéliques, extrinsèques), par ex. par peur de la police.

268 XIII. Psychologie de la personnalité / 15. Évaluation de la personne

A Perception et cognition

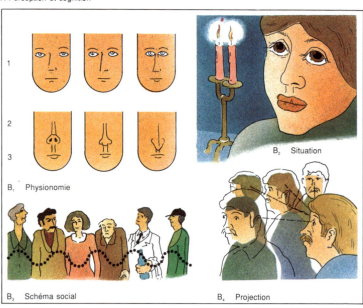

B Erreurs de jugement

Comment savoir s'il y aura bonne entente avec une personne dans un voyage de groupe – ou encore comment savoir à quel avis l'on peut se fier ?

Chaque jour ou presque, nous nous interrogeons sur notre « connaissance de l'homme », mais pouvons-nous nous fier à nos jugements ?

Comment procédons-nous à l'évaluation des autres ?

Cet ensemble de questions est particulièrement important pour le *premier contact*. Des aspects partiels mis en avant peuvent très facilement produire un « effet de halo » qui plus tard rendra la jugement global difficilement révisable.

A. Perception et cognition

L'histoire de cette problématique se lit dans les glissements du concept principal. Le concept initial de « connaissance des hommes » désignait une sorte d'aptitude occulte. Plus tard, on a repris le terme de « perception d'autrui », issu de la psychosociologie américaine. Mais comme il ne s'agit guère que d'une perception de stimuli, on a utilisé le concept de « cognition d'autrui ». Actuellement on préfère utiliser l'expression d' « évaluation d'autrui », parce qu'il s'agit en fait d'appréciations sur d'autres individus qui reposent sur des perceptions *et* des cognitions. Elles servent à l'orientation sociale à court ou à long terme.

Ici plusieurs règles ont leur importance.

(A_1) Notre corps n'est pas apte à exprimer régulièrement nos émotions intérieures de façon *représentable* ou *reconnaissable*.

La mimique est le premier champ d'expression que l'enfant identifie et auquel l'adulte réfère d'abord ses évaluations. Puis suivent en *succession* le geste, la posture, la démarche et une série d'autres registres expressifs (par ex. les micromouvements).

On accorde souvent trop d'importance à la mimique. La teneur expressive d'autres parties du corps est souvent sous-estimée.

(A_2) L'expression est, par principe, arbitraire (partiellement libre), ce qui la rend *ambiguë*. Elle ne saurait aucunement être considérée comme aussi sûre pour l'appréciation que certaines illustrations représentent le langage corporel le prétendent.

L'expression que montre l'illustration A_2 indique autant l'attraction que le rejet ; mais globalement l'attitude du flirt ; soulignée par la « perplexité espiègle » du crayon aux lèvres.

(A_3) Dans la mesure où une expression se produit en *correspondance* avec d'autres personnes (ce que certains théoriciens attribuent à toute expression), elle remplit des fonctions supplémentaires, par ex. la communication non verbale.

(A_4) La *capacité de jugement* dans l'évaluation de la personne varie donc fortement selon les données du moment. On a avantage à tenir compte, dans ses évaluations (par ex. comme juge) des risques d'erreur les plus importants pour pouvoir les corriger.

B. Erreurs de jugement

(B_1) Les erreurs les plus fréquentes se commettent dans l'évaluation erronée de la *physionomie*. Certes, nul ne doute que certaines caractéristiques de l'expression puissent, par leur fréquence, s'imprimer à tel point qu'elles deviennent des marques représentatives et constantes de la personnalité (expression habituelle).

D'autres caractéristiques comme l'écart entre les yeux (1), la longueur du nez (2), la hauteur de la bouche (3), dont il est prouvé qu'elles codéterminent très fortement le jugement sur la personne, ne présentent aucune corrélation significative avec ces traits de personnalité objectivement mesurés.

(B_2) Des méprises semblables peuvent se produire par des effets dus à la *situation*.

A la lueur de bougies, les pupilles se dilatent et assombrissent l'iris. Ceci provoque une impression d'insistance et même de sensualité qu'on peut attribuer à la seule situation. Par la rétroaction correspondante, on peut réellement se mettre dans un état semblable.

Les mouvements, par ex., produisent d'autres déplacements circonstanciels du jugement.

Un serveur qui, devant ses clients, fait de plus petits pas que d'habitude, donne une impression d'empressement.

On croit moins en la disponibilité à l'effort chez certaines personnes pour la seule raison qu'elles ne tendent pas à faire des mouvements expressifs.

(B_3) Une troisième catégorie d'erreurs d'évaluation concerne les jugements *schématiques* d'après des critères sociaux : nationalité, sexe, profession, âge, couche sociale, région d'origine, etc. On requiert de chaque groupe social certaines expressions typiques. Mais comme l'individu doit s'intégrer selon plusieurs critères sociaux, ces attentes se croisent obligatoirement. Il existe aussi une différence entre les principaux caractères sociologiques que nous nous attribuons (et auxquels nous adaptons notre expression) et ceux que les autres nous attribuent en les mesurant d'après la règle de comportement correspondante.

Si notre classification et celle d'autrui et, par là même, les bases de l'évaluation sociale ne concordent pas, une expression que l'on voudrait « sévère » peut être interprétée comme « généreuse ».

(B_4) Il est également difficile d'éviter la *projection* lors de l'évaluation d'une personne. La projection, mécanisme de défense au sens pathologique, sert à écarter ses propres émotions inconscientes, à les ignorer et à les faire porter par d'autres. Mais dans le registre normal, nous avons aussi tendance à voir en autrui une grande part de ce que nous sommes.

Il en résulte une tendance inconsciente à nous découvrir en l'autre au lieu de l'apprécier de façon juste.

270 XIII. Psychologie de la personnalité / 16. Théories de l'expression

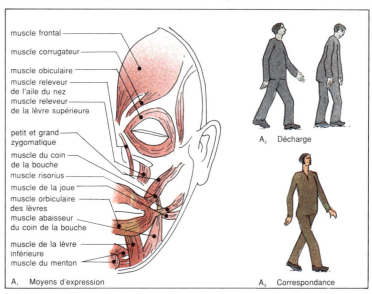

- muscle frontal
- muscle corrugateur
- muscle obiculaire
- muscle releveur de l'aile du nez
- muscle releveur de la lèvre supérieure
- petit et grand zygomatique
- muscle du coin de la bouche
- muscle risorius
- muscle de la joue
- muscle orbiculaire des lèvres
- muscle abaisseur du coin de la bouche
- muscle de la lèvre inférieure
- muscle du menton

A₁ Moyens d'expression

A₂ Décharge

A₃ Correspondance

A Phénomènes expressifs

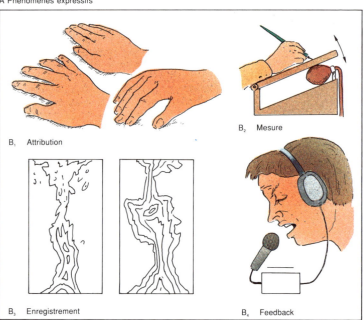

B₁ Attribution

B₂ Mesure

B₃ Enregistrement

B₄ Feedback

B Recherche sur l'expression

JOHANN KASPAR LAVATER (1741-1801) peut être considéré comme le premier chercheur des temps modernes en ce qui concerne l'expression :
« Dans le corps nous voyons l'âme, le degré de sa force et de son efficacité. »
Un siècle plus tard, CHARLES DARWIN lançait cet avertissement :
« L'étude de l'**expression** est difficile, car souvent les mouvements sont extrêmement anodins et de nature rapide et passagère. »

A. Phénomènes expressifs

La fascination pour ce domaine provient de la connaissance rapide et intuitive de l'homme apparemment liée à l'intelligibilité directe des signaux expressifs. La conception selon laquelle la capacité expressive de l'homme, du moins dans les registres les plus importants (p. 273), dépasse de loin celle des autres êtres vivants, vient fort à propos.

(A_1) L'expression du visage par ex. procède d'un grand nombre de muscles (les 14 principaux figurent sur le dessin). A cela s'ajoutent les réactions des pupilles et les colorations de la peau (le « rougissement »). Il en résulte un jeu changeant de mimiques qu'aucune espèce animale n'atteint.

Comment le phénomène de l'expression apparaît-il ? Nombres de théoriciens ont traité cette question. Leurs théories peuvent se répartir en deux groupes.

(A_2) Les *théoriciens de la décharge* pensent que l'expression représenterait uniquement la réaction corporelle à un processus intérieur, dont nous utilisons la corrélation constante pour induire en retour les processus intérieurs (les uns se référant à un programme inné, d'autres en revanche seulement à un processus d'apprentissage au cours de la vie).

(A_3) Les *théoriciens de la correspondance* vont plus loin. Pour eux, l'expression serait en tout cas une tentative pour communiquer quelque chose à l'autre par le processus expressif :
« L'expression, c'est toujours quelqu'un qui s'exprime à quelqu'un. » (R. KIRCHHOFF, 1965) Mais on peut réunir ces deux tendances théoriques. L'exemple de la marche en donne une illustration schématique.
Les deux figures de l'ill. A_2 permettent de déduire une démarche alerte et une autre lasse. Toutes deux indiquent un état intérieur reconnaissable de l'extérieur.
L'ill. A_3, en revanche, montre un maintien raide dans la démarche auquel on attribue immédiatement un haut degré de conscience de soi.
Ainsi, les deux premiers exemples semblent-ils plutôt confirmer les théories de la décharge (dont H. SPENCER a été l'un des premiers adeptes), et le troisième plutôt les théories de la correspondance (où se range celle de I. KLAGES).
Mais on comprend aisément qu'un grand nombre d'allures de marche se situent entre ces deux types et illustrent autant la décharge que la correspondance. On résume la combinaison de ces conceptions sous la rubrique de théories de l'expression « dyadique ».
L'une d'elles est par exemple la « théorie neuro-culturelle » de P. EKMAN e.a. (1972).

B. Recherche sur l'expression

La recherche sur l'expression pose le problème suivant :
L'expression est-elle seulement l'image d'un état momentané ou aussi la représentation de traits permanents de la personnalité ?
Il est impossible de fournir une réponse univoque. L'expression se spécifie aussi en multitude de formes expressives, par ex. :
l'expression réactive (réponse en reprenant le rire de l'autre),
l'expression végétative (par ex. rougissement),
l'expression symbolique (renforcement de l'expression par le vêtement, la coiffure, le maquillage, etc.),
l'expression d'habitude (par ex. rides marquées),
l'expression non verbale (comme complément du langage),
l'expression intentionnelle (par ex. l'expression du comédien),
l'expression conventionnelle (attitude sociale).
Pour préciser ces diverses conditions, on utilise tout un arsenal de méthodes de recherche dont on va exposer les quatre groupes les plus importants.

(B_1) Depuis longtemps les *procédés d'attribution* servent à comparer certains éléments expressifs avec l'état intérieur présumé.
Dans la technique du *matching* d'ARNHEIM, le sujet d'expérience pose la main sur un support : (a) serait typique de sujets marqués par la capacité de s'imposer, (b) la maîtrise de soi, (c) la timidité.

(B_2) Dès le siècle dernier, WILLIAM BENJAMIN CARPENTER découvrait divers *mouvements connexes à la pensée* presque imperceptibles. Aujourd'hui, grâce à l'amélioration des techniques, on peut étudier avec précision les *micromouvements* dans leur relation expressive.
Un ancien procédé, la « balance à écrire », utilise un appareil qui permet d'enregistrer la pression de l'écriture par l'intermédiaire d'une balle de caoutchouc.

(B_3) Les *particularités du langage* (par ex. le rythme, la mélodie, les modulations) peuvent être électroniquement consignées à l'aide de sonogrammes.
Le graphique rend l'interjection « aïe » prononcée par deux personnes.

(B_4) Un quatrième groupe de recherches étudie l'*information en retour* de l'expression individuelle.
Une expérience met en évidence le fameux phénomène de Lee :
Une personne parlant normalement se met à bégayer quand ses propres paroles lui sont renvoyées en retour après quelques fractions de seconde (XX/16, C).

272 XIII. Psychologie de la personnalité / 17. Langage corporel

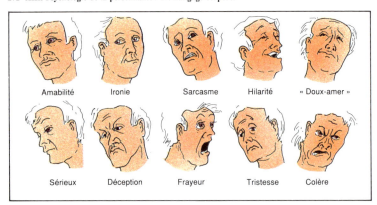

A Mimique

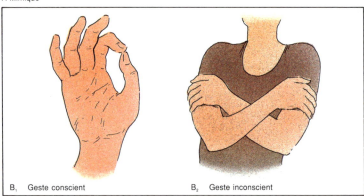

B Pantomime

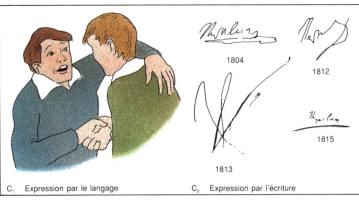

C Expression verbale

Sous l'influence de LAVATER, GOETHE écrivait ces vers :
« Rien n'est dedans, rien n'est dehors, car ce qui est dedans est dehors. »
C'est toutefois bien contestable. Le **langage corporel**, donc la communication non verbale par le corps, est soumis à de multiples ruptures qui obéissent à deux conditions principales : les variations de l'*émetteur* de l'expression et la disponibilité, la réceptivité du *récepteur* de l'expression.

A. Mimique

NICOLAI HARTMANN écrit :
« Les hommes rient de manières aussi différentes qu'ils agissent, se meuvent, parlent ou se taisent. »
L'émetteur d'expression possède plusieurs *médias expressifs* (la mimique, le geste, etc.). Selon les individus, les parties du corps ont un rendement variable concernant la fonction expressive.
La *congruence expressive* désigne la concordance plus ou moins grande des manifestations momentanées de ces médias (leur opposition peut par ex. fournir une information supplémentaire).
La *durée de l'expression* est particulièrement importante dans son déroulement relatif (par ex. le sourire s'interrompt brusquement où s'éteint progressivement).
L'*intensité expressive* (par ex. l'ampleur spatiale des gestes) est considérée comme très importante pour l'évaluation des comportements perturbés.
Par *adaptation de l'expression*, on entend la concordance plus ou moins grande d'une expression avec sa cause (par ex. rire et plaisanterie).
Le problème des *commandes de l'expression* est bien le plus délicat. Il s'agit ici d'apprécier si un phénomène expressif se forme consciemment ou s'il se produit inconsciemment. Nombre de ces phénomènes doivent plutôt être désignés comme demi-conscients.
S'inspirant de la répartition de SCHLOSBERG (cf. XII/1, B) en phénomènes expressifs marqués par le plaisir ou par le déplaisir, la rangée supérieure de l'ill. A montre surtout des formes de mimiques indicatives de *plaisir* (amabilité, ironie, sarcasme, hilarité et sentiments mitigés « doux-amers »), tandis que la rangée inférieure indique le *déplaisir* (sérieux, déception, frayeur, tristesse, colère).

B. Pantomime

Dans *Vingt-Quatre Heures de la vie d'une femme*, STEFAN ZWEIG dépeint avec beaucoup de précision les mains d'un joueur à la table d'un casino : nerveuses, vibrantes, tremblantes d'excitation, se cabrant, prêtes à bondir comme des fauves, etc.
Cet exemple littéraire montre les différences de sensibilité du *récepteur* de l'expression aux phénomènes expressifs. Nombre de personnes seront incapables de découvrir autant d'aspects que STEFAN ZWEIG dans les mouvements des mains d'un joueur. Toutefois, ZWEIG s'est peut-être trompé pour certains gestes, car le joueur cherchait délibérément à duper l'assistance. Toute expression n'est pas « franche ».
En règle générale, la mystification réussit mieux avec la mimique, mais elle est moins homogène dans la pantomime (domaines principaux : geste, posture et mouvements corporels).
Il est par exemple très difficile d'influencer consciemment le maintien et les mouvements de la marche, en revanche d'autres conditions telles que blessures ou douleurs aux pieds agissent davantage.
Dans la gestuelle, on distingue des formes *conscientes* et *inconscientes*.
(B_1) Ce geste conscient est fixé par convention : au Japon, il signifie l'« argent », en Allemagne, la « précision ».
(B_2) Ce geste inconscient est ambigu, il peut exprimer l'« attente » mais aussi un besoin d'« autoprotection » ou même servir à se « protéger du froid ».

C. Expression verbale

Outre l'émetteur et le récepteur d'expression, une troisième instance modifie les caractères du langage corporel : la *société* avec ses conventions et ses règles. L'expression verbale permet d'observer avec la plus grande précision les multiples facettes du langage corporel.
(C_1) Les habitudes sociales prescrivent avec qui on a le droit d'amorcer une conversation par un contact aussi cordial et dans quelles situations ceci est ressenti comme convenable.
Autre exemple : on ne permet à un adulte de tirer la langue ou de faire un pied de nez (qui, dans presque toutes les cultures signifie le rejet ou le mépris) que dans des circonstances exceptionnelles (par ex. le célèbre portrait d'ALBERT EINSTEIN qui tire la langue aux photographes qui le poursuivent).
(C_2) Très tôt l'écriture a été utilisée à des fins d'interprétation. Longtemps elle a représenté le seul média *conservable* qui, de plus, recélait un grand nombre de caractères expressifs (pression, tracé des lignes, répartition de l'espace, liaison entre les lettres, dynamisme du mouvement, etc.). Le *diagnostic graphologique* (J. SLIKBOER) se distingue de la *graphologie* au même titre que l'astronomie de l'astrologie, car il s'agit de rapports scientifiquement fondés sur les caractéristiques de l'écriture et sa teneur expressive. Un de ses domaines principaux est l'identification d'écritures en criminologie. Elle commence par l'analyse chimique des matériaux utilisés et s'étend à l'examen des micromouvements au microscope.
Les exemples présentant l'évolution de la signature de NAPOLÉON BONAPARTE montrent que l'écriture dépend aussi des circonstances de la vie du scripteur.

274 XIII. Psychologie de la personnalité / 18. Analyse comparée

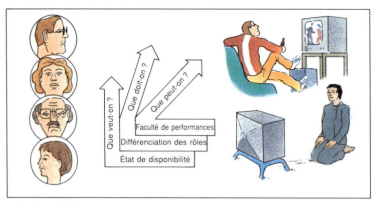

A Systèmes de l'état de disponibilité

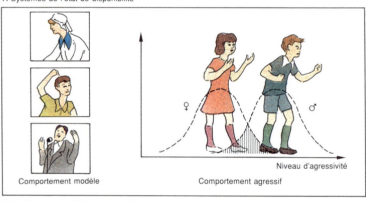

B Systèmes de la différence des rôles

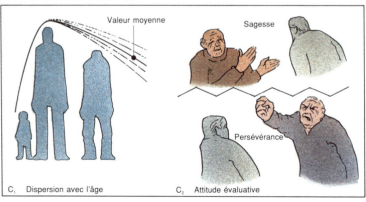

C Systèmes de la faculté de performances

La psychologie de la personnalité s'attache à l'individu. Mais un nouveau secteur de ce domaine tend une passerelle vers la psychologie sociale (cf. XV). Il procède par comparaison pour explorer les caractères individuels de l'homme comme membre de groupes sociobiologiques.

On admet par exemple comme certitude qu'il existe des déplacements plus ou moins réguliers de l'image individuelle en raison de la différence de sexe.

D'après les connaissances actuelles, ces relations ne sont pas fixes. Tout dépend plutôt du degré de « parenté » entre l'individu et chaque groupe.

Ainsi, nous appartenons à l'espèce humaine, avons un certain âge, un sexe, une nationalité, sommes membre d'une profession, d'une couche sociale, etc.

L'**analyse comparée** étudie toutes ces particularités extensives liées aux groupes. Mais il faut signaler que les résultats scientifiquement fondés sont encore rares.

A. Systèmes de l'état de disponibilité

L'Américain, la femme, le professeur, l'enfant, existent-ils ?

Guère à vrai dire. Néanmoins notre appartenance à des groupes sociobiologiques caractérise une partie plus ou moins ténue de notre individualité. Pour mieux approcher le problème, on l'a subdivisé en trois aspects principaux :

Que veut-on, que doit-on, que peut-on comme… (femme, vieillard ou Asiatique par ex. – à la différence des groupes contraires : homme, jeune, non Asiatique) *?*

Partant de ces trois questions, trois domaines de recherche relevant de l'analyse comparée se sont constitués pour tenter d'analyser les « systèmes » de caractère groupaux dans leurs déplacements « typiques » : les systèmes d'*état de disponibilité*, de *différenciation des rôles* et de la *faculté de performances*.

Le sentiment de désespérance en cas de misère extrême, ou la crainte pour leur sécurité chez les personnes fortunées sont autant d'exemples. Nous nous servirons de comparaisons *interculturelles* pour fournir une démonstration.

Dans ses recherches, P. EKMAN a testé les caractéristiques de l'expression chez les Japonais et les Américains pendant la projection de films. Les résultats variaient nettement selon les registres d'expression (corrélations allant de 39 à 86).

La « pression du groupe » (BENESCH) déclenche une similitude de comportement qui, dans les collectivités les plus vastes (nation, religion, couche sociale) impose des formes de réactions unifiées (par ex. dans l'expression de la douleur).

B. Systèmes de la différence des rôles

Par le terme de différence des rôles, on entend le « comportement théorique » de certains groupes, par ex. infirmières, écoliers ou animateurs.

Ces rôles sont indissociables des deux autres systèmes de comparaison (le « rôle féminin » par ex., dépend aussi des tâches biologiques). Mais ils sont établis aussi par des conventions sociales. Cela apparaît le plus nettement dans le *comportement sexué typique*. Les rôles d'homme et de femme se sont modifiés pour maintes raisons (ce dont traitent les théories behavioristes, analytiques ou cognitives), tandis que d'autres domaines, comme l'orientation professionnelle générale, présentent dans une large mesure une certaine constance. Les rôles sexués constituent le thème principal de la « recherche sur la femme » (BECKER-SCHMIDT, 1992). Les plus grandes certitudes résident dans les différences de *comportement agressif* typiques du sexe qui marquent aussi les rôles théoriques :

Les garçons tendent davantage à l'agressivité que les filles.

On parle, dans ce contexte, d'un prétendu besoin accru de dépendance chez les femmes (phénomène de Cendrillon). La tendance à la domination et l'intensité des intérêts semblent plus marqués chez les garçons, tandis que, en ce qui concerne l'activité générale, aucune différence notoire d'impulsivité (en dépit des préjugés) n'est vérifiable ; quant à la disposition à l'anxiété, elle dépendrait de l'âge et du sexe (DEGENHARDT, TRAUTNER, 1979).

C. Systèmes de la faculté de performances

La plupart des préjugés idéologiques portent sur la faculté de performances.

On attribue sans cesse à diverses races, aux couches sociales défavorisées, aux femmes, aux personnes âgées, etc. une aptitude inférieure à la performance intellectuelle en invoquant leur groupe sociobiologique.

Il faut considérer de telles hypothèses comme fausses ou à nuancer davantage.

Dans des courbes de portée générale (entre autres d'après HONZIK ; MCCALL ; JARVIK), on constate certes une croissance rapide de l'enfance à l'adolescence, un aplatissement à l'âge adulte puis un déclin avec la vieillesse. Mais comme en même temps le *spectre de dispersion* s'élargit considérablement à l'âge de la vieillesse, ce destin peut être infléchi.

(C_1) Actuellement, on suppose plutôt une transformation de la structure de l'intelligence avec l'âge : une augmentation de l'« intelligence liée à l'expérience » (*crystallized intelligence* – intelligence convergente ; analyse plus précise des faits particuliers) ;

avec une diminution de l'« intelligence panoramique » (*fluid intelligence* – intelligence divergente, compréhension rapide d'un ensemble de faits).

(C_2) Concernant le développement des diverses formes d'intelligence, on ne cherche plus, aujourd'hui, à leur découvrir des raisons sociobiologiques. L'essentiel est d'admettre les situations de départ et de tendre à en pondérer l'importance de sorte qu'on puisse, avec l'âge, autant accroître sa « sagesse » (différenciation psychique) que sa « persévérance » (rigidité).

A Potentialité

B Ouverture

C Appréciation de la valeur

D Harmonie de l'existence

E Distance à soi

F Équilibre

Deux problèmes de limites (supérieure et inférieure) concluront ce chapitre :
Quels sont les buts supérieurs (positifs) liés au développement de la personnalité (thème de cette page) ?
Quelles tendances pathologiques (négatives) peuvent résider dans la personnalité (p. 279) ?

A. Potentialité

Le « talent » d'une personnalité n'est pas fixé, mais s'épanouit grâce à des conditions favorables (inspiration, exigence, confirmation). Dans l'histoire de la philosophie et de la psychologie, on mentionne nombre de valeurs supérieures attribuées à la personnalité :
entre autres, le plaisir raffiné, la sérénité, l'absence de convoitise, l'équilibre, l'accomplissement de soi.
Mais du fait de la multiplicité des prémisses individuelles, il ne peut exister de personnalité comme dimension idéale unique de toutes les autres (ill. A).
Comme toutes les personnalités comportent des valeurs, de nombreux psychologues se demandent (surtout dans la tendance « humaniste ») quelles qualités humaines permettent avant tout de transmettre à l'individu comme à la collectivité une avancée de valeur et de sens, qui tende vers l'enrichissement intérieur de la personnalité (ingéniologie = théorie de la maturité psychologique).

B. Ouverture

L'absence de parti pris et l'ouverture à l'existence (sensibilité, ill. B) sont considérées pour ainsi dire comme des qualités fondamentales contribuant à l'accomplissement psychique. A chaque progrès de l'expérience ou du savoir est associé le risque d'éviter les nouvelles expériences ou prises de conscience, surtout quand elles menacent ce qui a été atteint jusqu'alors (résistance à l'innovation). L'homme mûr ne doit pas succomber à cette faiblesse. En 1789, dans son discours d'entrée à l'université, SCHILLER parlait du savant ouvert :
« Il a toujours aimé la vérité comme étant son système et il échangera volontiers l'ancienne forme défectueuse contre une nouvelle, plus belle. »

C. Appréciation de la valeur

CARL ROGERS, le fondateur de la psychologie du dialogue, exige des psychothérapeutes la capacité à manifester à l'égard de leurs clients une empathie compréhensive, et l'appréciation de leur valeur (ill. C).
Celui qui ne peut accepter aucune autre personne sans arrière-pensée ne saura trouver une confiance en lui-même ou dans les autres.
Il faudrait plutôt tendre à *surévaluer* qu'à *dévaloriser* les autres. Ceci s'applique aussi à un niveau général, celui des relations positives avec l'environnement animé et inanimé et à la capacité intérieure d'enthousiasme.

D. Harmonie de l'existence

Le plus difficile à décrire est l'« authenticité » d'une personne. Ici, importent l'autonomie psychique, l'identité du soi et l'unisson avec l'existence (ill. D).
Le sujet narcissique (amour exagéré de soi) use de 2 possibilités pour excessivement s'affirmer :
Il peut dévaloriser les autres par des stratagèmes et des médisances, ou alors, sous prétexte d'abnégation, s'identifier à une personne survalorisée, pour cacher sa propre insuffisance à soi comme à autrui.
Ces deux moyens sont plus dangereux que la certitude sereine et modeste de sa propre « intensité existentielle » (relative). L'homme en accord avec lui-même et avec le monde atteint l'authenticité qui rend crédibles ses propos, ses actes, et ses attitudes morales.
HEINRICH VON KLEIST dit de cet homme serein que son bonheur est à peine vulnérable :
« Il ne dépend d'aucune circonstance extérieure, nul tyran ne peut le lui dérober, nul coquin ne peut le troubler, nous le transportons avec nous dans toutes les parties du monde. »

E. Distance à soi

Dans une expérience, on a photographié plusieurs personnes tenant le visage pris dans un châssis et tenant un numéro (ill. E). Une semaine plus tard, les sujets devaient décrire cette image « dégradante » d'eux-mêmes. Très peu d'entre eux ont répondu avec humour, sérénité et ironie à cette atteinte délibérée contre leur personnalité.
GOETHE écrivait :
« Celui qui ne peut obtenir le meilleur de lui-même ne compte certes pas parmi les meilleurs. »

F. Equilibre

Tout comme pour les récipients, et surtout pour les plus stables présentant des proportions équilibrées, le « contenant » de la personnalité dépend de l'équilibre intérieur (ill. F).
ARISTOTE reconnaissait déjà la structure (diathèse) résultant de l'organisation (taxis) d'éléments dans la psyché.
Une disproportion du corps, par ex. un bras plus court, saute immédiatement aux yeux. Nous avons plus de peine à reconnaître de tels déséquilibres dans le psychisme.
SÉNÈQUE écrivait, en résumant :
« Par conséquent, on peut dire qu'une vie est heureuse, quand elle se trouve en harmonie avec sa nature, ne se soucie ni ne craint pour le corps ni pour ses exigences, quand l'homme a encore une préférence pour toutes les choses qui agrémentent sa vie, mais sans pour autant en vénérer aucune, et quand il utilise les dons du bonheur, mais sans en être dépendant. »

A Schizophrénie

B Cyclothymie

C Phobie

D Hystérie

E Paranoïa

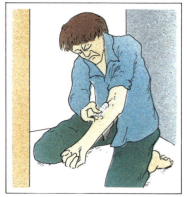

F Addiction

La limite « inférieure » de la personnalité amène à se demander quels sont les types principaux de troubles psychiques. Deux faits rendent la réponse difficile. D'une part, il existe autant de troubles éventuels que de formes d'expériences et de comportements psychiques positifs. Par conséquent il faut nécessairement répartir cet ensemble en types principaux de troubles psychiques.

D'autre part, trois directions thérapeutiques dominantes ont pris part à cette répartition et classé les troubles psychiques selon des perspectives différentes : la psychiatrie, la psychanalyse et la thérapie comportementale. Le résultat de cette division a permis de faire apparaître trois registres de troubles qui se recoupent en partie : les *psychoses*, les *névroses* et les *troubles du comportement*. Par la suite, on a pu mettre en évidence deux troubles essentiels en dehors de ces trois champs (*borderline*, addiction).

A. Schizophrénie

Le concept de « psychose » introduit en 1845 par Ernst von Feuchtersleben a remplacé au cours du XIXe siècle les anciennes notions de maladie mentale, frénésie, folie, etc. (lat. *Alienatio mentis, Insania*). Par ce terme, on entend les déformations psychiques les plus graves : psychoses *exogènes* (entre autres, le delirium et la paralysie éthyliques) à causes manifestes et les psychoses *endogènes* (entre autres, la schizophrénie, la cyclothymie) sans causes physiologiques identifiables.

La *schizophrénie* (définie en 1911 par Eugen Bühler) est un trouble de la personnalité destructeur, accompagné de formations délirantes, de discordance des sentiments, d'appauvrissement de la vie pulsionnelle, de perte du sens de la réalité, de dissolution du moi, d'isolement délibéré. Les patients se replient sur eux-mêmes et sont soumis à des crises irrationnelles et hallucinatoires qu'ils représentent souvent de façon imagée (ill. A).

B. Cyclothymie

Les psychoses maniaco-dépressives sont formées d'états émotionnels à deux phases (« bipolaires ») : des phases *maniaques* (« mégalomanie » ou « frénésie ») et *mélancoliques* (grec : « humeur noire »). La notion de mélancolie appliquée à la forme de *dépression* la plus grave provient du médecin grec Hippocrate. Mais comme *dépression* « monopolaire » (monophasique), elle appartient au domaine suivant, celui des névroses.

C. Phobie

Le concept de « névrose » a été employé pour la première fois en 1776 par le médecin écossais William Cullen pour définir les troubles psychiques sans diagnostic anatomopathologique. Depuis la répartition (Sigmund Freud) en *névroses actuelles* (troubles fonctionnels d'origine somatique) et en *psychonévroses* (causées par des conflits non résolus remontant à l'enfance), elles intéressent surtout les diverses tendances de la psychologie des profondeurs.

Les syndromes *borderline* (ou encore *états limites*) se situent entre les psychoses et les névroses. Parmi ces états très variés, certains rejoignent les formes graves des troubles du comportement (E) et des troubles addictifs (F).

Les névroses sont considérées comme des troubles accompagnés de sérieux handicaps psychofonctionnels.

Parmi celles-ci, les *phobies* présentent des états d'angoisse massifs et épisodiques ayant des causes multiples sans aucun rapport avec l'intensité de la réaction déclenchée.

D. Hystérie et névrose obsessionnelle

Freud créa sa psychanalyse (chap. XXI) dans le cadre d'études sur l'hystérie (1895).

Par *hystérie*, on entend une maladie d'apparence « artificielle » avec « conversions » (troubles corporels, par ex. crampes, paralysies sans causes somatiques). Les hystériques présentent un comportement démonstratif, inauthentique, parfois même simulateur. La maladie qu'ils « donnent en spectacle » s'offre en objet à la répression sociale. On a déjà parlé ailleurs de la névrose obsessionnelle (p. 239).

E. Paranoïa

Pour les psychologues du comportement, le concept de « trouble du comportement » sert de terme générique pour toutes les perturbations « socialement significatives » : aussi bien liées à l'*image de soi* (par ex. complexe d'infériorité) que se manifestant au sein du *groupe* (par ex. troubles de l'adaptation) et à l'égard de la *société* (par ex. délinquance criminelle).

Par ex. le paranoïaque ne dispose d'aucune liberté d'action ; il fait dépendre ses actes de forces extérieures, se sent persécuté à des degrés d'intensité divers qui vont de l'impression sensitive (impression d'être sans cesse observé) jusqu'à la folie de la persécution. En fait, les cas graves et typiques de paranoïa se rangent traditionnellement dans la catégorie des psychoses.

F. Addiction

L'*addiction* (abus, d. : abusus) est un trouble du comportement qui apparaît de plus en plus fréquemment dans un environnement angoissant et vidé de son sens. Alcoolisme, toxicomanie (ill. F), abus de tabac, travail excessif (« workaholics »), etc. sont autant d'exemples de ces *déviances du comportement* où le sujet concerné produit lui-même une situation mettant sa vie en danger. Ils sont considérés comme des tentatives de défense (souvent vaines) en cas de dangers de nature irrationnelle pour la personnalité, tels qu'absence d'espoir ou d'intérêt, angoisse pour la sécurité, infériorité dissimulée, dépression déguisée.

Pour la nomenclature des troubles psychiques, on consultera, entre autres, la nouvelle classification internationale dite : DSM III-R.

280 XIV. Psychologie du développement / 1. Développement phylogénétique

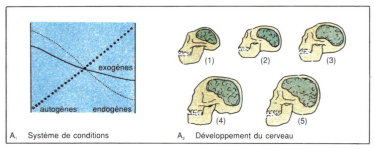

A₁ Système de conditions A₂ Développement du cerveau

A Hominisation

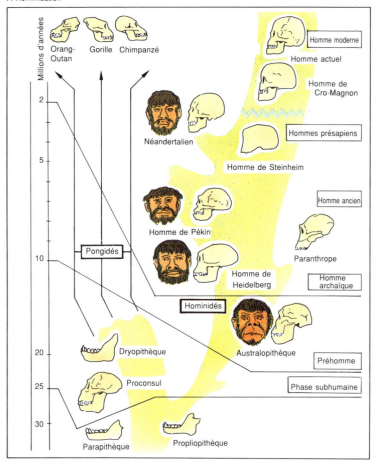

B Arbre de l'évolution

DARWIN a d'abord été mal compris. On supposait que sa **théorie de l'hérédité** faisait remonter l'homme au singe. Cette erreur d'interprétation a certes contribué à répandre la théorie de la descendance animale de l'homme, mais elle a aussi déclenché la polémique, voire l'hostilité contre ses partisans.
L'homme *ne descend pas* du singe, mais l'homme et le singe possèdent des ancêtres *communs* qui, dans la chaîne de l'évolution (même si cela n'est pas encore prouvé), remontent aux commencements de la vie. En effet, la plus grande part des formes antérieures vivantes a disparu. Une petite partie (même s'il s'agit encore de millions d'espèces) en subsiste encore de nos jours, parmi lesquelles l'homme est l'espèce la plus achevée.

A. Hominisation

(A_1) L'« hominisation » résulte d'un réseau de facteurs relevant de 3 domaines qui se renforcent (ou s'inhibent) mutuellement :
  facteurs *endogènes* (conditions nécessaires pour le développement des organes),
  facteurs *exogènes* (modifications de l'environnement avec nécessité d'adaptation corrélative),
  facteurs *autogènes* (production autogénérée des changements de conditions, par ex. une nouvelle culture).
Concernant l'homme, le rapport significatif entre ces trois domaines s'est déplacé en faveur des facteurs autogènes.
(A_2) Dans ce système de conditions, on met toujours en avant la signification de la locomotion bipède (endogène), celle de la migration dans les savanes (exogène), celle enfin de la main pour l'édification de la culture (autogène). Mais c'est la « cérébralisation », c.-à-d. le développement de la taille du cerveau dû à la combinaison des trois autres tendances qui a constitué le fondement décisif.
Le cerveau d'un hominidé archaïque au moment du passage de l'animal à l'homme, comme chez l'Australopithèque africain (1), présentait une capacité crânienne d'environ 500 cm^3 ; puis de 1050 cm^3 chez l'homme de Pékin (2), de 1175 cm^3 chez le prénéandertalien (3), de 1440 cm^3 chez l'homme de Neandertal, pour atteindre jusqu'à 2000 cm^3 chez l'homme moderne.

B. Arbre de l'évolution

L'arbre de l'évolution humaine s'étend sur une période qui, d'après les hypothèses actuelles, couvre 20 à 25 millions d'années pour la phase *subhumaine*, et 3 à 9 millions d'années pour la phase *humaine*. La séparation des *hominidés* (proches de l'homme) des *pongidés* (proches des singes) s'est déroulée progressivement, en fonction de caractéristiques partielles, par ex. transformation selon des lignes particulières du crâne et de la mâchoire.
On répartit l'évolution des hominidés en 5 étapes :

Le *Préhomme* (Préhominien avec les divers groupes d'Australopithèques et les Habiliens), l'*Homme archaïque* (Archanthropiens), l'*Homme ancien* (Paléanthropiens e.a. « Néandertaliens »), l'*Homme présapiens* (passage de l'homme ancien à l'homme moderne, e.a. « Steinheim »), et l'*Homme moderne* (Néanthropiens, e.a. « Cro-Magnon »).
Les lignes d'évolution des pongidés ont conduit aux grands singes anthropoïdes actuels : orang-outan, gorille, chimpanzé.
Les lignées d'hominidés comportent des « axes principaux » et des « voies sans issue », soit des branches de l'évolution humaine encore partiellement inconnues. Les avantages sélectifs propres aux lignées qui se sont imposées se ramènent à 5 tendances cumulatives.
La *cérébralisation* a permis la formation d'une superstructure édifiée, sur des programmes instinctifs refoulés, par les processus de conditionnement (« essai et erreur », cf. VIII) et de cognition (« représentation et pensée », cf. X).
La « *gracilisation* » correspond à l'affinement du corps (par ex. disparition de la pilosité complète, atrophie des canines) et de ses organes (par ex. station bipède qui libère la main de la fonction locomotrice), ce qui certes compromet l'adaptation à la nature, mais prépare l'accès à la culture.
La *présocialisation* a provoqué la dissolution de la structure de horde (fécondation de la femelle par le seul animal alpha), remplacée par la structure monogame de la famille, ainsi que le ralentissement de l'évolution (néoténie) et l'institutionnalisation des références sociales avec l'avantage de prolonger le « moratoire » (dépendance de la progéniture à l'égard de la génération parentale).
Le *développement des techniques* (à commencer par l'outil de pierre) fournit les bases pour l'extension de la maîtrise réceptive et productive de l'environnement.
L'*enculturation* élargit le champ d'action de l'homme par-delà la simple survie : par l'art, la science et l'idéologie, l'homme se crée un « univers spirituel » qui se superpose à son « univers factuel ». Grâce au langage (depuis environ 100 à 200 000 ans) et à l'écriture (depuis environ 6 000 ans), l'expérience acquise devient indépendante de l'individu et du clan qui la détient. L'individu peut s'approprier les acquis culturels et techniques d'environ 500 000 générations, depuis les préhominidés des forêts jusqu'aux bipèdes coureurs des steppes qui se déplaçaient debout. Néanmoins, nombre de ces expériences sont tombées dans l'oubli.
L'adaptation nouvelle à l'environnement a occulté de vastes secteurs du comportement instinctif. L'homme moderne a bien acquis un immense trésor de connaissances, mais son expérience de la nature s'est partiellement appauvrie.

282 XIV. Psychologie du développement / 2. Théories du développement

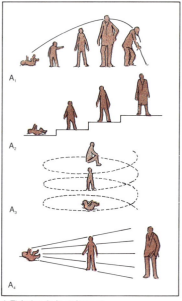

A Théories de la croissance

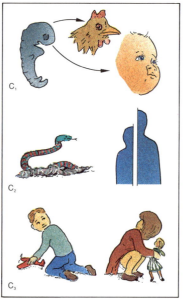

C Théories des crises

B Théories du modelage social

D Théories gestaltistes

Le développement individuel (ontogenèse) est une suite de processus de transformation quantitatifs et qualitatifs portant sur les fonctions physiques aussi bien que psychiques. Le fait que l'homme change de la conception à la mort est une évidence.

Mais *comment et pourquoi* s'opère ce changement n'est pas aussi clair : cela requiert des réflexions théoriques à la mesure de l'ensemble des processus de développement. Sur ce sujet, les spécialistes ne sont pas unanimes jusqu'à présent. Les uns portent davantage attention aux processus corporels et d'autres par ex. aux événements dominants « typiques de l'âge ». Par conséquent, on peut s'orienter vers diverses **théories du développement** (classées en 4 groupes).

A. Théories de la croissance

Ce groupe explique le développement d'un point de vue « internaliste », c.-à-d. en partant d'impulsions endogènes. Il se règle sur la croissance corporelle, cette « accumulation d'accroissements infinitésimaux » (KRECH et CRUTCHFIELD), donc sur le *stockage* (programme) d'une édification ralentissant progressivement jusqu'à un seuil limite :

L'homme grandit d'abord très vite (fœtus, nouveau-né, enfant), puis plus lentement à l'adolescence ; il stagne partiellement à l'âge adulte pour se dégrader en partie aussi durant la vieillesse.

Cet ensemble de théories comprend le développement psychophysique comme un processus régulateur immanent (interne). On en retiendra 4 tendances :

(A_1) On peut concevoir cette succession comme un processus continu de croissance puis de dégradation, se déroulant en *arc de cercle*.

(A_2) D'autres tendraient plutôt à y découvrir une construction *par stades* discontinus, en recourant à des « phases » comme les premiers psychologues du développement (notamment O. KROH).

(A_3) Certains théoriciens comme A. GESELL pensent la croissance selon un *modèle en spirale* sous forme de vis ascendante en progrès régulier vers un but (« équifinalité », WADDINGTON, 1971).

(A_4) Enfin, on emprunte à la psychologie gestaltiste le modèle de la *différenciation*, comme par ex. B. H. WERNER et H. A. WITKIN, pour qui un état final organisé s'articule à partir d'une forme initiale diffuse.

B. Théories du modelage social

L'idée de base est celle d'une imitation presque *plastique* par l'adaptation développementale des conditions sociales et des influences culturelles.

E. DURKHEIM (1893) parlait déjà d'une « socialisation de la nature humaine ».

(B_1) BALTES et coll. (1980) se réfèrent à la possibilité de combiner les groupes précédents avec ce dernier : au cours de la vie, certains facteurs de développement interne s'affaiblissent en faveur de la modification due au « changement social ».

(B_2) Ce façonnage « socioplastique » produit une adaptation développementale du type « socioculturel ».

(B_3) Dès 1930, WILLIAM STERN élaborait une conception combinée avec sa « théorie de la convergence », selon laquelle les conditions internes du développement de l'organisme (O) et les conditions externes du milieu (M) se recouvrent.

C. Théories des crises

Plusieurs théoriciens expliquent le processus de développement par de brèves éruptions dramatiques, typiques de l'espèce humaine (théorie des catastrophes, COLEMAN, 1978). Ici encore, on peut retenir 3 sous-groupes.

(C_1) Selon la « loi biogénétique fondamentale » (plus guère acceptée) d'ERNST HAECKEL (1874), l'ontogenèse (développement individuel) doit être considérée comme une « évolution accélérée » de la phylogenèse (histoire des espèces). Ainsi le développement de l'embryon par ex. est-il envisagé comme la répétition des mutations propres à l'histoire spécifique (les yeux de l'embryon sont encore latéraux comme chez la poule).

(C_2) Pour les adeptes de ce groupe, le passage à une « forme » nouvelle se produit de manière relativement spontanée et à certaines « phases sensibles » comme pour la mue des serpents.

(C_3) Une troisième tendance est très répandue parmi les théoriciens du développement influencés par la psychanalyse. La crise (complexe d'Œdipe) est considérée ici comme un choc nécessaire au développement et qui permet un nouveau départ.

D. Théories gestaltistes

Avec EDUARD SPRANGER (1924) naît une autre tendance, selon laquelle l'enfant et l'adolescent prennent une part active à la mise en forme de leur développement.

E. H. ERIKSON et R. J. HAVINGHURST parlent d'une confrontation active avec certaines tâches de développement (« development task »). Une nouvelle direction de la psychologie du développement (BRIM et KOGAN, 1980 ; PRIGOGINE, 1980 ; LERNER et BUSCH-ROSSNAGEL, 1981) suppose une « tendance autoformatrice ».

Ils considèrent l'homme comme le pilote de son avenir. Soumis à diverses tâches et objectifs orientés vers l'avenir, celui-ci doit reconnaître, accepter et tenter de maîtriser des responsabilités accrues :

par ex. les activités correspondant à chaque âge (de la voiture miniature à la patinette, jusqu'à la moto), les nouveaux champs de pratiques corporelles et intellectuelles (sport, science, religion), les relations de type nouveau (avec le corps propre, avec des partenaires convenant à l'âge), l'espoir d'une indépendance psychique et économique.

Le traitement réaliste d'obstacles infranchissables barrant la voie de l'avenir relève aussi de ce pilotage personnel.

284 XIV. Psychologie du développement / 3. Développement somatique

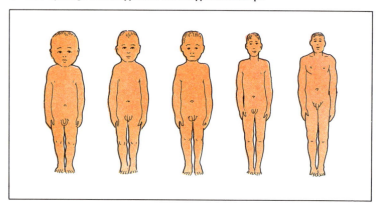

A Développement des proportions

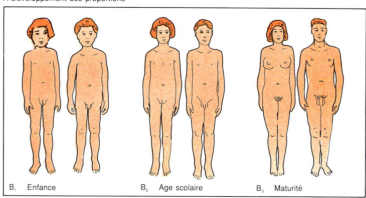

B₁ Enfance   B₂ Age scolaire   B₃ Maturité

B Développement de la silhouette

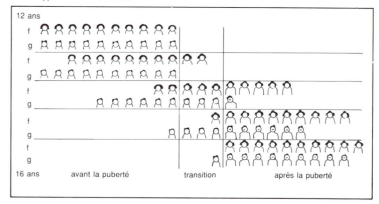

C Développement de la population

Le corps humain change au cours de la vie de façon caractéristique. En dehors de la région médiane et majoritaire des lignes principales du développement, il existe de vastes zones de déviation. La distance par rapport à la médiane n'est en rien « anormale ». Chaque individu présente des déviations. Il convient de ne pas surestimer les normes, car celles-ci ne servent qu'à s'orienter dans l'immense champ des **transformations corporelles.** Trois types de caractères marquants seront traités ci-dessous.

A. Développement des proportions

La croissance ne s'opère pas uniformément pour toutes les parties du corps. Les dimensions anatomiques ne progressent pas au même rythme ; la tête, le tronc et les jambes s'allongent différemment suivant les âges. Quelques parties du corps grandissent très vite dans un premier temps, puis marquent un ralentissement, tandis que la croissance d'autres organes s'accélère.

Le plus notable est le décalage de la croissance proportionnelle de la tête avec le tronc et les membres inférieurs. A la naissance, la tête représente 1/4 de la longueur totale du corps et 12 à 14% seulement chez l'adulte.

B. Développement de la silhouette

En anthropométrie, on établit, à l'aide d'instruments de mesure (anthropomètre, compas) et par comparaison (entre autres, photomètre spectral), des valeurs moyennes et divers indices similaires sur les groupes humains (par ex. l'indice longueur-largeur de la tête) pour recueillir des données biostatistiques. La croissance postnatale ne s'effectue pas uniformément mais par à-coups : des périodes de croissance « massive » succèdent à des phases d'« allongement » (6-7 et 12-15 ans).

(B_1) La *silhouette du petit enfant* se caractérise par une stature trapue et arrondie. Une grosse tête domine l'ensemble du corps, le front est bombé, la partie inférieure du visage plus menue et de forme douce (« schéma du petit enfant »). La lèvre supérieure est plus développée que la lèvre inférieure, le nez n'a pas encore sa forme définitive. Le cou semble de proportion plus petite par rapport à la tête. Le tronc est large et très souvent grassouillet. Les contours latéraux paraissent parallèles et le ventre est saillant ; en revanche la région des épaules paraît menue. Le faible développement de la musculature se manifeste nettement aux extrémités. Les bras et les jambes semblent relativement courts et de forme tubulaire, les articulations se fondent dans les contours. On distingue peu de différences dans l'apparence extérieure entre garçon et fille.

(B_2) Les modifications de la *silhouette de l'écolier* concernent autant l'impression générale que les diverses parties du corps : le corps semble plus mince, les parties moyenne et inférieure du visage s'accroissent, l'élargissement des épaules fait apparaître une silhouette s'amincissant vers le bas, le cou s'allonge, la taille devient visible. Les bras et les jambes grandissent par rapport au tronc, les articulations se dessinent.

(B_3) Dans la *silhouette de l'adulte*, les différences sexuelles se dégagent nettement. La puberté (avec la prépuberté, la phase moyenne et la postpuberté, soit de 10 à 16 ans environ) représente la période de maturation des fonctions sexuelles. Sous l'effet de transformations somatiques considérables (nerveuses et hormonales) commence la « poussée de croissance pubertaire » accompagnée de transformations déterminantes de l'apparence. Chez la fille, développement des seins et du bassin, chez le garçon, surtout des épaules. Les organes sexuels se développent y compris la pilosité définitive. L'impression générale est celle d'une consolidation d'ensemble.

C. Développement de la population

Le développement général de la croissance varie selon la population, l'environnement et les influences culturelles. A titre d'exemple, le rythme de croissance des Noirs et des Blancs diffère. La « génétique des populations » étudie de telles différences entre les groupes. On a pu par ex. isoler des mécanismes liés au groupe sanguin et au facteur rhésus qui, chez certaines populations, déterminent la résistance à la malaria : certains groupes présentent des taux sélectifs plus élevés. Du reste, les facteurs génétiques (par ex. la race) et les conditions environnementales (par ex. l'alimentation) sont associés de façon inextricable.

Pourtant, les recherches sur la gémellité tentent d'établir les différences entre les jumeaux homozygotes (matériau génétique identique) et les jumeaux hétérozygotes (matériau génétique dissemblable) pour étudier le problème du conditionnement « génétique » et « environnemental ». Les réponses restent peu claires (en dépit d'indices, par ex. sur la fréquence des tuberculoses).

Même un processus intrasomatique aussi manifeste que l'apparition de la *maturité sexuelle* (ill. C), qui a toujours présenté un décalage entre filles (ménorrhée) et garçons (première éjaculation), s'est considérablement déplacé selon les pays au cours des 100 dernières années.

Il n'y a pas de relation établie entre l'âge et la maturité corporelle. Dans les pays industrialisés, on a pu constater une accélération sur plus d'un siècle (avance générale de la maturation) depuis le début du XIXe siècle. En revanche, depuis les années 70, on croit observer un arrêt de cette tendance, et même une décélération (ralentissement de la maturité) en Afrique. Les causes n'en sont pas claires, et on présume la combinaison de plusieurs facteurs : différences de conditions de vie et d'alimentation, urbanisation (augmentation de la population citadine), modification du climat de stimulation psychique, nouvelle répartition des couches sociales, rétroaction d'autres transformations corporelles (par ex. entraînement), état émotionnel moyen et caractéristiques climatiques.

A Niveau d'activité

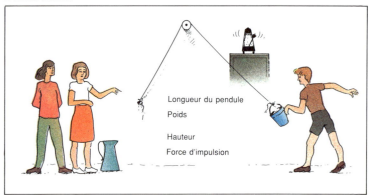

B Équilibration

C Développement du dessin

Les poètes furent les premiers à réfléchir sur le développement intellectuel. En 1780, SCHILLER établissait un système du développement en déclarant à propos du jeune homme :
« La répétition fréquente d'arguments devient peu à peu une aptitude. »
GOETHE écrit :
« L'homme doit parcourir diverses étapes et chacune porte en elle des vertus et des défauts particuliers qui, à l'époque où ils surviennent, doivent absolument être considérés comme conformes à la nature et en quelque sorte justes. Lors de l'étape suivante, il y en aura d'autres. »
Depuis, la **psychologie développementale de la cognition** est devenue un des domaines essentiels de la psychologie. Les processus du développement cognitif sont lisibles d'après plusieurs critères, dont les 3 plus importants sont les suivants :

A. Niveau d'activité

Dès la naissance, les nourrissons présentent des différences individuelles concernant l'activité : entre autres, la durée du sommeil, le degré de motricité, l'usage de l'appel par pleurs et cris. Les parents ne peuvent éviter de répondre de façon différenciée à ces demandes. Ils doivent s'occuper davantage d'un enfant actif, un enfant plus facile leur laisse plus de tranquillité.

L'enfant se *crée* donc aussi ses références ambiantes, il ne se contente pas de les *subir*. Cette interaction a des conséquences qui dépendent des limites inférieures ou supérieures des attentes chez les parents et l'enfant : on suscite davantage certains enfants tandis que d'autres sont astreints au calme. Ainsi apparaissent des « chaînes d'activité » qui présentent des zones de condensation temporaires, individuelles et typiques.

Pendant la période appelée âge des questions (vers 2 ans), l'enfant demande le nom des choses (« âge du quoi »), pendant la seconde étape (vers 3 ans), il s'informe des causes (« âge du pourquoi »).

B. Equilibration

Avec ce concept, JEAN PIAGET traduit une forme d'interaction plus large. Tout d'abord, l'enfant n'a encore que des représentations simples (« schèmes » d'après PIAGET). Mais il se confronte activement aux données du milieu et accède à des schèmes plus complexes. PIAGET ne considère pas ce processus comme strictement continu, mais comme articulé en périodes (stades) :
périodes (1) sensomotrice (1-2 ans), (2) pré-conceptuelle (2-4 ans), (3) intuitive (4-7 ans), périodes des opérations (4) concrètes (7-11 ans) puis (5) formelles (après 11 ans) du traitement de l'information.

D'après PIAGET, l'intelligence oscille entre 2 formes du processus d'*adaptation* de l'organisme à l'environnement.

D'une part, nous recherchons l'aliment intellectuel (comme pour la nourriture qui nous convient) que notre appareil mental digère.

Cette *assimilation* correspond en quelque sorte à un principe de pensée conservateur : l'enfant ou l'adulte tend à n'être réceptif qu'à la part du monde qu'il peut comprendre grâce au savoir déjà disponible.

Mais ceci est insuffisant à terme. Certaines informations nouvelles contredisent les idées antérieures.

Comme elles ne peuvent être ignorées, le principe d'accommodation s'introduit progressivement. Grâce à celui-ci s'opère une « création constante de formes toujours plus complexes et une adaptation progressive de ces formes à l'environnement » (PIAGET : *Psychologie de l'intelligence*, 1947).

Globalement, nous ne cherchons pas à incorporer toutes les nouveautés à notre système de compréhension, mais la chose presque saisie et située à la lisière de notre capacité actuelle d'appréhension.

Dans l'exemple (ill. B), il s'agit de se demander pourquoi un pendule oscille rapidement ou lentement (fréquence du pendule). Les enfants peuvent faire varier 4 facteurs en disposant d'un métronome (comme pendule « inversé ») pour comparer : une poulie permet de modifier la longueur du pendule ; l'ajout d'eau, son poids ; la hauteur de chute et la force d'impulsion sont des données observables.

Les stades cognitifs se manifestent lors des essais : de la conception *empirique* (« pousse très fort ! ») jusqu'à la connaissance *formelle* (« le métronome est comme un pendule inversé ! »).

C. Développement du dessin

On remarque aussi un développement de maturité là où, contrairement au problème du pendule, aucune solution exacte n'est possible. Le gribouillage de l'enfant ne prétend pas à l'« art », mais élabore son environnement.

« Par sa nature, la pulsion de mise en forme correspond à une pulsion de maîtrise, d'appropriation au vrai sens de se rendre une chose propre. » (G. MÜHLE, 1975).

Selon le niveau d'âge, on constate, dans les dessins, une interaction entre l'impression et l'expression (ce qui malheureusement cesse plus tard chez beaucoup d'adultes). Dans cette série (ill. C), on reconnaîtra les traits marquants des 3 étapes du développement de la mise en forme.

La différenciation de la représentation des organes, le dessin achevé des éléments, et l'enrichissement des significations par ex. par la description du comportement (la marche).

Les tentatives de typologie des stades du dessin chez l'enfant s'avèrent difficiles en raison des fortes différences de conditions individuelles ; les situations stimulantes jouent précisément un grand rôle pour le développement du dessin.

L'ill. C montre quelques formes typiques :
la « tête à jambes » (bonhomme têtard), la « radiographie », la « silhouette profilée », ainsi que l'ébauche de « figures entières » avec représentation du mouvement.

288 XIV. Psychologie du développement / 5. Développement prénatal

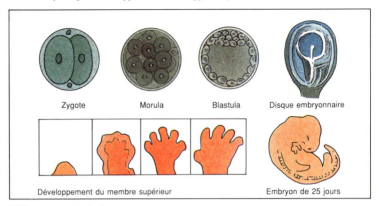

A Développement de l'embryon

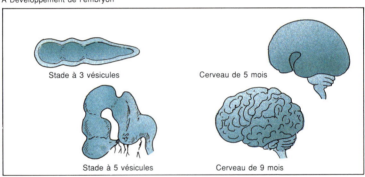

B Développement du cerveau

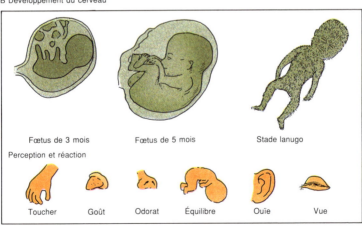

C Développement du fœtus

Voici quelques décennies, le fœtus passait pour « tabula rasa », feuille de papier vierge, néant psychologique. Entre-temps, de nouvelles technologies, comme l'échographie, ont permis d'observer ses mouvements vitaux, et l'image de l'enfant avant la naissance s'est radicalement transformée. Embryon et fœtus constituent les deux étapes extrêmement complexes du **développement prénatal** ; ce sont déjà des êtres « humains » présentant des réactions autonomes.

A. Développement de l'embryon

L'embryon est le premier stade de la vie qui va de la conception jusqu'à la 8ᵉ ou 11ᵉ semaine (les données des experts ne s'accordent pas encore). Sous l'effet de gènes de contrôle, l'ovule fécondé, le zygote, se divise en 2 cellules jumelles (blastomères). Une morula multicellulaire se constitue déjà au bout de 3 jours. A partir du 4ᵉ jour, un liquide y pénètre qui, au stade de l'embryoplaste (blastula), sépare 2 colonies de cellules. L'embryon se forme à partir des cellules internes.

2, puis 3 couches de cellules se constituent au stade dit du disque embryonnaire :

L'*ectoderme* (ébauche du système nerveux, de la peau, des cheveux, des ongles, etc.), le *mésoderme* (ébauche des os, des muscles, du cœur, du sang, des reins, des organes sexuels, etc.) et l'*endoderme* (ébauche de l'intestin, des poumons, des amygdales, de certaines glandes, du foie, etc.).

Le développement des bras et des mains commence dès le 28ᵉ jour après la fécondation. Un moignon en forme de bourgeon devient une sorte de main en éventail, puis apparaissent les os des doigts et du bras ; la main est entièrement formée à la fin de la 6ᵉ semaine et peut alors se mouvoir. A partir du 25ᵉ jour, l'embryon mesure environ 3 à 4 mm et possède déjà l'ébauche de tous ses organes.

B. Développement du cerveau

Au 22ᵉ jour de la grossesse, le « tube neural », une simple couche cellulaire, se referme et amorce le développement des organes de base du psychisme. Au *stade à 3 vésicules*, les cerveaux antérieur, moyen et postérieur se dessinent. Au cours de la 6ᵉ semaine, au *stade à 5 vésicules*, le cerveau intérieur possède déjà les deux hémisphères cérébraux et anticipe par sa courbure sa disposition dans le crâne en vue d'une économie de place.

A la *période fœtale*, du 5ᵉ au 9ᵉ mois, l'essentiel du cerveau est constitué. Une « migration cellulaire » s'est produite, au cours de laquelle les cellules se divisent rapidement et, selon des voies préétablies, de la zone centrale interne vers l'extérieur, ou de la couche moléculaire externe vers l'intérieur, se dirigent vers leurs places respectives en suivant des fils conducteurs. Le cerveau central apparaît en premier (dans l'évolution, il représentait un stade précoce, « reptilien »). Mais les *connexions* neuronales sont encore inachevées : dans les parties supérieures du cerveau, la croissance des faisceaux nerveux nécessite encore 3 ans.

C. Développement du fœtus

Dans l'intervalle qui va de la 9ᵉ ou 12ᵉ semaine jusqu'à la naissance, le fœtus connaît un développement important dans l'accroissement de taille et la différenciation de forme. Cela se remarque aussi à l'importance de la circulation sanguine : au début de la vie fœtale, 30 litres par jour et environ 350 au moment de la naissance.

Le passage par différentes étapes est également intéressant, par ex. un état de pilosité temporaire (lanugo) juste avant la naissance.

Mais la question psychologique la plus importante est la suivante :

Que perçoit le fœtus, et de quelle manière est-il déjà capable de réagir ?

Ces fonctions sont lisibles à l'aide des ondes électriques du cerveau (EEG) qui peuvent se mesurer à partir de la 8ᵉ semaine. Avant sa naissance, l'enfant possède déjà une vie psychique qui ne contient toutefois que des impressions de plaisir ou de peine qui ne sont pas encore mémorisées. Dès avant la naissance, il possède un fonds d'expériences acquises. L'ancienne équivalence de l'« inné » et du « génétiquement programmé » est fausse. D'innombrables processus d'apprentissage se déroulent déjà dans le corps maternel. L'enfant exerce comme en gymnastique ses réflexes d'attitude et de posture en vue de leur maîtrise volontaire ultérieure.

Les organes sensoriels se forment dans l'ordre suivant :

Le toucher apparaît au 2ᵉ mois, le goût au 3ᵉ, l'odorat au 5ᵉ, l'ouïe au 6ᵉ et la vue au 9ᵉ.

Le sens de l'équilibre exige une longue maturation à partir du 2ᵉ mois. Pendant celle-ci le futur enfant apprend l'« équilibre » actif qui sera un principe fondamental de la vie. Il s'approprie une *autorégulation* (homéostasie) par laquelle il *répond* aux déviations par des mouvements contraires : un principe psychique de base naît de ce mécanisme corporel.

Il peut percevoir le plaisir et le déplaisir de la mère, son attraction ou son rejet par toutes sortes de signaux auxquels il réagit déjà, même par des réactions mimiques. Il compense un état de manque par ex. en prenant plaisir à sucer son pouce. Ainsi est-il déjà à la fois « indépendant » et « impuissant » – comme plus tard toute sa vie durant.

Il est incapable de compenser certains états de manque, comme le manque d'oxygène (corporel) ou la haine (psychique) de la mère contre sa grossesse. Par ailleurs, il apprend à *tirer parti* d'une marque d'affection (par ex. caresse à distance ou chant apaisant de sa mère), ainsi qu'à manifester son contentement par une mimique. Cette interaction entre l'empathie (intuition de sympathie) et la réaction (traitement et réponse) forme une base susceptible de réduire les troubles de la communication avec son environnement futur.

290 XIV. Psychologie du développement / 6. Développement de l'enfant

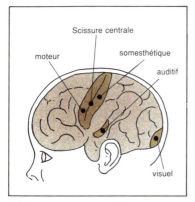

A Développement du cortex cérébral

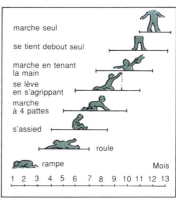

B Développement du mouvement

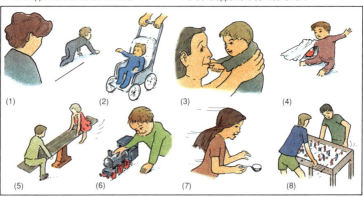

C Développement social

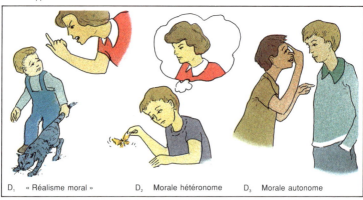

D₁ « Réalisme moral »   D₂ Morale hétéronome   D₃ Morale autonome

D Développement moral

« Les enfants sont des espérances. » (NOVALIS) Regarder grandir un enfant peut combler d'espoir, mais il n'est pas rare que de graves dangers apparaissent.

La psychologie de l'enfant s'est efforcée depuis le XVIIIe siècle de découvrir les lois de succession du développement *interne* pour établir des échelles de normalité ou d'anormalité du développement individuel. Depuis le XIXe siècle, on a réfléchi sur les « lois naturelles » présumées du **développement de l'enfant** et postulé des étapes générales du développement que chacun doit franchir.

SIGMUND FREUD est de ceux qui ont établi une de ces théories des stades (phases orale, anale et génitale).

Au XXe siècle en revanche, on a formulé des « lois sociales » du développement d'après les exigences *extérieures* imposées à chaque âge : par ex. expérience pratique de l'appartement et de la rue, adaptation au jardin d'enfants puis à l'école, exigences professionnelles, etc.

Depuis quelque temps, on essaie d'associer lois *internes* et *externes*. Le but est d'étudier les « tendances » du développement qui découlent autant des *facteurs de maturation* (internes) que des *contextes de stimulation* (externes), au lieu de recourir à des « phases » spéculatives et supposées universellement valables.

A. Développement du cortex cérébral

Le cerveau achève sa formation avant la naissance et est déjà en partie capable de fonctionner. La maturation du cerveau se poursuit encore après la naissance. Le *rythme de maturation* varie selon les aires cérébrales (ill. A : maturation est plus précoce pour les zones sombres, plus tardive pour les zones claires).

La première région du cortex cérébral à parvenir à maturité est le centre moteur, la seconde, le centre somesthétique (messages venant de la peau, des muscles, des tendons et des articulations), la troisième, le centre visuel, et la quatrième, le centre auditif.

B. Développement du mouvement

Bien que l'*ordre de succession* d'un stade au suivant soit identique pour tous les enfants, leur *âge* d'apparition varie considérablement.

L'ill. B montre cet ordre tel qu'il a été établi par différentes études réalisées dans de nombreux pays (entre autres ALDRICH et NORVAL ; EGGERS et WAGNER ; ZDANKA-BRINCKEN et WOLANSKI).

C. Développement social

Concernant le développement social, l'étendue des variations est encore plus grande car le contexte des excitations a un impact plus fort, et les différences d'encadrement culturel peuvent provoquer des modifications chez les jeunes enfants. L'enfant entre en contact avec de nombreuses exigences.

(1) A l'âge de la *marche quadrupède*, les distances avec la personne de référence s'accroissent.
(2) La promenade en landau contribue à l'exploration *passive*.
(3) L'exploration *active* commence par l'observation du visage de la personne de référence.
(4) Les enfants aiment dissimuler et *découvrir* : la balle qui peut être cachée à gauche ou à droite sous la serviette déclenche sa joie quand il la trouve.

La principale « activité » de l'enfant consiste dans le *jeu*. La raison pour laquelle les enfants jouent a toujours préoccupé les chercheurs. 6 groupes d'opinions se dégagent aujourd'hui :

Excédent d'énergie (dépense d'énergies libres), décharge émotionnelle (élimination des tensions), exercice (anticipation ludique d'activités futures), gain intellectuel (esquisse des possibilités), besoins sociaux (apprentissage de la collectivité), effort de valorisation (possibilité d'un dépassement de soi).

Bien des choses se perçoivent dans le jeu :
(5) le simple *plaisir du mouvement*,
(6) l'*imagination* (conducteur de locomotive),
(7) la *dextérité* (course à l'œuf),
(8) le *succès* et l'*échec* (jeu de compétition).

D. Développement moral

Nombre d'auteurs (PIAGET, KOHLBERG, SCHENK-DANZINGER) identifient des stades du développement moral, bien que, pour des raisons dues au milieu par ex., beaucoup de personnes n'en dépassent pas les stades initiaux au cours de la vie. On peut réduire ces systèmes à étapes multiples à 3 stades principaux :

(D_1) Dans le « réalisme » moral, l'enfant (préscolaire) s'oriente en fonction de l'importance de la récompense reçue pour le comportement souhaité :
La mère dit par ex. : « Tu ne dois pas torturer les animaux » *(moralité externe)*.

(D_2) L'enfant éprouve déjà des sentiments de culpabilité, mais ils dépendent de son désir de gagner la bienveillance des adultes :
Même en l'absence de la mère, l'enfant se demande ce qu'elle dirait *(moralité hétéronome)*.

(D_3) Les normes sont désormais intériorisées et des principes de conscience individuelle se sont élaborés.
« Je ne ferai jamais cela » *(moralité autonome)*, par ex. dans le « contrôle » de l'agressivité propre (domptée).

Divers auteurs se réfèrent à la signification des conflits moraux survenant immédiatement : conditionnés par le pluralisme des valeurs (parents, école, etc.), les contradictions idéologiques, les expériences de traumatisme moral, et la problématique de la valeur personnelle au début de la puberté.

292 XIV. Psychologie du développement / 7. Développement de l'adolescence

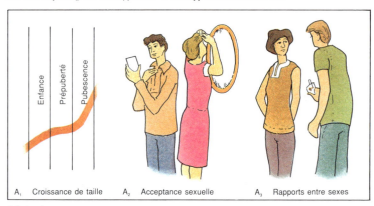

A₁ Croissance de taille A₂ Acceptance sexuelle A₃ Rapports entre sexes

A Puberté

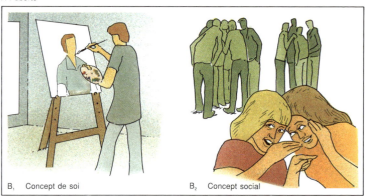

B₁ Concept de soi B₂ Concept social

B Adolescence

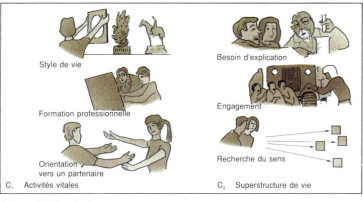

C₁ Activités vitales C₂ Superstructure de vie

C Lignes directrices de vie

La **jeunesse** est la phase « révolutionnaire » de la vie. De l'âge de 13 à 19 ans, les « teen-agers » vivent, au prix du déséquilibre émotionnel, de grands bouleversements et des changements d'orientation. Mais ceci n'est qu'une tendance moyenne, car chaque adolescent peut réagir tout autrement, et certaines périodes et circonstances renforcent ou affaiblissent ces tendances.

A. Puberté
La maturité sexuelle apparaît à différents moments selon les pays, les races, les milieux et les couches sociales.

Les premières règles (ménorrhée) et la première éjaculation ont en général pris une avance importante au XIXe siècle (de 17 ans environ à 11 ans), tandis que l'écart entre les sexes s'est maintenu : filles à 10 ans et demi environ, garçons vers 12 ans).

Une phase de *prépuberté* au cours de laquelle s'opèrent des transformations hormonales et où la croissance de taille connaît presque un arrêt, précède la puberté.

(A_1) La phase essentielle de la puberté, la *pubescence*, commence par une poussée de croissance en taille suivie d'une prise de poids (où apparaissent certains stades intermédiaires « dysharmonieux »). Les caractères sexuels primaires et secondaires se constituent. Les nouvelles fonctions sexuelles favorisent l'élaboration de l'individualité.

(A_2) Le *rôle sexuel* est reconnu comme « fixe » et doit être admis comme tel *(acceptance sexuelle)*. La coquetterie propre à chaque sexe contribue à l'acceptance.

(A_3) La tâche suivante est importante ; il s'agit de la *pratique sexuelle* avec ses innombrables tentatives tactiles, les conduites d'essai (masturbation), l'exercice des premiers contacts jusqu'au comportement sexuel adulte. Les rapports sociaux, tout comme les conditions personnelles et les circonstances, guident ces ébauches de pratique sexuelle.

B. Adolescence
La période postpubertaire jusqu'à l'âge adulte est une « phase d'édification » comportant de nombreux dangers. Les tâches principales concernent le *concept de soi* (B_1) et le *concept social* (B_2), en détermination réciproque.

Pour le futur artiste peintre, l'autoportrait ne représente pas seulement une confrontation avec le « moi » énigmatique, mais aussi un moyen de trouver son propre style artistique en se libérant d'influences extérieures qui sont trop fortes.

Les efforts pour trouver son propre style dans ce cas particulier n'ont certes pas la même intensité chez les autres, mais ils n'y sont pas totalement absents.

Les tentatives d'accès à l'autonomie s'opèrent en général au sein de la même génération. Les jeunes du même âge préfèrent des contenus relationnels liés à leur époque. Les secrets sont typiques de la postpuberté, et les *réunions* de l'apogée de la jeunesse. Il est temps dès lors de s'éloigner de la famille.

L'orientation se déplace sur les « peer groups », les groupes ayant valeur de modèle (politique, social, musical, etc.).

Ces « cultures de jeunes » changent aujourd'hui beaucoup plus vite qu'autrefois.

C. Lignes directrices de vie
Le concept de soi et le concept social se concrétisent dans l'élaboration de plans de vie :

ce que l'on veut atteindre (plan d'objectifs) et ce que l'on veut éviter (plan en repoussoir).

Ils résultent moins d'une réflexion sur les « concepts » fondamentaux que d'une représentation diffuse des buts accessibles et des responsabilités ressenties, qui forment l'arrière-plan de chaque décision.

(C_1) Les *activités vitales* envisagées se réfèrent à un *style de vie* (par ex. la décoration de la chambre), à la *formation professionnelle* (choix du métier et élaboration de la décision professionnelle) et à l'*orientation vers un partenaire* (recherche et élaboration des représentations de l'autre sexe). Concernant ces différentes orientations, les jeunes peuvent se sentir plus libres ou plus liés.

Plus ils se sentent entravés dans leur liberté (par ex. par le chômage des jeunes, le numerus clausus, les obstacles parentaux), plus l'intérêt pour ces tâches leur semble « inutile » et plus leur contestation de l'« establishment » (les anciennes institutions) s'exprime avec violence.

(C_2) Ces contestations constituent la base de la superstructure individuelle *(superstructure de vie)*. L'amorce d'une idéologie privée naît à partir des impressions vécues, des opinions reprises et des expériences rétroactives. Il n'est pas rare que cette idéologie soit défendue avec radicalisme puisqu'elle n'a pas encore été émoussée par la vie professionnelle, la famille et les liens vitaux. Le jeune exige des explications sur le fonctionnement des grandes et des petites choses ; il *s'engage* avec moins de retenue que les adultes (buts idéologiques).

Les jeunes parviennent plus facilement à considérer la vie comme *sensée* parce que la longue période qui s'étend devant eux leur ouvre assez de perspectives.

Le sentiment d'une « absence de perspective » a des effets d'autant plus néfastes. Ce manque est la raison de dangers très courants pour la jeunesse (par ex. désabusement, alcoolisme, toxicomanie).

La **découverte du sens** exige une attitude active qui prend ses racines dans les ambitions des phases précédentes et dans le plaisir éprouvé à s'occuper de sa vie.

294 XIV. Psychologie du développement / 8. Psychologie des âges de la vie

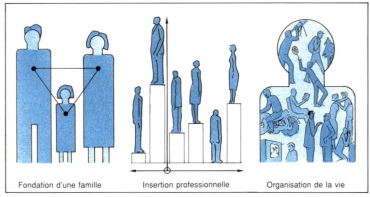

A Début de l'âge adulte

B Âge adulte moyen

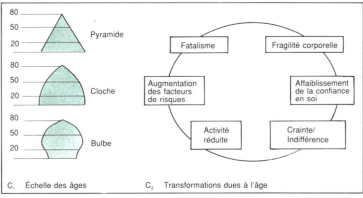

C₁ Échelle des âges   C₂ Transformations dues à l'âge

C Vieillesse

Jusqu'à ces dernières années, la psychologie développementale considérait que le développement s'arrêtait à la jeunesse. Mais depuis, entre autres dans la psychologie américaine, on parle de *life-span développement*, soit un **processus de développement étalé sur toute la vie**. Des modifications rapides n'opèrent plus à l'âge adulte mais plutôt des états latents (complexes et cachés) que l'on peut, malgré tout, désigner comme « typiques d'un âge ».

A. Début de l'âge adulte

De 20 à 40 ans, l'« état créateur », les activités d'édification ou la distance par rapport au banal « niveau d'attente » prédominent.

On s'attend à ce que, conformément au cadre social donné pour chaque âge, le sujet se marie et ait des enfants (dans certains pays, on situe déjà ce cadre social pendant la jeunesse, dans d'autres, comme la Chine, il est officiellement différé aux abords de la trentaine).

Un cadre d'âge de même ordre existe pour l'insertion dans la vie professionnelle.

La division sexuelle typique entre activités masculines et tâches ménagères féminines s'estompe de plus en plus, tout comme la répartition antérieure des rôles dans l'éducation des enfants. L'organisation de la vie ne se limite plus aux dépenses pour l'appartement, l'habillement, etc. mais elle se définit, bien plus que par le passé, par les activités de loisir. Plusieurs formes de décisions interviennent ici ce domaine :

Le *choix* des connaissances et amis (ces derniers se choisissent encore à une période plus tardive de la vie), le *choix* des vacances, des distractions du soir (livre, télévision, etc.), des hobbies, de la participation aux événements sociaux et aux manifestations de groupes idéologiques, etc.

Les trois éléments : *fondation d'une famille, insertion professionnelle* et *organisation de la vie* caractérisent des « styles de vie » qui différencient fortement les individus.

B. Age adulte moyen

La consolidation du mode de vie, les premières réflexions et vérifications touchant le passé, l'élaboration progressive de la routine et la résistance à la lassitude qui s'ensuit, marquent la période de 40 à 60 ans. Derrière cela se cache l'antagonisme entre *consolidation* et *routine* :

d'un côté, on essaie d'asseoir sa vie à longue échéance et de l'autre, elle se fait âpre et ennuyeuse (WHITBOURNE, 1982).

Du fait de l'habitude, le métier, la vie de couple, les activités de loisir perdent de leur attrait quand on ne sait pas y introduire plus d'intensité. Pour beaucoup, la tâche consistant à promouvoir un changement sensé semble insoluble. Ils essaient de s'évader (en quittant une profession et/ou leur conjoint), de prendre un nouveau départ, qui finalement (et plus vite) arrive à un stade de routine.

De nombreux psychothérapeutes (entre autres C. G. JUNG, V.E. FRANKL) qui ont identifié cet état bien avant le concept de *midlife crisis*, demandent que l'on réévalue l'« esprit » du milieu de la vie.

C. Vieillesse

Dans les pays industrialisés, le concept de « pyramide des âges » (à large base pour la jeunesse et pointe étroite pour la vieillesse) est une notion périmée que l'on continue à utiliser, bien qu'on tende vers une autre répartition des âges (C_1) ressemblant davantage à une structure en cloche ou en bulbe. On y remarque une augmentation relative des personnes âgées que l'on peut qualifier de problématique. De ce point de vue, les états typiques dus à l'âge ne sont plus des « destins individuels ».

La recherche gérontologique (THOMAE, LEHR, BRÜSCHKE, BALTES) dégage 3 domaines de transformation.

La *détérioration* : dégradation de la peau, des muscles, des organes sensoriels et autres, avec éventuellement dégradation intellectuelle.

On reconnaît aujourd'hui l'importance et la signification de l'entraînement intellectuel. Toutefois, la dégradation de la flexibilité intellectuelle (« fluid intelligence », intelligence divergente) s'oppose généralement à une dégradation relativement moindre du traitement du savoir et de l'expérience accumulés (« crystallized intelligence », intelligence convergente).

La *rigidité* concerne l'inflexibilité accrue des personnes âgées. Les modifications sont ressenties comme désagréables ou même intolérables. On revient toujours à son comportement habituel sans tenir compte du fait qu'il est inadapté au présent.

Le *désengagement* est la caractéristique la plus importante de l'âge, mais aussi la plus influençable. Le syndrome principal est ici la « perte de la famille », qui souvent comporte des conséquences psychiques évitables. D'autres facteurs consistent dans la réduction du répertoire des rôles, la déchéance insidieuse des activités, la disparition des rivalités, et aussi dans les attentes à l'égard de la vieillesse (les personnes âgées n'ont « plus le droit » de faire certaines choses dont elles sont encore capables). Ces raisons constituent un cycle négatif avec une plus grande fragilité corporelle, un affaiblissement de la confiance en soi, de la crainte ou de l'indifférence, une activité réduite, une augmentation des facteurs de risques, un fatalisme, qui génèrent à nouveau une plus grande fragilité, etc. Briser ce cercle vicieux est une tâche qui incombe aux personnes âgées, mais aussi un devoir pour l'entourage et la société :
« C'est le monde environnant qui porte la personne à reconnaître son vieillissement. » (BAUER et coll., 1980[3]) ; « Si le processus de vieillissement est modifiable et possède de multiples facettes, il existe aussi une possibilité d'en changer la forme. » (BALTES et DANISH, 1979)

296 XIV. Psychologie du développement / 9. Troubles du développement

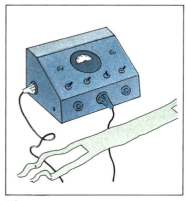

A Énurésie

B Troubles de l'adaptation

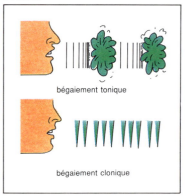

bégaiement tonique

bégaiement clonique

C Troubles de la parole

au lieu de urs/sur (1)	au lieu de est/et (2)
au lieu de troais/trois (3)	au lieu de gâter/cacher (4)
au lieu de fassile/faciliter (5)	au lieu de g/k d/t b/p (6)

D Dyslexie

E Anorexie mentale

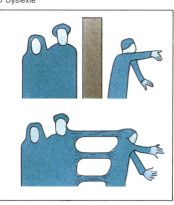

F Conflits de la séparation

Le développement est un processus complexe et par conséquent sujet à des **troubles** à plusieurs niveaux. Ces troubles vont de l'onychophagie (ronger ses ongles) à la poriomanie (fugues enfantines), des angoisses nocturnes (pavor nocturnus) à la phobie scolaire, des vomissements psychogènes aux troubles du langage liés à l'âge. Il n'est guère possible de les classer tous. Les tentatives faites jusqu'ici pour les répartir adoptent trois points de vue.

Le point de vue *statistique sur le développement* considère qu'un enfant est perturbé (entre autres, SHEPHERD, OPPENHEIM, MITCHELL) quand, dans certains secteurs vitaux, son comportement présente un taux de « rareté » de moins de 10% (valeur *cut off*, c.-à-d. non comprise), autrement dit se situe à une distance de 2 écarts probables (EP) ou encore 4/3 d'écart type (σ) par rapport à la moyenne (1ᵉʳ décile).

La *typologie du développement* établit des groupes à « expérience rétrécie » (WERNER) allant de l'immaturité (type puéril) au développement unilatéral (type dysharmonique).

L'approche centrée sur la *chronologie du développement* s'appuie surtout sur la théorie psychanalytique des névroses (VON VIEBAHN) : anomalies des phases orale, anale et génitale.

Les troubles fréquents sont présentés ci-dessous.

A. Enurésie

Outre l'encoprésie, l'incontinence d'urine (énurésie) est un trouble de l'expulsion. Mais on ne peut parler d'énurésie qu'à partir de 3 ans.

La thérapie comportementale utilise depuis peu des appareils électroniques (cf. p. 385) qui réveillent l'enfant par un signal à la moindre humidité et l'empêchent ainsi de se souiller.

B. Troubles de l'adaptation

L'enfant ne peut guère exprimer sa volonté par la parole et utilise des signaux non verbaux (par ex. l'entêtement) suscitant en retour la résistance des parents qui se méprennent sur la pauvreté de langage de l'enfant. De nombreux problèmes de discipline se déroulent selon ce schéma et peuvent évoluer vers un trouble du comportement. La forme de trouble de l'adaptation la plus grave est l'autisme infantile, soit une extinction du contact social où l'enfant voit les autres comme s'ils étaient « transparents » et réagit par la frayeur à toute modification de son environnement.

C. Troubles de la parole

Le trouble de la parole le plus fréquent chez l'enfant est le bégaiement (proportion 4 fois plus forte chez les garçons), une perturbation du débit du langage.

On distingue le bégaiement *tonique* (certains sons, syllabes ou mots semblent bloqués et « éclatent ») du bégaiement *clonique* (les éléments du langage sont répétés comme par à-coups).

Des dommages secondaires, tels que contrainte respiratoire, grimaces, manque d'assurance, isolement social, viennent souvent s'ajouter à ce langage saccadé.

Le bégaiement peut être associé à d'autres troubles de la parole, par ex. le bredouillement (sons escamotés, fautes de liaison des syllabes).

D. Dyslexie

C'est un trouble plus ou moins spécifique de la lecture et de l'écriture. Les manifestations les plus fréquentes consistent en :

inversions (1), omissions (2), rajouts (3), déformations de mots (4), dégradation lexicale (5), altérations de lettres (6).

Lire « en devinant » a des répercussions sur l'apprentissage des matières scolaires.

On n'a pas encore éclairci les causes de la dyslexie. Les plus probables sont :

une inversion des pôles de l'aptitude au langage entre les deux hémisphères cérébraux qui entraîne des carences dans la différenciation des images verbales ; des lacunes de mémoire portant sur ces images (déficience du stockage) ; des problèmes de « latéralisation » ; des erreurs dans l'extension des valeurs signalétiques des éléments du langage à d'autres éléments semblables.

E. Anorexie mentale

L'anorexie de la puberté touche 10 fois plus de filles que de garçons.

Les anorexiques croient manger normalement, ne ressentent pas la faim, ont une peur panique de grossir, emploient sans cesse de nouvelles stratégies pour mieux contrôler leur poids, par ex. privation de sommeil, abus d'effort physique (manie du jogging), et sont fiers de leur « maîtrise ».

La conséquence peut être non seulement un amaigrissement dangereux, mais aussi un arrêt de la menstruation. On en attribue la cause à un « refus » d'assumer le rôle sexuel.

F. Conflits de la séparation

La fonction du lien *(bonding)* et sa désintégration *(absolving)* représentent les deux tendances relationnelles de la vie sociale. La problématique du détachement consiste dans la dissolution, mais sans renoncement complet, du lien avec les parents. Il s'ensuit deux types de troubles :

La séparation totale à l'égard des parents et de leur génération, ou au contraire l'incapacité de s'en libérer.

Plusieurs auteurs (entre autres CHANDLER, 1978 ; ETKIND, 1978) ont pu démontrer que cette phase de bouleversement (réorientation de toutes les références vitales) exige finalement une élaboration cognitive. Le sujet est chargé d'une nouvelle responsabilité qui n'existait pas sous cette forme auparavant. Actuellement, la fréquence des conflits liés à la séparation repose notamment sur la prolongation du moratoire qui provoque une dissension entre l'état de maturité physique et l'autonomie économique.

Dans la tradition universitaire française, PIAGET, FREUD et WALLON apparaissent encore aujourd'hui comme les trois grands pionniers de la psychologie de l'enfant, et comme des auteurs de référence à la fois pour la formation de base et pour le développement de nouvelles recherches (TRAN-THONG 1971, JALLEY 1981, BIDEAUD et coll. 1993). Mais plus récemment, depuis 1985 environ, un grand psychologue soviétique, jusqu'alors à peu près ignoré en Europe, L.S. VYGOTSKI joue un rôle croissant dans la formulation de nouvelles hypothèses de recherche, surtout en pédagogie.

PIAGET s'est intéressé principalement au développement de l'*intelligence* (voir p. 287), FREUD surtout, bien que non exclusivement, à celui de l'*affectivité*.

A. Wallon

Il a pour mérite essentiel d'avoir envisagé une explication globale du développement de la *personnalité* comme intégration de l'affectivité et de l'intelligence.

Plus que celles de PIAGET, ses conceptions se rapprochent du modèle freudien par le fait, entre autres facteurs, d'un découpage temporel absolument identique du développement infantile (voir p. 379). Son propre modèle décrit en effet la série des cinq stades suivants : 1. le stade impulsif et émotionnel (de 0 à 0,9 ou 1 an) ; 2. le stade sensori-moteur et projectif (1-3 ans) ; 3. le stade du personnalisme (3-6 ans) ; 4. le stade catégoriel (6-11 ans) ; 5. le stade de la puberté et de l'adolescence (après 11 ans). Les stades 1, 3 et 5 sont marqués par une orientation centripète et par le primat de l'affectivité sur l'intelligence. Les stades 2 et 4 par une orientation centrifuge et par le primat de l'intelligence sur l'affectivité.

WALLON a souvent reproché à PIAGET d'avoir négligé la double composante affective et sociale du développement.

B. Vygotski

Il propose une approche historico-culturelle du psychisme et insiste également sur la signification du mot comme unité de base de la pensée et du langage. D'après lui, l'une et l'autre suivent d'abord deux lignes de développement indépendantes, la première de caractère intellectuel « préverbal », la seconde de caractère verbal « préintellectuel ». Ces deux types de développement coexistent de manière indépendante chez les grands singes anthropoïdes, alors qu'ils font jonction chez l'enfant vers l'âge de 2 ans.

VYGOTSKI appelle *zone proximale de développement* le niveau de développement potentiel que l'enfant est capable d'atteindre avec l'aide d'un adulte à un certain moment, pour l'activer seul par la suite.

Il s'est aussi opposé (1932) à PIAGET à propos du langage égocentrique, qu'il considère comme une différenciation d'un langage socialisé primitif, conduisant progressivement vers un *langage intérieur* servant de substrat de la pensée.

C. Le cognitivisme

Apparu dès 1950, il se représente le sujet humain sur le *modèle de l'ordinateur* comme un système de codage et de traitement de l'information (*general problem solver*, GPS). C'est vers les années 1970 que ce modèle a rencontré la théorie piagétienne, de manière à engendrer *trois courants* actuels de recherche.

D. Le courant postpiagétien

Ce courant de l'École de Genève est représenté par B. INHELDER et G. CELLERIER. Ils proposent, dès les années 1970-1980, de compléter l'approche piagétienne classique des *structures* de l'intelligence par l'étude des *procédures* effectives de résolution des problèmes.

E. Le néo-structuralisme

Perpétuant l'École de Genève, il souligne davantage les insuffisances du modèle piagétien, dont le propre est d'insister plus sur les opérations que sur les *représentations*.

J. PASCUAL-LEONE (1988) propose une théorie des opérateurs constructifs (TCO) et un système modulaire de l'attention mentale dont le support serait un *métasujet*. R. CASE (1985) décrit un modèle de développement du sujet en termes de structures de contrôle exécutif (SCE) et de structures conceptuelles centrales (SCC). G. HALFORD (1988) envisage l'évolution de structures d'appariement de symboles (SAS). K. FISCHER (1980) enfin interprète le développement comme la complexification de structures de *skills* (habiletés).

F. Le cognitivisme comportemental

Il représente un autre courant qui s'applique à des domaines plus particuliers, par ex. l'image mentale (S.M. KOSSLYN 1980, etc.), ou encore la catégorisation (K. NELSON 1985, etc.).

Cette discipline représente, en dehors du courant cognitiviste, l'autre grande direction principale où s'est engagée aujourd'hui, en se divisant, la psychologie du développement. Elle s'est développée surtout à partir des années 50.

A. Anna Freud

Elle formule des conceptions proches de la psychologie du Moi (*Ego-psychology*), en mettant l'accent sur l'adaptation, le développement du moi et de ses mécanismes de défense.
L'enfant n'évolue pas de manière continue, ni homogène, mais selon plusieurs lignes de développement. D'où la possibilité de décalages ou *dysharmonies* évolutives, à l'origine de pathologies (R. MISES, B. GIBELLO).

B. Melanie Klein

Elle conçoit la première année de la vie comme articulée selon deux « positions » successives.
La position *paranoïde-schizoïde* (de 0 à 3 ou 4 mois) caractérise un moi originel, bien que très peu intégré, déjà en rapport avec des objets partiels hallucinés. Les affects dominants sont l'angoisse persécutive et la culpabilité. Les mécanismes prévalents sont le clivage, l'introjection et la projection.
La position *dépressive* (de 4 mois à 1 an) voit se former le complexe d'Œdipe. La mère est désormais un objet total. Apparaissent les défenses maniaques et le souci de réparation de l'objet.

C. René Spitz

Il décrit trois grands « organisateurs » du développement :
a. l'apparition du sourire (vers 2-3 mois) marque le passage du stade anobjectal au stade préobjectal ; b. la réaction d'angoisse devant le visage de l'étranger *(angoisse du 8ᵉ mois)* inaugure le stade objectal ; c. l'apparition du non (vers 14 mois) retourne l'agression contre l'objet maternel *(identification à l'agresseur)*.

D. Donald Winnicott

Il envisage un premier stade de dépendance absolue (de 0 à 6 mois), centré par l'importance d'une *mère suffisamment bonne*, assurant en particulier une fonction suffisante de soutien *(holding)*.
La période de dépendance relative (de 6 mois à 1 an) voit généralement l'apparition de l'*objet transitionnel*, le chiffon préféré, assurant la transition entre le moi et le non-moi.

E. Margaret Mahler

Elle considère trois stades dans le développement :
a. le stade d'*autisme normal* (de 0 à 3 mois) ;
b. le stade *symbiotique* (de 2 à 5 mois) ; c. le stade d'*individuation-séparation* (de 5 mois à 2 ans).

F. Wilfrid Bion

Il propose, à partir de l'exploration de la psychose, le modèle d'un *appareil à penser*, dont le principe actif, appelé fonction alpha, est déterminé par une relation satisfaisante au *contenant maternel*.

G. Jacques Lacan

Il s'est rendu célèbre par son *stade du miroir* (entre 6 et 18 mois environ), où il voit un moment essentiel de la constitution du sujet humain, marqué par l'*identification aliénante* de l'image de soi à l'image de l'autre, un rapport imaginaire de *méconnaissance*.

H. John Bowlby

Il a proposé de substituer à la classique théorie freudienne de l'étayage une théorie de l'*attachement*, au sens d'un besoin primaire de contact, sans l'implication sexuelle primordiale postulée par Freud, et repérable déjà chez les primates (H.F. HARLOW).

I. Frances Tustin

Elle met en avant la notion d'un *autisme primaire normal* qu'elle oppose à plusieurs formes d'autisme pathologique. Elle y repère l'émergence d'*objets autistiques*, précédant l'objet transitionnel, et ayant pour fonction d'aider le sujet à surmonter la douleur de la séparation.

J. Donald Meltzer

Il décrit à partir de la pathologie autistique deux mécanismes fonctionnels du développement normal, l'un de *démantèlement* consiste dans la suspension réversible de la capacité d'attention, l'autre d'*identification adhésive* est illustré par les conduites d'agrippement.

K. La psychologie du moi

Elle représente une adaptation américaine de la psychanalyse (H. HARTMANN, E. KRIS, R. LŒWENSTEIN), qui insiste sur l'autonomie primaire du moi, et sur sa fonction adaptative essentielle, dépendant de l'isolement dans sa propre structure d'un secteur aconflictuel. Cette conception a beaucoup été combattue par J. LACAN.

XV. Psychologie sociale / 1. Résumé historique

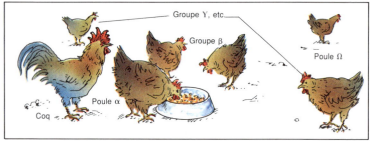

A Schjelderup-Ebbe

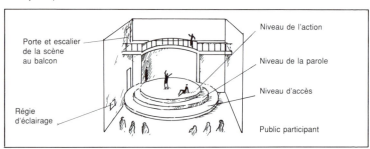

B Moreno

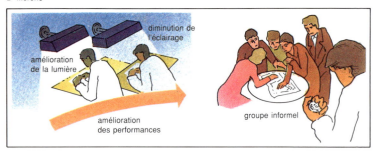

C Mayo

D Lewin

SIGMUND FREUD écrivait en 1921 :
« Si la psychologie, qui explore les prédispositions, les pulsions instinctives, les motifs et les intentions d'un individu jusque dans ses actions et dans ses relations avec son prochain, avait entièrement accompli sa mission et rendu tous ces rapports transparents, alors elle se trouverait soudain devoir affronter l'autre tâche non résolue qui se dresse devant elle. Elle devrait expliquer le fait surprenant que l'individu qu'elle peut désormais comprendre, ressent, pense et agit dans certaines conditions contrairement à toute attente ; or cette condition est son insertion dans une foule humaine. »
(Psychologie des foules et analyse du moi).
Tandis que la psychologie de l'individu se pratique depuis 2 500 ans, la nécessité d'une **psychologie sociale** telle que FREUD l'expose avec tant d'acuité n'a été perçue et n'a mûri qu'au cours des années 20. Certes, il existait déjà des « psychologies sociales », et W. C. MCDOUGALL écrivait en 1908 une *Introduction à la psychologie sociale* où il se référait à la « pulsion sociale », mais on ne trouvait aucune « théorie psychologique des foules » correspondant aux conceptions actuelles.

A. Schjelderup-Ebbe
En 1922, THEODOR SCHJELDERUP - EBBE publiait une découverte faite dans une ferme norvégienne.
Les poules ne se donnent pas des coups de becs pour s'éloigner de la mangeoire au hasard, mais établissent des « hiérarchies de becquetage » bien précises qui se maintiennent sur de longues périodes. L'étalon n'est pas seulement la force corporelle mais aussi l'aspect extérieur, la santé, les bonnes relations avec le coq, etc.
Une poule d'un rang élevé ayant le droit de piquer les autres poules sans qu'elles ripostent (groupe alpha ou bêta) peut, par exemple, avoir le dessous avec une pondeuse de rang inférieur (par ex. du groupe gamma ou thêta) ; on parle alors de *hiérarchie triangulaire*, et non linéaire.
Il y a aussi des coalitions entre animaux de rang inférieur tenant ensemble une poule bien plus forte sous leur joug. Les poules de rang élevé piquent souvent avec plus de douceur que celles de rang inférieur.
On a découvert des phénomènes semblables dans d'autres sociétés animales. Et, s'ils sont très différents et plus compliqués, on les rencontre aussi chez les êtres humains.

B. Moreno
Sans avoir eu connaissance de ces faits, le psychiatre austro-américain JACOV LEVI MORENO décrivait en 1924 le Wiener Stegreiftheater (« théâtre de tous avec tous »). A partir de là, il développa des jeux de groupe où les processus groupaux étaient utilisés à des fins psychothérapiques. Il fonda une scène de « psychodrame » à Beacon, près de New York, avec des patients comme acteurs (protagonistes), des assistants et un public participant. Afin de pouvoir consigner exactement les processus de groupe, il inventa le « sociogramme » (p. 303).

C. Mayo
En 1927, ELTON MAYO dirigeait une série d'expériences qui dura 12 ans dans les usines de Hawthorne de la Western Electric Company.
Dans les premières expériences, on mesurait l'effet de la lumière sur la productivité du travail. Conformément aux attentes, elle augmentait parallèlement à l'amélioration de l'éclairage. Pourtant une diminution ultérieure de l'éclairage s'accompagnait également d'une hausse de la productivité.
Le groupe de recherche ne sortit de ce labyrinthe qu'en découvrant la signification des *groupes informels*. C'était là la « formation de groupes », avec leurs relations interhumaines, ainsi que la nouvelle fonction du « groupe d'essai » et non les conditions d'éclairage, qui provoquaient l'accroissement de la productivité. Ce constat révolutionnait la psychologie sociale. Ainsi débutait la *psychologie des groupes*.

D. Lewin
Au milieu des années 30, KURT LEWIN et un groupe de travail étudièrent l'effet de divers styles de commandement sur l'atmosphère des groupes.
Le style de commandement autocratique engendrait une plus grande distance entre le chef et le groupe. Il en résultait une atmosphère tendue, une baisse du moral dans le travail et la tendance à rendre un « bouc émissaire » responsable de toutes les dissensions.
Le style *démocratique* entraînait la formation de sous-groupes travaillant avec intensité ; l'atmosphère était détendue et constructive. Un sentiment collectif ne tardait pas à se développer.
Le groupe *laisser-faire* est apparu par hasard parce qu'un chef était inapte à sa fonction. Ce groupe s'est enlisé dans des débats permanents et n'a guère réussi à travailler.
Avec cette étude, naissait un champ de travail important pour la psychologie sociale que LEWIN appela *dynamique de groupe*. Celle-ci prit de l'extension par la suite pour devenir un domaine pratique (cf. XV/9). Avec des groupes d'expérience, on prouva les avantages des formes de commandement permissives (indulgentes) dans l'industrie, à l'école, dans l'administration, etc. La dynamique de groupe fit aussi son entrée dans la psychothérapie sous forme de « sensitivity-training ».
Ces auteurs sont les « ancêtres » de la psychologie sociale actuelle, qui évoluera ensuite dans deux directions : d'une part en développant des théories générales (par ex. les théories de l'interaction, p. 209) qui ont acquis une signification particulière pour la psychologie sociale ; d'autre part en différenciant mieux certains thèmes propres à la psychologie sociale.

302 XV. Psychologie sociale / 2. Méthodes

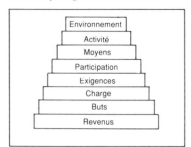

A Analyse de situation

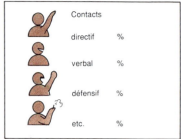

B Analyse de contenu

C Observation

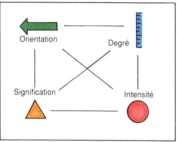

D Mesure des attitudes

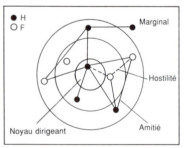

E Sociométrie

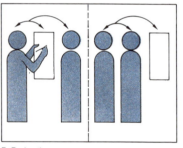

F Exploration

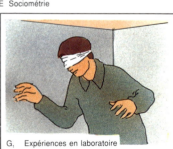

G_1 Expériences en laboratoire

G_2 Expériences de terrain

G Expérimentation

La création tardive de la psychologie sociale est également due à l'absence de **méthodes** appropriées ; aujourd'hui en revanche, elle dispose d'un arsenal considérable de méthodes.

A. Analyse de situation
Du point de vue phénoménologique, le concept de « situation » est considéré comme la condition de base de tous les faits sociaux :
ils se produisent dans une *situation d'ensemble*, c.-à-d. dans un système d'influences de plusieurs types.

C'est en psychologie du travail que l'analyse de situation, sous forme d'*analyse du travail*, est le plus avancé (cf. XXI/1). Elle étudie l'ensemble de la situation de travail où existent de nombreux sous-groupes de facteurs qui peuvent être saisis aussi au moyen des méthodes ci-après. Pour simplifier, on étudie dans les configurations sociales les 8 domaines suivants :
environnement, activité, moyens, participation, exigences, charge, buts, revenu.

B. Analyse de contenu
Les relations sociales comportent de nombreux éléments dont certains donnent des *indications* particulièrement claires sur la qualité de l'ensemble de la relation.
La fréquence de la participation verbale des membres du groupe peut par ex. être prise comme échelle de mesure pour évaluer leur position ou rang informel.

L'*analyse de contenu* (et la *mesure des attitudes, value analysis*, dans certaines situations qualitatives spécifiques) utilise ces faits dans une perspective statistique. Ainsi peut-on établir la statistique d'une série de contenus constituant des événements sociaux (les évaluer et en poursuivre le traitement).

L'utilité de l'analyse de contenu n'est décisive que lorsqu'on dispose de données suffisantes à fin de contrôle et de comparaison.

C. Observation
Pour systématiser l'observation des activités d'un groupe, R. F. BALES (1950) utilisait pour ses recherches une *grille de catégorisation* qui a été ensuite reprise par de nombreuses études. Les protocoles d'observation recouraient à 12 catégories, entre autres :
L'activité de participation, le soutien à autrui, les commentaires verbaux, le nombre de questions, l'ambiance tendue ou détendue, l'assistance dans la résolution des problèmes.

D. Mesure des attitudes
Pour mesurer les attitudes, on applique des échelles *quantitatives* à des réactions ou des opinions qui le plus souvent comportent 4 dimensions :
Orientation (attribution d'objectifs à des tâches),
Degré (niveau de différenciation gradué),
Intensité (engagement exprimé),
Signification (ancrage subjectif).

On évalue couramment ces attitudes à l'aide de questionnaires dans lesquels on pondère les prises de positions quantifiables, par ex. par la méthode de l'addition des valeurs (échelle de Likert).

E. Sociométrie
Pour mieux vérifier l'évolution des structures sociales, on utilise des schémas appelés *sociogrammes* (MORENO). Ils contiennent entre autres :
des signes représentant les membres masculins et féminins (point, cercle), les relations amicales, hostiles (lignes continues ou pointillés), le degré d'ascendant (du noyau dirigeant aux marginaux).

F. Exploration
Par exploration, on entend divers types d'enquêtes. Dans certains cas, l'initiative incombe à celui qui *interroge* (interview avec questionnaire fixe) dans d'autres, à la personne *interrogée* (entretien ouvert).

On essaie surtout de « standardiser » les réponses : d'abord à l'aide du questionnaire lors d'interviews, après coup seulement pour les entretiens.

L'objectivation des réponses pose un problème important.
La *fidélité* permet de s'assurer que les réponses ne sont pas « fortuites » et qu'elles ne dépendent ni du lieu ni du moment. Pour la *validité*, tout dépend de la concordance entre les réponses et les opinions réelles.

G. Expérimentation
La démonstration scientifique des théories en psychologie sociale nécessite le recours à l'expérimentation. On distingue deux types d'expériences :

(G_1) Les *expériences en laboratoire*, soumises à des conditions expérimentales strictement contrôlées, bien qu'il faille tenir compte du fait qu'un grand nombre de processus cachés restent encore inconnus.

Les expériences de suggestion dans des locaux de recherche surveillés peuvent être citées comme exemple. Le but est ici d'étudier uniquement l'effet d'influences suggestives sur le sujet.

(G_2) Les *expériences de terrain*, faites en situations ouvertes.

De nombreux effets annexes, les « variables parasites » peuvent influer sur les résultats. Dans ce type d'expériences, il faut interpréter les résultats avec beaucoup de prudence.

Mais si l'on parvient à obtenir des résultats expérimentaux sûrs, notamment qui convergent avec des résultats semblables dans plusieurs autres cas, le succès est plus fructueux qu'avec d'autres procédés.

304 XV. Psychologie sociale / 3. Socialisation

A Modelage social

B Apprentissage social

C Contrôle social

Une ancienne définition désigne la socialisation comme le propre de la « nature humaine » (DURKHEIM, 1893). Aujourd'hui, on ne considère plus ce processus comme simplement « passif ».

Dès l'enfance, déjà, on « façonne son avenir » (DOUVAN, ADELSON, 1966 ; PRIGOGINE, 1980).

L'importance de cette notion est incontestable. L'*action* (voir chap. IX) et la *communication* (voir chap. XI) sont fondamentales pour la socialisation.

A. Modelage social

Deux exemples marquants mettront bien en évidence les deux aspects du *modelage social (shaping)*.

L'*affiliation* (ou encore : attachement, empreinte sociale, enculturation, acculturation) et son contraire, la *privation sociale*.

(A_1) A la fin des années 40, l'Indien SINGH rapportait l'histoire de Kamala, une fillette d'environ 8 ans qui avait grandi auprès de loups. Elle ne savait que gronder et pousser des cris stridents, marchait à quatre pattes, mangeait par terre, mais courait si vite qu'elle capturait des lapins de garenne qu'elle dévorait crus sur place.

(A_2) En 1919, une femme qui venait d'accoucher dans une clinique remarqua que la bouche de son nourrisson âgé de deux jours avait changée. Elle suspecta un échange. Mais le personnel soignant lui prouva que tout échange était impossible. 12 ans plus tard, l'amélioration des examens biologiques permit de confirmer ce soupçon. Suite à un jugement exécutoire, les enfants devaient être échangés. Mais avec l'accord des deux couples parentaux, on y renonça : de part et d'autre, les parents comme les enfants avaient ressenti que l'éducation familiale avait créé des liens plus forts que ceux du sang.

Le concept d'*habituation* (formation d'habitudes) résume les effets intenses des habitudes sociales (dans ce cas, de l'affinité familiale ; théorie de l'*équité*).

B. Apprentissage social

Parmi les théories de l'apprentissage, une orientation de recherche met l'accent sur l'apprentissage par autrui. I. P. PAVLOV l'appelle apprentissage par « stimuli complexes », d'autres parlent d'« imitation » (N. A. FLANDERS notamment), de « processus d'identification » (G. A. MILTON), d'apprentissage de modèles ou par substitution (A. BANDURA), mais on emploie le plus souvent le terme d'« apprentissage social » (J. B. ROTTER, 1965) : positif ou fonctionnel, négatif ou dysfonctionnel.

Deux thèmes principaux s'inscrivent dans ce contexte :

(B_1) Dans le jeu, l'enfant imite déjà les rôles qu'il connaît (père, mère, médecin, etc.). Or il ne s'agit pas d'une simple imitation mais d'une *interaction* avec le modèle, dans laquelle entrent en jeu l'*action* (chap. IX) et la *communication* (chap. XI) dont l'enfant est capable.

(B_2) L'*internalisation* complète l'interaction. On entend par ce terme l'intériorisation cognitive des conceptions, valeurs, normes et attentes d'autrui ; elle touche à l'identification (cf. p. 381). L'internalisation nous fait nous « approprier » quelque chose.

Dans les dernières décennies, on a démontré que la télévision livre la plupart des modèles à l'enfant. Une série télévisée comme « Thierry la Fronde » a eu des effets d'intégration culturelle plus intenses que certains programmes « ciblés » ; certaines études (IRLE et collaborateurs, 1978) ont établi les progrès des objets d'internalisation, des « actes de coopération compréhensive » et des « actes réfléchis autonomes ».

Il n'existe encore aucune échelle d'insertion sociale (quotient social QS) correspondant au quotient d'intelligence (QI).

C. Contrôle social

La socialisation n'est pas seulement une « demande » acceptable, c'est aussi une « contrainte » plus ou moins forte. Les sociétés ont toujours eu intérêt à ce que leurs citoyens se « ressemblent ». Il en va de même dans les petites unités sociales. Le « contrôle » ici ne signifie pas nécessairement *vérification constante* ; le terme de *participation régulatrice* correspondrait mieux à l'anglais « *control* ».

(C_1) Pour la plupart des gens, les collectivités de référence (par exemple parents, partenaire, famille) ressemblent en fait à des « tampons contre les coups du sort ». C'est aux moments particulièrement difficiles que l'on éprouve en qui on peut avoir confiance. La perte de cette *protection collective* affecte les mécanismes de contrôle les plus stables (par exemple sous forme de « perte d'amour »).

(C_2) Une série d'expériences célèbres met en évidence une autre forme « intériorisée » de contrôle social.

ASCH (1956) montrait les lignes (en haut sur l'ill.) et demandait :

Laquelle des lignes est de même longueur que la ligne étalon ?

Dans ces conditions normales, 1% seulement des sujets d'expérience ne citent pas la ligne du milieu.

Mais dans des groupes ne comptant qu'un seul « vrai » sujet d'expérience et où les autres, en suivant la consigne du chercheur responsable, donnent délibérément des réponses fausses, la pression sociale conduit les « vrais » sujets d'expérience à fournir des réponses manifestement erronées, soit *toujours* (30%), soit *parfois* (40%).

Cette *tendance à la conformité* (adaptation à la majorité) est particulièrement efficace sur les foules humaines (cf. XVI).

306 XV. Psychologie sociale / 4. Perception sociale

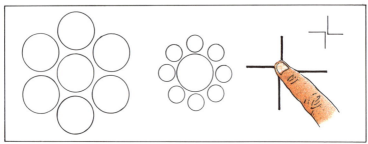

A Champ de perception

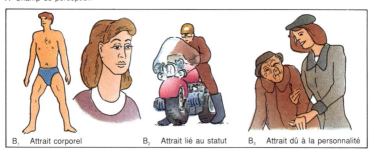

B₁ Attrait corporel   B₂ Attrait lié au statut   B₃ Attrait dû à la personnalité

B Attraction

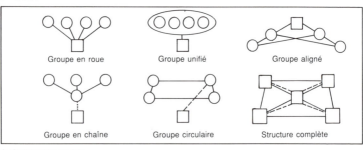

Groupe en roue — Groupe unifié — Groupe aligné
Groupe en chaîne — Groupe circulaire — Structure complète

C Organisation sociale

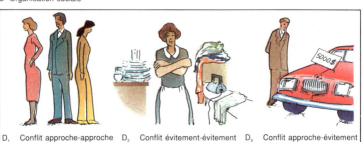

D₁ Conflit approche-approche   D₂ Conflit évitement-évitement   D₃ Conflit approche-évitement

D Évaluation sociale

Le concept de perception sociale s'entend de plusieurs manières, mais se définit en termes généraux comme :
délimitation réciproque de soi et de l'entourage.
Certaines définitions plus étroites portent sur la perception de soi (introspection), la connaissance d'autrui (extraspection, perception des personnes, des masses) et la confrontation à l'environnement (expérience de la nature, comportement dans la circulation, sentiment de l'habitat, sensation de l'eau quand on nage, etc.). Ce domaine de recherche s'attache à clarifier les impressions et les évaluations liées au contact social.

A. Champ de perception
Un simple essai de démonstration peut mettre en évidence combien notre perception d'un objet dépend de son environnement :
Dans les deux cas, l'anneau du milieu a la même taille – à l'opposé de notre impression d'ensemble.
BRUNER et POSTMAN (1947) rapportent un autre cas.
Dans une tâche d'évaluation de la taille de pièces de monnaie, les enfants issus des milieux inférieurs en surestimaient plus fortement la taille que les enfants des classes moyennes.
Ces distorsions de l'évaluation perceptive révèlent, comme une loi générale, la *dépendance eu égard à l'environnement* de nos appréciations :
si l'on pose le doigt sur les deux angles, on voit une croix.
Cet effet prend encore plus d'importance dans les jugements portés sur nous-mêmes ou sur nos proches. Néanmoins ces erreurs d'appréciation ne sont pas homogènes.
Par exemple, il est plus difficile de porter des jugements *négatifs* sur soi quand il s'agit du *présent* plutôt que du *passé*, ou de traits *importants* de la personnalité (par ex. attitudes morales) plutôt que d'autres secondaires (par ex. simples préférences).

B. Attraction
Dans les années 50, le psychologue T. NEWCOMB a étudié le processus de *prise de connaissance (acquaintance process)*. Si l'on réunit pendant un certain temps un groupe de personnes qui ne se connaissaient pas avant, on constate régulièrement que :
lors du premier contact entre les sujets, la *ressemblance* concernant certaines caractéristiques comme l'âge, la religion, les préférences artistiques ou techniques, l'origine citadine ou rurale, possède la plus grande force d'attraction.
Des études ultérieures ont mis en évidence certaines variantes de cette découverte.
Les résultats valent surtout pour les petits groupes ; en revanche, dans les groupes plus importants, les marques de prestige attirent davantage (par ex. notoriété du nouveau partenaire).

On peut dire qu'on préfère en général la *ressemblance*, alliée à l'*émergence* de caractéristiques allant dans le sens de ce que l'on souhaite pour soi-même (principe de similitude). On observe donc 3 grandes tendances de la popularité.
(B_1) L'*attrait corporel* dépend des idéaux courants conditionnés par l'époque :
par ex. beauté, force, santé, jeunesse, minceur que l'on retrouve souvent sous forme exagérée chez les mannequins. Ils jouent le rôle de modèles rétroactifs.
(B_2) L'*attrait lié au statut* s'exprime surtout dans le domaine publicitaire :
par l'aspect professionnel, par ex. les commandants de bord et les hôtesses de l'air ; les personnes ordinaires sont revalorisées par des symboles de statut social tels par ex. que les belles motos.
(B_3) On pourrait sous-estimer l'*attrait dû à la personnalité*. Mais en fait, on désire en général trouver certains traits de personnalité très fortement marqués chez ceux que l'on fréquente. Dans l'échelle de popularité dominent les caractères suivants :
gaieté, franchise, assurance, serviabilité, reconnaissance d'autrui , autocritique.

C. Organisation sociale
Les collectivités s'organisent assez rapidement selon les rangs, les rôles, les normes (cf. p. 309 sqq.). D'après H. FISCHER (1962), les *structures de groupes*, par ex. pour un ensemble de 5 membres, permettraient environ 5000 formes de coopération, dont se détachent 6 formes essentielles représentées ici :
groupe en roue (préséance du meneur [= carré] sur chaque individu),
groupe unifié (préséance du meneur sur l'« ensemble »),
groupe aligné (avec 2 informateurs subordonnés),
groupe en chaîne (le meneur communique par l'intermédiaire d'un meneur informel),
groupe circulaire (groupe indépendant),
structure complète (chacun interagit avec chacun et peut s'élever au rang de meneur temporaire = groupe autonome).

D. Evaluation sociale
La perception sociale contient toujours une évaluation sociale. En effet, nous résumons les situations sociales, les classons selon nos habitudes, les apprécions, les comparons. L'évaluation des *situations conflictuelles* compte parmi les réactions les plus importantes. KURT LEWIN distinguait du conflit entre appétence (approche, se sentir attiré par autrui ; *approach*) et aversion (évitement, détour ; *avoidance*) :
(D_1) le *conflit d'approche et d'approche* entre deux buts désirables ;
(D_2) le *conflit d'évitement et d'évitement* entre deux tâches désagréables ;
(D_3) le *conflit d'approche et d'évitement*, pour un objet désirable, mais par ex. trop onéreux.

A Meneur

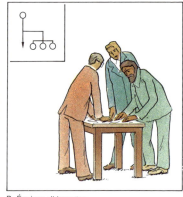

B Équipes dirigeantes

C Dirigeants subalternes

D Sympathisants

E Masse/Minorité

F Marginaux

On peut s'imaginer une société sans rangs ou même souhaiter une égalité totale entre les hommes. Mais trois raisons contredisent cette utopie :
l'ancrage historique des rangs dans les groupes, la diversité des fonctions et les différences de conditions individuelles.
Toutefois, les niveaux sont devenus plus perméables et plus flexibles. Ils dépendent plus fortement d'interactions partielles ou momentanées entre les rangs.

A. Meneur

Qu'est-ce qui caractérise le meneur ?
On ne saurait fournir de réponse exhaustive à cette question globale. En général, la *situation de commandement* pèse plus lourd que les traits de la personnalité (charisme) du meneur.
La caractéristique importante de la situation de dirigeant consiste dans les *fonctions de commandement*. Celles-ci supposent deux conditions principales. D'abord, la plupart des unités sociales (cf. XV/8) assument des missions plus ou moins fixées (par ex. ce qui doit être fait) pour lesquelles une responsabilité personnelle se dégage. En outre, il existe toujours des rapports latents (profonds) de *domination-subordination*.
L'attitude des personnages de l'ill. A permet de déduire que le sujet de gauche a sans doute un rang supérieur. Si une situation de responsabilité survient, la fonction de commandement reviendra probablement au rang le plus élevé.
En cas de commandement établi (direction formelle, par ex. le contremaître dans une usine), les échanges ne sont guère possibles. En revanche, dans les situations ouvertes (direction informelle, par ex. le porte-parole d'un groupe), les attentes du groupe s'expriment davantage :
si le meneur est assez fort pour représenter le groupe à l'extérieur, s'il respecte ses buts internes, s'il sait maintenir la cohésion du groupe, et réfléchir sur les aspects pragmatiques.

B. Equipes dirigeantes

Les fonctions de commandement sont parfois « innées » (par ex. la fonction parentale). Mais très souvent, elles ne se transmettent qu'à court terme et partiellement (par ex. le libéro d'une équipe de football qui distribue le jeu et anime les autres joueurs). La plupart des formes de commandement relèvent en outre plutôt de cercles dirigeants que d'individus.
Dans l'industrie, on constitue des équipes dirigeantes quand on doit réaliser certaines tâches spécifiques, par ex. à l'extérieur de l'entreprise. Ces états-majors sont organisés selon un ordre hiérarchique.

C. Dirigeants subalternes

Dans les organisations politiques, on parle d'« organes du pouvoir étatique » (par ex. la police). Les dirigeants d'unités de grande taille ont besoin d'« hommes de main », et ce plus l'organisation est complexe.
Dans l'industrie, on a vu le pourcentage de cadres augmenter de manière nettement plus sensible que le nombre de dirigeants et d'employés.

D. Sympathisants

Considéré comme formé de « suiveurs », ce bloc a mauvaise réputation. Par ex. plus un parti a de succès, plus facilement il trouve des auxiliaires qui cherchent à prendre part à sa réussite. Les grandes unités possèdent très souvent une « base engagée » à qui on attribue les fonctions pour lesquelles on ne prévoit pas de missions officielles. Mais la serviabilité intéressée de ce groupe subalterne peut facilement changer en opposition à la direction en cas de déception lors de compromis.

E. Masse/minorité

La masse comme somme de nombreuses minorités sera le thème du chap. XVI. Il existe des « masses humaines » très différentes ; leurs réactions sont souvent énigmatiques. Ceci résulte notamment de notre résistance à nous fondre dans la masse. Nous tendons à concevoir notre comportement comme indépendant de la situation, comme *uniforme*. A cet égard, nul ne contestera que l'individu membre d'une masse, par ex. le spectateur d'une manifestation sportive, réagit *autrement* que s'il était seul.

F. Marginaux

En règle générale les marginaux, *positifs* ou *négatifs*, appartiennent à de petits ou à de grands groupes. Les boucs émissaires, les personnes renfermées, les protestataires comptent parmi les marginaux négatifs ; les dissidents, les esprits critiques, clairvoyants et indépendants parmi les positifs (cf. XXI/4, B : LPC score).
Malgré la « position latérale » des marginaux, leur fonction de groupe ou de masse n'est pas contestable.

La fusion de ces 6 niveaux forme un tissu social extrêmement complexe. Selon la théorie des systèmes cybernétiques, 4 traits principaux les caractérisent :
Complexité. Les effets principaux et secondaires entre participants produisent une interaction à plusieurs niveaux entre coopérations et conflits.
Dynamique propre. L'interaction se maintient seule et peut être influencée de façon seulement partielle par des interventions ou des actions extérieures.
Opacité. En raison du nombre d'interactions, le système est difficilement transparent.
Inertie. Il est par principe difficile de mobiliser un système collectif dans un objectif et inversement de le freiner ou de le détourner de sa trajectoire.

XV. Psychologie sociale / 6. Rôles sociaux

A Concept de rôle

B Conception du rôle

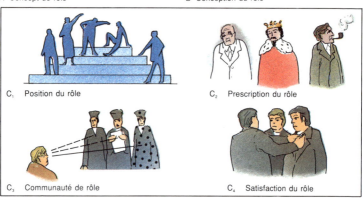

C₁ Position du rôle

C₂ Prescription du rôle

C₃ Communauté de rôle

C₄ Satisfaction du rôle

C Fonction des rôles

D Rôles multiples

E Faillite des rôles

SHAKESPEARE compare l'âme humaine à une pièce de théâtre :
« Chacun joue bien des rôles en sa vie et ses actes durent sept âges. »
Dans la littérature de la psychologie sociale, on n'utilise le concept de *rôle* que depuis les années 40. Mais W. JAMES parlait déjà de la différence entre le « moi pur » et le « soi social ».

A. Concept de rôle
Le concept de rôle a été repris par analogie avec le rôle théâtral (SADER, 1969). Comme au théâtre, les rôles sont proposés, et leurs traits forment une unité ; les modèles de comportement peuvent être appris, échangés, refusés et s'inscrivent dans le temps :
La « vraie » personne se trouve « derrière » le rôle, si par ex. quelqu'un dit : « moi, en tant qu'employé..., mais en privé... »
Ainsi fait-on une frontière qui laisse encore une marge considérable pour les conceptions individuelles (concept des rôles personnels). La plupart des rôles comportent des rôles opposés (par ex. conseiller – client).

B. Conception du rôle
La personne qui adopte certains rôles ne les perçoit généralement que de façon partielle parce que chaque rôle possède de nombreuses facettes.
Outre les rôles fondamentaux (par ex. masculin), il existe des rôles particuliers (par ex. père d'une fille adulte) ; à côté des rôles obligatoires (par ex. écolier), on en trouve d'autres facultatifs (par ex. joueur de football) ; outre les rôles manifestes (par ex. enseignant), d'autres sont plus ou moins indistincts (par ex. catholique) ; et à côté des rôles permanents (par ex. Norvégien), certains sont discontinus (par ex. navigateur à la voile).
Ces exemples montrent combien les rôles sont « arbitraires », c.-à-d. partiellement optionnels.
On peut distinguer 2 notions fondamentales :
D'une part, nous devons répondre aux *attentes externes à l'égard des rôles* que nous adoptons ; d'autre part, nous découvrons en nous des *perspectives de rôles* dont nous cherchons à saisir les chances de réalisation.
On trouve couramment une superposition individuelle de ces deux aspects, avec une importance plus ou moins grande de l'un ou de l'autre, souvent aussi avec des changements.
Comme orateur, (1) on peut jouer le rôle du tribun populiste et démagogue, (2) vouloir séduire l'auditoire en parlant doucement et de manière suggestive, (3) formuler son message avec objectivité, (4) monologuer sans faire attention aux auditeurs.

C. Fonction des rôles
Pourquoi les rôles existent-ils ?
(C_1) Les rôles servent à délimiter l'espace psychosocial, et à définir ainsi l'orientation sociale : *position du rôle*.

(C_2) Pour faciliter l'orientation, la plupart des sociétés ont prescrit des « insignes », des signes distinctifs pour chaque rôle :
Signes professionnels, par ex. la blouse blanche du médecin ; signes indicatifs liés au rang, par ex. la couronne du roi ; ou signes personnels, par ex. la pipe pour la virilité : *prescription du rôle*.
(C_3) L'individu est rarement le seul détenteur d'un rôle, d'autres ont le même. Ce qui provoque par conséquent des pressions de la part de ceux qui possèdent un rôle identique :
Par ex. pour le juge, si l'un d'eux se révèle être corruptible : *communauté de rôle*.
(C_4) La quatrième fonction importante réside dans la satisfaction donnée par ce rôle et son adoption.
Ici, on peut distinguer les avantages matériels ou privilèges des valeurs idéales qu'il inclut :
La remise d'une décoration par ex. comprend plusieurs aspects : elle peut apporter considération, identité sociale, introduire dans une confrérie, mais aussi bénéficier à la carrière : *satisfaction du rôle*.

D. Rôles multiples
La description des rôles montre leur grand nombre d'aspects. De plus, l'individu a l'impression qu'ils s'enchevêtrent, parce qu'il est le support de nombreux rôles très différents.
A titre d'exemple, les 6 rôles de : femme, vendeuse, mère, épouse, ménagère, sportive.
Chaque rôle correspond à des rôles connexes ; mais aussi à des rôles opposés, par ex. mère et enfant. La collusion entre divers rôles est parfois déconcertante.
Si l'enfant entre dans la boutique où sa mère est vendeuse, elle saura certes changer de rôle pendant un instant, mais l'enfant ne comprendra guère le passage au rôle de vendeuse.

E. Faillite des rôles
Le concept de faillite des rôles (discordance des rôles) regroupe les diverses formes de difficultés rencontrées dans la recherche des rôles.
La forme la plus bénigne ne produit qu'une gêne, on « perd la face », on tombe « à côté » ; mais l'incompatibilité des rôles est plus grave (par ex. prêtre et restaurateur) ; de plus, il existe des rôles tabous (socialement dévalorisés), par ex. le rôle d'homosexuel ; enfin, la perte du rôle peut provoquer des troubles psychiques, par ex. le choc causé par la retraite, l'incapacité à supporter l'arrêt de la vie professionnelle.
Le problème essentiel de chaque rôle réside dans la manière dont l'individu le remplit.
« Joue-t-on » seulement le directeur ou possède-t-on l'autorité correspondante ?
Le plus souvent, l'exercice du rôle se met en place avec le temps parce qu'il faut d'abord que les autres s'habituent à l'image de son nouveau détenteur.

XV. Psychologie sociale / 7. Normes sociales

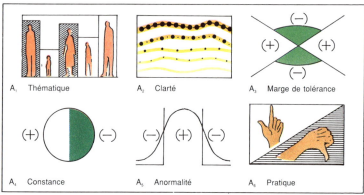

- A_1 Thématique
- A_2 Clarté
- A_3 Marge de tolérance
- A_4 Constance
- A_5 Anormalité
- A_6 Pratique

A Caractéristiques des normes

B Genèse des normes

C Système normatif

D Déviances du comportement

E Changement des normes

En droit il existe des normes : les lois ; en médecine des indications, en pharmacie des ordonnances, en philosophie des valeurs, et en technique les normes NF.

Quand on parle de normes en psychologie sociale, on pense aux *normes de comportement*, aux « prescriptions non écrites » constituées par chaque groupe ou chaque société au cours de son histoire.

A. Caractéristiques des normes

Les normes sont des conventions qui règlent la vie sociale et doivent résoudre les conflits avant qu'ils n'éclatent. La réglementation s'opère autant par la *transmission* de comportements standards que par la menace de sanctions (symboles punitifs). Mais comme dans le domaine social les normes sont rarement formulées avec clarté, et qu'elles existent plutôt comme « évidences » sous forme du simple hochement de tête (« ça ne se fait pas »), ces messages symboliques ne s'adressent souvent qu'à des cercles limités de personnes et servent aussi à la démarcation réciproque. Il apparaît donc que les normes possèdent diverses fonctions.

Caractéristiques des normes :

(A_1) La *thématique* dit *qui* a le droit ou le devoir de faire *quoi*.

(A_2) La *clarté* montre comment la personne concernée peut saisir et différencier une norme.

(A_3) La *marge de tolérance* désigne l'amplitude du comportement accepté et où commence la réprobation.

(A_4) La *constance* désigne la stabilité des normes. S'appliquent-elles seulement parfois, ou toujours ?

(A_5) La définition de l'*anormalité*, du comportement contraire aux normes, dépend aussi des 4 caractéristiques énumérées ci-dessus (par ex. est-elle facile ou difficile à définir).

(A_6) La *pratique* des normes dépend de particularités individuelles mais aussi supra-individuelles ; elle doit traduire si et comment les normes ont une efficacité sur le comportement réel.

B. Genèse des normes

Comment les normes apparaissent-elles ?

Une histoire raconte qu'au XIXe siècle on cherchait à savoir pourquoi une sentinelle se tenait toujours contre un arbre dans le parc du tzar ; résultat : une centaine d'années auparavant la tsarine avait ordonné d'y faire pousser une marguerite !

Certaines normes sont apparues d'une manière tout aussi absurde, par ex. le pli du pantalon, parce que le pantalon d'un héritier du trône d'Angleterre avait été serré à plat dans une armoire. Pourtant certaines normes sans raison apparente peuvent s'être constituées à partir de significations enfouies. Tendre la main ouverte pour saluer signifiait jadis que l'on n'y cachait aucune arme.

C. Système normatif

Les normes ne sont pas isolées en soi, elles forment plutôt un système. Par conséquent, il existe aussi des attitudes générales chez les individus : on peut être ouvert à l'égard des normes ou les mépriser systématiquement. Ici on distingue 3 degrés.

La familiarité ou *connaissance* (« manifestance ») révèle si en général on perçoit les normes.

La reconnaissance ou *approbation* (« acceptance ») indique dans quelle mesure on les approuve.

Le respect ou *réalisation* (« répondance ») concerne le niveau d'accomplissement des normes.

D. Déviances du comportement

Le comportement déviant, ou *déviance*, a trait à la transgression de normes sociales ou juridiques. La *prise en compte* individuelle des normes va d'une forme externe (extrinsèque) à une forme interne (intrinsèque) de reconnaissance.

Le jeune qui, après avoir subi un dommage, demande à ses parents sur un ton de reproche : « Pourquoi ne me l'avez-vous pas interdit ? », réclame une limitation extérieure.

La maturité personnelle apparaît (aussi) dans l'auto-acceptation (intrinsèque) de normes. Nombre de déviances résultent d'une immaturité sociale : on ne peut enseigner le comportement normal à la personne concernée que par la sanction, la répression, le règlement. Mais comme on ne dispose pas toujours de ces moyens, elle enfreint les normes par manque de développement social.

L'autre forme de déviance réside dans le mépris délibéré des normes, renforcé souvent par leur contestation sous forme de normes (de groupe) criminelles.

E. Changement des normes

Certaines normes ont la vie courte, d'autres, plus tenaces, durent très longtemps ; mais en principe, toutes les normes disparaissent. Leur abolition ou transformation tient le plus souvent à ce que la norme existante est considérée comme « périmée », tandis que de « nouvelles » gagnent en prestige.

En prenant un exemple simple, celui de la mode des maillots de bains depuis 80 ans, on peut observer les grands changements de ce vêtement (qui reflètent aussi en partie les attitudes masculine et féminine).

L'attitude à l'égard des normes dépend le plus souvent de l'orientation idéologique. En général, le réactionnaire tend vers les normes du passé, le conservateur préfère maintenir les normes existantes, le progressiste éliminer les normes actuelles et en créer d'autres qui n'ont pas encore fait leurs preuves. Mais comme les normes vieillissent obligatoirement, les nouvelles ne peuvent subsister sans se heurter bientôt à des résistances pour finir elles-mêmes par se figer.

314 XV. Psychologie sociale / 8. Sociosystèmes

A Groupements primaires

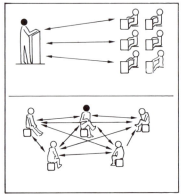

B Systèmes éducatifs

C Groupes de travail

D Systèmes écologiques

E Organisations sociales

F Systèmes ethniques

Un humoriste pensait que la société était « une prison qui maintient en vie ».
Il est certain que les unités sociales restreignent l'homme, le gênent et peuvent même lui dérober son individualité. Par ailleurs, les collectivités augmentent la disponibilité à l'activité, accroissent la protection personnelle, favorisent le développement des capacités, bref, elles sont indispensables.
Pour la psychologie sociale, il ne s'agit pas a priori d'évaluer les **systèmes sociaux**, mais, but plus important, de caractériser les *particularités* des divers types de systèmes.

A. Groupements primaires
Les groupements sont des systèmes sur 2 ou 3 générations qui comprennent les familles, de la grande famille à la famille monoparentale. La famille parents-enfant a toujours fonction de paradigme (modèle de base) pour la plupart des systèmes sociaux. Son analyse au point de vue psychosocial fait intervenir 3 groupes de critères en vue d'un diagnostic.
(1) *Quelle est la constellation dominante ?* Les questions entre autres sur les conditions de logement, les rapports de pouvoir, la formation des couples ou sur les situations concurrentielles *(compétition)* en font partie.
H.E. RICHTER (1963) a trouvé des familles où l'enfant devait être un substitut du partenaire éloigné, tandis que d'autres lui attribuaient un rôle idéal pour remplacer les buts non atteints par les parents, etc.
La famille est aussi un « moi collectif » :
Il distinguait la famille à angoisses névrotiques (qu'il appelait « sanatorium »),
la famille paranoïde (qui se regroupe en « forteresse » contre l'environnement hostile)
et la famille hystérique (qui fait du « théâtre »).
(2) *Quelle est l'atmosphère familiale ?* On peut constater des différences de la tonalité émotionnelle de base dans les familles : assurance et bien-être, tension et querelle, lamentation, distance, cordialité, décontraction... On discerne le degré de cohésion ou de dissolution latente ou manifeste d'une famille dans ces ambiances de base.
(3) *Quelles sont les règles dont on attend le respect ?* En font partie les problèmes de répartition (par ex. pour la viande au déjeuner), le respect d'autrui en matière d'amplitude sonore, les problèmes de rapports avec l'entourage, de pression éducative.
Ces trois critères réunis définissent le « climat familial ».

B. Systèmes éducatifs
La psychologie sociale scolaire élargit les critères sociaux à l'institution. Dans les grandes organisations, il faut ajouter deux règles structurales : la *division du travail et des fonctions* (enseignant-élève), la *hiérarchie de l'autorité et des compétences* (examens, explications, questions).

L'illustration montre la structure d'un enseignement strictement frontal et celle d'une forme pédagogique plus souple en forme de séminaire.
La différence dans la répartition des sièges reflète aussi la transformation des hiérarchies de fonctions et de compétences.
L'enseignement frontal accorde davantage de poids à l'autorité du professeur que la forme séminaire qui sollicite plus fortement les compétences de l'élève.

C. Groupes de travail
L'analyse des groupes de travail a été l'un des premiers objets d'étude de la psychologie sociale (ROETHLISBERGER, DICKSON, 1939). Ici la problématique est étendue au caractère d' « acquisition des *moyens de subsistance* ». Les caractéristiques sociales se modifient sur ce point à cause de l'aspect inévitable ou obligatoire du travail. Les groupes de travail en tirent souvent des traits relèvant de la *confrontation*.

D. Systèmes écologiques
Depuis peu, les systèmes environnementaux ou écologiques attirent l'attention. Chaque personne est à la fois voisin, riverain d'une rue, administré communal, usager de la nature, des routes, etc. Si des risques pour l'environnement pèsent ou augmentent, non seulement la qualité de vie change, mais aussi le *sentiment de solidarité* avec les concitoyens concernés. Il peut en résulter de toutes nouvelles *constellations de citoyens*.

E. Organisations sociales
Les caractères sociaux des grandes organisations telles que les partis changent aussi. Leurs formes extérieures peuvent simuler l'apparence d'une solide tradition. Les anciens partis bourgeois et ouvriers d'Europe ont subi des mutations considérables concernant leurs membres et leurs électeurs. Au-delà de l'appartenance *professionnelle ou sociale*, ceci intéresse l'orientation conservatrice ou progressiste des *buts sociaux*.
Même un parti « progressiste » n'est pas à l'abri de devenir peu à peu un parti « réactionnaire ».

F. Systèmes ethniques
Les systèmes régionaux, nationaux et étatiques sont également des systèmes sociaux qui, en tant que tels, comportent des caractères sociaux déterminés. Mais la différence avec les systèmes précédents réside dans leur « globalité », c.-à-d. qu'on leur trouvera plus difficilement un dénominateur commun.
Qu'est-ce qui distingue un habitant du littoral d'un montagnard ?
Il est facile de formuler des conjectures mais plus délicat de les vérifier par l'analyse, car les résultats éventuels portent vraisemblablement la marque du passé des systèmes sociaux.

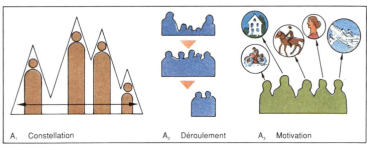

A₁ Constellation   A₂ Déroulement   A₃ Motivation

A Analyse de groupe

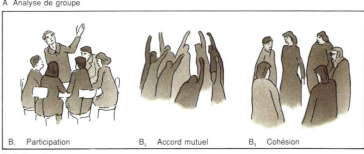

B₁ Participation   B₂ Accord mutuel   B₃ Cohésion

B Actions de groupe

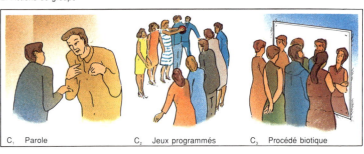

C₁ Parole   C₂ Jeux programmés   C₃ Procédé biotique

C Travail de groupe

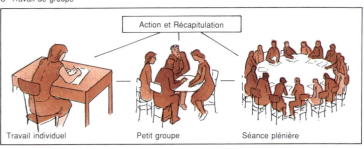

Travail individuel   Petit groupe   Séance plénière

D Feedback du groupe

RONALD LIPPITT relate dans un article comment, à partir d'un hasard, KURT LEWIN a développé la **dynamique de groupe.**
Lors d'un travail avec des groupes d'enfants en Iowa (USA), on testait divers styles de commandement. C'est alors que des effets considérables sur la relation de groupe sont apparus. Par la suite, de nombreux chercheurs se sont penchés sur cette idée de base et ont analysé les forces dynamiques dans le groupe pour en évaluer les modifications.

A. Analyse de groupe
Si l'on veut transformer une chose, il faut d'abord la connaître avec le plus de précision possible.
L'analyse des groupes précède la tentative de les modifier. Sa tâche est vaste.
(A_1) La *constellation* intéresse la *taille du groupe* (importante entre autres pour sa cohésion), l'*inégalité* (niveau des rangs, répartition des rôles), le *territoire du groupe* (rapport entre la taille du groupe et son « espace vital », la répartition des zones de contrôle, l'expansion ou retrait) et la *perméabilité* à l'égard de tiers (spatiale et fonctionnelle, accessibilité à de nouveaux membres).
(A_2) Le *déroulement*, ou la durée du groupe, s'envisage en un sens aussi bien absolu (durée d'existence du groupe) que relatif (rythme des changements). Plus les groupes sont « anciens », plus leurs formes de réactions deviennent stéréotypiques. Par ailleurs, les transformations peuvent s'opérer de manière « continue » ou « discontinue », c.-à-d. par ruptures.
(A_3) La motivation met en jeu aussi bien les causes de la formation du groupe (hasard dans les *stranger-groups*, c.-à-d. formés de membres ne se connaissant pas ; cause « naturelle » pour une famille) que *motivation temporaire* (par ex. la promotion des expériences dans un groupe de loisirs), et les *motivations ciblées* dont l'ensemble peut donner un *group-think*, c.-à-d. une opinion de groupe échappant à toute influence externe.

B. Actions de groupe
C'est d'abord la *thématique* qui est importante ici (par ex. initiatives de citoyens, clubs de bowling, gouvernement national). En outre, il faut réfléchir sur les 3 *critères de l'action* de portée générale :
(B_1) le mode de *participation* (disponibilité des membres à assumer des responsabilités),
(B_2) l'*accord mutuel* (diffusion et équilibre des informations, répartition des contacts et des sympathies, traitement des contradictions) et
(B_3) la *cohésion* ; la consistance d'un groupe résulte de facteurs supplémentaires : barrières internes ou externes (restrictions sociales, tabous), degré de centralisation (*conforming* ou exclusion formant un centre d'intérêt), concurrence interne ou externe, ou coopération avec d'éventuelles réactions contraires (schismogenèse).

C. Travail de groupe
Le travail de groupe doit faire contrepoids aux mesures d'éducation directives, aux relations de conseil figées, et en général aux références sociales routinières, de façon à tirer profit des avantages du groupe.
Au lieu de : « Comment puis-je m'arranger du groupe ? », il faut plutôt dire : « Nous devons apprendre à nous arranger les uns avec les autres ! » (DÄUMLING, 1968).
Une série de procédés (*sensitivity training,* laboratoires d'organisation, groupes d'entraînement) ont pour but d'enseigner comment « se comporter en groupe » dans une perspective d'accomplissement personnel. 3 procédés principaux se sont dégagés jusqu'ici.
(C_1) La *parole* doit transmettre certaines expériences. Beaucoup de personnes ont vécu les relations sociales de façon négative, comme une misère collective sournoise et dégradante. Ici au contraire, elles doivent apprendre à connaître le groupe comme « lieu de liberté » (METZGER, 1962). Par l'acceptation mutuelle, la « voie à sens unique » de l'ordre suivi d'obéissance se change en une alliance avec égalité des droits.
(C_2) Des effets directs s'obtiendront dans le groupe à l'aide de *jeux programmés*. Par exemple, on s'exerce à représenter, dans des jeux de rôles, des thèmes en alternance avec la « réversibilité des rôles » (perméabilité).
(C_3) Les *procédés biotiques* (grec *bios* : vie) introduisent des situations « de vie authentique ». Dans le « programme de Tavistock » (A.K. RICE, 1973), on élabore les processus groupaux par rétroaction. La plupart des groupes d'entraînement partent aujourd'hui du « principe de l'étranger » *(stranger)* pour travailler ensuite en groupes de familiers qui restent ensemble pendant une durée assez longue et traitent de problèmes réels de pratique.

D. Feedback du groupe
Comment le participant isolé et l'ensemble du groupe agissent-ils sur les membres du groupe ? La plupart des procédés utilisant la dynamique de groupe, par ex. dans l'administration, le personnel hospitalier, chez les dirigeants de l'industrie, etc. tentent de répondre à cette question. On croit : pouvoir atteindre une efficacité d'autant plus grande, dans le groupe et par le groupe, que chaque membre comprend mieux les processus de groupe.
A chaque phase d'action succède une phase de récapitulation où intervient le « partage de l'autorité » sous forme de participation ouverte. De plus, on introduit des procédés psychothérapiques dans l'élaboration mentale des effets de feedback du groupe.
L'ajustement rétroactif avec l'expérience vécue s'effectue souvent selon 3 phases alternantes :
Travail en séance plénière (tous les participants d'un cours), travail en petits groupes (par exemple groupes de trois) et travail individuel.

318 XV. Psychologie sociale / 10. Influences sociales

A$_1$ Attaque   A$_2$ Demande

A Intérêt social

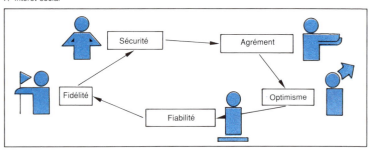

B Confiance sociale

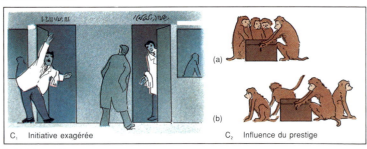

C$_1$ Initiative exagérée   C$_2$ Influence du prestige

C Initiative sociale

D$_1$ Effet de halo   D$_2$ Effet band-wagon   D$_3$ Effet underdog

D$_4$ Effet de boomerang   D$_5$ Effet d'ignorance   D$_6$ Effet de porte fermée

D Mécanismes sociaux

« Les hommes se flattent de leurs grandes actions bien qu'elles ne soient pas souvent l'effet d'un grand dessein, mais celui du hasard. » (LA ROCHEFOUCAULD, *Maximes*, 1665).
Personne n'a mieux exprimé jusqu'ici à quel point il faut être prudent dans le champ des **infuences sociales** pour déduire les causes des effets. Pourtant la psychologie sociale doit sans cesse tenter d'y parvenir.
Les résultats actuels vont dans plusieurs directions.

Pour que puisse s'exercer une influence sur autrui, il faut (en dehors de nombreuses exceptions temporaires et circonstancielles) que soient remplies certaines conditions, comme l'*intérêt* et le *rapport de confiance*. Les *initiatives* « justes » sont aussi nécessaires. De plus, il existe encore certains « écarts standard » (déviations d'effet), qui tiennent à des *mécanismes sociaux*.

A. Intérêt social
Dans les manuels de psychologie, l'intérêt est souvent illustré au moyen d'un gros plan figurant une personne attentive (milieu) puis, à la page suivante, la photographie en entier montre ce qui a éveillé son attention (*une* situation étonnante).
Les sollicitations ont deux origines :
les *dangers* (par ex. dans l'action),
les *demandes* (par ex. érotiques).

B. Confiance sociale
L'intérêt est certes nécessaire (sans intérêt, aucun effet), mais ses « méthodes » perturbent souvent la deuxième étape essentielle :
le *rapport de confiance*.
Dans sa *Fréquentation des hommes* de 1788, le baron von KNIGGE écrivait :
« L'art de fréquenter les hommes consiste à se faire valoir sans repousser l'autre de manière injuste. »
Les relations fonctionnelles consolident la confiance, celles qui sont dysfonctionnelles la sapent.
Nous accordons volontiers notre confiance à ce qui donne une impression de sécurité, nous agrée, suscite un optimisme crédible, semble fiable et fidèle.
La confiance est éveillée par certaines attentes qui doivent toujours se confirmer rétroactivement.

C. Initiative sociale
Au fond, tout comportement est « efficace », qu'il soit reproche, louange, voie de fait, message et même silence. Certains comportements sont plus intenses que d'autres ou produisent plus d'effet ; d'autres provoquent exactement le contraire et sont « non productifs ». Il faut tenir compte de 2 conditions pour qu'une initiative sociale reste « productive ».
(C_1) *Le moins est souvent plus :*
Autrement dit, à trop tirer sur la corde, certains slogans publicitaires exagérés (*« ballyhoo »*) ont tendance à rebuter.
(C_2) *Les influences doivent être soutenues par le « prestige ».*
Dans une expérience, on enseigne d'abord à un singe de rang supérieur, puis à un singe de rang inférieur, une technique complémentaire (il s'agit de l'ouverture d'une caisse de bananes) :
Dans le premier cas, tous les singes apprennent vite à ouvrir la serrure, dans l'autre aucun.

D. Mécanismes sociaux
Les influences sociales dépendent aussi de déviations « typiques », parmi lesquelles on trouve les 6 effets sociaux suivants :
(D_1) L'effet de *halo* (G. W. ALLPORT, ^{2}1959) correspond à la « surexposition » sous forme d'impression générale de certaines propriétés ou évaluations.
Le travail de *relations publiques* en fait souvent usage de manière négative : « fais le bien mais dis-le ! » ; parfois le fait d'en parler est plus important que l'acte, ce qui finalement détruit la confiance.
(D_2) Effet *bandwagon* (le bandwagon est une voiture diffusant de la musique en tête d'un cortège) est aussi appelé effet de la réussite. NIETZSCHE dit :
« Rien n'a plus de succès que le succès. »
Les parasites du succès s'accrochent à celui-ci.
(D_3) L'effet *underdog* se situe à l'opposé.
On éprouve un malin plaisir à voir David vaincre Goliath.
Ainsi souvent, on choisit le candidat qui est supposé perdre.
(D_4) L'effet de *boomerang* est également employé par la publicité.
Un motif très fortement répandu dans le public lui est restitué après introduction d'un message publicitaire.
On utilise donc la réceptivité à un motif existant pour faciliter l'influence.
(D_5) L'effet d'*ignorance* aide à refouler des choses désagréables.
Par crainte de la maladie par ex. on ne se laisse pas examiner.
Les influences sociales qui reposent sur ce mécanisme bagatellisent ou même consolent en cas de difficultés graves.
(D_6) L'effet de *porte fermée* est, entre autres techniques de marketing, exploité dans les magasins libre-service.
Juste avant la caisse se trouvent des corbeilles avec des marchandises que l'on finit par acheter alors qu'on n'aurait pas d'abord songé à en acquérir.
On observe aussi cette panique de la porte fermée dans l'écoulement de la vie *(midlife-crisis).*
Ces 6 mécanismes sont des formes de détermination externe du comportement en général efficaces. Il n'est pas rare qu'on les manipule pour en tirer parti.

320 XV. Psychologie sociale / 11. Troubles de la vie sociale

A₁ Situation angoissante

A₂ Maladresses de comportement

A Perturbations liées aux circonstances

B₁ Parataxies

B₂ Conflit relationnel

B Troubles relationnels

C₁ Conflits internes

C₂ Conflits externes

C Conflits de groupe

D₁ Nuisance exercée sur l'environnement

D₂ Nuisances venues de l'environnement

D Crise de l'environnement

Compte tenu de la complexité des relations sociales, il n'y a rien d'étonnant à ce qu'il existe une multitude de possibilités de troubles de la cohésion sociale. Ceux-ci peuvent se répartir en 4 groupes selon la structure sociale :
Troubles de la vie sociale de nature *circonstancielle, personnelle, collective* et liés à l'*environnement*.

A. Perturbations liées aux circonstances
Les situations sont des circonstances momentanées et répétitives, reconnues à leur similitude, et auxquelles ont réagit le plus souvent par un comportement semblable, ce qui est économique dans la vie quotidienne.
(A_1) Pourtant il peut arriver aussi qu'on se dérobe quand ces situations surviennent. Ainsi bien des personnes redoutent certaines situations qui, pour elles, sont *anxiogènes* :
> parler en public par ex. ou avoir peur des souterrains ou des ascenseurs.

(A_2) Les situations provoquant un effet d'attirance « magnétique » lié à des représentations angoissantes sont particulièrement désagréables :
> le cycliste malhabile s'imaginant risquer d'entrer en collision avec un arbre ira justement buter (par « *désadaptation* ») contre cet arbre.

B. Troubles relationnels
La représentation fréquente de tels troubles en littérature et dans les médias en atteste l'abondance et la banalité. On peut les répartir en deux groupes principaux.
(B_1) Les *parataxies*, ou relations « floues », sont le fait de sujets souffrant de certaines difficultés, ou même d'absence, de contact social. Les partenaires s'éloignent, suivent leur propre chemin, évitent les rapprochements et vivent isolés les uns des autres.
(B_2) Le *conflit relationnel* se situe à l'opposé ; les disputes empêchent l'isolement, mais atteignent un point critique quand les adversaires deviennent des ennemis commettant délibérément des actes hostiles. De telles relations ne conduisent pas toujours à la rupture. MARIE VON EBNER-ESCHENBACH écrivait :
> « Certains mariages sont un état dans lequel deux personnes ne peuvent supporter d'être l'un avec ou sans l'autre pendant longtemps. »

Pour ces deux cas, le problème réside dans la constellation des partenaires : l'un, ou tous deux, trouvent leur position insatisfaisante, mal appréciée, humiliante. En vérité, ils veulent sortir de la relation sans pouvoir l'exprimer et cherchent un substitut dans le « duel apparent ». Dans ce cas, l'analyse des causes véritables peut venir en aide :
Perturbations de la hiérarchie. On trouve les autres trop dominants ou trop soumis ; on se sent opprimé ou dévalué, ou bien l'on a honte des faiblesses d'autrui.
Perturbations du rôle. Refus du rôle de partenaire imposé par autrui (par ex. toujours céder).
Perturbations du contact. L'atmosphère entre partenaires est empoisonnée par ex. par un chantage latent, l'irritabilité, le désintérêt.
Perturbation des normes. Les autres désavouent de façon réelle ou supposée les règles morales collectives (par ex. la fidélité), les valeurs intellectuelles (par ex. cinéma contre concert) ou les objectifs de vie (par ex. désir d'avoir des enfants).

C. Conflits de groupe
Dès les débuts de la psychologie sociale, le concept de conflit a joué un grand rôle. Il existe plusieurs théories du conflit (béhavioriste, phénoménologique, cognitive, psychosociale et motivationnelle). Elles supposent toutes, comme modèle de base, l'*incompatibilité des tendances comportementales*. Théoriquement, elles devraient expliquer les diverses formes d'élaboration et de solution des conflits. On constate une grande différence entre les conflits *internes* (au sein du groupe) et les conflits *externes* (entre le groupe et des tiers).
(C_1) La querelle au sein du groupe est le plus souvent un *conflit de rang* ou *de rôle*. Du point de vue émotionnel, les rivalités, l'envie, la vengeance et la malignité forment un fond négatif. Souvent, ces attitudes sont tellement figées que la cause originelle n'a plus d'importance.
(C_2) Les contestations *entre* le groupe et des tiers (personnes isolées ou autres groupes) relèvent pour la plupart des *conflits d'intérêts*. Le groupe, comme communauté défensive s'oppose à des exigences externes.

D. Crise de l'environnement
Le concept de crise de l'environnement peut être compris de deux manières : comme comportement perturbé à l'égard de l'environnement, et comme effet psychique causé par des perturbations de l'environnement.
(D_1) On ne considère plus le comportement de *nuisance exercée sur l'environnement* comme une simple étourderie. Avec la prise de conscience croissante de l'environnement, le niveau des condamnations augmente.
> Par ex. pour les dégâts causés par les motocyclistes dans les zones où la nature est protégée.

(D_2) Outre les dégâts physiques, on constate de plus en plus de dommages psychiques dus aux *nuisances venues de l'environnement*.
> Ainsi le bruit, la propagande électorale excitant la haine, la manipulation d'informations ambiguës, l'isolement social de certaines minorités.

Ces deux espèces de nuisance provoquées et subies forment une spirale. En effet, l'environnement n'est pas qu'un milieu passif, mais un espace vital utilisé de façon active dans une interaction psychophysique, et appelé *psychotope* en référence au concept de biotope. Ainsi donc, les nuisances causées à l'environnement sont aussi des perturbations du milieu social auquel l'homme a droit.

322 XVI. Psychologie des masses / 1. Analyse des masses

A₁ Uniformisation

A₂ Distanciation

A₃ Accentuation

A Tendances des masses

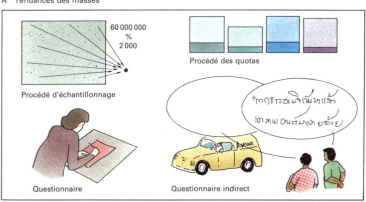

Procédé d'échantillonnage

Procédé des quotas

Questionnaire

Questionnaire indirect

B Recherche sur les masses

C'est au XIXᵉ siècle, essentiellement en France, qu'est apparu le concept de **psychologie des masses** : LE BON (1895), TARDE (1895), SIGHELE (1897). L'intérêt qu'on lui porte s'accroît sporadiquement chaque fois qu'attroupements collectifs, conflits sociaux et révolutions attirent l'attention sur des masses populaires actives.

Tout d'abord s'est trouvée au premier plan une considération négative de la « masse » et de la « massification », c.-à-d. de la désindividualisation qu'elle entraîne. Mais avec le temps, la *potentialité de puissance* des masses fut reconnue avec plus de précision. Depuis lors, la psychologie des masses est un domaine autonome, parce que, à côté du groupe et de la personne individuelle, la « masse » est aussi une unité sociale qui a ses propres fondements (cf. Communication de masse, XI/7).

A. Tendances des masses

Qu'est-ce que la « masse » ? Est-elle une corporation mystérieuse ou simplement la somme de tous les citoyens ?

Elle n'est ni l'un ni l'autre – ou elle tient des deux. La masse peut être si hétérogène (intrinsèquement diverse) qu'elle peut presque s'égaler à la somme de tous. Ce *peut* être le cas lorsque chaque individu ou chaque petit groupe poursuit ses intérêts propres et que ceux-ci ne révèlent pas de points communs. Mais cela change dès que se découvrent subitement des intérêts communs, dès qu'un grand nombre est mû par le même mobile.

La masse n'est pas un sujet, mais elle tend à le devenir dès qu'elle s'enfle en une puissance de masse difficile à identifier et à peine dirigeable.

En d'autres termes :

La masse est parfois momentanément (selon le temps et la thématique) *inactive* en raison de l'inégalité des tendances - mais aussitôt qu'apparaît la conformité, il peut en résulter quelque chose de difficilement évaluable.

De ce type de comportement unitaire résultent 2 types principaux de masse : d'après l' « ancienne » condition de proximité corporelle se développent des masses appelées *masses en présence*, tandis que les « nouvelles » conditions de la formation d'une opinion homogène, au moyen des mass media, créent une *masse médiale*.

Il arrive qu'elles apparaissent en combinaison, comme masses *médioprésente*, (par ex. soulèvement de masse dirigé par la radio).

Mais ces processus n'acquièrent de signification, en termes de psychologie des masses, qu'à partir du moment où en découlent des *résultats de masse* ; par ex. résultats d'élections, soulèvements, actions uniformes.

Un exemple toujours valable, dans la multiplicité de ces résultats de masse, est le mode vestimentaire. Elle met en évidence les 3 signes distinctifs, apparemment contradictoires, dans le mouvement des phénomènes de masse.

(A_1) L'*uniformisation* de l'habillement est sur-significative. A toutes les époques et pour tous les peuples, il a existé une tendance au conformisme vestimentaire, inévitable pour l'individu. Le simple fait de se recouvrir le corps a été transformé en convenance collective et idéologique. Les traditions jouent un rôle important.

La mode « occidentale » actuelle est essentiellement issue de l'habillement germanique ancien (1) composé de la blouse, de la robe et du mantelet pour les femmes, et de la robe et du pantalon pour les hommes (2), et ce depuis l'âge du bronze et le premier âge du fer (environ 8 siècles avant J.-C). La mode romaine (3), le voile islamique (4) ou l'habillement extra-européen (5) n'ont pas réussi pleinement à s'imposer sur le plan international.

(A_2) La *distanciation* ne peut émerger que sur le fond d'une certaine uniformité.

Très tôt, les « ordres vestimentaires » ont permis de représenter la différence (partielle) ; avec le plus d'accent chez les prêtres (6) et les soldats (7). Mais les unités familiales (8) ont également développé des tenues différenciées pour les enfants, les adultes et les personnes âgées.

(A_3) L'*accentuation* est le plus reconnaissable dans la mode féminine.

Le corps féminin a toujours été modelé en fonction de la représentation que l'époque avait de la femme : (9) dans l'ancienne Egypte, il existait des vêtements transparents, les prêtresses mycéniennes (10) portaient des blouses qui montraient leur poitrine, les dames rococo (11) soulignaient les hanches jusqu'à la caricature, l'époque romantique (12) transforma la femme en créature enfantine portant béguin, et au début du XXᵉ siècle commença l'émancipation avec des emprunts à la mode masculine. Aujourd'hui, des courants excentriques et éphémères influencent l'orientation générale de la mode.

B. Recherche sur les masses

Les phénomènes de masse sont rarement aussi apparents que les modes vestimentaires avant de se développer en *réactions de masse* de grand style. La recherche *démoscopique* peut les rendre reconnaissables au moyen de minorités « représentatives », c.-à-d. correspondant au tout selon un modèle d'entonnoir.

Le *procédé d'échantillonnage* est un choix aléatoire qui extrait au hasard, par ex. 2 000 personnes d'une population de 60 millions.

Dans le *procédé des quotas*, c'est à partir des groupes sociologiques dominants que se fait le choix : femmes/hommes, ouvriers/employés/ fonctionnaires, etc. Par des critères basés sur la théorie des probabilités, on passe de cet ensemble de catégories à la totalité (cf. IV/3).

Des *questionnaires* sont utilisés méthodiquement (III/7), renforcés en cas de facultés d'abstraction restreintes par des représentations imagées. Dans l'exemple, on a recherché, au moyen d'un *questionnaire indirect* pratiqué par « bulles » (MASLING, 1953), l'effet produit en Inde par la mode des films américains.

324 XVI. Psychologie des masses / 2. Dynamique des masses

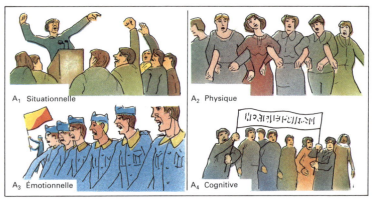

- A_1 Situationnelle
- A_2 Physique
- A_3 Émotionnelle
- A_4 Cognitive

A Aires de coaction

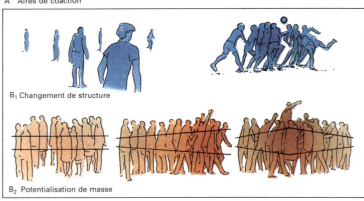

- B_1 Changement de structure
- B_2 Potentialisation de masse

B Massification comportementale

- C_1 Engendrement de souffrance
- C_2 Autostimulation

C Potentiel énergétique

Dans la dynamique de groupe (XV/9), il avait été question de l'analyse des forces dynamiques dans les relations de groupe et de leur importance pour sa transformation. Les forces dynamiques au sein des masses sont beaucoup plus puissantes :

Les nombreux soulèvements politiques ou les agressions dans des stades en sont des exemples.

Demeure-t-il possible de les transformer en les dirigeant ? Nul doute que ce soit bien plus difficile. Mais la chose est tentée dans des horizons multiples et avec des visées différentes. La **dynamique des masses** analyse les fondements de la manipulation des masses.

A. Aires de coaction

Le préjugé courant qui s'oppose à l'analyse des actions de masse est que, membre d'une masse, on *ne* réagirait *pas* autrement que comme individu (« mythe de la constance comportementale »). Conformément à cela, on « explique » volontiers certains événements dépréciés, tels que soulèvements ou exactions, comme étant le fait de groupes d'individus méprisés (exclus, *underdogs*, alcooliques, etc.)

En fait, le membre d'une masse présente est plus ou moins à la merci d'un comportement qui ne lui est pas nécessairement typique. Nombreux sont même ceux qui tombent dans la dépendance à l'égard de certains vécus de masse. Des pertes personnelles (frustrations du vouloir et du pouvoir) sont *compensées* par des vécus existentiels sporadiquement intensifiés au sein de la masse (expériences de toute-puissance au sein du corps de la masse).

4 conditions fondamentales sont présupposées pour réaliser cet « état de jouissance » qui consiste à être membre d'une masse animée de visées communes.

(A_1) Il doit exister une relation *situationnelle* de la masse, soit avec un leader de masse, soit avec une masse antagoniste.

(A_2) Des contacts *physiques*, comme ceux consistant à former une chaîne, créent, voire renforcent le contact corporel avec la masse.

(A_3) Les *émotions* doivent être portées jusqu'au « thrill » (tension excitée de la masse), par ex. par des chants de marche.

(A_4) L'embrayage *cognitif* commun est provoqué par des contenus mis en formules (par ex. des discours transparents ou démagogiques) ou par des symboles (drapeaux, uniformes), qui représentent les objectifs propres ou rabaissent l'adversaire.

B. Massification comportementale

Par rapport au groupe, la masse révèle des transformations structurelles *déconstructives* et *constructives*.

(B_1) En règle générale, un match de football représente une *structure de groupe*.

Mais lorsque les joueurs sont des enfants de 12 ans, on observe souvent la *désintégration* de la structure de groupe : tous courent en masse derrière la balle (suppression de la hiérarchie, amoindrissement des rôles, perte des normes).

(B_2) La structure de groupe perdue est remplacée par une *potentialisation de masse* qui présente trois tendances principales :

(a) emprise du nivellement du comportement (tendance au vague milieu),

(b) nouvelle influençabilité après une période d'uniformité, par annexion de groupes extrêmes non pris en compte auparavant (minorités actives),

(c) construction d'un nouveau conformisme orienté vers de nouveaux guides « charismatiques » (allégeance à l'autorité).

C. Potentiel énergétique

Au sein de la masse humaine, des *disponibilités à l'action* sont transformées en *réalisations d'actions* :

La masse potentialise le besoin de souffrir (masochisme) ou d'agir violemment (sadisme). Quant à la question de savoir ce qu'une telle potentialisation « apporte » à l'individu, sans doute s'agit-il en premier lieu d'une expérience de puissance inaccessible autrement. Outre ces expériences de toute-puissance, on peut encore citer une série d'autres besoins de masse :

Il est demandé à l'individu une disponibilité au risque qui l'aide avec une relative facilité à atteindre des expériences de succès. Au sein de la masse, il est largement anonyme et sa responsabilité est moins en cause que celle de l'individu isolé. La grande action passée, il peut s'en prévaloir. D'éventuelles blessures physiques peuvent être portées à son crédit comme faits héroïques.

(C_1) L'une des deux motivations principales du potentiel énergétique de masse est l'*engendrement de souffrance*. Il peut viser un ennemi réel ou imaginaire, ou bien le sujet en tant qu'individu, groupe ou masse.

Dans la corrida par ex., la masse se « venge » par procuration sur le taureau des frustrations narcissiques subies (analysé par KOHUT, 1977). Comme le montre parfois le suicide collectif des membres de secte, cette aggressivité peut aussi se retourner contre la personne elle-même.

(C_2) Bien plus souvent cependant, le potentiel de masse sert à l'*autostimulation*. Au lieu d'échanger des arguments, tromper son ennui en cherchant à s'occuper, ou bien s'autodéterminer autrement, on imite ce qui se fait et on se stimule par la confirmation sociale, par un comportement adapté à la masse. Bien entendu aussi longtemps que l'uniformité n'est pas vécue comme rétrécissement, et jusqu'à ce que se fassent jour de nouveaux contenus de mode (effet d'émancipation ou de *crowding*).

Celui qui participe sur un mode dépendant à des événements de masse transpose ses besoins de vécu sur les « siens », et agresse les « autres » de façon imaginaire (par ex. le consommateur de films agressifs) ou réelle.

Un exemple en est le « vandalisme des stades ».

XVI. Psychologie des masses / 3. Réactions de masse

A   Focalisation

B   Polarisation

C   Positionnement

D   Minorités actives

E   Déroulement de l'action

F   Réflexe médiatique

Les réactions de masse se limitent à quelques rares formes de comportement.

La masse *présente* peut écouter passivement, applaudir, exprimer son désaccord par des sifflements ou des cris, représenter symboliquement des opinions (par ex. former des chaînes humaines), et pour finir agir manuellement (par ex. en recourant à des armes).

La masse *médiale* en revanche est composée de « tout un chacun » qui consomme le même mass media (dans le cas de la télévision, masse beaucoup plus grande que la masse présente) et se trouve de la sorte uniformisé dans certains domaines comportementaux (par ex. l'opinion sur les événements du jour), tout en éprouvant par ailleurs une transformation comportementale dépendante dans des situations repérables, voire mesurables (par ex. des élections).

Les masses *médioprésentes* sont des mélanges des deux précédentes. Dans des concerts de rock (amplifiés électriquement) par ex., des événements irritants peuvent également conduire à des actions de masse, à la destruction des installations, etc.

Mais l'intérêt particulier porté aux réactions de masse croît lorsqu'on aborde le passage à l'acte de type insurrectionnel dans les masses présentes.

Quand cela peut-il arriver ?

A. Focalisation

Les masses se forment lorsque des courants humains convergent. Ce qui est tout d'abord à prendre au sens « physique ». Mais pour que cela ait lieu, il faut qu'ils se sentent un but commun. Ce but n'est pas nécessairement reconnu consciemment, il peut représenter aussi une poussée souterraine qui draine de manière non réfléchie la masse vers un point brûlant (focus).

B. Polarisation

Les réactions de masse retombent si elles n'engendrent pas de *confrontation*, c.-à-d. de résistance vivifiante. Les masses, tout comme les groupes qui chahutent, sont de manière latente à la recherche d'un adversaire.

Un passant qui regarde un groupe de ce genre, peut devenir un adversaire ; comme un gardien de zoo doit éviter de regarder trop profondément les orangs-outans dans les yeux, parce que cela les pousse à l'agression.

Dans les agressions, il existe des antagonismes « engrangés », c.-à-d. des inimitiés originelles qui, apparemment oubliées, servent de cibles au moment de la polarisation (par ex. la police, des personnes étrangères ou vêtues différemment).

Un adversaire peut être abandonné pour un autre au milieu du combat s'il semble plus approprié à la polarisation.

C. Positionnement

En raison de la focalisation, la masse doit avoir des frontières spatiales (accroissement de la pression territoriale sur les « masses ceinturées », Canetti). Certains espaces poussent purement et simplement la masse à des actions amplifiées.

Les places debout dans les stades y sont particulièrement propices ; l'impossibilité de s'asseoir, une gêne des mouvements rendent un gain de place souhaitable : ainsi le gain d'espace par les cris (gain acoustique) peut-être suivi du gain physique d'espace par l'agression. C'est ainsi que l'espace forme le scénario, la scène plus ou moins bien appropriée.

D. Minorités actives

Pour les masses, le *problème du commandement* se présente autrement que pour les groupes. Tandis que dans les groupes l'incitateur est celui qui donne les ordres ou aide au passage à l'acte, dans les masses, le guide à lui seul ne parvient pas à grand chose s'il n'est pas soutenu par un groupe de commandement. Dans une action de masse, on ne calque que rarement son comportement sur celui de chefs désignés, mais sur celui de minorités actives, avant tout dotées de figures représentatives charismatiques. Celles-ci soulèvent les masses, en leur montrant activement la route :

les minorités sont les « représentants de la majorité », c.-à-d. qu'en incarnant plus efficacement les désirs secrets ou patents de la majorité, elles sont pour ainsi dire comme leur *boutoir*.

E. Déroulement de l'action

Toute action de masse a sa propre *dramaturgie*, qu'elle soit consciemment planifiée ou aléatoire. Elle est en général fondée sur un facteur d'amplification :

une faiblesse chez l'adversaire provoque une « avalanche » contre laquelle on ne peut rien.

Dans l'extase du point culminant, les hommes sont pour la plupart capables de tout. Le risque est recherché, les blessures sont négligées, ce n'est qu'après coup que l'on se réjouit d'être sauf. Au cours d'actions d'une certaine durée, de plusieurs jours ou semaines, il arrive en règle générale que se produisent des apaisements intermédiaires (« moments retardateurs ») ou des renversements sous forme de « fêlures » (dans le sens de la théorie des catastrophes, René Thom).

F. Réflexe médiatique

La fin d'une action de masse n'en est pas encore l'achèvement. C'est alors que se produisent les « réélaborations », qui peuvent avoir pour leur part un effet de masse.

Tout d'abord, ceux qui ont participé peuvent assurer aux autres qu'ils « y étaient », et accroître ainsi leur prestige.

Ensuite on collecte les rapports médiatiques sur les actions de masse pour les conserver dans le souvenir collectif.

Pour finir se forment des associations de « vétérans », selon l'importance de la grande action. A la fin vient l'éventuelle réélaboration littéraire, selon la fière parole de Hölderlin :

« Ce qui reste est l'œuvre des poètes. »

XVI. Psychologie des masses / 4. Médias de masse

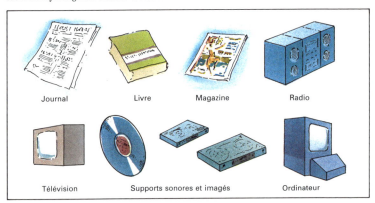

A Réception de masse

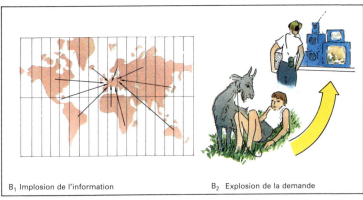

B Motivation de masse

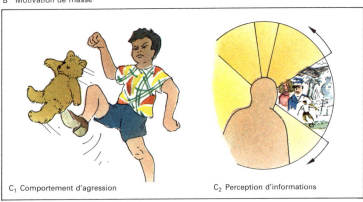

C Effets de masse

L'un des fondateurs de la recherche sur les médias, CARL HOVLAND (1954), a caractérisé les mass media comme :
« moyens employés pour transmettre de manière impersonnelle des informations à un large public ».
C'est par là que ces médias créent un *autre* genre de masse que celui des masses présentes, qui existe depuis les temps anciens. Avec l'invention du livre imprimé, vers 1445, a commencé une manipulation des masses, au moyen du pamphlet, sans laquelle la Réforme n'est pas pensable. Ce nouveau medium est l'un des signes caractéristiques des débuts de l'âge moderne.
Un bouleversement en direction du développement « médial » des masses est intervenu avec la télévision au cours de la seconde moitié du XXe siècle.

A. Réception de masse
Des médias techniques remplacent partiellement des masses présentes par formation *médiale* de masses.
Pour remédier aux violences dans les stades on a proposé de ne plus organiser que des matchs devant des tribunes vides. Les masses de téléspectateurs, largement supérieures en nombre aux masses *présentes*, peuvent aussi, comme il est arrivé plus d'une fois, donner libre cours à leurs agressions contre leur télévision.
Une suppression totale des masses présentes semble peu probable, bien qu'indubitablement une déconstruction partielle des masses présentes en faveur des masses médiales ait lieu (par ex. la participation à des concerts de masse par rapport à la réception haute-fidélité chez soi). Au moyen de ces médias, on est souvent en mesure de consommer avec plus de confort certains événements.

B. Motivation de masse
Les mobiles des masses n'égalent pas la somme des mobiles de tous les individus qui les composent.
Si tel était le cas, il existerait un champ infini de mobiles. Mais dans la situation de masse, les attentes se sont d'emblée réduites.
Cela ne s'applique pas aux minorités. Leurs exigences dépassent les capacités de réalisation des médias de masse.
A l'inverse, les administrateurs des médias de masse prétendent le plus souvent qu'ils ne rabaissent pas le niveau, mais se contentent de s'adapter aux couches les plus inférieures de la population globale.
Ce qu'il faut opposer à cela est qu'ils se contentent de s'appuyer sur des motivations fréquentes afin de servir le nombre le plus élevé possible de consommateurs atteignables.
De la sorte, ils *canalisent* et *potentialisent* un niveau rabaissé.
Dans cette interaction intervient nécessairement, compte tenu de la concurrence entre les médias, une très large exploitation de l'aspect de masse : proposer le plus de choses possibles, en très peu de temps, et en intégrant des éléments suggestifs qui interpellent la plus grande majorité. Depuis quelques décennies en a résulté une double contrainte dans le développement des médias.
(B_1) Techniquement, des actualités et des offres d'informations venues du monde entier sont devenues accessibles en nombre bien plus grand. De nos jours, les masses médiales sont quotidiennement assaillies, dans une *implosion d'informations (information overload)*, par une foule d'offres jadis impensables.
(B_2) Les consommateurs y répondent par une *explosion de la demande*, laquelle se limite certes à une participation d'intérêts plate et éphémère, et qui ne demande aucun effort. En tant que masse, on se concentre sur des besoins compensateurs :
sur une pure et simple le possibilité de « pouvoir-donner-son-avis », l'esquive des problèmes personnels, le « divertissement », c.-à-d. la décontraction, l'absence de soucis, en remplacement de son propre isolement social.
Bien que l'individu considéré comme personne puisse révéler un champ d'intérêts bien plus étendu, il se conforme de manière non réfléchie à une offre transformée.

C. Effets de masse
(C_1) ALBERT BANDURA (1969) a vérifié par de nombreux examens le comportement mimétique d'enfants après la projection d'un film comportant des agressions.
Il a pu constater un accroissement des comportements d'agression.
Des examens ultérieurs ont cependant montré l'importance du type d'offres.
Les offres de films ludiquement « irréelles » (par ex. agressions dans les dessins animés) entraînent plutôt une diminution du potentiel d'agression (YALOM, 1974).
Cet exemple montre qu'en raison de leur complexité les effets des médias de masse ne sont pas simples à évaluer.
(C_2) Une différence essentielle s'observe dans la succession temporelle des effets (BENESCH, 1968). Les effets psychologiques apparaissant peu après l'offre médiatique ne se recouvrent que rarement avec les effets *à long terme*. Ces derniers représentent, en psychologie des masses, un véritable problème. Tout comme on ne peut mettre sous un dénominateur commun les effets à long terme de l'invention de l'imprimerie, de même il est difficile d'évaluer les effets psychologiques à long terme des nouveaux médias de masse.
Le plus manifeste est que dans le cercle des occupations quotidiennes (repas, travaux, sommeil, etc.), le secteur *perception d'informations* a augmenté.
D'une manière générale, l'*attente* face à des événements sensationnels (perceptible dans le « tourisme de catastrophe ») s'est modifiée.

330 XVI. Psychologie des masses / 5. Psychologie du gouvernement

A₁ Décisions ministérielles   A₂ Communication des divisions

A Fonctions du gouvernement

B₁ Autorité gouvernementale   B₂ Efficience gouvernementale

B Personnel de gouvernement

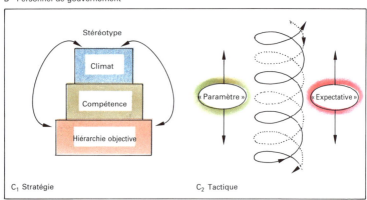

C₁ Stratégie   C₂ Tactique

C Concepts de gouvernement

SIGMUND FREUD a écrit, en parlant du psychanalyste, qu'il exerçait « le troisième de ces métiers impossibles où l'on pouvait d'emblée être assuré de l'insuffisance du succès. Les deux autres, connus depuis bien plus longtemps, sont l'éducation et le gouvernement. » En termes réalistes, les succès gouvernementaux ne sont le plus souvent appréciables qu'historiquement. De leur temps, ils contredisent presque toujours une infinité d'attentes (y compris irrationnelles), de sorte qu'il n'est guère possible de parler de « succès ». La multitude de centres d'intérêt des gouvernés entre en conflit avec des facteurs de gouvernement isolés qui de prime abord donnent l'impression que l'État concerné va momentanément bien ou mal. La problématique de la **psychologie du gouvernement** est ainsi la partie la plus compliquée de la psychologie des masses.

A. Fonctions du gouvernement

Deux domaines fonctionnels caractérisent un gouvernement dans sa région supérieure :
son *activité* (y compris ses manquements) et la *représentation* qu'il en donne.
Dans les deux cas, il n'est pas autarcique, c.-à-d. seul à décider.
La puissance d'un gouvernement dépend certes de sa constitution (démocratique, totalitaire, mixte), mais il y a toujours lieu de distinguer entre la réalité constitutionnelle officielle et la réalité non officielle. Le pouvoir est *partagé*, avec de considérables déplacements de poids d'un État à un autre.
Ainsi dans les États démocratiques, les associations d'intérêts (lobbies) par exemple, et les « réseaux » partisans ont un grand pouvoir ; dans les États totalitaires, ce sont les services de sécurité (formateurs d'idéologie).
(A_1) L'étendue (variable) de l'exercice du pouvoir gouvernemental résulte du déroulement des décisions prises par les ministères.
Les décisions sont dépendantes des vagues d'effets qu'elles engendrent, c'est-à-dire qu'elles doivent intervenir au moment décisif (grec : « kairos ») où une affaire est mûre pour être développée de façon élargie et plus efficace par d'autres.
Il faut par conséquent une certaine obstination dans la poursuite des visées gouvernementales.
(A_2) Les décisions se heurtent toujours à des critiques.
C'est pourquoi la présentation d'une décision ne dépend pas seulement du fait qu'elle soit bonne. Elle a besoin d'une médiation compréhensible et crédible en direction des intéressés, par ex. au moyen d'interviews.

B. Personnel de gouvernement

Qui parvient jusqu'au gouvernement a derrière soi une carrière politique qui codétermine déjà le tri de certaines variables de personnalité :
entre autres une grande capacité de travail, une tendance restreinte à la contemplation face à l'afflux des nouvelles, un intérêt élevé pour l'actualité, le tout lié au désir de se faire valoir.
(B_1) Il n'existe pas de type de personnalité déterminé pour exercer l'*autorité gouvernementale*.
A tous ses aspects correspondent des avantages et des inconvénients :
par ex. l'inaccessibilité s'accompagne de plus de respect mais aussi de distance dommageable
– ou bien l'affabilité engendre plus facilement la confiance mais plus rapidement la déconsidération.
Dans chaque cas, la reconnaissance des gouvernants devrait se fonder sur une autorité *naturelle* et non pas seulement institutionnelle.
(B_2) L'*efficience* gouvernementale dépend bien entendu aussi du zèle ; mais indépendamment de cela s'exercent l'habileté négociatrice envers les partenaires, et l'habileté à convaincre l'opinion publique la plus large.
Le capital de confiance, composante essentielle de l'image de la personnalité, s'appuie sur l'impression de force conductrice et d'assurance dans les visées, cela aussi bien dans la représentation des intérêts de groupe (a) que dans la force de résistance face aux groupes opposés (b).

C. Concepts de gouvernement

Le ministre américain des affaires étrangères Kissinger estimait que l'on devait posséder les concepts de gouvernement avant d'entrer en fonction, la fonction elle-même ne laissant pas le temps de les acquérir.
S'agissant des concepts, on distingue la *stratégie* (quelques visées fondamentales, constantes et faciles à exposer) et la *tactique* (compromis quotidiens mesurés à l'aune de ce qui peut être acquis).
(C_1) Les éléments stratégiquement importants sont la *hiérarchie objective* (thèmes majeurs de la politique gouvernementale, souvent annoncés par les partis sous une forme déguisée), la *compétence* (exercice du pouvoir évaluable de façon réaliste), le *climat étatique* (somme des impressions sur la situation de l'État). Ils représentent des « stéréotypes », c.-à-d. des attitudes de la population envers l' « État-père » difficilement modifiables :
par ex., l'État comme « *self-service* », ou comme « mauvais père » qu'il vaut mieux fuir.
(C_2) La spirale des succès et des échecs, avec ses hauts et ses bas, représente la situation tangible d'un État, formée par les « paramètres » (chiffres) du bien-être effectif et de l' « expectative », c.-à-d. la somme des attentes plus ou moins justifiées dans la perspective du moment.
En deçà des réactions manifestes se cachent des poussées d'esprit secrètes qui, en tant que potentiel de conduite, peuvent rester longtemps sans éclater :
par ex. sous forme de démoralisation résignée latente ou de réactance morale agressive, qui peuvent même aboutir à un dangereux mélange irrationnel conduisant ensuite à des éruptions de masse inopinées.

332 XVII. Psychologie de l'environnement / 1. Ecosystèmes

A Servitudes de l'environnement

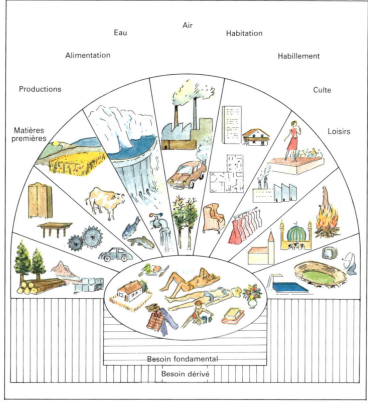

B Besoins d'environnement

La **psychologie de l'environnement** est la branche la plus récente de la psychologie. Elle est née parallèlement à une prise de conscience accrue de l'environnement. La tâche de la psychologie de l'environnement est de clarifier le rôle de la psychologie dans le contexte général des problèmes mondiaux de l'environnement. Trois points de vue sont déterminants à cet égard.
(1) L'homme vit dans son environnement comme dans un contenant qui l'influence constamment en un sens positif ou négatif.
(2) L'homme façonne l'environnement en transformant la planète de façon radicale.
(3) Par-delà ces deux directions d'influence, il existe un écosystème homme-environnement, au sein duquel il n'y a pas seulement des biotopes, mais aussi des *psychotopes*, c.-à-d. des systèmes d'espace vital psychologiques :
> Les éléments en sont entre autres la dépendance à l'égard du climat, la qualité du paysage, la proportion en composantes naturelles et artificielles (par exemple forêts, industrie, etc.), la densité des habitations, la logistique des moyens de transports et le caractère des offres de l'espace vital (raccordements à des systèmes de communication, activités de loisirs dans la région concernée), enfin leur « intrication », c.-à-d. le réseau global de ces facteurs.

A. Servitudes de l'environnement
Les servitudes, les charges que l'homme fait peser sur l'environnement sont essentiellement déterminées par 2 faits :
> La population des premiers hommes n'était composée que de quelques millions d'individus, répartis sur quelques aires, et qui n'exerçaient pas de charge sur l'environnement ; de nos jours, l'humanité s'évalue en milliards.

En second lieu, jusqu'à l'homme de Cro-Magnon (il y a 30 000 ans), les besoins se limitaient aux besoins fondamentaux (nourriture, habitation, habillement, activité et repos, descendance et culte). Les besoins des hommes d'aujourd'hui, surtout dans les pays industrialisés et producteurs d'énergie, se sont accrus de façon explosive.
Ces deux facteurs, aussi bien l'*accroissement de la population* que celui des *besoins*, vont dans le même sens. Les ressources de la Terre sont de plus en plus mises à contribution et l'environnement se dégrade (rejets industriels, bruits) .
> Dans les débuts de l'histoire de la Terre, une sorte d'algue bleue a trouvé un milieu si favorable qu'elle a fini par détruire son propre substrat et par s'annihiler elle-même.

Le « succès » de l'humanité fait signe vers une direction qui n'est pas sans similitudes. Par rapport aux catastrophes de jadis, telles que les guerres ou la peste, la situation d'aujourd'hui semble moins dangereuse à celui qui en ignore la nécessité. Mais un développement des conditions actuelles engendrera inévitablement une catastrophe mondiale.

En tant que discipline pratique, la psychologie de l'environnement participe également à l'amélioration de la prise de conscience commune de l'environnement.

B. Besoins d'environnement
Quels sont les besoins auxquels l'homme ne peut renoncer ?
Il n'en existe pas de mesure objective. Si l'homme ne veut pas souffrir de manque, il faut que les besoins fondamentaux déjà cités (cf. A) soient satisfaits de manière adéquate. Mais, en outre, l'homme aspire à l'assurance de leur assouvissement, c.-à-d. qu'il a déjà développé un au-delà du besoin. La comparaison sociale ne cesse de l'inciter à augmenter ses besoins. Par ailleurs, la satisfaction s'affaiblit, de sorte que de nouveaux types de satisfaction sont recherchés (ou proposés) . Ceci montre que l'accroissement des besoins est diversement étayé, et qu'il semble difficile de s'y soustraire.
De la même façon, la surpopulation semble incontournable et ne paraît pouvoir être que difficilement freinée.
Dans les pages qui suivent seront examinés les problèmes spécifiques aux secteurs environnementaux les plus importants. Le domaine du « culte » ne recevra pas un traitement particulièrement important. Mais ce serait un manquement que de ne pas prêter attention à ce champ des besoins qui n'en est pas moins fondamental (cf. chap. XXI) . Depuis les débuts de l'humanité, on s'est confronté aux esprits et aux puissances secrètes. Les rites sacrificiels et funéraires témoignent en tout temps de conceptions du monde. En revanche, les conceptions du monde actuelles ont largement perdu de leur universalité concernant son explication, la détermination d'un but et la genèse d'un sens pour l'humanité.
> Ceci est dû en fin de compte au complexe d'enchevêtrement des besoins *fondamentaux* et *dérivés* de l'humanité actuelle dans sa confrontation avec l'environnement (ill. B) .

Les systèmes anciens de conception du monde, y compris les religions, n'avaient pas besoin d'intégrer ces problèmes à leurs controverses, c'est pourquoi ils ont produit des réponses appropriées à leur époque. Les chances de survie de l'humanité dépendant aussi de l'évolution ultérieure des conceptions du monde et de leur pertinence.
En 1911, dans sa *Géopsychologie*, W. HELLPACH examinait déjà la problématique psychologique de l'environnement :
> « Ainsi, la nature qui nous entoure représente le troisième cercle d'environnement (à côté des autres hommes et de la civilisation) , dans lequel nous restons enfermés... Le corps et l'âme, dans leur caractère de donnée naturelle, comme héritage ou comme résultante de la vie collective, de même que les faits de civilisation et de culture, se trouvent à tout instant placés sous de telles influences naturelles, consciemment et (encore bien plus) inconsciemment. »

334 XVII. Psychologie de l'environnement / 2. Environnement de l'habitation

A   Utilisation de l'habitation

B   Champ d'activité

C   Fonction représentative

C'est dans l'**environnement de l'habitation** (parallèlement à l'environnement de travail, cf. ch. XXI/1) que se déroule la majeure partie de la vie des gens. En lui la famille reçoit sa forme, à partir de lui sont couverts et satisfaits les besoins, le temps libre organisé, etc. Il n'est donc pas étonnant que l'habitation ait une signification centrale dans la vie humaine, et qu'un déménagement puisse même occasionner une expérience de déracinement. Mais l'habitation est plus qu'un lieu de refuge, elle est aussi un lieu de tensions. L'analyse psychologique discute 3 fonctions principales de l'habitation : ses *modes d'utilisation*, son rôle comme *champ d'activité*, et sa signification comme moyen de *représentation de soi*.

A. Utilisation de l'habitation

Dans le règne animal, il existe déjà des lieux de sommeil, mais l'homme a fait bien davantage.

(A_1) Les peintures rupestres préhistoriques prouvent que les grottes avaient des fonctions élargies (par ex. comme lieux de culte). La caverne fut remplacée par des abris mobiles, adaptés à leurs fonctions comme les tentes des nomades, jusqu'à ce que la sédentarité (caractéristique sociale aujourd'hui encore valorisée) ait inauguré un niveau plus élevé du besoin d'habitation.

(A_2) La « civilisation » n'a pas seulement servi les besoins d'habitation en permettant de séparer fonctionnellement salles de bains, cuisines, chambres : la massification de l'habitation a aussi engendré un lieu particulièrement propice au stress.

Selon les pays et les classes, le confort de l'habitation diffère d'une manière extrêmement forte.

> Certaines maisons de glaise de pays en voie de développement sont plus « humaines » que les îlots d'habitation de pays industrialisés. Par ailleurs, rien ne représente mieux la misère des hommes qu'un bidonville.

Pour la majeure partie de la population mondiale, les besoins domestiques rencontrent des limites financières qui ne permettent pas d'élargir l'éventail courant des utilisations.

B. Champ d'activité

On peut ici distinguer deux formes : le travail *sur* l'habitation et le travail *dans* l'habitation. Ces deux formes d'activité révèlent des tendances au renforcement de la signification psychologique de l'habitation.

(B_1) Participer soi-même à l'agencement de son lieu d'habitation est de nos jours la solution la plus prisée, aussi bien pour des raisons financières que spirituelles. Cela renforce l'identification de l'individu avec son « propre » lieu d'habitation.

(B_2) De tout temps aussi, on a travaillé dans le lieu d'habitation. La famille d'artisans de jadis avait le plus souvent son atelier à côté de sa demeure. Les enfants apprenaient le métier du père. L'industrialisation du XIXe siècle a entraîné une séparation très nette entre l'habitation et le travail. Grâce au développement futur de la communication à distance, le lieu d'habitation devrait, dans un délai prévisible, retrouver son importance de *centre de travail*.

Dans le cas où ceci se produirait à grande échelle, il faut s'attendre à des conséquences psychosociales d'importance (par ex. en ce qui concerne le travail des femmes ou l'éducation des enfants).

L'habitation est le lieu où se déroule une grande partie de la biographie vécue, et elle augmente ou diminue la satisfaction vitale. De petits comme de grands conflits familiaux sont déterminés par des caractéristiques liées au lieu d'habitation :

> à savoir, quelle température est adaptée, qui décide du programme de la télévision ou qui garde l'appartement après une séparation.

Mais aussi des problèmes de vie tout à fait généraux s'actualisent dans l'expérience vécue du lieu d'habitation :

> le fait qu'une vie se vide de son sens, par ex. après le départ des enfants, et que, par l'isolement, elle se concentre dans l'ennui d'un appartement vécu comme « vide ».

C. Fonction représentative

L'homme ne s'exprime pas seulement par la mimique et le geste, il communique aussi sa personnalité et son style à travers l'agencement de son lieu d'habitation. Et même si cette fonction de représentation est souvent entravée par des limites financières, elle se laisse au moins distinguer sous forme de tendances potentialisantes et compensatrices dans l'apparence expressive du lieu d'habitation.

> De manière *potentialisante*, on est tenté de valoriser par ex. son envie de pratiquer un sport par l'installation d'un abondant matériel sportif dans l'appartement.
>
> De manière *compensatrice*, on tente d'édifier un contre-monde, par ex. à l'austérité du métier quotidien, en restaurant de vieux bâtiments.

On peut représenter beaucoup de choses à travers l'habitation : la cordialité, le statut social, la détente, la décontraction, la rectitude, l'harmonie familiale, le goût, le romantisme, etc. Mais une pression vers la conformité, exercée par l'esprit de l'époque, s'exprime très fortement sur l'agencement de l'espace.

> Au moment culminant du style *Art nouveau*, vers 1890 (C_1), c'est par la multitude des objets présentés que l'on cherchait à impressionner ; vers 1965, moment culminant de la sobriété (C_2), le trait dominant était un vide généreux.

L'habitation n'est pas isolée de l'environnement. L'urbanité et la proximité de la nature (cf. XVII/3 et 4) représentent des expériences de l'environnement qui ne sont pas séparables de la valeur et du niveau du lieu d'habitation propre.

En dehors de cela, les terrains constructibles ne sont pas inépuisables, ce qui influence également l'agencement des maisons et des appartements. C'est pourquoi le thème de la psychologie de l'habitation conservera son importance.

336 XVII. Psychologie de l'environnement / 3. Environnement urbain

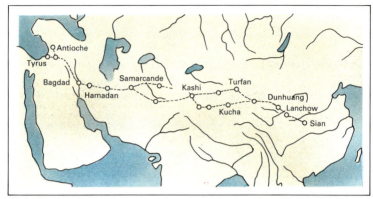

A Structures urbaines

B Vécu citadin

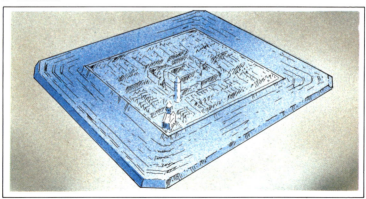

C Utopies urbaines

Urbanitas en latin désigne aussi bien la vie citadine que l'élégance du comportement. Au Moyen Age, on disait : « L'air de la ville rend libre. » Depuis JEAN-JACQUES ROUSSEAU, cela vaut pour l'air de la campagne.

Les attitudes envers la ville sont ambiguës :
d'une part, on apprécie ses avantages « logistiques » (liaisons et offres) , d'autre part on ressent la grande ville comme oppressante et rendant anonyme.

Dans un ouvrage de référence de la psychologie de l'environnement (ITTELSON, PROSHANSKY et WINKEL, 1977) , les auteurs parlent de la ville comme d'un « habitat non naturel » (habitat = lieu constant de résidence) , et même de « ville pathologique... parce que (son) histoire est celle d'associations relativement négatives » .

Cette diabolisation a une tradition. Dans la Bible, il est question de « Babylone la putain ». Par ailleurs, presque toutes les utopies sociales sont des utopies *citadines* (l'*Utopie* de THOMAS MORE est une île qui regroupe 54 villes ; quant à la maquette de TOMMASO CAMPANELLA, son vrai titre était *La Cité du Soleil*).

A. Structures urbaines

Les villes furent le résultat de concentrations. Sur la route de la soie, la plus ancienne route commerciale du monde, sont nées des villes là où des sections de route se rencontraient, avant ou après des obstacles, là où l'on passait de moyens de transport terrestres à la voie fluviale, là où l'arrière-pays invitait à la création d'un marché par un environnement propice. Secondairement se sont développés à partir de là des centres culturels. Le bouddhisme, les sectes chrétiennes nestoriennes et manichéennes chassées d'Occident, se sont transportés vers l'Est.

Dunhuang, avec ses merveilleuses fresques du Ier-XVe siècle est née par ex. au point de convergence de deux voies du désert.

Les villes présentent aussi une série de caractéristiques de structure :
elles sont des *unités d'habitation régies* (on distingue entre villes centrales et villes mosaïques, ces dernières avec une expansion de satellites) , elles sont aussi des *centres de commerce* et, depuis le XIXe siècle, des *centres de production* (installations industrielles), ainsi que des *zones de croisement et de liaison*, des concentrations du potentiel économique.

Enfin et surtout, d'importantes villes sont devenues des *centres de pouvoir social*. C'est là que sont nées les révolutions, en raison de la massification de la population ; dans les cités se sont concentrées les religions avec leurs églises ; les développements culturels trouvaient plus rapidement leur public dans les villes grâce à la production livresque et théâtrale et à sa diffusion par les journaux.

Mais les *possibilités de régénération*, de détente, restent très en retrait par rapport au pays environnant.

B. Vécu citadin

La *qualité de vie* dans les villes est naturellement très diverse. Des villes comme Calcutta ou Paris, Rio de Janeiro ou Tokyo, n'ont apparemment rien à voir les unes avec les autres. Il existe cependant certaines tendances analogues du « type » de vécu citadin.

Depuis le XIXe siècle, on observe dans le monde entier (à de rares exceptions près) une poussée de la campagne vers la ville :
aux États-Unis, la population urbaine était de 6% au début du XIXe siècle, elle est de plus de 70% aujourd'hui.

Dans les pays dans lesquels on effectue des recherches précises sur la population, il est établi que 15 à 30% des habitants occupent une surface de 5% (GOTTMAN, 1966).

Cette condensation concentre aussi le raz-de-marée des excitations et, dans l'ensemble, demande une énergie vitale plus grande. A eux seuls, la circulation et les embouteillages indiquent déjà l'accroissement de stress dans les villes. De façon concordante, le pourcentage du taux de criminalité par rapport au nombre d'habitants est significativement plus élevé dans les villes.

MILGRAM (1974) , qui s'est fait connaître par ses recherches sur l'autorité, a attiré l'attention sur la *réduction de responsabilité* dans les grandes villes. Les effets de ces situations de pression peuvent se mesurer aux taux de maladie.

Une grande ville modèle comme Stockholm, avec un taux de 30% de maladie, dépasse la Suède tout entière.

Dans la grande ville, la majeure partie de la population doit payer les avantages en qualité de vie (offres culturelles, installations sportives, etc.) par un mode d'habitation anonyme.

La forêt de buildings de *New York* (ill. B) permet de mesurer les étonnantes capacités d'adaptation des hommes à la réalité urbaine.

C. Utopies urbaines

En 1527, ALBRECHT DÜRER fut l'un des premiers à se préoccuper de la cité « idéale » .

La construction de son plan de ville (ill. C) montre une ville à l'agencement militaire, manifestement destinée à réfuter l'enchevêtrement désordonné de la ville médiévale qu'il connaissait.

Le terme extrême de ces « villes fabriquées » fut atteint dans les années 60 par des architectes planificateurs, qui imaginèrent des formations monstrueuses sur mer, destinées à abriter des centaines de milliers d'êtres humains, pour lutter contre l'accroissement de la population.

Il n'existe pas de solution idéale au problème de la ville. En termes de psychologie de l'architecture, ou encore de la ville, dont n'existent que des esquisses, l'important est surtout de déconstruire l'anonymat en faveur de plus grandes unités de voisinage. Les nouveaux moyens de communication technologiques modifient nécessairement le caractère de la rencontre avec autrui.

338 XVII. Psychologie de l'environnement / 4. Environnement naturel

A Psychologie de la nature

B Confrontation avec la nature

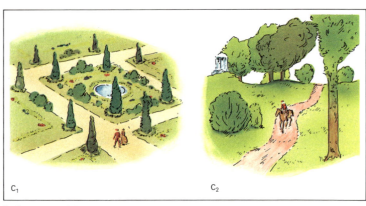

C Agencement de la nature

Il a semblé pendant un certain temps que la nature et la civilisation présentaient des contradictions irréconciliables. Mais la forte dépendance de chaque culture, de chaque civilisation à l'égard de la nature « libre » a été moins oubliée dans la culture asiatique par ex. que dans les conceptions chrétiennes d'Occident. Seuls les dégâts inquiétants causés à l'environnement et leurs conséquences catastrophiques ont introduit une nouvelle façon de penser.

A. Psychologie de la nature

Qu'est-ce que l'homme peut faire de la nature ? Il peut s'y adapter, la piller, se sentir menacé par elle, prendre du pouvoir sur elle, s'y régénérer, former des conceptions à son sujet, l'explorer, la peindre ou la transformer directement, etc.

Il y a bien des choses auxquelles elle l'incite. Au plan scientifique, des sciences de la nature jusqu'à la philosophie de la nature, elle s'offre comme objet de recherche. Au centre se trouve la psychologie de la nature. Celle-ci examine aussi bien la perception de la nature que les formes de traitement qui lui sont infligées.

(A_1) La *perception de la nature* est sélective, c.-à-d. que les hommes n'en voient et n'en entendent que des échantillons.

On ne perçoit clairement les chants des oiseaux qu'à partir du moment où l'on a appris à distinguer certains appels d'oiseaux ; ce n'était auparavant que bruit non perçu.

Cependant, les recherches sur les « expériences inoubliables » (cf. p. 143) montrent que les expériences au sein de la nature comportent les effets positifs les plus nombreux. Beaucoup aiment se souvenir de couchers de soleil dans la montagne. Le gain émotionnel provient de l'effet récurrent du calme et de l'aspect protecteur de la situation. Mais dans l'expérience de la nature peuvent également être recherchées des aventures grisantes, comme par ex. en mer.

(A_2) Le *traitement infligé à la nature* est un domaine d'une étendue incommensurable.

L'un des « traitements » les plus anciens est la domestication des animaux et leur sélection à des fins d'élevage. Grâce aux animaux, l'homme s'est facilité la vie et s'est donné simultanément des associés, des gardiens et des compagnons.

L'homme a sans cesse davantage mis à profit la nature inorganique et organique, au point que ce « pillage » a conduit à mettre en péril sa base d'existence. Ce n'est que progressivement que s'impose la connaissance du « biotope » comme une interaction enchevêtrée de matières, de plantes, d'animaux, du climat, etc., qui trouve un répondant dans les « psychotopes », lesquels représentent l'interdépendance complexe entre la nature, la civilisation et la culture, comme présupposé de la survie de l'humanité.

B. Confrontation avec la nature

Qu'il le veuille ou non, l'homme est confronté à la nature.

D'un point de vue positif, il l'utilise par exemple pour ses vacances ; d'un point de vue négatif, elle le menace par des catastrophes.

(B_1) Durant les vacances, nombreux sont ceux qui se rendent sur les plages pour se baigner, paresser, etc. A côté de ces motivations de vacances liées à la volonté d' « engranger des forces » (cf. p. 443) , on peut utiliser la nature pour fuir le quotidien (nomadisme) , comme hobby (pour ramasser des fleurs) , comme paysage pour les promenades, comme théâtre de prouesses (par exemple l'alpinisme) , comme souvenir nostalgique de paysages d'antan, tout comme pour bien d'autres raisons.

(B_2) Les catastrophes naturelles montrent clairement à l'homme qu'il n'est pas tout-puissant. Tremblements de terre, inondations, ouragans, vagues de chaleur, de froid, neige et avalanches sont des exemples de sa relative impuissance face à la nature et de l'incertitude de la vie.

C. Agencement de la nature

Depuis l'Antiquité, on distingue entre *natura naturans* (la nature laissée à elle-même) et *natura naturata* (la nature créée). L'agencement de la nature fascine bien des gens. Ils cherchent manifestement à regagner, en partie du moins, un « paradis » dont toutes les religions connues décrivent et commentent la perte.

Une simple plante semée est un symbole qui signifie la naissance de quelque chose de nouveau. Dans un cadre plus vaste, la nature fournit l'occasion d'une « architecture de la nature » . L'histoire de l'art d'agencer les jardins est d'un grand intérêt psychologique. L'agencement des jardins permet de lire la conception de la nature propre à une époque, et aussi de retrouver une partie de sa conception du monde difficile à formuler sans cela. La symbolique de la nature s'est développée dans le christianisme (symboles des saints) , dans l'islam (tapis de fleurs) , dans le bouddhisme (arbre de Bouddha) , dans le taoïsme, ou encore la confucianisme (étangs-jardins de lotus) .

On peut distinguer dans l'agencement des jardins deux directions principales qui révèlent aussi des dimensions psychologiques correspondantes.

L'ancien jardin baroque français est plus « rationaliste » ; en revanche, le jardin anglais qui a suivi est plus « empiriste » . Dans le premier cas, le jardin est plus « discipliné » (ill. C_1), dans l'autre (ill. C_2) , il est davantage « laissé à la nature » .

Le fort penchant à ordonner les jardins révèle indirectement cette perte de la nature qui a frappé l'homme moderne. Certes, il devient par là l'inventeur d'un monde personnel, sa créativité trouve un champ d'application ; mais les jardins privés qui montrent à quel point leur propriétaire est étranger à la nature ne sont pas rares : plantations inadéquates, agencements non naturels, massification nuisible aux plantes. Le désir de nature et la compréhension de la nature sont souvent très éloignés l'un de l'autre.

A Ressources

B Succession

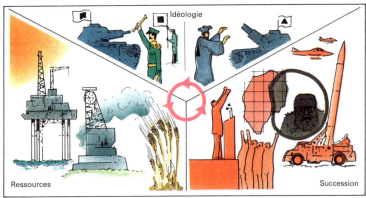

C Expansion idéologique

Les plus importantes destructions de l'environnement sont occasionnées par les guerres. Les deux guerres mondiales ont coûté la vie à des millions d'hommes, ont anéanti des valeurs matérielles colossales et dans l'ensemble, elles ont causé (en dehors de certaines maturations *individuelles*) un abrutissement psychologique de masse. Depuis l'apparition de la bombe atomique, l'évitement des guerres est une question de survie pour l'humanité.

La psychologie thématise de deux manières les faits de guerre :

La « guerre psychologique » réunit des moyens destinés à nuire à la population ennemie ;

La **recherche psychologique sur la paix** en revanche examine essentiellement les causes des guerres, afin de contribuer à les prévenir.

A. Ressources

En général, les guerres sont menées dans le but d'acquérir des avantages matériels. Les avantages ne doivent pas toujours être vus en tant que gain de territoire, pillage de matières premières et réduction en esclavage des hommes (les trois bénéfices « classiques » de la guerre) . Il n'est pas rare que ce soient des causes irrationnelles, comme par exemple des besoins exagérés de sécurité, mais aussi la haine des hommes « inférieurs » de l'autre pays, qui interviennent ici et engendrent une ambiance émotionnelle de guerre. Le concept de *ressources*, de moyens utiles, permet de se représenter des avantages possibles comme semblant compenser les inconvénients à attendre de la guerre. Les recherches pratiques sur la paix sont en mesure d'apporter la preuve que les avantages pour le vainqueur dépassent rarement l'effort de guerre à fournir.

Il n'en reste pas moins qu'en règle générale, avant le début d'une guerre, la situation momentanée est surévaluée au point d'éveiller des espoirs irrationnels.

Un motif courant de guerre a toujours été le gain de territoire lorsque la population semblait trop dense. Dans des expériences animales, on a pu mettre en évidence un accroissement de l'agressivité en cas de surpopulation. La massification de la population mondiale augmente très vite.

Dans 500 ans, si la courbe de croissance continuait à s'élever régulièrement, la densité de la population mondiale serait comme sur l'ill. A. Ou bien la population du globe diminuera auparavant du fait de catastrophes, ou bien (et c'est la tâche de la recherche sur la paix) on devra trouver des solutions pacifiques à ce problème et aux problèmes de subsistance.

B. Succession

Ce groupe de causes de la guerre est le plus difficile à comprendre ; on les appelle aussi raisons « psychologiques ». Toutes les situations présentent une direction de déroulement (succession interne). Ici, c'est la nécessité d'un déroulement psychologique dont il s'agit.

Peu à peu l'impression se renforce que l'autre serait devenu trop dangereux, ou trop faible. D'une part, la crainte de la perte de puissance pousse à l'agression « prophylactique » ; par ailleurs, la prétendue vulnérabilité de l'autre conduit à piller ses ressources. La « guerre des nerfs » introduit des comportements menaçants et des actes de terrorisme à fin de chantage, jusqu'à ce qu'un point de non-retour ne les fasse apparaître résolvables que par la guerre. De tels mécanismes de puissance sont le plus souvent irréfléchis, ils agissent comme « allant-de-soi » (par ex. par vengeance autoritaire ou passion de technologies guerrières) . C'est pourquoi le surarmement comme le sous-armement sont également dangereux. Mais ni pour l'un ni pour l'autre, il n'existe de critères de mesure objectifs.

C. Expansion Idéologique

La superstructure spirituelle n'est pas seulement un besoin individuel. Des groupes humains, des nations développent des religions, des idéologies, des conceptions du monde, afin de se donner des orientations solides.

La caractéristique de ces systèmes spirituels est leur prétention de détenir la « vérité ». Simultanément, on pense que tous les autres sont victimes d'illusions, d'erreurs, ou sont méchants, lorsqu'ils n'adoptent pas la même conception du monde. Il faut donc les convaincre, les persuader, et le cas échéant, les contraindre à reconnaître la « vérité » de sa propre conception.

De nombreuses guerres, comme par exemple la guerre de Trente Ans, furent des guerres de religion ; de plus, elles étaient évidemment des guerres de ressources et de succession. Le plus souvent, l'origine d'une guerre est un mélange entre ces trois groupes de causes.

Cela engendre en règle générale des conceptions de « bagatellisation » (la guerre ne durera pas longtemps ; l'adversaire devra reconnaître rapidement qu'il lui faut abandonner, etc.) , une surévaluation de puissance (on ne connaît que ses propres préparatifs de guerre et on les considère comme meilleurs), une confiance dans les armes (avant le début des guerres apparaissent souvent des armes nouvelles) , et de la sous-évaluation de l'ennemi (il est idéologiquement inférieur ; conclusion analogique : par conséquent, son énergie défensive ne pourrait qu'être médiocre).

C'est pour ces raisons que la prévention de la guerre ne saurait progresser en droite ligne. Il faut que soit mis à nu l'effet de renforcement réciproque de ces groupes de causes, effet en forme de spirale et que l'on appelle le « processus de Richardson », dans le danger croissant de guerre ; ce phénomène doit être envisagé aussi dans son contexte psychologique. Car la paix extérieure ne va pas sans une paix intérieure dans la majorité de la population.

342 XVIII. Psychologie animale / 1. Relations comportementales

A Combinaison comportementale

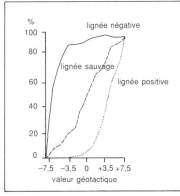

B Sélection par élevage

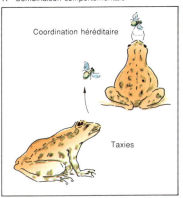

C Comportement héréditaire

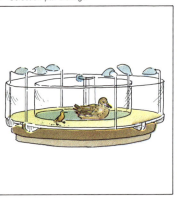

D Comportement d'empreinte

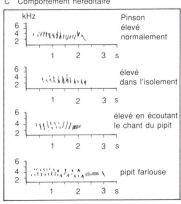

E Habituation

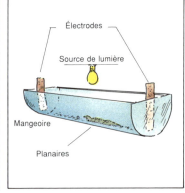

F Conditionnement

La **psychologie animale** a une histoire mouvementée. Selon R.A. STAMM (1978), son fondateur est RÉAUMUR (1683-1757) qui a inauguré la description exacte des insectes (grâce à des ruches pourvues de parois en verre), en s'abstenant de toute considération anthropomorphique. En 1859 (année où DARWIN publia *De l'origine des espèces*), GEOFFROY SAINT-HILAIRE utilise le premier la notion d'« éthologie » pour l'étude des animaux (plus tard aussi partiellement pour l'étude de l'espèce humaine) dans leur milieu naturel. C'est à partir de 1911 qu' OSCAR HEINROTH (1871-1945) a élaboré l'éthologie actuelle comme biologie du comportement (autres représentants : VON FRISCH, KOEHLER, LORENZ, HUXLEY, TINBERGEN, VON HOLST notamment). C'est sous leur influence que la psychologie animale contemporaine est devenue une « recherche sur le comportement animal ».

A. Combinaison comportementale

Le comportement des animaux dépend de leur degré d'organisation, en particulier du système nerveux : plus ce degré est élevé, plus le comportement est complexe. Si l'on veut procéder au classement systématique des comportements, on peut les subdiviser en fonction du *déclenchement* (structures du stimulus), de l'*élaboration* (dispositif neuronal) et du *type de comportement* (par ex. les sous-unités : approche, saisie, etc. pour le comportement de chasse du chat).

En règle générale, le comportement est une combinaison des composantes requises pour une situation donnée. Cela vaut également pour la subdivision (la plus importante) en fonction du type d'élaboration. Dans l'ancienne et grossière subdivision en fonction de l'« hérédité » et de l'« environnement » (adaptation par apprentissage), il était difficile de tracer une ligne de démarcation entre les deux facteurs, puisqu'ils jouent *tous les deux* un rôle dans le comportement. Il y a toutefois des dispositifs expérimentaux permettant de les distinguer.

Plusieurs espèces de perroquets transportent les matériaux du nid dans leur plumage (A_1), d'autres dans leur bec (A_2). Si l'on croise les deux espèces (W.C. DILGER, 1962), on constate que le comportement des hybrides *n'est pas coordonné*. Le transport dans le plumage échoue, parce qu'une partie du comportement (le fait de se secouer les plumes) n'est pas héréditaire.

Des expériences analogues sur les perches (D. FRANCK, 1979) ont montré que chez les hybrides des parties de comportement perdues ne peuvent pas être récupérées par apprentissage.

B. Sélection par élevage

La domestication s'est accompagnée d'une sélection animale, d'une amélioration du rendement de l'espèce ainsi que de caractéristiques comportementales telles que la suppression de l'agressivité dans la descendance des chiens de garde romains. On pratique expérimentalement des sélections artificielles chez des espèces où les générations se suivent rapidement.

Une expérience de HIRSCH et ERLENMEYER-KIMLING illustre des changements de comportement chez la *mouche des fruits* à la 48e génération (lignée positive ; à comparer avec la ligné négative et la lignée sauvage).

C. Comportement héréditaire

Il y a plusieurs façons de définir le programme comportemental héréditaire. On distingue le phénomène réflexe pur (inconditionné), par ex. le battement des paupières, de la « coordination motrice héréditaire » (en anglais *fixed action pattern*), qui est constituée de dispositions à l'action soumises à de fréquentes et fortes variations. Il y a interférence entre de telles séquences d'action propres à chaque espèce et des composantes appelées « taxies »,

par ex. le mouvement de la grenouille en direction de la mouche (qui peut faire partiellement l'objet d'un apprentissage), avant que la coordination motrice héréditaire proprement dite ne se mette à fonctionner dans le réflexe de capture.

D. Comportement d'empreinte

Les empreintes sont déjà des processus d'apprentissage qui, en tant que disposition au conditionnement, manifestent une aptitude à l'apprentissage propre à chaque espèce (MID, Mécanisme inné de déclenchement) dans une phase « critique » de fixation de l'empreinte. C'est l'empreinte de poursuite du socius qui fut d'abord découverte :

dans la manège d'empreinte, le caneton suit le leurre, qui aura plus tard sa préférence.

D'autres formes d'empreinte concernent le partenaire sexuel, la fixation des objets et le chant.

E. Habituation

Dans l'habituation positive, l'oisillon complète l'année suivante l'empreinte de chant propre à son espèce par le « dialecte » local.

Le pinson complète son chant d'empreinte par l'*habituation* au chant du pipit farlouse.

Dans l'habituation négative, on a par ex. une atténuation du comportement de fuite si des stimuli réguliers n'ont pas de conséquences négatives.

F. Conditionnement

Même chez des animaux aussi élémentaires que les planaires, on peut conditionner des réflexes.

Le choc électrique comme stimulus inconditionné est couplé avec un stimulus lumineux neutre. Après quelques présentations simultanées des deux stimuli, le stimulus lumineux neutre devient un stimulus « conditionné », qui peut déclencher la réaction de fuite tout comme le stimulus électrique inconditionné.

Ce processus d'apprentissage d'une extrême simplicité s'élève jusqu'à des stéréotypes dynamiques d'une complexité correspondant au degré d'évolution de l'animal, pour en arriver au comportement intelligent qui caractérise les espèces supérieures (cf. p. 353). Ce principe d'élévation évolutif peut être regardé comme un principe de base pour la psychologie toute entière.

344 XVIII. Psychologie animale / 2. Sémantique du comportement

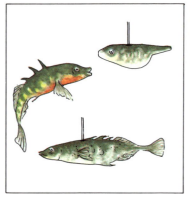

A Déclencheurs de comportement

B Intensité du comportement

C Sémantique de l'alimentation

D Sémantique des soins

E Sémantique du combat

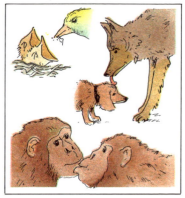

F Sémantique du contact

XVIII. Psychologie animale / 2. Sémantique du comportement

Dans son second grand livre *La Descendance de l'homme*, DARWIN fit figurer cette oreille peinte par le sculpteur WOOLNER, lequel avait attiré son attention sur le « point saillant a » qu'on observe chez beaucoup de gens. DARWIN y voyait le « reste de la pointe d'une oreille autrefois dressée et pointue ». Aujourd'hui, on appelle ce cartilage le « nœud de Darwin ».

Pareils « résidus » de stades antérieurs de l'évolution humaine existent également dans le psychisme. Pour déchiffrer leur sens du point de vue de la biologie du comportement, c.-à-d. leur « sémantique », on peut recourir à la sociobiologie (E.O. WILSON) et à cette partie de l'éthologie qui s'occupe de la **sémantique du comportement.**

Pour comprendre le comportement animal, 4 questions sont intéressantes :
  par quoi est-il *déclenché* ? comment *sa force* varie-t-elle ? quelle *signification* biologique a-t-il ? qu'en est-il de son *effet* et de la *rétro-action* de celui-ci sur le comportement propre et celui du partenaire ?

A. Déclencheurs de comportement

Les stimuli *déclencheurs (trigger)* du comportement instinctif se limitent la plupart du temps à une caractéristique déterminée.
  Dans les expériences de leurre, l'épinoche courtise par ex. le leurre « anormal » et non celui qui est « réaliste » : celui du haut, non réaliste, comporte l'attribut déclencheur « gros ventre » plus fortement que celui du bas.
Pour nous, c'est notamment la mode qui use aussi d'un renforcement du signal.

B. Intensité du comportement

Les programmes comportementaux héréditaires sont certes relativement fixes dans leurs formes de déroulement, mais comme on a pu le voir avec les expériences de leurre, leurs degrés d'intensité sont variables :
  la femelle du pinson dispose d'un comportement graduel pour la parade sexuelle, allant de faible (en haut) à fort (en bas).

C. Sémantique de l'alimentation

La découverte de l'« ordre de dominance » (hiérarchies de becquetage) par TH. SCHJELDERUP-EBBE a marqué le début de la connaissance des tours de nourriture hiérarchisés, tels qu'ils sont observés par différentes espèces animales.
  Pendant que les animaux de rang supérieur prennent leur nourriture, ceux de rang inférieur doivent attendre leur tour.

D. Sémantique des soins

La pratique animale des soins corporels n'obéit pas simplement à des buts hygiéniques.
  A côté de la toilette (nettoyage des plumes, des poils, etc.), il faut également considérer les mouvements de nettoyage en tant que *« recherche de confort »* (KORTLANDT), expression de *bien-être* (par ex. se secouer ou se frotter), *« syndrome de l'étirement »* (TEMBROCK) pour l'équilibre physiologique et l'*« activité substitutive »* (TINBERGEN, par ex. se gratter pour éviter le conflit).

L'exemple de l'activité substitutive (en anglais *displacement activity*) montre la diversité sémantique des activités de soins. Les activités de substitution naissent, dans les situations d'excitation intense, de l'impossibilité de dériver cette excitation par les moyens normaux.
  La cause la plus fréquente en est le conflit entre 2 tendances contradictoires, par ex. l'attaque et la fuite, ce qui conduit l'animal, au lieu de l'une ou de l'autre, à faire un mouvement de nettoyage (l'équivalent humain serait le geste de se gratter la tête en signe d'embarras) qui se substitue à la décision qu'il n'a pas encore prise.

Les fonctions de soins corporels comme d'expression de bien-être sont désignées par le terme de « mouvement de confort » (BAERENDS).

E. Sémantique du combat

Le désir belliqueux est en général précédé de signes annonciateurs, ce qui peut être tout aussi bien compris comme une protection face à une agressivité trop fréquente.
  Aux « gestes de menace » (E_1), s'opposent souvent des attitudes d'humilité destinées à manifester son infériorité et déclencher une éventuelle « inhibition de la morsure ».
  Le vrai combat (E_2) peut se dérouler sous la forme d'un rituel.
Il faut faire une place à part aux combats *ludiques* dont les intentions ne sont « pas sérieuses », dont le déroulement peut obéir aussi à un rituel.

F. Sémantique du contact

Le signalement social est particulièrement riche chez les animaux (comme chez les hommes).
  Cela commence avec les piaillements quémandeurs des oisillons et va jusqu'à l'épouillement social ou le nettoyage d'un autre animal.
Mais loin d'être univoque, la sémantique des contacts est tout au contraire *arbitraire*, c.-à-d. que le même geste peut avoir des significations très diverses selon le contexte.
  Froncer le sourcil peut exprimer l'attention ou un salut silencieux, il peut être aussi un signe de flirt, d'ironie, de surprise, de curiosité, de mauvaise humeur, d'arrogance, de refus, d'accentuation, d'étonnement ou d'avertissement.
Cette diversité n'est pas l'unique cause de la compréhension parfois difficile de la sémantique non verbale. Elle est aussi souvent refoulée par la prédominance de la sémantique verbale.

346 XVIII. Psychologie animale / 3. Comportement de reproduction

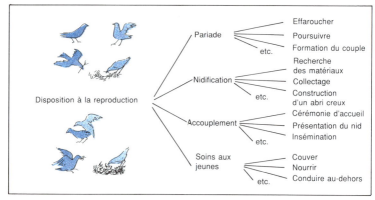

A Phases de reproduction

B Parade nuptiale

C Nidification

D Accouplement

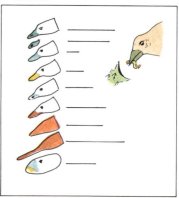

E Soins à la progéniture

La sexualité est d'une telle importance pour la **reproduction,** et la conservation de l'espèce qu'elle est protégée par un système comportemental complexe déterminé par de nombreux facteurs. Cette extrême complexité se manifeste dans la dépendance des saisons :

Les oiseaux chanteurs ne défendent leur territoire de reproduction que pendant le printemps. La prédisposition à s'apparier, à nidifier, à couver et à nourrir est toujours liée à différentes phases, qui sont successivement activées.

A. Phases de reproduction

En s'appuyant sur la classification des phases de reproduction de TINBERGEN (1942), on peut diviser la prédisposition à la reproduction en 4 phases :

Parade nuptiale, nidification, accouplement et soins à la progéniture.

Toutes ces phases, ainsi que les unités de comportement qui leur sont subordonnées, font partie du programme génétique. La durée de la parade nuptiale chez certaines espèces montre combien cette détermination est contraignante.

Chez les gobe-mouches, la parade nuptiale dure peu. On en déduit que c'est la raison pour laquelle des accouplements avec plusieurs partenaires ont souvent lieu dans cette espèce de passereaux et que les soins à la progéniture y sont moins coordonnés, si bien que la couvée est très souvent abandonnée avant l'élevage.

Apparemment, la durée de la parade nuptiale concourt aussi à la stabilité des trois phases suivantes de la prédisposition à la reproduction.

B. Parade nuptiale

La parade nuptiale a plusieurs fonctions. Elle sert à chasser les rivaux, à supprimer la crainte des contacts et à la coordination réciproque des partenaires, afin de rendre possible l'accouplement, ou plus précisément la fécondation.

Chez beaucoup d'oiseaux, les mâles nettoient un endroit pour la parade nuptiale, se perchent sur une branche située au-dessus et entament leur chants de parade (ill. B_1), alors que d'autres viennent se placer directement devant le partenaire choisi et font la roue comme le paon.

La parade nuptiale, par de nombreux aspects, est au service de la spécification des espèces.

Dans la plupart des espèces, c'est le mâle qui courtise, dans quelques-unes la femelle, tandis que dans d'autres il y a comportement mélangé.

Chez certains singes, la femelle présente ses parties génitales pour stimuler le mâle (B_2).

Le terme de parade nuptiale s'applique plutôt aux oiseaux et aux poissons, pour les mammifères on parle plutôt de rut.

C. Nidification

Chez beaucoup d'oiseaux et de poissons, la parade nuptiale comprend déjà un élément de cette phase :

la femelle à séduire se voit présenter un emplacement de nid, plus précisément une cuvette aménagée, afin qu'elle se mette en « humeur de nid » et prenne possession de ce nid.

Mais la plupart des espèces ne commencent à construire un nid qu'après l'appariement. Le type de construction du nid dépend de l'espèce.

Le nid achevé constitue le lieu d'un processus d'accoutumance intense, avec par ex. des cérémonies d'accueil et de prise de possession (ill. C).

D. Accouplement

L'extrême diversité des formes d'accouplement est elle aussi au service de la différenciation des espèces. La complexité en est manifeste dans la séquence de la parade nuptiale et de la copulation chez les épinoches, au cours de laquelle chaque réaction déclenche une nouvelle réaction chez le partenaire :

une femelle ventrue déclenche la danse en zigzags du mâle, puis la femelle est accompagnée jusqu'au tunnel servant de nid. Après s'y être glissé, le mâle émet une « trille du museau » pour déclencher le frai, après quoi il le féconde.

La plupart des éléments de cette chaîne sont déclenchés par des stimulus-signaux *(trigger)*, la ponte des œufs par des stimuli tactiles et la fécondation par des stimuli chimiques et vraisemblablement aussi tactiles.

E. Soins à la progéniture

En règle générale, le comportement parental comprend les phases de couvage (avec sorties) et d'alimentation (ou d'aide supplémentaire). Durant le couvage par ex., il faut continuer à défendre le nid qui a été conquis. Ce qui se fait avec des comportements menaçants (« houspillage ») en direction des intrus. Il faut souligner l'importance des rituels de relais pendant le couvage. Pour la disposition à couver, les mâles prennent généralement de l'avance. Après l'éclosion, les coquilles d'œuf sont éloignées car elles pourraient trahir la présence des petits, auxquels une protection particulière est assurée.

Bien des animaux s'acquittent d'activités de soins fort complexes. Les baleines par ex. portent les jeunes pour respirer jusqu'à la surface de l'eau.

Dans de nombreuses espèces animales, l'alimentation des petits est anticipée dans la parade nuptiale sous forme de « flirt de becquetage », de « nourrissage de salut ». Le comportement de nourrissage ritualisé est soutenu par des signaux optiques. Les études de TINBERGEN et PERDECK permettent de distinguer les éléments des stimuli-clefs en fonction de leur signification :

La longueur des traits montre les différents effets de déclenchement en fonction de leur fréquence. Le modèle du haut possède les caractéristiques normalcs. Les modèles suivants indiquent des valeurs relativement hautes pour la couleur rouge et la minceur du bec par rapport à une valeur relativement faible de la tête et de la coloration jaune du bec.

348 XVIII. Psychologie animale / 4. Comportement d'orientation

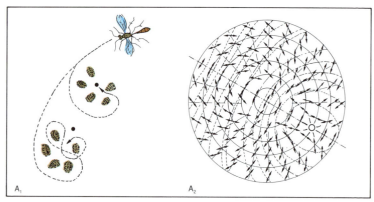

A Orientation du nid

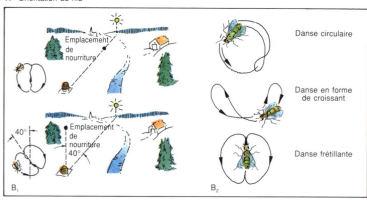

B Langage des abeilles

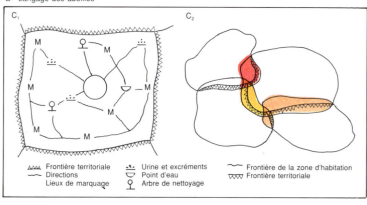

C Territoires

KANT disait que notre élaboration des deux catégories fondamentales de l'espace et du temps se faisait « a priori », c.-à-d. avant toute expérience sensible.

Le fait qu'en éthologie les **orientations** dans l'espace et le temps fassent partie des coordinations motrices héréditaires est conforme à la pensée kantienne. Elles sont littéralement vitales : impossible d'y renoncer si l'on veut survivre.

Les saumons, par ex., doivent se rendre au bon moment (orientation dans le temps) dans leur frayère (orientation dans l'espace) en effectuant de longs trajets. Une telle capacité est le produit d'une synthèse physiologique, qui comprend également l'odeur familière des eaux natales.

A. Orientation du nid

(A_1) Pour retrouver son nid, la guêpe carnassière s'« empreint » de sa position dans l'espace en décrivant quelques cercles autour de la *sortie* avant de partir.

Si l'on dispose quelques pommes de pin autour de l'orifice et qu'on les déplace après l'envol de la guêpe, celle-ci, à son retour, cherchera en vain l'orifice du nid entre les pignes.

(A_2) L'orientation couplée dans l'espace et le temps varie beaucoup d'une espèce animale à l'autre. En ce qui concerne la *coordination de direction*, les animaux disposent d'une élaboration neuronale leur permettant de modifier leur angle d'orientation, en particulier par rapport à un point de référence fixe dans l'espace, par ex. le soleil.

Chez les poissons, la position du corps est déterminée par la gravité et par l'incidence de la lumière. Si on éclaire le poisson par le côté, il se positionne en biais dans un angle compris entre la lumière et l'axe de gravité (en fonction de l'intensité de la source lumineuse).

Les animaux peuvent également se servir d'autres sources d'orientation telles que le magnétisme de la terre, les étoiles, les ultrasons, mais aussi d'expériences antérieures, par ex. les marques territoriales apparentes laissées par une migration d'oiseaux l'année précédente.

Des facteurs extérieurs tels que des courants marins provoqués par le vent peuvent même être neutralisés. Des modèles de polarisation du ciel (ill. A_2), disposés autour du soleil selon certaines lois et se déplaçant en même temps que lui, peuvent être des références exploitables.

La capacité d'orientation reste encore obscure.

B. Langage des abeilles

Une des découvertes éthologiques les plus importantes fut faite parallèlement par GUSTAV KRAMER sur les étourneaux et par KARL VON FRISCH sur les abeilles. Pendant de nombreuses années, les spécialistes mirent en doute le déchiffrement du langage des abeilles par VON FRISCH. Selon lui, l'abeille messagère communique 5 informations aux abeilles de la ruche :

le *type de fleur* qu'elle a trouvé (grâce au parfum), la *rentabilité* de cette source alimentaire (par la vivacité de sa danse et l'émission de sons ronflants), la *direction* (par l'angle formé avec le soleil en se plaçant à la verticale le long du rayon de la ruche, ill. B_1), la *distance* (par le « type de danse » : danse circulaire quand l'objectif est proche, danse en croissant quand il est à distance moyenne, danse frétillante quand il est éloigné, ill. B_2. La succession des danses fournit également des informations supplémentaires) et enfin l'*invitation* faite à celles qui dansent en la suivant à se mettre en route. Des études récentes ont montré que l'énergie dépensée pour la vitesse de son propre vol servait de base à l'abeille pour mesurer les distances. Cette technique lui permet d'éviter des erreurs dues à la seule mesure du temps comme par vent contraire ou en cas de vol ascendant.

C. Territoires

La plupart des espèces animales créent des *territoires d'attache*. Leurs avantages sont faciles à comprendre :

Dans le secteur d'attache, tout le monde se connaît et s'oriente aisément, on s'identifie à la possession d'un espace comme extension de la sphère corporelle, et la constitution d'une aire réduit l'agressivité dans la mesure où le territoire est respecté par les voisins.

(C_1) Chaque espèce marque les frontières à sa façon (urine, sécrétions, remparts, etc.) et l'espace ainsi délimité recèle les éléments auxquels sont liés des comportements spécifiques (nid, arbre pour la toilette, etc. ; les mésanges mémorisent jusqu'à 100 cachettes de nourriture).

(C_2) Il n'est pas nécessaire que les frontières du territoire soient nettes.

Pour les zones d'habitation, les frontières peuvent *se chevaucher* sans agression notable.

Les types de territoires, qui se recoupent en partie, sont d'étendue variable. Le territoire *alimentaire* peut être beaucoup plus étendu que le territoire d'*habitation* lorsque les ressources alimentaires sont faibles. En revanche, les territoires de la *parade nuptiale* et de l'*appariement* sont la plupart du temps moins étendus.

Quelques mammifères, par ex. le surmulot, le lion ou la hyène mouchetée, défendent des territoires de *groupes*. C'est ainsi que se créent des territoires de bandes, qui contribuent à façonner le comportement social des animaux.

Voici ce qu'écrit R.A. STAMM (1984) à propos de l'importance du territoire pour l'évolution chez les mouettes rieuses :

« Les querelles de voisinage, qui se terminent toujours par des menaces réciproques et souvent prolongées consistant à mettre la tête au sol , réalisent quelque chose qui n'était pas établi depuis le début : seuls des individus réellement armés pour la lutte, parce qu'ils sont réellement motivés pour le couvage, peuvent subsister les uns à côté des autres. La querelle entraîne une sélection et les individus insuffisamment motivés sont écartés de l'espace délimité pour le couvage. »

350 XVIII. Psychologie animale / 5. Vie sociale des animaux

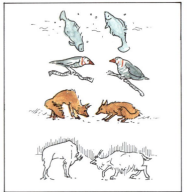

A Signalisation sociale

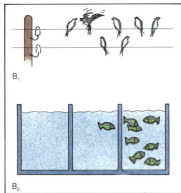

B Attraction sociale

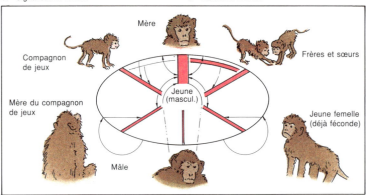

C Coordination sociale

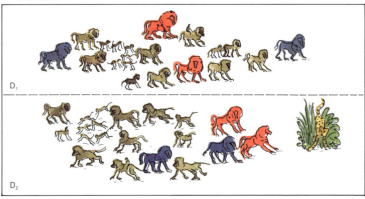

D Constitution de groupes

Les animaux congénères sont plus dépendants les uns des autres que ceux d'une autre espèce. Mais la création d'une communauté est très variable selon les espèces.

Même des solitaires aussi invétérés que le coucou ont besoin de communauté sexuelle durant la période de reproduction.

En général, les activités sociales des animaux sont très étroitement délimitées et c'est uniquement chez les animaux supérieurs que la complexité de la **vie sociale** conduit à une certaine possibilité de transformation des relations et à des gestes relationnels différenciés.

A. Signalisation sociale

C'est DARWIN qui a formulé le principe de l'« antithèse » sociale. Ce principe énonce que le comportement social suppose des fonctions variées, qui conduisent ensuite à des formes d'expression et de rencontre opposées, y compris quand elles ne sont pas « utilisées » actuellement. Dans ce cas, elles n'ont pas d'utilité présente, mais possèdent une grande valeur expressive.

Ces caractéristiques marquent tout particulièrement les positions de supériorité et d'infériorité dans le *système hiérarchique* des rangs.

Dans la rangée de gauche sont représentés des individus dominants, dans celle de droite des individus dominés (épinoches, pinsons zébrés, renards et chèvres des neiges).

A côté de ces signaux de l'attitude corporelle, d'autres sont constitués par le geste de s'éloigner, celui du combat rituel, etc., qui servent à fixer et confirmer les positions hiérarchiques.

B. Attraction sociale

Les avantages de la création d'une communauté pour la survie ne concernent pas simplement l'accouplement et l'élevage, mais aussi la réduction des dangers (combat commun contre les ennemis), l'alimentation (découverte de nourriture et transmission des informations sur celle-ci), l'apprentissage social (transmission d'expérience acquise) ainsi que d'autres avantages particuliers comme la régulation thermique dans les ruches.

A l'*affiliation* (rapprochement social, cf. XI/4) s'oppose la *ditension* (prise de distance sociale).

Celle-ci est particulièrement nette en automne chez les hirondelles, lorsqu'elles se regroupent pour s'envoler (ill. B₁). Aussitôt qu'une distance individuelle déterminée n'est plus respectée, de brèves querelles éclatent jusqu'au rétablissement de la distance normale.

Pour ce qui est de l'*attraction sociale* (affiliation), les poissons qui vivent en bancs constituent un excellent terrain d'observation :

Le poisson isolé dans la partie médiane de l'aquarium (ill. B₂) séjourne beaucoup plus souvent dans la partie droite de son caisson, à côté de laquelle se trouve le banc.

C. Coordination sociale

C'est dans la communauté que s'opère la régulation du comportement. La communauté la plus simple est l'*association anonyme* réunissant à leur gré des animaux qui ne se connaissent pas les uns les autres. Au-dessus, on trouve les *asssociations individualisées*, beaucoup plus fréquentes, au sein desquelles tout le monde se connaît *(face-to-face-groups)*. Il existe enfin de véritables *États animaux*, qui potentialisent la plupart du temps la structure familiale (par ex. avec la reine des abeilles).

La famille élargie reproduit la structure de base de la coordination sociale . La psychologie sociale (cf. XV) mentionne 4 caractéristiques principales de la coordination sociale :

rang hiérarchique, rôles, contacts et règles.

Les *contacts* (pour les autres caractéristiques cf. D) peuvent être caractérisés du point de vue quantitatif et qualitatif. Pour décrire la quantité de contacts, on utilise le modèle d'un groupe de rhésus (R.A. HINDE) :

L'épaisseur des lignes indique l'importance relative des relations d'un jeune singe dans 6 directions. Ce qui frappe, c'est le peu de contacts avec le mâle. Il en irait différemment si le jeune singe était une femelle. Dans les situations difficiles, les pères se soucient beaucoup plus des filles que des fils.

Ce système de base des relations peut être sensiblement modifié par les relations extérieures. On le voit très bien avec l'intervention des mères des compagnons de jeux. A l'inverse, l'amitié d'un jeune pour le jeune d'une mère de rang supérieur peut avoir un effet bénéfique sur la position hiérarchique de sa propre mère quand elle est de rang inférieur. Cet exemple montre la complexité de la coordination sociale.

D. Constitution de groupes

En dehors des contacts, les *rangs*, les *rôles* et les *règles* sont d'une grande importance pour la vie sociale des animaux. Les rôles sont prédéterminés par les rangs, mais il peuvent avoir aussi une signification indépendante du rang,

par ex. le rôle de maternage assumé à tour de rôle par les différentes femelles d'un groupe de babouins.

La façon dont les règles comportementales interviennent dans le système des rangs et des rôles est illustrée par le modèle d'observation suivant de I. DE VORE (1966).

En formation de marche normale (ill. D₁), la sécurité du groupe est assurée à l'avant et à l'arrière par des mâles (en bleu) de *rang inférieur*, alors que les mâles de *rang supérieur* (en rouge) marchent au milieu avec les femelles et les jeunes.

Mais dès qu'un danger se manifeste, par ex. un léopard (ill. D₂), les mâles de *rang supérieur* (en rouge) se portent en tête, alors que ceux de *rang subalterne* (en bleu) restent derrière.

C'est ainsi que se répartissent entre les membres du groupe les privilèges (par ex. dans les séquences d'alimentation) et les obligations (par ex. un contact plus fréquent avec les ennemis).

352 XVIII. Psychologie animale / 6. Intelligence animale

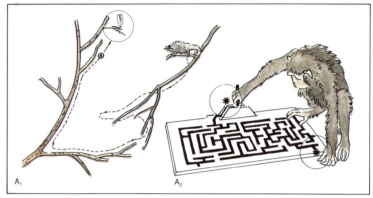

A Apprentissage du détour

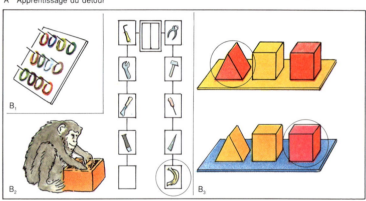

B Activité de sélection

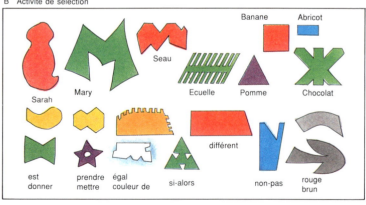

C Limites de l'intelligence

Tout propriétaire de chien sera sans doute disposé à reconnaître une « conscience » à son compagnon : le chien entend son nom, se souvient de l'os enterré et rêve quand il dort.
L'erreur que constitue ce postulat s'explique par l'insuffisance de la définition de la conscience.
L'erreur consiste à considérer des notions comme celles de conscience ou d'intelligence comme des notions « tout ou rien », c.-à-d. comme des phénomènes homogènes. Les fondements psychiques sur lesquels ils reposent sont le produit d'une organisation si complexe que nous n'en connaissons encore que les rudiments. L'**intelligence animale** est par conséquent très différente de l'intelligence humaine (parce que son organisation est différente) et elles sont difficilement comparables. On peut être pratiquement certain qu'aucun animal n'est capable de réfléchir sur lui-même :
« L'animal connaît sa taille, mais il ne sait pas qu'il le sait. » (R. OESER)

A. Apprentissage du détour

(A$_1$) De nombreux chercheurs (notamment W. FISCHEL, B. RENSCH) ont qualifié de « performance cérébrale supérieure » le détour que doit faire par ex. un caméléon nain pour parvenir jusqu'à sa proie. Il faut néanmoins distinguer cette action instinctive des performances acquises, que W. KÖHLER appelle « restructuration » dans le cadre de ses expériences avec les chimpanzés.

(A$_2$) Dans leurs expériences, RENSCH et DÖHL (1968) sont même parvenus à dresser une femelle de chimpanzé à tirer sans aucune erreur un anneau de fer avec un aimant d'un bout à l'autre d'un labyrinthe compliqué que l'on modifiait à chaque expérience.

Avant chaque épreuve, elle regardait attentivement le labyrinthe, « réfléchissait » au trajet et le parcourait sans se tromper.

Il est vrai que dans ce cas la « réflexion » consiste plutôt à se doter d'une impression globale qui donne ensuite la capacité de résoudre inconsciemment le problème.

Dans un cas analogue, il est tout aussi difficile de dire qu'un oiseau, dans le nid duquel on a subrepticement déposé un œuf supplémentaire, a « recompté » les œufs s'il arrête de couver, car il s'agit plutôt d'une modification de l'image qu'il s'était globalement faite de la couvée, ce qui conduit au blocage de l'instinct de couvage.

B. Activité de sélection

(B$_1$) Dans les expériences de KAPUNE, on échange 12 anneaux de couleurs différentes, en les disposant dans un ordre modifié à chaque fois, contre des quantités variables de nourriture selon la couleur.

Malgré ces changements, le rhésus réussit dans presque 100% des cas à retrouver les 3 anneaux les *mieux rétribués*.

Ce comportement a été appelé « concept préverbal de la valeur », ce qui a toutefois l'inconvénient de nourrir le préjugé qu'il s'agit du premier stade d'un comportement moral.

(B$_2$) En revanche, l'expérience qui suit (DÖHL) est véritablement une première forme de comportement *cognitif*.

Dans une caisse d'échantillons, le chimpanzé femelle doit sélectionner à chaque fois l'outil qu'il faut, c.-à-d. celui qui l'amène par enchaînement de choix jusqu'à la caisse aux bananes (et non à la caisse vide).

Pareille performance présuppose une connaissance compliquée de l'ordre imposé par l'expérience afin d'obtenir un pourcentage élevé de réussite.

(B$_3$) C'est une véritable activité de sélection que requiert cette expérience de HARLOW.

Dans une *alternative couleur-forme*, l'animal doit trouver à chaque fois la caractéristique *disparate* : sur le support jaune l'objet de *forme disparate* (à gauche) et sur le support bleu l'objet de *couleur disparate* (à droite).

Ces expériences ont pu être menées encore beaucoup plus loin.

C. Limites de l'intelligence

Dans ses recherches, H. HEDIGER (1984) a pris position sur la question de savoir si les animaux ont une « conscience ». On a pu démontrer que certaines composantes de la conscience humaine étaient également présentes chez les animaux supérieurs :

conscience du corps (connaissance de sa taille, de la nature des organes, des fonctions),
conscience sociale (connaissance de la position et de la fonction sociale),
conscience du lieu (position et territoire),
image de soi (connaissance de l'odeur propre, de l'image dans le miroir, de l'ombre et de sa propre ressemblance avec ses congénères).

On peut également se demander si cette intelligence suffit pour remplir cette conscience de contenus. La faculté de réfléchir sur le sens et le but de sa propre existence reste une exception, même chez les hommes.

Le degré d'« intelligence » des animaux a beaucoup occupé l'éthologie depuis les expériences de W. KÖHLER sur les singes. Chez les mammifères, on a déjà constaté la faculté d'accomplir des performances d'abstraction préverbale.

Des expériences (G. DÜCKER) sur la discrimination de modèles faites avec des civettes ont permis de constater la distinction abstraite « égal-inégal ».

En 22 mois, Mrs GARDNER est parvenue à apprendre à sa protégée, le chimpanzé femelle Washoe, 30 signes du langage des sourds-muets. Une autre femelle, Sarah, était capable d'utiliser 130 signes-mots (échantillon sur ill. C).

Le haut degré d'abstraction est frappant pour de tels signes, puisqu'ils ne ressemblent ni pour la forme ni pour la couleur aux indications signifiées (à l'exception peut-être du signe « Sarah » en haut à gauche, on a déjà affaire à « l'arbitraire du signe »).

Chez Sarah, l'intérêt pour ce genre de conversation avec les hommes a cessé dès la puberté.

354 XIX. Psychodiagnostic / 1. Théorie des tests

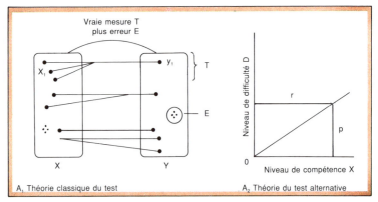

A Axiomatique du test

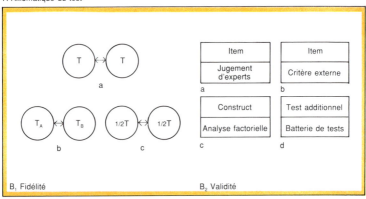

B Contrôle des qualités d'un test

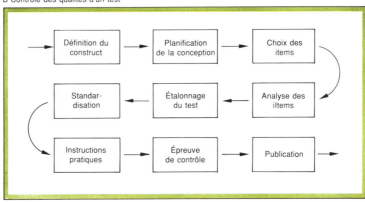

C Construction des tests

L'évaluation par chacun de sa connaissance des hommes n'est conforme à sa capacité réelle de déceler la structure de la personnalité d'autrui que chez fort peu de gens. La plupart du temps on surestime ses propres talents en la matière. Le désir d'élargir et d'approfondir la connaissance de l'homme a également inspiré les premières recherches sur les «tests». Le mot est dérivé de l'ancien français «test» ou «têt» désignant le creuset utilisé par les alchimistes pour faire l'essai de l'or. Les principaux pionniers du **psychodiagnostic** furent GALTON, KRAEPELIN, EBBINGHAUS, MC KEEN CATTELL et BINET.

Avec l'introduction de la statistique (cf. IV), on a également essayé de donner un fondement plus exact au diagnostic par test. Ayant pour tâche d'étayer scientifiquement leur utilisation, la théorie des tests avance 3 questions :

Sur quels postulats théoriques (axiomes) est fondée l'utilisation des tests ?
Comment s'assurer de la sûreté d'interprétation grâce au contrôle des qualités d'un test ?
Quelles mesures indispensables prendre, de la planification au résultat publié ?

A. Axiomatique du test

(A_1) Dans ce qu'on appelle la théorie «classique» des tests, on part d'un modèle *déterministe*, en fonction duquel les résultats $y_1 ... y_n$ reposent sur les données $x_1 ... x_n$. Mais on postule également que des erreurs de mesure (E) peuvent jouer un rôle. Il en résulte l'implication théorique suivante :

Les valeurs *observées* Y ne mesurent pas T dans chaque cas particulier mais en moyenne (c.-à-d. en valeurs «vraies», non observables) si l'on admet simultanément une erreur E, c.-à-d. $Y = T + E$.

(A_2) Afin d'éliminer les faiblesses de la théorie «classique» du test (dépourvu de toute vérification empirique), il existe une série de théories «alternatives» (notamment des théories de la mesure centrées sur le critère). Un groupe important est représenté par les *modèles de Rasch* (GEORG RASCH, 1901- 1980), dont le plus important a une orientation *stochastique*.

Selon cette théorie, toute tâche de test (item) possède un *niveau de difficulté* D et tout sujet soumis à un test un *niveau de compétence* X. D et X sont des grandeurs qui doivent satisfaire aux conditions de l'échelonnage absolu pour les indicateurs p et r.

De ce fait, la théorie fixe à la construction des tests des exigences difficiles à satisfaire au niveau de l'échelonnage (cf. p. 49).

B. Contrôle des qualités d'un test

Il existe une série de critères de qualité concernant les tests (objectivité, économie, réalisabilité, etc.). Parmi ceux-ci, il y en a 2 d'essentiels :

(B_1) On peut dire qu'un test possède un haut degré de *fidélité* (précision, fiabilité, constance) quand il *mesure avec précision* ce qu'il mesure, *quel que soit* ce qu'il mesure. Quand on procède à une vérification, on mesure le coefficient de fidélité r_{tt} par le rapport de la variance *vraie* à la variance *totale* (cf. analyse de la variance, p. 71).

(a) Dans la technique du *test-retest*, on répète le test et on mesure la constance des résultats.
(b) Dans la technique des *tests parallèles*, on a 2 formes parallèles A et B, dont on mesure le degré de conformité (équivalence).
(c) Dans la technique de *partition du test (split-half)*, le test est coupé en 2 moitiés et l'on compare par un calcul de corrélation les résultats de la 1re moitié à ceux de la 2e (homogénéité).

(B_2) On peut dire qu'un test possède un haut degré de *validité*, (concordance, validité, significativité) quand il mesure *réellement* ce qu'il est supposé mesurer ; et rien d'autre. La validité est élevée, s'il y a correspondance entre la valeur indiquée par le test (*score*, c.-à-d. la note) et la valeur de référence (*critère*, ce qui est noté).

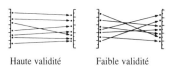

Haute validité   Faible validité

(a) La validation de *contenu* est obtenue en comparant les jugements d'experts avec les items du test (c.-à-d. des données verbales ou non verbales).
(b) La validation par *critère externe* résulte de la concordance avec des critères extérieurs (par ex. des notes scolaires).
(c) La validation de *construct* utilise l'analyse factorielle (cf. p. 75) pour comparer le construct visé (par ex. l'intelligence pour les tests d'intelligence) avec la batterie de tests.
(d) Pour la validation *par accroissement* ou *additionnelle*, on mesure de combien s'élève la validité d'une batterie de tests grâce au test additionnel.

C. Construction des tests

La fabrication de nouveaux tests est un processus coûteux et laborieux. Il y a lieu de distinguer 9 phases principales dans ce processus :

définition du construct (connaissance précise du domaine psychologique visé),
planification de la conception (quel procédé utiliser),
sélection des items (par ex. quelles épreuves),
analyse des items (vérification de la qualité du test),
étalonnage du test (détermination de la sensibilité ou finesse discriminative),
standardisation (établissement de valeurs de comparaison pour toutes les personnes testées),
instructions pratiques (pour aider le testeur),
épreuve de contrôle (éventuelle révision du test) et *publication* (accompagnée notamment de cahiers de tests, de clefs d'évaluation).

356 XIX. Psychodiagnostic / 2. Analyse du comportement

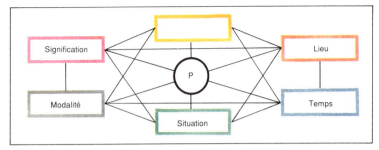

A Structure du comportement

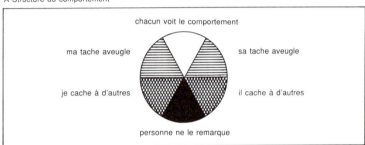

B Variables du comportement

Connaissance des indices d'observation	Connaissance du but de l'observation	Connaissance du thème de l'observation	Connaissance de la situation d'observation	Variable de situation
				Situation d'observateur
				Situation ouverte
				Situation opaque
				Situation quasi biotique
				Situation pleinement biotique

C Structure de l'observation

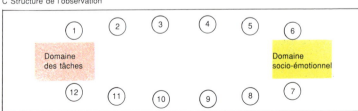

D Évaluation standardisée

L'observation du comportement d'autrui ne semble pas présenter de grande difficulté. Mais en fait la « naïveté » de notre théorie spontanée du comportement interdit toute observation correcte.

D'une voiture « trop chère », on déduit trop vite que l'autre vit au-dessus de ses moyens. Nous tenons facilement un autre pour arrogant, du seul fait qu'il passe devant nous tête haute.

Dans la vie quotidienne, on émet des jugements avant même de considérer attentivement le comportement en tenant compte de toutes les informations possibles.

L'**analyse du comportement** fait exactement le choix inverse. Ses « jugements » sont plutôt des *synthèses* de toutes les composantes saisissables du comportement. C'est pourquoi elle apparaît d'abord comme une *systématique* du comportement.

A. Structure du comportement

Notre comportement est *connecté* avec l'environnement, c.-à-d. que nos actions, réalisations, performances, expressions, réactions, etc. sont indissociablement liées à un concours de facteurs externes, mais à chaque fois selon des modalités différentes pour chaque individu. Quand nous voulons dire quelque chose de pertinent sur le comportement d'autrui, il nous faut donc absolument tenir compte de l'ensemble de ces connexions. 6 domaines de composantes principales sont à considérer :

La composante *autrui* est par ex. saisie par le « sociogramme caractérologique » de WARTEGG.

La personne testée doit donner tous les noms qui lui viennent spontanément à l'esprit. L'ordre dans lequel ils sont donnés et plus encore les noms omis permettent de tirer des conclusions.

Il est également possible d'analyser la structure de la composante *spatiale*, si l'on fait spontanément citer des lieux de séjour.

La composante *temporelle* est également essentielle aussi bien comme « conscience du temps » que comme « référence au temps », c.-à-d. :

quels accents sont mis sur le passé, le présent et l'avenir, si le comportement est fréquemment anticipé ou s'il est plus vécu dans le présent par rapport au groupe d'âge.

La *situation* est un facteur très complexe.

Certains se mettent par ex. plus souvent que d'autres dans des situations dangereuses.

Les raisons doivent être évaluées en corrélation avec les autres composantes.

On sous-estime la plupart du temps la *modalité*. Chacun a des impressions concernant ses « possibilités ».

Ces modalités sont aussi bien des attentes (ce qu'on est susceptible d'atteindre) que des estimations (ce dont on s'estime capable).

Cette composante de la modalité ne peut être élaborée que dans son rapport avec d'autres.

La composante relative à la *signification* est la plus riche. Il existe d'innombrables questions « implicitement posées », dont nous sommes rarement conscients et auxquelles nous répondons cependant aussi mais sans nous en apercevoir.

Le choix d'un moyen de transport par ex. est aussi une réponse à la question de savoir si nous considérons comme « approprié » pour nous celui qui a été choisi (par ex. le tramway).

B. Variables du comportement

Il y a différentes façons de subdiviser le comportement : on distingue par ex. le comportement psychophysiologique du comportement purement psychique, celui qui dure longtemps de celui qui est momentané, etc.

Un des angles de description les plus importants concerne la *visibilité*. En général, on peut dire que le comportement est aussi visible que caché :

chacun le voit, tout individu a des taches aveugles quant à lui-même, on en cache une partie, et bien des choses passent inaperçues.

C. Structure de l'observation

De même que pour la relation d'incertitude (ou indétermination) de HEISENBERG dans le domaine de la microphysique, le comportement est lui aussi influencé par l'observation psychologique.

Le tableau de B. SPIEGEL (ill. C) répartit clairement la dépendance réciproque des variables de la *situation d'observation*.

Par situation biotique, l'auteur désigne une situation authentique de la vie, par quasi biotique une situation dans laquelle seule la dimension subie de l'expérience est connue du sujet expérimental.

D. Évaluation standardisée

Un des gros problèmes de toute analyse du comportement est le caractère « ouvert » de l'évaluation. Dans un comportement donné, un psychologue de formation éthologique aura beaucoup plus tendance à découvrir des restes de comportement animal que ne le fera un psychologue spécialiste de psychologie individuelle. Comme il existe de très nombreuses spécialités en psychologie, il faut éviter l'usage de valorisations trop liées à telle ou telle école.

R.F. BALES a élaboré un système catégoriel qui se limite à 12 catégories d'observations positives et négatives, mais supposées décrire exhaustivement le comportement :

1. manifeste de la solidarité,
2. crée une atmosphère détendue,
3. donne son accord,
4. fait des propositions,
5. exprime des opinions,
6. oriente les autres,
7. demande à être orienté,
8. souhaite des opinions,
9. sollicite des propositions,
10. n'est pas d'accord,
11. manifeste une tension,
12. manifeste un antagonisme.

Ici, la différenciation du comportement s'effectue par rapport au domaine *socio-émotionnel* et à celui des *tâches* à accomplir. Un tel exemple de standardisation montre qu'il est possible d'améliorer l'analyse du comportement.

358 XIX. Psychodiagnostic / 3. Les questionnaires

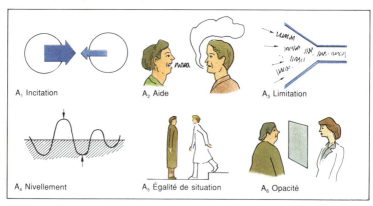

A Fonction de la question

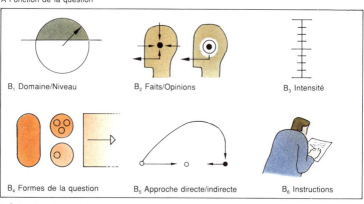

B Élaboration des questions

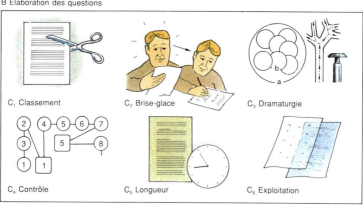

C Questionnaires

Depuis quelques décennies, le **questionnaire** tend à remplacer progressivement les autres types de tests parce qu'il est plus facile à exploiter du point de vue statistique. Il passe pour plus « scientifique », si on le compare par ex. au test projectif. Cela reste à démontrer.
Les déficiences, quand il y en a, sont à rechercher avant tout dans le traitement des questions. Poser des *questions* demande à être spécialement formé pour le faire.

A. Fonction de la question
(A_1) La question est une *incitation* à répondre. Le caractère impératif de la question peut être trop faible (on ne voit pas « le problème ») ou au contraire trop fort (on se sent bousculé).
C'est par ex. le cas des questions impliquant une réponse suggérée telles que les posent souvent les journalistes dans une interview : « Êtes-vous aussi d'avis que…? »
Les questions peuvent facilement dégénérer en ordres.
(A_2) Une question habile *facilite* la réponse. Cet art requiert que l'on élabore soigneusement la formulation des questions. Les questions doivent être claires et compréhensibles, elles doivent être une aide pour celui qui réfléchit à la réponse.
Par ex. en visualisant la question et en présentant une « bulle » pour la réponse.
(A_3) Beaucoup de gens ont du mal à se décider entre les différentes réponses possibles. Les questions doivent être formulées de manière à canaliser les possibilités de réponse et à les *limiter* à des réponses « simples ». Il en résulte évidemment une perte d'information, mais celle-ci est compensée par une plus grande clarté des réponses.
(A_4) Les réponses dépendent de l'intelligence de la personne interrogée, de sa disposition à se soumettre au jeu des questions et de bien d'autres facteurs personnels. Face à cette diversité, le questionnaire doit aussi servir au *nivellement* (égalité des chances) de tous.
On y parvient par ex. en posant des questions d'entraînement susceptibles de mettre en confiance du fait de la simplicité des réponses, ou de « fausses » questions que l'on intercale en tampon pour amortir les effets de fatigue ou de « halo ».
(A_5) Le questionnement est toujours un processus obéissant à un dynamisme social :
le questionneur est souvent mis dans une position de supérieur (c'est l'effet « interrogateur » au sens de l'examen scolaire).
Pour que cela ne se produise pas, il faut une formulation « neutre » des questions, afin de ne pas provoquer d'attentes à l'égard de l'examinateur et parvenir à l'*égalité de position* entre celui qui questionne et celui qui est questionné.
(A_6) Pour parvenir à des résultats exploitables en vue d'un diagnostic, il est la plupart du temps indispensable que l'objectif du questionnaire reste *opaque*, afin d'éviter les distorsions produites par l'attente sociale.

B. Élaboration des questions
L'aspect thématique d'un tel processus est très complexe. Mais on peut distinguer quelques types essentiels de formulation.
(B_1) Les questions couvrent un *domaine (scope)* et maintiennent un *niveau* de questions *(level)*.
(B_2) Elles se rapportent à des *faits* ou à des *opinions* (« attitudes »).
(B_3) Elles essaient de dégager des *degrés d'intensité* sur une échelle (fort, moyen, faible).
(B_4) La *forme de la question* peut être alternative (réponse par oui ou non), à choix multiple, jusqu'à la question « ouverte », où l'énonciation de la réponse est laissée au choix de la personne.
(B_5) On peut aborder un thème de façon *directe* ou *indirecte*.
Indirecte par ex. : on présente une suite fictive de pourcentages (83%, 55%, 27%, 8%) afin de savoir quelle est la tendance dominante qui modèle l'opinion publique.
(B_6) Les *instructions* (« consignes ») qui accompagnent un test par questionnaire servent à orienter la personne interrogée et doivent être prises très au sérieux. Si celle-ci a besoin de poser des questions pendant qu'elle répond au questionnaire, celui-ci s'en trouve affecté.

C. Questionnaires
La question isolée est relativement insignifiante, et seule la *combinaison* de nombreuses questions permet d'atteindre l'objectif fixé pour un diagnostic. La psychologie possède un grand nombre de questionnaires étalonnés et validés *(inventory)*, notamment ceux-ci :
16 PF (CATTELL), Minnesota Multiphasic Personality Inventory (HATHAWAY), Freiburger Persönlichkeitsinventar (FAHRENBERG).
(C_1) On ne construit pas un questionnaire d'un point de vue « logique » mais « psychologique », c.-à-d. en suivant l'évolution de la situation d'avoir à répondre à des questions : d'où le *classement* thématique des questions.
(C_2) On commence la plupart du temps par une question de réponse facile et « brise-glace », destinée à combattre les inhibitions.
(C_3) La *dramaturgie* du questionnaire joue son rôle : questions globales avant celles de détail, questions qui se recoupent mais auxquelles on répond par des voies différentes, fausses questions à des fins d'encouragement, etc.
(C_4) Des *questions de contrôle* répètent des questions précédentes, afin de permettre une vérification sous d'autres formulations, ou bien ce sont des questions qui vérifient la crédibilité.
(C_5) La *longueur* souhaitable d'un questionnaire doit tenir compte de la situation.
(C_6) On facilite l'*exploitation* en proposant des procédés (par ex. grilles) qui en permettent aussi l'utilisation par un personnel moins qualifié.
Le questionnaire final est généralement soumis à un « étalonnage » : c.-à-d. qu'on le teste sur des groupes de personnes que l'on peut identifier avec les objectifs qu'il se fixe (représentativité).

XIX. Psychodiagnostic / 4. Tests d'aptitudes

A Historique

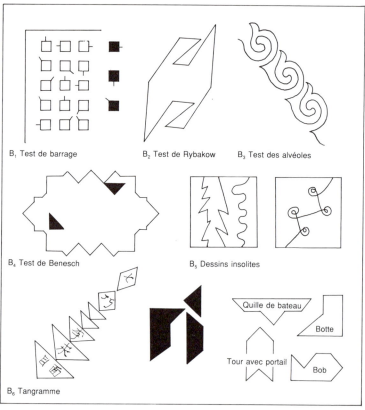

B_1 Test de barrage B_2 Test de Rybakow B_3 Test des alvéoles

B_4 Test de Benesch B_5 Dessins insolites

B_6 Tangramme

B Exemples de tests

Dans beaucoup de domaines de la vie, les différentes *capacités de performance*, ou « aptitudes », sont d'une importance capitale. On les examine en appliquant des « épreuves » sélectionnées, qui sont supposées représentatives de la performance globale exigée (cf. fiabilité et validité, p. 355). Ces « tâches artificielles » (ANASTASI) peuvent être très simples ou difficiles à exécuter, et elles ont lieu dans la plupart du temps en temps limité.

A. Historique
Des examens pour le recrutement des hauts fonctionnaires appelés mandarins ont été organisés en Chine de 124 av. J.-C. à 1911. Au cours de ces examens, on devait prouver sa culture en écrivant des poèmes ou en les transposant dans un dessin à l'encre. Le sujet était le même pour tous les participants. Enfermés dans de petites pièces, les jeunes candidats devaient exécuter leurs œuvres graphiques et poétiques en utilisant la calligraphie et en respectant les normes fixées. La correction était anonyme. Ces examens avaient lieu d'abord en province, puis les vainqueurs concouraient à Pékin. Il n'était nullement honteux d'échouer. La simple participation témoignait déjà du haut niveau de culture acquis. Les participants reçus à l'examen pouvaient espérer des emplois à vie et bien rémunérés dans la noblesse de fonctionnaires au pouvoir dans tout le pays.

En Occident, l'examen des aptitudes ne fut organisé systématiquement qu'au XIXe siècle, mais pas sous forme d'examen final comme en Chine : c'était l'examen d'« entrée » qui dominait. On cherchait à vérifier si l'on était *apte* à suivre une formation donnée.

B. Exemples de tests
Les performances que l'on examine à l'aide de tests de performance vont de la simple attention et concentration jusqu'aux sommets de la créativité. On exclut toutefois les domaines particuliers tels que l'intelligence (cf. p. 367). Les compétences nécessaires pour exécuter une tâche sont au centre de ces examens.

(B_1) Les tests de performance commencèrent en 1888 avec le test de calcul créé par A. OEHRIN.

Deux heures durant, la personne testée devait additionner des chiffres. Une courbe de concentration permettrait ensuite d'enregistrer les variations de vitesse et d'exactitude.

Les additions de nombres furent ensuite remplacées par le « **test de barrage** » (test de BOURDON), qui consiste à *barrer* certaines lettres dans un texte ou une suite arbitraire de lettres.

L'exemple ci-contre montre le test de barrage plus récent de R. ZAZZO.

Les 3 carrés noirs de droite présentent des traits sur les côtés. Dans le test (n'est reproduit ici qu'un petit échantillon), ces trois types de traits doivent être identifiés (c.-à-d. biffés) les uns après les autres.

Celui qui dirige le test enregistre le temps et compte le nombre de biffages corrects (ou faux) à l'aide d'une grille perforée.

(B_2) Le **test de Rybakow** (à partir de 1910) détermine la capacité de représentation spatiale et la combinaison visuelle.

L'exemple montre une image extraite d'une série de figures géométriques, qu'il faut se représenter divisée par un trait unique de telle sorte que les deux parties forment un carré si on les réunit différemment.

(B_3) Cet exemple est tiré d'une série d'épreuves de H. RUPP (dès 1919).

Des *dessins* commencés, par ex. des hexagones (c'est pourquoi on appelle aussi cet ensemble le « **test des alvéoles** ») doivent être poursuivis en respectant le même modèle.

L'*organisation créative* de l'espace vient compléter la représentation spatiale.

(B_4) Alors que les tests de représentation spatiale sont assez faciles, celui-ci requiert une saisie plus rapide des figures spatiales, si on veut le réussir en *temps limité*.

Dans ce test élaboré par l'auteur (BENESCH, 1970), il faut trouver combien de triangles égaux (2 étant déjà donnés) peuvent trouver place dans la figure géométrique proposée.

(B_5) On teste également la *capacité de représentation* du point de vue de la créativité.

L'exemple montre un modèle de figure abstraite. L'épreuve consiste à lui trouver une signification *originale*.

Ces épreuves sont appelées « **images insolites** » (R. PRICE).

Dans un exemple célèbre, on peut voir un petit cercle au milieu d'un grand cercle. A deux points opposés de la circonférence extérieure, émergent 2 petites pointes arrondies. Voici une des « solutions » : un Mexicain avec un sombrero en train de faire du vélo, vu d'en haut.

(B_6) Pour les tests de créativité, on utilise fréquemment plusieurs versions du « **tangramme** ». Il vient de Chine, qui possède une longue tradition en matière de tests de performance. En tant que Tchi Tchae Pan (« planche des sept sages » à cause des 7 pierres), il remonte à la période Tchou (740-330 av. J.-C.). Mais les premiers manuels n'apparaissent qu'au XVIIIe siècle et sont très rapidement diffusés en Europe. Depuis cette époque, on utilise une forme simplifiée de ces figures planes avec 3 éléments seulement pour tester les facultés créatives.

Les ex. sont formés à partir des figures noires. La personne testée doit développer d'*autres* modèles figuratifs avec ces 3 éléments.

D'autres exemples de tests d'aptitudes ont été créés, notamment pour l'attention (par ex. d2 de BRICKENKAMP), la mémoire (par ex. test de RANSCHBURG), la concentration (test de PAULI), la fatigue (test de scintillement de VON BRACKEN), la planification (test de rangement de TRAMER), diverses autres aptitudes (batterie de HORN), notamment dans le domaine professionnel (batterie de DORSCH).

362 XIX. Psychodiagnostic / 5. Techniques projectives

A Domaines de la projection

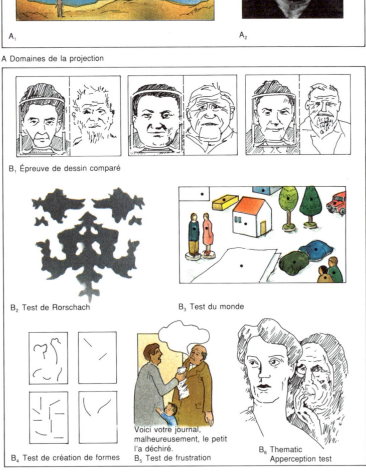

B_1 Épreuve de dessin comparé

B_2 Test de Rorschach

B_3 Test du monde

B_4 Test de création de formes

B_5 Test de frustration

Voici votre journal, malheureusement, le petit l'a déchiré.

B_6 Thematic Apperception test

B Exemples de tests

Dans un exposé de synthèse (1959), MURSTEIN et PRYER reprochent à la notion de « **projection** » d'avoir suscité plus d'interprétations que le sourire de la Joconde. C'est FREUD qui l'a introduite en 1895 dans la terminologie psychologique. Son interprétation étroite (formation symbolique en cas de menace sur le moi) est conservée dans le psychodiagnostic. L.K. FRANK a utilisé pour la première fois cette notion en 1939 pour désigner les tests qui consignent une « représentation (involontaire) du monde personnel invisible de la personne testée ». Mais les premiers tests de ce type étaient déjà apparus au début du XXe siècle.

A. Domaines de la projection

(A$_1$) Chacun a eu l'occasion d'*interpréter* des formations nuageuses. Un des spectacles les plus impressionnants est l'observation du soleil se couchant dans la mer derrière des nuages.
Ces interprétations témoignent du penchant général à vouloir découvrir quelque chose *derrière* les choses. Ce besoin est encore plus fort et presque incontournable dans les rapports avec autrui. Nous ne connaissons chacun que notre propre vie intérieure, et il nous faut déchiffrer celle de l'autre quand il ne veut ou ne peut pas nous en faire part. En faisant de telles interprétations, nous rencontrons fondamentalement la limite personnelle de notre propre *altérité*. Il est vrai que l'on peut s'exercer à repousser cette limite. C'est à cela que servent les techniques projectives.

(A$_2$) On peut « lire » sur le visage de ce vieil homme.
Dans ces interprétations, les règles de l'évaluation des personnes (cf. p. 269) jouent un rôle.

B. Exemples de tests

(B$_1$) Dans l'**épreuve de dessin comparé** due à l'auteur (BENESCH, 1958), on utilise comme document de base la photo du vieil homme (ill. A$_2$) qui peut donner lieu à de nombreuses interprétations.
Chacun des 3 dessinateurs (photos), conformément à sa constitution (cf. p. 34) a introduit quelque chose de sa propre morphologie dans son dessin d'après la photo.
Dans les descriptions qui leur sont demandées, les sujets du test interprètent les caractéristiques psychologiques du vieil homme en fonction de leur propre « façon de voir » et révèlent de façon involontaire quelque chose sur *eux-mêmes*.
Le schéma d'exploitation du test ne tient évidemment aucun compte de la « compétence graphique », mais il considère la *forme* (notamment le tracé), l'*espace* (la taille, le format…), le *mouvement* (la continuité du trait, sa force...), la *densité* du dessin (accentuation des détails, importance des contours) et les *caractéristiques expressives* (notamment la préférence de certaines particularités).

(B$_2$) Un des tests projectifs les plus anciens est le **test de Rorschach** (1921). Conçu d'abord par le psychiatre suisse HERMANN RORSCHACH comme une expérience sur la perception, ce test basé sur un matériel de taches d'encre mono- et multicolores, obtenues par pliage d'une feuille en deux, est devenu le test par excellence.
Les sujets se voient présenter une à une les 10 planches et doivent exprimer ce qu'ils y voient. L'exploitation (complexe) se réfère aussi bien à l'*interprétation des formes* qu'à l'*analyse du contenu*.

(B$_3$) Le **test du monde** (comme le test des maquettes), d'abord fabriqué par M. LOWENFELD, puis standardisé par CH. BÜHLER, est fait de 160 objets et matériaux différents (personnages, maisons, arbres, pâte à modeler, papier, etc.), que l'on doit utiliser pour créer un « monde ».
Il sert d'illustration projective de l' « image du monde » propre à la personne testée.

(B$_4$) Ces 4 planches illustrent les innombrables **tests de création de formes** (test de Sander, test de complétement d'images, de Wartegg, etc.) A partir de *chaque* tableau, on doit compléter figurativement l'« image » commencée. Dans ce test, il y a un lien entre un *choix* projectif et une *création de formes* personnelle.
L'exploitation est fondée sur le choix de départ que l'on fait parmi les éléments proposés : formes simples ou compliquées, courbes ou droites.

(B$_5$) Le **test de frustration** de S. ROSENZWEIG comprend 24 situations avec « stress émotionnel ».
On invite la personne testée à remplir les bulles vides qui se trouvent au-dessus de l'un des deux personnages dessinés. On part du principe qu'elle va s'identifier avec le personnage désavantagé et inscrire une réaction typique de ses attitudes. L'exploitation des 24 réponses décèle la tendance plus ou moins affirmée à l'*agression* et le type de *réaction active*.

(B$_6$) Le **Thematic apperception test** (TAT) de H.A. MURRAY est un des « tests narratifs » les plus connus.
Le test se compose de 31 planches (18 dans l'usage français actuel). Le sujet est invité à raconter une histoire à partir de chaque planche. Celles-ci sont *susceptibles de diverses interprétations* (ainsi les deux têtes ci-contre).
L'exploitation concernait à l'origine le personnage principal, ses expériences, ses besoins, ses sentiments, etc. L'école de MURRAY utilisait l'analyse de contenu en vue d'établir une échelle des mobiles d'action, des besoins collectifs et des représentations du pouvoir, et de révéler certains problèmes cliniques centraux.
On peut également signaler d'autres tests appartenant à ce groupe des techniques projectives : le scénotest (VON. STAABS), le test des pyramides colorées (HEISS), la technique du squiggle (WINNICOTT), le test de l'arbre (KOCH), le test mosaïque (LOWENFELD), le test du village (ARTHUS), le test de récit (WARTEGG), le test de physionomie (THOMAE), le test de la famille des animaux (BREMGRÄSER), le test du symbole (RÖMER), le test myokinétique (MIRA-LOPEZ).

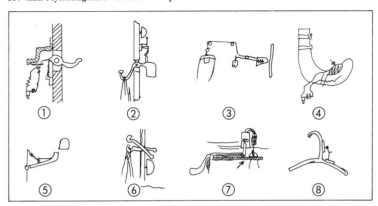

A Compétences techniques

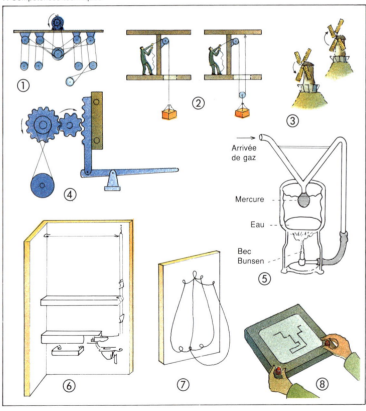

B Exemples de tests

Une grande partie des premiers **tests techniques** se rapportait à la psychologie de la circulation. W. STERN écrivait dans une étude parue en 1917 : « Ce n'est pas un hasard si la psychologie des aptitudes professionnelles s'intéresse en tout premier lieu à la profession de conducteur (conducteurs de tramway, chauffeurs, pilotes d'avion). Cette préférence est d'abord déterminée par un point de vue méthodologique : dans aucune autre profession il n'est aussi facile de ramener l'aptitude exigée à sa formule psychologique et de vérifier la capacité requise de façon expérimentale. »
Mais le développement de la recherche a permis de constater que les conditions nécessaires pour pouvoir rouler ou voler sans accidents sont infiniment plus complexes. Il n'empêche que le diagnostic des aptitudes reste essentiel dans toute une série de domaines de la psychologie appliquée (cf. XXI).

A. Compétences techniques
W. MOEDE, pionnier de l'étude des compétences en matière de technique de construction, soumettait à des candidats (1er semestre d'études d'ingénieur), dans une situation de test *ouvert*, le devoir suivant, sur le thème d'un dispositif antivol :
« Élaborez un modèle de patère. Quand on décroche un vêtement du portemanteau, une sonnerie doit brièvement retentir. »
Les étudiants livraient des solutions utilisables, peu pratiques ou inutilisables.
(1) Dans cette version électrique, la patère libérée coupe rapidement le contact sonore.
(2) Solution mécanique, mais qui ne peut fonctionner de cette façon sur le plan technique.
(3) Cette proposition laborieuse établit le contact à l'aide d'un palan.
(4) Sous la patère est fixée une came mobile, qui fait entendre une sonnerie constante quand on accroche un vêtement.
(5) L'idée proposée (patère faisant en même temps office de marteau de sonnette) est a priori inutilisable comme dispositif antivol.
(6) Sans ressort, cette patère ne délivre aucun signal d'alarme.
(7) Solution beaucoup trop compliquée comportant 2 cylindres à air.
(8) Une sonnette est montée sur la patère. Irréalisable en pratique.
Cette situation de test ouvert donne certes des indications précises (l'auteur indique que le pourcentage de réussite pronostiqué pour l'examen final est de 82%). Mais le diagnostic fondé sur les tests recherche des items *standardisés*, bien ciblés, susceptibles d'offrir un haut degré de *validité* (représentativité) et de *fidélité* (précision de la mesure).
Pour construire les tests, on fait la plupart du temps une distinction entre la pensée technico-constructive (comme dans l'exemple donné plus haut) et l'action technico-pratique (comme dans la plupart des exemples qui suivent).

Dans l'exemple ci-dessus, il s'agit la plupart du temps de solutions de problèmes, en gros dans le contexte de processus technico-mécaniques. Depuis un certain temps, on remplace ces exercices par des problèmes de réseaux cybernétiques, plus appropriés pour jauger des compétences en matière d'utilisation des ordinateurs. Pour l'activité pratique, on recourt à des tests de manipulation de matériel technique ou on examine tout simplement des actions en temps limités.

B. Exemples de tests
Ces exemples de tests se rapportent à 3 domaines de vérification très importants :
l'*esprit technique* (1-5), l'*habileté manuelle* (7- 8) et l'aptitude à l'*innovation en matière de construction* (6).
(1) Il doit être assez simple de dire quel est le mouvement de rotation des roues, dès lors qu'on indique le sens de rotation du moteur.
(2) Lequel de deux ouvriers dépense le plus d'énergie et pourquoi ?
(3) Quand le vent souffle de face, l'un des deux moulins à vent tourne mieux que l'autre : lequel ?
(4) Dans ce test, on demande dans quel sens il faut actionner le levier en vue d'obtenir le sens de rotation indiqué.
Pour résoudre correctement ce problème, il faut reconstruire préalablement la construction du mécanisme, qui convertit un mouvement pendulaire en mouvement circulaire (comme dans les moteurs à piston).
(5) Ce modèle est encore plus compliqué. Il faut identifier la fonction et décrire le mode de fonctionnement : qu'est-ce qui se passe au fur et à mesure que l'eau se réchauffe.
(6) Il s'agit dans ce test compliqué d'une « machine à déchirer du fil ». D'habitude, on commence par décrire une telle machine, après quoi les sujets doivent en dessiner un schéma, globalement et avec certains détails spéciaux.
Dans l'appréciation du résultat, on examine notamment s'il y a une balance à bras inégal, comment est mesurée l'augmentation graduelle de la charge, si le schéma est assez clair.
Celui qui est particulièrement doué pour l'innovation pensera même en plus à des améliorations.
(7) Pour les épreuves de cintrage de fil métallique, il existe un grand nombre de formes possibles à obtenir : à côté d'objectifs simples tels que le cercle, il en existe de plus compliqués (cf. ill. ci-contre). En même temps que du fil mince, on fournit souvent des pinces plates aux sujets testés.
C'est le travail manuel qui est jugé : régularité, planification, soin, etc. , de même que la précision dans la reproduction du modèle.
(8) La coordination des deux mains est d'une grande importance pour beaucoup d'activités. Les tests appropriés demandent un mouvement des deux mains agissant en synergie.
Comme instruments, on utilisait autrefois des manivelles (test du tourneur de LAHY), mais aujourd'hui on se sert plutôt d'écrans électroniques.

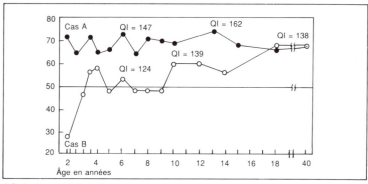

A Performances intellectuelles

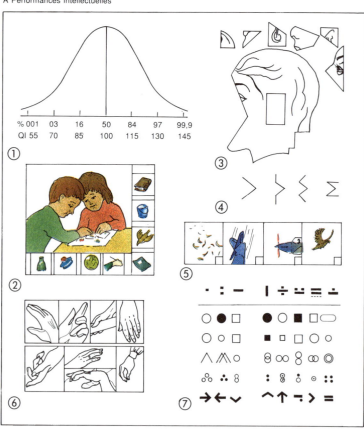

B Exemples de tests

La mesure de l'intelligence a une longue histoire. Les premières mesures (notamment par GALTON) étaient plutôt qualitatives. Avec l'amélioration des études expérimentales et des méthodes de contrôle statistique, on a pu modifier aussi les **tests d'intelligence** en partant des performances de la population globale (quotient intellectuel). Les tests actuels sont basés sur les théories courantes de l'intelligence (cf. X / 8). En fonction des facteurs d'intelligence servant de supports spécifiques, on regroupe des tests particuliers en batterie de tests.

A côté des tests verbaux (par ex. SASKA) ou non verbaux (*Progressive Matrices* de J.C. RAVEN), la plupart (tests hochepots) mélangent les types d'épreuves (notamment le test de WECHSLER, l'IST de R. AMTHAUER).

A. Performances intellectuelles

A l'origine, on pensait certes que l'intelligence se développait avec l'âge, mais qu'à partir de la jeunesse elle restait d'un niveau relativement constant. Des études récentes ont toutefois démontré qu'elle était susceptible de se transformer beaucoup plus qu'on ne le croyait. Les études de M. HONZIK et J.W. MACFARLANE (1973) ont permis d'observer des séquences de développement intellectuel très diverses entre 18 mois et 40 ans (note moyenne 50).

Dans le cas A, l'efficience du QI évolue à un niveau à peu près constant.

Le cas B commence à un niveau assez bas, mais il améliore progressivement ses performances jusqu'à concorder avec celles de A.

Dans les autres cas, on enregistrés ici, on a observé des courbes qui commençaient à un niveau beaucoup plus élevé, mais qui s'affaissaient avec le temps. D'autres exemples montraient des montées progressives, ou des résultats constants à un niveau moyen, mais avec des modifications vers le haut ou vers le bas encore possibles par la suite.

Les raisons de ces modifications sont très complexes. Le type des exigences intellectuelles auquel on est soumis et la disposition à l'assumer (y compris pour des domaines neufs) sont toujours un facteur essentiel (motivation de l'intelligence).

B. Exemples de tests

En règle générale, on construit les tests d'intelligence de manière à obtenir des résultats en forme de « distribution normale » (cf. p. 65), ce qui veut dire que la moitié de la population (.50) obtient le résultat moyen d'environ 100 points.

Les pourcentages cumulés permettent d'obtenir la fréquence au sein de la population. Par ex.

84 au-dessus du QI 115 veut dire : 84% ont un QI allant jusqu'à 115 points et 16% un QI dépassant 115 points.

(1) A partir de 1905, BINET et SIMON sont chargés par le gouvernement français d'établir un système de sélection pour les différentes orientations scolaires. A partir de là, on fabriqua plus tard le « binetarium », boîte comportant un matériel volumineux pour tester le développement intellectuel.

Le test fut modifié dans certains pays, par ex. aux USA où fut élaborée l'échelle de TERMAN-MERILL (Révision Stanford du Binet-Simon, 1917, 1937) comportant des séries d'images, des cartes, des perles de bois, etc., destinée à étudier un « âge mental » standardisé (AM = âge mental pour un âge donné).

(2) La première moitié du XXe siècle a vu la fabrication d'innombrables épreuves de test, dont on a à peine augmenté le nombre, mais plutôt amélioré les critères de qualité.

Une de ces épreuves consiste à réunir les images fragmentaires d'un visage.

(3) Dans le test français « mosaïque de Gille », les enfants doivent choisir le fragment manquant parmi les 8 proposés.

(4) Le test soviétique de Charkow propose de rechercher la règle :

à quelle modification obéit cette série de figures ?

(5) Nombre de tests utilisent des séries d'images à ordonner en suite cohérente à titre d'épreuve de l'aptitude à la pensée logique :

dans quel ordre ranger les images 1, 2, 3, 4 ?

Un problème analogue de série, mais de nature verbale, est utilisé pour tester les fonctions logiques. On demande par ex. de trouver le *concept surordonné* relatif à plusieurs mots tels que :

tramway, vélo, taxi.

Dans un autre groupe de tests, on demande d'établir des correspondances du type : l'été est à l'hiver ce que le chaud est au froid. Voici certaines de ces questions :

escargot : motocyclette = lent : .... ;
tige de blé : champ de blé = arbre : ...... ;
succès : orgueil = échec : ...... ;
carré : dé = cercle : ...... ;

(6) Il existe également d'innombrables séries dont le but est d'observer la sûreté du jugement :

dans cet exemple simple, on demande laquelle des mains reproduites est une main gauche.

(7) Parmi les tests non verbaux, beaucoup d'épreuves (items) sont destinées à tester l'intelligence abstraite.

Dans cet exemple, il faut respecter la succession proposée et choisir en soulignant des 5 signes de droite celui qui peut venir s'ajouter en tant que 4e aux 3 signes de gauche.

Dans la série supérieure (point, double point, ligne, ?), il s'agit de la double ligne.

Ces dernières années, on a beaucoup critiqué les tests d'intelligence, parce qu'ils ne tiennent aucun compte du milieu où s'exerce l'intelligence et qu'ils défavorisent donc les couches inférieures de la population. C'est pourquoi il faudrait toujours être très conscient de la valeur *abstraite* de ces examens quand on les pratique, et prendre également en compte la motivation intellectuelle comme facteur de développement ultérieur de l'intelligence. L'intelligence en effet n'est pas simplement une faculté passive, c'est plutôt la prise en charge active des problèmes.

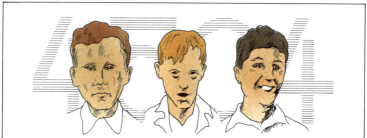

A Traits de personnalité

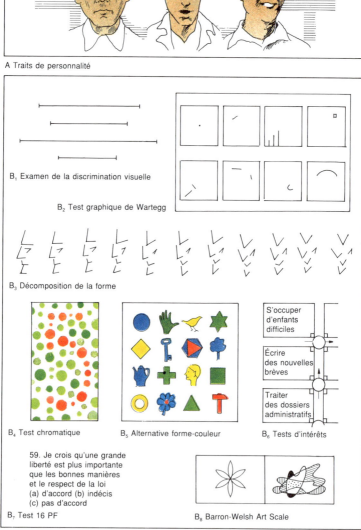

B₁ Examen de la discrimination visuelle

B₂ Test graphique de Wartegg

B₃ Décomposition de la forme

B₄ Test chromatique

B₅ Alternative forme-couleur

B₆ Tests d'intérêts

59. Je crois qu'une grande liberté est plus importante que les bonnes manières et le respect de la loi
(a) d'accord (b) indécis (c) pas d'accord

B₇ Test 16 PF

B₈ Barron-Welsh Art Scale

B Exemples de tests

La notion de **personnalité** est une des plus larges de toute la psychologie. Du coup, c'est aussi l'une des plus controversées. A côté de théories de la personnalité de coloration plus ou moins philosophique, il en existe qui sont « centrées sur les traits de personnalité » (s'intéressant plutôt à des dimensions particulières) et, face à celles qui sont basées sur la théorie factorielle, on trouve des théories « implicites » (non validées), naïves, se référant à la psychologie des profondeurs ou à la psychophysiologie (cf. XIII).

A cela vient s'ajouter le problème de la fonction de la mesure. On peut avoir besoin d'une expertise à des fins très diverses et tantôt privilégier des domaines très *spécifiques*, tantôt viser un niveau *global*.

A. Traits de personnalité

Deux psychologues américains réputés, G.W. ALLPORT et H.A. ODBERT ont constitué un lexique comportant 4504 traits de personnalité.

Un coup d'œil sur les croquis (ill. A) suffit pour voir que ces 3 jeunes gens sont différents.

Si l'on voulait étudier la totalité des traits qui les différencient, on en arriverait aussi très vite à des milliers. Chaque être humain est complexe dans son spectre de traits caractéristiques. Il n'y a pas d'hommes « simples ». On ne peut d'autre part analyser à l'infini. C'est pourquoi on cherche des voies moyennes :

ou bien on réduit le nombre des groupes de traits observés,

ou bien on laisse le nombre tel quel, mais on réduit le niveau de différenciation des groupes dans la direction d'une approche clinique du cas individuel.

C'est ainsi qu'on est parvenu à des modèles de la personnalité assez simples pour servir de base à un diagnostic.

Mais depuis peu de temps, sous l'effet de la cybernétique (appuyée sur l'électronique), on ne craint plus la complexité. Ces modèles sont fondés sur la sémiotique (cf. p. 247) et ses images de hiérarchies modulaires (cf. p. 41). Il est vrai que de ce fait les exigences se sont accrues en matière de diagnostic.

B. Exemples de tests

(B₁) Cette épreuve est destinée à tester le « coup d'œil » (discrimination visuelle). On examine simplement un trait de personnalité *très délimité*, dont l'importance est quand même secondaire.

On doit d'abord trouver le point central de ces traits, puis les partager en 3 parties égales.

(B₂) A l'inverse, on ne peut attendre du **test de complètement d'images de Wartegg** qu'une caractérisation globale. Le sujet doit exécuter des dessins figuratifs dans les 8 cases en utilisant à chaque fois les signes de départ.

Dans la case 5, on veut par ex. voir comment sont comprises les deux lignes de sens contraire : si le sujet les « transperce » (par ex. sous forme d'arc et de flèche) ou s'il les « contourne » (par ex. sous forme d'arrondi comme dans un visage).

Les exemples de tests suivants se rapportent à 4 domaines de la personnalité : activités perceptives, structures des intérêts, attitudes sociales, jugements esthétiques.

(B₃) Cette séquence est empruntée à une série concernant la **décomposition de la forme** (F. SANDER). Les 5 angles constituent un visage facile à reconnaître. Quand on fait tourner progressivement les angles les uns par rapport aux autres, l'image du visage se défait.

Des différences individuelles apparaissent si l'on fait défiler les figures de droite à gauche : certains sujets construisent plus rapidement que d'autres l'interprétation de profils.

(B₄) Tableau (en réduction) permettant de contrôler la **cécité chromatique**.

(B₅) Les tests d'**alternative forme-couleur** existent sous de nombreuses formes.

Ce test convient à des projections rapides de diapositives. On parle de réponses-forme quand les formes sont classées ensemble, de réponses-couleur quand ce sont les couleurs.

Au cours du développement de l'enfant, la *vision de la forme* s'accroît au détriment de la *vision de la couleur* qui prédomine d'abord. On suppose une typologie constitutive : ceux chez qui prédomine la vision de la forme sont plutôt introvertis, ceux chez qui l'emporte la vision de la couleur plutôt extravertis.

(B₆) Les intérêts ont une influence déterminante et spécifique sur la personne. Il est donc logique qu'il y ait parmi les tests de personnalité un grand nombre de **tests d'intérêts** (notamment CLEETON, MITTENECKER et TOMAN, TODT, BENGE). Beaucoup ont trait aux intérêts professionnels et sont importants pour l'orientation professionnelle.

L'exemple montre (sous forme abrégée) un extrait de test d'intérêt professionnel (TIP) de M. IRLE, qui invite à comparer 4 alternatives différentes à chaque fois.

(B₇) Un des tests verbaux de personnalité les plus connus est le **sixteen personality factors inventory** (16 PF) de R.B. CATTELL, qui mesure certaines caractéristiques, y compris *sociales*.

L'exemple donne la question 59 (sur 187) de la forme A, qui se rapporte à la dominance.

(B₈) Il est plus rare de recourir au test pour les jugements *esthétiques*.

L'exemple ci-contre est emprunté à la Barron-Welsh Art Scale, qui est supposée permettre l'observation de préférences esthétiques.

A Test à trous

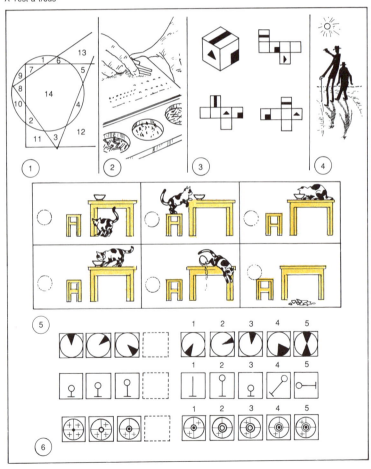

B Exemples de tests

Pour des raisons historiques, le groupe de tests le plus étendu est celui des **tests scolaires**. L'orientation des élèves exigeait que l'on renouvelle sans cesse les méthodes de sélection et la psychologie pédagogique fut d'emblée une spécialité très bien représentée.

A. Test à trous

En 1895, la municipalité de Breslau demanda au professeur de psychologie local HERMANN EBBINGHAUS (1850-1909) de donner son avis sur les inquiétudes de certains parents : ceux-ci se plaignaient que leurs enfants soient surmenés par l'enseignement de l'après-midi et que le gain pédagogique soit donc nul. Voulant étudier ce problème de façon expérimentale, EBBINGHAUS inventa à cette fin le « test à trous » :
« On présente aux élèves des textes en prose correspondant à leur niveau de compréhension, mais on les laisse incomplets en omettant divers éléments. Tantôt ce sont de simples syllabes qui sont enlevées du texte, que ce soit au début, à la fin ou encore au milieu d'un mot, tantôt des parties de syllabe, ou des mots entiers. »
Les élèves devaient ensuite compléter ces textes lacunaires (tous empruntés aux *Voyages de Gulliver* de JONATHAN SWIFT) en fonction du sens. En comparant ce que les enfants parvenaient à faire le matin et l'après-midi, il put obtenir des indications plus précises sur l'utilité ou l'inutilité de cette charge supplémentaire pour les enfants. Cela fait d'EBBINGHAUS l'inventeur du premier test scolaire.

B. Exemples de tests

(1) A la fin du XIXe siècle, ALFRED BINET (1857-1911) et THÉODORE SIMON (1873-1961) furent chargés par l'Instruction publique de développer des méthodes permettant de distinguer les enfants « normaux » et des enfants « ayant besoin d'une aide pédagogique ». En 1905 ils présentèrent leur système d'échelle pour diagnostiquer l'intelligence en fonction de l'âge, échelle qui allait de 3 à 15 ans. Dans leurs révisions de 1908 et 1911, ils réduisirent le nombre de questions à 4-6 selon l'âge. Ce système, appelé plus tard le « binetarium » subit plusieurs révisions dans différents pays (QI Révision Stanford aux USA, Binet-Simon-Bobertag en Allemagne, NEMI de R. ZAZZO en France) et est toujours utilisé en psychologie scolaire.
Dans l'exemple ci-contre (pour les élèves assez âgés), le chiffre 13 se trouve uniquement dans le triangle. Question : où se trouvent les chiffres 3,4,5 ? (version Bobertag).
(2) Dans des systèmes de tests analogues, c'est le degré d'**habileté manuelle** qui est examiné, par ex. :
une planche à épingles avec des épingles de 3 tailles différentes.
(3) C'est au Stanford-Binet qu'est emprunté cet exemple de test de la **perception de l'espace**.
On demande lequel des cubes dépliés est conforme au modèle présenté en haut à gauche (= celui qui est en bas à droite).
(4) Sous l'effet du « binetarium », on comprend facilement pourquoi la psychologie française des années 20 et 30 a élaboré une multitude de tests à **usage scolaire**. Cet exemple et le suivant sont tirés du test « P.V. » du co-auteur du Binet, THÉODORE SIMON.
Dans une série de situations comme celle-ci, les élèves doivent trouver « l'impossibilité » (autres exemples : une femme avec 2 mains gauches ; NAPOLÉON téléphone à BLÜCHER ; un homme actionne un siphon dont le tube reste hors de l'eau).
(5) Il y a une suite logique dans ces **histoires dessinées** :
l'enfant doit la découvrir et la reconstituer en numérotant les scènes dans le bon ordre (comme ci-contre).
(6) C'est sur un plan supérieur, plus abstrait, que se situe le test américain « culture-free » (indépendant de la culture) **IPAT** (Institute for Personality and Ability Testing) de R.B. et A.K.S. CATTELL.
En suivant l'exemple de la rangée du haut, il faut trouver quel *modèle* de la rangée de droite doit être placé dans le carré vide en pointillés (c'est le 1 dans l'exemple du haut). L'illustration montre deux items du test 1, le premier et le douzième et dernier.
Dans les tests scolaires plus complexes (notamment pour l'entrée dans des disciplines à numerus clausus), on refait pour chaque session d'examen une nouvelle version constituée d'une combinaison de plusieurs sortes de tests. R. BRICKENKAMP (1975) classe les tests scolaires en 9 groupes :
Tests de scolarisation : pour l'aptitude d'entrée à l'école (notamment les épreuves de Weilburg pour les débutants, WTA de H. HETZER).
Tests spéciaux d'aptitude scolaire : quand il y a suspicion de handicaps spécifiques (notamment la batterie de tests pour enfants arriérés de C. BONDY).
Tests pluridisciplinaires : destinés à observer l'étendue de la gamme de performances (notamment le test différentiel de connaissances de E. FÜRNTRATT).
Tests de lecture : (notamment le test zürichois de M. LINDER et H. GRISSEMANN).
Tests d'orthographe : (notamment le test de diagnostic orthographique de R. MEIS).
Tests de vocabulaire : c'est le vocabulaire passif qui est évalué (notamment le test de vocabulaire de H. ANGER).
Tests de calcul : (notamment le test mathématique de G.A. LIENERT).
Tests de langues étrangères : performance linguistique en différentes langues (notamment le test hambourgeois d'anglais de B. FETTWEISS).
Autres tests d'aptitude scolaire : ils se rapportent à d'autres disciplines (notamment le test de géographie de H. HORN).

372 XIX. Psychodiagnostic / 10. Tests cliniques

A Situation de test

B₁ Anneaux de Landolt B₂ Tapping B₃ Test de Pemberton

B₄ Latéralisation

B₅ Test de sélection B₆ Test de Szondi

B Exemples de tests

C'est en France qu'ont eu lieu les débuts de la psychologie clinique (cf. XX). ESQUIROL utilisa pour la première fois des épreuves verbales (1838) pour identifier à temps les handicaps mentaux. Elle se généralisa à la fin du XIXe siècle (GALTON, KRAEPELIN, etc.). De nos jours, le **psychodiagnostic clinique** est une discipline très vaste et solidement reliée à la majorité des psychothérapies.

A. Situation de test

La situation de test clinique pose plus de problèmes que les autres applications. En général, elle équivaut à une *situation d'examen*, dans laquelle il doit y avoir une relation aussi neutre et impersonnelle que possible entre la personne testée et le psychologue, afin de ne pas exercer une influence incontrôlée sur les résultats du test. Mais la différence est que, dans la psychologie clinique, le diagnostic fait déjà partie de la thérapie. Il en résulte que le psychologue clinicien ne peut complètement échanger son rôle de thérapeute contre celui de simple diagnostiqueur. Si la pratique clinique, en particulier psychothérapique, exige un engagement très fort vis-à-vis du client, le psychologue-psychothérapeute doit tenir compte, pendant la séquence de diagnostic, des facteurs éventuellement susceptibles d'impliquer une erreur globale d'évaluation. C'est pourquoi les résultats d'un test dans le cadre de l'intervention clinique ne sont pas absolument comparables aux résultats d'une expertise destinée à d'autres fins.

Les objectifs du test sont une autre particularité. Dans le cas du psychodiagnostic clinique, les traits de personnalité, qui sont généralement l'objet de l'examen, sont des « troubles psychiques ». Des conceptions du « trouble » dépassant le cadre disciplinaire (psychiatrie, psychologie, sciences sociales) ou celui des différentes écoles (psychanalyse, thérapie comportementale, thérapie non directive, etc.) entravent la possibilité de le définir.

La diversité des échelles constitue une troisième spécificité de ce domaine. Les critères de handicap intellectuel ne sont plus valables quand il s'agit d'états d'anxiété, de troubles agressifs du comportement ou d'attitudes dépressives. La psychologie clinique dispose déjà d'un grand nombre de tests spécifiques pour les troubles particuliers, la plupart du temps sous forme de questionnaires (cf. p. 359), et ces tests ne sont pas interchangeables. Dans ce domaine des troubles psychiques, les tests généraux sont beaucoup plus rares et très controversés.

B. Exemples de tests

Du fait de cet extrême morcellement du psychodiagnostic clinique, les exemples cités ne représentent pas vraiment la globalité du domaine considéré, mais plutôt le cadre d'implication particulier.

(B$_1$) Pour les *performances sensorielles* (voir, entendre, sentir, goûter, toucher) aussi bien que leurs cadres de référence (dimensions spatio-temporelles, niveaux de conscience), il existe des domaines de tests très étendus.

Les tests visuels internationalement les plus usités sont les anneaux de Landolt, dont il s'agit d'identifier le sens d'ouverture.

(B$_2$) La *motricité* peut être évaluée grâce au **tapping** (Knox Cube test) :

Avec un crayon tendre, on doit accumuler de petits points aussi vite que possible, de la main droite et de la main gauche pendant 6 secondes à chaque fois. 83 petits points (pour les hommes) ou 85 (pour les femmes) constituent une mobilité moyenne (summum : 102 pour les hommes, 110 pour les femmes ; 1er décile : 73 pour les hommes, 71 pour les femmes).

(B$_3$) Les dessins incomplets constituent un moyen très prisé d'identifier la lenteur de **compréhension** entraînée par de nombreux troubles psychiques (PEMBERTON).

(B$_4$) Les recherches de R.W. SPERRY ont permis d'intégrer la **spécialisation hémisphérique** (latéralisation) du traitement de l'information dans le diagnostic clinique.

Chez 95% des droitiers et 60% des gauchers, c'est l'hémisphère cérébral opposé qui domine notamment pour les oppositions langage *vs* représentation spatiale ; pensée logique-associative *vs* pensée intuitive-globale. Chez les ambidextres et les pseudo-droitiers (gauchers rééduqués), le rapport est encore plus compliqué. Il en résulte une asymétrie fonctionnelle ou une latéralisation déficiente (PERRET).

Dans l'épreuve correspondante, il s'agit de souligner les figures de l'alignement à droite qui apparaissent correctement tournées (et non inversées en miroir).

(B$_5$) Dans le **test de sélection** (NEISSER, BECKLEN), on contrôle l'aptitude à discriminer des images simultanées. Le trouble de sélection semble être déterminé par l'âge, de même qu'avec l'âge le brouhaha d'une réunion ne permet plus de distinguer très bien ce que dit quelqu'un en particulier.

(B$_6$) L'un des rares tests à prétendre établir une distinction entre les troubles psychiques est incontestablement le **test de Szondi**.

Il s'agit de choisir dans une série de 6 fois 8 reproductions d'anciens malades psychiatriques, les 2 plus sympathiques et les 2 plus antipathiques à chaque fois. Cette sélection est supposée permettre un choix basé sur la différence entre sadisme, masochisme, catatonie, paranoïa, etc.

Ce test a permis d'obtenir des résultats très divers. Plusieurs révisions (notamment celle de L. LASZLO) attestent l'imperfection des tests cliniques globaux.

Outre leur utilisation anamnestique (dans le cadre de l'examen psychologique initial) les tests accompagnent, dans les modèles récursifs (SCHIEPEK, 1986), la thérapie en vue de l'ajuster aux exigences variables de son déroulement :

« Diagnostic, plan thérapeutique et application thérapeutique sont les éléments d'un circuit logique que l'on parcourt sans discontinuer. » (SCHULTE, 1982).

Parmi les diverses fonctions investies par le psychologue clinicien (voir p. 417), celle définie par le diagnostic, ou plutôt l'évaluation (terme aujourd'hui plus usuel), s'exerce dans le cadre de l'**examen psychologique**, ou encore bilan psychologique.

Cette procédure classique, définie tout d'abord par D. LAGACHE, comprend la séquence d'étapes suivantes :

L'entretien intégrant l'anamnèse et associant l'observation directe de la conduite. Suit alors la passation de :

Tests d'intelligence en vue de déterminer l'efficience intellectuelle en termes de QI (par ex. WAIS chez l'adulte ; WISC chez l'enfant) ;

Épreuves instrumentales en cas par ex. de détérioration intellectuelle chez l'adulte ; en cas par ex. aussi de difficultés motrices ou encore de problèmes de langage chez l'enfant (ZAZZO, 1969) ;

Tests de personnalité destinés à élucider plus particulièrement la structure psycho-affective du sujet.

Il peut s'agir, selon les finalités de l'examen, soit de :

Questionnaires et inventaires (par ex. 16 PF, MMPI, Minumult), ou encore de :

Techniques projectives : le Rorschach associé en règle générale à une autre épreuve projective, le TAT surtout, ou bien le CAT ou le Patte Noire pour les enfants de moins de 9 ans.

L'école française de psychologie clinique a élaboré avec beaucoup de persévérance et d'originalité les aspects théoriques et méthodologiques de la technique de l'entretien, et aussi des épreuves projectives.

A. Deux approches de l'entretien

Le modèle de l'entretien non directif tire son origine des conceptions de CARL ROGERS dont l'influence a commencé à se faire sentir en France dès 1960. A partir de cette suggestion, C. CHILAND en a produit, à partir de 1970, une approche nouvelle, beaucoup plus marquée que son modèle par le référent *psychanalytique*.

Dans la période récente, la théorie et la méthodologie de l'entretien ont fait l'objet d'une nouvelle approche centrée plutôt sur la *pragmatique* de la communication. En particulier, BLANCHET et GOTMAN (1992) distinguent de ce point de vue, l'entretien diagnostique ou d'évaluation, puis l'entretien thérapeutique, et enfin l'entretien de recherche, dont les variétés sont étudiées avec beaucoup d'attention.

B. Fantaisie et réalité

Depuis environ 1970 également, les travaux de l'*École française de Techniques projectives* ont acquis une notoriété remarquable, voire de portée internationale, en raison d'un modèle nouveau d'interprétation psychanalytique du test de Rorschach (RAUSCH DE TRAUBENBERG, CHABERT), et du TAT (SHENTOUB, DEBRAY, BRELET).

Jusqu'à cette époque, ces deux tests de personnalité dont on a parlé précédemment s'étaient développés dans des perspectives relativement assez éloignées du paradigme de la pensée freudienne. Néanmoins, LAGACHE avait déjà depuis longtemps (1949) envisagé la fécondité d'un rapprochement éventuel entre les techniques projectives et la psychanalyse.

D'autre part, les auteurs qui viennent d'être cités lui ont emprunté un certain nombre de concepts métapsychologiques originaux. Ceux-ci s'organisent autour du thème d'un passage plus ou moins libre, d'une perméabilité plus ou moins grande, d'une oscillation plus ou moins souple entre conscience imageante et conscience percevante, « raison et déraison », laisser-aller et contrôle, « fantaisie et réalité », processus primaire et processus secondaire (e : *shift* ; SCHAFER, SHENTOUB).

C. Le moi-peau

L'articulation entre ces deux directions perceptive-objective et projective-subjective concerne la psychogenèse de la différenciation entre dehors et dedans, non-moi et moi, objets externes et objets internes.

Le nouage de leurs interactions trouve son origine dans une représentation élémentaire de l'intérieur et de l'extérieur, sous forme de clivage du bon et du mauvais objet. Ce mécanisme trouve appui sur l'expérience primaire de la surface du corps propre, comme enveloppe formatrice des contours du moi, vécue d'abord comme une barrière poreuse et frêle. En 1985, DIDIER ANZIEU a désigné comme moi-peau cette première image du corps comme surface tactile et visuelle, espace d'attache aussi d'une ambivalence primaire.

La notion de cet organisateur psychique condense une riche tradition clinique (notamment avec FREUD, WALLON, WINNICOTT, BOWLBY, BICK). Elle inaugure aussi un courant particulier de la pensée clinique française actuelle bien individualisé par rapport au courant lacanien, et probablement mieux outillé, ou du moins autrement que celui-ci pour aborder la question des états limites, des organisations borderlines, ce Tiers état peut-être majoritaire aujourd'hui par rapport aux paradigmes classiques de la névrose et de la psychose.

A. Perspectives structurale et thématique

Le test de Rorschach est une épreuve *structurale* dont l'intérêt est de fournir une coupe représentative du système de la personnalité, de son équilibre dans une perspective *économique*. C'est une épreuve qui convoque un « imaginer à partir du voir », et qui renseigne plus particulièrement sur la solidité des limites entre dedans et dehors, l'image du corps et la représentation de soi, l'existence d'un espace psychique interne, la problématique *identitaire*.

Une idée importante avancée par l'École française de techniques projectives est celle d'un usage conjoint et d'une interprétation complémentaire du test de Rorschach et du TAT.

Le TAT est, de son côté, une épreuve *thématique* dont le propre est de révéler les contenus significatifs de l'histoire vécue de la personnalité, envisagée au point de vue de sa *dynamique*. C'est une épreuve qui induit le « raconter à partir d'images » (CHABERT), occasion d'un « penser-fantasmer » (BRELET), et qui révèle la nature du conflit pulsionnel, ainsi que l'agencement de la relation d'objet, dans le cadre de la problématique *œdipienne*.

En réalité, l'un et l'autre tests sont à même de produire des informations touchant ces deux ordres de problématiques.

Du point de vue fonctionnel aussi, les deux tests offrent des approches différentes mais complémentaires, à composante plus primaire dans le Rorschach, de nature plus secondarisée dans le TAT, concernant l'organisation aussi bien affective qu'intellectuelle.

D'ailleurs, dans un ordre d'idées comparable, LAGACHE insistait déjà (1949) sur l'opportunité d'une interprétation plus clinique, d'un caractère global et dynamique, des épreuves d'intelligence, en particulier au moyen de l'analyse des *scatters*. Cette conception interactionniste de la dynamique des processus affectifs et intellectuels dans le cadre d'une approche globale de la personnalité est l'une des caractéristiques de l'école clinique française (WALLON).

B. Modalités de fonctionnement psychique

Le nouveau modèle psychanalytique d'interprétation des méthodes projectives, proposé par l'École française, a trouvé jusqu'ici sa réalisation la plus convaincante dans la *feuille de dépouillement du TAT*.

La méthode d'interprétation préconisée, pour les histoires racontées à partir des planches du TAT, consiste dans le décryptage des procédés d'élaboration du discours. L'analyse de ces procédés, soit formels (syntaxe) soit narratif (style), permet d'identifier, pour chaque structure individuelle, une constellation particulière de procédés et mécanismes défensifs.

La feuille de dépouillement comporte 4 séries d'items (en tout 80) correspondant pour la plupart à des procédés défensifs, organisant le *niveau manifeste* du discours (par ex. « précautions verbales »), et pour certains aussi aux mécanismes de défense classiques de la clinique freudienne (par ex. annulation), censés opérer au *niveau latent* du fonctionnement psychique.

Ces 5 séries renvoient à des entités psychopathologiques cardinales de la nosographie psychanalytique. A cet égard, le point essentiel à noter est que ces entités fonctionnent comme des paradigmes de référence permettant de situer des organisations individuelles relevant aussi bien de la normalité que de la pathologie mentale.

La série A, dite « *contrôle* » (18 items), est marquée par la conflictualisation de la pensée, le primat de l'activité de pensée, et renvoie au paradigme pathologique de la *névrose obsessionnelle*.

La série B, dite « *labilité* » (13 items), caractérisée par la conflictualisation interpersonnelle, la dramatisation, renvoie à l'*hystérie*.

La quatrième série E, intitulée « *émergence en processus primaires* » (20 items), se réfère au registre des *psychoses* en général (en particulier schizophrénie et paranoïa).

La troisième série C, dénommée « *évitement du conflit* », de loin la plus riche (29 items) et aussi la plus novatrice au point de vue clinique, concerne le domaine des *fonctionnements limites* (borderlines). Ces sujets se caractérisent, à degrés variés, par des traits phobiques (P), des conduites narcissiques (N), un mode éventuel de fonctionnement maniaque (M), la tendance à l'agir, à l'expansion comportementale (C), et enfin une forme de pensée accrochée à l'activité quotidienne, au factuel (F).

Les organisations individuelles se définissent par des *modalités de fonctionnement psychique* privilégiées, des *types* d'*économie pulsionnelle* complexes singularisés par l'interférence, la coexistence de procédés appartenant à plusieurs séries. De ce point de vue, l'évaluation clinique doit apprécier la signification ponctuelle, transitoire, ou à l'opposé majoritaire, dominante des diverses catégories de procédés. Prendre en compte aussi les degrés variables de *lisibilité* du discours propres à chaque forme de *problématique personnelle*.

376 XX. Psychologie clinique / 1. Aperçu historique

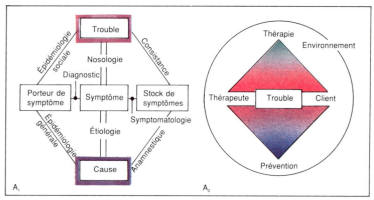

A Systèmes de psychologie clinique

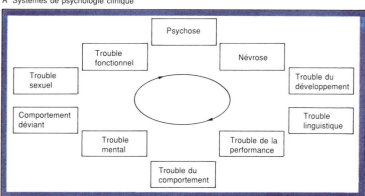

B Troubles psychiques

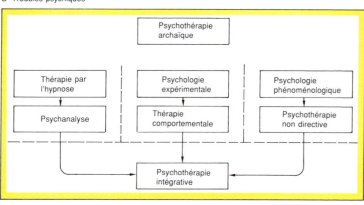

C Histoire de la psychothérapie

La **psychologie clinique** doit son nom à la psychologie américaine, où la psychothérapie a toujours été plus étroitement liée aux *cliniques* psychologiques. LIGHTNER WITMER, élève de WILHELM WUNDT, fondateur du premier institut de psychologie à Leipzig, ouvrit dès son retour à Philadelphie au début du XXᵉ siècle, la première clinique psychologique et créa en 1907 la revue « Psychological Clinic ». A partir de là, le terme de psychologie clinique s'est imposé, bien que beaucoup de psychologues cliniciens ne travaillent nullement dans une clinique.

A. Systèmes de psychologie clinique

Du fait qu'aujourd'hui la plupart des psychologues professionnels travaillent dans le domaine de la psychologie clinique (60% en France, 42% en Allemagne), la « psychologie clinique appliquée » s'est considérablement étendue ces dernières décennies en tant que corpus thématique. La situation actuelle permet de classer systématiquement les *concepts fonctionnels* et les *domaines thématiques*.

(A₁) Ce modèle cybernétique est construit sur la triade centrale trouble - symptôme - cause. Toutes les orientations thérapeutiques doivent aborder les questions suivantes :

Qu'est-ce qu'un « trouble » ? Comment naît-il ? Quelles causes a-t-il ?

Les symptômes (indices de trouble) ont un « porteur de symptômes » (patient, client, consultant, etc.) et ils font partie d'un « stock de symptômes » (accumulation descriptive maximale d'indices de trouble, cf. B). Il en résulte 8 connexions qui correspondent à 8 tâches scientifiques :

la **nosologie** (méthode de description des troubles), la **symptomatologie** (caractérisation des troubles), l'**étiologie** (étude et théorie des causes), le **diagnostic** (identification des troubles individuels), la **consistance** (résistance du trouble, ou plus précisément possibilité d'agir sur le trouble), l'**anamnestique** (recensement des causes), l'**épidémiologie générale** (propagation des troubles psychiques), l'**épidémiologie sociale** (rapport concernant le trouble entre le client et son environnement).

(A₂) Autour du centre *trouble psychique* sont groupés les composantes fonctionnelles de la psychologie clinique.

La *thérapie* comprend l'intervention (somme des interventions possibles) effectuée par le *thérapeute* vis-à-vis du *client*. Ce triangle est complété par celui dans lequel la *prévention* des troubles occupe la place de la thérapie.

Ce rapport personnel des acteurs de l'intervention est compris dans leur environnement particulier et collectif, avec son influence sur l'événement thérapeutique et préventif.

B. Troubles psychiques

La classification des troubles psychiques est un des problèmes les plus difficiles de la psychologie clinique. En principe, toute perturbation psychique est surdéterminée. Il en résulte une multitude de troubles avec une grande diversité de symptômes et de syndromes (entités symptomatiques). La terminologie de ces troubles s'est en partie développée pendant plusieurs millénaires, d'autres termes étant de date beaucoup plus récente. Il n'est donc pas étonnant qu'une terminologie systématique pose problème.

Le tableau récapitulatif réunit les termes désignant les troubles les plus importants (qui se recouvrent en partie les uns des autres). Ceux-ci sont traités en détail dans les chapitres correspondants.

Une question importante se pose alors : dans quelle mesure les troubles sont-ils susceptibles de se modifier ?

C. Histoire de la psychothérapie

Dans son *Histoire mondiale de la psychologie et de la psychiatrie* (1970), A.A. ROBACK mentionne les « thérapeutes des cavernes » à l'âge de la pierre, qui pratiquaient un trou dans la calotte crânienne pour que

« les mauvais esprits puissent quitter le patient ; mais ils n'avaient aucune conscience de l'effet secondaire produit : le relâchement de la pression à l'intérieur de la tête du fait de la réduction des tissus et du liquide ».

Cette image montre une trépanation de l'âge de la pierre. Bon nombre de ces thérapies « archaïques » ont duré jusqu'au Moyen Age (et jusqu'à nos jours sous forme d'exorcisme). L'*hypnose* (cf. p. 398) fut systématiquement utilisée au début de l'ère moderne. En s'en détachant, la psychanalyse a pu se développer. C'est de la *psychologie expérimentale* que provient la thérapie comportementale, et la *psychologie phénoménologique* a donné naissance, entre autres, à la thérapie non directive. Aujourd'hui, on peut dénombrer officiellement 140 psychothérapies différentes (KRECH et CRUTCHFIELD, t. 8, 1985).

C'est justement cette profusion qui oblige la psychologie clinique à se préoccuper d'une « psychothérapie intégrative » en train de naître progressivement. Elle ne périmera probablement pas les écoles thérapeutiques précédentes, mais constituera plutôt un cadre, dans lequel s'exprimeront les différences personnelles des thérapeutes dans la conduite des thérapies. Les sections qui suivent sont consacrées aux thérapies particulières les plus importantes.

378 XX. Psychologie clinique / 2. Psychanalyse (1)

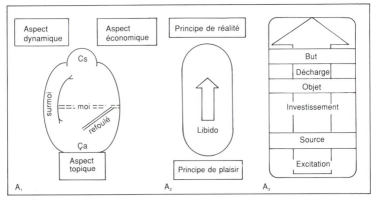

A Métapsychologie

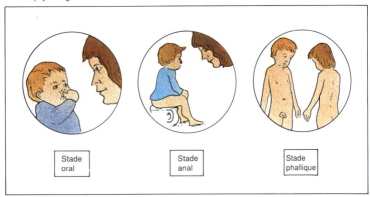

B Organisation de la libido

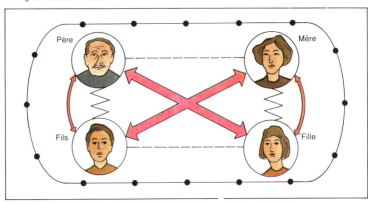

C Complexe d'Œdipe

SIGMUND FREUD (1856-1939) élabora la « psychanalyse » au cours d'une longue vie. Il en résulte une multitude de strates de pensée, qui empêchent toute vue homogénéisante. Mais il est possible d'extraire et de mettre en valeur des parties essentielles, qui constituent aujourd'hui encore la psychanalyse « orthodoxe ». Comme cette œuvre est née de l'expérience personnelle de FREUD, il y avait peu de chances pour qu'elle puisse survivre telle quelle à son créateur.
C'est pourquoi la psychanalyse actuelle n'est jamais qu'une transformation de la psychanalyse freudienne (quand elle n'emprunte pas carrément des voies nouvelles, comme l'a fait la « néo-analyse », cf. p. 383). Plus qu'aucune autre thérapie, elle fut très tôt l'objet de controverses publiques, notamment parce qu'elle mettait en doute le pouvoir de l'esprit et qu'elle abordait ouvertement la sexualité, en particulier sous sa première forme infantile.

A. Métapsychologie

« Si je ne peux vaincre les puissances célestes, je mettrai en mouvement le monde des enfers. » Ce vers de l'*Énéide* de VIRGILE sert d'épigraphe au premier grand livre de FREUD, *L'Interprétation des rêves*. Comme il ne parvenait pas à expliquer ses expériences cliniques à l'aide de la psychologie de la conscience de son temps, il se créa lui-même une psychologie de ce « monde des enfers » qui reçut le nom de « psychologie des profondeurs ».
(A$_1$) La tâche la plus urgente était d'ériger un nouveau modèle de l'homme, qu'à partir de 1932 il représenta comme le montre l'esquisse ci-contre. L'aspect *dynamique* caractérise le conflit entre forces psychiques opposées, l'aspect *économique* caractérise la dépense d'énergie des parties de l'appareil psychique et l'aspect *topique* leur organisation interne (modèle des instances) :
Le « moi » (moi inconscient-conscient), le « surmoi » (porteur de l'« idéal du moi », « organe de surveillance » intériorisé), le « ça » (pôle pulsionnel).
(A$_2$) Ce pôle pulsionnel est considéré d'abord comme « libido », concept énergétique global pour la sexualité physique et psychique.
Le ça réagit en suivant le principe de plaisir, alors que les pulsions du moi (dont FREUD a donné plusieurs interprétations successives) obéissent au *principe de réalité*, c.-à-d. qu'elles s'adaptent à ce qui est exigé par l'environnement.
(A$_3$) La libido est une *source* issue de l'excitation somatique ; le *but* est la « décharge » de cette énergie de tension ; l'*objet* est à son service en tant que moyen réel ou fantasmatique (par ex. en tant qu'« investissement » d'une personne aimée, mais également sous forme d'objet de substitution).

B. Organisation de la libido

D'après FREUD, la libido n'attend pas la puberté pour se développer. L'auto-érotisme commence dès la prime enfance avec les « pulsions partielles ». Leur source passe de certains organes du corps à d'autres, ce qui permet de distinguer 3 stades principaux en fonction du type de satisfaction (diminution de la tension).
Stade oral (en gros la 1re année de vie). Au centre de la recherche de plaisir, on trouve les activités suivantes : têter, sucer, conserver dans la bouche, avaler, toucher ; un peu plus tard : mordre, recracher, rejeter (« éjection »), dévorer (phase cannibalique). Premières angoisses liées aux pertes orales.
Stade anal (en gros la 2e et la 3e année). Augmentation du rayon d'action. Construction tendances constructives et destructrices. Recherche de plaisir prioritairement liée aux processus d'excrétion. Angoisses liées aux pertes de pouvoir.
Stade phallique. Au cours du premier stade génital, ou phallique (autour de la 4e ou 5e année), se manifestent les « pulsions obscures » du début de la différenciation sexuelle (cf. C, complexe d'Œdipe). La découverte des organes génitaux comme objet de plaisir constitue pour FREUD le tournant et la charnière du développement ultérieur.

C. Complexe d'Œdipe

Dans la tragédie de SOPHOCLE *Œdipe roi*, le fils tue son père et épouse sa mère en ignorant leur identité.
FREUD fait un usage métaphorique du titre pour qualifier les premiers désirs génitaux. D'après ce modèle, le jeune garçon nourrit des germes d'amour infantile pour sa mère *(complexe d'Œdipe)* et la petite fille pour son père *(complexe d'Electre* d'après JUNG), tandis que se développe simultanément un « désir d'élimination » du parent du même sexe. Il est vrai que FREUD reprend en partie cette « hostilité », dans la mesure où il constate un rapport d'« ambivalence » (amour-haine) à l'égard du parent du même sexe :
le jeune garçon « se comporte en même temps comme une fille ; il adopte une position féminine (pleine de tendresse) vis-à-vis du père ».
Plus tard, certains psychologues des profondeurs ont complété ce modèle en ajoutant les rapports partiellement « ambivalents » des *parents* entre eux (notamment ÉRIC BERNE, cf. p. 391) et la rivalité entre *frères et sœurs* (ALFRED ADLER, cf. p. 383).
Aux yeux de FREUD, la reconnaissance du complexe d'Œdipe comme stade par lequel tout être humain doit passer était le « schibboleth » (terme biblique désignant un signe absolu de différence) de la psychanalyse, qui « sépare les adeptes de la psychanalyse de leurs adversaires ».
De fait, c'est un « dogme » que son *caractère indémontrable* (infalsifiabilité) rend inaccessible à l'examen scientifique (l'« ambivalence » est invérifiable), et dès lors élevé au statut de fondement d'une école.
Aussi incontestable que soit la *difficulté* de l'identification sexuelle, ce principe en tant que « complexe d'Œdipe » a entraîné de nombreuses dissidences parmi les premiers psychanalystes.

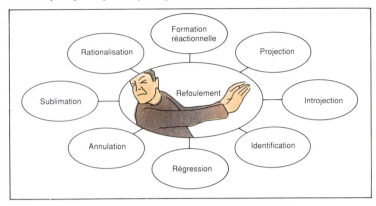

A Mécanismes de défense

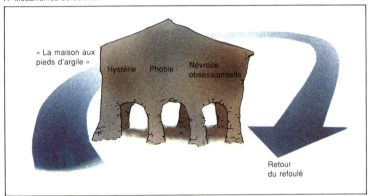

B Doctrine de la névrose

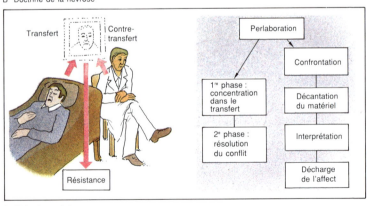

C Thérapie analytique

L'hypothèse d'un « subconscient » a une longue tradition qui remonte au moins à LEIBNIZ. Pour FREUD, cette partie du psychisme (à peine acceptée par la psychologie lorsqu'il débutait) est beaucoup plus que simplement située « sous » le conscient.

Il se représente l'« inconscient » comme une entité séparée ayant sa « logique » propre (notamment la logique du rêve) et des intentions que l'homme lui-même ne peut apercevoir (mais que les lapsus entre autres permettent de déchiffrer). Cette conception d'une séparation (ligne de démarcation ou « censure ») de l'inconscient fut souvent critiquée.

A. Mécanismes de défense

Selon la « métapsychologie » de FREUD, l'homme élabore par ex. les expériences pénibles qu'il a vécues en faisant un travail de « dégagement » : elles disparaissent par oubli. Mais cela ne réussit pas toujours. Il faut activement « refouler » bien des expériences traumatisantes, par ex. en les réinterprétant. L'inconscient « déguise », comme FREUD l'a vu dans ses recherches sur le rêve, les expériences vécues en les modifiant, en les déplaçant, en les dramatisant, en les symbolisant. Pour lui, le rêve est une « réalisation camouflée de désir ». Dans ses interprétations de rêves, il cherche en quelque sorte comment comprendre le langage de l'inconscient, comment déchiffrer les *pensées latentes du rêve* derrière son *contenu manifeste*.

Or non seulement le rêve, mais aussi les rêves diurnes et finalement la conscience éveillée contiennent une part importante de mécanismes inconscients tels qu'ils sont à l'œuvre dans le rêve. Pénétrer dans ces territoires inconnus de la psychologie humaine est le but déclaré de la psychanalyse. Ce faisant, on se heurte à un grand nombre de *mécanismes de défense* articulés autour de la forme centrale du **refoulement** (c.-à-d. rejet dans l'inconscient et fixation sous forme de complexe non reconnu). Au refoulement pathologique se rattachent des mécanismes de défense et procédés défensifs, de caractère « normal » et non seulement pathologique, dont les plus importants sont les 9 suivants :

1. La *formation réactionnelle* consiste en un « contre-investissement permanent », c.-à-d. une suppression apparente du refoulé par les conduites de sens opposé (par ex. la propreté).
2. L'*identification* est une forme d'initiation inconsciente, qui présente diverses espèces, par ex. l'identification à l'agresseur.
3. L'*introjection* intériorise, sous forme de fantasmes inconscients, des objets ou leurs qualités.
4. La *projection* impute à autrui des processus inconscients refusés par le sujet.
5. L'*annulation* consiste à défaire ce qu'on a fait. Lui sont apparentées la *dénégation* et le *déni*.
6. L'*isolation* a pour effet de séparer une représentation gênante de son affect. Une forme plus marquée en est le *clivage*.
7. La *régression* désigne une tentative de retour vers des phases antérieures de l'organisation psychique.
8. La *sublimation* déplace une tendance indésirable vers un but culturellement reconnu.
9. La *rationalisation* réinterprète après coup sous forme d'une explication cohérente et acceptable.

B. Doctrine de la névrose

Dans sa doctrine de la névrose, FREUD distingue deux grands groupes de névroses. Les névroses actuelles (notamment la neurasthénie, la dépressivité et la névrose d'angoisse) ont des causes « réelles ». A l'opposé, les psychonévroses (= névroses de défense) sont fondées sur un mécanisme psychique. Il range dans cette catégorie entre autres l'hystérie, la phobie et la névrose obsessionnelle (anancastique). Ce sont elles qui sont au centre de l'intérêt ; la psychanalyse les qualifie de « maison aux pieds d'argile ». A la base, on trouve un conflit inconscient non résolu : non résolu parce qu'il est profondément refoulé. Pour la psychanalyse, l'origine de la névrose est donc un « retour du refoulé », déguisé, il est vrai, dans la plupart des cas.

La manie de se laver chez un obsessionnel serait donc le retour de besoins sexuels « malpropres » et refoulés.

C. Thérapie analytique

Dans la « cure » psychanalytique, le client exprime unilatéralement tout ce qui lui vient à l'esprit en relation avec ses rêves. Le thérapeute est assis derrière le patient allongé sur un divan et lui prête une attention « neutre ». En règle générale, on a affaire à la manifestation de deux éléments importants :

Le patient doit surmonter des « résistances » par rapport à son inconscient et le *transfère* inconsciemment son complexe d'Œdipe non élaboré sur le psychanalyste.

Par « contre-transfert », on entend la projection du conflit œdipien primitif du *thérapeute* sur le client, projection qui doit être neutralisée par une « analyse didactique » (analyse personnelle par un analyste didacticien).

Le transfert des conflits œdipiens du patient sur l'analyste n'est évidemment pas considéré comme une « faute » mais comme une composante nécessaire de l'analyse. FREUD distingue 2 phases :
  « Dans la première, toute la libido est poussée des symptômes dans le transfert et s'y concentre ; dans la seconde, on assiste à la lutte pour ce nouvel objet et la libido s'en libère » *(Introduction à la psychanalyse)*.

GREENSON distingue 4 phases de « perlaboration » :
  La *confrontation* (par ex. mise en question des contenus du rêve),
  La *décantation du matériel* (par ex. classement du matériel du rêve),
  L'*interprétation* (que FREUD tenait pour un « art ») et la *décharge de l'affect*.

FREUD écrit à propos de la la cure :
  « Le changement décisif pour une issue positive est l'élimination du refoulement à l'occasion de ce conflit renouvelé. »

382 XX. Psychologie clinique / 4. Néo-analyse

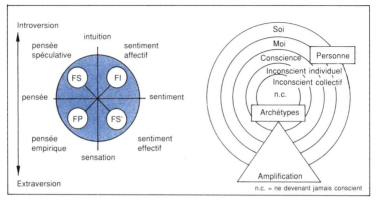

A Psychologie complexe

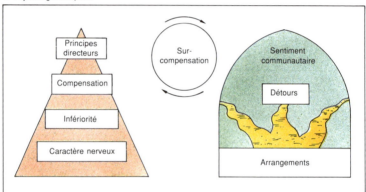

B Psychologie individuelle

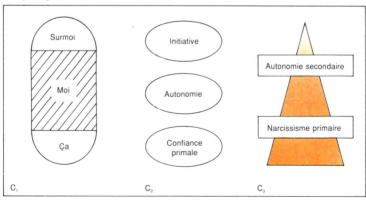

C Analyse du moi

L'histoire de la psychanalyse est l'histoire de ses *scissions*. Comme FREUD exploitait ses propres expériences personnelles, d'autres furent obligés de tirer à leur tour des conclusions personnelles de leur expérience et un certain nombre d'entre eux de tracer de nouvelles voies pour la psychologie des profondeurs. Il en résulte donc de nos jours une profusion déroutante de thérapies. Les 3 suivantes sont au nombre des plus importantes.

A. Psychologie complexe

C.G. JUNG abandonna l'orientation freudienne dès 1913. Sa psychologie complexe (ou psychologie analytique) est fondée sur une autre conception de l'inconscient et de ses modalités d'action que la psychanalyse freudienne.
JUNG se demanda comment FREUD et ADLER pouvaient aboutir à des conceptions aussi opposées de la névrose :
  « Cela provient très certainement du fait que les caractéristiques psychologiques des deux chercheurs leur font voir dans la névrose ce qui correspond à leurs caractéristiques propres. »
Il établit pour eux une distinction typologique qui devint finalement la typologie la plus connue :
  Introversion (pour FREUD)
  Extraversion (pour ADLER).
A ces deux types, il adjoint 4 fonctions pour aboutir à 8 types fonctionnels, qui peuvent à leur tour constituer des fonctions primaires (FP), des fonctions secondaires (FS), des fonctions inférieures (FI) et des fonctions secondaires involontaires (FS').
Il complète ce schéma compliqué de la personnalité par sa représentation stratifiée des niveaux de la personne :
  « La totalité de ma psyché » en tant que *soi*, le « moi comme centre du champ de la conscience », la conscience,
  « l'ombre » propre ou inconscient *personnel*, l'inconscient *collectif* et la partie de l'inconscient collectif qui *n'accédera jamais à la conscience.*
Cet « inconscient collectif » est la « part suprapersonnelle ou impersonnelle de la psyché individuelle », et ses contenus sont les « archétypes » (cf. p. 249).
La thérapie de JUNG est appelée amplification :
C'est un travail en commun sur les symboles collectifs afin de les amener, dans un « processus d'individuation », jusqu'aux couches supérieures de la psyché, et d'engager par là même les voies d'un « compromis entre l'individu et la société », permettant de donner un sens plus intense à la vie.

B. Psychologie individuelle

ALFRED ADLER se sépara de FREUD en 1911 et fonda l'« Association pour la Liberté de la Psychanalyse », rebaptisée ensuite « Association pour la Psychologie individuelle », afin d'exprimer que chaque individu a une existence unique et libre. Il est vrai qu'à son avis cette existence est fondamentalement menacée :

l'individu vient « au monde », monde dans lequel tous les autres sont plus forts que lui. Du fait de sa faiblesse (dépendance sociale, infériorité d'organe, etc.), il est obligé de faire de gros efforts pour acquérir à titre de compensation sa part de *pouvoir social*.
Quand un *complexe d'infériorité* vient s'ajouter au « caractère nerveux », il arrive fréquemment que la compensation normale ne suffise pas et donne lieu à une surcompensation qui se manifeste par des arrangements, c.-à-d. des « principes directeurs » fictifs.
La thérapie d'ADLER est une psychagogie ou doctrine des plans de vie corrects, qui neutralise les « détours » des arrangements et incite l'être humain à « rejoindre définivitement la communauté humaine sans phrase », c.-à-d. à retrouver le sens de la communauté.

C. Analyse du moi

(C$_1$) L'étroitesse du domaine que FREUD attribuait au « moi » par rapport au « ça » et au « surmoi », déplaisait à un grand nombre de psychanalystes. Ils mirent ce domaine au centre de leur thérapie. Un des premiers fut H. HARTMANN, qui partit d'une « psychologie du moi ».
Pour KAREN HORNEY, le moi est en quête de sécurité :
  pour quelque chose, contre quelque chose, pour s'éloigner de quelque chose, et dans une *compétition* déterminée par l'environnement et la culture. Elle ne trouve pas de séparation radicale entre normalité et névrose, mais une simple différence de degré.
(C$_2$) Le terme d'analyse du moi est aujourd'hui associé surtout à la psychologie d'ERIK ERIKSON. Il s'est particulièrement occupé de la crise d'identité, donc des difficultés qu'a le moi à se trouver lui-même. D'après sa théorie, de nombreux facteurs sont constitutifs de la qualité du moi :
  On peut notamment mentionner la « confiance primale », l'établissement d'une « autonomie » et le développement d'« initiatives » propres.
(C$_3$) Pour l'école de Chicago, en particulier pour HEINZ KOHUT, le moi parvient à se trouver lui-même le par l'intermédiaire du narcissisme primaire (l'amour de soi primitif du petit enfant), cette *rencontre de soi* devant conduire à une « autonomie secondaire ».
  Il considère que le noyau du trouble narcissique, et donc la cause principale des névroses, doit être cherché dans la structure déficiente du soi, en général sorte dans une carence du soi.
Le but de cette thérapie est le développement et le remaniement de la personnalité, afin de supprimer les « forces de neutralisation provenant du soi narcissique » (H. KOHUT) et du « caractère moïque » (F. KÜNKEL).
L'évolution actuelle de la psychologie des profondeurs est marquée par l'amalgame avec une partie des thérapies qui suivent et l'élaboration de thérapies spécifiques (par ex. thérapie familiale, prophylaxie du suicide).

384 XX. Psychologie clinique / 5. Thérapie comportementale (1)

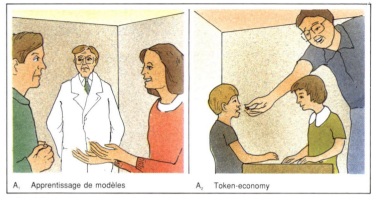

A₁ Apprentissage de modèles   A₂ Token-economy

A Procédés d'acquisition

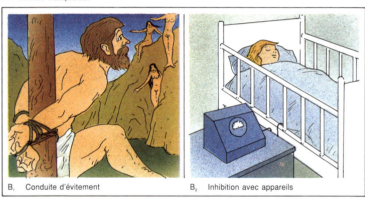

B₁ Conduite d'évitement   B₂ Inhibition avec appareils

B Procédés d'élimination

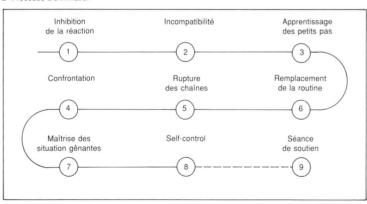

C Modelage du comportement

PASCAL (1623-1668) a écrit la phrase suivante :
« La coutume est une seconde nature qui détruit la première. »
Mais il n'y a pas seulement de bonnes habitudes, il en est aussi de mauvaises. La **thérapie comportementale** (TC) vise les deux en utilisant des procédés d'appropriation et d'élimination. La TC au sens strict a commencé au début des années 20 avec les travaux de 3 élèves du fondateur de la théorie comportementale JOHN BROADUS WATSON (1878-1958).
   Elles traitèrent des enfants souffrant de phobies pour les animaux par des méthodes de conditionnement (cf. VIII, Psychologie de l'apprentissage).
Depuis, la TC est devenue l'une des orientations thérapeutiques les plus répandues.

A. Procédés d'acquisition
Le vieux principe pédagogique selon lequel il est possible d'enseigner et d'apprendre les comportements est systématiquement mis en pratique par les comportementalistes. Parmi les procédés employés, l'*apprentissage de modèles* est un des plus importants.
   (A_1) On peut les faire imiter *(shadowing)* sur un mode coopératif (l'assistante, à droite du thérapeute se trouvant au milieu, présente au client l'exercice qu'il doit faire), symbolique (le modèle est par exemple proposé dans un film) ou caché (il est anticipé notamment dans des réflexions).
   (A_2) Avec les enfants, on utilise des renforçateurs directs (cf. p. 147) sous forme de bonbons pour obtenir le comportement souhaité *(tokeneconomy)*. Avec les adultes, on utilise dans le même but des systèmes de renforcement avec des jetons ou par l'octroi de privilèges.
Le *prompting* (soutien donné par le thérapeute pour servir d'exemple) est progressivement supprimé *(fading)* en cas de succès.

B. Procédés d'élimination
   (B_1) Dans l'*Odyssée* d'HOMÈRE, Ulysse suit les conseils de Circé et se fait attacher au mât de son navire pour ne pas succomber aux chants des sirènes. Quant à ses compagnons, on leur bouche les oreilles avec de la cire.
Ce procédé radical d'évitement est repris après modification par la TC, sous forme certes atténuée, mais d'une efficacité plus prometteuse.
   C'est le cas lorsqu'on associe au comportement négatif (par ex. l'excès de consommation d'alcool) un stimulus aversif, qui peut être par ex. une odeur écœurante.
   (B_2) A l'aide d'un appareil énurésique, on parvient à empêcher que l'enfant ne mouille son lit : la moindre goutte d'urine actionne la sonnerie d'un réveil.

C. Modelage du comportement
Sous le terme de *« shaping »* (modelage ou façonnement du comportement), la TC américaine utilise un procédé cohérent, mais avec des variantes individuelles, qui comporte une série de pas.
   Au début du traitement, le client a tendance à exagérer ses souffrances et se complaît souvent dans l'apitoiement sur lui-même.
(1) Le thérapeute explique que c'est inutile et interdit énergiquement ces lamentations,
   par ex. avec des coups de klaxon *(inhibition de la réaction)*.
(2) A la place, le client apprend un comportement automatisé *incompatible* avec ses plaintes,
   par ex. des pensées joyeuses ou (plus souvent) une position de relaxation.
(3) Le mauvais comportement est décodé en fonction des symptômes
   et arrêté à petits pas *(apprentissage des petits pas)*.
(4) Une bonne partie de la thérapie par le *shaping* consiste à rompre avec la routine qui enferme l'homme dans une camisole de force et le rend ainsi incapable de modifier son comportement. Il apprend par ex.
   à conduire très lentement sa voiture ; à ne pas céder à l'irritation, quand il met deux chaussures différentes ; à modifier ses habitudes discursives ; à modifier complètement son lever matinal et sa façon de s'apprêter, qui se sont déjà figés en rituel.
Ces changements de comportement à opérer sont une tentative de « défense contre la facilité » *(remplacement de la routine)*.
(5) Le *rupture des chaînes (chaining)* est systématiquement poursuivie par la TC. Dans les cas de conditionnement compliqué du comportement, par ex. la toxicomanie, les simples déprivations aversives (pas de la réduction) ne suffisent pas toujours.
   Le comportement global est découpé en séquences *(branching)* et celles-ci sont ensuite recomposées après-coup en nouveau programme de comportement.
(6) Par la *confrontation*, on tente de construire ou de renforcer la confiance en soi-même qui fait partie de la maturité du comportement.
   On s'exerce par ex. à rester assis genou contre genou en face de quelqu'un et à le regarder dans les yeux sans détourner le regard.
(7) On favorise des situations gênantes au moyen de procédés spécifiques *(coping skill training)*.
   Le client doit faire des démarches qui lui sont désagréables, comme d'aller mendier.
(8) Le groupe fécond des procédés permettant d'accéder au *contrôle de soi* comprend notamment :
   des protocoles de comportement, des techniques de contrôle des idées (par ex. arrêter de réfléchir, soliloquie ou monologue à haute voix), d'immunisation contre le stress,
qui sont supposés permettre la phase de transition vers l'*autonomie* par rapport au thérapeute.
(9) Au bout d'un certain temps, des *séances de soutien (booster)*, des heures qui complètent ou répètent l'enseignement après la fin de la thérapie, permettent de rafraîchir ce qui a été appris.

386 XX. Psychologie clinique / 6. Thérapie comportementale (2)

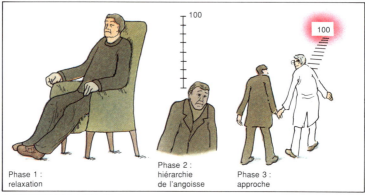

Phase 1 : relaxation
Phase 2 : hiérarchie de l'angoisse
Phase 3 : approche

A Désensibilisation systématique

B Procédés de confrontation

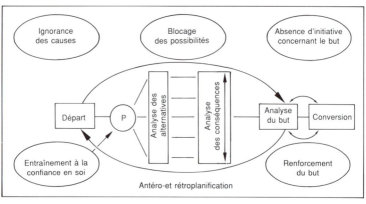

C Entraînement à la résolution de problèmes

Avec la TC, on retrouve exactement la même évolution que dans les autres écoles thérapeutiques. Les générations postérieures à celle des fondateurs ont modifié la thérapie d'origine jusqu'à la rendre parfois méconnaissable, si bien qu'existe aujourd'hui une « néo-TC » pour laquelle il n'y a pas de terme défini. En face de ces modifications qui sont parfois uniquement nominales, on retrouve quelques méthodes standard toujours pratiquées (même si elles le sont souvent sous une forme nouvelle).

A. Désensibilisation systématique

Cette technique vient du thérapeute sud-africain JOSEPH WOLPE, qui entend par là l'« élimination progressive d'habitudes d'angoisse ». C'est une technique qui comprend 3 stades.
(1) La première opération ignore encore les symptômes. Elle est conçue soit comme une *initiation à la relaxation* soit comme reprise d'une technique déjà maîtrisée (par ex. training autogène, hypnose active graduelle, méditation).
  En général, la technique de relaxation de JACOBSSON sert de base. Il s'agit de tendre et de détendre brusquement les muscles, de varier la respiration et la phonation, de façon à pouvoir adopter au commandement une position de repos.
(2) On enjoint au client d'établir des *hiérarchies d'angoisse*.
  Il lui faut élucider quels types d'angoisse sont plus faibles ou plus forts et classer les descriptions qu'il fait de ses états d'angoisse sur une échelle allant de 0 à 100.
(3) Les 2 stades précédents sont une analyse du problème et une préparation à la thérapie.
  Au cours de la thérapie proprement dite, le client en état de relaxation se représente des *contenus de représentation* assez brefs (environ 10 sec.) conformément à la hiérarchie établie. Dès qu'il s'angoisse, il le signale au thérapeute qui prolonge la relaxation jusqu'à ce que la réaction d'angoisse ait cessé.
L'approche graduelle des situations qui déclenchent à chaque fois l'angoisse maximale peut être couplée avec d'autres techniques (en dehors de la relaxation), par ex. des jeux de rôles et des personnes non angoissées présentes dans le groupe.

B. Procédés de confrontation

Ce qui distingue ce groupe des précédents, c'est qu'en cas de réaction angoissée le contact n'est pas interrompu, mais qu'il est même *renforcé*, car on part de l'hypothèse qu'ensuite (mais sous la surveillance précise du thérapeute) cette réaction cesse d'elle-même.
  Le *flooding* (= submerger d'angoisse) est une technique d'amplification systématique des facteurs d'angoisse : on confronte par ex. une personne souffrant de la phobie des serpents avec des serpents vivants *(in-vivo-flooding)* et des représentations intenses de serpents *(flooding-in-imagination)*.

Il existe un grand nombre de « cures de cheval » de ce genre, dont l'utilisation est controversée (notamment la thérapie implosive de STAMPFL).

C. Entraînement à la résolution de problèmes

Dès le début du XXe siècle, des recherches intenses ont été menées sur la structure des problèmes (DEWEY, ROSS, WALLAS, SELZ, DUNCKER). Depuis les années 20, on utilise des méthodes telles que le brainstorming (élaboration collective de solutions ; OVERSTREET, OSBORN), pour améliorer les processus de résolution de problèmes. L'apparition de l'ordinateur a fait des processus de problème un chapitre important de la science de la programmation.
Dans le cadre de la TC, l'entraînement à la résolution de problèmes est au service de l'entraînement à la compétence sociale (compétence, connaissance de la vie). On distingue plusieurs stades dans ces techniques.
  Entre le *départ* et le *but* a lieu une antéro- et une rétroplanification. Il faut d'abord analyser le *problème* (P) et faire connaître toutes les difficultés qui lui sont liées. A ce stade, le manque éventuel d'envie de chercher a un effet de blocage sur le plan psychologique. On procède ensuite à une ramification *(branching)* en fonction de toutes les *alternatives* reconnues possibles, démarche pour laquelle l'« aveuglement spécifique » sur un thème peut de nouveau avoir un effet de blocage.
Il est particulièrement difficile d'analyser les *conséquences* des alternatives et (avant tout) leur interaction (interférence des avantages et des inconvénients).
Choisir la « meilleure » solution semble aisé, mais, comme l'a démontré H.A. SIMON, on succombe souvent à *la première venue*. L'entraînement à la résolution de problèmes montre de façon exemplaire les 3 difficultés principales :
  ignorance des causes,
  blocage des possibilités,
  absence d'initiative concernant le but.
Même la meilleure intention ne peut aider à persévérer jusqu'à la réalisation du projet. L'*entraînement à la confiance en soi* est une aide. Le passage à l'action se fait sur la base d'un lien rétroactif permanent avec l'analyse du but en tant que renforcement de but.
On a finalement regroupé (sous différents noms) cet ensemble de tâches en un groupe de « régulations personnelles ». Dans ce contexte, l'effort du sujet représente le facteur d'activation des forces d'autoguérison avec un soutien spécialisé. L'automodification ou autorégulation se fait grâce à des techniques d'auto-observation, à l'autorenforcement et à des procédés d'autocontrôle.
  Dans l'entraînement au contrôle de la colère par ex., on analyse les motifs centraux de colère, on organise leur élaboration cognitive, on élimine les agressions et on s'exerce à construire un rapport détendu avec les motifs de colère précédents.

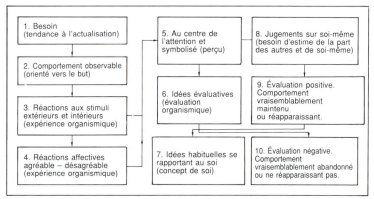

A Conception de la personnalité

B Variables thérapeutiques

	Degrés			
	Caractéristiques	I/II	III/IV/V	VI/VII
1	Émotion	Inexprimée	Disponible	Sentiments libres
2	Représentation	Conscience minimale	Conscience croissante	Conscience pleine
3	Incongruence	Inaperçue	Reconnue	Neutralisée
4	Autocommunication	Manquante	Croissante	Image de soi complète
5	Expérience	Distorsion	Diminution de rigidité	Expérience autonome
6	Élaboration de problèmes	Absence d'élaboration	Conscience des problèmes	Responsabilité de soi-même
7	Rapport aux personnes	Défensif	Début de confiance	Rapport de liberté

Fonctions

C Variables de processus

De nombreuses personnes psychiquement perturbées se sentent incomprises de tous. C'est seulement lorsque leur est renvoyé ce qu'elles éprouvent qu'elles se sentent comprises. Elles retrouvent alors progressivement la capacité de changer.

C'est à partir de cette expérience, qu'il retrouvait aussi dans certaines idées du néo-analyste RANK et dans des sources chinoises, que CARL R. ROGERS a créé la **psychothérapie non directive** (PND), ou encore *Psychothérapie par entretien* (PE).

Son premier livre *Counseling and psychotherapy* (1942) a eu un grand succès, parce qu'il contenait notamment une nouveauté sensationnelle : la transcription intégrale d'une thérapie individuelle enregistrée à l'aide d'un magnétophone.

A. Conception de la personnalité

ROGERS (1942) :

« On oublie parfois que les résultats de toute espèce de psychothérapie postulent l'hypothèse suivante : l'individu, pourvu qu'on l'aide à se réorienter et à réorganiser ses attitudes, est capable de s'adapter de façon plus normale et donc moins laborieuse, de même qu'il peut parvenir à la satisfaction sur un mode socialement reconnu. »

Pour atteindre ce but, la psychothérapie non directive ou « centrée sur le client » (c'est aussi son nom) essaye de « réorganiser le processus d'évaluation de l'organisme » (c.-à-d. son approche critique des expériences pour les faire contribuer à l'autoconservation).

Le schéma, qui comporte 10 étapes, part de la *tendance à l'actualisation* (ambition générale de se perfectionner), passe par le *concept de soi-même* (modèle variable du soi en fonction de son passé, de son présent et de son avenir propres), pour aboutir à la *réévaluation*.

Le but fixé par ROGERS est la « personnalité pleinement capable de fonctionner » (1959), dont les caractéristiques principales sont :

l'ouverture aux expériences, la concordance entre l'image de soi et l'expérience, l'estime pour soi-même, une perception non déformée de la réalité et une interaction sociale mûre et satisfaisante.

B. Variables thérapeutiques

Plus encore que d'autres psychothérapies, la TE requiert une *réserve* de la part du thérapeute. La raison en est paradoxale. Le thérapeute voit assez vite la « vraie » raison du trouble psychique (« vérité » interprétée en fonction de sa théorie implicite). Mais :

« Plus l'interprétation est précise et pertinente, plus grandes sont les chances que le client y réponde par la défense et la résistance. » (ROGERS)

Aux yeux du psychanalyste, cette *résistance* représente le blocage de l'inconscient (œdipien) et il la met au centre de la « perlaboration », le comportementaliste lui répond par le *contre-conditionnement*, alors que le thérapeute non directif la laisse *tourner à vide*.

ROGERS cite le philosophe chinois LAO-TSEU (VIe s. avant J.-C.) :

« Si j'évite de m'immiscer, les hommes prennent soin d'eux-mêmes ; si j'évite de donner des instructions, les hommes trouvent d'eux-mêmes le comportement juste. »

Mais il ne s'agit pas d'être inactif. Le thérapeute doit respecter 3 « variables thérapeutiques ».

(1) Il renvoie en miroir au client ce que celui-ci exprime. De ce fait, le client se voit dans la bouche du thérapeute et commence à se corriger *(verbalisation de vécus émotionnels)*. Il se sent compris, mais aussi disposé à changer.

(2) La seconde variable essentielle est l'*appréciation positive* du client et la *chaleur émotionnelle* à son égard. Cette valorisation renforce autant la confiance en soi que dans la thérapie.

(3) L'*authenticité* et l'*autocongruence* constituent la demande la plus difficile par rapport au thérapeute. Les conventions sociales exigent beaucoup de dissimulation, de fausseté et d'hypocrisie. Celles-ci doivent être radicalement abandonnées au profit d'une ouverture de soi-même *(self-disclosure)* pour que des soupçons d'imposture ne soient pas source d'incertitude et de fermeture chez le client et ne l'amènent pas à se retirer du rapport positif à la relation thérapeutique.

C. Variables de processus

Après chacune des 6 à 25 séances de 45 mn prévues, les partenaires de la thérapie font un bilan de leurs progrès ou de leurs régressions.

Ils utilisent pour cela une série de questionnaires.

Celui de TOMLINSON et HART (1962), révisé par ROGERS, prévoit 7 domaines fonctionnels (lignes) et 7 degrés (colonnes) permettant d'inscrire un progrès possible.

Dans le cadre de ce déroulement thérapeutique, 2 variables de processus sont indiquées :

l'*auto-exploration* (découverte d'aspects nouveaux de l'expérience intérieure) et l'*experiencing* ou façon de se vivre soi-même (autoréflexion critique, déploiement intérieur, application élargie).

La psychothérapie par entretien insiste sur le fait que les résultats de la thérapie ne sont pas une fin mais le début d'une *auto-actualisation* ou autoréalisation croissante (« Regard rétrospectif », 1976) :

« C'était le développement progressif et la vérification critique de l'hypothèse que l'individu recèle en lui-même un énorme potentiel pour l'aider à se comprendre lui-même, à modifier son concept de lui-même, ses attitudes, et à modifier son comportement de façon autonome. »

390 XX. Psychologie clinique / 8. Thérapie communicationnelle

A Troubles de la communication

A₁ Non-communication
A₂ Contenu/Relation
A₃ Séquences d'événements
A₄ Type de relation
A₅ Fonction relationnelle

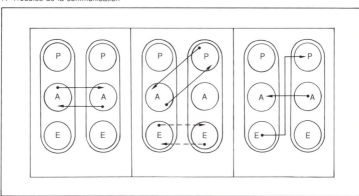

B Analyse transactionnelle

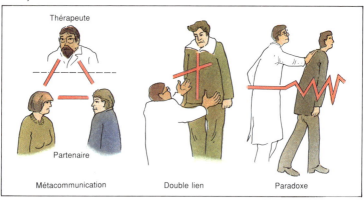

Métacommunication   Double lien   Paradoxe

C Communication thérapeutique

Il ne fait aucun doute que bien des troubles psychiques sont causés ou, selon les cas, renforcés par la relation de partenariat. On comprend donc pourquoi s'est constitué un groupe de psychothérapies qui devaient nécessairement mettre la communication au sein d'une relation de partenaires au centre de leurs interventions. Il y a lieu de distinguer deux groupes de théories.

Les unes étudient (d'un point de vue formel et descriptif) les formes de relations *entre* les partenaires ;
les autres s'occupent (de façon globale et idiographique) de l'« esprit » de la communauté, c.-à-d. de son moi-groupe, auquel ses membres se soumettent aussitôt qu'ils se trouvent ensemble.

Il est donc logique que les **thérapies communicationnelles** aillent dans deux directions.

A. Troubles de la communication

WATZLAWICK et d'autres auteurs (^{2}1971) distinguent 5 principes de communication auxquels correspondent autant de possibilités de troubles.

(A_1) Comme toute communication est soumise à une « causalité circulaire » (connexions de relations), la *non-communication* n'existerait pas :
« On ne peut pas ne pas communiquer » (se taire ou se détourner disent quelque chose).

(A_2) Toute communication a deux niveaux : celui du *contenu* et celui de la *relation*. Voici le récit d'une scène conjugale extrait d'une thérapie :
Un homme invite un ami, après que celui-ci le lui a demandé par téléphone, à passer la nuit chez lui. Bien que sa femme eût agi comme lui (plan du contenu), elle se plaint de ne pas avoir été consultée pour cette décision (plan de la relation).
Mais les deux partenaires du couple ne voyaient pas que leur querelle portait sur leur relation et non sur l'invitation (qui était pourtant l'objet de la querelle).

(A_3) Dans une querelle, il n'y a pas de « début » (qui a commencé ?), car chacun peut trouver tour à tour une raison *antérieure*.

(A_4) Les communications peuvent être, pour employer le langage informatique, « digitales » ou verbales (par ex. un compliment), ou alors « analogiques », c.-à-d. non verbales (par ex. l'offre d'un cadeau). La confusion de ces types de communication peut donner lieu à des malentendus (cf. XI / 1).

(A_5) Les relations symétriques sont des relations d'égal à égal, alors que dans les relations de complémentarité les partenaires se complètent. Quand on désire dans chaque cas la structure opposée, des troubles peuvent en résulter.

B. Analyse transactionnelle

L'analyse transactionnelle (AT), fondée par ERIC BERNE, a son point de départ dans les interactions sociales. Il s'agit d'une variante sociale du modèle topique élaboré par FREUD :
Un *moi-enfant* (E) fait face à un *moi-adulte* (A) et à un *moi-parent* (P).

Chacun possède donc 3 moi : on peut réagir comme enfant, comme adulte ou en fonction du surmoi des parents. De ce fait, les relations sont « à double fond » et difficiles à comprendre.

Quand une femme dit à son mari : « Depuis quelque temps, tu as recommencé à manger beaucoup trop » (niveau adulte), il peut réagir ainsi : « Arrête de vouloir m'éduquer, il faut toujours que tu fasses comme ma mère » (niveau enfant interprète du niveau parent).

Les troubles se manifestent quand les relations ne sont pas parallèles (comme 1 ou 2) mais *croisées* (comme 3).

Le thérapeute a pour tâche de « désintriquer » ces communications croisées (par ex. les rites de chantage réciproques du type « si tu ne... »), c.-à-d. de les expliquer et de les convertir en relations parallèles. Pour ce faire, il est nécessaire que les gens élaborent un « script de vie » (des orientations) en s'appuyant sur l'« analyse de script ».

C. Communication thérapeutique

Pour ce groupe, qui s'est constitué en s'appuyant sur la psychologie de GREGORY BATESON, le thérapeute se trouve vis-à-vis des partenaires du couple dans un rapport de *métacommunication*, c.-à-d. qu'il est inclus dans la dyade conjugale tout en lui étant hiérarchiquement supérieur, si bien qu'il peut introduire des « métarègles ». Ces règles se rapportent aussi bien aux doubles liens *(double-binds)* qu'aux paradoxes.

Les doubles liens sont des communications qui *empêchent* d'atteindre le but qu'elles assignent.
Si quelqu'un met quelqu'un d'autre en demeure : « Sois spontané ! », celui-ci ne peut plus réagir spontanément et sans contrainte.

Voilà une première forme d'intervention paradoxale, que VIKTOR E. FRANKL a introduite dans la logothérapie. Le thérapeute retourne en quelque sorte ses injonctions, on les met « sur la tête ».
Concrètement, il s'agit de *prescrire* au client le comportement qui conduit au trouble. On part de l'hypothèse que la spontanéité risque de se perdre et que cela permet de faire disparaître le comportement anormal.

WATZLAWICK écrit à ce sujet :
« Le talon d'Achille de nos interventions, c'est naturellement la nécessité d'amener quelqu'un à adopter avec succès le comportement prescrit. »

C'est pourquoi on conclut un « pacte diabolique », qui force le client à maintenir le comportement qui déclenche le trouble. Ce qui a éventuellement pour résultat le dilemme curatif de cette thérapie, l'élimination du comportement facteur de trouble. Ce groupe contient une série de procédés relationnels qui fournissent des programmes d'entraînement entre l'état existant et l'état souhaité de la relation en passant par l'élévation de la flexibilité du système et de nouvelles formes de civilité.

392 XX. Psychologie clinique / 9. Thérapie cognitive

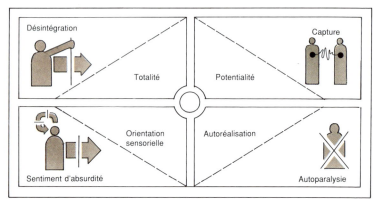

A Psychothérapies humanistes

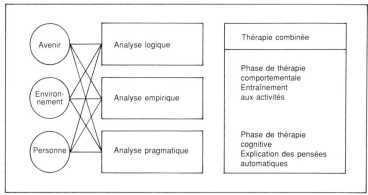

B Thérapie cognitive

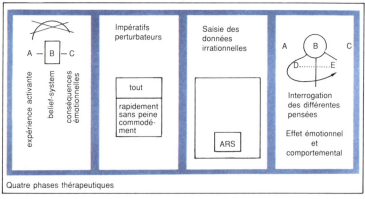

C Thérapie rationnelle-émotive

Ce qu'on a appelé le tournant cognitiviste de la psychologie au début des années 70 ranima des conceptions qui avaient toujours existé dans l'histoire de la psychologie. Mais elles s'appuyèrent alors sur de nouvelles connaissances issues de la psychologie cognitive (cf. X). Elles se démarquent des idées anciennes selon lesquelles l'esprit n'est que la superstructure de rapports sociaux (MARX), sans liberté par rapport à l'inconscient (FREUD) ou encore l'« adversaire de l'âme » (KLAGES).

A présent, l'esprit est considéré comme un instrument de régulation autonome (imaginé « à bonne distance », J. LACAN), qui peut tout aussi bien nous égarer que nous mettre sur la bonne voie.

A. Psychothérapies humanistes

Les psychothérapies humanistes s'appuient sur l'équilibre relatif de 4 objectifs *humains* (interconnectés) au regard de leur échec.

(1) La *totalité* est un phénomène fondamental pour la psychologie de la forme.

> Pour la Gestaltthérapie (F. PERLS), le névrosé ne réussit pas y accéder, c'est quelqu'un qui « s'interrompt lui-même ».

(2) La *potentialité humaine* est la part considérable d'impulsions humaines telles que la serviabilité, la bonté, la bienveillance, l'estime.

> Les analystes existentiels (BINSWANGER, VON GEBSATTEL) parlent d'humanité ensevelie à propos du malade mental, PERLS parle de « capture » (concept parallèle à celui de refoulement dans la psychanalyse).

(3) Dans son analyse existentielle et sa logothérapie, V.E. FRANKL oppose à l'*orientation sensorielle* la spirale névrotique dépersonnalisation-déréalisation,

> qui conduit à une « crampe de la réflexion » et à un sentiment d'absurdité.

(4) L'*autoréalisation* est au centre de la cure des thérapeutes existentiels R. MAY et A.M. MASLOW.

> A l'inverse de cette autoréalisation, le névrosé souffre de compulsions inhibitrices, qui l'empêchent de se trouver lui-même et accumulent les troubles au lieu de lui donner tranquillité et assurance.

La Gestaltthérapie est un exemple des thérapies humanistes. Cette méthode hétérodoxe emprunte aux autres thérapies tout ce qui peut lui permettre d'arrêter la « désintégration de forme » d'une personne :

> travail corporel, travail du rêve, feed-back de groupe, psychodrames, technique *hot seat* (le client est mis sur la sellette par le groupe). Au cours d'un processus appelé *sharing*, les conflits doivent être exprimés directement.

B. Thérapie cognitive

La thérapie cognitive de A.T. BECK est issue de la thérapie de la dépression, mais elle fut étendue par la suite à d'autres troubles psychiques. Cette thérapie part des *systèmes d'évaluation négatifs* fondés sur différentes erreurs d'appréciation :

> point de vue négatif sur l'*avenir*, l'*environnement* et la *personne* propre.

Comme ces systèmes d'interprétation sont largement irrationnels, on les soumet à 3 analyses :

> *logique* (ex. : oublier de saluer est-il vraiment un signe de rejet ?),
> *empirique* (ex. : n'y avait-il pas des raisons autres que techniques pour omettre de donner un coup de téléphone ?),
> *pragmatique* (ex. : reconnaître que l'état d'abattement a pour conséquence le manque de séduction).

Ces analyses sont suivies d'une thérapie combinée :

Dans une première phase de *thérapie comportementale*, on s'exerce à mobiliser l'activité et l'on tente de maîtriser certaines tâches. Tandis que le thérapeute en précise les limites, il explique les « pensées automatiques », par ex. celles qui supposent que l'on est « dépourvu de toute valeur ». L'objectif de la phase de thérapie cognitive est une « réattribution », c.-à-d. l'évaluation positive de la triade d'abord négative : avenir, environnement et soi.

BECK (1979) écrit :

> « L'explication du modèle cognitif fournit une base pour les techniques à utiliser, mais souligne aussi la nécessité d'une collaboration entre le thérapeute et le client. »

C. Thérapie rationnelle-émotive

Pour distinguer des autres sa thérapie rationnelle-émotive (TRE), ALBERT ELLIS (1980) écrit qu'elle tient compte du fait

> « que l'homme exerce un contrôle très fort sur ce qu'il ressent et sur ce qu'il fait ».

La TRE distingue 4 phases thérapeutiques.

(1) La théorie ABC énonce que A (expériences activantes provenant de l'environnement) n'est pas la cause de C (conséquences émotionnelles).

> Entre les deux, il y a B : le *belief system*, c.-à-d. les habitudes de pensée.

(2) L'homme a des attentes irrationnelles (ELLIS les appelle « perturbations par l'impératif ») :

> Tout doit obligatoirement se faire rapidement, commodément et sans peine.
> Tout le monde doit obligatoirement m'aimer, etc.

(3) Ces données irrationnelles doivent être examinées et interrogées une à une :

> Cette idée est-elle réaliste ? Qu'est-ce qui fait la fausseté de cette conviction ?

(4) Selon ELLIS, le résultat est un changement d'attitude par rapport à la vie :

> « Cet effet thérapeutique s'obtient à la fin du processus thérapeutique rationnel-émotif. »

Les étapes de ce cheminement vont de l'analyse rationnelle de soi (ARS) à l'effet (E), en passant par la discussion (D).

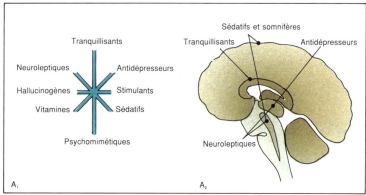

A Psychotropes

B Biodynamique

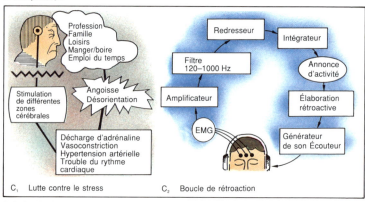

C Biofeedback

Depuis qu'une solution au problème corps-âme est envisageable (cf. V/1), on peut penser qu'il sera un jour possible d'expliquer l'interaction entre le corps et le psychisme. Nous nous contentons pour l'instant du fait qu'il existe un rapport très étroit. On peut aborder cette interaction dans le sens corps-psychisme (comme les thérapies par le mouvement) ou dans le sens psychisme-corps (comme les thérapies par suggestion).

Les **thérapies corporelles** les plus courantes combinent les deux approches.

A. Psychotropes

Comme l'action des substances chimiques est commode (et peut s'appuyer sur de gros intérêts économiques), elle surclasse aujourd'hui encore le recours aux moyens psychologiques.

(A_1) On peut classer la multiplicité des psychotropes en fonction de plusieurs aspects :
leur action sur le psychisme, l'objectif thérapeutique, les systèmes physiologiques concernés ou leur composition chimique.

En fonction de ce dernier aspect, on distingue :
les *tranquillisants* (« happy pills »), les *antidépresseurs*, les *stimulants*, les *sédatifs* (calmants), les *psychomimétiques* (alcaloïdes), les *vitamines* (thérapie par mégavitamines), les *hallucinogènes* (drogues induisant un état de dépendance physique et psychique), les *neuroleptiques* (pour le traitement des schizophrènes).

(A_2) Les psychotropes agissent sur des zones différentes :
les sédatifs sur le cortex cérébral et l'hypothalamus, les tranquillisants sur le système limbique, les antidépresseurs sur l'hypothalamus, les neuroleptiques sur l'hypothalamus et la formation réticulaire.

On voit donc aussi que les psychotropes ont une surface de dispersion assez grande, ce qui rend leur utilisation thérapeutique assez imprécise. On critique également le fait qu'ils rendent le patient dépendant et réduisent ainsi son potentiel d'autoguérison.

B. Biodynamique

Les thérapies corporelles ne font pas seulement partie des thérapies les plus anciennes (par ex. le Tai-chi-chuan chinois qui remonte au XIIe siècle), elles sont aussi parmi les plus nombreuses. Les frontières par rapport à la gymnastique et au sport sont assez difficiles à tracer.

À côté de procédés très simples comme la thérapie par *holding* de TINBERGEN (enlacement prolongé des enfants autistes), il y en a de plus exigeantes comme l'eutonie de G. ALEXANDER (auto-expérimentation du corps) ou le *rolfing* d'IDA ROLF (correction de mauvaises postures automatisées).

Un seul exemple tiré de cette profusion : dérivée de l'Orgon-thérapie controversée de WILHELM REICH (thérapie par la nudité destinée à libérer les besoins libidinaux enfouis, explosions physiques contre la « cuirasse caractérielle » psychophysiologique), la « bioénergie » d'ALEXANDER LOWEN est une version atténuée, réduite à 3 aspects :
(1) Au cours de sa vie, chacun se crée des états de tension non seulement psychiques mais aussi physiques. Il faut donc les identifier.
(2) Il y a ensuite éruption violente de ces zones crispées.
(3) Le soutien du thérapeute permet d'accéder aux côtés plaisants et détendus de la vie et de lui donner, pour finir, une forme judicieuse.

C. Biofeedback

Cette thérapie est une thérapie corporelle au moyen d'appareils. On l'utilise la plupart du temps pour combattre le stress (prévention du stress ou thérapie contre les conséquences du stress).

(C_1) Le stress est un phénomène complexe :
les situations personnelles telles que les ennuis répétés, les situations exceptionnelles et les mauvaises habitudes entraînent la désorientation et l'angoisse.

Il faut briser la circularité constituée par la décharge d'adrénaline, la vasoconstriction, l'hypertension artérielle, les troubles cardiaques et puis de nouveau la stimulation de certaines zones cérébrales (cortex, thalamus, hypothalamus).

(C_2) On y parvient par le repos, qui ne doit pas seulement être psychique mais aussi physique, afin d'obtenir le délestage de la totalité du système concerné. Les informations sont techniquement fournies par des appareils électriques.

On mesure le tonus musculaire (EMG) en tant qu'indicateur de l'état de tension, on le fait passer par plusieurs transformateurs et on en informe rétroactivement le client.

Grâce à cette « prothèse électronique » (VAITL), les contrôles de tonicité peuvent directement contribuer à l'apaisement.

Dans les cas extrêmes, on va jusqu'à simuler des apaisements (par ex. une diminution du son par l'intermédiaire d'écouteurs), afin que cet état d'apaisement anticipé tempère de son côté la totalité du système et procure un soulagement au client.

Le groupe des thérapies corporelles s'est considérablement élargi ces derniers temps. Il s'en dégage 4 directions :

Le *contrôle corporel*. Des méthodes « motologiques », c.-à-d. analysant le mouvement, comme la thérapie concentrative du mouvement de M. GOLDBERG, qui vise une modification de l'image du mouvement corporel.

L'*entraînement aux fonctions sensorielles*. Certains domaines sensoriels comme l'odorat par ex. sont mobilisés pour élever la sensibilité. C'est notamment le cas de l'aromathérapie de J. VALNET.

L'*expérience corporelle*. Boucle rétroactive de vécus corporels pour élever la conscience du corps, par ex. la thérapie en cycle d'étapes.

Fonctions corporelles particulières. Mise en valeur de certaines performances particulières du corps, comme la respiration, par ex. le breathing de M. PROSKAUER.

396 XX. Psychologie clinique / 11. Méditation

A Processus de la méditation

B₁ Yoga   B₂ Tai-chi-chuan

B Méditation asiatique

C₁ Exercices   C₂ Méditation par l'image, la musique et le mouvement

C Méditation occidentale

Les **méditations** sont des méthodes permettant de plonger en soi-même que la psychologie clinique utilise aussi, en les dépouillant le plus souvent de leur origine religieuse, comme techniques pour se trouver soi-même.

En Orient, elles viennent du taoïsme, de l'hindouisme et du bouddhisme, en Occident de la mystique chrétienne et du hassidisme.

Leur rôle n'est pas négligeable dans ce qu'on a appelé le boom de la psychologie, en tant que reprise moderne simplifiée d'expériences psychothérapeutiques utiles et légitimes.

A. Processus de la méditation

Malgré de grandes différences, les diverses orientations prises par la méditation respectent un certain déroulement.

(A_1) Selon l'orientation choisie, on adopte une certaine *position méditative*,

en vue de laquelle on offre au néophyte un banc de méditation.

(A_2) Puis les contacts avec le *monde extérieur* sont interrompus,

par ex. en fermant les yeux, mais aussi en faisant progressivement disparaître l'environnement jusqu'à s'en détourner complètement, par le repos et le retrait dans une « conscience immergée ».

(A_3) L'état de méditation proprement dit est atteint grâce à une certaine expérience *intérieure imaginaire*. Cet état diffère selon le type de méditation.

Il peut se fixer comme but un « état de vacuité » intérieure, une sorte de sommeil éveillé. Il y a d'autre part des méditations qui aspirent à un état d'ivresse, que l'on appelle « enstase » (MASSA, 1974) parce que tourné vers l'intérieur à la différence de l'« extase ». Dans la lignée du soufisme islamique, on va même

jusqu'à imiter les états de ravissement des derviches, qui leur permettent de marcher sur des charbons ardents.

Comme il n'est pas facile de parvenir à de tels états, on utilise notamment des *diagrammes* pour se concentrer :

de tels *mandalas* (A_3) sont utilisés pour concentrer en pensée ses forces intérieures en parcourant 3 cercles : le cercle des flammes (purification), le cercle de vajra (initiation), le cercle du lotus (métamorphose), afin de parvenir jusqu'au centre de l'Être.

Les composantes idéologiques qui entrent dans le déroulement des méditations en constituent les différents types.

B. Méditation asiatique

(B_1) Le *yoga* (littéralement : « mettre les pensées sous le joug ») est une discipline à la fois éthique, spirituelle et physique, consistant à tendre les sens pour parvenir à une plus haute spiritualité. Dans sa version occidentale, il perd son arrière-plan religieux et est plutôt utilisé pour accéder à des expériences subjectives extrêmes (ECM = États de Conscience Modifiée, MASLOW, 1962).

Assis en lotus, la plante des pieds tournée vers le haut, les mains posées l'une dans l'autre sur les cuisses, le buste droit (la colonne vertébrale symbolise l'axe du monde), on concentre la conscience immergée en elle-même et on l'élève, selon une échelle de chakra (feuilles de lotus), au nombre de 5 chez les bouddhistes et de 7 chez les hindouistes ou bien selon certains points capitaux de concentration.

Chacun de ces degrés symbolise un niveau de l'être, la gorge par ex. symbolisant la parole sacrée. Le but recherché est la fusion avec l'absolu.

Dans d'autres formes de méditation, cette recherche se fait avec l'aide de symboles iconographiques (mudras) et verbaux (mantras).

Le lamaïsme utilise la séquence sacrée « OM Mani Padme HUM » (OM et HUM sont des syllabes originelles, Mani est le principe masculin, Padme le féminin), le bouddhisme zen (*chan* en chinois) utilise le « koan » (« grenier de la sagesse » ou modèles réflexifs paradoxaux), le sumi (peinture à l'encre de Chine), des ikebana (fleurs en pot) et la cérémonie du thé.

(B_2) La *boxe contre son ombre* pratiquée en Chine (Tai-chi-chuan) est d'origine taoïste (Tao, la Voie).

Le symbole du Yin et du Yang exprime l'harmonie du ciel et de la terre, du masculin et du féminin, etc. On y retrouve cette harmonie :

tout mouvement (lent) est complété et neutralisé par un mouvement contraire.

C. Méditation occidentale

Des formes de recueillement méditatif sont attestées dès le culte de Dionysos.

(C_1) Dans ses *Exercices spirituels* (1548), le fondateur de l'ordre des Jésuites Ignace de Loyola décrit un exercice de purification et d'illumination de 4 semaines, qui se pratique encore :

le retraitant agenouillé, éventuellement soutenu par un tiers, médite sur la Passion du Christ ; il doit de surcroît procéder à des observations sur lui-même, dont la méthodologie peut être considérée comme précurseur de la thérapie comportementale.

Certaines formules verbales de méditation remontent à saint Grégoire du Sinaï :

il s'agit de coordonner la respiration et le rythme cardiaque avec chaque mot d'une prière.

(C_2) Dans les *méditations par l'image, la musique et le mouvement,* l'arrière-plan idéologique est presque totalement absent. Il s'agit principalement de « se laisser envahir par les forces essentielles » (BODEN, 1968), autrement dit d'un accroissement de la sensibilité subjective.

La thérapie par la danse permet d'accéder à des expériences motrices proches de la transe, la musicothérapie intensifie l'expression émotionnelle, la pictothérapie méditative fait vibrer à l'unisson de formes généralement abstraites.

L'exemple ci-contre montre un spécimen de vibration picturale, qui fait comprendre le caractère méditatif de ces productions graphiques.

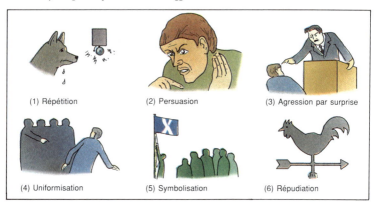

A Méthodologie de la suggestion

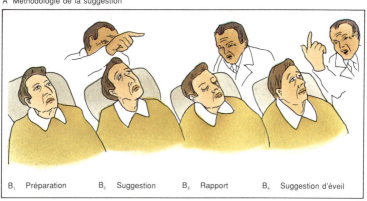

B Hypnose

C Training autogène

Un psychothérapeute (E. BOIRAC, 1920) écrivait, il y a déjà bien longtemps, que la *suggestion* était l'« Amérique » que l'on était obligé de redécouvrir tous les 30 ans. Ce qui est vrai c'est que la mise à jour des effets énigmatiques de la suggestion connaît des hauts et des bas. Sa fonction est exactement à l'opposé de toute « lucidité » :
on sait rarement *quels effets* elle produit et celui qui l'utilise n'avoue pas volontiers comment il en attend des résultats.

A. Méthodologie de la suggestion

Quand on influence quelqu'un sur le plan *intellectuel*, on cherche à se faire comprendre d'autrui ; la compréhension est suivie d'une conviction, après quoi la personne agit conformément à cette conviction.
La *suggestion* évite cette reprise rationnelle ; elle cherche la voie directe de l'*influence* inconsciente. Il y a bien des façons d'y parvenir, parmi lesquelles nous privilégions les 6 méthodes les plus importantes.
(1) La *répétition* mise sur l'effet contraignant de la réitération (comme dans le cas du chien de PAVLOV).
(2) La *persuasion* captive par le rayonnement personnel, la fabrication de secrets et la mise en veilleuse de l'esprit critique.
(3) L'*agression par surprise*, qui cherche à pulvériser la résistance, soit par la violence pure soit par des représailles plus subtiles. On suggère sa volonté à autrui, par ex. en faisant précéder toutes ses affirmations de la formule bien connue « on sait ... », de façon à donner l'impression que tout le monde est au courant sauf celui à qui on s'adresse.
(4) L'*uniformisation* s'en remet au peu de goût qu'ont la plupart des gens pour la marginalisation.
(5) La *symbolisation* recourt aux symboles (cf. Terminologie, MID), par ex. le drapeau , pour susciter des sentiments patriotiques. D'autres exemples sont fournis par les « leurres hyperréalistes », c.-à-d. les signaux hypertrophiés par ex. de la symbolique sexuelle (en particulier du corps féminin), qui sont supposés produire un effet immédiat.
(6) La *répudiation* (contre-suggestion sophistique) inverse (comme la girouette orientée dans la direction opposée) le sens réel de ce qu'on dit, permettant ainsi de le faire d'autant mieux passer sous l'ironie apparente. Mais ces procédés sont si sophistiqués qu'on a souvent du mal à les identifier.

B. Hypnose

L'hypnose est la technique de suggestion le plus intense. Grâce à la persuasion et à la manipulation, le client est mis dans un état proche du sommeil, mais qui lui permet de rester *perméable* aux suggestions de l'hypnotiseur. Il convient de distinguer 4 étapes principales pour parvenir à l'hypnose.

(B_1) La condition préalable est une position de repos autosuggestive. Par là même, le patient à hypnotiser se charge d'attentes opérantes.
(B_2) Puis on utilise le langage verbal (d'une voix mystérieuse et lénifiante) ainsi que des stimuli engourdissants (par ex. fixer un objet), pour amener le patient à s'endormir.
(B_3) Dans l'état d'hypnose, il existe un « rapport » (relation de dépendance aux instructions) permettant de donner des ordres posthypnotiques (prescriptions à effet durable) : hypnoses de démission (le comportement indésirable, par ex. en cas d'alcoolisme, est chargé aversivement), hypnoses de conditionnement (un nouveau comportement est suggéré par la persuasion) et hypnoses prophylactiques (préparation prospective à des situations futures).
(B_4) Les suggestions d'éveil annulent l'état de sommeil (3 stades : somnolence, hypotaxie, somnanbulisme), mais la plupart du temps elles contiennent l'instruction hypnotique de se sentir très bien par la suite.
On devrait faire preuve d'une très grande retenue dans la thérapie hypnotique, car elle crée généralement un état de dépendance.
La critique de FREUD est que loin d'élucider les problèmes du patient, elle ne fait que les « recouvrir ».

C. Training autogène

I.H. SCHULTZ, le créateur de ce procédé très répandu, l'a développé à partir de l'hypnose, mais sans suggérer le sommeil.
(C_1) Au *degré inférieur* de ce procédé, le patient apprend à exercer une influence sur ses fonctions végétatives (qui sont normalement impossibles à maîtriser). En 6 séquences, on lui procure des impressions corporelles et des apaisements.
Des sensations de poids, de chaleur et de froid sont suggérées puis retirées, de telle sorte qu'on apprend petit à petit à vivre avec elles.
Les différents stades concernent successivement les muscles (1), les vaisseaux (2), le cœur (3), la respiration (4), les organes de l'abdomen (5) et la tête (6). Au cours d'un exercice calorique, on suggère par ex. : « Le bras droit est complètement chaud. » Au bout d'environ 2 minutes, le sentiment de chaleur est rapidement annulé et conclu par un mouvement extrêmement agréable d'étirement.
(C_2) Au *degré supérieur*, ce ne sont plus les fonctions physiques, mais les fonctions intrapsychiques qui sont influencées. En suggérant différentes représentations, on tente d'obtenir une « atténuation de la résonance des affects », comme dans les méditations (cf. p. 397) :
on enjoint par ex. au client en état de recueillement méditatif, de produire devant son œil intérieur des représentations colorées apaisantes (cercles de couleur, anneaux, etc.).
Ces deux degrés nécessitent une longue période d'entraînement, un engagement décidé du client et une grande ténacité dans la pratique quotidienne ultérieure de l'autosuggestion.

400 XX. Psychologie clinique / 13. Thérapie de groupe

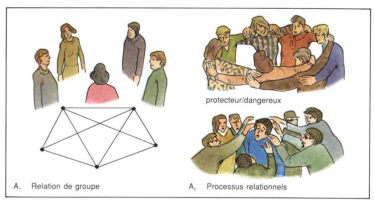

A₁ Relation de groupe A₂ Processus relationnels

A Processus de groupe

B₁ Participants B₂ Actions

B Psychodrame

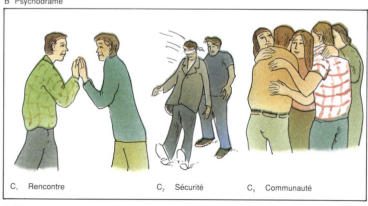

C₁ Rencontre C₂ Sécurité C₃ Communauté

C Mouvement de rencontre

A côté des thérapies individuelles, presque tous les courants thérapeutiques ont également élaboré des thérapies de **groupe**. Certaines formes thérapeutiques ne sont d'ailleurs praticables qu'en groupe. La forme groupe a quelques avantages par rapport à la thérapie individuelle.

Pour commencer, elle est plus économique puisque plusieurs clients sont traités en même temps.

En second lieu, outre la présence du thérapeute, les clients s'influencent tous les uns les autres.

Enfin elle peut influencer et changer le groupe lui-même.

A. Processus de groupe

La psychologie de groupe s'intéresse à la *structure du groupe*, à son *évolution* et aux *qualités du groupe*. En ce qui concerne la structure du groupe, on examine les caractéristiques (rang, rôles, types de contact, normes) qui sont traitées par la psychologie sociale (chap. XV). Rapportée aux thérapies de groupe, voici la trame interne d'un groupe thérapeutique du point de vue de ses échanges verbaux et substantiels (par ex. à fin d'aide) telle qu'on la prend en compte et qu'on l'utilise sur le plan thérapeutique.

(A_1) On peut voir ici où en est le groupe sur le chemin qui le conduit à l'état de groupe autonome et pleinement fonctionnel (cf. p. 307). Font partie des qualités de relation les plus importantes

les règles de contact (égalité de participation, compensation de rang permissive), climat de groupe (peu de tensions, atmosphère détendue) et fonctions de soutien (entraide mutuelle, y compris vis-à-vis de tiers).

(A_2) Il en résulte une partition des processus plus ou moins *protecteurs* ou plus moins *dangereux* qui caractérisent un groupe.

B. Psychodrame

La thérapie de groupe la plus ancienne est le psychodrame. Dans l'un de ses premiers travaux (1911) et dans un écrit consacré au théâtre de l'improvisation (1924), le psychiatre JACOV LEVI MORENO (1889-1974) se référait aux formes du théâtre populaire traditionnelles à Vienne et à leur mode d'action en tant que « théâtre de tous pour tous ». C'est en 1931, après avoir émigré aux USA, qu'il transforma ces expériences en procédé thérapeutique de groupe.

(B_1) L'idée principale est de rejouer l'épisode traumatique avec la participation d'autres personnes, afin de rendre possible une *élaboration émotionnelle*.

Le client est l'acteur principal, le protagoniste. A ses côtés, on trouve le leader ou « directeur de théâtre », ses assistants et aides thérapeutiques, qui sont la plupart du temps d'autres patients.

Par leur « fonction de supporters », c.-à-d. leur participation active à l'événement, ils transforment le processus thérapeutique en « sociodrame », en « physiodrame » ou en « axiodrame » (mise en relief des valeurs éthiques) suivant le contenu traumatique représenté.

Sur le plan de la technique dramatique, on commence par des exercices de mise en condition (échauffement, assouplissement de la spontanéité), auxquels succèdent des mises en scène aussi expressives que possible de situations exceptionnelles (professionnelles, familiales, etc.) d'appréciations de soi-même et d'autres.

(B_2) Pour animer les actions projectives, on introduit des variantes dramaturgiques :

utilisation de la chaise « vide » au centre de la scène, échange de rôles, motif du double, comportement en miroir (en jouant la situation opposée), projections dans le passé et dans l'avenir, play-back (répétition ou prolongement).

C. Mouvement de rencontre

A la suite des premiers groupes d'entraînement *(T-groups)* de KURT LEWIN (cf. p. 301), un grand nombre de groupes de rencontre *(encounter groups)* se sont développés au cours des dernières décennies. C. ROGERS distingue notamment les types suivants :

T-Groups, sensitivity training, sensory awareness groups, body awareness groups, team building groups, synanon games, creativity workshops.

Il les divise en *face-to-face groups* (groupes de gens qui se connaissent), *stranger-groups* (groupes de gens qui ne se connaissent pas) et *staff-groups* (groupes d'entreprise). Dans presque tous ces groupes, il s'agit de 3 types d'expérience de groupe qui doivent permettre au client de fortifier sa personnalité.

(C_1) La rencontre permet d'élever le sentiment que l'on a de sa propre valeur grâce à différents contacts positifs.

(C_2) Comme beaucoup de gens ont perdu toute confiance en autrui, et que celle-ci est pourtant la base de la confiance en soi-même, on subit un entraînement à la confiance au cours duquel chacun peut faire l'expérience de la nécessité de s'en remettre à autrui.

(C_3) Dans la rencontre avec la communauté, on s'exerce enfin au sentiment social. Les participants jouent aussi des thèmes sociaux et politiques.

Si tant de courants thérapeutiques ont développé des procédés analogues, c'est apparemment dû à un besoin très répandu né des frustrations sociales.

Au sein de la néo-analyse, l'*interaction centrée sur thèmes* de RUTH COHN en est un exemple : elle a pour tâche de développer « la sensibilité pour autrui et les facultés intuitives » (COHN, 1975).

Du point de vue thématique, ces procédés se rapportent à des expériences sociales de la perte. En cas d'« angoisse de contact » par ex. (W. SCHMIDBAUER), ils recourent à des expériences de contacts sociaux par voie d'attouchements « inhabituels » (dos à dos avec des personnes inconnues) ; en cas de méfiance sociale, à des exercices les yeux fermés, au cours desquels on doit se laisser tomber dans les bras d'autrui.

402 XX. Psychologie clinique / 14. Thérapie familiale

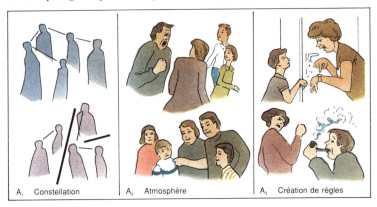

A₁ Constellation A₂ Atmosphère A₃ Création de règles

A Diagnostic familial

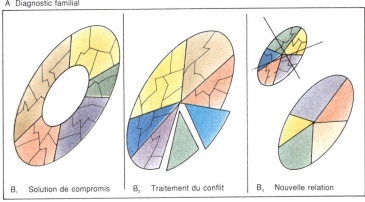

B₁ Solution de compromis B₂ Traitement du conflit B₃ Nouvelle relation

B Thérapies familiales conflictuelles

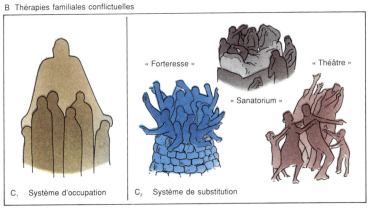

« Forteresse »   « Théâtre »
« Sanatorium »

C₁ Système d'occupation C₂ Système de substitution

C Thérapies familiales systémiques

On a souvent annoncé à tort la mort de la **famille**. Elle reste le centre de notre expérience de la vie et le point de départ des stratégies de vie. Mais elle est aussi souvent une « dictature forcée » (ROHLFS) à laquelle beaucoup veulent échapper. La problématique qu'elle recèle est déjà lisible dans le développement de nouveaux procédés, dont le nombre et la variété sont sans équivalent dans les autres domaines de la psychothérapie. Aujourd'hui, on peut distinguer plusieurs dizaines de procédés renommés qu'il est difficile de ramener à un dénominateur commun. Il est également difficile de tracer les frontières qui les différencient des thérapies pour enfants (parce que les enfants sont souvent le support des tensions familiales) et des thérapies pour gens âgés (car un des problèmes essentiels de la vieillesse est la perte de la famille).

A. Diagnostic familial

Qu'est-ce qui fait qu'une famille peut être dite « malade » ?
Il est difficile de répondre à cette question.
Dans la pratique, une partie au moins de la famille définit la situation comme insupportable.
Il est évident que le psychothérapeute familial ne peut se contenter de ce constat. Étant donné qu'il y a un nombre pratiquement infini de troubles familiaux possibles, sa tâche première consiste à établir un diagnostic sur la famille (lequel peut déjà être une partie intégrante de la thérapie familiale). Les 3 critères importants sont les suivants :

(A_1) La *constellation familiale*. Elle résulte des rangs, des rôles, des rapports de force, des répartitions de pièces dans l'habitation, etc. Il y a des tests et des jeux permettant de faire apparaître la constellation et de montrer ensuite des carences telles que l'excès de proximité ou au contraire de distance, le sentiment d'un manque de loyauté, l'inattention, le chantage, une utilisation déloyale des noms, le refus d'accepter les offres, les rôles de bouc émissaire, le défaut de considération, etc. Jusque-là, beaucoup de ces carences n'étaient pas du tout reconnues par les participants.

(A_2) L'*atmosphère familiale* est également composée de tensions, de révoltes, de querelles, de plaintes, de distances et humeurs de ce genre, dont l'alternance avec d'autres finit par désorienter. Elles ont cependant une tonalité dominante souvent assez homogène et jouent un grand rôle dans l'instauration d'un climat « insupportable ».

(A_3) Chaque famille élabore un nombre élevé de *règles communautaires*, qui résultent rarement d'une réflexion mais sont d'autant plus sévèrement sanctionnées (accusation et punition). Ce qui distingue les familles intactes des familles perturbées, c'est que leur système de règles est adapté et que ses membres le respectent avec une relative unanimité.
Les carences de ce système peuvent rendre une famille « malade », par ex. lorsque les règles sont excessives, lorsqu'elles se contredisent les unes les autres ou lorsque certains membres s'y soustraient.

B. Thérapies familiales conflictuelles

Une partie des nombreuses thérapies familiales se rapporte aux dernières causes évoquées ci-dessus. Quand on les reconnaît et plus encore quand on peut les éliminer, on a fait un grand pas vers la survie de la famille. C'est surtout dans le domaine relationnel que l'on peut voir les forces centrifuges à l'œuvre.

C'est ainsi que pour S. MINUCHIN (1979), ce sont les « violations de frontières » qui déclenchent les perturbations de la « carte familiale ».
Dans la thérapie *conjugale* de VIRGINIA SATIR, on tente de transformer le comportement compulsif en comportement ouvert.

(B_1) Il est possible de maîtriser les conflits au moyen d'un compromis que tous les participants acceptent, puis respectent.

(B_2) On peut aussi traiter les conflits secteur par secteur et préparer des remèdes.
Dans les thérapies de partenaires, on dénoue les litiges irrationnels et on remédie aux pertes de crédibilité.

(B_3) On peut enfin tirer un trait sur le passé et tenter de recommencer à zéro.
C'est la voie proposée surtout par la thérapie familiale centrée sur le patient (GORDON, GUERNEY entre autres).

C. Thérapies familiales systémiques

C'est une voie fondamentalement différente qu'empruntent les thérapies familiales principalement issues de différentes écoles de la psychologie des profondeurs. Pour celles-ci, c'est tout le système « inconscient » de la famille qui doit être modifié. Dans cette optique, on distingue :

(C_1) des systèmes d'occupation, c.-à-d. qu'un maître unique « occupe » la famille ou que les parents « occupent » les enfants selon le principe de délégation (H. STIERLIN) en tant que porteurs des idéaux qu'ils n'ont pu atteindre.

(C_2) des systèmes de substitution, c.-à-d. que la famille se « substitue », se commue en « forteresse » (défense paranoïde), en « sanatorium » (compassion pour soi-même dans la névrose d'angoisse) ou en « théâtre » (refoulement hystérique), pour utiliser la terminologie de H.E. RICHTER pour les « névroses de caractère familial ».
Ici, on ne lutte plus contre les différents conflits ou les symptômes de perturbation à l'intérieur d'une famille, mais on soumet l'« inconscient familial » (GERLICHER, 1977) à un travail analytique.
D'autres procédés s'inspirent de techniques générales, comme la thérapie familiale béhavioriste de R.P. LIBERMAN, la Gestaltthérapie familiale de W. KEMPLER ou la thérapie familiale communicative de M. SELVINI-PALAZZOLI.
On a vu de nombreuses techniques destinées aux différents membres de la famille telles que la thérapie de couple de H.G. PREUSS, la thérapie multigénérationnelle de G. SPARK, la thérapie conjugale de J. HALEY, de même que des techniques aussi éclectiques que la thérapie familiale intégrative (M. E. TEXTOR, 1985).

404 XX. Psychologie clinique / 15. Thérapie pour enfants

A₁ Psychanalytique   A₂ Comportementale   A₃ Centrée sur le client

A Orientations thérapeutiques

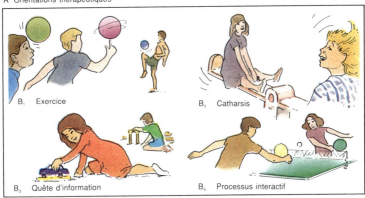

B₁ Exercice   B₂ Catharsis
B₃ Quête d'information   B₄ Processus interactif

B Théories du jeu

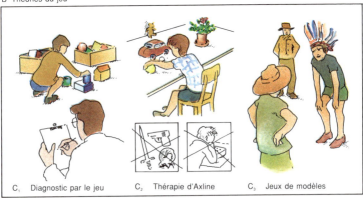

C₁ Diagnostic par le jeu   C₂ Thérapie d'Axline   C₃ Jeux de modèles

C Thérapies par le jeu

La **thérapie pour enfants** se distingue de la thérapie pour adultes pour des raisons évidentes.

L'enfant a d'autres problèmes et il est moins accessible au moyen du langage verbal.

Malgré leur diversité, les orientations thérapeutiques de l'âge scolaire ont en commun leur référence au jeu comme activité principale des enfants.

A. Orientations thérapeutiques

On retrouve dans la thérapie pour enfants les 3 orientations principales de la psychothérapie.

(A_1) La thérapie *psychanalytique* pour enfants est caractérisée par une première controverse entre Mélanie Klein et Anna Freud.

M. Klein supposait que toute idée ludique de l'enfant était liée à un arrière-plan *symbolique*. A l'inverse, A. Freud doutait qu'une interprétation du jeu soit possible dans tous les cas.

Ce qui est commun à ce groupe est que la thérapie doit faire cesser le *refoulement* (au moyen de la catharsis).

(A_2) Ce qui unit les différentes variantes de l'*orientation comportementale*, au-delà de la diversité des méthodes, est l'objectif poursuivi : *étayage* des stades de développement selon l'âge, avec des exercices adéquats pour parvenir au comportement caractéristique d'un âge donné.

(A_3) La thérapie pour enfants *centrée sur le client* recherche une auto-actualisation de l'enfant qui ne nécessite plus l'intervention directe des adultes.

B. Théories du jeu

Afin de pouvoir faire intervenir le jeu avec des objectifs précis, les différentes orientations thérapeutiques ont élaboré des théories du jeu spécifiques. On peut situer le début de cette évolution au XVIIIe siècle (H. Scheuerl). C'est pourquoi il existe un très grand nombre de théories, dont voici les 4 plus importantes.

(B_1) Parmi les plus anciennes, on peut compter les théories du *jeu comme exercice*, qui postulent que le jeu est un programme comportemental instinctif, utilisé au cours de l'évolution pour se préparer aux tâches de la vie.

Comme la soif d'activité de l'enfant n'est pas encore mobilisée par des situations sérieuses, sa force vitale est utilisée pour le jeu.

(B_2) D'autres (par ex. Friedrich Schiller) pensaient que le jeu résulte d'une *surabondance de force* ; plus tard, notamment avec les écoles de la psychologie des profondeurs, on le relie à la maîtrise des situations perturbantes (*catharsis*, élimination de sentiments désagréables).

Le jeu est en partie également conçu comme un mouvement circulaire de tension-détente (H. Heckhausen) dans un certain nombre de modèles de l'*homéostase*.

(B_3) Les récentes théories cognitives considèrent le jeu comme une *quête d'information*, comme une forme d'autoréalisation spirituelle (comportement de curiosité).

Cela expliquerait aussi la prise de risques dans beaucoup de jeux.

(B_4) Enfin beaucoup de théories soulignent le caractère *social* en particulier des jeux de partenaires et d'équipe.

Un des motifs peut être la compétition et le désir de se faire valoir. Mais la simple participation peut déjà déclencher à elle seule le désir de jouer.

C. Thérapies par le jeu

(C_1) Dans la plupart des thérapies pour enfants, le jeu a non seulement une fonction thérapeutique, mais il sert déjà au niveau du *diagnostic*.

Dans ce contexte, le jeu peut être exploité en fonction de sa durée, de la quantité et du choix du matériel utilisé, des modalités de jeu spécifiques à un âge donné (les jeux collectifs par ex. ne sont possibles qu'à la fin de l'enfance), ainsi que du degré de complexité ou d'organisation des contenus.

(C_2) La thérapie ludique de Virginia Axline, élève de Carl Rogers, est une des plus connues : « La thérapie ludique postule que le jeu est un moyen naturel dont dispose l'enfant pour se représenter lui-même. Elle lui fournit l'occasion de «jouer» ses sentiments et ses conflits. » On met à la disposition de l'enfant un matériel de jeu qui doit déclencher des « discordances d'intensité moyenne » (Goetze, Jaede, 1978), autrement dit qui ne doit ni l'inciter à l'agressivité (par ex. une épée) ni l'obliger à rester assis et tranquille (par ex. les échecs). Axline formule 8 principes de base devant permettre notamment

d'établir avec l'enfant une relation chaleureuse et amicale, sans interventions directives, afin qu'il exprime librement ses sentiments et ses pensées.

(C_3) Les thérapies ludiques *béhavioristes* s'appuient généralement sur l'apprentissage de modèles (cf. p. 147).

Dans le *behavior-rehearsal* de Lazarus et la *fixed-role-therapy* de Kelly, on simule des situations pouvant servir de modèles.

Dans certains cas, on intègre d'autres méthodes béhavioristes telles que la *token-economy* (cf. p. 385). Avec les jeux de rôle (par ex. jouer aux « Indiens »), un lien est établi avec d'autres groupes de thérapie, par ex. le psychodrame.

Les thérapies ludiques préventives (Benesch, 1980) utilisent le jeu à des fins de prophylaxie psychique, notamment par la *neutralisation des tensions* (ni la fébrilité ni l'ennui ne sont psychiquement salutaires et le jeu assure une régulation de la tension), le *renforcement* (le fait de gagner et de perdre alternativement permet de faire l'expérience intermittente du succès), la *simulation ludique* (attitude d'expérimentation créative), la *prime de plaisir* (éveil émotionnel), l'*autoréalisation* (le jeu permet de se « se trouver soi-même »), la *catharsis par le risque* (on se libère en « jouant avec le feu »), enfin le *rapport à la communauté* (comportement de partenaire).

406 XX. Psychologie clinique / 16. Thérapie du langage

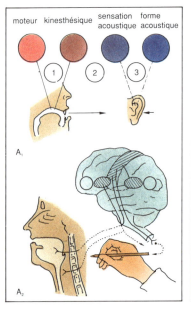

A Développement du langage

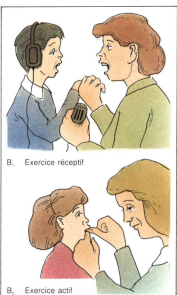

B Orthophonie

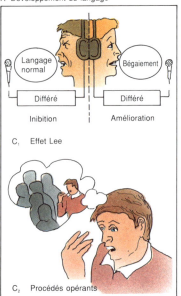

C Procédés de feed-back

D Entraînement au langage

Il est difficile de fixer un début à l'apparition du langage dans la phylogenèse de l'être humain (vers 100-200 000 ans pour CLAIRBORNE, 1978). Il a sûrement fallu un très long processus pour parvenir d'un petit nombre de signaux phoniques à de longues phrases avec des expressions abstraites. Les exemples d'*écritures* les plus anciens ne sont pas antérieurs au IVe millénaire avant J.-C.
Les communications *verbales* contribuent à la participation étroite, à la transmission et à la réception de l'héritage culturel et à la maturité spirituelle personnelle.

Celui qui souffre de troubles du langage est donc plus ou moins privé selon la gravité de son trouble d'une condition fondamentale nécessaire à son autoréalisation.

A. Développement du langage

Il est vraisemblable que l'*ontogenèse* (développement individuel) du langage a certaines ressemblances avec sa phylogenèse.

(A$_1$) Le cri du nouveau-né, les premières nuances du sentiment à partir de la sixième semaine de vie, les premières lallations puis le babil constituent une sphère *primaire* du langage (1) comportant une boucle de rétroaction motrice et kinesthésique (expérience vécue du mouvement).

La sphère *secondaire* (2) implique les composantes acoustiques : il y a modulation des sons autoproduits.

Dans la sphère *tertiaire* (3), ce sont les sons produits par l'entourage qui sont imités.

(A$_2$) L'écriture, dont la pratique vient plus tard, dépend, parallèlement à la langue orale, chez le droitier de l'hémisphère gauche dominant du cerveau, qui commande la main en relation avec le centre moteur (aire de Broca) (1) et sensoriel (aire de Wernicke) (2) du langage.

B. Orthophonie

Plus de 70 groupes de muscles sont impliqués dans le processus du langage. Pour parvenir à la pleine maturité langagière, il faut en outre quantité de conditions psychiques, allant du stockage des informations verbales jusqu'à l'expérience linguistique. Eu égard à l'extraordinaire complexité de cet édifice, il n'est guère étonnant qu'existe un grand nombre de *troubles du langage*, dont voici les plus importants :
bégaiement (trouble tonique ou clonique du débit, cf. p. 297), paraphasie (production défectueuse de phonèmes, de syllabes et de mots), balbutiement (trouble de la coordination langagière, par ex. parole précipitée), trouble articulatoire (anomalie pathologique due à une déficicience de l'appareil phonatoire), agnosie (les mots sont entendus ou vus, mais ils ne sont pas compris), aphasie (perte de la faculté de parler), apraxie (perte des traits distinctifs du langage), aphonie (perte de la voix), logorrhée (abondance excessive de paroles et incohérence).
On utilise différentes méthodes pour supprimer ces troubles. L'*orthophonie* (ou *logopédie*, c.-à-d. la correction du langage, comporte une formation spéciale pour le traitement de ces troubles :
(B$_1$) traitement *réceptif* (imitation des sons prononcés) et
(B$_2$) traitement *actif* (on favorise l'articulation avec la main ou des instruments, par ex. une sonde).

C. Procédés de feed-back

(C$_1$) Quand on reproduit sa propre parole par l'intermédiaire d'écouteurs avec un retard de quelques fractions de seconde, le feed-back entrave le langage normal mais il permet souvent d'améliorer le bégaiement (effet Lee ; B. LEE, 1951).

On utilise des procédés analogues, comme la répétition d'un enregistrement sur bande magnétique *(shadowing)*, la parole en chœur (méthode unisono), le camouflage de la parole (bruit constant dans les écouteurs).

(C$_2$) On peut aussi traiter les handicaps d'attaque de la parole *(pull-out)* par des méthode *opérantes* (cf. p. 147), mais aussi au moyen d'interventions paradoxales (par ex. le bégaiement intentionnel). On peut aussi lutter contre l'angoisse du langage par la désensibilisation systématique (méthode progressive par l'intermédiaire de représentations langagières ; cf. p. 387).

D. Entraînement au langage

Parmi les nouvelles méthodes, on compte celles de la *modification psychosociale du langage* (VON RIPER). Elles postulent que les troubles du langage dépendent également de la *motivation*. A l'intérieur de ce groupe, on dénombre un grand nombre de procédés permettant de favoriser :
les besoins de contact verbal, le plaisir de s'exprimer, une disposition multidimensionnelle à la communication, les expériences de succès.
Cette dernière approche, en particulier, est étayée par des procédés favorisant l'auto-affirmation et qui conduisent à une « thérapie par évitement-réduction » (WITTLING).

L'*entraînement au langage* dans un cadre social implique en thérapie un groupe de sujets souffrant des mêmes troubles. Les exercices de formulation et de parole ont lieu en 2 étapes (BENESCH).

A la suite d'exercices vocaux, destinés à aider l'« instrument » du langage, on travaille certains principes de formulation (par ex. décrire de façon pertinente certains objets et plus tard certains thèmes abstraits).

Dans les *exercices de parole* proprement dits, on recourt à des procédés qui existaient déjà dans l'Antiquité. Voici ce qu'en disait ARISTOTE :
« La disposition éthique est efficiente, lorsque la *représentation* par la parole est telle qu'elle rend l'orateur crédible, car nous faisons particulièrement, voire absolument crédit à l'homme honnête, dans le cas où une certitude absolue n'est pas possible mais où, au contraire, les divergences d'opinion entrent en jeu. Mais cette efficience doit être obtenue grâce à la représentation discursive et non résulter d'une opinion préconçue concernant les dispositions éthiques de l'orateur. »

XX. Psychologie clinique / 17. Psychagogie

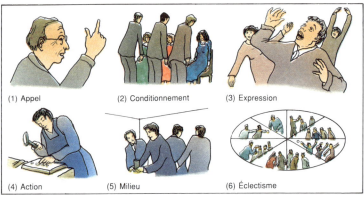

(1) Appel (2) Conditionnement (3) Expression
(4) Action (5) Milieu (6) Éclectisme

A Procédés de soutien

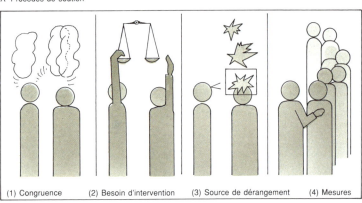

(1) Congruence (2) Besoin d'intervention (3) Source de dérangement (4) Mesures

B Directive de vie

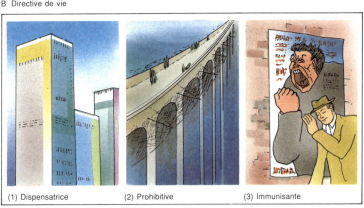

(1) Dispensatrice (2) Prohibitive (3) Immunisante

C Prévention

WILHELM BUSCH invoque de façon plaisante l'impuisssance à changer :
« Tu dois t'échiner si tu veux t'élever, mais tu n'auras aucune peine à te donner pour sombrer. Le bon Dieu doit toujours tirer, mais le diable, lui, n'a qu'à se baisser. »

Pour s'améliorer en changeant, il est certes nécessaire d'avoir du discernement (« la connaissance de soi est le premier pas pour s'amender »), mais c'est loin d'être suffisant. Il faut prévoir en plus une série de procédés de soutien, qui stabilisent le succès. Les possibilités humaines générales pour y parvenir constituent un des domaines les plus importants de la psychologie pratique et sont la plupart du temps synthétisées sous la notion de **psychagogie** (littéralement : conduite d'âme).

A. Procédés de soutien

Comment peut-on aider la faculté de discernement sur la voie de la réalisation des bonnes intentions ?

Bien qu'il existe un grand nombre de méthodes pour parvenir à ce résultat, les idées de base ne sont malheureusement pas très nombreuses et le succès est loin d'être assuré. Il faut beaucoup de ténacité aux deux parties (le conseiller et celui qui le consulte) pour atteindre ce but. On peut résumer les procédés de soutien en 6 groupes.

(1) L'*appel* (l'exhortation) s'appuie sur le renforcement moral :

c'est la voie que suivent la plupart des conceptions du monde, avec un succès, comme on sait, assez douteux.

Mais il y en également d'autres qui réclament « plus de discernement ».

(2) On essaye aussi souvent la voie du *conditionnement* :

Avec l'éducation, presque toutes les sociétés ne transmettent pas simplement du savoir, elles font aussi des exercices de comportement avec leur jeunesse : soit pour prolonger des dispositions existantes (méthode parale) soit pour faire obstacle à des dispositions indésirables (méthode versale).

(3) Dans de vieilles cultures (par ex. africaines), on utilise, notamment au cours de fêtes régulières, la faculté de vivre des possibilités *expressives* élargies : celles-ci sont supposées purifier en évacuant la « lie » psychique.

Aujourd'hui on recourt à l'art-thérapie psychagogique ou à des procédés d'animation.

(4) La valeur curative de l'*action* est le point de départ de l'aide à la réinsertion d'anciens détenus, ou de la thérapie par les occupations pour les patients de longue durée, aussi bien que du casework (service social) pour les victimes du milieu. Ici, l'idée de base est de dériver l'attention vers des objets utiles.

(5) Le *milieu* peut être mobilisé avec profit :

de la façon la plus simple au moyen de la thérapie par la couleur. Dans certaines cliniques ou dans certains foyers, on exercera une influence psychique par la couleur des murs.

Le changement de milieu sera mis à profit dans le domaine des loisirs grâce au voyage durant les congés. L'éducation à la maison est aussi une éducation par le milieu, même si elle ne prend pas toujours une orientation souhaitable.

Enfin, on a vu éclore récemment de nombreuses possibilités de s'exercer à la compétence sociale (cf. p. 387).

(6) On en arrive au domaine le plus étendu, celui de l'*éclectisme*, qui tire parti sans exclusive aucune de toute incitation concrète quelle qu'elle soit.

B. Directive de vie

Autrefois, les directives de vie étaient surtout dispensées par les religions, aujourd'hui ces fonctions se sont sécularisées. Les thèmes se sont partiellement transformés :

consultation matrimoniale, consultation éducative, consultation en matière de drogues, consultation du troisième âge, etc.

Le déroulement d'une consultation comporte 4 phases principales :

(1) Une consultation doit prendre pour point de départ la situation du consultant. Le conseiller doit établir une *congruence* d'intentions en modulant ses *propres* objectifs. Dès lors, il peut risquer de minutieuses transformations des objectifs de son client.

(2) Après quoi le conseiller évalue le *besoin d'intervention* : combien dois-je essayer d'obtenir. Tout supplément est en même temps une diminution de l'initiative du client (tare d'une balance).

(3) Rechercher les *sources de dérangement* pour le progrès est presque plus important que de connaître les objectifs fixés.

(4) A ce moment-là seulement, il est possible de réfléchir aux *mesures à prendre*.

Pour la thérapie des personnes âgées, il faut par ex. :

réduire la détresse sociale, assurer la participation à la vie sociale, élargir le champ des activités, réorganiser le temps, élaborer des procédés de self-control.

C. Prévention

Bien des germes de troubles psychiques sont prévisibles. C'est pourquoi on a essayé très tôt de créer une hygiène psychique pour rechercher les sources de trouble et les éliminer. Celle-ci se veut :

(1) *Dispensatrice* (prévoyance), quand la psychologie de l'architecture par ex. lutte contre les silos d'habitation pathogènes.

(2) *Prohibitive* (interdiction), quand on tente par ex. de réduire la dangerosité d'un pont (en tant que lieu d'élection pour les suicides).

(3) *Immunisante* (défense), quand on essaye par ex. de réduire les conséquences néfastes de la diabolisation de l'adversaire politique au cours des campagnes électorales.

Ces mesures urgentes de prévention sont souvent méconnues et n'ont encore qu'un statut presque uniquement théorique.

410 XX. Psychologie clinique / 18. Psychologie du sommeil

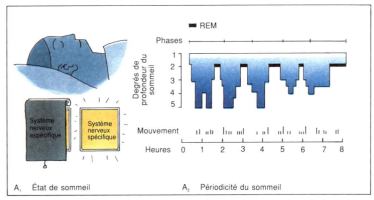

A₁ État de sommeil
A₂ Périodicité du sommeil

A Psychophysiologie du sommeil

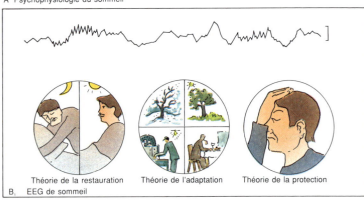

Théorie de la restauration   Théorie de l'adaptation   Théorie de la protection

B₁ EEG de sommeil

B Théorie du sommeil

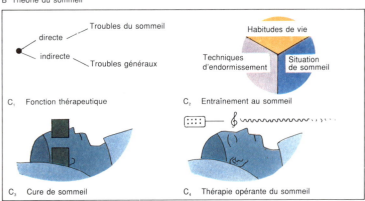

C₁ Fonction thérapeutique
C₂ Entraînement au sommeil
C₃ Cure de sommeil
C₄ Thérapie opérante du sommeil

C Thérapie du sommeil

« Je compte faire un long sommeil. Car ces derniers jours furent une forte peine. Faites en sorte de ne point m'éveiller prématurément. »
(SCHILLER, *Wallenstein*)
On a d'ailleurs toujours recouru au « doux sommeil » en tant que remède à divers maux. Mais en dépit d'avancées remarquables de la recherche, le **sommeil** garde encore bien des secrets.

A. Psychophysiologie du sommeil

(A_1) Le corps se prépare par des processus physiologiques, qui deviennent pleinement opérants dans le sommeil proprement dit :
modification du rythme cardiaque et respiratoire, rétrécissement des pupilles, activation du système parasympathique, diminution de la rétroaction sensorielle, réduction de la dépense énergétique.
Il est à noter que seule la partie *aspécifique* (supérieure) du système nerveux est bloquée dans le sommeil, alors que la partie *spécifique* continue à travailler.
Ceci explique que pendant le sommeil nous soyons certes en état de tout entendre, mais que nous ne percevions rien, par ex. qu'une détonation puisse nous réveiller sans qu'on sache pourquoi nous nous sommes réveillés.
(A_2) Un hasard de laboratoire a permis aux neurologues N. KLEITMAN et E. ASERINSKY de découvrir en 1953 le phénomène des *mouvements oculaires* vifs et périodiques au cours du sommeil (déjà observés par ARISTOTE).
C'est dans les phases de REM *(rapid eye movement)* qu'ont lieu 80% des rêves et 7% seulement dans les phases de NREM (*non*-REM). Le reste est indécidable.
Le tableau montre ce caractère phasique du sommeil avec ses mouvements oculaires.

B. Théorie du sommeil

(B_1) L'étude du sommeil a beaucoup profité de la recherche liée à l'électroencéphalogramme.
Un EEG typique du sommeil montre une activité cérébrale réduite avec des « fuseaux de sommeil » particuliers (succession rapide de fréquences d'onde d'environ 13 Hz).
L'EEG permet de distinguer nettement les variations de la profondeur du sommeil (divisé en 4 stades allant du stade 1 de demi-sommeil au stade 4 de sommeil profond).
(B_2) Quant à savoir pourquoi l'homme est obligé de dormir, on peut distinguer 4 grandes théories.
Les théories de la *restauration* voient dans le sommeil la regénération des fonctions vitales par introduction de phases d'inactivité permettant de rassembler des forces « fraîches ».
Les théories de l'*adaptation* partent des modifications périodiques de l'environnement (offre de nourriture, lumière, etc.), qui entraînent une différenciation adaptative entre sommeil diurne, nocturne ou hivernal.
Les théories de l'*inhibition protectrice* considèrent que le rôle du sommeil est d'assurer une protection contre l'excitation permanente des cellules cérébrales, qui ne sont pas renouvelables.

C. Thérapie du sommeil

(C_1) Concernant la thérapie du sommeil, il faut distinguer 2 groupes principaux :
Les thérapies qui s'appliquent *directement* au sommeil perturbé, et celles qui cherchent à traiter des troubles d'une *autre nature* (par ex. stress) en s'appuyant sur un sommeil normal.
(C_2) L'*entraînement au sommeil* à des fins d'amélioration du sommeil perturbé concerne 3 domaines.
L'analyse du mode de vie permet souvent de découvrir des habitudes néfastes du sommeil (par ex. habitudes alimentaires) qu'il s'agit alors d'apprendre à interrompre.
Concernant la *situation de sommeil*, on peut prendre en compte un grand nombre de facteurs : entre autres les problèmes existentiels, les problèmes de logement, etc.
Les *techniques d'endormissement* tiennent compte de l'attitude générale à l'endroit du sommeil (fonction du sommeil particulière à la personne) et de la façon dont celle-ci essaie de s'endormir (préparatifs psychophysiologiques).
(C_3) La *cure de sommeil* est généralement la tentative de prolonger la durée du sommeil, afin de mettre à profit ses avantages psychophysiologiques.
Pour une cure de sommeil, on crée un milieu pauvre en stimuli (« bunker de sommeil »), dans lequel le sommeil n'est interrompu, pendant plusieurs jours ou plusieurs semaines, que pour la satisfaction de quelques besoins essentiels tels qu'alimentation et hygiène du corps.
Mais comme le besoin de sommeil est satisfait avec excès, le sommeil se transforme en une sorte de somnolence continue.
(C_4) La *thérapie opérante* utilise des méthodes de soutien du sommeil.
Dans la thérapie du sommeil par réflexe conditionné, on déclenche d'abord le sommeil comme réaction inconditionnelle (cf p. 387) à l'aide de médicaments, puis en l'accompagnant d'un stimulus conditionnel (par ex. une musique douce), qu'un entraînement transformera en réflexe conditionné déclenchant un état de sommeil susceptible de durer.
KLEINSORGE (1958) souligne l'utilité de la thérapie du sommeil eu égard à sa fonction de « période de restauration » intensive :
« c.-à-d. qu'elle agit comme une thérapie environnementale, dont le but est de détacher complètement le patient de son milieu habituel pour le placer dans un environnement totalement différent du point de vue de la nature, de l'habitation et des personnes avec qui il vit. »
Du fait qu'elles supposent un séjour durable, les différentes thérapies du sommeil peuvent très bien être combinées avec d'autres procédés tels que l'hypnose ou le training autogène. Depuis peu, on pratique même la *privation de sommeil* pour soigner la dépression (SCHULTE, TÖLLE).

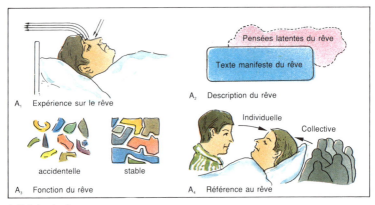

A Théories du rêve

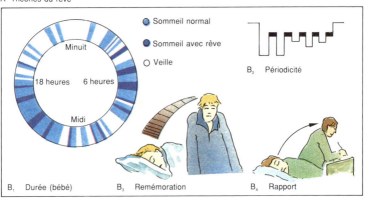

B Diagnostic du rêve

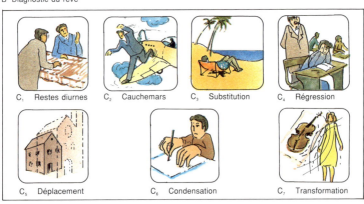

C Sémantique du rêve

Le **rêve** a toujours été considéré comme quelque chose de mystérieux. C'est pourquoi beaucoup l'évitent en tant que thème scientifique. Mais durant les dernières décennies, on s'est remis à l'étudier dans différentes directions.

A. Théories du rêve

Les premières expériences sur le rêve furent pratiquées au milieu du XIXe siècle (KOHLSCHÜTTER) sous forme de privation expérimentale de sommeil.

On interrompait le sommeil par une sonnerie de réveil et on procédait à un interrogatoire systématique sur ce qui avait été rêvé.

(A_1) Les *expérimentations* actuelles s'appuient principalement sur l'étude des ondes cérébrales et des mouvements oculaires pendant le sommeil et sur les descriptions phénoménales correspondantes.

C'est ainsi que l'on a pu déterminer la périodicité du rêve (suite phasique d'environ 5 séquences oniriques par période de sommeil).

(A_2) A l'opposé s'est développée une *description* de contenu, depuis que FREUD (1900) a introduit l'interprétation de rêves dans la thérapie, car il la considérait comme la « voie royale » d'accès à l'inconscient. Il distinguait le texte *manifeste* réellement rêvé et la pensée *latente* (c.-à-d. obscure, énigmatique) du rêve.

Au réveil, le rêve apparaît comme une « réalité inauthentique » (HEISS), mais pendant qu'on rêve, comme une réalité psychique fortement émotionnelle (70%), le plus souvent désagréable (à 75%), majoritairement visualisée (à 80% parallèlement à d'autres domaines sensoriels moins fréquents).

C'est uniquement dans quelques rares rêves lucides que l'on se rend compte qu'on rêve.

(A_3) Les différentes théories du rêve considèrent les *contenus du rêve* soit comme des représentations imagées *accidentelles*, soit comme des symboles renvoyant à des significations stables. Il est vrai que la majorité des chercheurs penchent plutôt pour l'hypothèse que les deux sont possibles.

Pour les théories physiologiques, des séries d'impulsions désordonnées issues des régions les plus profondes du cerveau sont responsables du rêve, mais comme elles sont coordonnées dans les régions supérieures pour former des complexes d'images, il en résulte un « désir de signification » qui pourrait être aussi bien accidentel que typique.

(A_4) Il en résulte donc, quant à la *référence du rêve*, que pour les différentes écoles de la psychologie des profondeurs les rêves peuvent être le fruit d'une transposition individuelle ou tout aussi bien alimentés par un « inconscient collectif » (C. G. JUNG).

B. Diagnostic du rêve

Pour pouvoir mesurer le vécu onirique individuel, il faudrait pouvoir disposer d'un standard transindividuel. Son étude n'est toujours pas au point.

(B_1) La *durée* moyenne des rêves dépend de la tranche d'âge.

Pour un bébé, le diagramme indique au total 17 heures de sommeil comportant d'importantes parts de rêve.

Pour un âge moyen, on estime la part du rêve à 20% environ du sommeil total, mais elle n'est plus que de 14% et moins à un âge avancé.

Le diagnostic du rêve s'intéresse dans chaque cas aux divergences individuelles par rapport à la norme ainsi qu'à ce qui les fonde.

(B_2) La même chose vaut pour la *périodicité* du rêve.

(B_3) La possibilité de *remémoration* des rêves est également très variable,

le facteur le plus important étant le délai qui sépare le rêve du réveil : plus le rêve est proche, plus il est facile de s'en souvenir.

(B_4) Quand on interprète ses rêves, on oublie souvent que l'activité onirique dépend aussi de l'*attention* que l'on porte à ses propres rêves :

celui qui note régulièrement ses rêves, les influence aussi.

C. Sémantique du rêve

Dès le IIe siècle après J.-C., ARTÉMIDORE distinguait dans son « onirocritique » (analyse du rêve) les rêves interprétant l'avenir et d'autres rêves

« qui ne sont que la suite et le reflet d'une chose déjà existante telle que la faim, la soif, etc. »

(C_1) La notion de *restes diurnes* désigne les « éléments de l'état vigile du jour précédent » (FREUD, LAPLANCHE) qui interviennent dans le rêve.

(C_2) La catégorie de rêve la plus fréquente semble être, comme le montrent les récits de rêves consignés pendant des décennies (F. HACKER), celle des *cauchemars*.

(C_3) Elle est suivie par celle des rêves de *substitution*, que FREUD a sans doute trop généralisés dans sa définition souvent citée du rêve comme « tentative de réalisation d'un désir ».

(C_4) De nombreux rêves sont une tentative de « maîtrise du passé », mais aussi un retour dans le passé (références protectrices).

Très importante pour l'interprétation des rêves est l'interprétation des principes de sa construction formelle. Bien des rêves sont « des productions sans intérêt du point de vue de la pensée » (HEISS), leur mode de transformation de la réalité n'en est pas moins souvent instructive :

(C_5) Le *déplacement* est l'attribution d'un effet « erroné » à une autre représentation.

(C_6) La *condensation*, ou agglutination, ou encore surdétermination, concentre plusieurs représentations en une seule.

(C_7) La *transformation* opère selon le principe des opposés, par ex. modification d'objets matériels en personnes ou inversement.

La sémantique (science des signes) du rêve est un domaine qui reste scientifiquement très ouvert, mais il est déjà possible de dire que les corrélations fixes entre image onirique et signification sont loin d'être la règle.

414 XX. Psychologie clinique / 20. Psychologie sexuelle

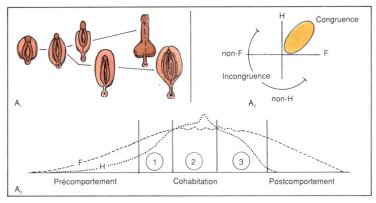

A Différence sexuelle

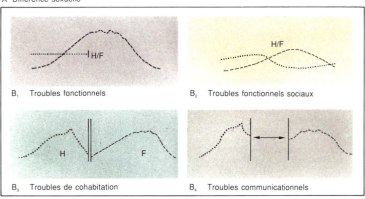

B Trouble sexuel

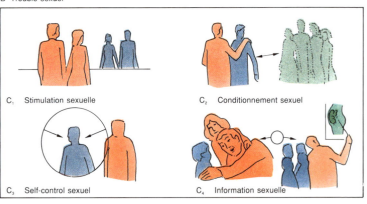

C Thérapie sexuelle

Au lieu de **sexualité**, on parle souvent de « choses intimes ». Cette façon de s'exprimer suggère assez clairement que le sujet est sensible.

La sexualité se passe le plus souvent à huis clos. Mais c'est aussi ce qui en rend la publicité si docile aux intérêts commerciaux.

L'attitude vis-à-vis de la sexualité oscille en fonction des présupposés sociaux, et le rapport qu'on a avec elle varie selon le pays et l'époque.

A. Différence sexuelle

Au cours de l'évolution, la reproduction sexuée offrait d'énormes avantages génétiques par rapport à la division cellulaire. C'est cet aspect que l'on doit garder à l'esprit, quand on critique ses mérites et ses inconvénients du point de vue de la *psychologie sociale*.

Grâce à la différenciation sexuelle, l'humanité se trouve divisée en deux moitiés faciles à distinguer. Cette situation présente certes l'avantage d'une meilleure excitabilité sexuelle, mais elle comporte aussi le danger qu'en résulte une « lutte des sexes » (individuelle ou collective) :

l'oppression sociale des femmes est une des conséquences les plus graves de la différence sexuelle.

Cette différence s'accroît relativement quand on va du domaine *biologique* à celui de la *psychologie individuelle*, pour finir avec le domaine social.

(A_1) L'évolution *ontogénétique* permet de voir clairement l'origine commune du pénis et du clitoris, des testicules et des lèvres, qui ne se différencient qu'au stade embryonnaire.

(A_2) Les différences *psychiques* entre les sexes sont certes incontestables, mais ce qu'ils ont en commun (congruence) n'est pas moins important que ce qui les distingue (incongruence). En revanche, les normes vestimentaires amplifient déjà la manifestation de leur différence.

L'inégalité *sociale* des chances dépasse de loin la réalité *biologique* de la différence.

(A_3) Les « malentendus » entre les sexes intéressent aussi la sphère privée. La vie sexuelle est particulièrement sujette aux perturbations du fait de la différence des besoins physiologiques, qui peuvent ensuite s'aggraver quand elles prennent la forme concrète d'attentes réciproques erronées.

Les courbes moyennes d'excitation sexuelle se différencient chez les deux sexes aux phases d'excitation (1), d'orgasme (2) et de régression (3) sous la forme représentée ci-contre.

B. Trouble sexuel

L'extrême variété des troubles sexuels possibles peut être classée en fonction des 3 phases suivantes : précomportement (construction de l'excitation), cohabitation (rapport sexuel) et postcomportement (isolement après le rapport).

De la même façon, on peut utiliser ici 4 facteurs *sociopsychologiques* comme critères de distinction.

(B_1) Les *troubles fonctionnels* concernent la diminution (mais aussi partiellement l'excès) de capacité sexuelle :

par ex. l'impuissance ou la perversion.

(B_2) Les *troubles fonctionnels sociaux* sont fréquemment causés par des peurs sociales :

angoisse de promiscuité, peur des maladies sexuelles ou du SIDA.

Mais ils peuvent être également conditionnés par des facteurs liés à une situation précise :

exiguïté du lieu ou séparation, obstacles provenant de l'environnement.

(B_3) Parmi les *troubles de cohabitation* directs, on peut relever :

la crampe vaginale, les difficultés d'orgasme aussi bien que l'éjaculation précoce.

(B_4) Les *troubles communicationnels* sont des troubles de la compréhension sexuelle pour soi-même (manques d'information) ou vis-à-vis du partenaire (notamment quand la sexualité est utilisée pour exprimer des troubles d'ordre relationnel). Les menaces réelles ou imaginaires concernant la sexualité, alors que s'exprime en même temps le désir sexuel, suscitent par leur interaction la problématique psychique de la vie sexuelle.

C. Thérapie sexuelle

Les thérapies sexuelles concernent aussi bien l'amélioration de la vie sexuelle entre partenaires que l'équilibre sexuel individuel et l'initiation prophylactique.

(C_1) Les *thérapies de stimulation* remontent au travail de pionnier de MASTERS et JOHNSON. Pour la thérapie, aussi bien les clients que les thérapeutes doivent être présents en couple.

Au cours de la thérapie, on discute des exercices à faire, qui doivent rester dans certaines limites (notamment pour contrôler la stimulation).

(C_2) En revanche, les *thérapies de conditionnement* sont plutôt individuelles,

notamment avec désensibilisation systématique (cf. p. 387) en cas d'angoisses sexuelles.

(C_3) Le *self-control sexuel* est certes amorcé par le thérapeute, mais sa réalisation est de la responsabilité du client (souvent sous forme contractuelle),

par ex. en tant que renouvellement de ses habitudes.

(C_4) L'*information sexuelle* en tant que méthode de prévention est aujourd'hui encore contestée (y compris comme pédagogie). Les questions controversées sont les suivantes :

qui doit informer qui et quand, sur quoi et comment ?

Pour l'ensemble du domaine de la sexualité, on citera cette phrase de NOVALIS :

« L'homme n'est capable de vivre en couple et en famille, que lorsqu'il est heureusement marié avec lui-même. »

En vérité, ce devrait être très généralement le cas pour tous les psychothérapeutes de profession.

La psychologie clinique représente aujourd'hui, en France comme dans les autres pays où elle est connue, le secteur le plus développé de la psychologie. Ce fait est paradoxal si l'on considère qu'il s'agit de la branche la plus récente de l'histoire des disciplines psychologiques, née en fait seulement après la Deuxième Guerre mondiale.

A. L'extension de la psychologie clinique

Le nombre de psychologues cliniciens exerçant en France est resté jusqu'ici estimé, avec une relative imprécision, de 6-7 000 à plus de 15 000 (HUBER, 1993). Mais si on y intègre le nombre reconnu de 7 000 psychologues scolaires et conseillers d'orientation-psychologues (p. 44), on atteindrait le chiffre d'environ 22 000 (sur plus de 30 000 praticiens), ce qui concorderait assez bien avec le chiffre de 74% résultant de l'enquête SNP/Le Monde de 1988.

En fait, la population des psychologues cliniciens s'insère dans une constellation clinique plus vaste comportant deux autres ensembles : 8 500 psychiatres et 5 à 10 000 psychanalystes et psychothérapeutes.

Ces trois ensembles interfèrent : certains psychiatres sont en même temps psychanalystes, et un certain nombre de psychanalystes se trouvent assumer parallèlement la fonction de psychologue clinicien.

Par ailleurs, comme semblent le montrer certaines données, beaucoup d'étudiants en psychologie clinique suivent une cure psychanalytique de type orthodoxe (env. 60%) et envisagent la profession de psychologue clinicien comme un palier provisoire en direction de la carrière de psychanalyste, d'un statut social jugé plus enviable (env. 45% ; JALLEY, enquête en cours).

En Allemagne et aux États-Unis, la psychanalyse orthodoxe semble avoir beaucoup moins de vitalité et de prestige qu'elle n'en conserve encore en France.

Cette première esquisse donne une idée déjà claire de la spécificité du concept de la psychologie clinique propre au contexte de la culture française.

Malgré son caractère dominant et le dynamisme actuel de son développement, la psychologie clinique reste un domaine difficile à définir. Son objet comporte plusieurs définitions non concordantes, mais qui malgré tout semblent délimiter deux grands modèles principaux : un modèle français, et un modèle anglo-saxon. D'après les données jusqu'ici fragmentaires, le premier étendrait son influence dans un certain nombre de pays méditerranéens ; par ailleurs, le second paraît très bien implanté en Allemagne, ainsi que le reflète la conception particulière de l'ensemble du chap. XX, et aussi en Belgique (HUBER, 1993). On ne sait rien jusqu'ici des autres pays.

B. La spécificité française

Le caractère original du modèle français tient à la conception éclectique particulière de son principal fondateur, DANIEL LAGACHE (1903-1972), philosophe, médecin, psychologue et psychanalyste. Celui-ci introduit la psychologie clinique en France dès 1949, à partir des États-Unis où elle commençait à se diffuser, en la concevant comme une discipline faisant transition entre la psychologie expérimentale et la psychanalyse.

La *psychologie clinique* se définit pour lui comme une science de la conduite humaine, basée sur l'étude approfondie de cas individuels, aussi bien normaux que pathologiques, et susceptible de s'étendre à celle des groupes.

A la suite de LAGACHE, DIDIER ANZIEU (1979, 1982) s'est attaché à préciser les relations entre la psychologie clinique et la psychanalyse, selon une formule absolument caractéristique de l'école française. D'après lui, la référence psychanalytique est dominante mais non exclusive en psychologie clinique. Les perspectives économique et topique, de même que le maniement du transfert, appartiennent en propre à la psychanalyse, cependant que celle-ci partage avec la psychologie clinique les perspectives *dynamique et génétique*. La psychologie clinique met en plus l'accent sur le *point de vue adaptatif*, et peut en fin de compte s'envisager comme une forme particulière de *psychanalyse appliquée*. De cette façon, elle se présente aussi bien comme une psychologie individuelle et sociale, normale et pathologique.

A l'opposé, le courant important représenté par l'école de JACQUES LACAN a tendu dès 1953 à rejeter ce modèle lagachien de la psychologie clinique en lui opposant le contre-modèle d'une *psychopathologie* psychanalytique.

De façon très différente encore, le modèle anglo-saxon propose aujourd'hui une définition de la psychologie clinique envisagée comme une technologie visant la prévention et la thérapie des problèmes et des *troubles psychiques*, cette notion de trouble (e : *trouble*, d : *Störung*) étant elle-même inspirée par l'approche athéorique et purement descriptive propre aux nouvelles classifications du type CIM-10 ou DSM IV-R (en cours de publication). Ce modèle s'insère lui-même dans un cortège de disciplines nouvelles en expansion : neuropsychologie, psychologie de la santé, psychologie communautaire (HUBER, 1993).

D'après LAGACHE, l'acte essentiel du psychologue clinicien serait le diagnostic. ANZIEU (1982) y ajoute trois fonctions importantes : la formation, l'expertise et la psychothérapie.
La multiplicité de ces fonctions, qui d'ailleurs peuvent être inégalement investies, implique le caractère interdisciplinaire de la psychologie clinique, postée au confluent d'un grand nombre de disciplines et de modèles : psychiatrie et psychopathologie, psychanalyse, psychologie différentielle, psychologie de la personnalité, psychologie de la forme, psychologie de l'enfant, psychologie sociale, phénoménologie.
Dès ses origines, la psychologie clinique présente deux tendances particulières, deux formes de « mentalités », définies l'une par la « clinique armée » au moyen des tests (LAGACHE), l'autre par la « clinique aux mains nues », c'est-à-dire sans tests (FAVEZ-BOUTONIER).

A. Un profil particulier

Les professions de la psychologie sont particulièrement assujetties à la nécessité de *formations complémentaires*. De ce point de vue, une enquête *SNP/Le Monde* datant de 1988 (voir p. 44) fournit des éléments de comparaison intéressants entre psychologues « cliniciens » et psychologues « sociaux ».
Les psychologues cliniciens entreprendraient des formations dans le domaine des psychothérapies, de la psychanalyse, et aussi des techniques d'investigation psychologique (tests projectifs par ex.). Les psychologues sociaux investiraient sensiblement plus dans la préparation à une carrière universitaire (17% contre 11%), et dans les formations touchant la gestion du personnel (ibid.).
Les deux populations diffèrent tout autant par leurs types de *pratiques professionnelles*. Les psychologues cliniciens se consacrent surtout, comme il est logique, à l'investigation clinique (58%), et à la psychothérapie (31%), mais aussi au travail de formation institutionnelle (27%). Cependant les psychologues sociaux interviennent encore plus dans la formation (64%), et bien entendu dans la gestion des emplois (55% contre 16%) (ibid.).
Les psychologues cliniciens exercent sur des enfants et adolescents présentant soit des troubles psychiatriques et/ou un retard intellectuel (32%), soit des problèmes d'insertion sociale et scolaire, et aussi sur des adultes présentant des troubles de la personnalité et/ou un retard intellectuel (27% des psych.) (ibid.). La fonction particulière d'*accompagnement social* propre à la psychologie clinique n'a évidemment pas la même visée que la finalité d'adaptation professionnelle propre à la psychologie des organisations.

B. Une méthodologie de base

La même enquête montre aussi de manière très intéressante que la formation méthodologique des deux catégories de psychologues peut être largement commune. Tout d'abord, l'*entretien* apparaît comme l'instrument indispensable du psychologue clinicien (88%) aussi bien que du psychologue social (77%). Les psychologues cliniciens utilisent sensiblement plus les *techniques d'investigation psychologique* du type tests (60%) que les psychologues sociaux (46%). Mais ces derniers recourent un peu plus aux *techniques de communication* (conférence, exposé, animation de groupe) que les cliniciens (62% contre 43%) (ibid.).
Sur cette base méthodologique commune, les psychologues cliniciens se singularisent par le recours à des techniques *thérapeutiques* spécifiques (22% contre 0%) : psychanalyse, psychodrame, Gestalt, thérapie familiale systémique. En revanche, les psychologues sociaux s'intéressent de façon privilégiée aux techniques d'analyse psychosociale (enquête, analyse des réseaux de communication) (33% contre 5%). Et aussi davantage que les cliniciens aux techniques de développement personnel du type jeux de rôle ou analyse transactionnelle (14% contre 3%) (ibid.).
Ce constat d'un fond commun de techniques utilisé par les deux principales catégories de psychologues semble devoir justifier par les faits l'existence depuis peu reconnue d'un *titre unique* de psychologue.
En réalité ce titre est aujourd'hui validé par l'obtention de l'un au moins de trois diplômes sensiblement différents quant à leurs contenus respectifs : le DESS (Diplôme d'études supérieures spécialisées) de psychologie, le DECOP (Diplôme d'état de conseiller d'orientation-psychologue), et enfin le DEPS (Diplôme d'état de psychologie scolaire). Ces trois variétés de diplômes sont susceptibles de fournir des psychologues d'orientation clinique.
L'évolution actuelle de la psychologie clinique en France est marquée en particulier par l'accroissement de son rôle dans de nombreux services hospitaliers, en dehors de ses débouchés traditionnels sur les services de psychiatrie : par ex. neurologie et neuropsychologie, neurochirurgie, gynécologie-obstétrique, gérontologie, rééducation fonctionnelle, réanimation, cancérologie, hématologie, centres de soins palliatifs (COHEN-RIEU, 1994).

418 XXI. Psychologie appliquée / 1. Psychologie du travail

A Processus de travail

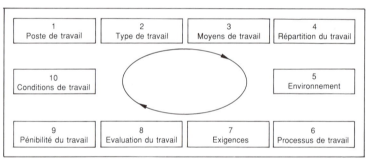

B Analyse du travail

C Pénibilité du travail

L'histoire de la **psychologie appliquée** (F. DORSCH, 1963) remonte à la fin du XIXe siècle. L'une des premières disciplines est la **psychologie** du travail. Sa tâche consiste à étudier et à utiliser les conditions dans lesquelles s'exerce l'activité professionnelle. Au centre de cette recherche, se trouve le travail industriel.

A. Processus de travail

L'une des données les plus difficiles est le caractère hautement différencié du travail industriel. La structure *verticale* (hiérarchie de la division du travail) aussi bien que la structure horizontale (répartition des tâches) se caractérisent par une diversité d'autant plus difficile à appréhender qu'elle varie selon les domaines et les entreprises.

La systématisation de l'ordre vertical est une tâche que la psychologie industrielle (étude des particularités psychologiques requises par telle ou telle entreprise industrielle, cf. p. 425) maîtrise plus facilement qu'une systématisation horizontale générale. Celle-ci dépend en effet de la *diversité* des tâches industrielles, qui ont peu de points communs, si l'on compare par ex. les usines métallurgiques, textiles ou alimentaires.

Très généralement, on aura intérêt à subdiviser les types de tâche horizontaux en suivant la chronologie de la fabrication des produits :
(1) La *préparation* (ou « disposition », qui consiste à planifier le processus de production et à «apprêter» les outils nécessaires à la fabrication),
(2) la *production basique* (fabrication par ex. de pièces brutes par coulage, pressage, etc.),
(3) le *façonnage* (la production basée sur la division du travail doit être encore précédée dans la plupart des cas de travaux préparatoires),
(4) le *travail à la chaîne* (qui est le type de production industrielle le plus répandu),
(5) le *pilotage* (dans la production mécanisée ou automatisée, la commande est de plus en plus fréquemment électronique),
(6) le *montage* (quand il ne fait pas déjà partie du travail à la chaîne proprement dit, par ex. l'incorporation de pièces fournies par des entreprises sous-traitantes),
(7) le *contrôle* (vérification fonctionnelle) et
(8) le *transport* (dans un entrepôt ou livraison).

B. Analyse du travail

Pour parvenir à la représentation globale d'un travail, on a besoin d'un *système de description*. Ce système à 10 termes comprend toutes les catégories descriptives essentielles, chacune d'entre elles étant à son tour assez étendue.
(1) *Poste de travail :* critères de description du lieu de travail (sièges, mobilité, possibilité de quitter son poste, contacts, etc.).
(2) *Type de travail exigé :* degré et mode de par ticipation (responsabilité, motivation, dépense d'énergie, etc.).
(3) *Moyens de travail :* composantes matérielles (matériaux, machines, documentation, etc.).
(4) *Répartition du travail :* modalité de distribution (instructions, planification, planning, contraintes, etc.).
(5) *Environnement :* cadre de travail (aménagement de l'espace, groupes de travail, contacts ou distances interpersonnelles, etc.).
(6) *Processus de travail :* analyse du déroulement (planification, technique des réseaux, surveillance, consensus, etc.).
(7) *Exigences :* présupposés psychologiques, répartition fonctionnelle, connaissances requises, analyse d'erreurs, etc.
(8) *Évaluation du travail :* situation de contrôle (système de mesure du travail effectué, mise en application de l'évaluation, etc.).
(9) *Pénibilité du travail :* analyse de pénibilité (coefficient de risque, exigences en matière d'attention, critère de rendement, analyse des accidents, etc.).
(10) *Conditions de travail :* données externes (salaires, primes, temps de repos, sécurité de l'emploi, etc.).

C. Pénibilité du travail

Le psychologue du travail attache une importance particulière à l'analyse de la pénibilité du travail (point 9), en particulier pour la prévention des risques. Dans cette optique, il examine avant tout les 4 plus importants domaines de pénibilité pouvant constituer des causes d'accidents.
(1) La pénibilité due aux *risques* encourus est définie par le *potentiel* d'erreurs, c.-à-d. la quantité d'erreurs graves qui peuvent être commises.

Ici, les chiffres peuvent varier beaucoup. Dans la construction de tours d'habitation, le moindre faux-pas peut être lourd de conséquences.

Le psychologue des accidents du travail s'efforce de développer une prophylaxie permettant d'éliminer systématiquement les causes d'accident.
(2) La pénibilité *climatique* est par ex. très grande pour la pêche arctique. Mais même dans des métiers moins exposés, il existe toujours un cœfficient de risque plus ou moins élevé dû à la chaleur, au froid, à l'humidité de l'air, à la pollution, etc.
(3) La pénibilité due à la *concentration* nécessaire est particulièrement forte lorsque d'importants stimuli secondaires (par ex. le bruit) viennent s'ajouter à un fort pourcentage de risques (par ex. la possibilité de se blesser ou de blesser autrui). La concentration ne peut être maintenue en permanence au degré requis, elle varie selon la durée et le moment du jour ou de la semaine.
(4) La pénibilité mentale ne concerne pas seulement le travail intellectuel, car tout travail physique est aussi un processus de traitement d'informations, lequel dépend également du sens de la responsabilité et du degré d'engagement.

D'autre part, tout nouvel accident modifie à son tour le risque d'accident, si bien que la sécurité dans le travail (HOYOS, 1980) est un équilibre extrêmement complexe qui ne peut être assuré que par l'optimisation de toutes les mesures permettant de réduire le risque.

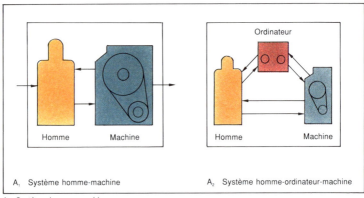

A Système homme-machine

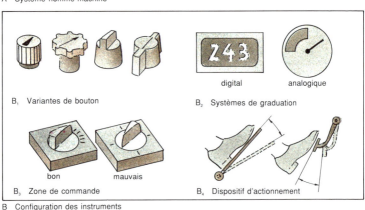

B Configuration des instruments

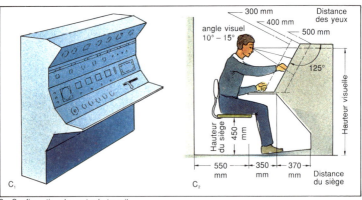

C Configuration du poste de travail

Les premières lois sur la sécurité du travail datent de 1802 et ont été promulguées en Angleterre, pays dans lequel est née l'industrialisation, lorsqu'on s'est aperçu à l'occasion des conseils de révision que les jeunes ouvriers présentaient de graves déficiences de santé. Derrière la dénomination de « Morals and Health Act » se dissimule tout un arrière-plan de mesures préventives contre le travail des enfants.

La notion d'**ergonomie** (du grec *ergon* : performance et *nomos* : loi), qui désigne le domaine de recherches et d'applications intéressant les *rapports réciproques* entre l'homme et la machine, a été utilisée pour la première fois en 1857, dans la revue polonaise « Nature et Industrie » :

« Afin de tirer de cette vie le maximum de fruits avec le minimum d'efforts et de satisfaire au mieux le bien général de même qu'individuel, tout en procédant avec équité vis-à-vis d'autrui et de sa propre conscience. »

A. Système homme-machine

Au début du développement de la machine, on se préoccupait fort peu de l'homme au travail et de sa capacité de travail. On traitait le problème de la faible productivité en sélectionnant les gens appropriés à une tâche déterminée. Ce n'est qu'au XXe siècle que s'est imposée l'idée que le meilleur moyen d'assurer la productivité est d'établir *de part et d'autre* une relation optimale entre l'homme et la machine.

(A_1) Le rapport a été conçu sous forme de système global :

Les « systèmes homme-machine » (SHM) ne constituent pas simplement un agrégat (juxtaposition), mais une unité, dans laquelle doivent dominer une *régulation* et un *équilibre* relatif des éléments ou composants, les processus mis en œuvre devant être par ailleurs *interdépendants, compatibles* et *intégrés*.

Ces systèmes disposent de processus d'*entrée (input)*, de *traitement (throughput)* et de *sortie (output)*.

(A_2) Depuis que les ouvriers ont cessé de travailler comme des artisans et n'opèrent plus qu'avec des machines, que, de surcroît, dans une industrie de plus en plus mécanisée, voire automatisée, ils n'ont plus de contact avec la fabrication des produits que par l'intermédiaire de l'ordinateur, ce système devient plus largement

un « système homme-ordinateur (computer) - machine ».

B. Configuration des instruments

L'ergonomie est un domaine interdisciplinaire, auquel d'autres disciplines sont associées :

notamment la recherche dans le domaine des procédés d'ingénierie technique, la médecine du travail, l'anthropologie industrielle.

Le psychologue s'occupe de domaines spécifiques tels que la recherche de la meilleure configuration possible pour les instruments de travail.

(B_1) Boutons cylindriques, boutons à crans, boutons cylindriques avec ergot (de gauche à droite) ont divers avantages et inconvénients qui dépendent à chaque fois des manipulations requises (par ex. en fonction d'impératifs de vitesse ou de précision). Il convient donc de tester expérimentalement les avantages de telle ou telle forme.

(B_2) Il existe différentes formes d'affichage des informations :

notamment les affichages digitaux (chiffres) et analogiques (aiguille) ; des tubes compteurs à colonne montante et descendante, des affichages utilisant un index fixe et une graduation mobile, des affichages sonores et d'autres mixtes. Dans l'ex. ci-contre, il s'agit de trouver la meilleure façon de passer d'un degré à un autre de l'échelle. Dans l'ex. de gauche (numérique), ce passage est parfaitement lisible, dans celui de droite le mouvement de rotation coûte plus d'énergie sans parvenir au degré de précision correspondant à ce surcroît de dépense.

L'affichage optimal d'informations doit être conçu à partir de données à chaque fois différentes et qu'il faut donc examiner préalablement.

(B_3) A part la configuration des boutons, on peut faire aussi des erreurs dans la répartition des zones graduées.

(B_4) Outre la réception d'informations (la visibilité « optimale »), c'est surtout le système de commande « optimal » (pour actionner un mécanisme) qui requiert l'attention.

On utilise généralement la pédale pour des mécanismes de commande assez grossiers (plus grande dépense d'énergie, course plus longue, faible précision dans le déclenchement).

Les pédales verticales (à gauche) sont actionnées par la jambe entière et leur angle d'action peut être plus grand que celui des pédales suspendues (à droite), qui sont mues par la pointe du pied à partir de la cheville.

C. Configuration du poste de travail

(C_1) On appelle « display » ou « console » une configuration de plus en plus fréquente du poste de travail, qui combine des appareils d'affichage d'informations et de commande.

On a ici un nombre relativement important d'appareils d'affichage (y compris des tubes-image) et de leviers ou d'interrupteurs de commande, pouvant former un ensemble.

(C_2) L'examen psychologique permet avant tout d'étudier les exigences en matière de vigilance (attention soutenue), les variations de sollicitation (longue période d'inactivité à laquelle succède brusquement une sollicitation extrêmement poussée), de même que l'isolement social dans ses effets sur la motivation et l'engagement.

Du point de vue ergonomique, les différents paramètres pour l'aménagement des consoles de ces instruments d'affichage de données sont au premier plan (C_2).

L'exemple de l'ordinateur personnel, ou plus précisément domestique, illustre l'étroite corrélation entre l'ergonomie et le design industriel.

422 XXI. Psychologie appliquée / 3. Psychologie de la profession

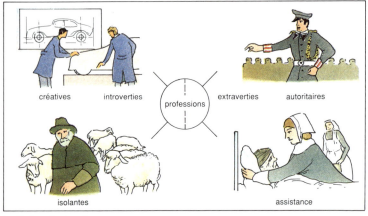

A Choix professionnel

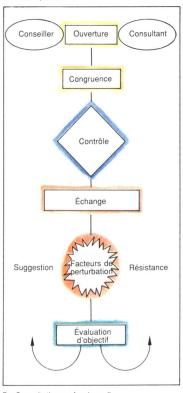

B Consultation professionnelle

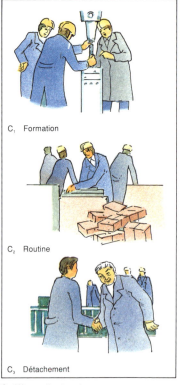

C₁ Formation

C₂ Routine

C₃ Détachement

C Vécu professionnel

Pour beaucoup, l'activité professionnelle est « la colonne vertébrale de la vie » (NIETZSCHE). SCHELSKY (1971) souligne que pour la majorité des gens la qualification professionnelle est le seul facteur de certitude personnelle du point de vue social et MENNINGER (1964) soutient même que l'être humain ne peut rester en bonne santé mentale sans activité professionnelle.
Il est sûr qu'il n'y a pas de domaine d'identification plus important que le domaine **professionnel**. En dépit de cet état de choses, c'est un domaine que la psychologie n'a pas encore suffisamment abordé. Cela s'explique avant tout par le fait que la profession est un thème difficile à cerner.

A. Choix professionnel

« La chose la plus importante à toute la vie est le choix du métier : le hasard en dispose. La coutume fait les maçons, soldats, couvreurs. », écrivait BLAISE PASCAL il y a plus de 300 ans. Cela fait de lui un précurseur des théories du choix professionnel fondées sur « l'habitude et le hasard » que CRITES (1969) qualifie d'« athéoriques ».

En effet, les choix professionnels se font également par imitation de métiers connus.
Mais comme pour d'autres motifs (cf. XIII), ceux qui constituent la motivation professionnelle se présentent rarement sous forme *isolée*. On a plutôt affaire à des « agrégats » de motifs différents inextricablement liés (comme les agrégats rocheux en géologie).
Dans la majorité des cas, de tels ensembles comprennent également des motifs *socio-économiques* :
 degré de reconnaissance du métier, cote liée à l'époque et au lieu, attentes en matière de revenus et relation entre l'engagement et l'utilité.
Les motivations plus spécifiquement subjectives concernent
 l'*aptitude* supposée (à tort ou à raison) (TH. SCHARMANN), les « satisfactions substitutives » de nature inconsciente (U. MOSER), l'« image de soi » (D. E. SUPER) dont la profession fait également partie en tant que composante du concept de soi.
A. ROE (1972) appelle cette composante l'« orientation » par un désir professionnel, qui se concrétise plus ou moins dans le *processus de décision* concret. De telles orientations manifestent des attentes que l'on peut grossièrement qualifier de plus ou moins *introverties* ou *extraverties*.
 Dans l'aspect introverti, on peut à nouveau distinguer des orientations de nature plutôt *créative* (mise en avant de la chose elle-même) et plutôt *isolante* (limitées à soi-même).
 On peut procéder de la même façon avec les orientations extraverties en distinguant les motivations plutôt *autoritaires* (sentiment aigu du pouvoir) de celles qui visent plutôt l'aide (fondées sur un comportement prosocial).
Dans les cas particuliers, le désir professionnel peut tout à fait se constituer à partir de combinaisons de motivations hétérogènes.

B. Consultation professionnelle

Une des tâches majeures de la consultation professionnelle consiste à clarifier ces motivations inconscientes et à les convertir en objectifs réalisables.
C'est l'*échange* entre le consultant et le conseiller qui est au centre du processus de consultation.
La *congruence* (ou coïncidence) de leurs attentes de même que l'élimination des *facteurs de perturbation* (comportement suggestif du conseiller et défaut de « compliance » ou résistance de la part du consultant) sont des étapes intermédiaires importantes.
L'*évaluation d'objectif* est un processus rétroactif : seule la récapitulation par le consultant du déroulement complet de la consultation lui permet de se faire un jugement auquel il peut s'identifier.

C. Vécu professionnel

(C_1) Le choix d'une profession est suivi de l'accès à la formation correspondante. C'est là que la justesse du choix professionnel doit être confirmée.
 Mais la *formation* professionnelle est souvent si différente de l'*exercice* réel de la profession qu'un jugement prématuré sur cette profession apparaît risqué.
 Par ailleurs, la certitude d'avoir fait un bon choix est une condition préalable indispensable pour une future réussite professionnelle. Il est par ailleurs évident que celle-ci est liée à la problématique existentielle.
 C'est pourquoi l'*identification* avec la profession exercée est indispensable, même en cas de choix reposant sur un compromis.
(C_2) Etre sûr de soi ou plus précisément avoir confiance en soi sur le plan professionnel est une nécessité pour tout le monde, afin de lutter contre l'inévitable *routine*, qui allège certes la quotidienneté professionnelle mais la rend aussi ennuyeuse. Quand on est interrogé sur sa réussite professionnelle, les interprétations jouent souvent un rôle plus important que l'objectivité des faits.
 Dans ce qu'on appelle « compétence professionnelle », il n'y a pas seulement du *savoir-faire*, car les *données* locales (cf. Psychologie de l'entreprise, p. 425) et la *motivation à l'efficience* propre à chacun (A. B. WEINERT), c.-à-d. le désir d'être efficace, d'être responsable et de se réaliser soi-même, entrent aussi en ligne de compte.
(C_3) Plus l'implication professionnelle est forte et exclusive, plus il est difficile de *se détacher du travail* (au moment de la retraite ou du fait du chômage, comme durant les périodes de congé).
 Le *changement de métier*, beaucoup plus fréquent du fait de la révolution technologique en cours, est devenu un problème aigu.
Tout éloignement du travail professionnel requiert des domaines d'activités substitutives pour compenser la perte de vécu. Cette problématique confère une importance croissante à la psychologie des loisirs (p. 443).

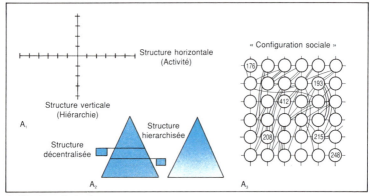

A Structures d'entreprise

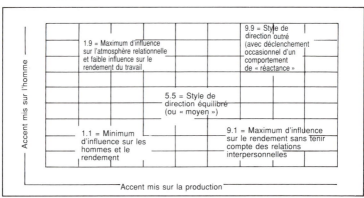

B Styles de direction

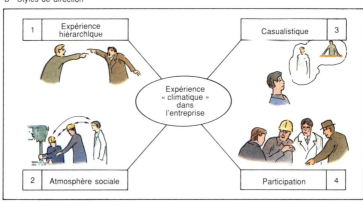

C Climat de l'entreprise

Qu'une activité donnée, par ex. celle de tourneur, s'exerce dans l'entreprise A ou B, peut entraîner d'importantes différences.

Les raisons de ces différences constituent l'objet de la **psychologie de l'entreprise**. On peut distinguer trois domaines particulièrement importants dans sa thématique assez étendue : les traits structuraux de l'entreprise industrielle et leurs conséquences psychiques, la situation d'activation par les supérieurs hiérarchiques et le climat de l'entreprise.

A. Structures d'entreprise

On peut distinguer clairement 2 structures caractéristiques valant pour toutes les entreprises :
la *structure verticale* avec les rapports hiérarchiques au sein du personnel, et
la *structure horizontale* avec la répartition du travail.

Ces distinctions ont des conséquences majeures pour le style de l'entreprise et son efficacité.

On touche là non seulement à des problèmes économiques et psychologiques, mais aussi à des représentations *idéologiques*, elles-mêmes déterminées par les systèmes politiques capitaliste et communiste avec leurs variantes.

En dernière instance, toutes les orientations sont soumises à des *lois d'organisation psychosociologiques*, que l'on peut étudier indépendamment de tout « régime politique » et dont on peut analyser localement les conséquences réelles pour toute entreprise.

(A_1) S'agissant de la *structure horizontale*, on se demande quelles sont les conséquences locales du type de division du travail.

On s'accorde à dire qu'une subdivision poussée (spécialisation) tend vers la routine et un manque de vue d'ensemble : il faut en tenir compte et accroître la motivation.

Une subdivision poussée de la *structure verticale* signifie la multplication des échelons hiérarchiques en même temps qu'un chevauchement accru des compétences :
cet inconvénient doit être compensé par une circulation continue et fluide des informations.

(A_2) De nombreux modèles ont été conçus pour améliorer la structure verticale.

L'exemple ci-contre montre une pyramide de supérieurs hiérarchiques et de subordonnés (à droite) et un *système à hiérarchie décentralisée* (à gauche), c.-à-d. que des équipes de direction avec des responsabilités particulières sont détachées de la hiérarchie, ce qui entraîne généralement une motivation accrue.

(A_3) La structure horizontale ne concerne pas simplement la division du travail, elle a aussi des conséquences sur le *réseau relationnel* (la « configuration sociale ») du personnel.

Le sociogramme ci-contre reproduit aussi bien les structures horizontales (relationnelles) que verticales (hiérarchiques).

B. Styles de direction

R. R. BLAKE et J. S. MOUTON (1968) ont proposé un modèle de *grille (grid-model)* pour illustrer par un schéma simple les principales tendances en matière de style de direction industrielle :
recoupement de l'accent (social) mis sur les collaborateurs *(social-emotional leader)* avec l'accent (objectif) mis sur la production *(task-oriented leader)*, avec 9 degrés pour chacun des deux axes.

A l'aide d'un score LPC (*least-preferred coworker* = collaborateur le moins préféré), E. FIEDLER a construit un « modèle de contingence » pour exprimer la distance séparant le chef du dernier de ses collaborateurs.

Des indices de distance de valeur *élevée* sont considérés comme favorables quand les tâches sont très stables et qu'il existe de bons rapports avec le chef ; des indices de valeur *moindre* passent pour exprimer une tendance à renverser des relations affectives défavorables, et signalent que le chef souhaite que les collaborateurs aient entre eux des contacts émotionnellement positifs. Suivant la théorie « partial-goal », le chef fait généralement une distinction entre la partie « insider » du groupe, qui fait l'objet de sa bienveillance et dont il recherche la collaboration, et la partie « outsider » avec laquelle il se montre impitoyable.

C. Climat de l'entreprise

Les variables extrêmes du « climat » *psychologique* peuvent entraîner une baisse de productivité. Une des tâches principales de la psychologie appliquée à l'entreprise consiste donc à étudier ce climat. Les indices de mauvais climat sont les suivants :
conflits fréquents ; certains groupes se ferment à d'autres groupes de l'entreprise ; nombreux licenciements ; nombreuses absences pour cause de maladie ; des membres du personnel gaspillent leur temps dans les couloirs ; les rumeurs persistent ; intrigues et chicaneries trouvent un écho.

Le climat de l'entreprise peut être positivement influencé par une amélioration des conditions *objectives* (par ex. allègement du travail), le développement des *informations* internes, et enfin la promotion des expériences *subjectives* dans le cadre de l'entreprise. Ce dernier point est la tâche principale du psychologue d'entreprise.

(1) Il améliore les *expériences hiérarchiques* en s'occupant notamment de la formation des cadres (suppression des querelles de préséance, de l'autoritarisme, etc.).

(2) La situation émotionnelle moyenne, l'*atmosphère sociale*, se laisse également corriger de haut en bas, quand on peut en démontrer clairement la nécessité.

(3) La *casualistique* est la méthode qui permet de vérifier dans quelle mesure le monde de l'entreprise permet de satisfaire les désirs personnels par ex. en matière de promotion.

(4) La *participation* aux décisions peut accroître le sens des responsabilités et avoir une influence indirectement positive.

426 XXI. Psychologie appliquée / 5. Psychologie des organisations

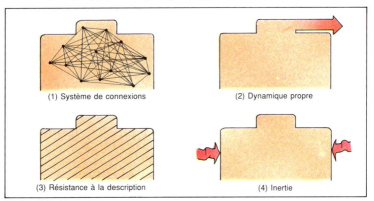

A   Propriétés des systèmes

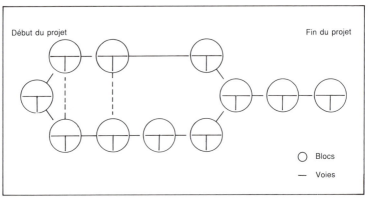

B   Technique des réseaux

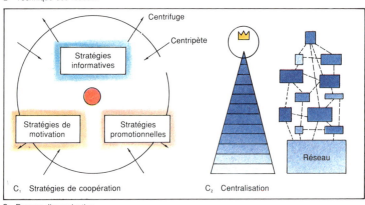

C   Formes d'organisation

Au début des années 60, la NASA eut à réunir dix mille firmes en vue du même projet, le premier vol spatial, et à les coordonner de façon que leurs livraisons soient faites dans les délais et les dimensions voulues.
Il était clair que les procédés traditionnels de planification ne permettaient plus de faire face à cette demande. On dut développer de nouvelles techniques en faisant appel au traitement électronique des informations. Au sein de cette **planification organisationnelle** transdisciplinaire, le psychologue fut chargé de mettre en programme le « facteur humain », par ex. à propos des nœuds de conflit ou de lassitude.

A. Propriétés des systèmes

Le méga- ou *supersystème*, c.-à-d. un projet ou une organisation caractérisé par un grand nombre de participants et une gigantesque division des tâches, ne peut être que partiellement comparé à une petite communauté, au sein de laquelle tout le monde se connaît personnellement. Dans le mégasystème, les lois de la dynamique de groupe (cf. XV/9), par ex. l'adaptation conforme, restent certes valables, mais au-delà il est nécessaire de prendre en considération 4 différences qualitatives en matière d'organisation :
(1) Le *modèle de connexion circulaire* au sein du mégasystème fait que les motifs de réaction se recoupent entre eux à l'infini. On dépend de grandeurs inconnues de l'individu. De là résulte l'impression d'anonymat :
on éprouve des difficultés à s'identifier avec le système, et plus précisément à développer la même « morale » que celle qu'on a vis-à-vis de groupes plus restreints.
(2) Du fait de ce système de connexion, un nombre infini de potentialités se transforme en une force globale et unique, qui se caractérise par une *dynamique propre*, dont le développement prend une direction obéissant à des lois spécifiques.
Le responsable ne peut plus maîtriser absolument un tel supersystème, il doit se contenter d'exercer une influence relative sur sa dynamique, c.-à-d. de lui transmettre des impulsions susceptibles de modifier sa trajectoire.
(3) L'analyse des mégasystèmes est rendue plus difficile par le nombre des connexions dans lesquelles sont prises ses composantes.
Il n'y a plus de relations de cause à effet saisissables.
De ce fait, ils opposent une *résistance à l'observation* pour l'enquêteur, qui empêche pratiquement celui-ci de parvenir à des analyses exhaustives.
(4) Il résulte de tous ces points qu'étant donné cette *inertie* (manque de maniabilité, impraticabilité), on ne traite pas les mégasystèmes comme des groupes dont on peut cerner les contours.

B. Technique des réseaux

Pour rendre *maniables* les mégasystèmes, on a besoin d'autres instruments que les vieilles méthodes de pouvoir fondées sur le commandement et l'obéissance. On a trouvé cet instrument dans le traitement électronique des données.
La gestion du projet est pilotée en fonction d'une planification préalable, programmée de telle façon que chaque étape soit toujours prête et les déficiences (comme pour le départ des fusées) décelées sans intervention humaine en entraînant l'arrêt du processus.
A la connexion cybernétique des tâches correspond le *plan en réseau* avec ses instances (par ex. les participants comme blocs) et ses étapes ou états, réseau dans lequel les tâches exécutées sont figurées par des lignes.
Dans cet exemple, on a divisé en fonction de 2 tâches seulement, qui présentent à leur tour des séries (A, D, etc., mais aussi B, C, etc.) pourvues de leurs paramètres matériels et temporels que l'on peut suivre jusqu'à leur réunion (n° 8) et la fin du projet (n° 10). Les chiffres à l'intérieur renvoient aux activités incluses.

C. Formes d'organisation

Le psychologue d'organisation traite les mégaprojets de ce type avec d'autres méthodes que les problèmes interpersonnels dans de petits groupes. Il se concentre sur les *facteurs de perturbation* de nature psychologique.
Les mégaorganisations présentent des forces centripètes de cohésion (par ex. les désirs de coopération) aussi bien que des forces centrifuges tendant à la dislocation (par ex. les rivalités).
(C_1) Pour prévenir le danger constant de désorganisation, il applique 3 *stratégies de coopération* opposées à la désagrégation du système :
des *stratégies informatives* (rendre les instructions accessibles, intéresser le personnel à l'actualisation de l'information),
des *stratégies de motivation* (participation à la planification, éveil de la responsabilité) et
des *stratégies promotionnelles* (séminaires de cadres, conseil en organisation).
(C_2) De ce fait, la forme que prend l'organisation des entreprises se transforme nécessairement. Un système intégralement linéaire, gouverné comme une sorte de royaume, est devenu pratiquement impossible, car le projet est bien trop volumineux pour un tel système.
La gestion du projet met en avant une forme d'organisation *décentralisée*, composée d'unités relativement autonomes, auxquelles on délègue des responsabilités propres.
Sans la technique des réseaux, pareille forme tendrait à l'éclatement.
Mais comme le plan de référence constitue un ancrage ferme, seuls les vieilles formes de fonctionnement se modifient.
Ceux qui ont le plus de mal à l'admettre sont les cadres, pour qui le prestige est lié au rang hiérarchique personnel. C'est pourquoi l'une des tâches principales du psychologue de planification organisationnelle consiste à former le personnel de direction en fonction des nouvelles formes d'organisation.

428 XXI. Psychologie appliquée / 6. Psychologie de la justice

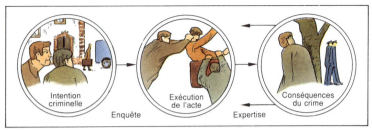

A   Psychologie du crime

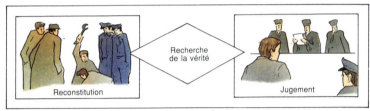

B   Psychologie judiciaire

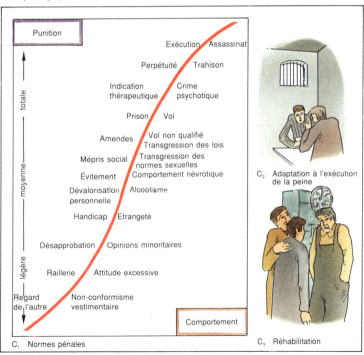

C   Psychologie de l'exécution des peines

On aura de la peine à trouver un journal qui n'aborde pas les problèmes de psychologie criminelle. Le crime demande à être expliqué : on s'interroge sur les motifs, la responsabilité, les influences, on se demande même parfois si le condamné est bien le coupable.
L'expression de **psychologie de la justice** désigne aussi bien la psychologie du *crime* proprement dit que celle de la *procédure judiciaire* et de l'*exécution de la peine*.

A. Psychologie du crime

La faveur dont jouit le *roman* policier montre à quel point le public s'intéresse au *crime* : à cause du mystère qui entoure généralement les circonstances dans lesquelles il a été commis, du plaisir mêlé de crainte qu'il suscite, en même temps que des désirs secrets se rapportant au potentiel criminel propre à chacun.

La recherche se concentre sur 3 étapes essentielles de l'acte criminel.

(1) L'*intention criminelle* est divisée en 8 groupes de délits (avec d'innombrables interconnexions) : atteintes à la propriété, crimes violents, délits sexuels, infractions économiques, criminalité de bande (crime organisé), criminalité politique (par ex. terrorisme), délits de la circulation et actes de déviance (notamment la criminalité liée à la drogue).

La motivation est très variée. Du point de vue étiologique (c.-à-d. des causes), on distingue au minimum :

les *déterminations personnelles* (prédisposition, inclination, milieu, etc.),

le motif *actuel* (vengeance, enrichissement, influence de groupe, etc.),

l'*énergie* criminelle déterminante (goût du risque, carrière criminelle, stratégies d'action, etc.) et

l'*occasion* (circonstances, complicité).

(2) L'*exécution de l'acte* modifie la situation.

Les réalités matérielles de l'action criminelle en déterminent certes les modalités d'exécution, mais il existe également une « signature criminelle », c.-à-d. une routine personnelle.

(3) Les *conséquences* du crime comprennent les suites, les répercussions et les réactions,

c.-à-d. aussi bien les succès et les échecs (par ex. le montant du butin) que les effets en retour (répercussions sur les actes subséquents, par ex. sous la forme d'encouragement à de nouveaux délits).

Un nouveau domaine de la psychologie criminelle serait la « victimologie » psychologique. Cette psychologie de la victime s'intéresse notamment aux questions suivantes : comment quelqu'un devient victime (prédisposition à la situation de victime), comment il se comporte au cours de l'action criminelle (interaction entre le délinquant et la victime) et quelles traces a laissées l'acte criminel (« victimisation »).

B. Psychologie judiciaire

ALFRED BINET fut un des premiers psychologues à qui l'on fit appel (1900) pour délivrer une expertise psychologique au cours d'une procédure judiciaire.

Dans de telles expertises, la question généralement posée est celle de la *crédibilité* du délinquant. On ajoute ensuite les problèmes de *responsabilité*.

De nombreux délits font l'objet de distinctions précises en fonction de l'intention : quand il y a mort d'homme par ex., selon qu'il s'agit de coups mortels ou d'assassinat prémédité.

Du point de vue théorique, on subdivise les caractéristiques psychologiques d'un procès en différentes phases :

la *reconstitution* des faits criminels (en tenant compte des erreurs de mémoire),

la *recherche de la vérité* (intermédiaire entre la reconstitution et le jugement) et

le *jugement* (avec les domaines spécifiques de la conception du droit, qui varie selon les individus ou les sociétés et qui met donc en avant tantôt la vengeance, tantôt la dissuasion ou au contraire la possibilité d'amendement).

C. Psychologie de l'exécution des peines

(C_1) Chaque société (ou plus précisément chaque régime politique) développe des représentations majoritaires de rejet social à l'égard des comportements déviants. Les normes pénales seront donc, conformément à ces représentations, plus ou moins rigoureuses ou libérales.

La courbe ci-contre (ill. C_1) donne un rapport général entre comportement négatif et sanction sociale ou pénale.

Le cas de l'exécution capitale montre clairement les différences de conception juridique selon que la peine de mort a été maintenue ou supprimée dans la législation et selon les variations de l'opinion publique dans les sondages.

(C_2) Une des tâches essentielles de la psychologie de la justice est la prise en charge psychologique des condamnés. La marge de manœuvre des psychologues d'établissements pénitentiaires est généralement réduite (elle est même nulle dans les États totalitaires).

Le dilemme résulte du problème difficile des relations entre l'aptitude à s'amender et les dommages psychologiques causés par l'isolement social.

L'activité du psychologue consiste donc en premier lieu à observer comment le détenu établit son *adaptation à l'exécution de la peine*, sa tâche au plan de la psychologie clinique étant de réduire les dommages qui en résultent.

(C_3) La *réhabilitation*, la préparation à la réinsertion sociale du détenu libérable, peut rarement être menée à bien.

Le pourcentage élevé de récidivistes montre que ce problème ne reçoit pas de solution satisfaisante.

Cette tâche se heurte à des résistances de principe de la part de ceux qui raisonnent en termes de rétorsion.

430 XXI. Psychologie appliquée / 7. Psychologie de la circulation

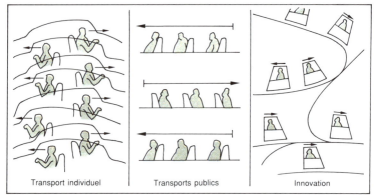

A Choix des moyens de transport

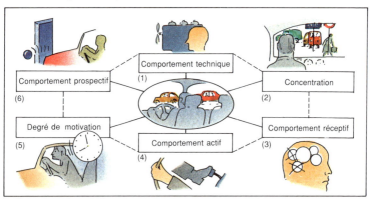

B Comportement au volant

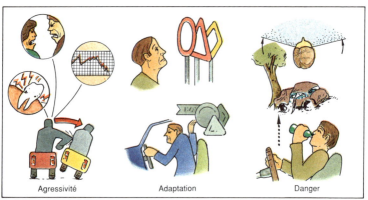

C Aptitude à la conduite

L'apparition de nouveaux moyens de transport au début du siècle (tramway, automobile, avion) a évidemment contraint à se poser la question psychologique de l'aptitude à conduire un véhicule. Au tout début, il semblait facile d'y répondre en se contentant de vérifier expérimentalement la fiabilité et la vitesse des réactions d'un conducteur. Mais le problème se compliqua rapidement parce que personne ne réagit de la même façon aux diverses situations. Il a donc fallu entreprendre des recherches sur d'autres composantes du comportement. La nombre des victimes de la circulation oblige à prendre ces questions très au sérieux.

A. Choix des moyens de transport

La généralisation de la mobilité collective est une des caractéristiques essentielles du XXe siècle. Dans la plupart des pays, on a privilégié le transport individuel, c.-à-d. la voiture.

Récemment, beaucoup de pays font des efforts d'innovation en matière de transport pour combiner les avantages du choix individuel avec ceux des transports publics, par ex. en favorisant les taxis à cabine automatisés. Ici, les problèmes psychologiques de confort et de satisfaction des besoins jouent un rôle important. Les éléments de confort sont notamment les dimensions de la cabine, une accélération supportable au départ, une courbe de virage assez grande et une bonne distance de freinage. Les besoins concernent la commodité, le tarif, la facilité d'accès, la sécurité et la rapidité de ces moyens de circulation, par ex. du fait de l'automatisation du transport depuis le départ jusqu'à l'arrivée.

B. Comportement au volant

Les recherches théoriques et pratiques sur le comportement des conducteurs constituent l'essentiel de la psychologie de la circulation.

Le conducteur de voiture doit effectuer correctement un grand nombre de réactions (au moins 60 tests) pour être considéré comme apte à la conduite.

Ce nombre peut être réduit à 6 groupes essentiels de réactions.

(1) Le comportement *technique* concerne l'utilisation correcte de la machine :

changer de vitesse, accélérer, freiner, etc., mais aussi par ex. ménager le moteur.

(2) La *concentration* est la faculté de réduire la grande diversité des stimuli à un petit nombre de stimuli importants. Dès le moment où cette réduction à l'essentiel a été opérée, il faut rechercher de quelle importance ils sont pour la réponse globale ainsi que pour les temps de réaction nécessaires.

Il est généralement admis que l'élaboration centrale des stimuli dans le cerveau nécessite des temps de réaction plus longs (environ 70 à 300 ms) que les deux élaborations périphériques (afférente et efférente environ 1 à 30 ms chacune).

(3) Le comportement réceptif représente le versant psychologique de cette élaboration :

identifier tous les détails de la situation de circulation.

(4) le comportement *actif* consiste essentiellement à conduire le véhicule (le *tracking*) :

manœuvre des commandes fondée sur la vitesse et la précision.

(5) Le *degré de motivation* s'est révélé être d'une grande importance :

les conducteurs prennent inconsciemment des risques plus ou moins grands, dont le degré varie en fonction de leur investissement émotionnel (anxiété, agression, sentiments d'infériorité, etc.).

(6) Le comportement *prospectif* est également une partie essentielle de la conduite :

quand un ballon roule sur la chaussée, le conducteur qui pense de façon prospective, s'attend à voir surgir immédiatement un enfant qui court et conforme sa conduite à cette éventualité.

C. Aptitude à la conduite

Un slogan publicitaire proclamait :

« Mettez un tigre dans votre moteur. »

Du point de vue des motifs psychologiques, un tel slogan s'adresse à la recherche d'excitations *agressives* chez le conducteur. Or la circulation n'est pas vraiment le lieu qui convient , ni comme scène permettant aux rivalités de s'exprimer, ni comme instrument pour compenser des frustrations venues d'ailleurs. C'est pourtant l'usage perverti qu'en font un certain nombre de conducteurs. A côté de l'agressivité, l'*adaptation du comportement* à la situation est une des composantes essentielles de l'aptitude à la conduite. Sur ce plan, on distingue 3 formes d'inadéquation :

(1) Est inadaptée l'hésitation du conducteur *exagérément prudent*, qui attend trop longtemps quand il n'a pas la priorité et finit par provoquer un carambolage en démarrant au plus mauvais moment, une fois qu'il a vaincu ses inhibitions.

(2) Est inadaptée la maîtrise *insuffisante* du code de la route (mauvaise connaissance de la signalisation), qui peut entraîner des confusions à des moments critiques.

(3) Il s'agit d'autre chose dans les cas d'irrespect *intentionnel* du code de la route, que ce soit par légèreté ou par ignorance, ou plus précisément quand on tente de s'imposer sans se sentir lié par aucune réglementation.

Enfin dans un grand nombre de cas dont beaucoup restent impunis, c'est l'*influence de l'alcool* qui réduit l'aptitude à la conduite. Avec un taux d'alcoolémie de 0,6 pour mille, on peut déjà observer une détérioration des réactions (alors que beaucoup de gens croient que l'alcool n'influence en rien leur conduite) :

mauvaise appréciation du risque (il est même en partie surévalué, comme dans le cas du conducteur exagérément lent), réduction du champ visuel et altération de la vision périphérique, réactions lentes ou peureuses, comportement hyperémotif.

432 XXI. Psychologie appliquée / 8. Psychologie économique

A₁ Mode vestimentaire
A₂ Aura
A Forme du produit

B Création d'une image de marque

C Étude de marché

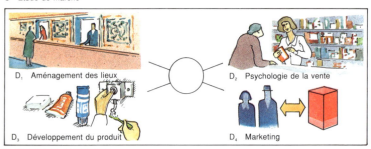

D₁ Aménagement des lieux
D₂ Psychologie de la vente
D₃ Développement du produit
D₄ Marketing
D Psychologie du marketing

Pour l'**économie**, il est de la plus haute importance de pouvoir connaître avec précision et à l'avance les attentes, les réactions et les rejets du public, afin de les intégrer dans ses propres stratégies de décision. Dans la masse de la population, ces paramètres de sensibilité se présentent autrement que si l'on fait simplement la somme du comportement de nombreuses personnes prises une à une. Cela tient à la différence de potentialisation et de rétroaction des réactions de masse. On a donc besoin d'une branche spécialisée de la psychologie pour éclairer le comportement complexe des consommateurs.

A. Forme du produit

(A_1) Tout produit économique revêt une «forme» qui peut subir des transformations plus ou moins fréquentes.

Comment expliquer les transformations de la mode, ou plus précisément le changement de la longueur des jupes entre 1963 et 1977 ?

Les causes recouvrent plusieurs données :
des *besoins généraux* (notamment le désir général de changement : on se lasse de ce qui ne change jamais),
les *intérêts marchands des producteurs* (notamment leur désir de vieillissement psychologique pour qu'on achète de nouveaux vêtements bien que les anciens soient toujours utilisables),
les phénomènes d'époque *momentanés* (notamment des attitudes nouvelles vis-à-vis de la sexualité ou un changement de conjoncture), et
les *réalisations de la mode* (par ex. un concept nouveau et convaincant inventé par un designer marquant ou un décideur influent).

La proportion de facteurs « purement » psychologiques est donc très importante dans ce domaine. Il en va de même pour la plupart des produits.

(A_2) Dans le public, les produits possèdent une aura, un certain halo de représentations *(image)* :
Quand on a beaucoup entendu parler du cancer des fumeurs, la couleur sombre du paquet par ex. suscite des angoisses de maladie. On s'efforce d'y parer en utilisant des couleurs « saines » sur le paquet (le plus souvent du blanc et du rouge).

B. Création d'une image de marque

On étudie systématiquement ce genre d'associations souvent dues au hasard et on les utilise tout aussi systématiquement pour créer une image de marque constante.

Si l'on veut par ex. donner une image de « jeunesse » à une marque de cigarettes, on emballe la publicité dans des symboles adéquats (B_1).
Si l'on recherche l'association avec la robustesse virile, on privilégie le genre aventure et aventuriers (image d'« *audace* ») (B_2).

L'association permanente d'un contenu représentatif déterminé avec un produit défini crée une image de marque, qui fidélise le public au profit de cette marque du fait de l'instauration de la *projection* souhaitée.

C. Étude de marché

Avant de bâtir une stratégie à long terme fondée sur une image déterminée, il faut être certain que celle-ci va réellement attirer à la longue une clientèle fixe. Pour s'en assurer, il faut effectuer de longues recherches expérimentales et démoscopiques. Le psychologue économique est surtout compétent pour les premières citées.

On utilise des périscopes (C_1) ou des stéréoscopes à courbure (C_2) pour tester les associations inconscientes.

L'ampleur de l'arc perçu (C_3, C_4 = verso) permet l'observation des réactions spontanées.

Des miroirs indirects (C_5, C_6) permettent d'observer sans se faire remarquer.

On recourt aussi à de tels dispositifs expérimentaux, quand il s'agit de faire la lumière sur une image de marque existante.

D. Psychologie du marketing

La recherche expérimentale en marketing est une branche de la *psychologie du marketing*, dont voici 4 aspects importants parmi d'autres :

(D_1) L'*aménagement des lieux* concerne l'atmosphère des points de vente et les impressions qu'elle suscite.

Une banque par ex. veut que l'espace réservé à la réception des clients donne l'impression qu'ici l'argent est en lieu « sûr ». On amortit donc les bruits (par ex. par la pose d'une moquette) et on crée une impression de solidité (utilisation de bois précieux, etc.).

(D_2) La *psychologie de la vente* s'occupe avant tout du rapport vendeur – client. Les discussions avec la clientèle sont aussi des événements relevant de la psychologie sociale et sont en tant que tels des instruments de fidélisation assez sensibles.

Les vendeurs suivent une formation qui leur donne une base psychologique pour aborder correctement les gens.

Mais la psychologie de la vente a aussi pour tâche d'encourager très généralement la démarche de l'acheteur (par ex. en éliminant la « peur du seuil » avant d'entrer dans un magasin), les arrangements destinés à attirer le client (par ex. la décoration des vitrines, les soldes, etc.) et la participation du client (essayage, journal pour la clientèle).

(D_3) Le *développement du produit* ne s'appuie pas simplement sur la création d'une image. On étudie également les moyens d'améliorer l'utilisation de la marchandise : une plus grande commodité de manipulation peut fidéliser la clientèle.

On imagine difficilement aujourd'hui qu'il y a quelques décennies à peine on se passait de tube de dentifrice et se contentait de poudre ou de savon pour se laver les dents.

(D_4) Le *marketing* désigne la synthèse de toutes les possibilités dont on dispose pour encourager la vente des produits. Il n'est pas simplement la somme de ces dispositions. C'est aussi l'harmonisation d'ensemble de toutes les améliorations nécessaires pour vendre (marketing-mix).

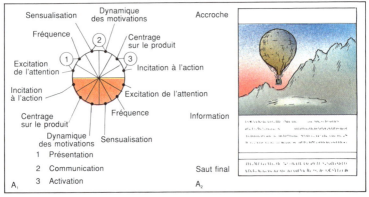

A Création publicitaire

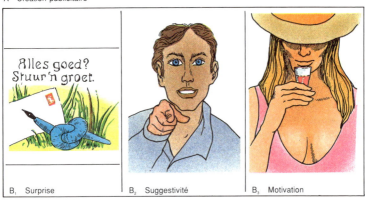

B Accroche publicitaire

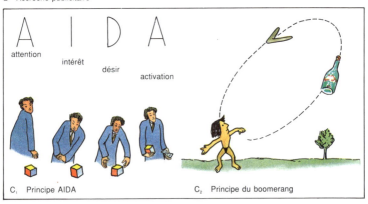

C Principes publicitaires

L'opinion publique a un rapport contradictoire avec la **publicité**. A-t- on vraiment besoin de cette forme souvent agressive d'influence que personne ne demande ? La réponse doit être oui.

Dès la Grèce antique, les marchands ont pratiqué la publicité, par ex. en faisant tracer des slogans publicitaires sur le sable des plages par des jeunes femmes peu vêtues.

Cet exemple illustre le principe de base de toute publicité :

l'utilité pour soi-même (attirer des clients) se combine avec quelque chose qui intéresse le public (le spectacle de jolies filles).

Mais ce phénomène connu sous le nom d'effet boomerang (cf. plus bas C) n'existe pas que dans la publicité économique. La propagande politique ou idéologique, mais aussi les rapports de séduction réciproque entre les sexes associent également les intérêts propres avec des besoins fondamentaux du public (par ex. la sécurité, le prestige ou l'orientation).

A. Création publicitaire

Pour pouvoir évaluer l'efficacité psychologique d'une publicité, on a besoin d'une série de *critères d'efficacité.*

(A_1) Le profil est construit en fonction des degrés d'intensité (positif = en haut, négatif = en bas) de 6 valeurs définissables entre faible et extrêmement efficace (y compris repoussant).

3 caractéristiques principales (présentation, communication, stimulation) sont rendues dans chaque cas par 2 caractéristiques secondaires :

a) *Excitation de l'attention*,
b) *Fréquence* (d'utilisation de la publicité),
c) *Sensualisation* (traduction en images),
d) *Dynamique des motivations* (prise en compte des désirs du public),
e) *Centrage sur le produit* (le produit est mis au centre du processus),
f) *Incitation à l'action* (invitation à acheter).

Les 3 caractéristiques principales peuvent être diversement distribuées selon le matériel publicitaire (par ex. une annonce).

(A_2) Dans cette affiche schématisée, l'« accroche » (excitation de l'attention par la montgolfière) située en haut est suivie de l'information publicitaire (par ex. la mise en rapport du gros titre, ou *headline*, avec l'indication du succès obtenu grâce au produit recommandé), qui précède le « saut final » (ou « accord »), c.-à-d. l'invitation à l'achat.

B. Accroche publicitaire

Pour l'« accroche » (cf. A), il existe plusieurs possibilités.

On part d'abord de l'hypothèse (vraisemblablement exacte) que presque personne, voire personne, ne s'intéresse d'abord au produit, n'est disposé à faire un effort ou n'a une curiosité quelconque pour lui. Comment « éveiller » de l'intérêt ?

(B_1) L'attention est éveillée, quand se produit quelque chose d'inhabituel ou de surprenant (par ex. un stylo faisant un nœud).

(B_2) L'interpellation personnelle, surtout lorsqu'elle est présentée de façon suggestive, suscite notre attente.

(B_3) Le plus sûr pour attirer notre attention, c'est de présenter quelque chose d'expressif (par ex. une poitrine de femme).

C. Principes publicitaires

(C_1) L'ancienne psychologie publicitaire américaine proposait la formule suivante pour résumer le travail de la publicité :

AIDA = *attention, interest, desire, activation.*

(C_2) La nouvelle psychologie de la publicité condense encore les fonctions principales et les traduit dans le paradigme du boomerang.

Les indigènes australiens utilisaient le boomerang comme arme de jet ; en bois et de forme courbée, il revenait vers le lanceur quand il n'atteignait pas son but et pouvait donc ainsi être aussitôt relancer.

Cet *effet de retour* sert de métaphore pour le projet publicitaire :

il est plus facile de mobiliser des stimulants déjà présents dans le public que d'élaborer un intérêt nouveau.

On recherche donc (sur le mode expérimental) les intérêts généraux existants, que l'on peut mobiliser. Ils sont faciles à identifier dans les sources d'excitation (cf. XIII / 10) que constituent les besoins fondamentaux :

manger, boire, survivre, se reproduire, s'orienter dans son environnement, potentialiser et actualiser son moi.

Le travail consiste alors à lier un produit (par ex. une boisson) à un besoin fondamental adéquat.

On trouvera un exemple de mécanisme déclencheur dans la goutte qui *s'écoule* sur la paroi « froide » et embuée d'un verre de bière et symbolise le besoin fondamental d'apport liquide satisfait par une source.

Mais il faut s'arranger pour que le produit et la symbolique constituent une *unité* indissociable pour celui qui regarde. On doit lui suggérer que ce produit est la seule chose qui puisse satisfaire ce besoin fondamental.

Le but recherché est qu'il parvienne à la *conclusion inconsciente* :

Si tu as soif, alors ... (le produit proposé).

Cet effet boomerang admet tant de versions qu'il devient souvent presque impossible de le retrouver comme principe de base de la publicité.

Dans la pièce d' EUGENE O'NEILL *Quand passe le marchand de glaces*, un *représentant* déclare :

« C'était pour moi un vrai sport d'observer les gens, de détecter leur rêves les plus chers et de faire comme si je croyais ce qu'ils croyaient eux-mêmes. Alors ils vous prenaient dans leur cœur, se confiaient à vous et vous achetaient quelque chose pour exprimer leur gratitude. »

436 XXI. Psychologie appliquée / 10. Psychologie des médias

A Perception télévisuelle

B Interaction médiatique

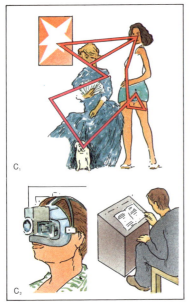

C Recherche sur les médias

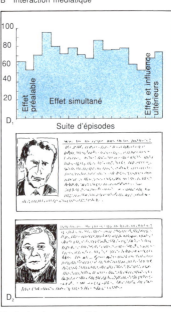

D Recherche sur les effets

Dans les années 20, la psychologue viennoise HILDE HERZOG fit une enquête auprès du public de la radio, pour établir quel genre d'image psychologique celui-ci se faisait des speakers, dont il n'avait qu'une connaissance acoustique par l'intermédiaire des haut-parleurs. Cette recherche et d'autres qui suivirent permirent de constater que les auditeurs ont des représentations beaucoup *plus riches* qu'on ne l'attendrait objectivement. Les perceptions (ou réactions) « hyperobjectives » illustrent la tendance difficile à saisir selon laquelle les **médias** créent une réalité « de seconde main », qui se distingue sur plusieurs points de l'expérience directe du monde qui nous entoure.

A. Perception télévisuelle
La perception télévisuelle illustre le mieux la différence entre l'expérience *médiatique* et l'expérience *réelle* de la réalité.

Bien que la projection de l'image télévisée sur le tube soit plane, on vit celle-ci comme une caverne qui se prolonge vers l'arrière de l'appareil.

D'autres perceptions que celle de la profondeur (par ex. l'appréciation des hauteurs) diffèrent de la perception réelle.

On est toujours stupéfait quand on voit dans la réalité un paysage d'abord vu à la télévision et on le vit alors tout autrement.

La perception télévisuelle se distingue ensuite de la perception normale en raison de plusieurs autres facteurs : le changement et la position des différentes émissions de même que leur signification dans le cadre du programme global, la vitesse attendue des séquences d'images, le degré de notoriété des participants, le caratère routinier de la situation devant le poste de télévision, l'encadrement de l'image par l'appareil, l'obscurité dans laquelle est plongé l'environnement, la constance de taille (cf. p. 103), la médiocrité de la plasticité et de la perception de la profondeur, la forte rivalité entre le son et la vision.

Non seulement les composantes perceptives diffèrent, mais d'autres « canaux » (émotionnels, intellectuels) sont soumis à des conditions transformatrices, de telle sorte qu'à la longue les nouveaux médias engendrent aussi un nouveau rapport au monde environnant.

B. Interaction médiatique
L'influence unilatéralement décrite plus haut comme linéaire, doit également être comprise comme un *processus de feedback*.

Dans beaucoup de cas, le téléspectateur choisit un programme qui l'intéresse de manière *spécifique*, mais dans d'autres il désire tout simplement être diverti, et de façon *non spécifique*.

Précisément dans le cas des médias essentiellement tournés vers le divertissement (télévision, illustrés), le type d'intérêt non spécifique incite à ne proposer que quelques thèmes fascinants : sensationnel, sexualité, crimes, stars, scandales, idylles et aventures qui déforment la réalité.

C. Recherche sur les médias
De l'interaction médiatique résultent des problèmes de recherche qui varient en fonction du type de média (radio, télévision, journal, illustré, disque, etc.).

(C_1) Si l'on se demande par ex. quels sont les éléments d'information retenus par un lecteur de la première page d'un illustré, on peut obtenir expérimentalement une image moyenne du mouvement des yeux, ce qui permet de se faire une idée du choix que fait le public parmi les informations, et donc de ses centres d'intérêt.

On se sert pour cela de différents instruments d'observation :

(C_2) De simples pupitres de lecture avec caméras incorporées, qui enregistrent par une fente le mouvement des yeux, ce qui permet de reconstituer après coup les points de fixation du regard grâce à des tables d'étalonnage ; des caméras de mouvement oculaire, dont l'usage n'est pas très commode, mais qui reproduisent sur un film aussi bien le champ visuel que le point de fixation du regard.

Ces techniques permettent par ex. d'observer que le texte en bas à gauche (ill. C_1) est à peine lu.

D. Recherche sur les effets
Les effets produits par les médias, en particulier la télévision, sont très difficiles à évaluer. Car non seulement ils sont différents d'une personne à l'autre, mais ils peuvent aussi beaucoup varier chez le même sujet.

On distingue généralement l'effet produit pendant la présentation (effet simultané), celui qui se produit *immédiatement après* (effet consécutif) et l'*influence* durable (transformation postérieure).

L'effet simultané est la plupart du temps plus intensif et plus positif qu'immédiatement après ; mais à long terme, l'effet est souvent faible tout en ayant plutôt tendance à redevenir positif. Le nombre global des propositions médiatiques empêche chacune des propositions particulières d'agir durablement (insensibilisation informative).

(D_1) La courbe reproduit les variations dans le temps du plaisir et donc aussi de l'ennui moyen pour un feuilleton télévisé :

On comprend facilement pourquoi l'attitude *préalable* (résultant de la connaissance des émissions précédentes) et l'attitude *ultérieure* se ressemblent. Par contre, il est fréquent que le plaisir augmente *pendant* l'émission (effet simultané).

(D_2) Les données expérimentales sont généralement obenues grâce à des photos projectives, dont des études préalables ont fourni les traits mesurant l'attitude de la population moyenne.

Une série de photos retouchées de ce type permet d'établir une norme représentative pour comparer les attitudes.

XXI. Psychologie appliquée / 11. Psychologie scolaire

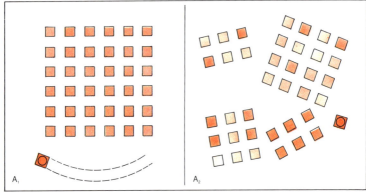

A Rapport professeur-élèves

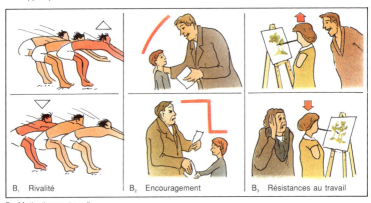

| B_1 Rivalité | B_2 Encouragement | B_3 Résistances au travail |

B Motivation au travail

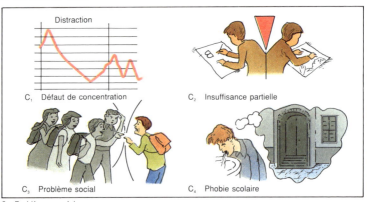

| C_1 Défaut de concentration | C_2 Insuffisance partielle |
| C_3 Problème social | C_4 Phobie scolaire |

C Problèmes scolaires

Dans la plupart des pays, la scolarité est obligatoire. Il en résulte un intérêt très général pour les questions scolaires.
La **psychologie scolaire** est partie prenante de ce débat, mais en se limitant à certains secteurs :
elle étudie en premier lieu le comportement des élèves, ou plus précisément de la classe, et des professeurs.
Sur le plan pratique, son activité est une activité d'assistance en cas de conflits scolaires.

A. Rapport professeur-élèves
Non seulement les élèves sont des individus, mais les classes constituent elles aussi des « individus », c.-à-d. des constellations uniques.
Ce qui distingue la classe de l'élève pris isolément, c'est qu'elle est encore plus malléable que lui. En fonction de la personnalité de l'enseignant, qui est un des membres de cette individualité-groupe, les caractéristiques du groupe en ce qui concerne la hiérarchie, les rôles, les normes et l'atmosphère émotionnelle vont se modifier.
Une condition déterminante de l'influence du professeur réside dans la « cohésion » de la classe.
(A_1) Ici, la classe constitue une dynamique de groupe plus ou moins homogène, c.-à-d. que chaque élève trouve un rang et un rôle approprié, si bien que l'influence du professeur peut s'exercer aussi de façon relativement homogène sur tous les élèves.
(A_2) Il en va tout autrement dans une classe qui se divise en clans rivaux.
Dans ce cas, et qu'il le veuille ou non, le professeur s'appuie sur certains clans, aggravant par là même le conflit entre les clans.
Cette situation crée l'image d'une instance professorale *injuste*, source de privilèges ou selon le cas de distances résultant d'un rapport professeur- élèves typiquement dépourvu d'objectivité.
En cas de conflit, le psychologue scolaire a souvent pour tâche d'éclairer le professeur sur ce genre de mécanismes de dynamique de groupe.

B. Motivation au travail
Que la génération au-dessus tienne la jeune génération pour plus bête et plus paresseuse n'est pas nouveau. Pareilles opinions nous ont déjà été transmises par des documents de l'Égypte ancienne datant de plusieurs milliers d'années. Cela tient à la transfiguration de la jeunesse à chaque époque, mais aussi à la transformation permanente des exigences. Ce dernier aspect est particulièrement important pour la période contemporaine, comme on peut le voir avec l'exemple des nouvelles connaissances liées à la programmation informatique.
Les exigences en matière de travail et de résultats sont soumises à diverses influences :
Celui qui considère que « bêtise » et « paresse » sont les seules causes de « mauvais résultats scolaires » aura du mal à apprécier correctement ce qu'est la motivation au travail.

Considérons parmi d'autres 3 facteurs essentiels :
(B_1) Les succès et les échecs (par ex. au saut en longueur) ne peuvent être évalués que si on les compare avec d'autres performances *(relativité sociale)*. Avec la même performance, on peut être premier dans un groupe et dernier dans l'autre. Les impressions subjectives de succès, rapportées au niveau de performance du groupe de références, sont également arbitraires.
(B_2) La même performance est considérée par un responsable comme le début de succès ultérieurs et par un autre comme la preuve d'un talent médiocre. La façon dont quelqu'un est encouragé ou non à partir de ses performances peut être déterminante pour sa carrière *(degré d'encouragement)*.
(B_3) Tout résultat est également fonction des contradictions personnelles que l'on surmonte en obtenant ce résultat. La façon (stimulante ou au contraire résignée) dont on « voit » les résistances au travail, par ex. en cas d'inhibition, peut également être orientée, ce qui en fait une des tâches de la psychologie scolaire *(interprétation des inhibitions)*.

C. Problèmes scolaires
La tâche principale des psychologues scolaires est le traitement des troubles psychologiques liés à l'obligation scolaire.
(C_1) La *concentration* est nécessairement sujette à variations, comme le montre cet exemple de chute de la concentration coïncidant avec une distraction requise par un travail supplémentaire. La faculté de concentration peut être aussi bien surmenée que trop peu développée du point de vue fonctionnel. Il existe des possibilités d'intervention dans le cas de ces deux défauts.
(C_2) Des *insuffisances partielles* telles que les troubles de la capacité de lire et d'écrire (dyslexie) peuvent s'étendre à des domaines d'activité non contaminés.
C'est pourquoi l'entraînement destiné aux sujets dyslexiques ne sert pas seulement à supprimer cette insuffisance elle-même, mais également à prévenir une résignation générale à l'insuffisance de résultats.
(C_3) Les *troubles sociaux* ne sont pas inconnus dans le domaine scolaire, car c'est là que l'enfant fait pour la première fois de sa vie l'expérience très cruelle de la divergence des intérêts. La façon dont il en maîtrise l'élaboration va aussi marquer profondément ses stratégies de vie ultérieures. Ce foyer de développement civilisateur pour les sociétés a toujours été trop négligé.
(C_4) La *phobie scolaire* est une forme aiguë de fuite devant le stress scolaire.
Pour échapper à l'école, certains élèves vont même jusqu'à développer des réactions physiques inconscientes (par ex. le vomissement matinal régulier), que des thérapeutes dépourvus de sagacité vont traiter uniquement comme symptômes corporels.
Une des tâches essentielles du psychologue scolaire consiste à mettre à jour les corrélations psychiques et à instaurer de nouveaux types de comportement scolaire.

440 XXI. Psychologie appliquée / 12. Psychologie politique

A₁ Expérience de Zimbardo
A₂ Expérience de Milgram

A Action politique

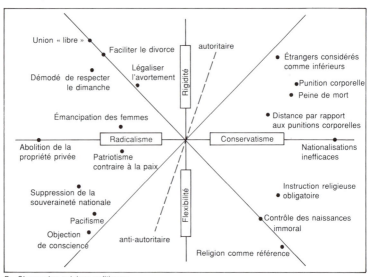

B Champ des opinions politiques

C Psychologie électorale

La **psychologie politique** est à plusieurs points de vue une discipline particulière de la psychologie appliquée. Ce qui frappe d'abord, c'est qu'il s'agit jusqu'à présent d'une discipline plus *théorique* que pratique. Cela tient au fait que l'élite des hommes politiquement actifs requiert un activisme difficilement compatible avec la capacité de faire des analyses politiques. On manque donc de commanditaires perspicaces, capables de tirer de la psychologie autre chose qu'un profit momentané (par ex. en période électorale).

Il est d'autre part indéniable que le projet de créer des moyens de prévoir les réactions politiques de la population est une tâche extrêmement difficile. Cependant les données fournies par la recherche sont aujourd'hui beaucoup plus riches que l'usage qui peut en être fait dans la pratique politique.

A. Action politique

Deux travaux célèbres ont jeté une lumière décisive sur les extrêmes de l'action politique.

(A_1) Dans l'*expérience de Zimbardo*, on a divisé des étudiants volontaires en 2 groupes : les prisonniers et les surveillants.

A très bref délai, les deux groupes développèrent un comportement caractéristique conforme à leur rôle.

Pour partie, les surveillants étaient même allés si loin, qu'ils s'étaient mis à torturer les prisonniers et les avaient opprimés au point que l'on dut interrompre prématurément l'expérience.

(A_2) Dans les célèbres *études de Milgram*, un sujet non initié devait punir un élève, supposé avoir fait des fautes, à l'aide de décharges électriques, d'une intensité soit plus faible soit plus haute que celle qu'il aurait choisie pour se punir lui-même.

« Dans la plupart des cas, on constate une différence sensible entre l'intensité du choc donné par le sujet et celle qu'il était lui-même disposé à accepter à titre expérimental. » (S. MILGRAM)

En résumé, l'auteur parle du danger que l'homme se fasse « l'agent docile d'un processus terrible d'anéantissement ». C'est pourquoi le potentiel d'action politique des masses doit être jugé plus grand que la vie quotidienne ne le laisse paraître.

B. Champ des opinions politiques

Les attitudes politiques sont très dépendantes de facteurs liés à l'environnement :
d'abord l'influence de la famille, plus tard celle de l'école et particulièrement des camarades de classe, des groupes de loisirs, enfin de la conjoncture politique (par ex. la réalité constitutionnelle à l'aune des exigences que recèle la constitution). La jeunesse a plutôt tendance à faire des choix tranchés, qui se modèrent avec l'âge. Par contre, il n'est pas rare que les leaders d'opinion politique durcissent leurs positions avec le temps.

Après avoir mené des enquêtes, J. EYSENCK a élaboré un modèle d'analyse factorielle pour rendre compte des divergences d'opinion en termes de conservatisme et de radicalisme mais aussi de flexibilité (adaptation au changement) et de rigidité (fermeté) avec les types correspondants de conceptions et d'orientations.

C. Psychologie électorale

Il va de soi que les élections dans les pays démocratiques constituent un chapitre essentiel de la psychologie politique.

Il est intéressant de constater que les instituts de sondages « corrigent » leurs enquêtes d'opinion de quelques pour-cent en faveur de certains partis, car ils savent par expérience que l'on craint de les indiquer comme parti de son choix dans les sondages, tout en votant secrètement pour eux dans la réalité.

(C_1) Les choix électoraux obéissent apparemment à des motifs très divers. A côté des décisions de routine de l'électorat traditionnel d'un parti, on trouve notamment des motifs tels que :
la dépendance affective, la fascination personnelle, une traite sur l'espoir, l'identification morale, le plaisir de nuire ou la réaction de peur, notamment vis-à-vis des puissants, et des intérêts égoïstes intenses, que l'on peut même se cacher à soi-même.

Ces motivations ne concordent pas toujours entre elles ni dans l'électorat visé ni chez l'électeur pris en particulier.

Une partie variable de l'électorat ne se prononce pas sans réserve, mais choisit le « moindre mal » ou s'abstient par défi.

Par rapport à l'expression ciblée de la volonté d'un électeur décidé, un tel compromis est beaucoup plus difficile à évaluer du fait qu'il dépend plus de l'extérieur, du hasard et de motivations inconscientes. Même quand les sondages sont soigneusement élaborés et psychologiquement fondés, il arrive que les pronostics électoraux soient déjoués par des modifications surprenantes du comportement électoral qui sont le résultat de motivations électorales extrêmement difficiles à appréhender.

(C_2) C'est en se rendant au bureau de vote, voire même dans l'isoloir qu'une partie non négligeable des électeurs modifie une décision qui semblait pourtant préalablement arrêtée (C_1). Il arrive qu'après avoir pris connaissance des résultats du vote, certains soient pris d'un certain remords pour avoir jeté leur poids du côté de la balance n'exprimant pas leur intention première (C_3).

Chez beaucoup, les décisions électorales sont soumises à un processus de transformation, dont le vote lui-même n'est qu'un instantané. On sait depuis longtemps que le comportement des électeurs peut se modifier au dernier moment. Les raisons principales en sont vraisemblablement une identification croissante à l'autorité, des considérations d'équilibre, des modèles fournis par les amis et connaissances, des réactions de défi et autres incitations inconscientes. C'est à ce *processus*, et pas simplement à la décision électorale proprement dite, que doit s'intéresser au premier chef la psychologie politique.

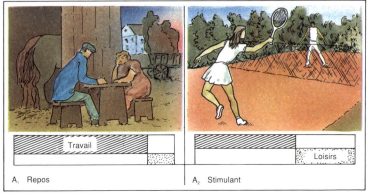

A₁ Repos | A₂ Stimulant

A Gestion des loisirs

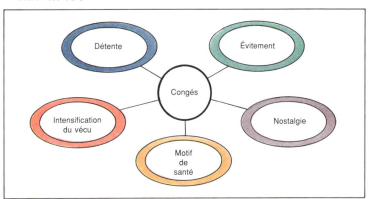

B Motivation pour les congés

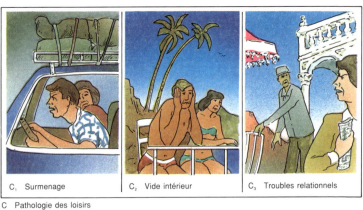

C₁ Surmenage | C₂ Vide intérieur | C₃ Troubles relationnels

C Pathologie des loisirs

Il était autrefois inconcevable qu'un temps libre chichement mesuré puisse être la source de difficultés. L'unique problème était l'aspiration à *plus* de loisirs. Mais aujourd'hui, c'est le temps libre lui-même qui est élevé au rang de problème psychologique. En tant que nouvelle discipline de la psychologie appliquée, la **psychologie des loisirs** en est encore à ses débuts et présente de grandes lacunes.

A. Gestion des loisirs

Le temps libre est en partie un *complément* (le pendant) du temps de travail, mais il n'est pas que cela. Moins le travail exige de temps et d'effort physique, plus le temps libre s'autonomise par rapport au travail, y compris sur le plan psychologique de la motivation.

(A_1) Autrefois, les loisirs, par ex. dans un village, étaient plutôt un temps de *repos* après une journée de travail pénible.

(A_2) Aujourd'hui, aller au cinéma ou jouer au tennis le soir sont plutôt des *stimulants* après un travail qui n'intéresse que des parties limitées de soi-même.

En tant que stimulation, le temps libre est utilisé pour satisfaire des besoins psychiques, ce qui souligne les nettes différences entre les groupes de loisirs.

Le temps libre à la fin de la journée de travail et le week-end avec le dimanche ne doivent plus être de même nature, mais représenter quelque chose de nettement différent. Ceci vaut tout particulièrement pour le troisième groupe de temps libre : les congés.

B. Motivation pour les congés

Depuis quelque temps, on peut classer les pays en nations à congés et en nations sans congés (ou à congés réduits). Cette division est certes fonction du niveau d'industrialisation, mais ne se confond pas avec lui.

Dans beaucoup de pays industrialisés, on constate un nombre beaucoup plus grand de voyages pendant les congés que dans d'autres pays comparables quant au niveau d'industrialisation.

Ce phénomène s'explique par des traits psychologiques nationaux, étant entendu qu'à un haut niveau d'activité correspond généralement une grande mobilité. On distingue pour l'essentiel 5 groupes de motivations pour les congés.

(1) La *détente*, la nécessité de se remettre et de restaurer ses forces, est certainement l'un des motifs principaux pour les congés. Mais il sert aussi souvent de « paravent », c.-à-d. qu'il est avancé pour masquer d'autres motivations du fait de son « utilité » apparente (en rapport avec le travail).

(2) L'*évitement*, le comportement qui consiste à fuire les obligations quotidiennes, est par ex. un motif que l'on avoue beaucoup moins volontiers, car cela reviendrait aussi à dévaloriser devant d'autres sa situation existentielle.

(3) L'*intensification du vécu*, en tant qu'enrichissement personnel, gain d'information, extension des contacts sociaux, réalisation d'aventures et de hobbies, etc., est un motif important. C'est là que l'éventail des désirs est le plus large.

(4) Le *motif de santé* se manifeste soit sous forme d'activation (par ex. l'alpinisme) soit sous forme de détente (comme dans le groupe 1, par ex. le séjour au bord de la mer). Il s'affiche rarement en tant que tel et sert plus souvent de motif annexe.

(5) La *nostalgie* est un motif qui désigne la répétition d'événements du passé, par ex. comme le retour au pays natal ou sur des lieux de vacances. Ces 5 groupes ne peuvent être dissociés. Les motivations concrètes pour les congés sont la plupart du temps des mélanges sujets à de nombreuses variations (y compris dans le temps).

C. Pathologie des loisirs

(C_1) L'augmentation du temps libre est aussi le révélateur de son versant négatif. L'aspect le plus évident est l'*augmentation des risques* encourus.

Bien des touristes vont largement au-delà de ce qu'ils sont susceptibles et capables de faire dans la réalité quotidienne ordinaire.

Le voyage jusqu'au lieu de vacances est organisé de façon plus risquée (surmenage).

(C_2) Sur le lieu des vacances, on souhaiterait rattraper ce qu'on croit avoir omis de faire ou de vivre antérieurement. Mais dans beaucoup de villégiatures, le climat est inhabituel et l'on a tendance à sous-estimer les effets du changement (cas extrême de la « folie des tropiques »).

On est d'autre part en situation de découvrir son propre *vide intérieur*, qui prend la forme de l'ennui des vacances.

C'est sur ce terrain qu'intervient depuis peu l'animation de loisirs avec le nouveau métier d'animateur, qui doit savoir pratiquer l'art psychologique de l'incitation à la réalisation de soi-même, très différente selon les individus.

(C_3) D'autres erreurs cognitives résultent d'une comparaison trop rapide de la culture du pays visité avec son propre environnement culturel.

Les vacances peuvent être également propices à la révélation de *troubles relationnels* larvés (non reconnus comme tels) : l'étrangeté de l'autre apparaît plus brutalement.

Enfin la brusque modification des rôles sociaux ou l'impossibilité de se repérer par rapport aux rôles habituels est aussi circonstance aggravante. Dans les cas extrêmes, l'inhibition peut se transformer en une véritable phobie des congés, c.-à-d. une peur souterraine des congés, qui peut prendre la forme de troubles physiques graves.

Le seul pourvoyeur de sens que l'on connaisse est le travail (comme pour le « workoholic ») et le temps libre apparaît du coup comme un temps vide. Même le dimanche et les jours fériés, on ne sait que faire de soi-même. L'occasion possible d'activité personnelle ou de loisir vécu positivement se transforme en sentiment de culpabilité, devient de l'oisiveté que l'on juge être vide et conduit à une « névrose dominicale » (humeur dépressive accompagnée de stress physique).

444 XXI. Psychologie appliquée / 14. Psychologie du sport

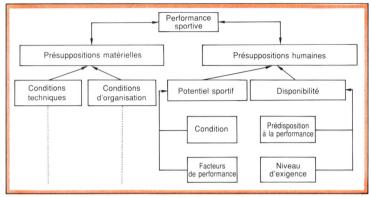

A   Performance sportive

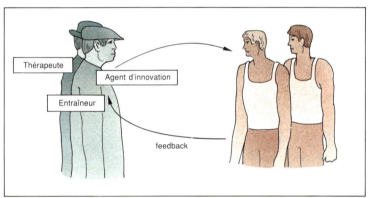

B   Entraînement sportif

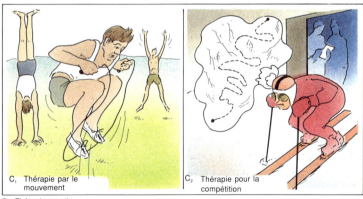

C   Thérapie sportive

Qu'il le veuille ou non, chacun a partie liée, activement ou passivement, avec le **sport**. Mais du point de vue psychologique, le sport est un phénomène très hétéroclite.

Pour l'un, ce peut être purement et simplement une activité et le plaisir de s'exprimer physiquement – mais ce sera, à l'opposé, un moyen de combattre des rivaux.

Il est douteux que ces deux aspects aient le moindre point commun sur le plan psychologique. La psychologie du sport n'en essaie pas moins d'élaborer des modèles théoriques destinés à unifier ces différents aspects.

A. Performance sportive

Si l'on fait tout d'abord abstraction des motivations et autres facteurs, le sport est une performance physique (plus ou moins volontaire). Il est fondé sur les réflexes staturaux et posturaux (p. 123) acquis dans le corps maternel, qui tendent après la naissance au plaisir de se servir de ses extrémités, de sa tête et de son torse comme fonctions de mieux en mieux maîtrisées. C'est à partir de ce terrain naturel que l'activité physique peut devenir une activité spécifiquement sportive pouvant aller jusqu'à des records.

Dans l'analyse, il faut distinguer les conditions *matérielles* et les conditions *humaines* présupposées par cette activité, ces dernières constituant le domaine inaugural de la psychologie du sport.

Le *potentiel sportif* dépend de données physiologiques préalables (par ex. la taille pour le saut en hauteur) ; de là résulte l'aptitude combinée ou *condition*. Si l'on ajoute les facteurs de performance, on obtient en fin de compte un feedback plutôt physiologique.

La *disponibilité* comprend les facteurs psychiques, qui ne sont pas moins importants. Sont du domaine de la *prédisposition à la performance* les échecs et les succès antérieurs aussi bien que leur élaboration psychique, les attentes du moment concernant soi-même et ses concurrents aussi bien que les dispositions psychosociales de la dynamique de groupe sportive. Le *niveau d'exigence* désigne les objectifs spécifiques dans lesquels se projette la motivation proprement dite.

Les conditions requises pour la performance varient avec la discipline sportive. Les différences sont liées aux types de discipline sportive :

(1) sans contact direct avec les concurrents : compétition avec soi-même en situation de « solitude publique » (par ex. la gymnastique aux agrès) ;
(2) avec contact direct : action sur l'adversaire (par ex. la lutte) ;
(3) performance de groupe parallèle : effort en temps limité avec réaction de l'adversaire (par ex. le football) ;
(4) qui ne relèvent pas de la compétition : proches du jeu (cf. p. 405).

B. Entraînement sportif

Si l'on veut intervenir positivement dans la performance sportive, il faut ouvrir et renforcer ces feedbacks (cf. plus haut A) là où ils présentent des lacunes.

Quand on soupçonne par ex. la présence d'une inhibition touchant le niveau d'exigence, on peut entreprendre de le relever systématiquement (et prudemment), en recourant notamment aux méthodes de la thérapie comportementale (cf. XX / 5 et 6), en particulier le skill-training.

L'entraîneur est aussi bien un *agent d'innovation* (sommé de fixer des objectifs souhaitables et susceptibles d'être intériorisés) qu'un *thérapeute* (chargé de surmonter les obstacles psychologiques).

L'entraîneur et le sportif sont dans un rapport de feedback, c.-à-d. que leurs représentations des objectifs à atteindre ne doivent pas diverger.

Cette convergence est difficile à obtenir et beaucoup d'entraîneurs méconnaissent leur rôle en exerçant d'abord une fonction de contrôle.

C. Thérapie sportive

Le sport n'est pas simplement un moyen de se réaliser soi-même sur le plan physique, mais il a également un rapport avec la psychothérapie. D'un côté le sport peut servir de *moyen thérapeutique*, de l'autre le sportif de haut niveau a souvent besoin d'une *aide* psychothérapeutique.

(C_1) L'aspect thérapie corporelle du sport est lié aux *thérapies par le mouvement*, dont les débuts remontent à plusieurs siècles.

La boxe contre son ombre d'origine chinoise (tai-chi-chuan) et le combat au sabre (tai-chi-chian) provenant de rituels religieux bouddhiques se développent et se répandent actuellement dans le monde entier.

Les multiples formes de la thérapie par le mouvement sont généralement fondées sur l'idée de *catharsis*, qui fut déjà utilisée dans la Grèce antique (Thrace) pour les extases thérapeutiques du rite d'ASKLÉPIOS, dieu de la médecine. On croyait pouvoir se libérer de crispations intérieures cachées par une sorte de décharge *expressive*.

(C_2) La compétition met le sportif de pointe en état de stress avancé

qui naît de l'obligation d'accomplir de grandes performances à des moments précis, comme de se débrouiller, s'il subit la défaite, avec les espoirs souvent excessifs de son entourage immédiat et de l'opinion publique.

Les médias imposent souvent à des gens parfois très jeunes une identification brutale, qui confine parfois à l'hystérie de masse. Pour prévenir les effets de tout ce chantage tapageur à l'identification, on utilise notamment la *vaccination contre le stress* (*inoculation-training* de MEICHENBAUM, 1977) qui comporte 4 phases pour vaincre le stress :
préparation cognitive aux mécanismes de stress prévisible,
confrontation et entraînement pour maîtriser les rapports avec le facteur de stress,
surmonter le sentiment d'être submergé et
s'exprimer sur soi-même pour se fortifier.

446 XXII. Psychologie de la culture / 1. Psychologie de la civilisation

A   Manière générale de vivre

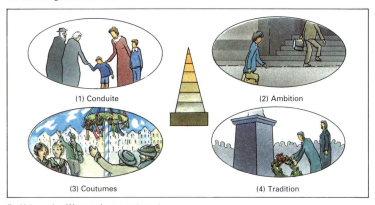

B   Valeurs de référence du comportement

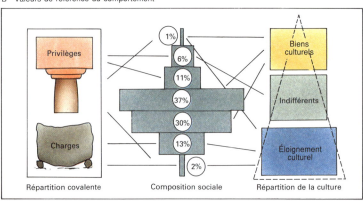

C   Stratification sociale

Ce dernier chapitre est réservé aux aspects les plus élevés de l'activité humaine. Les différentes langues n'utilisent pas de la même façon les notions de « culture » et de « civilisation ».

Mais on peut dégager l'idée commune à toutes d'une gradation progressive entre un groupe de plus en plus élevé de besoins quotidiens (civilisation) et un autre groupe d'activités émotionnelles et cognitives de la qualité la plus haute (culture).

Il est impossible d'assigner des limites précises aux domaines de la civilisation, car ils embrassent en fin de compte la totalité de la vie humaine. Les signes de civilisation et de culture sont l'affaire de chacun en particulier, mais également la tâche de grandes unités telles que les nations ou les groupes ethniques. De façon synthétique, on peut traiter les domaines de la manière générale de vivre (A), des valeurs de références du comportement (B) et (C) de la stratification sociale.

A. Manière générale de vivre

Comment on doit mener sa vie est quelque chose que l'on apprend plus ou moins consciemment de son entourage. Dans l'*Analyse comparée de la civilisation et de la culture*, la « Psychologie des peuples » (ainsi appelle-t-on l'ouvrage monumental en 10 volumes de W. WUNDT, on recueille à la base les attentes moyennes identifiables concernant la nourriture, la boisson, l'habitat, etc. Quand il voyage, le chercheur comme le touriste peut faire une expérience directe des grandes différences d'une nation à l'autre.

Il n'y a pas de faute plus grave que d'ériger en normes pour autrui ou un autre pays les habitudes de civilisation de son propre pays.

Les besoins d'hygiène, le confort en matière d'habitat, la nourriture constituent un répertoire de comportements tellement fixe que leur nature différente dans d'autres pays se heurte à l'étonnement, à la résistance, voire même à l'hostilité.

Les règles prescrivent comment « il faut » *manger* sont si différentes d'un pays à l'autre qu'elles devraient être respectées en tant que différence de civilisation.

B. Valeurs de référence du comportement

À l'intérieur de tous les groupes sociaux d'une certaine importance (couches, nations, continents), se sont constituées au cours des siècles des *valeurs de référence comportementales* pour toutes les relations sociales décisives :

les « lois non écrites » que l'on doit respecter si l'on veut être « admis » dans un groupe, ne fût-ce qu'à la périphérie.

Au total, elles constituent une hiérarchie spécifique dans laquelle des valeurs telles que l'honnêteté, la politesse, la ponctualité, le fait de tenir ses promesses, l'équité, l'ordonnance domestique et bien d'autres principes moraux ou exigences éthiques, se voient conférer une valeur plus ou moins haute, certes dans un désordre relatif mais en fonction d'un principe évident de répartition entre supérieur et inférieur, variant avec l'unité sociale et la mode (composantes *in-out*).

Cette diversité de « décisions de valeur » (HERZOG, 1984), opaque et difficile à inventorier, peut être divisée en 4 grands domaines.

(1) Le *comportement* indique la somme des normes conventionnelles de conduite.

Par l'exemple, la persuasion ou la contrainte, on indique déjà au petit enfant, comment il doit se conduire, par ex. à l'occasion d'une visite.

(2) On fixe des règles à l'*ambition* grâce au consensus dans le choix des moyens utilisés pour avancer.

Du dépassement en voiture, en passant par la rivalité autorisée dans la carrière professionnelle, jusqu'au prestige dont jouit la nouvelle élite, toute société *condamne* ou *récompense* ceux qui parviennent au sommet et traite en conséquence les vaincus de la compétition sociale.

(3) Les *mœurs* et les *coutumes* englobent les récompenses qu'une société se distribue elle-même, notamment sous forme de fêtes et de jours fériés organisés de façon très diverse.

(4) Les *traditions* caractérisent la solidité à long terme de ces valeurs de référence en tant que styles d'époque.

Chaque époque privilégie également certaines théories du bonheur implicites.

C. Stratification sociale

L'état culturel d'une nation peut être déchiffré (à côté d'autres critères d'évaluation) à l'aide de quelques caractéristiques fondamentales. On a représenté au centre de l'illustration C la *stratification sociale* typique des nations industrielles occidentales :

couche supérieure, couches intermédiaires supérieure, moyenne et inférieure, couche inférieure, exclus sociaux.

A gauche est disposée la répartition de la covalence :

elle concerne la répartition des privilèges (la vie « facile » avec un travail plus agréable et des avantages notamment financiers) et des charges (vie « difficile » avec un travail permettant simplement de survivre). Elle intéresse aussi les formes d'humanisation (par ex. du travail, de la prison, des services communautaires) que l'on s'efforce d'atteindre.

A droite est indiquée la *répartition de la culture dans la population*, de « cultivé » (intérêts culturels, cf. p. 449 sq.) à « sans référence culturelle ». Les 3 rubriques peuvent présenter des rapports *homogènes* (parallèles à la hiérarchie des couches sociales) ou *non homogènes* (croisés).

Une couche de responsables *incultes* peut par ex. avoir des exigences de vie *élevées*, dont elle ne reconnaît pas la légitimité pour des individus socialement inférieurs mais plus cultivés.

Dans de telles configurations, la tendance au contrôle est marquée (par ex. services secrets) afin de maîtriser le manque d'homogénéité sociale.

XXII. Psychologie de la culture / 2. Psychologie de l'art

A Dimension esthétique

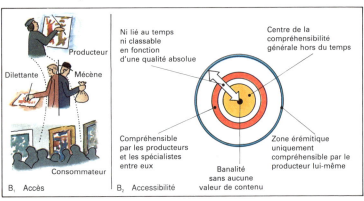

B₁ Accès   B₂ Accessibilité

B Usage de l'art

C Activité artistique

A l'époque préhistorique, les hommes n'avaient qu'un seul moyen de se hausser spirituellement au-dessus des difficultés de leur vie : l'expression artistique.

Les peintures rupestres des hommes de Cro-Magnon découvertes dans la grotte de Lascaux témoignent de la complexité de ce moyen d'expression, dont aucune interprétation exhaustive n'a pu être donnée jusqu'à nos jours.

C'est beaucoup plus tard, et souvent en partie seulement, que les besoins en matière de conception du monde, de même que les entreprises scientifiques, se séparèrent de la « culture unitaire » précédente, de nature plutôt artistique.

La Grèce antique distingua les trois finalités culturelles du *Beau*, du *Vrai* et du *Bien*. Pour le Beau, c'est l'art qui devint pertinent.

A. Dimension esthétique

Des siècles durant, le « Beau » a signifié la sublimation de la réalité en *agrément* propre à satisfaire les besoins esthétiques.

Il y eut des exceptions à cette conception de l'art, par ex. au début du Moyen Age, où notamment les fresques dans les églises avaient une valeur d'abord instructive.

Depuis le XXe siècle, on ressent la sublimation esthétique comme inauthentique et on la remplace par une réplique du monde plus conforme à la réalité, qui peut aussi l'« enlaidir » consciemment. Le fondement de l'art s'élargit par lui-même et devient une « recréation du monde » qui implique aussi bien une *recherche de beauté* qu'une *destruction de la beauté*, consciente, et en partie conçue pour secouer les hommes. Mais en dernier ressort n'en demeure pas moins la certitude d'une *beauté possible*. On a toujours eu beaucoup de peine à approcher celle-ci au moyen de tests psychologiques.

(A_1) Ce sont des figures simples qui permettent le mieux de saisir les sensations esthétiques. Les 5 éléments simples (« Comparaison esthétique », H. BENESCH) peuvent être disposés selon d'infinies variations :

il y a des solutions plus ou moins élaborées, plus ou moins bonnes sur le plan esthétique, etc. ; on peut même en trouver qui dissolvent consciemment toute unité, qui détruisent l'objet.

On peut ainsi réaliser différentes conceptions esthétiques.

(A_2) Le « Art Judgment Test » (N.C. MEIER) propose différentes images tests devant permettre de choisir ou de fonder la formule esthétique la plus agissante.

B. Usage de l'art

(B_1) Depuis le début de l'activité artistique, il existe une nette séparation personnelle entre *producteurs* et *récepteurs* d'art. Mais de tout temps la figure du *dilettante* a réuni les deux groupes. Sans la médiation des amateurs d'art, dotés de différents moyens (y compris techniques) de participation partielle à l'art, celui-ci deviendrait l'occupation exotique de marginaux et perdrait ainsi sa fonction créatrice pour l'ensemble de la population.

Alors que l'ancienne psychologie de l'art (WINKLER, MOLES) s'intéressait d'abord à l'interprétation psychologique des tendances artistiques, la nouvelle (notamment KREITTLER) se concentre plutôt sur les fonctions de l'art élargissant le champ de l'expérience vécue.

(B_2) La capacité qu'a l'homme d'être touché par l'art peut être *augmentée* (quant à la force et à l'intensité), *élargie* (accès à de nouveaux domaines de la sensibilité) et *approfondie* (relation plus étroite avec la sphère propre de l'expérience vécue). Il est vrai que l'accessibilité de l'art est toujours subordonnée à un schéma global des rapports artistiques généraux. Le schéma (de SAALFELD) explicite les interactions entre artiste, art et public. Les barrières internes sont en partie voulues (« ésotérisme »), mais résultent aussi d'œuvres individuelles anticipant l'avenir, pour lesquelles la foule n'est pas encore mûre.

C. Activité artistique

L'importance, la position et la fonction assignées à l'art dans un pays donné caractérisent également sa société.

On peut le négliger et l'abandonner à lui-même ou, au contraire, le transformer en instrument de propagande.

Ces deux extrêmes négatifs causent finalement du tort à l'État lui-même. Mais le mécénat d'État n'est pas sans poser problème. C'est sans doute la raison pour laquelle il y aura toujours entre l'art et l'État une confrontation à laquelle l'artiste n'échappe pas en tant que personne.

La position de l'artiste dans la société s'est beaucoup transformée. Dans le cadre européen, le peintre, le sculpteur ou l'écrivain furent d'abord des sortes d'artisans.

A l'opposé, le peintre et l'écrivain sont issus, en Chine, des rangs des mandarins. Il ne faut donc pas s'étonner que l'art ait suivi des voies différentes en Europe et en Extrême-Orient. Mais dans les deux sociétés, les transformations aboutirent finalement à faire de l'art un métier autonome. Cette évolution a certes favorisé l'indépendance de l'artiste (contrairement à sa situation dans l'État totalitaire) et contribué à la profusion des tendances artistiques et des changements de tendance, mais elle a aussi provoqué une division sociale entre artistes établis et non établis.

Quand un artiste parvient à se faire connaître, même si c'est le fait de circonstances heureuses ou d'une publicité adéquate, les musées et les collecteurs se doivent de posséder une œuvre de cet artiste, si bien que ses œuvres connaissent d'énormes hausses de prix et de prestige.

La distance s'est accrue entre l'artiste riche et le poète « pauvre ». Du fait des hasards publicitaires étrangers à l'art, l'*art de l'époque* diffère de l'*art durable*.

450 XXII. Psychologie de la culture / 3. Psychologie de la science

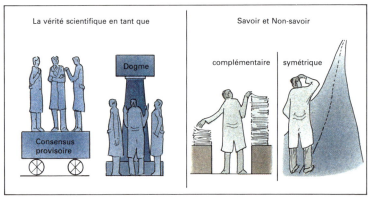

A Epistémologie psychologique

Modèle / Théorie	Physique	Psychologie
Explication par la règle	Les objets tombent par terre	L'habitude facilite l'activité
Explication de fond	Théorie de la pesanteur	Théorie de l'apprentissage

B Niveaux d'explication

Science interne	Science externe
Formation	Évaluation publique
Travail de recherche	Diffusion de la science
Organisation	Politique scientifique
Profession scientifique	Internationalisme

C Psychologie sociale de la science

Trouver la « vraie » réalité est le but de la science, qui poursuit par là même une des 3 finalités culturelles mentionnées précédemment.
La **psychologie de la science** retourne ce but sur la science elle-même. Cette discipline autocritique requiert de l'assurance et la mise en question de la science en tant qu'institution.

A. Épistémologie psychologique

L'épistémologie psychologique étudie le rapport à la connaissance scientifique, et en premier lieu le rapport à la « vérité » .
A dire vrai, les vérités scientifiques ne devraient être que des consensus provisoires sur la base de preuves significatives. Mais en réalité, beaucoup de sciences les considèrent comme des dogmes. Il faudra en étudier cas par cas les raisons psychologiques.
Un autre thème est celui du rapport à la science en général. Pour beaucoup, *savoir* et *non-savoir* ont un rapport de *complémentarité* :
  avec l'augmentation du savoir, le non-savoir diminue (on considère les solutions comme des affaires « classées »).
Pour l'opinion contraire, leur rapport est de symétrie :
  avec l'augmentation du savoir, c'est la connaissance de ce que nous ne savons pas qui augmente, car notre ignorance est par principe infinie (en quelque sorte comme la perspective de parallèles à l'infini).
Cette question épistémologique fondamentale est également liée à l'idéologie : le premier point de vue se rapproche de la « croyance dans le progrès » , le second de l'« agnosticisme », puisque pour celui-ci la « vérité » est par principe inaccessible.
De façon plus concrète, TH. S. KUHN (1976) voit la « structure des révolutions scientifiques » comme changement de modèles explicatifs à chaque fois plus adéquats. Il est vrai qu'il souligne comme MAX PLANCK (1928) :
« Si une vérité scientifique s'impose, ce n'est pas parce que ses détracteurs sont convaincus et se déclarent suffisamment instruits, mais parce que les détracteurs s'éteignent progressivement. »
W. JAMES (1907) se montre encore plus négatif :
« Une nouvelle théorie est... d'abord combattue comme étant absurde. Puis on concède qu'elle est vraie, mais on la juge alors évidente et sans importance. On reconnaît finalement son importance, mais ses anciens détracteurs affirment à présent qu'ils l'ont eux-mêmes découverte. »

B. Niveaux d'explication

Dès 500 av. J.-C., les Babyloniens étaient capables de calculer et de prévoir les éclipses de lune. Naturellement sans pouvoir les expliquer. Ils utilisèrent la même méthode pour tenter de prévoir les invasions de sauterelles.
Les Babyloniens avaient reconnu la *règle* (explication par la règle), mais c'est seulement le fondement cosmique (explication fondamentale) qui put montrer *pourquoi* il en est ainsi. En physique, la règle « les objets tombent par terre » n'explique pas encore son fondement : la pesanteur. C'est la même chose en psychologie, où l'explication par la règle selon laquelle l' « habitude facilite l'activité » n'est pas suffisante comme explication de fond.
Les théories de l'apprentissage de PAVLOV ou de THORNDIKE (cf. VIII/1) fournissent des corrélations causales par déduction. Les explications fondamentales permettent alors de formuler des *lois* :
Il est vrai qu'en psychologie (mais dans une certaine mesure en physique aussi), ces lois sont seulement *relatives* ou *statistiques* et ne permettent qu'un pourcentage d'exactitude dans la prévision, loin de toute certitude absolue.

C. Psychologie sociale de la science

Pratiquée par les hommes, la science obéit aussi à certaines régularités sociopsychologiques. En fonction du rapport social, on peut classer ces régularités en *internes* et *externes*.
Les 4 principaux problèmes sociopsychologiques du groupe interne sont :
  la *formation des scientifiques* (y compris la promotion de nouvelles générations dans la recherche), le *travail de recherche* (avant tout les questions concernant le travail en équipe), l'*organisation* scientifique (par ex. les problèmes de frontières et de ponts entre les disciplines) et les problèmes de *psychologie professionnelle*.
On se pose encore la question de savoir quelles qualités sont requises pour être un « chercheur né », s'il en existe. On oublie souvent que la sélection pour la carrière de chercheur dépend de très nombreux critères subjectifs et non objectifs.
Les paramètres *externes* de la science ont également un effet en retour sur les paramètres internes. Chacune des 4 problèmes suivantes comprend d'importants domaines externes :
Le prestige de « la » science provient essentiellement, depuis le XIXe siècle, de ses succès pratiques dans le domaine des sciences de la nature.
La *diffusion* de la science est un sujet de controverses. Un certain nombre de scientifiques recommandent de ne pas transmettre leur savoir à des non-spécialistes.
La *politique scientifique* est aussi un facteur qui contribue à déterminer l'ampleur de l'aide à la recherche scientifique, par ex. lorsqu'elle vise exclusivement la rentabilité à court terme.
L'*internationalisme* scientifique est également une exigence à laquelle la psychologie ne répond que partiellement. Comme le gros des psychologues exerce aujourd'hui aux États-Unis, c'est l'orientation américaine de la psychologie qui prédomine, au détriment des recherches faites dans d'autres pays.
Toutes ces données sociopsychologiques n'ont pas encore fait l'objet d'un inventaire précis.

452 XXII. Psychologie de la culture / 4. Psychologie de la conception du monde

A Images du monde et de l'homme

B Fonction de la conception du monde

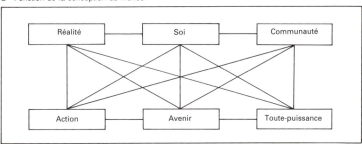

C Valeurs absolues

D Acquisition des conceptions du monde

La notion de *conception du monde (Weltanschauung* en allemand) vient de KANT (1790), qui désignait par là la synthèse personnelle de l'infinité du monde sensible. Par la suite, on étendit cette notion à l'ensemble des conceptions que l'esprit peut élaborer à propos des questions fondamentales posées par l'existence. C'est KARL JASPERS qui a fondé la psychologie de la conception du monde (1919) :
« La psychologie de la conception du monde est une délimitation des frontières de la vie psychique pour autant que celle-ci soit accessible à notre compréhension. »
Dans le sillage du tournant cognitif de la psychologie, la recherche s'étend également à la « métacognition » (J.H. FLAVELL, 1979), terme qui désigne les tâches « stratégiques » fondamentales de la cognition.
La psychologie de la conception « privée » du monde (H. BENESCH) est chargée d'étudier la causalité psychologique des besoins qui vont des croyances animistes les plus simples (cf. X/5) aux conceptions du monde « officielles » que sont les grands systèmes religieux, politiques, etc.

A. Images du monde et de l'homme
Tout homme se pose trois questions essentielles de façon plus ou moins pressante et réfléchie :
Quelle est la « destination » de l'existence, c.-à-d. quelle en est la finalité concrète ?
Quelles obligations morales peut-on, ou plus précisément doit-on contracter ?
Quel sens peut avoir le monde ou l'existence ?
Que de telles questions puisse être formulées ou qu'elles restent de l'ordre du sentiment plus ou moins vague, tout homme passe au cours de sa vie par des moments critiques où il n'échappe pas à ces incertitudes. Dans la masse des hommes et du fait de l'accumulation de réponses qui en résulte, celles-ci étant relayées par les médias, les conceptions du monde ont un impact susceptible d'acquérir des dimensions historiques.
A côté des conceptions du monde, il y en a à propos de l'homme, provenant de l'expérience personnelle de chacun et qui exercent une influence en retour sur les opinions générales :
si les hommes sont fondamentalement bons ou mauvais, s'ils sont irréfléchis ou accessibles au raisonnement philosophique, quelles tendances générales sont présentes en eux ?
C'est dans l'art qu'on trouve l'expression la plus marquante des conceptions sur l'homme :
Avec la Vénus préhistorique de Willendorf et celle de Milo, avec « Les demoiselles d'Avignon » de Picasso, l'art nous donne 3 exemples d'images de l'homme liées à l'histoire mais non sans rapport avec des conceptions générales concernant « la femme » et aussi tous les hommes.

B. Fonction de la conception du monde
Quelle est l'utilité pour l'homme d'avoir une conception du monde ?
Beaucoup y renoncent parce qu'ils n'en voient pas l'intérêt. D'autres ne connaissent que leur « vérité absolue » et dénient toute légitimité à toute autre vue que la leur. La psychologie de la conception du monde n'est pas normative (ce que l'on *doit* penser ou faire), mais descriptive (quelles conceptions *sont* possibles, pour quelles raisons). Elle distingue des *degrés de définition* (commençant par ex. avec le constat trivial : « dans la vie, c'est comme ça ») et des *directions d'attentes* (par ex. des attitudes morales élémentaires). Pour celles-ci, on en distingue principalement 3 :
(B_1) *Aide par interprétation fondée sur un « ordre du monde »*. Tentatives d'explication pour s'approprier ce qui est fondamentalement inexplicable (par ex. le « destin »).
(B_2) *Démonstration d'assurance du comportement*. Renfort pour confirmer moralement que tel comportement est « correct ».
(B_3) *Exégèse et culte*. Suggestions de sens rituelles, comme le pèlerinage à La Mecque pour les musulmans du monde entier.

C. Valeurs absolues
Les conceptions du monde ne sont pas simplement des instruments cognitifs pour maîtriser la vie, ce sont aussi souvent des moyens d'oppression dangereux, qui vont même jusqu'à mettre la paix en péril. C'est pourquoi elles intéressent de plus en plus la psychologie. L'une de leurs fonctions essentielles est de poser des valeurs supérieures et absolues, comme par ex. :
la vérité (réalité vérifiable, « scientifique », comme base permettant de fonder tout ce qui existe),
le soi (référence égocentrique de toute action), la communauté (ordre de valeurs suprapersonnel),
l'action (injonction morale à agir),
l'avenir (responsabilité vis-à-vis des événements à venir),
la toute-puissance (dépendance à l'égard d'une instance supérieure extérieure au monde).
Ces fins « dernières » sont partiellement combinables. Dans beaucoup de conceptions du monde, elles sont au service de l'*intention finale* existentielle (que doit-on faire en dernière instance) et de l'*offre d'aide* spirituelle (quel type de réconfort l'homme peut-il en attendre).

D. Acquisition des conceptions du monde
Les conceptions du monde sont assumées par les parents la plupart du temps sous la forme d'une sorte de corpus minimal, puis elles se transforment dans l'entourage de l'adolescent pour être ensuite développées de façon conformiste ou oppositionnelle. Elles résultent de l'*apprentissage*, de l'*expérience* et de la *réflexion* personnelle :
elles sont autant le résultat d'une création personnelle que celui de la pensée d'autrui.
Les conceptions du monde sont une contribution essentielle à la survie de l'humanité. Comme bien d'autres thèmes, elles attendent encore une poursuite de la recherche.

GLOSSAIRE

Les explications conceptuelles qui suivent élargissent le glossaire des termes psychologiques spécialisés donné p. 12-29.

Acte, action : concept essentiel de la psychologie de l'activation, et qui doit servir à décrire l'enchaînement et la coordination complexes d'exécutions de tâches liées à l'environnement. Tout A. se compose de trois segments d'A. pluristratifiés : présupposés (situations, incitations motivationnelles, capacités individuelles, attentes sociales, fondements idéologiques, etc.), déroulement (états initiaux, courbes de réalisation, décisions, détermination des états terminaux, etc.), et effets (effets momentanés, répercussions durables, ampleur des conséquences, incitations à de nouveaux A., etc.). Les actions peuvent être caractérisées selon le contenu ou selon leur mode formel. Les analyses de contenu se rapportent aux thèmes, aux tâches, aux moyens, aux intentions et aux résultats. Les analyses formelles traitent de la conscience (degré de présentification), de la disponibilité (tension de la mise en œuvre, attention, adaptation conformiste ou distanciation élitiste), et de l'intention (structuration conceptuelle et degré d'organisation de l'action dans le contexte existentiel).
Les analyses de contenu sont plus souvent normatives (selon des A. souhaitables), les formelles en revanche sont plutôt descriptives (selon les conditions existantes).
Les troubles de l'action sont aussi nombreux que les actions elles-mêmes. Pour les ordonner, on recourt aux relations sociales : envers soi-même (devenir étranger à soi, troubles de l'image de soi), envers le groupe (troubles de la dynamique sociale, troubles relationnels entre autres), et envers la masse (comportement antisocial).

Activation *(Aktivation, arousal)* : concept global pour un grand nombre de stimulation du comportement qui vont de l'excitation neurale jusqu'à l'incitation cognitive. En tant qu'excitation neurale, elle résulte de la désynchronisation (augmentation de la fréquence, baisse de l'amplitude) des rythmes de l'EEG. D'autres équivalents physiologiques sont l'augmentation du rythme cardiaque et de la fréquence respiratoire, la dilatation pupillaire, la modification de la résistance électrique de l'épiderme, etc.
La ps. de l'activation la plus récente envisage d'autres domaines du rapport actif à l'environnement : l'attention comme observation finalisée d'objets choisis, l'effort comme participation émotionnelle à l'objet d'attention, l'adaptation comme accoutumance aux données de milieux à forte excitation, la volonté comme mesure énergétique pour imposer des déterminations de buts (destination).
Selon le degré de l'activation, la conscience peut être graduellement modifiée, mais en cas de surexcitation, en règle générale, apparaît un trouble de la conscience, quand elle n'est pas limitée par la concentration sur des domaines d'attention restreints (ténacité).

Certaines formes spécifiques d'A. résultent de la situation sociale : incitation sociale, heurts avec autrui, mais aussi activation réactionnelle (réactance) en cas de menace de soumission. Les actes intentionnels (F. BRENTANO) reposent sur la disponibilité cognitive, non seulement à supporter des faits ou y réagir, mais à en produire une élaboration spirituelle (animiste = référence à des puissances inconnues, finaliste = découverte d'un but, régulatrice = agencement dans des systèmes cognitifs).
Les troubles de l'A. se rapportent essentiellement à des formes de celle-ci trop faibles (déficits), trop élevées (excès), ou mal dirigées (défectuosités).
Les théories de l'A. se fondent essentiellement sur la force d'excitation physiologique, le déclenchement béhavioriste (stimuli), l'excitation hormonale (concepts de pulsion), l'élaboration cognitive (interprétation et engagement) et les incitations sociales (entre autres effets réciproques du partenariat) pour expliquer la mise en activation du psychique.

Agression : comportement délibérément hostile avec l'intention de désavantager, amoindrir ou nuire aux autres (ou à soi-même le cas échéant) de façon à satisfaire des fins personnelles surévaluées. Les causes en sont interprétées différemment selon la théorie de référence :
(1) endogènes : hypothèse d'une pulsion d'agression évolutive ;
(2) conditionnelles : apprentissage à partir de succès liés à l'agression ;
(3) différentielles : support de singularisation, entre autres par une affectivité forte, l'auto-affirmation ou le transfert de culpabilité à autrui ;
(4) psychanalytiques : entre autres, conséquence de frustrations ;
(5) sociologiques : exercice d'un instrument de pouvoir ;
(6) cognitives : état de crise dans des situations de décision ambivalentes ;
(7) motivationnelles : composé émotionnel de colère, d'angoisse, d'anxiété, etc., ou encore sur ordre ;
(8) en termes de théorie de l'action : renversement réactionnel en cas de contre-mesures réciproques accrues.
Pour supprimer ou diminuer l'A., il existe des procédés aussi bien déconstructifs (par ex. relativisation paradoxale de signaux d'agression) que constructifs (par ex. relaxation, contrôle de l'anxiété).

Analyse factorielle : procédé stat. visant à dégager des variables de base (c.-à-d. des facteurs) permettant d'isoler, au sein d'une multiplicité de relations phénoménales, des grandeurs hypothétiques susceptibles d'expliquer une grande part

des parentés corrélatives au sein des phénomènes concernés. En quoi il faut mettre au premier plan trois pas importants dans la progression.
(1) L'évaluation de la communauté se rapporte au nombre de variables de base à choisir pour recouvrir de manière optimale par rapport à la variance totale la part majeure de variance expliquée par les facteurs communs.
(2) L'extraction des facteurs cherche à établir la distinction entre facteurs généraux, facteurs de groupes et facteurs spécifiques résiduels, afin de découvrir les facteurs de détermination essentiels sous-jacents à toutes les grandeurs observées.
(3) Le calcul par la méthode des rotations permet de déplacer les axes de coordonnées de telle sorte que l'A. factorielle découvre de manière optimale la masse des variables essentielles selon des coordonnées rectangulaires. Pour chacune de ces trois étapes, il existe des procédés particuliers. Des procédés proches de l'A. factorielle sont, entre autres : l'analyse des fonctions discriminantes (calcul de fonctions différenciatrices en vue de la formation de classes), l'analyse de clusters (mise au jour de sous-groupes, ou clusters (e : *grappe*) en corrélation réciproque, et avec des contraintes statistiques plus restreintes), l'analyse de la fréquence de configuration (procédé d'analyse multivarié et à distribution non normale dans le but de découvrir des types ou des syndromes).

Angoisse : sentiment d'excitation qui fait frissonner et qui oppresse, pouvant aller de blocages passagers, en passant par des formes de crainte, de désarroi, de paralysie, jusqu'au désespoir chronique et à la panique. Psychologiquement, on distingue entre l'A. comme état (*state anxiety*, tension en cas de menace aiguë) et l'A. comme particularité (*trait anxiety*, angoisse dispositionnelle, indépendante de menaces aiguës). Les théories de l'A. relèvent essentiellement de la psa., de la théorie de l'apprentissage et de la ps. cognitive.
(1) En psa. (S. FREUD), le Moi passe pour être un « lieu d'angoisse » où naissent les sentiments de peur suscités par des signaux d'angoisse en provenance du monde extérieur (« angoisse devant un danger réel »), des pulsions du Ça (« angoisse névrotique ») et des menaces du Surmoi (« angoisse de conscience »). En raison du refoulement d'événements traumatiques, des signaux d'angoisse peuvent se développer en A. « flottante ».
(2) La théorie de l'apprentissage sur l'A. admet aussi bien la référence aux systèmes nerveux dits faibles (I. P. PAVLOV) que des liaisons par réflexes conditionnels avec des constellations de stimuli anxiogènes, qui peuvent par la suite augmenter les réactions d'angoisse.
(3) Dans la théorie cognitive de l'A. sont surtout mises en avant, pour la perception angoissante, les conséquences émotionnelles de l'élaboration de l'information par l'individu. De tels mécanismes cognitifs peuvent être interprétés comme suppression du contrôle interne (J. B. ROTTER), comme détresse acquise (E. P. SELIGMAN), ou comme la conséquence de pertes de contrôle par désorientation, blocage du mouvement, incertitude, perte de sécurité, abandon, prévention de menace, incertitude de l'avenir, absence d'espoir, etc.
(4) En plus des états d'A. chronique, il existe aussi une absence pathologique d'A. qui ignore les situations de danger, par exemple résultant d'une agressivité latente. Par ailleurs, le désir d'A. passe pour être un « jeu avec le feu » qui, comme prise de risque, peut agir de manière vivifiante.
Toutes les orientations psychothérapiques importantes visent à la suppression de l'A. pathologique. Il existe à côté de cela une recherche de contrôle personnel en opposition à l'A. ; elle s'appuie essentiellement sur l'habituation aux signaux d'A. et sur la mise à l'écart des causes préalablement citées.

Attention (*Aufmerksamkeit*) : formes diverses de relation à l'objet selon divers degrés de tension. Les fonctions de l'A. ne sont pas définies de façon uniforme dans les théories correspondantes.
(1) Comme fonction d'alarme, l'A. regarde l'orientation vers l'objet, la disponibilité réactionnelle générale et l'état d'excitation rapporté à un but.
(2) Comme fonction de sélection, elle intéresse la distribution (répartition de l'attention) et l'effet du stimulus.
(3) Comme fonction d'aperception, elle concerne la concentration consciente, l'intéressement thématique et l'incitation cognitive liée à la nouveauté (variable collative ; D. E. BERLYNE).
L'A. est dirigée aussi bien de l'intérieur que de l'extérieur, c.-à-d. que motivations, dispositions et intérêts personnels se lient avec le caractère de sollicitation des objets. Par caractère de sollicitation, K. LEWIN entend la propriété des objets, des personnes et des situations (différence figure-fond) susceptible d'attirer l'attention.
Dans l'analyse qualitative de l'A., on distingue diverses caractéristiques : direction (stable : fixation ; changeante : vagation ; non ciblée : scanning), étendue (largeur de balayage des perspectives, capacité des canaux sensoriels), intensité (tension, degré d'excitation), durée (à court terme entre autres : réaction d'effroi, à long terme : vigilance), discrimination (par exemple isolation de sons d'un bruit de fond : « *Cocktail party problem* » ; Ch. CHERRY), thématique (participation réciproque de la concentration et de la capacité de déplacement).
Du point de vue de la théorie cybernétique de l'information, l'A. est considérée comme une mesure de l'élaboration du signal effectuée entre données d'entrée et données de sortie (in-, through- et output).
Dans la perspective de la ps. clinique, les défaillances de la fonction d'attention présentent trois formes : réactives (inattention), sélectives (déficitaires ou excessives : dispersion) et cognitives (entre autres, désintérêt chronique).

Attitude mentale : accumulation individuelle de jugements de valeurs. Les possibilités relationnelles envers les choses, les personnes et les situa-

tions sont pratiquement illimitées. Afin de ne pas vivre dans le chaos, l'homme y puise certains fragments et leur confère une valeur. Ces valorisations peuvent provenir de l'expérience propre ou être transmises par d'autres. Parallèlement à cet aspect d'économie de la pensée, l'A. mentale comporte un caractère rigide. Les A. sont des pensées et des postures pétrifiées qui peuvent se transformer en préjugés qui ne seront plus guère mis à l'épreuve par des expériences nouvelles. Les A. mentales sont constituées de points de vue partiaux, d'évaluations spéciales et de modes comportementaux de type personnel, mais qui en viennent de plus en plus à former une unité *(mental set)* dans l'attitude générale envers la vie et la conception du monde. 4 groupes de caractéristiques sont pris en compte pour décrire les opinions.
(1) Afin de déterminer les contenus, on distinguera les champs d'objets dans lesquels s'exercent les A. (par ex. attitudes politiques, raciales, sociales).
(2) Pour la détermination qualitative, on distingue l'orientation des valeurs entre l'acceptabilité (domaine de référence), l'indifférence (domaine de neutralité) et le contraste (domaine de refus).
(3) Dans la détermination d'intensité, on distingue entre les purs et simples préjugés et les habitudes de pensée pouvant aller jusqu'à des actions impulsives extrémistes, conditionnées et schématisées.
(4) La détermination de la consistance est caractérisée par la pétrification ou le caractère encore transformable des A., les raisons d'une possible réorientation flexible. Sur le plan de la méthode, les A. sont évaluées par des mesures d'attitudes (échelles d'attirance et de rejet et autres caractéristiques déterminantes).

Attribution : examen théorique des processus d'imputation propres à chacun, susceptibles de fonder causalement des relations vécues ou attendues. Chez le petit enfant déjà, un âge des questions « quoi » (ou « qui » ou « comment ») est suivi d'un âge des questions « pourquoi », où s'éveille un besoin de causalité, voire d'imputation de responsabilité. Chez l'adulte aussi, ce comportement de recherche de la cause va de suppositions irrationnelles, ou non réflexives, jusqu'au nexus causal exactement reconstitué. La plupart des attributions de causalité quotidiennes se font sur la base d'une information préalable restreinte, relevant ainsi d'une attribution relativement non réflexive. Selon le contexte chronologique des effets, on distingue (malgré des états de transition) entre attribution causale (imputation de conditions préalables motivantes), attribution simultanée (description et fondation d'états et de situations momentanés), et attribution finale (fondation d'attentes supposées). Sur le plan du contenu, on distingue entre des facteurs de détermination extérieurs (externes), intérieurs (internes) et inobservables (infirmatifs). L'attribution de contextes événementiels est aussi bien dépendante que gé-

nératrice de conceptions du monde parce qu'elle s'insère en général dans un contexte plus large d'explication idéologique du monde.

Béhaviorisme : science du comportement (« Psychologie sans âme », F. A. LANGE, 1866), fondée par un article de JOHN BROADUS WATSON (1913) : « Psychology as the behaviorist views it ». Ce type d'orientation psychologique se base sur un programme théorique qui n'admet pour objet de l'observation scientifique que des choses pouvant être objectivement observées et des comportements mesurables. Au début du béhaviorisme, on s'appuyait principalement sur les théories psychophysiologiques de la réflexologie des physiologistes russes BECHTEREV et PAVLOV, ainsi que sur des observations animales. Ainsi l'apprentissage en est venu à occuper le centre des recherches et est devenu le processus fondamental de tout ce qui est psychique. Pour le premier B. (THORNDIKE, YERKES, MORGAN), l'apprentissage dominait comme processus d'essai et d'erreur *(trial and error)*. Durant son développement ultérieur, le B. s'est scindé en trois orientations théoriques différentes : conditionnement classique, opérant et cognitif.
(1) Le conditionnement classique atteste que l'apprentissage naît de « connexions passagères » au sein du système nerveux central. De tels « réflexes conditionnés » s'installent lorsqu'interviennent, souvent en même temps ou peu après, un stimulus neutre, un stimulus inconditionnel lié un programme de comportement inné, qui finit par déclencher lui-même le programme en tant que stimulus « conditionné ».
(2) Le conditionnement opérant se déroule selon un mode plutôt descriptif. Le principal représentant de ce courant, B. F. SKINNER, décrit des succès d'apprentissage atteints grâce à des récompenses (renforcement, *reinforcement*). L'effet des diverses formes de renforcement (renforcement constant, renforcement partiel) est mesuré par des courbes d'apprentissage. A. BANDURA a élargi cette orientation en introduisant des effets d'apprentissage produits par l'imitation de modèles précis et a nommé cela « apprentissage par imitation ».
(3) En tant qu'orientation théorique, le conditionnement cognitif a débuté par les travaux de LASHLEY (1929) et TOLMAN (1932). TOLMAN a réintégré dans son approche, sous forme de « variables intermédiaires » (causalité d'influences interférentes), des concepts de vécus tels qu'attentes de buts, représentations, etc., liant ainsi le « néobéhaviorisme » avec la « restructuration cognitive » de la Gestaltpsychologie, et sa conception d'une conduite intelligente qui codétermine l'apprentissage au moins depuis les anthropoïdes. A partir du B. orthodoxe se développe la thérapie comportementale (EYSENCK), et à partir du néoB. la thérapie comportementale cognitive (MAHONEY).

Besoin : concept appartenant au domaine de la ps. de la motivation, utilisé en partie comme syno-

nyme pour le versant aperceptif du concept de motif (sans son versant actif = tendance), et qui décrit un état de vie ressenti comme insatisfaisant et tendant à la satisfaction. Il sera défini diversement en fonction des théories de la motivation qui le soustendent.
(1) En psa., le concept de B. est identifié aux pulsions libidinales, qui valent comme base de tous les B.
(2) Dans d'autres théories des pulsions ou des instincts d'orientation somatique, la sexualité et l'agressivité seront complétées par des « pulsions » supplémentaires (pulsion d'alimentation, pulsion d'autoconservation, etc.) ; de ces B. qualifiés de « primaires », on distinguera les B. « secondaires » (validité, intérêt, etc.) comme B. dérivés.
(3) Les théories de type psychosocial soulignent (à la différence de la « finalité interne » des pulsions) l'incitation sociale des B., par la famille, le groupe ou la société. En opposition à cela, MASLOW (1970) renvoie, à côté des B. précédents qualifiés de « déficitaires », à des B. « abondants » (« motivations excédentaires ») qui peuvent apparaître (de façon dilatoire) seulement en plus de la satisfaction des B. déficitaires. Parmi ces B., il compte essentiellement les B. de réalisation de soi.
(4) Dans la théorie cognitive la plus récente (FESTINGER, 1957 ; NEISSER, 1967 ; BERLYNE, 1973) sont surtout mis en avant, comme B., les tendances à l'harmonisation de dissonances cognitives, l'accomplissement d'un B. latent d'explication (« l'homme comme chercheur »), les motifs de contrôle et l'appétence pour le sens.
Il existe par ailleurs des conceptions diverses concernant la structure des B. A côté de l'hypothèse structuraliste d'une composition en mosaïque de B. singuliers qui forment un système individuel de B., il existe un groupe de conceptions holistiques selon lesquelles les B. seraient des membres dépendants, différenciés, d'une organisation individuelle et préalable des B. (*need-state*, HULL, 1952).

Cognition : désignation globale de l'effort prémédité pour trouver des objets, les saisir, les reconnaître, les comprendre, les distinguer, les classer, les juger et les prendre pour thèmes, c.-à-d. les transformer par un affinement psychique discriminant (de la concrétisation jusqu'à l'abstraction). Allant au-delà du concept de pensée (l'ancienne ps. de la pensée ; KÜLPE, BÜHLER, DUNCKER), ce concept-ci englobe tout ce qui de l'indicible (savoir gris) jusqu'à l'examen défini (savoir abstrait) de possibilités, c.-à-d. l'organisation (restructuration) de contenus actuels. Ces contenus peuvent être de vagues contenus de représentation ou des concepts abstraits, des combinaisons de concepts ou des opérations de pensée spécifiques (par ex. de relations si-alors).
Les théories de la C. peuvent se rapporter au type de liaison entre des éléments de pensée (théorie de la médiation) à la transformation de modèles de pensée préalables en modèles ultérieurs plus élaborés (théorie de la restructuration), à l'amélioration de type évolutionniste de la réaction d'orientation innée (théorie de l'exploration), à la mise en œuvre d'aptitudes mentales partielles (théorie des facteurs), au déroulement de la pensée dans la saisie d'un problème jusqu'à la résolution en termes d'information (théorie des stades), et à la théorie cybernétique de la signification, qui interprète la pensée comme auto-organisation et auto-orientation immanente au biosystème. En raison de la multiplicité des processus partiels qui apparaissent, il n'a pas été possible d'établir des « types cognitifs ». On cherche en revanche à explorer expérimentalement des caractéristiques cognitives globales, tels les styles cognitifs (particularités individuelles dans l'élaboration de l'information), les formes de pensée (règles axiomatiques de fondation), les processus de jugement (par ex. la polarité réflexivité-impulsivité), et les étapes dans le déroulement de la pensée (repérage cognitif, sensibilité aux problèmes, schémas de résolution, etc.). Les thèmes de recherche connexes ou bien intégrés sont l'intelligence (voir définition), la créativité, la métacognition et l'intelligence artificielle.

Communication : système et contenus des relations interhumaines. Les théories de la communication déterminent les caractéristiques et les finalités des médiations.
(1) Les théories de l'information décrivent, sur le modèle des moyens de communications techniques, l'espace interhumain en termes de codage et décodage de modèles d'information.
(2) Les théories du profit distinguent entre les finalités possibles de la C.
(3) Les théories de l'équilibre mettent en valeur le besoin de C.
Toutes ces théories se basent sur les enchaînements caractéristiques de la C. réelle. Selon le triangle fondateur de la C., il existe dans toute C. un communicateur (émetteur, producteur, etc.), un communiquant (récepteur, consommateur, etc.) et un contenu du message (énoncé, comportement non verbal, etc.). Le processus de C. est déterminé par les participants (nombre, activité), les moyens (langage, symboles, etc.), les voies ou canaux (intrapsychique = monologue intérieur ou « soliloque » ; intersubjectif = audible et visible, lié à un média, etc.) et les effets (influence, défense, etc.).
Tout homme développe au cours de sa vie, en partie par imitation, par expérience ou par entraînement, son propre style de C. et ses variations situationnelles. Les styles peuvent être décrits selon 2 directions : (1) domination = représentation psychophysiologique de pouvoir – compliance = soumission passive et (2) affiliation = adhésion sociale – détension = prise de distance voulue.
Sur le plan du contenu des relations collectives naissent quatre systèmes de règles : hiérarchie des rangs (structure de commandement), des rôles (contributions de groupe distinctes), des contacts

(spécificité des communications tendantielles) et des normes (établissement des règles à respecter). En fonction du respect de ces systèmes de règles domineront des relations d'échange autonomes, secourables, contrôlantes, défensives ou paradoxalement mêlées.
Ces systèmes descriptifs doivent permettre d'acquérir un point de vue le plus souvent hautement complexe sur la C. verbale et non verbale. Pour la C. de masse, voir théorie des masses.

Comportement animal : la ps. animale comme sous-discipline aussi bien de la biologie que de la ps. est simultanément une théorie du comportement et une ps. comparée. En tant que ps. comparée, dépassant la ps. animale, elle est utilisée pour confronter le développement cérébral à la complexité du comportement, afin de pouvoir évaluer le niveau de fonctionnement cérébral de tous les êtres vivants (y compris l'homme). La théorie du comportement s'appuie sur l'observation et l'expérimentation apppliquées au comportement (par exemple expériences de dressage). En fonction du son niveau nerveux, le comportement animal peut être réparti en quatre groupes.
(1) Le comportement inné est héréditaire et se maintient sous une forme figée comme lien de l'excitation et de la réaction.
(2) Contrairement à cela, le comportement par empreinte est variable dans le cadre du mécanisme inné de déclenchement (MID), parce que seules certaines caractéristiques isolées, par ex. l'« identification à la mère » sont sollicitées pour le déclenchement, et que celles-ci peuvent se trouver aussi chez d'autres êtres vivants, et conduire à un comportement réflexif à la suite d'un processus d'empreinte (imprinting, Prägung).
(3) Le comportement appris est un comportement supplémentaire qui s'acquiert par réflexes conditionnés, à partir du comportement inné, mais peut aussi à nouveau se perdre lorsque font défaut des renforcements exercés par le comportement inné ou encore acquis.
(4) Le comportement intelligent, qui n'intervient que chez les êtres vivants supérieurs résout les tâches de l'existence par des restructurations cognitives produites avant l'action, au cours d'une phase de réflexion.
Ces quatre stades de comportement sont examinés dans les complexes comportementaux les plus importants (reproduction, orientation, comportement social). Ce qui importe alors surtout est le décryptage de la sémantique du comportement (réalisation expressive des réactions corporelles) concernant l'alimentation, le contact social, les soins et le combat.

Comportement de douleur : réactions psychiques en relation avec des événements traumatisants ou oppressants. Selon les modes de réactions, SCHULTZ-HENKE distingue entre les formes sonores et les formes silencieuses de la douleur : on peut aussi parler de manifestation ouverte (ver-

Glossaire 459

bale et aussi non verbale, par ex. dans la mimique grimaçante) et recouverte (le plus souvent non verbale). S'agissant de l'élaboration de la douleur, on trouve une échelle qui va de la défense active (par ex. la joie voulue, compensatoire), en passant par la souffrance sans résistance, l'échec lourd de conséquences, jusqu'à la recherche autodestructrice de douleur. Dans l'évolution de la douleur, on peut distinguer des réactions de douleur « normales » et « pathologiques » (ces dernières par ex. comme manifestations chroniques). La réaction individuelle n'est pas seule à être essentielle, mais aussi la réaction de douleur correspondante de l'entourage, avec un effet de renforcement (par ex. concernant le bénéfice secondaire de la maladie) ou d'atténuation (par ex. de nombreuses consolations). Le C. de douleur est examiné et traité selon 5 domaines essentiels, en fonction des contenus les plus marquants : réaction de souffrance psychophysiologique (doléologie), réaction de deuil psychique (maérologie), ps. préventive du suicide (suicidologie), apprentissage et traitement de réactions concernant la mort et le fait de mourir (thanatologie), éducation et protection des victimes de crimes en tant que cibles de douleur (victimologie). Chacune de ces disciplines examine les origines de l'état de douleur, la formation des préjudices, l'interaction de celui qui souffre avec son environnement (en partie aussi avec ceux qui ont provoqué la douleur), la propre confrontation de celui qui souffre avec sa douleur (au sein par ex. d'une conception du monde telle que le bouddhisme) et les possibilités d'aide thérapeutique.

Conception du monde : concept introduit par KANT, et qui devait à l'époque (1790) restituer la « récapitulation personnelle de l'infinité du monde sensible », et qui aujourd'hui englobe la « métacognition » (J. H. FLAVELL) propre à tous les ensembles personnels ou suprapersonnels de convictions. Aux origines de l'humanité, il existait des mythes, des sagas, des rites sacrificiels, etc., c.-à-d. des procédures d'échange cognitives et actives avec des puissances supérieures inconnues, dont on supposait qu'elles influençaient tous les événements. A partir de là et de philosophies mystiques, sont nées les diverses religions et leurs branches. Avec le recul du pouvoir des diverses confessions, des systèmes programmatiques et des idéologies philosophiques, politiques et populaires ont pris la place et ont rendu nécessaire, à l'époque des Lumières, un nouveau concept dominant, celui de C. du monde, qui depuis englobe cette totalité. Depuis le XXe siècle au plus tard, ces conceptions du monde ont été privatisées, c.-à-d. que l'individu forme sa propre C. du monde à partir d'une base le plus souvent transmise par les parents, à laquelle il agglutine souvent des conceptions partielles tirées d'autres groupes de référence (en partie opposées aussi) ou d'autres sources (entre autres les médias de masse). Depuis quelques décennies, on reconnaît l'importance de ces conceptions personnelles du monde

dans le développement individuel, et par-delà, le danger que représente leur stéréotypisation, en tant qu'instrument d'oppression au service de « mouvements » politiques et sociaux. Les fonctions psychologiques des conceptions du monde s'appuient sur trois domaines ordonnés de convictions relatives à l'action et à la décision.
(1) La tâche des conceptions du monde est de rendre compréhensible l'émergence et l'organisation invisible du monde (étiologie du monde), de créer des orientations personnelles (dogmatique de l'intervention), et de fixer des buts aux interventions requises (détermination des implications).
(2) En règle générale, les conceptions du monde sont des conglomérats de pensées fondamentales, que l'on peut distinguer en fonction de leur structure en conceptions sur les valeurs (normes indispensables), sur la vie (maximes de la vie « juste »), et sur la morale (détermination d'impératifs).
(3) Les conceptions du monde fournissent des lignes directrices cardinales pour les besoins latents à partir desquels sont déduits les motifs particuliers ; les plus importantes d'entre elles sont : la représentation de la « vraie » réalité ; l'idéal de la réalisation de soi ; le soutien culturel offert par la représentation d'un modèle collectif ; la certitude de répondre d'un avenir irréprochable ; le fait de conformer ses attitudes morales et les objectifs de sa conduite à un principe supérieur, le plus souvent conçu comme Dieu.

Conditionnement : description des processus d'apprentissage en termes de théorie du comportement. I. P. PAVLOV a découvert le mécanisme physiologique des réflexes conditionnés : un réflexe inné (par ex. la salivation lors du contact de la langue avec de la nourriture) est relié neuronalement (frayage temporaire) à un stimulus en un premier temps inefficace ou neutre, présenté de façon simultanée et régulière (par ex. une sonnerie), et qui pourra alors déclencher de son côté un écoulement de salive même sans appât. Mais cela ne réussit que si le stimulus « conditionné » (sonnerie) continue d'être occasionnellement proposé en même temps que le stimulus « inconditionné » (nourriture) ; sans cela, la relation disparaît (extinction). PAVLOV nomme renforcement (Bekräftigung) ces répétitions occasionnelles des deux excitations. Sous le même terme de renforcement *(reinforcement)*, B. F. SKINNER place au centre de sa théorie du C. « opérant » les genres possibles d'opérations de renforcement (fréquence, intervalles). A. BANDURA renvoie à l'importance de l'effet produit par le modèle (C. imitatif). La théorie du C. cognitif (W. KÖHLER, K. BÜHLER) met en avant la capacité d'intuition soudaine du problème *(Aha-Erlebniss)* dont le schéma de résolution est appris et ne sera plus guère oublié. Il existe aussi, à côté de ces groupes majeurs de théories du C., des théories formelles de l'apprentissage (apprentissage comme stratégie d'information) et des directives pratiques pour l'apprentissage (apprentissage par niveaux avec progression par étapes et méthodes d'entraînement).

Conflit : heurt entre au moins deux états en général ou tendances de la conduite engendrant l'expression d'oppositions diverses. La plupart des théories du C. ne se fondent pas sur les contenus antagonistes mais sur la structure des constellations conflictuelles.
(1) Dans les théories béhavioristes du C., on distingue entre C. d'approche et d'évitement, faisant ainsi apparaître diverses combinaisons qui déterminent l'intensité et la durée du conflit.
(2) Les théories phénoménologiques du C. se préoccupent essentiellement du vécu du C. : par ex. les vécus de scission, d'incertitude, d'oppression ou de frustration.
(3) Les théories cognitives du C. s'appuient sur les causes de valorisation dans l'émergence du C. : alternatives de choix concurrents, situations inhabituelles, dissonances entre les opinions et l'information, etc.
(4) Les théories psychosociales du C. se rapportent essentiellement à l'évolution du C. en termes de dynamique de groupe : concurrence, confrontation selon le rang, le rôle, le contact ou les normes, conflits raciaux et internationaux.
(5) Les théories motivationnelles du C. se concentrent sur les motifs de déclenchement et de continuation du C. : disposition à se défendre, besoin d'harmonie, agression, tendances à la falsification, etc.
(6) En ps. clinique, les théories du C. s'appuient, selon le modèle de la ps. des profondeurs, sur le versant inconscient de l'émergence du C. et de son extension : mécanismes de défense, opposition des lignes directrices de l'existence, etc.
Les théories du C. ne cherchent pas seulement à clarifier les causes du C., mais aussi à montrer théoriquement comment les supprimer : en cédant, en séparant les adversaires, en arrangeant la situation par le compromis, ou en mettant au jour la genèse souvent oubliée du C.

Conscience : état psychologique de veille s'accompagnant d'une série de qualités de présentification qui ne sont pas nécessairement associées dans tous les cas. Le concept a été employé pour la première fois par CHRISTIAN WOLFF en 1720. KANT entendait déjà par là le pur rapport à soi individuel (« Je pense »). Sa distinction entre C. active de l'entendement *(intellectus* : faculté mentale comme moyen de structuration de contenus de savoir) et C. active de la raison *(ratio* : forme englobante et la plus élevée de connaissance du monde) n'est pas parvenue à s'imposer en ps. Cette distinction présente des analogies avec la séparation pratiquée par la langue anglaise entre *consciousness* (le fait d'avoir conscience) et *awareness* (création consciente de clarté) telle qu'elle est devenue usuelle en particulier dans la ps. clinique. Dans d'autres disciplines psychologiques, le concept de C. est utilisé en des sens dérivés précis. Dans la ps. influencée par le béhaviorisme, il est évité. Dans la ps. phénoménologique, il sert à désigner l'horizon vécu spécifique au sein duquel sont objectivés le soi ou encore des contenus précis. Dans la ps. cognitive plus récente, il est employé pour circonscrire la présence cognitive. En ps. sociale, le concept est mis en œuvre pour évaluer le positionnement propre au sein de la structure sociale. Par là est mise en lumière une seconde signification du concept. La C. est alors la manifestation de l'attitude face à soi et aux autres, et aussi face aux événements du monde. Pour la ps. influencée par la cybernétique, la C. représente l'intrication de systèmes partiels (entre autres la conscience corporelle, la perception de l'espace et du temps, le souvenir, etc.) interprétés en termes neurophysiologiques, qui conduisent partiellement ou ensemble à une intensification de l'élaboration de l'information entraînant à chaque fois des degrés de C. (degrés d'attention) graduellement distincts. Depuis peu, le concept est mis en rapport avec la « conscience du quotidien » *(common sense)*. On entend par là la pensée moyenne et populaire concernant les choses de la vie et leur détermination courante. Le concept opposé d'« inconscient » (voir définition) ne recouvre pas exactement la signification contraire à la C. mais sert en un sens plus large à décrire tous les mouvements psychiques qui ne sont pas actuellement pleinement présentifiés. Il existe conformément à cela différents types de perturbation de la C. (à court terme : *black-out* ; aveuglée par des affects plus puissants : *red out* ; extinction partielle : absence ; formes artificielles, entre autres dans l'hypnose : somnolence, hypotaxie, somnambulisme ; inconscience profonde : coma).

Conseil psychologique *(counseling)* : type de communication orientée vers un but par laquelle un conseiller (le plus souvent) communique le contenu d'un conseil à une personne ou à un groupe de personnes. De cette constellation du conseil résultent trois questionnements majeurs.
(1) Le processus de conseil est toujours un échange de contenus. Entre le conseiller et le client, il existe une différence de savoir plus ou moins grande. Au sein de la communication, conçue comme rééquilibrage de cette différence, sont surtout contenues des attentes ciblées devant permettre la prise en charge des prescriptions d'action ou de comportement. Les contenus du C. psychologique peuvent être prélevés dans la ps. appliquée (conseils sur l'entreprise, l'organisation, la planification, la profession, etc.), ou dans la ps. clinique (psychagogie, conseils sur l'éducation, l'école, les drogues, etc.).
(2) Celui qui prend conseil (client) est déjà en possession d'un savoir ou de certaines attitudes qui peuvent servir de fondement ou de résistance pour/à une transformation souhaitée.
(3) Le conseiller a lui-même des représentations de but qui sont impératives à ses yeux et qui contribuent à influencer le processus de C. La tâche de toute activité de C. est de parvenir à un équilibre de tous les intérêts en jeu dans le cadre d'un compromis acceptable par les deux parties. C'est de cet accord que dépendent le type d'intervention à choisir et les degrés précis de décision au cours du déroulement du C. (ouverture de négociations, accord sur les visées, progression du C., mise en œuvre d'actions, comportement de contrôle).

Contrôle : en général : vérification et surveillance ; en termes psychologiques : possibilité de maîtrise au moyen de règles.
(1) Dans le sens des motifs du C., le C. est un correctif des fondements personnels (contrôle de soi) ou étrangers (C. d'autrui) de l'action et de l'opinion (attribution, préjugé, attitude, conviction, etc.)
(2) Du point de vue méthodologique, c'est la suspension des conditions d'une expérience pour un groupe de sujets (groupe contrôle ou témoin) en vue d'une comparaison avec le groupe expérimental.
(3) Répartition systématique des facteurs connus ou inconnus, étant entendu que les conditions d'expérimentation et les conditions relatives à l'expérience aussi bien qu'aux sujets sont réparties équitablement entre le groupe expérimental et le groupe contrôle (équilibrage).
(4) Répartition systématique aléatoire des sujets d'expérience, après les tests préalables d'attribution des première et dernière places, selon deux ou plusieurs groupes, afin d'obtenir des groupes d'expérience pratiquement équivalents (parallélisation).
(5) Lors de l'étalonnage des tests, le C. représente les épreuves de fidélité et de validation, au moyen de divers procédés (méthode test-retest, test d'équivalence, méthode *split-half*, critères externes, etc.).
(6) En ps. sociale, le concept décrit les limitations imposées par des codes de comportement conscients (régulation explicite) ou inconscients, sous la pression des rôles, des contacts et des normes.
(7) En ps. de l'information, les C. représentent des boucles de rétraction (feedbacks) dans le processus homéostatique d'un système.
Toutes ces utilisations conceptuelles et d'autres semblables du concept de C. en ps. sont des formes dérivées de censures réfléchies, devant permettre de disposer plus ou moins librement de diverses situations.

Culture : ensemble des manifestations de la création et de l'action humaines. Il arrive que l'on en sépare la fonction, davantage technique et fonctionnelle, de l'agencement des conditions de vie qu'est la « civilisation » , et que la « culture » ne désigne alors plus que cette part qui contribue à un enrichissement spirituel et à un affinement du mode de vie (raffinement esthétique et idéologique). Derrière une telle conception, il y a souvent la supposition que l'homme sort d'un état de nature originel très « fruste » pour aspirer à une

réalisation culturelle de soi qui devient de plus en plus complexe (motivation d'abondance). La ps. de la culture examine les motivations spécifiques ou leur absence. Les champs thématiques essentiels sont alors la ps. de l'art, de la science, et des idéologies, tout comme les domaines de la ps. sociale qui s'intéressent aux mœurs, aux coutumes, à l'éducation, à l'affinement de la nature, au goût, aux formes sociales, etc.
Les relations culturelles chez l'homme sont aussi bien réceptives (vécu et capacité de jouir de manifestations qualifiées de plus nobles) que productives (création propre et préservation de produits culturels). L'appréciation des fonctions de la C. varie selon le lieu, le temps et les groupes de personnes. La ps. elle-même sous-estime l'action de la C. sur l'équilibre psychique humain. C'est seulement depuis que diverses orientations de thérapies culturelles (thérapies par l'art, musicothérapies, etc.) ont été multipliées que leur évaluation a pris une nouvelle voie.

Décision : conclusion cognitive d'une situation alternative de choix. Comme processus psychologique, plusieurs caractéristiques en forment le premier plan : (1) la situation contraignante ressentie, (2) la connaissance des possibilités de choix, (3) les critères de sélection et (4) le déroulement du processus de D.
(1) Il faut à la D. une énergie psychique spécifique (force de résolution). Celle-ci de son côté est codéterminée par des stratégies de l'action (caractère résolu opposé à l'incapacité décisionnelle). Le caractère résolu ressent la situation de contrainte ou de conflit comme un défi, l'indécis s'emploie à « purger sa peine ».
(2) Dans les situations de D., les alternatives doivent être évaluées, et ce tout autant en fonction du nombre que de la probabilité des mesures entre lesquelles il faut choisir. En ce sens, les D. doivent souvent être prises dans des situations où l'information est déficitaire.
(3) Les critères de tri se distinguent par leur caractère final ou rétrograde. Ont un caractère final, c.-à-d. orienté vers une finalité, les critères de choix suivants : le principe de conséquence (attente de l'utilité la plus grande ; théorie des jeux d'après VON NEUMANN et MORGENSTERN), le principe minimax (la plus petite perte possible d'après MILNER et THRALL), le principe de satisfaction (la première solution satisfaisante venue d'après SIMON). Ont un caractère rétrograde, c.-à-d. déduit de motifs décisionnels préalables, les critères de choix suivants : le principe de conformité (adaptation à des décisions usuelles d'après ROKEACH), le principe d'anticonformisme (décision opposée à l'habitude d'après KRECH et d'autres), le principe d'analogie (décision conforme à des données expérimentales comme « bonnes » d'après BATESON), le principe d'assomption du risque (mise en avant de décisions risquées, en particulier dans certains groupes d'après KOGAN et d'autres), le principe d'animisme (décision en relation avec des puissances inconnues d'après HELLPACH).
Les théories de la D. cherchent moins à prévoir les motivations psychiques de la D. que la probabilité mathématique d'apparition des alternatives. La recherche sur les erreurs de D. entreprend la tentative de clarifier aussi bien les raisons « normales » que « pathologiques » des décisions erronées, particulièrement dans leur causalité psychologique.

Dépendance : abus de substance entraînant la dépendance, et qui est contraire à l'« utilisation » normale. On peut « abuser » de beaucoup de choses : nourriture et stimulants, jeux, travail, possessions, relations sexuelles, automobile comme drogue, etc. Les caractéristiques essentielles de la D. toxique sont le repli sur le champ de dépendance (coartance), la disposition à en refouler les dangers, les rituels figés de dépendance avec détente relativement faible, le caractère excessif de la situation de dépendance, la progression entre autres dans l'augmentation des doses et le sentiment de vide sans la drogue, la relation quasi personnelle avec la drogue, la perte de contrôle et l'incapacité de résister. Les deux types majeurs de D., l'alcoolisme et l'abus de drogue, ont fait qu'existent désormais un plus grand nombre de théories de la D., qui tentent d'en expliquer le début et la continuation : elles se formulent en termes de biologie organique (D. corporelle à l'égard de la quantité de poison), d'anthropologie culturelle (morale de dépendance de la société concernée), de ps. différentielle (D. comme trouble du développement de la personnalité), de ps. de l'action (compensation d'expériences de perte et interaction avec la drogue). La construction de la personnalité dépendante a lieu par phases, et certaines phases isolées peuvent apparaître différemment. JELLINEK (1960) distingue : état α (D. psychique, complications familiales et sociales), état β (complications somatiques), état γ (accroissement de la tolérance, troubles métaboliques, perte de contrôle, symptômes d'abstinence), état δ (incapacité de renoncer à la surdose quotidienne), état ε (dipsomanie, excès périodiques).

Dépressivité : qualification d'ensemble pour de nombreux états de trouble de l'humeur ou d'oppression parmi lesquels il faut compter aussi la dépression au sens restreint. Une délimitation de ces états s'est révélée difficile. On peut faire débuter la D. par la mélancolie hyperréactive et par l'inactivité lorsqu'elles apparaissent suite à des pertes, et lorsque, autant par la virulence que par la durée, elles dévient de la norme. A l'autre extrémité d'une taxinomie de la D., se trouve la mélancolie évaluée comme psychose et qui, dans l'Antiquité déjà, était considérée par HIPPOCRATE comme endogène (*melas*, noir ; *chole*, bile), c.-à-d. comme répercussion psychique de troubles physiques. Elle se manifeste souvent sous forme cyclique (manie, stupeur). S'agissant du domaine moyen, on parle

souvent de dépression névrotique. Elle représente la forme la plus courante des D. traitées.
Dans les dépressions névrotiques apparaissent 5 groupes de caractéristiques : troubles de l'humeur (tristesse, abattement), déficits comportementaux (intérêt minimal, retrait social), souffrance excessive (plaintes fréquentes, hypocondrie, auto-agressions), états physiologiques (troubles du sommeil, stupeurs matinales, fatigue constante, angoisses de santé, migraines), et des manifestations cognitives (sous-estimation de soi, attentes négatives, auto-accusations, attentes de catastrophes).
Dans l'ensemble, le sujet dépressif éprouve un état d'humeur difficile à supporter s'accompagnant de vécus de paralysie émotionnelle, d'abattement, d'oppression corporelle localisée dans l'intestin et la poitrine ; sa pensée se focalise autour de son état piteux, l'échec culpabilisant et l'absence d'issue. Dans les phases maniaques, le patient est dominé par des sentiments de puissance exagérés qui peuvent aller jusqu'à la mégalomanie : il y échafaudage de plans irréalistes dans l'inconstance et le flux des idées, qui ne tardent pas à s'inverser en désinvestissement et pétrification de l'humeur.
Pour établir le diagnostic différentiel de la *major depression* (concept général de la dépression), il faut que soient réunis au moins la moitié des 8 critères suivants : troubles de l'appétit déficitaire ou excessif, de même que perturbation du sommeil, dysfonction de l'excitabilité et de l'inhibition, désintérêt chronique, épuisement, sentiment d'inutilité, amoindrissement de la concentration, pensées récurrentes de mort et de suicide.
Comme causes de la D. on relève entre autres : états de déficit des transmetteurs neuronaux (modèles somatiques), auto-agressions comme conséquence de pertes d'objets ou de blessures narcissiques (modèle psychanalytique), disparition de renforcements positifs, détresse acquise (modèle behavioriste), attitude négative envers soi-même, les autres et l'avenir (modèles cognitifs), niveau d'aspiration surévalué et hyperréaction lors de vécus critiques (modèles en termes de ps. de la personnalité), de même que des modèles homéostatiques comme intégration des modèles étiologiques précédents.

Déprivation : en ps. clinique, ce concept sert à désigner l'une des causes majeures de troubles psychiques. On présuppose par là l'existence d'un mécanisme voulant que des soins ou des stimulations insuffisants de l'environnement conduisent à un développement psychique défectueux et qui ne peut plus être rattrapé ou rééquilibré par la suite. A cela s'opposent des expériences d'autostimulation qui empêchent qu'un état de manque psychique en vienne à s'installer. C'est la raison pour laquelle le concept théorique de D. demeure encore insuffisamment clarifié. Toutes les formes de privation sociale ne conduisent pas à des troubles psychiques. Mais une série de situations de D. passent pour particulièrement menaçantes : absence de mère, isolation, hospitalisme, perte du compagnon, chômage, aliénation personnelle, frustration de besoins centraux, perte de l'arrière-plan culturel, dégradations du statut social, atteintes contre le milieu et la socialisation, isolation due à l'âge.

Désir de signification : besoin humain fondamental d'explication et de classification des faits à l'intérieur d'un système explicatif ordonné. Déjà au niveau le plus bas, certains événements stochastiques (par ex. deux points qui se meuvent au hasard sur un écran) sont vécus comme explicables causalement (les points se fuient réciproquement, se meuvent en cercle, se guettent, etc.). Ce besoin d'explication plus ou moins fort se heurte à l'« évidence interprétative insuffisante » (défaut d'explicabilité) générale de la plupart des événements ou situations. C'est pourquoi l'homme se conforme le plus souvent inconsciente à des systèmes explicatifs expérimentés au contact du quotidien *(common sense)* ou issus de l'imitation de personnes proches. Fondamental est le système de détermination *(locus of control* : type de contrôle interne ou externe) qui réfère le déterminisme d'ensemble à des puissances inconnues, surnaturelles (détermination externe), à la seule causalité subjective (autodétermination), ou bien à l'imbrication de déterminants internes ou externes (codétermination). Au cours de ce travail interprétatif, l'individu est soutenu par de nombreux supports d'opinion qui cherchent à lui imposer leur propre système de détermination. Cela engendre le plus souvent des hypothèses éclectiques mêlées, qui se modifient en fonction de la situation, du commerce avec autrui et de l'enchaînement des événements. Le D. de signification est satisfait lorsque l'événement est vécu comme positivement explicable, utile, valable, digne de recherche, s'imposant en généralité ou plaisant. Lorsque plusieurs événements ne suffisent pas à satisfaire l'attente de signification propre à l'individu, alors apparaissent des crises du sens (sentiments de menace, dissipation du sens, absence de perspective, crises de confiance, désorientation, crises d'identité) qui contribuent souvent à engendrer des troubles psychiques.

Développement : dénomination générale du processus biologique de progression et de régression pour l'ensemble des êtres vivants (phylogenèse), et de l'être individuel (ontogenèse). L'explication de l'évolution psychologique acquiert une signification centrale en ps. à l'âge prénatal, celui de l'enfance et celui de l'adolescence. Sont représentés essentiellement quatre groupes de théories.
(1) Les théories de la croissance expliquent le D. de manière « internaliste », c.-à-d. à partir d'incitations internes : comme croissance et décroissance en forme de courbe ; comme progression par stades ; comme orientation en forme de spi-

rale vers un but ; comme déploiement d'états d'abord inorganisés.
(2) Les théories du modelage social mettent au centre de la considération l'idée d'une adaptation plastique à l'environnement. C'est pourquoi elles ont une orientation « externaliste ».
(3) Les théories des crises considèrent que le D. est déterminé par des événements dramatiques. L'intrusion de la fonction sexuelle à la puberté, par ex., introduit une poussée du D. Plus tard c'est l'autonomie sociale qui occasionne un nouveau début du D.
(4) Les théories gestaltistes partent de l'autodétermination active. Les intérêts sont ainsi des exemples de déterminations librement choisies du D. C'est pourquoi elles expliquent aussi de manière récurrente le D. à partir de décisions vitales particulières. D'une manière générale, on distingue entre le D. somatique, social et mental. Ces trois courants n'ont pas nécessairement un développement parallèle ; en cas de troubles psychiques, ils peuvent diverger des années durant. Selon l'aspect chronologique, on distingue les périodes prénatale, de la petite enfance puis de l'enfance, de la jeunesse (adolescence), de l'âge adulte et de l'âge avancé. Les troubles du D. résultent ou bien de maturations trop tardives ou inhibées (déficience mentale, par ex.), ou bien d'atteintes typiques de l'âge (énurésie, anorexie, conflits de la séparation).

Don *(Begabung)* : notion d'un système de capacités individuelles. Dans la recherche plus ancienne, on partait de la supposition qu'il existe une somme fixe de capacités individuelles (« forces fondamentales », « facultés ») dont l'empreinte détermine le potentiel de réalisation (« talent »). Mais le concept de D. a été soumis à une modification de plus en plus grande par la recherche parallèle sur l'intelligence et la créativité, qui intègre à l'analyse les conditions non personnelles. Depuis lors, le concept est décrit selon une extension plus étroite dans les perspectives précises et des orientations théoriques diverses.
(1) Selon le point de vue nativiste, on continue à considérer le D. comme une « disposition » plus ou moins constante (c.-à-d. comme possibilité d'utiliser des tendances préétablies).
(2) En termes phénoménologiques et descriptifs, le D. individuel est rapporté, au moyen de critères de comparaison (entre autres, tests psychologiques), à la répartition des aptitudes dans l'ensemble de la population, ou dans des groupes correspondants (par ex. des classes d'âge), et dans la mesure du possible, il est alors décrit sans évaluation de valeur.
(3) Dans le béhaviorisme, le concept de D. est évité, ou alors utilisé purement et simplement dans le sens d'une disponibilité à la réaction, concernant certaines acquisitions.
(4) Du point de vue de la dynamique sociale, le D. est compris comme une incitation à la réalisation se rapportant à la collectivité, et codéterminé par la socialisation et la situation sociale actuelle. D'un tel point de vue, le D. ne dépend pas seulement de présuppositions individuelles, mais aussi des attentes de l'entourage proche (par ex. la famille) ou moins proche (par ex. le cercle culturel), et des styles d'éducation, des axes de valeurs ou des stimulations disponibles dans cet entourage. En ce sens, le concept se rapporte plus fortement à l'étroite intrication des conditions internes ou externes avec un système général de qualifications, toujours prédéterminé et médiatisé à l'avance, et auquel l'individu peut alors s'adapter à un certain degré, ou ne pas s'adapter.

Dynamique de groupe : l'une des sous-disciplines de la ps. sociale des groupes, fondée par K. LEWIN (1936), qui s'intéresse aux « forces » dynamiques dans les groupes, les caractérise et les influence. Dans l'analyse des groupes, 3 champs de caractéristiques sont au centre des considérations : les constellations (grandeur des groupes, territoires, perméabilité, etc.), développement des groupes (groupes créés, déjà formés, durée de participation, directions de changement, etc.), motivations de groupe (esprit de groupe, types de relations, visées communes, etc.).
Pour décrire des processus de groupes, on privilégie 4 domaines d'ordre : l'ordre hiérarchique (ordre des rangs supérieurs et inférieurs), l'ordre des rôles (système des fonctions de groupe, par ex. aide réciproque), l'ordre de contact (spécificité des relations souhaitées ou attendues entre les membres des groupes et aussi de leurs relations externes), l'ordre des normes (la plupart du temps règles non écrites et non réflexives du comportement).
La D. de groupe n'est pas utilisée seulement pour l'analyse des groupes (entre autres de l'esprit de groupe, *group think*), mais elle sert également pour l'amélioration de la formation communautaire et des réalisations de groupe.

Émotion : concept englobant pour tous les processus liés aux affects. L'énorme diversité des formes de sentiment rend difficile de fournir une formulation unitaire des émotions comme construction psychologique. Il existe jusqu'à ce jour des définitions purement nominalistes qui autorisent une classification taxinomique (et surtout d'aucune façon taxométrique). Il n'en reste pas moins que tout un chacun connaît les états du vécu désignés par là. Afin de les saisir de manière plus précise, on utilise le plus souvent 4 catégories descriptives :
(1) Les théories de l'É. les plus récentes – entre autres les théories du contexte et de la différenciation (SCHACHTER, SINGER, LAZARUS, IZARD) – se préoccupent essentiellement de prendre en compte les composantes nécessaires, ou plus ou moins contingentes, du processus de sentiment. Sont considérés alors comme inéluctables 4 types de participation.
(a) Dans tous les cas, les É. ont un fondement stimulatif *(arousal)* qui se traduit par une excitation ou une inquiétude (le « feu des sentiments »).

(b) Elles possèdent des valences (K. Lewin), c.-à-d. des vécus de valeur déterminée : humeur agréable ou contrariété déplaisante.
(c) Aux É. sont le plus souvent liées des représentations qui peuvent aller de l'impression schématique globale jusqu'à des impressions affectives durables.
(d) Ce sont des états d'activation psychique qui, tout comme d'autres processus psychiques, comportent trois stades de développement : la phase de déclenchement (causes internes ou externes), la phase en plateau (persistance de courte ou de longue durée), la résolution (reflux du bouillonnement affectif).
(2) De la sorte sont évoqués aussi les divers degrés d'intensité. De façon générale, les émotions faibles sont qualifiées d'incitations ou d'humeurs, les plus fortes d'affects. Certes, il existe là des traditions langagières diverses selon les pays et les nations.
(3) Les sentiments se déploient (irradiation émotionnelle) et refluent (fatigue sentimentale). Leur actualisation dépend à chaque fois de leur origine, mais on peut s'y investir (crispation du sentiment) comme en réprimer les effets (controthymie).
(4) Les É. sont les phénomènes psychiques les plus subjectifs qui soient. C'est pourquoi il existe dans toutes les langues une multitude de dénominations des sentiments qui résistent à une systématisation. Dans notre présentation (cf. XII), nous avons choisi la répartition en 5 grands groupes selon la relation avec des domaines limitrophes : É. somatique, situationnelle, sociale, cognitive et méditative. Les troubles pathologiques des sentiments se concentrent sur quatre domaines : parathymies (excès éréthique, hypocondrie, hypothymie, hyperthymie entre autres comme flux d'affects), névroses affectives (participation affective dans la phobie, la névrose obsessionnelle, l'hystérie et la paranoïa), troubles sociopathiques (conflits de domination, fuite devant le conflit, etc.) et dépressivité (voir définition).

Ergonomie : champ interdisciplinaire spécialisé de la science du travail grâce auquel les systèmes hommes-machines doivent contribuer, au moyen d'une optimisation de l'adaptation réciproque, aussi bien à une productivité accrue qu'à une plus grande satisfaction dans le travail. Le concept d'E. est composé des termes grecs *ergon* (travail) et *nomos* (loi). Le concept a été évoqué et décrit pour la première fois dans la revue polonaise *Nature et industrie* en 1857 :
 « Afin de tirer de cette vie le maximum de fruits avec le minimum d'efforts et de satisfaire au mieux le bien général, de même qu'individuel, tout en procédant avec équité vis-à-vis d'autrui et de sa propre conscience. »
Cette haute ambition morale a été suivie par des aspirations rationalistes à l'amélioration des relations réciproques entre les hommes qui travaillent et la technique machinique. Tous deux sont considérés comme des « systèmes », c.-à-d. comme efficience globale. Du côté du travailleur, on évaluera les caractéristiques de l'activité, la charge corporelle et psychique, la disponibilité à la responsabilité, le groupe de travail, le degré de danger, le besoin de détente, le salaire, etc. ; du côté de la fonction machinique, ce seront entre autres le processus de la production, la construction des machines, la structure des matériaux, l'agencement du lieu de travail, la documentation de travail, les prescriptions de temps, le déroulement logistique (par ex. à la chaîne), les charges bioclimatiques. Toutes ces caractéristiques, et d'autres encore, sont intimement tissées et ne peuvent être que globalement améliorées en direction d'une structuration « ergonomique ».

Expérience : en tant que méthode, l'E. est ce qui se rapproche le plus de l'idéal de recherche dans les sciences de la nature, et particulièrement dans les sciences physiques. Dans sa forme classique, il s'agit d'un processus déductif. Par la modification de données préalables (variables indépendantes) on peut déduire d'après leurs effets (variables dépendantes) l'influence exercée par ces données et donc aussi la connexion causale. La déduction n'est justifiée que dans le cas de relations stables et univoques entre les données préalables et les effets produits, elle est en revanche injustifiée si ces relations sont ambiguës (plurivoques ; par ex. en logique : la neige est blanche ne permet pas de déduire que le blanc est neige). Étant donné que de nombreuses relations, en ps., possèdent un caractère ambigu, la prudence critique est requise dans l'interprétation de résultats expérimentaux. Cela s'applique essentiellement aux E. de vérification « classiques » (experimentum crucis), beaucoup moins aux autres formes (expériences de démonstration, de reconnaissance, quasi-expériences et expériences de terrain) dont l'interprétation n'est pas en première ligne de type causal. Du point de vue méthodologique, 5 réflexions de type critique importent surtout :
(1) La planification (intégration à un plan de recherche (plan d'expérience) éprouvé),
(2) La variation (modifications répétées et fiabilité statistique),
(3) Réplication (description exacte afin que l'E. puisse être répétée par d'autres),
(4) Déroulement contrôlé (réalisation rigoureuse, entre autres concernant la motivation des sujets),
(5) Exploitation (post-élaboration adaptée : entre autres aucune prise en compte statistique de données brutes et incertaines).

Expression : changement de comportement susceptible d'être interprété et qui est fonction d'une impressionnabilité émotionnelle, cognitive ou sociale ; il est utilisé à des fins de diagnostic, en tant que restitution d'élaborations intérieures diverses. Étant donné que l'environnement, dans son contenu expressif, n'est pas perçu de manière uniforme mais à chaque fois diversement selon les domaines d'intérêt, il existe des centres de gravité impression/expression aussi bien inter- qu'intra-

individuels. En règle générale, on distingue l'E. de la nature et du paysage (par ex. un paisible paysage marin), l'E. urbaine, ou encore technique (par ex. en architecture), et l'E. corporelle personnelle. Cette dernière a joué un grand rôle, qui n'est plus le même de nos jours, dans la ps. depuis les débuts des théories de l'E. des XVIIIe et XIXe siècles (LICHTENBERG, LAVATER, PIDERIT, DARWIN). La raison essentielle en est le développement de théories de l'E. non scientifiques qui prétendaient établir des relations stables entre caractéristique expressive et signification expressive. Face à cela, la ps. scientifique de l'E. ne reconnaît que des relations ambiguës (polysémiques) dont le contenu expressif peut varier (imprécision interprétative) en raison de causalités stratifiées (par ex. dans une représentation volontaire). C'est pourquoi les théories de l'E. les plus prisées sont «dyadiques», c.-à-d. qu'elles interprètent l'E. aussi bien comme «décharge» (réaction corporelle accompagnant un phénomène psychique) que comme «correspondance» (relation d'échange psychosociale à fonction représentative).
Cette réserve faite, en plus de différents types d'E. (mimique, attitude corporelle, gestuelle, etc.), des fonctions expressives diverses contribuent à la perception des personnes : E. réactive (déclenchée par la situation, par ex. par le rire d'un autre), E. symbolique (coiffure, make-up, etc.), E. habituelle (par ex. plis de colère marqués), E. végétative (par ex. le rougissement), E. verbale/non verbale (moyens du langage et des compléments moteurs du langage), E. intentionnelle (acteurs, effets), E. conventionnelle (comportement social).

Gestalt : concept introduit par CHR. VON EHRENFELS (1890) et censé décrire le caractère spécifique (suradditif) d'unités de relations qui représentent davantage que leur somme. Quatre caractéristiques essentielles des formes perceptives sont mises en avant : prégnance de la figure (préséance sur les autres facteurs de G.), suradditivité (forme principale plus significative que la somme des éléments composants), transposabilité (caractère transférable de la forme qui sert de modèle) et cadre de référence (un stimulus d'ancrage communique la conception de l'ensemble de la G.).
Les recherches de la Gestaltpsychologie portaient essentiellement sur les facteurs qui sont déterminants pour l'émergence de relations d'ordre dans les domaines de la perception, de la mémoire, de la pensée, de l'apprentissage et de l'action. Les facteurs les plus importants sont : la bonne forme (par ex. formation de groupes), l'unité, la similitude, la proximité, la bonne courbe, la symétrie, l'inversion, la solidité, le mouvement continu. H. HELSON (1933) a dégagé plus de 100 autres facteurs de G. La théorie de la G. s'est répercutée de manière bénéfique sur de nombreuses autres disciplines (physiologie, biologie, pédagogie, etc.).

Humanité : ce concept fait partie des concepts moraux les plus élevés et il intéresse aussi la ps. Dans son cadre, il prend une triple acception :
(1) comme description caractéristique de toutes les qualités qui distinguent l'homme d'autres êtres vivants ;
(2) comme détermination des droits de l'homme, dont il pose l'exigence, implicite, envers lui-même et envers la communauté ;
(3) comme postulation de but dans la recherche de son moi et l'acquisition de son soi.
Toutes ces catégories sont liées à des valeurs et ont un contenu qui relève d'une conception du monde ; elles ne sont pas, par conséquent, définissables universellement.
(1) En règle générale, concernant le premier groupe de caractéristiques, on attire l'attention sur les présupposés du devenir humain (hominisation) : entre autres sur ses fonctions spirituelles, la formation de grandes communautés ou les réalisations techniques.
(2) Ce groupe est très fortement dépendant de l'idéologie dans la mesure où sa finalité et le sens propres à l'être humain sont déduits d'idées directrices antiques, chrétiennes, pragmatiques, capitalistes, marxistes, écologiques, démocratiques.
(3) C'est en fait la troisième détermination conceptuelle qui atteint véritablement la signification psychologique de ce concept. C'est de cette sorte que l'homme devrait trouver la voie « vers soi », c.-à-d. correspondre à une image aussi bien générale qu'individuelle de l'homme. Depuis A. MASLOW, ce but est visé comme réalisation de soi. A cet égard, il s'agit moins d'un amour propre imbu que de la tentative d'atteindre à une maturité personnelle au moyen de la recherche et de l'acquisition de soi : parvenir grâce à l'autoéducation jusqu'aux ultimes limites individuelles des capacités propres, mais aussi trouver une attitude spirituelle et sa traduction pratique qui permette également à tous les autres hommes d'atteindre à la justice, la liberté et la dignité.

Humilité : concept global (anglais : *humility*) pour les deux formes principales du manque d'assurance personnelle : crise dans la formation du soi et déprivation sociale. Étant donné que les deux types de troubles agissent l'un sur l'autre, on ne peut les séparer en types de troubles isolés. Les quatre groupes de troubles suivants s'appliquent à tous deux :
(1) La problématique de l'identité est traitée différemment selon de nombreuses écoles psychologiques (par ex. comme tendance à l'autoactualisation, identité du moi, édification d'une structure de personnalité, d'une structuration cognitive, d'une relation cognitive sujet-objet, d'un concept de soi). Si l'homme manque ce but (devient étranger à soi), il ne peut pas, comme le dit NOVALIS, « vivre un mariage heureux avec soi-même ».
(2) Les troubles de la consistance du soi (c.-à-d. de la pérennité de l'image de soi) naissent lorsque l'homme subit des conditions (par ex. en prison,

en tant qu'otage, dans un environnement étranger) dans lesquelles il ne peut plus vivre conformément à sa personnalité.
(3) Les troubles du concept social, c.-à-d. des difficultés dans l'attente propre par rapport à sa situation dans l'environnement (autostéréotypes sociaux), apparaissent lorsque de toutes parts l'individu est classé dans des catégories allant à l'encontre de ses attentes (problématique de la valeur propre), ou bien lorsqu'il se diminue constamment lui-même (sentiments d'infériorité) ou se condamne lui-même (égopathie).
(4) La planification individuelle représente le versant orienté vers un but du concept de soi et du concept social. C'est par elle que l'on tente de mener à bien la planification personnelle de la vie. Elle peut connaître des obstacles provenant du sujet ou de type relationnel : par ex. dans la problématique de détachement à l'égard des parents, les difficultés de formation, les rivalités professionnelles, ou le manque d'assurance personnelle, l'absence d'espoir, la peur de l'avenir.

Hypnose : état analogue au sommeil provoqué artificiellement, mais pendant lequel est maintenue une relation de communication (rapport) avec l'hypnotiseur. On distingue trois stades, en fonction de la profondeur de l'hypnose : la somnolence (léger état de transe, appelé aussi léthargie ou pseudo-hypnose), l'hypotaxie (insensibilité partielle ou totale aux excitations extérieures au rapport ; appelée aussi parataxie) et le somnambulisme (état total de transe sans souvenir ultérieur). De nombreuses théories tentent d'expliquer ce phénomène déjà connu dans l'Antiquité (entre autres des théories du sommeil, de l'auto-suggestion, des rétroactions cognitives).
L'H. peut être induite selon différents modes : l'H. spontanée (par fascination), l'H. sensorielle (par fixation), par suggestions verbales (par apaisement induisant le sommeil). En ps. clinique, l'H. sert à la détente (H. cathartique), à la suppression de comportements indésirables, par ex. l'alcoolisme (H. d'aversion ou de démission), à l'édification de comportements souhaités, par ex. de confiance en soi (H. de condition ou d'ablation), et à la préparation de comportements futurs (H. prophylactique). Sont considérées comme formes rares, entre autres : l'H. active (avec participation de l'hypnotisé), l'autohypnose (H. provoquée par soi-même), l'H. de groupe (plusieurs clients hypnotisés).

Hypothèse : dans l'édification stratégique de projets de recherche (fixation des buts, choix des méthodes, planification et réalisation de la recherche, élaboration de données, interprétation), la tâche de la formation d'H. est de prédire les réponses empiriques attendues qui seront ensuite (expérimentalement) confirmées (vérification) ou réfutées (falsification). Sur le plan formel, on distingue entre l'H. provisoire (démarche d'essai pour construire une théorie), l'H. de décision (résolution d'une alternative), l'H. nulle (formulation de rejet pour une relation inexistante), et l'H. d'alternative ou de travail (formulation de la relation attendue).
Du point de vue thématique, les H. sont réparties en quatre groupes : les H. de recherche (étape en vue de la formulation explicite d'une théorie), les H. de relation (explication de relations causales), les H. de transformation (vérification de suppositions), les H. de cas isolés (vérification de cas isolés concrets).

Identité : caractéristique majeure du développement de la personnalité et par laquelle un individu devient une personne singulière (découverte de soi), y compris sur le plan psychique. Ce processus qui s'étend sur la vie entière est considéré comme se formant plutôt par étapes (LOEVINGER) que selon une continuité fluide. Le but est l'unité du soi conformément à tous les critères du moi attendus. Une telle fixation consciente ou inconsciente de visées présuppose des représentations spécifiques de buts qui peuvent varier considérablement d'un homme à l'autre :
(a) la conception de ce « qui nous est dû » (niveau d'aspiration du soi),
(b) la connaissance des dispositions qu'il y faut (jugement sur soi, *self-monitoring*),
(c) la contribution personnelle active que l'on voudrait apporter (auto-initiative) et,
(d) la compréhension de ce que l'on a atteint ou pas (auto-interprétation).
Le processus lui-même est appelé identification et, comme tel, est réparti en différents domaines de caractéristiques. L'identification peut tout aussi bien se faire sur un mode hétéropathique (SCHELER) que centripète (WALLON) : dans le premier cas, on se conforme à un autre ou à un groupe d'identification (projection), dans le deuxième on les intègre à soi (introjection). Une telle assimilation est davantage qu'une imitation. Elle présuppose empathie (Einfühlung), sympathie (plaisir), évidence (certitude de la valeur de ce qui est assimilé) et sensibilité (appropriation aisée d'objets d'identification).
Sur le plan du contenu, les objets d'identification sont aussi bien des personnes que des groupes de personnes, mais aussi (refusés par certains théoriciens) des objets (par ex. des fétiches, des propriétés, des symboles), des fonctions (par ex. des situations professionnelles), des institutions (par ex. des associations) et des objets idéaux (par ex. conceptions du monde, appartenance nationale). En tant qu'internalisations, les identifications sont des intériorisations de conceptions (normes, attentes, etc.), comme incorporations, elles sont des incarnations qui sont devenues partie intégrante du soi. Par conséquent, les identifications sont aussi bien des liens rationnels qu'émotionnels. Elles peuvent aussi bien porter sur des aspects partiels, des qualités spécifiques ou englober des attributs de l'objet d'identification (identification partielle), ou une personne

prise comme modèle, ou encore des systèmes entiers d'objets pris comme idéaux (identification globale). Les crises de l'I. peuvent apparaître dans des phases critiques de la vie, lorsque le vécu préalable ne paraît plus utilisable et que la transformation nécessaire à la nouvelle forme d'I. ne veut pas se faire.

Inconscient : ensemble des processus psychiques non conscients. Selon la théorie neuropsychologique, la conscience est la connexion d'une série de systèmes d'expérience acquis, d'où procède la conscience et dont font partie entre autres : le système de veille, la représentation du corps, la perception de l'espace et du temps, la séparation intentionnelle du sujet et de l'objet, les souvenirs. Ces systèmes se connectent au cours de la phase du réveil (primordium) et engendrent alors un état de conscience plus ou moins concentré. C'est la raison pour laquelle l'état de non-conscience peut aussi prendre plusieurs formes, qui ont d'ailleurs conduit à une série de conceptions théoriques sur l'I.
(1) La partie qui se trouve en deçà du seuil du psychique est l'I. comme subconscient : l'infrarouge par ex. n'est fondamentalement pas perceptible par la conscience, de même que pour un pianiste de concert concentré sur son jeu, l'espace qui l'environne est inconscient, c.-à-d. non perçu, mis hors-circuit (de façon évidemment passagère).
(2) Avant que l'enfant ne devienne capable de conscience, il vit dans l'état préconscient d'une fusion indifférenciée entre le sujet et l'objet. Cet état non-conscient peut aussi apparaître dans la démence sénile. Il faut par ailleurs appeler préconscient l'état dans lequel intervient une dissolution ou abolition de la conscience, par ex. dans l'ivresse.
(3) Le concept d'I. acquiert une troisième signification au sens d'instinct : des réactions innées ou empreintes très tôt (Prägung) et dépourvues de représentance cognitive.
(4) Une forme importante de l'inconscience est par ailleurs l'inscience ou insuffisance cognitive. Elle décrit l'incapacité graduelle à comprendre quelque chose, à le percevoir consciemment et à le garder à la conscience (chose apprise mais incomprise) et peut aller jusqu'à la vacuité cognitive (alienatio mentis), l'incapacité chronique de comprendre.
(5) La conception psychanalytique de l'I. se distingue des conceptions précédentes en ceci qu'elle postule l'I. comme un système clos sur lui-même, tandis que les autres conceptions y voient plutôt l'extinction d'autres systèmes (de conscience).En tant que tel, l'I. est alors considéré comme séparé du conscient, comme une instance autonome de l'appareil psychique qui possède ses propres contenus (inconscients) refoulés, et qui est régie par des mécanismes spécifiques (par ex. condensation et déplacement de contenus fantasmatiques).
(6) Tandis que pour la psa. les contenus inconscients peuvent être rendus conscients par le moi (soi), mais sous forme déguisée ou au cours du processus thérapeutique, par ex. dans l'interprétation des rêves, l'I. collectif de la ps. complexe (tout comme l'I. « familier » conçu comme génétiquement conditionné de L. SZONDI) est considéré comme ne pouvant être rendu conscient. C. G. JUNG voit les contenus de cet inconscient collectif qui jamais n'émerge à la conscience dans les archétypes, c.-à-d. dans des images originelles proches du mythe.

Influence *(Beeinflussung)* : formes multiples de communication orientées avec effet social. La force, les moyens et l'orientation des I. dépendent des possibilités des participants et des visées de l'I. La force de l'I. va de la simple communication, par ex. de scrupules, jusqu'à la manipulation suggestive dans le sens de l'exercice d'une pression spirituelle ou corporelle. Les moyens d'I. présentent également une grande diversité de strates : conseils, requêtes, flatteries, encouragements, prières, ordres, etc. D'après l'orientation, on distingue entre impulsions (positives) et empêchements (négatifs) comme méthode parale ou versale. En règle générale, les I. sont destinées à transformer les convictions, les attitudes, les opinions, les modes de comportement de personnes individuelles, de groupes de personnes ou de masses. De là découlent divers domaines thématiques de l'I., ainsi par ex. la propagande, le conseil, la publicité ou la psychothérapie. La visée institue une différence essentielle entre les influences. Dans la persuasion (acte de convaincre), c'est le meilleur argument qui doit emporter l'adhésion de celui qui subit l'influence et être intégré par lui dans son propre répertoire de pensée et d'action. La suggestion, particulièrement sous la forme de la manipulation, empêche en règle générale que l'on puisse reconnaître les moyens d'influence et mise sur leur effet indirect.

Intelligence : « capacité d'acquérir des capacités » à plusieurs strates et qui permet de mieux maîtriser des tâches scolaires, professionnelles et généralement liées à l'existence. La recherche psychologique sur l'I. a deux tâches : (a) la description structurelle et (b) la description factorielle de l'I.
(a) Aux débuts de la recherche sur l'I. (SPEARMAN, BINET, TERMAN), on s'intéressait à clarifier les différentes composantes de l'I. et leur relation structurelle. GUILFORD a établi un modèle spatial de l'I., en trois dimensions, et qui comptait 120 réalisations distinctes d'I. D'après le modèle-plan global de MEILI, l'I. comporte des qualités originaires, représentées d'après un profil d'I. en huit points.
(b) Les descriptions factorielles de l'I. se fondent sur des analyses factorielles de comportement intelligents. SPEARMAN opposa de nombreux facteurs spécifiques (s) à un facteur général surordonné d'I. (g) devant décrire l'énergie mentale en général, facteurs censés déterminer la réalisation intelligente individuelle. Ces facteurs sont entre autres la capacité verbale, la formation de concept, le don technique et pratique, la capacité de représentation spatiale, la mémoire, l'identification des formes, la persévérance dans la réali-

sation, l'habileté manuelle, valant comme des conditions stables préalables à des réalisations individuelles intelligentes.
En opposition à cela, la recherche récente sur l'I. privilégie (STERNBERG) le fait que la réalisation intelligente est soumise à une relation d'échange entre des exigences ou conditions situationnelles, et des processus de commande intentionnelle surordonnés. Cette modification de perspective a déplacé le centre de gravité de la recherche vers des réalisations intelligentes plus concrètes (SIMON) et plus globales, les processus cognitifs de résolution des problèmes et de traitement de l'information (NEISSER). C'est ainsi que le concept d'I. a été élargi également à la capacité de réalisation créative.

Interaction : relation d'échange entre l'individu et l'« autre » (par ex. : congénère, être vivant, objet, environnement). L'idée d'I. permet de lever l'interprétation fautive de la personnalité comme « sujet solitaire » et de formuler la relation sociale comme faisant partie intégrante de tout homme (« zoon politikon »). En raison de ce cadre conceptuel large, les déterminations de l'I. sont vagues. Ce que l'on a appelé l'interactionnisme (COOLEY et d'autres) valorise plus fortement, dans la relation d'échange homme-environnement, les caractéristiques déterminantes de la personnalité ; dans la position opposée (MISCHEL), la signification des caractéristiques personnelles supratemporelles est dévalorisée par rapport aux actes comportementaux spécifiques aux situations.
La problématique de la détermination de variables d'I. repose sur la diversité des champs de caractéristiques pertinents. A l'individu (A) avec ses champs de caractéristiques multistratifiés (qualités individuelles, états momentanés, valorisations intentionnelles et inconscientes) s'oppose « l'autre » (B) avec une échelle encore plus grande de qualités personnelles et objectives, et tous deux (A et B) sont entourés par leur relation d'échange qui les surplombe (C). De son côté, cette relation d'échange est déterminée par la situation (propriétés spatio-temporelles de l'environnement), les contenus de la communication (voir définition), les exigences, les résultats et les déplacements d'accent entre les participants (fonctions « transactionnelles », c.-à-d. réciproques, générées de part et d'autre).
C'est pourquoi les troubles de l'I. concernent aussi bien les relations avec soi-même (personnalité scindée) qu'avec les objets (par ex. les soucis avec des objets possédés), d'autres hommes (troubles relationnels) et groupes, médias, etc. Les points essentiels de la recherche sur l'I. sont entre autres la réactance (réactions aux menaces contre la liberté, BREHM) et la détresse apprise (les réactions restent sans succès et empêchent la disponibilité à l'I., SELIGMAN).

Jeu : occupation dès l'âge précoce comme fin en soi. D'un point de vue théorique, le jeu comme comportement nécessaire est diversement interprété.
(1) Les théories énergétiques évaluent le jeu comme « surplus de forces » qui n'est plus nécessaire à la conservation primaire de la vie et se transpose sur des activités « sans finalité » accompagnées d'un pur et simple plaisir fonctionnel.
(2) Les théories cathartiques voient dans le jeu une transposition projective de frustrations sur des objets fantasmés, avec satisfaction compensatoire et éloignement du réel.
(3) Les hypothèses des théories de l'apprentissage renvoient à une pulsion de jeu immanente, qu'elles interprètent comme un comportement d'abord inconditionné puis soumis à un apprentissage par conditionnement, en rapport avec des expériences de succès, et dans la perspective de la formation personnelle aux tâches ultérieures de l'existence.
(4) Les théories cognitives envisagent le jeu comme un élargissement des réactions d'orientation qui, par ex. au moyen des règles du jeu comme défi à soi dans la résolution des problèmes, satisfait le comportement de curiosité immanent.
(5) Les théories psychosociologiques mettent en avant la tendance au partenariat contenue dans le jeu (même dans le jeu solitaire, avec soi-même ou avec un instrument comme partenaire) : ce serait un « entraînement ludique » à une certaine forme de communauté.
(6) Les théories de la motivation décrivent les causes individuelles et les besoins qui peuvent fortement varier d'un type de jeu à l'autre (par ex. le jeu d'échecs, le football, jouer aux Indiens) et peuvent pour cela aller de l'« instinct de jeu » inné (PAVLOV) jusqu'à la « proposition libre » à motivation autonome (BENESCH).
Dans l'application psychologique, le jeu sert au diagnostic, à la prévention sociale et à la thérapie ludique des troubles psychiques. Chez l'adulte, on parle de passion du jeu lorsque celui-ci prend trop d'importance au point de lui porter préjudice.

Langage : « système d'information régulé » (AUSTIN et SEARLE) pour des communications d'espèces variées et à des niveaux d'abstraction divers. Au niveau le plus bas, le L. est une forme particulière de communication non verbale (par ex. l'expression de la surprise) ; au degré le plus élevé, il est une communication abstraite de concepts (la science) ou une évocation rythmique et figurale de représentations complexes (la poésie). Le L. est un système de signes qui, sur un fond de signes déterminé (communauté langagière), combine, pour les participants à la communication, certains états de faits avec les significations correspondantes (convention au sens étymologique). Dans la communication orale s'ajoutent à l'expression écrite : la mélodie de la parole, l'accentuation et d'autres facteurs de la parole, comme par ex. l'articulation, qui représente un supplément de communication. L'acquisition

du langage est tributaire de fonctions périphériques (environ 70 groupes musculaires, larynx, etc.), de fonctions centrales (SNC avec centres sensoriel et moteur du langage), d'incitations sociopsychologiques (par ex. le bain linguistique), des activités langagières (demandes et occasions de prendre la parole), de conditions culturelles préalables (niveau social de langage, par ex. influence des mass media).
Conformément à cela, la pratique hautement complexe du L. peut être diversement entravée. Parmi les troubles importants du L., on distingue : le bégaiement (trouble du flux langagier par blocage tonique ou par heurts cloniques), le balbutiement (formation défectueuse des sons, syllabes ou mots), le bredouillement (façon de parler bloquée, empêchée, confuse), l'aphasie (perte totale ou partielle de la faculté de parler), le sigmatisme (zézaiement), l'aphonie névrotique (chuchotement ou mutisme hystérique), la dyslexie (faiblesse de lecture et d'orthographe). L'orthophonie est une thérapie spécifique au traitement des troubles du L. : réhabilitation imitative (réceptive) et dirigée (productive), ou encore phoniatrie (thérapeutique de la parole).

Langage corporel : concept le plus récent pour désigner les phénomènes d'expression, et qui dépasse le concept d'expression dans la mesure où il englobe l'ensemble de la communication non verbale. Au cours des recherches entreprises sur l'ensemble du spectre des « communications » interhumaines, le grand segment du non verbal s'est imposé face au segment verbal (évalué généralement comme plus petit). La communication non verbale est aussi bien élément de signal (c.-à-d. un moyen non verbal de se faire comprendre, mis en œuvre consciemment) que présentation (c.-à-d. annonce présentée inconsciemment). Dans les deux cas, le L. corporel n'est suffisamment expressif comme signal standard qu'en vertu d'une certaine régularité, s'il doit permettre des interprétations psychologiques fiables. Il faudra le plus souvent vérifier la congruence ou l'accord entre plusieurs domaines expressifs (gestes, sons, formes, etc.) avant d'en accepter le caractère indicatif. Mais dès lors, les communications par L. corporel pourront souvent être des moyens de transposition bien plus subtils et différenciés, surtout à propos de contenus de communication émotionnels. A titre d'exemple, le L. corporel du chef d'orchestre retrace bien mieux les différentes strates contenues dans une partition que ne le ferait la meilleure communication verbale. C'est pour cette raison également que le concept de L. corporel est employé occasionnellement en un sens plus large, dans la mesure où, par « corps », on entend aussi des éléments objectifs ou des modèles environnementiels (l'expression non verbale de corps de bâtiments, d'agencements de paysages, etc.) qui, par leur apparition dans la socialisation, peuvent contribuer à imprégner le sentiment d'existence d'un être en devenir.

Média : support de communications. Sa fonction est le codage du transfert de communications au sens le plus large. De tels « supports intermédiaires » peuvent être des personnes ou des supports techniques, ou combiner les deux (par ex. modérateurs à la télévision). Par codage du transfert, on entend 5 groupes de caractères concernant les M.
(1) Pour la transmission médiale, il existe des moyens qui peuvent être codifiés : langage, écriture, symbole, image, expression et action. Les moyens véhiculent des significations.
(2) Parmi les voies ou canaux de M., on distingue les voies naturelles (œil, main, etc.), techniques (radio, téléphone, etc.), celles des M. individualisés (rapport direct) et des M. de masse (accès anonyme).
(3) Les participants prennent part au M. en divers sens : comme producteurs, consommateurs, testeurs, propriétaires, etc.
(4) Les contenus médiatiques sont dépendants des M. : les conditions de l'information changent en fonction du M. utilisé.
(5) Les effets des M. sont dépendants des moyens, canaux, participants, contenus précédemment énoncés et finalement des fonctions visées et attentes recherchées.
La recherche sur les M. personnels et techniques (par ex. leur crédibilité respective) représente une base pour comprendre les changements de conditions de la vie moderne.

Mémoire : il ne faut pas entendre par là un processus psychologique unitaire mais une diversité de phénomènes mnésiques (« persistance supra-actuelle »). Dans le champ neuronal existent déjà des régulateurs d'arrêt de type cybernétique qui peuvent conférer une courte durée à la réaction instantanée (mémoire originaire). En raison de cette diversité des fonctions mnésiques, il était nécessaire de déterminer de manière plus différenciée le concept de M. Ce qui s'est fait en 2 directions plus particulièrement.
(1) D'après les fonctions de la supra-temporalité, on distingue la fixation (encodage), la conservation (rétention) et le rappel (évocation). La fixation a trait au matériau retenu et à la façon dont il est stocké. La conservation désigne la durée de rétention de souvenirs ou de contenus de savoir. Le rappel concerne la manière dont ce qui a été retenu peut être à nouveau mis à disposition dans l'instant.
(2) Selon l'agencement fonctionnel, on distingue entre trois groupes de théories. Les théories du filtre partent du point de vue du choix au sein de la multiplicité du flux des stimulations. Les théories de l'association reposent sur les lois de la rencontre de stimulations (similitude, contraste, contiguïté spatiale et temporelle, relations entre les contenus, etc.). Les théories des phases sont celles qui sont aujourd'hui le plus souvent défendues. La théorie des trois phases affirme que nous possédons une M. à très court terme (stockage iconique de l'ordre de la seconde), une M. à court terme (stockage groupé d'environ 7 éléments et

pouvant aller jusqu'à 15 s), et une M. à long terme (M. durable à capacité de réserve illimitée). Les capacités de la M. divergent grandement selon les individus, mais elles peuvent être assez facilement améliorées par des procédés d'entraînement. Les troubles de la M. sont liés à des troubles physiologiques (par ex. fatigue), des influences situationnelles (par ex. un flot d'événements) et des troubles névrotiques (par ex. refoulements).

Motivation : qualification globale pour tous les processus qui représentent une incitation pour le psychisme, pouvant conduire à un but possible et devant expliquer la diversité des actions humaines. La M. est composée aussi bien de motifs isolés que de faisceaux de motifs ou encore de processus globaux, tels que les attitudes. Les dimensions multistratifiées de la M. (consommation, orientation et organisation de l'activité, niveau d'efficience, choix des modalités, projection du but, concentration de l'excitation, conscience rétroactive du résultat, double effet de la résistance, comparaison sociale, cf. p. 255) rendent inévitable des élaborations théoriques conflictuelles. Les groupes théoriques dominants sont les modèles énergétiques (motifs considérés comme « processus nerveux »), béhavioristes (les motifs sont mis en doute, ou bien passent pour remplaçables par le concept de stimulus, comme facteur déclenchant), pulsionnels (les motifs sont des forces pulsionnelles), cognitifs (les motifs se définissent par l'autocontrôle résultant d'interprétations et de décisions d'engagement), modèles issus de la ps. des profondeurs (les mobiles sont des M. inconscientes), et modèles sociologiques (les motifs sont des incitations modulées par interaction). D'après le contenu, on distingue : motifs ou mobiles de l'impulsion, de l'excitation, de l'action, sociaux, d'abondance et de contrôle. Concernant les rapports entre motif et comportement, quatre groupes épistémologiques doivent permettre de les expliquer : permanents (motif et comportement sont pour tous ou seulement pour l'individu constants, c.-à-d. stables et liés de manière univoque), arbitraires (motif et comportement ne sont liés que par fréquence statistique, le motif peut changer pour le même comportement et vice versa), stochastiques (la relation entre motif et comportement est aléatoire, c'est pourquoi les motifs sont purement et simplement des « excuses »). En dépit de ces diverses élaborations théoriques, la recherche pratique sur la M. a conduit à de très larges résultats sur le comportement humain.

Névrose : trouble psychique de gravité moyenne (en dehors du trouble du comportement, plus « léger » , de la psychose, plus « lourde », et du syndrome borderline, situé entre névrose et psychose). Le terme a été introduit par le médecin écossais WILLIAM CULLEN, au § 1091 de son œuvre, *First Lines of the practice of Physics* (1776-84), pour désigner des affects de l'esprit ou des mouvements dont aucune cause corporelle ne pouvait être établie. Avec le temps, ce concept a été plusieurs fois modifié. S. FREUD, dont la théorie des N. forme encore à ce jour la base de la psa., a distingué entre N. actuelles (N. d'angoisse, neurasthénie, hypocondrie) et psychonévroses de transfert : hystérie de conversion, hystérie de l'angoisse (phobie), N. obsessionnelle. On retrouve à peu près les mêmes entités sous une présentation légèrement différente dans le *Manuel diagnostique et statistique des troubles mentaux* (DSM III-R) : anxiété généralisée (dont N. d'angoisse), dysthymie en N. dépressive (neurasthénie), hypocondrie, troubles dissociatifs (hystérie), phobie, N. obsessionnelle - compulsive, troubles somatoformes en particulier douloureux.
Les causes invoquées pour l'étiologie des N. sont : comportement appris mal adapté (thérapie comportementale), conflit pulsionnel refoulé faisant retour sous forme de symptôme (psa.), concept de soi inauthentique (psychothérapie non-directive), solution de conflits inadaptée (analyse existentielle), arrangements fictifs comme ligne directrice de l'existence à forme surcompensatoire (ps. individuelle), effet du dommage psychologique résultant d'une attente excessive de confort (néo-psa.), suspension et contention de besoins existentiels (Gestalttherapie), fissure et carence des processus de maturation lors du développement individuel (ps. complexe), prise de décision erronée et déperdition du sens (logothérapie), et bien d'autres. En dépit de la définition vague des N. et des modèles d'explication multiples, il s'agit là d'un concept qui englobe un groupe observable d'états de souffrance psychique que d'autres notions ne parviennent pas à recouvrir complètement.

Organisation : en général, une coordination d'ensemble de subsystèmes ; plus spécialement, d'un point de vue interhumain, un ordre collectif comportant une répartition des activités en fonction de liens réciproques (a) et des hiérarchies de compétences (b). Dans de tels systèmes naissent des « forces » supra-individuelles (tendances du comportement) qui codéterminent très fortement les participants individuels.
(a) La distribution des activités est soumise à l'ordre des rôles en vigueur (quelle tâche l'individu doit, après accord ou auto-attribution, accomplir).
(b) La hiérarchie des compétences est soumise à l'échelle des rangs qui a cours (qui doit déterminer quoi).
Cependant les tendances internes ne sont pas seulement soumises à des déterminations rationnelles (travail en commun, conformité au groupe, accord sur les buts) mais aussi à des énergies irrationnelles (recherche de la gloire, envie, camouflage de l'incompétence ou de la paresse, etc.). Les tendances négatives dans les O. sont à l'origine de frottements qui diminuent la performance du groupe. Les tendances positives promeuvent la performance de groupe au-delà de la somme des

réalisations individuelles de tous les membres du groupe. Le fait de savoir si une O. présente un surplus de réalisations positives dues au groupe, et comment en cas de besoin les réalisations positives peuvent être mises en mouvement, c'est là la tâche du psychologue d'O. Les moyens dont il dispose pour cela sont : analyse des performances de groupe, modification des structures de groupe, adaptation de l'O. à une tâche spéciale, accroissement des motivations de groupe, techniques de planification en réseaux, amélioration des conditions de la performance, information rétroactive graduée des succès, système de primes, tâches de contrôle, contacts supplémentaires pour la cohésion du groupe, etc.

Perception : activités des sens de l'ouïe, de la vue, du goût, etc. qui ne sont pas seulement des enregistrements de stimuli, mais aussi toujours des élaborations centrales de stimuli. Cette complexité des tâches a conduit à une multiplicité de théories de la P. qui accentuent, chacune, certains points caractéristiques. Les théories sensualistes sont les plus proches de la physiologie sensorielle ; pour elles, la P. est l'action combinée de nombreuses sensations isolées ou encore la détection sélective de stimuli. Les théories molaires se basent davantage sur le vécu phénoménal et y repèrent essentiellement les conceptions individuelles de la Forme. Les théories de la compétence rendent justice au fait que la P. peut s'exercer et qu'elle est perfectible. C'est pourquoi elles soulignent, dans l'expérience perceptive, le caractère actif, sélectif et renforçateur de l'activité propre du sujet percevant. Ceci s'applique tout particulièrement à la branche la plus récente de la sémantique de la P., qui examine les processus de découverte du sens dans des structures réellement dénuées de sens, afin de mettre ainsi en évidence une caractéristique de toute perception, qui autrement reste voilée. Les perceptions sont organisées selon leur spécificité (2 sens à distance, 6 sens au contact), leur localisation (position des objets compte tenu des caractéristiques de constance), et leur caractère de transduction (reconnaissance de modèles). C'est ainsi que la P. (simple enregistrement de stimuli) s'élève à l'aperception (perception compréhensive) et finalement à l'appréhension (expérience de l'environnement interprétée par l'individu). Les lois majeures de la P. sont : le contraste (amélioration, entre autres, de la délimitation des contours de la perception), les seuils perceptifs (seuils absolus, relatifs et réactionnels), la figure et le fond (sélection personnelle de figures et échelonnement de tout le reste comme arrière-plan), la constance (conservation de caractéristiques en dépit du changement des conditions de perception), l'assimilation (compensation des divergences de clarté et autres), et la prégnance (préférence pour les figures simples et fermées).

Performance : concept global pour désigner le système des conditions actuelles de multiples occupations, actes et activités, réalisations de travail, etc. De nombreuses théories de l'activation traitent de la question de savoir pourquoi l'homme devient actif :
(1) théories énergétiques (le système nerveux central accomplit un « travail » qui se transpose en activités humaines),
(2) théories béhavioristes (stimuli ou excitations sont nécessairement suivis de réponses ou réactions),
(3) théories de l'instinct (déclenchement de l'activité par facteurs hormonaux),
(4) théories cognitives (activité soumise à l'autocontrôle),
(5) théories sociologiques (activité motivée par influence de l'environnement).
Dans le détail, les théories de l'activité révèlent une série de points théoriques majeurs :
(1) la disponibilité à la P. concerne les conditions nécessaires de l'activité propre (attention, adaptation à des conditions environnementales, tension qui va de la relaxation à la ténacité).
(2) Sur le plan de la compétence, on teste les conditions de capacité (conditions personnelles d'ordre mental, corporel, motivationnel, etc.).
(3) Le processus interactif intéresse les conditions sociales de la P. (stade de développement, demande sociale, rivalité, P. collective).
(4) La concentration se rapporte à l'influence des états de conscience momentanés sur les P. (contrôle de soi en vue d'accomplir la P. : motivation à l'activité, développement des intérêts, recours aux expériences antérieures, élimination d'effets parasites gênants).
(5) L'intentionnalité opère la distinction entre actions orientées vers un but et actions non orientées (réactivité externe et interne).
(6) Le contrôle porte sur la vérification simultanée ou rétrospective de P. étrangères ou personnelles (attribution, sentiment de contrôle, connaissance du but, perfectibilité, conditions situationnelles, niveau d'engagement).
(7) Le potentiel de l'excitation désigne l'influence essentiellement émotionnelle sur l'action et l'expérience vécue (déclenchement, accompagnement et conséquence de l'excitation).
(8) La genèse de la P. se rapporte à ses conditions variées d'enchaînement et d'accomplissement (intentions, projets, niveau d'aspiration, décisions, régulations de l'action par information rétroactive sur l'état momentané de la P., actions bouclées ou ouvertes, effets engendrés par des actions bouclées).
Une question générale est celle de la modification des P. avec le progrès de leur déroulement routinier : l'une des théories présuppose une différenciation croissante (hypothèse de la différenciation de la P.), l'autre une détérioration de l'exactitude, de l'observation consciente et du contrôle (hypothèse de la dégradation de la P.), une dernière enfin un développement différent (hypothèse de la divergence de la P.), partiellement meilleur (par ex. déroulement de plus en plus rapide), partielle-

ment plus mauvais (par ex. accroissement du risque d'accident).

Personnalité : ensemble de tous les traits individuels de l'être humain. En raison de l'étendue maximale de cette problématique psychologique, on ne doit pas s'attendre à une définition non controversée de ce concept. Il existe nécessairement toute une série de groupes de théories qui cherchent à définir le concept de P. en s'appuyant sur certains points caractéristiques. Toutes ces théories sont mises au défi de répondre au moins à cinq questions essentielles :
Quelles sont les caractéristiques d'ordre intérieur qui peuvent être mises en avant (problème de la structure individuelle), qu'est-ce qui fait, à côté du caractère corporel reconnaissable, l'unicité évidente d'un individu en dépit du constant changement intérieur et extérieur (problème de la singularité et de la congruence), quels sont les domaines de caractéristiques englobants dont l'homme dépend constamment dans son développement et comment peut-il continuer à se développer sans troubles (problème de l'individuation), qu'est-ce qui met actuellement en mouvement ses virtualités possibles, engendrées par les conditions antérieures (problème de la mobilisation motivationnelle), quel est le contenu de valeur d'une personne (problème de la dignité) ?
Ces cinq champs de questions peuvent être traités très différemment (ou bien peuvent rester aussi partiellement sans réponse). Les nombreuses théories contradictoires actuelles de la P. (en dehors des nombreuses formes antiques, médiévales et modernes) peuvent être rangées en quatre groupes principaux.
(1) Les théories de la P. qui s'appuient sur les sciences de la nature se basent sur le développement phylogénétique et ses effets sur la formation de l'être humain (hominisation, développement du cerveau, bases de codification bio-, ethno- et psychocybernétiques dans le SNC, répertoire comportemental).
(2) Les théories inspirées du modèle des sciences sociales soulignent l'influence de l'environnement sur l'individu et la détermination par le milieu qui en résulte (interactionnisme, socialisation, lien social et ses carences, genèse des relations).
(3) Les théories s'inspirant du modèle des sciences de l'esprit s'édifient sur les possibilités de l'autocontrôle personnel et insistent sur l'orientation autonome de l'homme (attribution, sentiment de contrôle, formation de projet, conduite de planification, interprétation et engagement).
(4) Les théories de la P. fondées sur la ps. des profondeurs partent du comportement inconscient et représentent l'homme dans sa dépendance non cognitive (exigence pulsionnelle, inconscient collectif, infériorité organique et compensation, frustration).
Toutes ces théories peuvent sur une échelle pencher davantage vers le concept qualitatif d'une pérennité constante de la P. (traitisme) ou davantage vers un concept de modification d'après des variables situationnelles (interactionnisme). La plupart des théories de la P. développent également des concepts de motivation correspondants qui insistent sur divers points essentiels (mobiles pulsionnels, mobiles de l'action, mobiles d'abondance, etc.), des concepts pour une analyse comparative (par ex. comparaisons interculturelles), et des concepts en faveur de la maturation (positive) ou du dysfonctionnement (négatif) de la P. D'un point de vue méthodologique, les théories tendent davantage vers l'approche quantitative ou alors qualitative de la P.

Phénomène : originellement : vécu immédiat et saisie réflexive de ce vécu. La délimitation des P. comme objets vécus n'est pas unitaire. Tandis que certains théoriciens limitent les P. à la perception sensible actuelle, d'autres l'étendent à des vécus supratemporels tels que les représentations de la mémoire, les planifications réfléchies, les états émotionnels et les éprouvés névrotiques. Dans certaines théories phénoménologiques, on distingue entre le moi phénoménal et l'environnement phénoménal en fonction du rapport au vécu ; le moi est alors interprété comme série immanente des actes de la conscience et l'environnement comme champ d'intuition internalisé.
Les points essentiels de la ps. phénoménologique sont entre autres : la fondation empirique de l'expérience perceptive (par ex. les qualités de Gestalt dans la Gestaltpsychologie), les actes intentionnels de saisie intuitive ou rationnelle dans l'évidence simultanée (certitude, fiabilité) de leur existence réelle (ps. de l'act), la tendance innée à la réalisation de soi, à partir de laquelle seule l'homme peut faire de soi un homme véridique (ps. humaniste).
En termes de méthode, la recherche qualitative sur la différenciation du vécu est au premier plan. La diversité méthodologique va de la pure et simple observation et description du vécu propre (introspection) jusqu'à la saisie du vécu dans diverses populations en ps. sociale (démoscopie) laquelle fournit un matériau fondamental de données à l'élaboration ultérieure, qualitative. Par-delà la ps. phénoménologique, l'analyse phénoménale passe aussi, dans d'autres écoles et disciplines psychologiques, pour un premier pas, préparatoire et nécessaire, dans la voie d'une méthodologie progressive (constructive et dynamique).

Pratique professionnelle : la profession de psychologue est relativement récente. Les premiers professeurs de ps. remontent au milieu du XIXe siècle (une exception au XVIIIe siècle est J.F. ABEL, le maître de FRIEDRICH SCHILLER à la Karls-Schule de Stuttgart). Ce n'est qu'au début du XXe siècle que le métier du psychologue clinicien s'est imposé aux États-Unis. Plus tard, en Allemagne, certains psychologues ont inauguré une pratique concernant le transport et l'économie. Il existe aujourd'hui environ 60 disciplines psycho-

logiques spécialisées, dont seules quelques-unes comportent un nombre élevé de représentants : ps. clinique, du travail, de l'entreprise, économique, judiciaire, du transport et militaire. En raison de cette spécialisation, il est difficile de donner une description d'ensemble (« professiogramme ») du métier de psychologue.
(1) Les dimensions d'activité sont (selon Dorsch) ou bien interprétatives (entre autres diagnostiquer, analyser, tester, expérimenter, explorer), ou bien interventionnistes (entre autres les psychothérapies, les choix, le conseil, la réforme).
(2) Selon l'appartenance institutionnelle (par ex. la clinique, l'industrie, la prison, l'institut de recherche, l'agence de conseil, la pratique libérale), le champ d'activités se décompose en un spectre de tâches localement déterminées. Il est également influencé par la situation au sein de l'institution, par la situation personnelle et l'état de la concurrence.
(3) En raison de la multiplicité des tâches spéciales, les exigences relatives à la qualification professionnelle ne sauraient être déterminées précisément. Conformément à la bipartition établie plus haut (interpréter, intervenir), le psychologue professionnel devrait surtout combiner une attitude compréhensive avec un comportement prêt à aider.
(4) La P. professionnelle est influencée également par l'évaluation que le sujet et les autres font du métier. Le métier de psychologue est encore peu connu du public, mais il semble qu'il bénéficie d'un accueil plus positif (hétérostéréotype) que ce à quoi s'attendent les psychologues dans leur auto-évaluation (autostéréotype).

Probabilité : expectations subjectives ou objectives quant à la fréquence d'apparition des événements dans le présent et l'avenir. Les calculs de P. les plus simples s'obtiennent par l'alternative entre deux états (distribution binomiale). Afin de réaliser un tel avantage, la distribution binomiale est souvent provoquée artificiellement (distribution p-q). Les distributions phimus (cornet de dés) utilisent un nombre fini et commensurable d'alternatives. Plus les possibilités d'alternatives deviennent nombreuses et ouvertes vers le haut, plus sont nécessaires des procédés statistiques complexes pour le calcul de la probabilité centrale (valeur de probabilité moyenne). Divers procédés sont mis en œuvre pour établir des probabilités, que l'on peut regrouper en deux groupes majeurs.
(1) La combinatoire établit par permutation le nombre des possibilités selon lesquelles un nombre fini d'éléments peut être librement combiné. La combinaison entre éléments en établit le nombre nécessaire au minimum et au maximum dans une tâche quantifiable.
(2) Le calcul des probabilités sert de test de comparaison dans les fonctions d'évaluation pour le seuil de confiance de valeurs chiffrées. Le triangle arithmétique permet de modéliser la fréquence croissante, et la fontaine romaine la fréquence décroissante.
C'est la raison pour laquelle le calcul des proba-

bilités est particulièrement important pour l'évaluation des domaines où on peut se fier à des résultats chiffrés, en raison de leur intervention non arbitraire, mais due à une différence effective de causalité.

Problème corps-âme : fondements pour ancrer existentiellement et essentiellement le psychique dans le corporel (système nerveux). Les quatre directions principales sont le monisme, qui postule une complète identité entre psychique et physique ; le parallélisme, qui est en fait un monisme, mais qui distingue entre certaines différences qualitatives du psychique ; le dualisme, qui estime que ce qui relève du psychisme et de l'âme est catégoriellement distinct du corporel, et que tous deux agissent en interaction ; la théorie de la triplicité retient, entre le psychique et le physique, une instance médiale, sous forme de processus de modèles intermédiaires, qui engendrent des modèles significatifs à partir de processus physiques et à travers des codifications dont résulte ensuite le psychisme. C'est cette dernière théorie qui permet d'expliquer pourquoi le psychisme ne peut naître qu'à partir des réalisations du système nerveux central, tout en étant capable de croître jusqu'au psychique immatériel (émergence), en passant par des « degrés de liberté » (c.-à-d. des sauts de codification par transfert de modèles) d'un caractère qualitatif plus élevé. Le contenu psychique significatif des contacts et des phénomènes objectifs interhumains se révèle également être un tel processus de formation de modèles, bien qu'ici il n'existe pas de bases neuronales. La psychocybernétique s'emploie à expliquer la base de codification de ces relations.

Procédé de recherche : comme toute science, la ps. se base sur une série de méthodes éprouvées différentes. Cet arsenal méthodologique est particulièrement vaste en ps., puisque cette dernière, en raison de sa situation intermédiaire entre les sciences de la nature, de la société et de l'esprit, couvre un champ qui peut aller de l'auto-observation subjective jusqu'à la simulation mathématique ou à l'interview de masse. Ce qui est déterminant pour tout procédé, c'est la forme de sa validation. Il existe essentiellement trois disciplines probatoires à cette fin.
(1) La méthodologie fournit des critères pour la pratique de la quantification, la mise en forme de données de mesure et l'établissement d'hypothèses de recherche et de plans expérimentaux.
(2) La théorie des tests fournit des critères de vérification, particulièrement en ce qui concerne l'objectivité, la précision de la mesure (fidélité) et l'exactitude de la mesure (validité) concernant les données.
(3) La statistique permet de vérifier des valeurs quantitatives dans leur fiabilité, leur dépendance réciproque, le degré de probabilité de leur apparition, et enfin elle permet de superviser des masses de chiffres et de les réduire à des variables de base (factuors).

Les diverses méthodes peuvent se résumer à trois procédés fondamentaux : observation (examen du comportement subjectif et objectif), exploration (questionnement, recherche d'hypothèses) et expérience (de laboratoire ou de terrain).

Psychanalyse : la plus ancienne des écoles de psychothérapie dans le champ de la ps. des profondeurs, fondée par S. FREUD. La P. a développé (1) sa propre « métapsychologie » , (2) une doctrine correspondante des névroses, et (3) une forme particulière de thérapie.
(1) Le modèle de personnalité de la P. distingue entre l'aspect dynamique (activité des forces pulsionnelles internes, particulièrement des pulsions sexuelles), l'aspect économique (principe de plaisir et de déplaisir avec tendance à la réduction des tensions), l'aspect topique (instances : Ça, Moi et Surmoi). La perspective génétique distingue la phase orale (primat de la succion), anale (de l'excrétion), génitale (de la sexualité), et d'autres sous-stades. Chaque phase peut connaître des fixations qui survivent dans la vie ultérieure et engendrent la personnalité névrotique. Il est accordé une importance toute particulière à la phase génitale précoce (phallique) avec son développement sexuel spécifique (conflit œdipien).
(2) Pour la P., les névroses sont le plus souvent un retour du refoulé à partir de la phase génitale précoce, quand l'ambivalence (simultanéité de sentiments contradictoires) envers les parents n'a pas pu être supportée.
(3) Au cours de la thérapie, le psychanalyste s'abstient d'interventions suggestives (position assise derrière le patient lui-même allongé sur un canapé) et de satisfactions de remplacement (« refus » du thérapeute). Durant le travail de « perlaboration » (élaboration des résistances du client, par ex. concernant l'interprétation des rêves) apparaît régulièrement un transfert (transposition de l'expérience parentale sur le thérapeute) qui se transforme en « névrose de transfert » , et qu'il faut déconstruire sur la personne du thérapeute.

Psychocybernétique : doctrine psychologique de la détermination et du guidage. En P., le phénomène psychique n'est pas directement rapporté à des phénomènes physiques, mais la signification en est référée à la transposition de la base physique au moyen de la codification formelle (structure tridimensionnelle support-modèle-signification). Pour cette raison, la P. ne correspond ni au monisme (identité entre activité nerveuse et psychisme) ni au dualisme (séparation de l'âme et du corps).
L'« émergence » (prévalence) du psychique par rapport aux processus nerveux résulte de deux degrés de liberté :
(1) les structures de modèles proposées pour les processus nerveux (rythmique et figuration) sont partiellement indépendantes de leurs supports, dans la mesure où elles sont, en tant que modélisations, transférables de support à support ;
(2) les significations psychologiques de ces modèles interprétatifs sont partiellement indépendantes des modèles, dans la mesure où elles peuvent recevoir des significations individuelles ou conventionnelles différentes.
En P., le fondement de la recherche est l'examen des modèles neuronaux, aussi bien dans leur structure physique (construction de modèles de codification, par ex. par traduction des amplitudes ou des fréquences des potentiels électriques du processus nerveux) que dans leur signification psychique (consistance significative, par ex. de modèles psycholinguistiques). Le concept modélisé relie, de manière proche de la réalité, le rapport effectif entre cerveau et psychisme. Afin de rendre justice dans la recherche, aussi bien théorique que pratique, aux modèles hautement complexes du système nerveux, la P. utilise la théorie des systèmes, la sémiotique et la sémantique, et la théorie des organisations autorégulatrices.

Psychodiagnostic : examen des caractéristiques individuelles au moyen d'observations, de mesures et de tests. Le diagnostic par test représente la partie essentielle de la ps. Les tests sont de courtes expériences standardisées étalonnées sur une population, et dont les résultats individuels peuvent être comparés avec les valeurs moyennes. Du point de vue méthodologique, les tests sont répartis en trois catégories : questionnaires (ensemble de questions établissant certaines caractéristiques psychologiques par détermination réciproque d'évaluations graduelles), tests d'aptitudes (tâches normées et standardisées dont le degré d'efficience est mesuré à la moyenne de populations), tests projectifs (proposition de tâches ou items permettant des solutions personnelles, qui autorisent des conclusions rétrospectives sur la structure fondamentale de la personnalité). Afin d'améliorer la fiabilité des tests, les étalonnages sont entrepris essentiellement en deux directions : fidélité (exactitude de la mesure, c.-à-d. constance dans la répétition du processus) et validité (justesse de la mesure, c.-à-d. rapport constant aux caractéristiques psychiques indiquées). Les domaines essentiels où sont utilisés des tests sont : la détermination différentielle des aptitudes de base ; les tests techniques, par ex. pour l'embauche dans les entreprises ; les tests d'intelligence, par ex. pour le choix d'une orientation ; l'évaluation de la personnalité, par ex. dans le domaine clinique, pour identifier les troubles psychologiques en rapport avec la personnalité globale ; les tests scolaires, par ex. en cas de troubles du comportement ou de l'apprentissage. Les tests ne sont pas utilisés de manière isolée mais intégrés, grâce à une batterie de tests standardisée ou recomposée à chaque fois, à un processus global de jugement dont font également partie les autres méthodes de diagnostic (analyse du comportement, observation momentanée du stagiaire, analyse biographique).

Psychologie complexe : école de thérapie reposant sur la ps. des profondeurs, fondée par C. G. JUNG. En termes théoriques, JUNG décrit l'homme selon une double typologie : la mise en œuvre des fonctions psychiques (pensée, sensation, intuition, sentiment) et l'édification des couches de conscience (soi, moi, conscience, inconscient personnel, inconscient collectif, part d'inconscient collectif ne devenant jamais conscient).
Les troubles psychiques naissent à cause d'« éclatements », c.-à-d. de domaines partiels et complexes qui se sont séparés parce qu'ils n'ont pas pu être intégrés par l'homme à son moi.
Les contenus de l'inconscient collectif sont les archétypes, des images originelles communes à l'ensemble de l'humanité et qui déterminent souterrainement l'action humaine. De telles images sont en particulier les représentations fondamentales que tout le monde partage sur l'autre sexe (animus pour la femme et anima pour l'homme). JUNG ne nie pas la formation de la névrose (voir définition) durant l'enfance, seule forme que FREUD reconnaît, mais il croit plutôt à une situation névrotique actuelle, c.-à-d. que des phases critiques ne sont pas maîtrisées, qu'on les évite et les refoule.
La thérapie de la ps. complexe consiste en une amplification, c.-à-d. dans le fait de rendre conscients et d'élargir l'horizon vers les sources communément humaines des troubles. Pour ce faire, JUNG recourt aux mythes, sagas, religions, etc. en tant que documents archétypiques. Cette école de thérapie tente ainsi de rattraper l'« individuation » (maturation personnelle) interrompue chez l'homme névrosé.

Psychologie des profondeurs : orientation d'écoles théoriques et thérapeutiques émanant de la psa. de S. FREUD dont la caractéristique commune est de reconnaître la signification dominante d'impulsions ou d'activités inconscientes. Les ps. des profondeurs ont développé des modèles de personnalité différents. Dans sa forme orthodoxe, la psa. se réfère à trois couches de la personnalité : ça, moi et surmoi, le moi en tant qu'instance autonome étant soumis à la pression du ça (exigence pulsionnelle du principe de plaisir) et du surmoi (principe de réalité), que le moi tente de désamorcer (mécanismes de défense). La ps. complexe (ou analytique) de C. G. JUNG part d'un modèle en coquille au plus intérieur duquel se trouve le noyau, qui jamais ne devient conscient, de l'inconscient collectif, lui-même domaine des images symboliques supra-individuelles et guidant inconsciemment les réactions des hommes. D'après la ps. individuelle de A. ADLER, l'enfant subit une infériorité fondamentale par rapport à son entourage. Il tente d'équilibrer de façon compensatoire ce sentiment d'infériorité par la recherche de la puissance. Il développe ce faisant des lignes directrices de vie qui, en tant qu'arrangements figés (« artifices » d'une compensation ratée) peuvent également conduire à des troubles psychiques. Pour la logothérapie et l'analyse existentielle de V. E. FRANKL, l'inconscient ne se trouve pas dans le ça, le noyau collectif ou l'action inconsciente, mais dans l'esprit inconscient à la recherche du sens ; de manière analogue, il apparaît dans l'analyse du moi de H. KOHUT comme narcissisme inconscient. Toutes ces formes de ps. des profondeurs sont des « cures par entretien » dans lesquelles l'inconscient doit être porté à la conscience.

Psychologie écologique : W. HELLPACH (*Les phénomènes géopsychologiques*, 1911) passe pour être le précurseur de l'« écopsychologie » (comme on l'appelle aussi parfois) ; elle s'intéresse aux influences géopsychologiques et bioclimatiques sur l'homme : formes du paysage, climat, humidité de l'air, couleurs, etc. L'écopsychologie actuelle est une ps. de l'environnement en un double sens :
a) en tant que ps. du milieu, elle examine les effets produits par l'environnement, aussi bien de manière globale que partielle, sur l'homme ;
b) en tant que ps. écologique d'intervention, son thème est la création et l'agencement d'espaces de vie (des appartements jusqu'aux modifications civilisatrices de l'ensemble de la terre). Entre-temps, cette « utilisation de l'environnement » est devenue problématique en raison de la destruction de l'environnement. D'un point de vue psychologique, l'un des problèmes essentiels est celui des « psychotopes », c.-à-d. des systèmes psychologiques d'espace vital qui (comme les « biotopes » en termes physiques) représentent les exigences minimales pour un environnement « sain ». Dans le détail, font partie de l'écopsychologie :
(1) La ps. climatique, qui s'intéresse à l'action du climat sur l'existence,
(2) la ps. de l'habitat, qui en examine l'utilité, ainsi que le rôle quant à l'activité et à la représentation,
(3) la ps. de l'architecture, qui examine les problèmes psychologiques de l'agencement et des fonctions de la maison,
(4) la ps. des villes et des paysages, qui examine les thèmes de l'organisation de l'environnement naturel et artificiel,
(5) l'examen du monde du travail (ergonomie psychologique) et de celui des loisirs (ps. d'animation),
(6) la ps. des conditions de vie extrêmes (entre autres dans l'Arctique, le cosmos, le fond des mers, en prison, au sein de cultures étrangères),
(7) en partie aussi la ps. de l'art à propos de l'utilisation des objets d'art.
En raison de cette multiplicité des thèmes, la ps. écologique s'est développée jusqu'à devenir un champ important de la ps. appliquée.

Psychologie individuelle : variété de ps. des profondeurs et de psychothérapie fondée par ALFRED ADLER en opposition à la psa. de S. FREUD. Le fondement théorique en est une considération globale de l'homme. Sur la base d'un préjudice fondamental (expérience de sa propre faiblesse, détresse et dépendance, expérience d'un désavantage social au sein du groupe familial préexistant, de la situation dans la fratrie, de l'infériorité du développement des organes, de l'absence d'armes de l'être humain en général face à d'autres êtres vivants et de nombreuses autres discriminations) se forme très tôt chez l'enfant une « volonté de puissance » compensatoire accompagnée du sentiment de supériorité correspondant. La déviation névrotique intervient lorsqu'une hypersensibilité nerveuse s'accompagne d'une tendance (fictive) à la supériorité et d'une surévaluation du sentiment d'infériorité (factuel). Le névrosé « devra endurer un caractère autopunitif » (ADLER) qui conduit à une « scission de la personnalité ». Il cherche à échapper de façon inadéquate à ses conflits existentiels, par des « détours » (arrangements) fixés par surcompensation et représentant des lignes directrices fictives de sa vie. Par opposition à cela, l'homme est capable d'un sentiment communautaire, il peut déconstruire le sentiment d'infériorité et ses égoïsmes, agir productivement pour les autres et développer un sentiment communautaire personnel et responsable.

La thérapie propre à la psychologique individuelle est une psychagogie (conduite des hommes) qui recherche la clarification des lignes directrices vitales de l'individu, reconnaît son caractère autopunitif et contribue à une transformation des plans de vie. Étant donné que les lignes directrices de la vie apparaissent déjà dans l'enfance, cette tâche doit débuter le plus tôt possible. C'est pour cette raison que ADLER a fondé toute une série de postes de conseil en éducation, afin de garantir par l'instruction des parents une influence sur les enfants, en termes de ps. individuelle. Dans la ps. individuelle récente, une tendances se sont développées dans le sens de conseils existentiels généraux.

Psychologie mathématique : le but n'est pas l'édification d'un champ de recherche ou d'application séparé, mais la mise à disposition de modèles mathématiques pour (fondamentalement) toutes les recherches psychophysiologiques. En ce sens, la ps. mathématique traite de 6 domaines essentiels : l'élaboration de la « commensurabilité », c.-à-d. de la quantifiabilité des phénomènes psychiques (théorie de la mesure), la réduction des phénomènes à des modèles mathématiques (axiomatisation), la possibilité de représentations concernant le déroulement processuel : constant, oscillatoire, discontinu (analyse des composantes), l'extrapolation des processus (pronostic de développements ultérieurs, par exemple analyse de cheminement), la description mathématique de systèmes de réseaux (plans de réseaux), la description mathématique de l'action (par ex. modèles de choix). Certaines théories mathématiques particulièrement englobantes renvoient entre autres à : la théorie de l'apprentissage avec restitution mathématique de déroulements d'apprentissage formalisés (modèles d'opérateurs et de stades) ; la psychophysiologie, particulièrement pour la représentation mathématique de courbes d'EEG ; la théorie de l'information concernant la masse, la digitalisation, la canalisation codée et le décodage d'informations ; la théorie de la décision, par ex. comme régulation des préférences, théorie de l'investissement et des bénéfices, modèles probabilistes dans la répétition de la décision. La théorie des tests établit aussi, parallèlement à des modèles déterministes, des modèles mathématiques (entre autres modèle de RASCH), qui doivent permettre des prédictions stochastiques dans l'établissement d'une échelle absolue.

Psychothérapie : processus visant à éliminer des troubles psychiques. Au cours du XXe siècle, le nombre des procédés d'abord restreints s'est accru jusqu'à environ 140 groupes énumérables. Afin de donner un aperçu de cette diversité, on peut les répartir en 10 groupes.
(1) Les thérapies du type ps. des profondeurs partent de la supposition de processus inconscients dont la prise de conscience doit contribuer à la guérison.
(2) Les thérapies béhavioristes s'appuient aussi bien sur l'apprentissage de comportements nouveaux à acquérir que sur la déconstruction des comportements à éviter.
(3) Les thérapies par compétence utilisent l'expérience sur soi acquise au cours du processus pour élaborer le trouble psychologique.
(4) Les thérapies cognitives tentent de découvrir des représentations « fausses » et de les écarter.
(5) Les thérapies imaginatives utilisent essentiellement la suggestion afin d'influencer le client par coercition, le plus souvent à son insu.
(6) Les thérapies communicationnelles incitent le groupe des thérapeutes et de leurs clients à la clarification des rapports et à l'influence collective réciproques.
(7) Les thérapies corporelles s'appuient sur l'expérience que le psychisme se laisse influencer par le corps et le corps par des incitations psychiques.
(8) Les thérapies intégratives sont la conséquence nécessaire de la multiplication des formes de thérapies, dans la mesure où elles combinent de leur côté les procédés issus des autres groupes thérapeutiques.
(9) Les thérapies facultatives ou de formation sont des thérapies pour les sujets en bonne santé qui soutiennent les clients dans leur travail de modification de soi.
(10) Les thérapies spécifiques s'intègrent généralement aux thérapies précédentes, mais les utilisent soit pour des groupes spéciaux de patients (par ex. enfants, drogués, prisonniers), soit pour des troubles spécifiques (par ex. troubles du langage, troubles sexuels), de même que pour des thérapeutes particuliers (qu'il s'agisse par ex. de non-professionnels ou encore des sujets eux-mêmes).
Il faut ajouter ou superposer à ces 10 groupes une P. générale qui, sans dépendre d'aucune école, est

une science d'intervention plus fortement orientée sur le plan théorique.

Psychothérapie non directive ou par entretien : forme de thérapie fondée par C. ROGERS (1942) à partir de l'orientation thérapeutique humaniste. Les fondements théoriques reposent sur une conception de la personnalité selon laquelle l'homme serait déterminé par une tendance à l'actualisation (désir de déploiement de soi). Le but de la thérapie est la « personnalité en pleine possession de ses fonctions » et dont il s'agit de clarifier les sentiments, les désirs, les motivations et les besoins. A la base du procédé, il y a la supposition que les interprétations du thérapeute font peur au client et qu'en revanche la connaissance de son expérience ne peut lui devenir utile que s'il l'acquiert lui-même. C'est pourquoi le thérapeute retient ses « conseils » mais va audevant du patient de trois façons : par l'empathie (« reconnaître le sentiment exprimé », C. ROGERS), la valorisation (respect absolu, chaleur émotionnelle, estime de la personne, amour du prochain) et l'authenticité (autocongruence, transparence, autonomie, ouverture de soi). Par le processus thérapeutique relativement court (environ 25 séances), le patient doit pouvoir passer au moyen de l'exploration de soi (confrontation aux sentiments propres) d'un comportement aliéné envers ses propres sentiments et relations à des expériences de soi *(experiencing)* ouvertes et immédiates. Ce processus actif de transformation est formalisé par une échelle de degrés et évalué dans son progrès par le patient et le thérapeute après chaque séance. Chez l'enfant, le procédé est appliqué sous forme de thérapie ludique (V. AXLINE), chez l'adulte aussi bien sous forme de thérapie individuelle que de groupe *(encounter therapy)*.

Réactance : comportement qui vise à protéger la liberté de choix propre lorsque celle-ci est menacée ou opprimée. Les restrictions de liberté résultent aussi bien de la contrainte exercée par d'autres que de l'autorestriction, par ex. sous forme de renforcement des obligations envers autrui *(commitment)*. Du point de vue émotionnel, la liberté menacée entraîne un sentiment d'oppression, de gêne et d'irritation ; en termes cognitifs, un effet tunnel de possibilités alternatives diminuées, en termes béhavioristes, une inhibition de l'action. Individuellement et en situation, les hommes réagissent de façon différente à ces obstacles. On peut se soustraire par l'évitement aux conséquences négatives émotionnelles, cognitives et comportementales, on peut les supporter en silence (résignation ou détresse acquise), en inverser la représentation cognitive (fuir la liberté dans la régression, le masochisme, etc.), s'ériger contre la menace (résistance), ou bien combattre énergiquement le responsable (contre-attaque). Le type de R. ne dépend pas seulement de qualités personnelles, par ex. le degré de libre arbitre attendu, mais aussi de la force et des contenus de la menace. La théorie de la R. (J. W. BREHM) postule que ce mouvement contraire, quel que soit le type de comportement adopté, devient de plus en plus fort à mesure du manque de l'objet attendu. A l'inverse, l'attractivité peut augmenter du fait de la « rareté » de l'état de chose attendu.

Réaction : comportement agissant contre. Les possibilités de R. de l'homme sont pratiquement illimitées. Afin d'explorer cette multiplicité, de nombreuses théories de la R. ont été édifiées depuis les débuts de la ps. moderne. Le plus souvent, elles concernaient des thèmes spéciaux en vue d'améliorer le contrôle des possibilités de R. Une distinction essentielle a trait au déterminisme des R. : les systèmes de R. établies ont des causes corporelles et innées (réaction d'état), les systèmes de R. conditionnées répondent à des situations extérieures (réactions aux situations), les systèmes de R. ouverts dépendent des expériences vécues et les intègrent au comportement (réactions cognitives). Dans le déroulement des R., on prend en compte entre autres : les seuils de R. (selon la force du stimulus et de l'habitude ; *excitatory potential*, C. L. HULL), les temps de R. (durée de latence entre excitation et R. ; en fonction de l'attention, de la fatigue, de la complexité de la R. et du nombre des alternatives), l'insertion psychologique de la R. (action unique isolée ou bien chaîne de réactions connectées), l'arrièreplan social de la R. (activité rapportée à soi, duelle, groupale, collective), l'arrière-plan cognitif de la R. (activité animiste, finalisée, régulatrice).

Refoulement : l'un des concepts majeurs chez FREUD pour désigner la défense contre des excitations pulsionnelles menaçantes. Conformément à son modèle économique de personnalité, la « contention » de la libido use de divers mécanismes de défense, parmi lesquels le R. est le plus important. C'est lui qui permet de rejeter dans l'inconscient et d'y assigner des désirs pulsionnels avec les représentations qui y sont liées, et qui sont en conflit avec d'autres, par exemple des injonctions du surmoi. Durant la première phase, le R. originaire, s'accomplit un « barrage de la conscience » par lequel les représentations indésirables sont exclues de toute fixation dans la mémoire. Ce processus de défense devient refoulement pathologique ou R. proprement dit lorsqu'il se transforme en « noyau de cristallisation » névrotique. Le moi (selon FREUD) oppose à l'excitation choquante « un contre-investissement qui, en se liant avec l'énergie de l'émotion refoulée se transforme en symptôme ou s'intègre dans le moi comme formation réactionnelle, comme renforcement de certaines dispositions, comme modification durable ». Dans la troisième phase, celle du retour du refoulé, lorsque des événements actuels réveillent le matériau refoulé, apparaît une diminution du contre-investissement. Autrement dit, les symptômes névrotiques sont des « formations de compromis entre les représentations refoulées et refoulantes » qui, au moyen de la condensation et du déplacement, comme dans le rêve, restituent sous une forme déguisée la satisfaction pulsionnelle prohibée.

Rêve : la recherche sur le rêve se base sur la théorie du sommeil et tente de clarifier le contenu de l'expérience du rêve en le rapportant à ses causes. Selon des expériences de réveil, le vécu onirique a lieu dans un rapport de 80 à 7 % (le reste est indécidable) au cours des phases REM (*Rapid Eye Movement*, mouvement rapide des yeux durant environ 5 phases par sommeil). Il est vraisemblable que les rêves en phase REM sont plus cohérents et ordonnés que les rêves en phase non REM, plus rares. Le problème majeur de la recherche sur le rêve est celui de sa fonction. La recherche psychophysiologique sur le rêve fait appel à l'extinction périodique, non totale, du système nerveux non spécifique (FRA) ; les « illuminations » aléatoires de ces champs cellulaires pouvant alors conduire à des impressions psychiques sans conscience pleine. A l'inverse de cela, en ps. des profondeurs, on interprète les rêves comme étant des mesures actives de l'inconscient pour élaborer des états incomplètement résorbés du jour précédent ou des phases plus anciennes de la vie. En ps., le rêve est considéré comme une manifestation chiffrée de pensées latentes (cachées) pouvant être déchiffrées grâce à l'interprétation du rêve. Les cryptages se feraient par condensation (rétrécissement vers une caractéristique essentielle), déplacement (attribution erronée), renversement (par ex. d'objets matériels en une personne), clivage (par ex. dédoublement d'une figure onirique), surdéterminatiion (plusieurs personnes en une seule), déformation (objets symboliques). La relation entre le contenu du rêve et sa signification est parfois considérée comme stable, mais la plupart des chercheurs la considèrent cependant comme changeante et individuelle, de même qu'ils considèrent sa signification imagée comme plus ou moins aléatoire, et aussi qu'il serait problématique de les rapporter à des moments d'oppression psychologique qui en seraient la cause.

Sexualité : le comportement sexuel se prête à bien des niveaux de considération théorique :
(1) aspects somatiques : fonctions de l'appareil sexuel,
(2) fonctionnels : psychophysiologie de la stimulation sexuelle, de la procréation, etc.,
(3) psychologiques : choix sexuel, expérience sexuelle, angoisse sexuelle, habitudes sexuelles, visées individuelles (satisfaction, désirs infantiles, etc.),
(4) intéressant la dynamique de groupe : expérience du partenaire, compréhension des rôles sexuels, normativité des comportements sexuels, place de la S. dans la vie en commun, etc.,
(5) sociaux : information sexuelle, éducation sexuelle, planning familial, attentes sexuelles, attractivité sexuelle, etc.,
(6) idéologiques : morale sexuelle, émancipation sexuelle, phénomènes érotiques dans la mode,
(7) collectifs : législation sur la S., répression ou promotion de la S., influence indirecte sur la S. exercée par la promotion du logement, l'agencement des loisirs, la publicité, etc.
S'agissant du rapport sexuel, on distingue trois stades essentiels.
(A) Le comportement préliminaire prépare la relation sexuelle (coït) par la stimulation des réactions complexes de la physiologie sexuelle, favorise le développement parallèle de l'excitation chez la femme et chez l'homme, et élève le rapport sexuel au rang de communication interhumaine.
(B) Le rapport sexuel proprement dit (pénétration ou introduction du membre) est constitué de la phase d'excitation croissante (contraction musculaire, durcissement des mamelons, augmentation de la pression sanguine, transpiration, etc.) et de la phase orgasmique (éjaculation, orgasme vaginal, tachycardie, hyperventilation, accès de chaleur dans le bassin, sensation de contraction pulsative, état de haute tension avec diminution de conscience).
(C) Le comportement terminal est une expérience abrupte ou progressive de détente, qui se déroule souvent différemment chez la femme et chez l'homme, et devient pour cette raison l'occasion de troubles de la communication.
La problématique propre à la ps. de la S. repose avant tout sur le manque de connaissances existant en général sur la diversité des aspects du comportement sexuel concernant la satisfaction et l'inhibition individuelles, les nombreuses différenciations fonctionnelles, les troubles de l'interaction psychologique, l'influence des conditions sociales.

Signification : la catégorie « subjective » de l'être, à côté des catégories « objectives » que sont l'espace, le temps, la relation et la modalité. En tant que conscience de la signification, la S. se rapporte aux qualités d'une compréhension conforme au sens. Conformément au triangle sémiotique de Ogden & Richards (1923), cette compréhension est interprétée comme fonction établie entre les signes sémantiques (par ex. le mot), le contenu désigné (par ex. l'objet) et l'étendue des caractéristiques (grandeur, format, rang, qualité, validité, etc. ; c.-à-d. « signification » au sens restreint). C'est en fait étude des caractéristiques qui restitue le véritable monde psychologique vécu de la S., laquelle se divise, selon les intérêts, en domaines de signification très nombreux. En font surtout partie les évaluations significatives face au moi du sujet (concept de soi) et la perception de la position du sujet dans le monde (concept social). Ces significations propres à l'individu se relient aux significations conceptuelles générales appartenant à des groupes humains isolés ou à de vastes cercles de population. Dans l'ensemble, elles représentent le répertoire conceptuel appris (émotionnel, cognitif, idéologique, etc.) de significations d'une société. Il convient d'en distinguer la S. connotative qui repose sur les tendances (motivationnelles) à la réalisation de significations.

Socialisation : processus d'intégration, au cours de l'histoire personnelle, à des communautés, et création de relations communautaires adéquates à la personne. En conséquence, la S. consiste aussi bien à subir des conditions (par ex. les soins au nourrisson, l'apprentissage de la propreté), qu'à façonner des attentes sociales (par ex. recherche d'amitié, orientation des intérêts). L'ensemble de la « forme sociale » personnelle peut être sous-divisé en domaines particuliers.
(1) S'agissant de l'expectative ultérieure du rang, de la position dans l'échelle sociale, elle est déjà marquée dès l'enfance par les expériences, les habitudes et les attirances relatives au rang (dominance parents-enfants, rang dans la fratrie). Dans les phases ultérieures de la vie, de telles aspirations touchant le rang social seront simplement plus ou moins transformées.
(2) La même chose vaut pour la S. des rôles. Aux premières expériences s'ajoutent encore le stade social du rôle (par ex. enfant de maternelle, enfant d'école, etc.) et l'habitude du rôle (habitude familiale, habitude de la rue, jusqu'aux habitudes plus tardives dont celle de savoir aussi se mouvoir dans des pays étrangers).
(3) La S. des contacts concerne les nombreuses habitudes touchant au comportement social, par ex. l'acquisition socioculturelle du langage corporel (vivacité des gens du Sud par rapport à la raideur de ceux du Nord).
(4) Le pas le plus important dans la S. est la normalisation du comportement. L'homme est soumis à une série de règles non écrites, souvent inconnues aussi, et par ailleurs codifiées (à propos du comportement, de l'autocensure, de la fixation des buts, des lois étatiques, etc.) qu'il respecte plus ou moins : par ex. dans la transgression voilée des normes, leur préservation implicite même dans le cas de violation effective, jusqu'à l'internalisation des normes qui peuvent alors être revendiquées sur le plan idéologique, chez soi et autrui, à titre de « règles de conscience ».
Par conséquent, l'ensemble du processus de S. est une adaptation hautement complexe du comportement, qui peut être interprétée en termes théoriques comme fortement motivée soit par des forces pulsionnelles internes (par ex. pour la ps. des profondeurs) soit par les conditions externes (par ex. pour le béhaviorisme).

Soi : système d'objectivation individuelle. Le type d'« objectivation » du moi a connu de multiples descriptions théoriques. Globalement, l'unanimité règne sur le fait que le petit enfant est encore une « unité sujet-objet non différenciée » qui ne se scinde que peu à peu en un « soi » et un « autre » (environnement). L'homme connaît des régressions partielles de ce processus de scission dans l'état de brève durée du réveil (primordium), et en partie aussi dans l'expérience du rêve ou dans les états de griserie. D'un autre côté, le développement séparé d'un soi (individuation) est un processus progressif et non clos, dont l'état d'arrivée peut être décrit de manières diverses (entre autres par emprise religieuse ou idéologique, par ex. comme absence de désir, unification avec Dieu, maturité personnelle). Un problème fondamental est la question de savoir si le soi révèle des données inhérentes à la personne et dont l'homme s'approche par le développement de soi (auto-actualisation), ou bien si le soi est le résultat des événements rencontrés au cours de la vie (concept de life-events). Indépendamment de cette question fondamentale, les thèmes d'étude les plus importants se rapportent aux phases intermédiaires nombreuses et à strates multiples du développement de soi : naissance de la confiance en soi, sentiment de sa valeur propre, image de soi et image idéale, assurance, richesse intérieure (potentialités de l'homme). Le problème de la découverte de soi joue un grand rôle en ps. clinique (manque de connaissance de soi, consistance personnelle abolie, difficultés de la planification individuelle, crises d'identité, problématique de la valeur propre, carences personnelles), parce que le fait de devenir étranger à soi (aliénation) peut être la cause de nombreux troubles psychologiques.

Statistique : discipline propédeutique de la ps. qui se préoccupe de l'analyse quantitative de valeurs chiffrées, et ce de 5 façons : prise en compte exhaustive de masses de chiffres ; fiabilité des chiffres ; relation des chiffres entre eux ; probabilité d'apparition de valeurs chiffrées ; possibilité de réduire des masses de chiffres à un minimum de valeurs fondamentales. Ces 5 tâches sont élaborées dans 8 sections essentielles de la S. psychologique.
(1) Par transcription, on entend la meilleure représentation symbolique et la réduction adéquate de valeurs différentes à une base commune de transformation.
(2) Une élaboration essentielle des valeurs chiffrées consiste à déterminer leur type de distribution, c.-à-d. la manière variable dont les masses de chiffres sont ordonnables.
(3) Le calcul des probabilités indique quelles sont les valeurs chiffrées que l'on peut attendre, de manière à pouvoir tester en retour la fiabilité du matériel chiffré en cause.
(4) L'inférence statistique fait un pas de plus, en faisant intervenir des processus destinés à établir le degré de signification (problème des seuils de sécurité statistique).
(5) L'analyse de variance teste la différence des effets en fonction de la diversité des interventions (par ex. effets comparés de mesures thérapeutiques sur des sujets traités et non traités).
(6) Le calcul des corrélations établit la covariation

mais pas nécessairement le lien causal entre deux (ou plusieurs) séries de chiffres.
(7) L'analyse factorielle s'appuie sur le calcul des corrélations, mais l'élargit afin de rapporter un grand nombre de chiffres à quelques valeurs fondamentales (= facteurs).
(8) L'analyse de séquences temporelles compare les modifications dans le développement de valeurs chiffrées, en déterminant simultanément leur dépendance par rapport à des influences externes.

Stress : à l'origine, concept étroitement limité au surmenage physique, aujourd'hui généralisé aux situations dans lesquelles quelqu'un se sent oppressé. La polysémie du concept est à rapporter à la multiplicité des charges qui pèsent sur l'homme : les moments de S. sont innombrables (multiplicité des facteurs de S.), chacun les vit différemment (valorisations divergentes de ces facteurs), y réagit différemment et les maîtrise différemment (stratégies de S. divergentes). Il ne saurait par conséquent exister une manière générale d'élaborer le S.
Afin de rendre la notion de s. psychologiquement opératoire, plusieurs concepts en ont été développés : S. comme réaction, souvent devenue chronique, à l'urgence ; S. comme syndrome de menace (input, excès ou déficit) ; S. comme stratégie inadaptée de maîtrise ; S. comme réaction d'autoprotection au-delà d'un seuil individuel de S.
D'après SELYE (1974), on peut distinguer trois phases principales dans un processus de S. : phase d'alarme (le corps tente de s'adapter à la nouvelle situation), phase de résistance (phase de contrechoc d'une contre-réaction excessive), phase d'épuisement (syncope des mécanismes d'adaptation avec dommages éventuellement irréversibles). Les réactions de S. qui sont considérées comme particulièrement dommageables sont les réactions torpides dans lesquelles le sujet n'évacue pas la charge mais la subit sans défense et comme paralysé.

Suggestion : influence contraignante contournant la conviction rationnelle. La méthode suggestive dans le quotidien et l'influence par manipulation orientée dans la publicité, la politique, la thérapie, etc. présentent des formes multiples. Les 10 plus importantes méthodes de S. sont : la répétition (réitération constante jusqu'à ce que la résistance du sujet tombe), la fascination (éblouissement par rayonnement psychique, par ex. par détournement de l'attention et anesthésie de la conscience critique), l'effet de surprise (bouleversement du déroulement de la pensée par intervention de jugements injustifiés et sur-déterminés), la gradation (le forçage physique-émotionnel par la provocation suggestive), la cohésion (pression sociale sous l'influence majoritaire), l'expectation (séduction par espoir dans l'avenir et anticipation d'un but), la distanciation (utilisation du désir d'évitement pour fuir des liens actuels), la symbolisation (stimulation par des leurres supranormaux, c.-à-d. des stimuliclés exagérés pour déclencher des besoins fondamentaux), l'identification (assimilation à ce que l'on admire, par ex. sous forme d'adhésion à des puissances autoritaires), l'invalidation (suggestion contrastée, entre autres par exagération sophistique, par supposition apparente et ironique de l'opinion opposée, ou dévalorisation humoristique et sans agressivité de cette position contraire). Les manipulations, sous forme de S. amplifiée, augmentent encore le caractère facilement influençable des sujets concernés (suggestibilité), avant que ne soient mises en œuvre les influences massives, par ex. interventions sur le déroulement de la pensée, fustigation des sentiments, mise au pas, planification des besoins.

Théorie de l'environnement : détermination fonctionnelle de l'environnement. Dans son rapport à l'homme, l'environnement peut être considéré selon trois aspects.
(1) Depuis la géopsychologie de W. HELLPACH, on prête une attention accrue aux effets exercés sur l'homme par les agents bioclimatiques, les spécificités du paysage et l'écologie. Il est par exemple incontestable que l'influence de la lumière agit jusque sur l'état psychique. C'est la problématique de cette partie de la T. de l'environnement qui permet de déterminer les phénomènes à partir desquels s'exercent les effets de l'environnement. Les difficultés résultent surtout du fait que les effets de l'environnement s'exercent le plus souvent inconsciemment.
(2) L'environnement est par ailleurs le champ d'activité primordial des hommes. Il faut donc que la théorie de l'environnement essaie de distinguer ici entre les fonctions les plus diverses : par ex. l'environnement comme possibilité de se représenter soi-même ou de s'y adapter.
(3) Étant donné que homme et environnement ne se rapportent pas l'un à l'autre de manière univoque, une troisième partie de la ps. de l'environnement cherche à dégager les réseaux établis entre l'homme et l'environnement en tant que « psychotopes ». Le concept de psychotope rassemble toutes les interactions environnement-homme dont l'homme dépend, afin de maintenir sa santé psychique.
En raison des facultés d'adaptation extrêmes de l'homme, par ex. dans les milieux arctiques ou tropicaux, les limites de l'interaction homme-environnement sont moins distinctes, tout en existant. L'objet de recherche majeur de la ps. de l'environnement consiste à déterminer ces cadres de frontières pour l'homme, sur les plans aussi bien individuel et collectif, y compris dans leurs variations, et de les clarifier dans la perspective d'interventions.

Théorie de la mesure : partie théorique de la méthodologie qui se préoccupe de la possibilité de quantifier et de mesurer des processus psychiques. En raison de leur immatérialité, les processus psy-

chiques se soustraient généralement à la mesure directe (fondamentale). C'est donc la mesure indirecte qui doit venir à la place si l'on veut pouvoir établir des lois et formuler une légalité de manière vérifiable. De là résultent trois problèmes majeurs.
(1) La représentativité exige que les valeurs numériques établies restituent les processus psychiques sans les abréger, et qu'elles rendent néanmoins justice aux fondements mathématiques (par ex. composition, transitivité, etc.).
(2) L'utilisation d'échelles renvoie aux différents degrés de qualité des séries de mesures pratiquées : il peut s'agir de simples numérotations ou bien de véritables structures mathématiques, dont l'élaboration mathématique peut avoir du sens.
(3) Par des procédés de réduction appropriés (par ex. l'analyse factorielle), les quantifications peuvent remplir leur véritable fonction scientifique, en contribuant à la présentation comprimée (généralisation assurée) d'une diversité qui serait sinon incommensurable.

Théorie des masses : formations d'hypothèses et résultats d'expériences concernant les réactions, si possible régulières, du public de masse. A l'origine, l'opinion prévalait que la masse serait « une multitude sans structure d'hommes non individualisés, anonymes et incapables de décision », dont les réactions sans volonté propre pourraient être provoquées par n'importe quel type adapté de manipulation (par ex. « bétail électoral »), et qui tendrait d'une manière générale à la décadence culturelle. Depuis peu s'impose une opinion opposée selon laquelle se déroulent aussi dans la masse des processus réguliers et dynamiques qui pourraient conduire à des réactions relativement différenciées, par ex. dans le comportement électoral.
Dans la masse, on distingue entre les conditions de masse, c.-à-d. les conditions auxquelles les masses réagissent, et les tendances de masse, c.-à-d. les orientations de comportement généralisables qui se manifestent. Dans le premier cas, certaines caractéristiques passent pour être des motifs distinctifs particulièrement importants : le type de formation de la masse (masses présente, médiale, ou le cas échéant médioprésente), la polarisation (s'il existe un « parti adverse » et quel est-il), le positionnement (les conditions territoriales pour que des passions de masse puissent éclater), les points thématiques brûlants (à quoi se rapportent les réactions qui sont par ailleurs essentiellement émotionnelles).
Les tendances de masse concernent en premier lieu l'uniformisation de la ligne directrice par adaptation des réactions individuelles ; la distanciation est un phénomène tout aussi important exprimant la réactance latente de tous les membres de la masse, comme tentative partielle de dégagement ; le nivellement aplanit à nouveau ces tentatives de différenciation de certains groupes de masse, selon le type de formation de la masse (par ex. dans les insurrections) ; l'accentuation représente une élaboration symbolique de la masse en vue d'une affirmation plus marquée de ses visées (par ex. tendances typiques de la mode), et enfin la potentialisation du pouvoir de masse rend les participants anonymes capables d'actions (sans responsabilité individuelle) qui ne leur seraient pas accessibles en tant que personnes ou groupes individuels. En deçà de ces réactions manifestes, il existe des humeurs homogènes latentes, qui peuvent être disponibles longtemps avant d'éclater en réactions de masse. A titre d'exemple, peuvent se développer des formes de démoralisation résignée latente, ou d'agressivité larvée (la « rage au ventre »), et même un dangereux mélange irrationnel des deux en dépit de leur incompatibilité, qui éclate alors en de surprenantes éruptions de masse sans raison apparemment valable.

Théorie des systèmes : théorie des connexions en réseaux concernant des événements, phénomènes et caractéristiques personnelles. La T. des systèmes s'est développée parallèlement à la technologie des computers et à la cybernétique comme science du guidage des systèmes auto-organisateurs. Les systèmes hautement complexes (supersystèmes) réagissent de manière si multiforme, globale et diversifiée qu'ils ne peuvent plus être saisis par des méthodes de pensée de type causal. Les nouveaux styles de la pensée systémique reconnaissent ces conditions et ne tiennent pas les supersystèmes (par ex. les réactions humaines, les causes de troubles psychiques, le comportement communicationnel des groupes) pour plus simples qu'ils ne sont. Pour rendre justice à cette nouvelle exigence, il est besoin de déterminer (1) des qualités systémiques et (2) d'autres formes d'approche méthodologique avec les systèmes que les modèles linéaires cause-effet qui ne suffisent plus ici.
(1) Les qualités systémiques doivent décrire l'état de réseau du système concerné et déduire le degré d'activité systémique qui en découle. Le système le plus bas est l'amoncellement (« cumulus ») d'unités simultanées, connexes et non liées. Le degré supérieur est celui de l'agrégat (« composition »), avec des cellules connectées parallèlement mais travaillant pour elles-mêmes, et dont les effets ne sont reliés les uns aux autres qu'après coup. Le troisième degré est la structure (« réseau partiel ») qui connaît déjà des fonctions circulaires et des relations multiples par participation de partenaires échangeables. Quatrièmement, les formes (Gestalt) sont des totalités « suradditives » dont les fonctions individuelles ne sont pas autonomes, et ne peuvent expliquer le tout qui les dépasse. Pour finir enfin, les supersystèmes sont autodynamiques dans le sens où ils se maintiennent d'eux-mêmes dans leur activité, les activités isolées comportant un degré de connexion élevé de manière à rendre le supersystème opaque et peu accessible à des influences extérieures orientées.

(2) Pour décrire de tels supersystèmes, il est nécessaire de disposer d'une théorie de l'organisation des systèmes rétroactifs, entre autres une figuration imagée des réactions de bloc (modulaires). En termes de théorie de l'action, les techniques de planification en réseau édifient des stratégies par ordinateur pour parvenir à diriger les supersystèmes.

Théorie du signe : déjà amorcée dans l'Antiquité par la « théorie de la forme » d'ARISTOTE, fondée au Moyen Age par RAYMOND LULLE, développée au XVIIe siècle par GOTTFRIED WILHELM VON LEIBNIZ, puis au XIXe siècle par C. S. PEIRCE et par GOTTLOB FREGE sous forme de « langage conceptuel » (mathématisable), puis érigée par FERDINAND DE SAUSSURE (1916) en une théorie générale des signes (sémiologie), la T. du signe est aujourd'hui une théorie fondamentale de la communication entre l'objet et sa « signification », par le médium du signe ou du modèle. La psychocybernétique utilise aussi cette médiation du signe pour établir la relation réelle entre les processus neuronaux matériels comme support et la signification psychologique fondée elle-même sur la formation de modèles (codage des processus de support). La T. du signe se compose d'une théorie de la position des signes et d'une théorie de leurs relations (voir illustration du chap. II/5, C).
(1) Dans la relation réelle, peuvent aussi être mis en œuvre, dans la position centrale du signe, les concepts de forme ou de modèle, voire de codification (techniques de communication chiffrées, par ex. modulation d'amplitudes ou de fréquences).
(2) Tous les signes ont besoin d'une base du signe, par ex. d'un objet qu'ils désignent, ou d'un processus support, par ex. le processus neuronal, dont ils sont la codification ou l'image-modèle.
(3) La signification représente le « sens » de ce qui est désigné ou bien, dans le cas de la signification psychologique, aussi bien le vécu, le comportement que l'image psychique pertinente du monde extérieur.
(4) Les signes ou modèles ne peuvent être utilisés que s'ils sont prélevés sur une réserve de modèles (par ex. une langue, une bande de fréquence susceptible de transformations), c.-à-d. lorsque la variabilité du signe est assurée relativement au comportement informatif.
(5) Les signes sont toujours des médiateurs, par ex. entre des hommes, entre émetteur et récepteur, entre deux positions interactives. C'est cela seul qui constitue leur fonctionnalité (sans cela le fondement du signe et sa signification seraient inséparablement identiques).
(6) La théorie des relations commence par la sigmatique, qui établit la relation objective des signes et modèles à leur base (interchangeable).
(7) La syntactique clarifie la relation entre les modèles et leur réserve, autrement dit, plus ce stock est grand, plus on peut exprimer de choses (le contenu « possible » d'information).

Glossaire 483

(8) La pragmatique modifie ce champ de relations de façon concrète ou individuelle, c.-à-d. en fonction de la capacité de performance des émetteurs et récepteurs.
(9) La sémantique finalement examine la « liberté » des significations au-delà des modifications concernant la communication, l'information, la convention (= accords) et la destination (= visées finales), car les signes ou modèles peuvent être arbitrairement (et sans limite) « chargés » de significations.

Thérapie comportementale : groupe de procédés psychothérapeutiques qui s'appuient sur la théorie de l'apprentissage (dans la lignée de I. P. PAVLOV). Les fondements en sont le conditionnement classique, le conditionnement opérant, l'apprentissage par imitation et la théorie cognitive de l'apprentissage. Le modèle de base de la T. du comportement est l'apprentissage pas à pas d'un comportement finalisé. Les pas isolés sont constitués généralement par une analyse concrète du comportement, la détermination des segments d'apprentissage, la mise en place de l'apprentissage d'un petit pas, un entraînement à supporter le nouveau comportement, une période de contrôle de soi, à l'occasion, des séances booster (heures de répétition après la fin de la thérapie dans le but de rafraîchir ce qui a été appris). Les nombreux procédés isolés peuvent être regroupés en cinq groupes principaux.
(1) Les procédés d'élimination sont destinés à supprimer les comportements d'échec. L'un des procédés majeurs est la désensibilisation systématique (J. WOLPE) dans le but de déconstruire les réactions névrotiques d'angoisse selon 3 étapes : entraînement à une profonde relaxation musculaire, établissement de listes d'angoisses, confrontation de relaxation et d'excitations prélevées dans la liste des angoisses selon une gradation de difficulté croissante.
(2) Le plus souvent, les comportements d'acquisition utilisent le conditionnement opérant (B. F. SKINNER) pour construire le comportement souhaité. Un procédé important consiste dans l'apprentissage d'un modèle (A. BANDURA). Dans l'« apprentissage par substitution », on pratique l'imitation systématique d'un modèle ; ce peut être une personne (par ex. un thérapeute), un symbole (par ex. une figure dans un jeu de poupées) ou bien un référent « invisible », c.-à-d. la représentation d'un modèle convenu.
(3) Les procédés de confrontation usent du contact forcé avec des déclencheurs d'angoisse pour traiter les angoisses profondes ou superficielles responsables de troubles psychiques. Un procédé majeur est le *flooding* (raz-de-marée d'excitations ; J. MARKS) : pour ce faire, on expose intensivement, soit directement *(in-vivo flooding)* soit imaginairement *(Flooding in imagination)*, le patient au déclencheur d'angoisse.
(4) Les procédés de thérapie cognitive du comportement intègrent l'apprentissage cognitif à

l'entraînement. Un procédé majeur est celui de la thérapie rationnelle-émotive (A. ELLIS). On commence par évoquer des pensées irrationnelles (par ex. des attentes exagérées envers d'autres personnes), puis on interroge l'ensemble du « beliefsystem » irrationnel pour tenter de s'approcher d'un but que l'on aura établi.
(5) Les procédés d'entraînement courants sont en général des stratégies de résolution de problèmes. Un procédé majeur est le *biofeedback-training* (T. BARBER), surtout utilisé pour parer aux conséquences d'effets de stress. L'état de relaxation musculaire est provoqué artificiellement par des appareils et rappelé de façon acoustique et visuelle. La relaxation musculaire remémorée (y compris, dans les cas extrêmes, sous forme de *feedforward-training* simulé) est renforcée de façon positive, dans le cadre d'un entraînement à l'autorelaxation automatique.

Trouble mental psychique : ensemble de tous les états psychiques et formes de comportement qui tombent dans le domaine de l'« anormalité ». Les 3 systèmes classificatoires les plus importants sont le DSM-III-R (*Manuel diagnostique et statistique des troubles mentaux*, 3ᵉ éd. révisée), la classification internationale de l'Organisation mondiale de la Santé (CIM-10) et le *Manual zur Dokumentation psychiatr. Befunde* (AMP).
Le système DSM-III-R relève 17 groupes de troubles : 1. T. du développement, 2. T. mentaux d'origine organique, 3. T. provoqués par l'usage de substances psychoactives, 4. schizophrénie, 5. T. délirant (paranoïaque), 6. T. psychotiques (non classés ailleurs), 7. les T. de l'humeur, 8. T. anxieux (états névrotiques anxieux et phobiques) 9. T. somatoformes, 10. T. dissociatifs (ou névroses hystériques de type dissociatif), 11. T. sexuels, 12. T. du sommeil, 13. T. factices, 14. T. du contrôle des impulsions, non classés ailleurs, 15. T. de l'adaptation, 16. facteurs psychologiques influençant une affection physique, 17. les T. de la personnalité. Peuvent être déterminés comme « anormaux », un « trop » (excès), un « pas assez » (déficit) ou un « écart » (déviance) par rapport à une valeur d'attente personnelle, spécifique ou sociale (état d'exigence culturelle).
Après les concepts vieillis d'*insania* et d'*alienatio*, s'est établie depuis le XIXᵉ siècle une tradition fondée sur 4 concepts dominants : les psychoses (troubles très graves), les syndromes borderline (assez graves), les névroses (de gravité moyenne) et les T. du comportement (de faible gravité).
Font partie des psychoses : schizophrénies, cyclothymies, psychoses paranoïdes, psychoses réactionnelles, psychoses organiques cérébrales. On range parmi les syndromes borderline : hypocondrie, dépersonnalisation, déréalisation, sociopathie (personnalité antisociale). Sous le terme de névroses, on rassemble le plus souvent l'hystérie de conversion, la phobie, la névrose obsessionnelle, et le délire paranoïaque. Les troubles du comportement représentent naturellement le groupe le plus diversifié : T. fonctionnels (par ex. douleur psychogène, T. de l'appétit), T. du développement (par ex. anorexie pubertaire, *midlifecrisis*), T. des performances (par ex. phobie scolaire, dyslexie, dyscalculie), comportements déviants (alcoolisme, abus de drogues, pyromanie), T. de l'intelligence (par ex.: manie d'avoir toujours raison, ou de faire de l'esprit (moria), démence sénile), T. sexuels (par ex. impuissance, frigidité, inversion), T. du langage (par ex. aphasie, bégaiement, agrammatisme) et douleurs existentielles (par ex. menace suicidaire, réaction victimaire, hospitalisme, sentiment d'absurdité).

Typologie : essai pour former des groupes concernant soit des personnes soit des ensembles de qualités. S'agissant des personnes, les T. devraient surtout mettre en avant des caractéristiques dominantes permettant de distinguer certains hommes d'autres hommes. Celles-ci concernent, dans les T. les plus anciennes, les caractéristiques hormonales (entre autres HIPPOCRATE : colérique, mélancolique, sanguin, flegmatique), des types d'expérience vécue (entre autres RORSCHACH : introversif et extratensif), des types perceptifs (entre autres JAENSCH, synthétique et analytique), des types de pensée (entre autres WENZL, réceptif et signitif), des types de fonctions fondamentales (entre autres PFAHLER, attention et discours), des types d'attitudes (entre autres DRACH, moteurs et visuels), des types de conceptions du monde (entre autres JASPERS, centrés sur l'objet et enthousiastes), des formes de vie (SPRANGER, type esthétique et orienté vers le pouvoir). Ces types n'ont plus qu'une signification historique.
La T. constitutionnelle de KRETSCHMER représente une exception. Il distingue entre des caractéristiques dominantes de la forme corporelle liées à des tendances psychopathologiques : corps pycnique (trapu) avec tendance cycloïde, corps leptosome (mince) avec tendance schizoïde, corps athlétique avec tendance épileptoïde.
En tant que différenciations de groupes de personnes, les T. sont réfutées, parce que les expressions pures sont très rares, ce qui les rend impropres à la caractérisation des hommes.
Depuis les années 50, les unités visées par les T. ont passé des personnes aux processus psychiques. On tente depuis lors, pour des traits particuliers, par ex. la créativité, de regrouper des caractéristiques (clusters ou grappes) afin d'appréhender des relations fréquentes, ou bien de filtrer des caractéristiques fondamentales (facteurs) à partir de plusieurs d'entre elles. Cette typologisation est une taxonomie (le plus souvent expérimentalement et statistiquement étayée), c.-à-d. une classification sur la base d'une matrice de similitudes ou de corrélations.

BIBLIOGRAPHIE

Les années précédées d'un exposant indiquent la n^{ième} édition.
Les titres précédés d'un astérisque indiquent les ouvrages fondamentaux.

Introduction
R. Ghiglione, J.F. Richard (éd.) : *Cours de psychologie*. 4 vol., Dunod, Paris, 1992-1994.
D. Lagache : *L'unité de la psychologie*. PUF, Paris, 1949.
F. Parot, M. Richelle : *Introduction à la psychologie*, PUF, Paris, 1992.
J. Piaget, J.P. Bronckart, P. Mounoud (éd.) : *Psychologie*. Gallimard, Paris, 1987.
C.M. Prévost : *La psychologie fondamentale*, PUF, Paris, 1994.
M. Reuchlin : *Psychologie*. PUF, Paris, 1981.
M. Reuchlin, M. Huteau : *Guide de l'étudiant en psychologie*. PUF, Paris, ^{5}1991.
* D. Katz : *Ps. Atlas – orbis pictus psychologicus*. Schwabe, Bern, 1945.
* D. Krech, R.S. Crutchfield (Hg.) : *Grundlagen der Ps*. PVU, Weinheim, 1992.
G. Anschütz : *Ps*. Meiner, Hamburg, 1953.
R. Brown, R.J. Herrnstein : *Grundriß der Ps*. Springer, Berlin, 1984.
U. Laucken, A. Schick : *Einf. in das Studium der Ps*. Klett, Stuttgart, ^{4}1991.
H. Legewie, W. Ehlers : *Knaurs mod. Ps*. Droemer-Knaur, München, ^{2}1979.
G. Lüer (Hg.) : *Allgemeine Experimentelle Ps*. G. Fischer, Stuttgart, 1987.
W. u. U. Schönpflug : *Ps*. PVU, Weinheim, ^{2}1989.
H. Spada (Hg.) : *Lehrb. Allg. Ps*. Huber, Bern, 1990.
D. Ulich : *Einf. in die Ps*. Kohlhammer, Stuttgart, 1989.
I. Wagner : *Ps*. Lexikothek, Gütersloh, 1983.
D. Wendt : *Allg. Ps*. Kohlhammer, Stuttgart, 1989.
P.G. Zimbardo : *Ps*. Springer, Berlin, ^{5}1992.
La *Verlag für Psychologie*, Dr. C.J. Hogrefe, Göttingen projette une *Enzyklopädie der Ps*. en 88 vol. dont certains sont déjà parus. La *Fischer-Taschenbuch-Verlag* a sorti en 1990 un *Ps.-Lesebuch* (éd : H. Benesch et coll.) avec des morceaux choisis.

Chap. 1 : Terminologie
R. Doron, F. Parot (éd.) : *Dictionnaire de la psychologie*. PUF, Paris, 1991.
J. Laplanche, J.B. Pontalis : *Vocabulaire de la psychanalyse*. PUF, Paris, 1967.
N. Sillamy : *Dictionnaire encyclopédique de la psychologie*. PUF, Paris, 1967.
W. Arnold, H.J. Eysenck, R. Meili (Hg.) : *Lexikon der Ps*. 3 Bde, Herder, Freiburg, 1972.
R. Asanger, G. Wenninger (Hg.) : *Hwb. der Ps*. Beltz, Weinheim, 1992 (Studienausg.).
H. Benesch : *Hwb. zur Klin. Ps. und Psychotherapie*. PVU (in Vorb.), Weinheim.
E. Bornemann : *Lexikon der Sexualität*. Pawlak, Herrsching, 1984.
R. Brunner, W. Zeltner : *Lexikon der Pädagog. Ps. und Schulpädagogik*. Reinhardt, München, 1980.
R. Brunner, u. a. (Hg.) : *Wb. der Individualps*. Reinhardt, München, 1985.
G. Clauß (Hg.) : *Wb. der Ps*. Bibliograph. Institut, Leipzig, 1976.

R.J. Corsini (Hg.) : *Encyclopedia of Psychology*. 4 Bde, Wiley & Sons, New York, 1984.
F. Dorsch (Hg.) : *Ps. Wb*. Huber, Bern, ^{10}1982.
H.C.J. Duijker, M.J. van Rijswijk : *Dreispr. Ps. Wb*. Vangorcum, Assen, 1975.
K. Eichmann, I. Mayer : *Kursbuch Psychotherapie*. Weixler, München, 1985.
W.D. Fröhlich : *dtv-Wb. zur Ps*. dtv, München, ^{19}1993.
Th. Herrmann, P. Hofstätter, H. Huber, F. Weinert (Hg.) : *Hb. ps. Grundbegriffe*. Köse, München, 1977.
K. Immelmann : *Wb. der Verhaltensforschung*. Kindler, München, 1975.
E. Lippert, R. Wackenhut (Hg.) : *Hwb. der Polit. Ps*. Westdt. Verlag, Opladen, 1983.
H. Nagera (Hg.) : *Psychoanalyt. Grundbegriffe*. Fischer, Frankfurt, 1987.
U.H. Peters : *Wb. der Psychiatrie und med. Ps*. Urban & Schwarzenberg, München, ^{2}1977.
G. Rexilius, S. Grubitsch (Hg.) : *Hb. ps. Grundbegriffe*. Rowohlt, Reinbek, 1981.
W. Schmidbauer : *Ps.-Lexikon der Grundbegriffe*. Rowohlt, Reinbek, 1991.
F.B. Simon, H. Stierlin : *Die Sprache der Familientherapie*. Klett-Cotta, Stuttgart, ^{2}1992.
K.v. Sury : *Wb. der Ps. und ihrer Grenzgebiete*. Walter, Olten, ^{4}1974.
U. Tewes (Hg.) : *Lexikon der med. Ps*. Kohlhammer, Stuttgart, 1977.
Thesaurus of psychological terms. APA, Washington, ^{2}1977.
H. Zeiher : *Wb. der Lerntheorie und der Verhaltenstherapie*. Kindler, München, 1976.

Chap. 2 : Histoire des théories
H. Beauchesne : *Histoire de la psychopathologie*. PUF, Paris, 1986.
P. Cohen, J.P. Rieu (éd.) : *Les psychologues, où sont-ils ? Que font-ils ?* Synd. nat. des psych., Paris, ^{2}1994.
E. Jalley : *Les grandes orientations de la psychologie actuelle*. EMC Ed. tech., Paris, 1989.
E. Kretschmer : *La structure du corps et le caractère*. Payot, Paris, 1930.
M. Reuchlin : *Histoire de la psychologie*. PUF, Paris, 1957.
A. Touati (éd.) : *Annuaire-guide de la psychologie*. Desclée de Brouwer, Paris, ^{3}1994.
H. Balmer (Hg.) : *Gesch. der Ps*. 2 Bde, Beltz, Weinheim, 1982.
H. Benesch : *Hb. zur Prakt. Ps*. Studienverlag, Tübingen, ^{3}1973.
H. Benesch, F. Dorsch (Hg.) : *Berufsaufgaben und Praxis des Psychologen*. Reinhardt, München, 1984.
Berufsverband Dt. Psychologen (Hg.) : *Das Praxishb*. Dt. Psychologen Verlag, Bonn, 1986.
W.F. Bonin : *Die großen Psychologen*. Econ, Düsseldorf, 1983.
E.G. Boring : *A History of Experimental Psychology*. Appleton, New York, ^{2}1950.
R.M. Coan : « Toward a Psychological Interpretation of Psychology. Journ. Hist. Behavior. » Science, 9, 1973.

Bibliographie

F. Dorsch : *Gesch. und Probleme der angewandten Ps.* Huber, Bern, 1963.
P. Gottwald, Ch. Kraiker (Hg.) : *Zum Verhältnis von Theorie und Praxis in der Ps.* Beltz, Weinheim, 1976.
W. Hehlmann : *Gesch. der Ps.* Kröner, Stuttgart, 1963.
W. Herzog : *Modell und Theorie in der Ps.* Hogrefe, Göttingen, 1984.
A. Iseler, M. Perrez (Hg.) : *Relevanz in der Ps.* Reinhardt, München, 1976.
W. Leinfellner : *Einf. in die Erkenntnis- und Wiss. theorie.* BI, Mannheim, ³1980.
H.E. Lück, R. Miller, W. Rechtien : *Gesch. der Ps.* Urban & Schwarzenberg, München, 1984.
H. Misiak, U.S. Sexton : *History of Psychology.* Grune & Stratton, New York, 1966.
L.J. Pongratz : *Problemgesch. der Ps.* Francke, München, ²1984.
A.A. Roback : *Weltgeschichte der Ps. und Psychiatrie.* Walter, Olten, 1970.
K.A. Schneewind (Hg.) : *Wissenschaftstheoret. Grundlagen der Ps.* Reinhardt, München, 1977.
D. Schultz : *A History of Modern Psychology.* Academic Press, New York, 1981.
F. Seeger : *Relevanz und Entwicklung der Ps.* Steinkopff, Darmstadt, 1977.
H. Seiffert : *Einf. in die Wiss. theorie.* 3 Bde, Beck, München, ¹¹1991, ⁹1991, ²1992.
R.J. Watson : *The History of Ps. and Behavioral Science.* Springer, New York, 1978.
E.G. Wehner (Hg.) : *Geschichte der Ps.* Wiss. Buchges, Darmstadt, 1990.
M. Wertheimer : *A Brief History of Ps.* Holt, Rinehart & Winston, New York, 1970.

Chap. 3 : Méthodologie

P. Fraisse : *Manuel pratique de psychologie expérimentale.* PUF, Paris, 1974.
O. Houdé, D. Miéville : *Pensée logicomathématique : nouveaux objets interdisciplinaires.* PUF, Paris, 1993.
G. Lemaire, J.M. Lemaire : *Psychologie sociale et expérimentation.* Mouton-Bordas, Paris, 1969.
M. Reuchlin : *Les méthodes en psychologie.* PUF, Paris, 1969.
J.P. Rossi (éd.) : *La recherche en psychologie.* Dunod, Paris, 1991.
J. Archer, L.I.A. Birke : *Exploration.* Van Nostrand, Wokingham, 1983.
W. Arnold (Hg.) : *Ps. Praktikum.* 2 Bde, G. Fischer, Stuttgart, ⁷1972.
P. Atteslander : *Methoden zur empir. Sozialforschung.* de Gruyter, Berlin, ²¹1971.
H. Bartenwerfer, U. Raatz : *Methoden der Ps.* Akad. Verlagsges, Wiesbaden, 1979.
U. Baumann : *Ps. Taxometrie.* Huber, Bern, 1971.
H.H. Bock : *Automat. Klassifikation.* Vandenhoeck & Ruprecht, Göttingen, 1974.
* J. Bortz : *Lehrb. der empir. Forschung.* Springer, Berlin, 1984.
J. Bredenkamp, H. Feger (Hg.) : *Hypothesenprüfung.* Hogrefe, Göttingen, 1983.
W. Bungard (Hg.) : *Die « gute » Versuchsperson denkt nicht.* Urban & Schwarzenberg, München, 1980.
C.H. Coombs : *A Theory of Data.* Wiley, New York, 1964.
W. Deppe : *Formale Modelle in der Ps.* Kohlhammer, Stuttgart, 1977.
E. Dichter : *Hb. der Kaufentscheidung.* Econ, Düsseldorf, 1964.
A.L. Edwards : *Versuchsplanung in der ps. Forschung.* Beltz, Weinheim, ²1973.
H. Feger, J. Bredenkamp (Hg.) : *Enzyklopädie der Ps. Themenbereich B. Bände 2-5.* Hogrefe, Göttingen, 1983.
J. Friedrichs, H. Lüdtke : *Teilnehmende Beobachtung.* Beltz, Weinheim, ³1977.
V. Gadenne : *Theorie und Erfahrung in der ps. Forschung.* Mohr, Tübingen, 1984.
G. Gallup, S.F. Rae : *The Pulse of Democracy.* Simon & Schuster, New York, 1940.
G. Gigerenzer : *Messung und Modellbildung in der Ps.* Reinhardt, München, 1981.
W. Hawel (Hg.) : *Datenverarbeitung in der Ps.* Kohlhammer, Stuttgart, 1975.
Th. Herrmann : *Die Ps. und ihre Forschungsprogramme.* Hogrefe, Göttingen, 1976.
W. Herzog : *Modell und Theorie in der Ps.* Hogrefe, Göttingen, 1984.
G.L. Huber, H. Mandl (Hg.) : *Verbale Daten.* Beltz, Weinheim, 1982.
O. Huber : *Das ps. Experiment.* Huber, Bern, 1987.
G. Jüttemann (Hg.) : *Qualitative Forschung in der Ps.* Asanger, Heidelberg, ²1989.
J. Klapproth : *Einf. in die ps. Methodik.* Kohlhammer, Stuttgart, 1975.
R. König (Hg.) : *Hb. der empir. Sozialforschung.* 14 Bde, Enke, Stuttgart, ³1973.
K. Krippendorff : *Content Analysis.* Sage, Beverly Hills, 1980.
W. Kühn : *Einf. in die multidimensionale Skalierung,* Reinhardt, München, 1976.
W. Maschewsky : *Das Experiment in der Ps.* Campus, Frankfurt, 1977.
P. Mayring : *Qualitative Inhaltsanalyse.* DSV, Weinheim, 1990.
B. Orth : *Einf. in die Theorie des Messens.* Kohlhammer, Stuttgart, 1974.
C.E. Osgood : *Method and Theory in Experimental Ps.* Oxford Univ. Press., London, ³1962.
J.L. Patry (Hg.) : *Feldforschung.* Huber, Bern, 1981.
E. Roth (Hg.) : *Sozialwiss. Methoden.* Oldenburg, München, 1984.
G. Rudinger, F. Chaselon, E.J. Zimmermann, H.J. Henning : *Qualitative Daten.* Urban & Schwarzenberg, München, 1985.
H. Rust : *Inhaltsanalyse.* Urban & Schwarzenberg, München, 1983.
V. Sarris : *Methodolog. Grundl. der Experimentalps.* Reinhardt, München, 1990.
V. Sarris, A. Parducci (Hg.) : *Die Zukunft der experimentellen Ps.* PVU, Weinheim, 1987.
T. Schulz, K.-P. Muthig, K. Koeppler : *Theorie, Experiment und Versuchsplanung in der Ps.* Kohlhammer, Stuttgart, 1981.
H. Selg, W. Bauer : *Forschungsmethoden der Ps.* Kohlhammer, Stuttgart, 1971.
F. Sixtl : *Meßmethoden der Ps.* Beltz, Weinheim, 1967.

H. Stachowiak : *Allg. Modelltheorie*. Springer, Berlin, 1973.
W. Stegmüller : *Theoriedynamik*. Springer, Berlin, 1973.
S.S. Stevens (Hg.) : *Handbook of Experimental Psychology*. Wiley & Sons, New York, [3]1960.
W. Traxel : *Einf. in die Methodik der Ps.* Huber, Bern, 1964.
A. van Ven : *Einf. in die Skalierung*. Huber, Bern, 1980.
H. Wottawa : *Strategien und Modelle in der Ps.* Urban & Schwarzenberg, München, 1984.

Chap. 4 : Statistique
R.M. Dawes, C.N. Coombs : *Psychologie mathématique*. PUF, Paris, 1976.
M. Reuchlin : *Précis de statistique*. PUF, Paris, 1976.
H. Rouanet (éd.) : *Analyse inductive des données*. Dunod, Paris, 1990. – *Exercices et solutions. Statistiques en sciences humaines*. Dunod, Paris, 1995.
G. Bamberg, F. Baur : *Statistik*. Oldenbourg, München, [2]1982.
M. Bogun, C. Erben, R. Schulmeister : *Einf. in die Statistik*. 2 Bde, Beltz, Weinheim, 1983.
K. Brücker-Steinkuhl : *Die Analyse des Zufallsgeschehens*. Akad. Verlagsges, Wiesbaden, 1980.
* G. Clauß, H. Ebner : *Grundlagen der Statistik*. Volk und Wissen, Berlin (Est), [7]1983.
R.A. Fisher : *The Design of Experiments*. Oliver & Boyd, Edinburgh, [8]1966.
H. Gaensslen, W. Schubö : *Einfache und komplexe Analyse*. Reinhardt, München, [2]1976.
E. Kreyszig : *Statist. Verfahren und irhe Anwendung*. Vandenhoeck & Ruprecht, Göttingen, [5]1975.
W. Oberhofer : *Wahrscheinlichkeitstheorie*. Oldenbourg, München, 1979.
D. Revenstorf : *Faktorenanalyse*. Kohlhammer, Stuttgart, 1980.
L. Sachs : *Angew. Statistik*. Springer, Berlin, [4]1974.
D. Steinhausen, K. Langer : *Clusteranalysen*. De Gruyter, Berlin, 1977.
B. Strauß : *Einzelfallstatist. Analysen tägl. Selbstanalysen*. Lang, Bern, 1986.
H. Swoboda : *Knaurs Buch der mod. Statistik*. Droemer-Knaur, München, 1974.
U. Tränkle : *Mathemat. und statist. Methoden für Studierende*. Aschendorff, Münster, 1991.
T. Weber : *Zeitreihenanalysen in der Betriebsps. Diss.* Marburg, 1990.

Chap. 5 : Neuropsychologie
P. Buser, M. Imbert : *Psychophysiologie fonctionnelle*. Hermann, Paris, 1986.
M. Cocude, M. Jouhaneau : *L'homme biologique*. PUF, Paris, 1993.
J. Delacour : *Biologie de la conscience*. PUF, Paris, 1994.
G.E. Edelman : *Biologie de la conscience*. O. Jacob, Paris, 1992.
H. Hécaen : *Introduction à la neuropsychologie*. Larousse, Paris, 1972.
J.N. Missa : *L'esprit-cerveau*. Vrin, Paris, 1993.
M.R. Rosenzweig, A.L. Leiman : *Psychophysiologie*. Interéditions, Paris, [2]1991.
X. Seron : *La neuropsychologie cognitive*. PUF, Paris, 1993.

Bibliographie 487

* J.G. Beaumont : *Einf. in die Neurops*. Beltz, Weinheim, 1987.
D. Becker : *Hirnstromanalysen affektiver Verläufe*. Hogrefe, Göttingen, 1972.
Ch. Becker-Carus, Th. Heyden, G. Ziegler : *Psychophysiolog. Methoden*. Enke, Stuttgart, 1979.
H. Benesch : *Der Ursprung des Geistes*. DVA 1977, Stuttgart. dtv 1980 München. – *Zwischen Leib und Seele. Grundlagen der Psychokybernetik*. Fischer, Frankfurt, 1988.
N. Birbaumer : *Physiolog. Ps.* Springer, Berlin, 1975.
R. Bösel : *Physiolog. Ps.* De Gruyter, Berlin, 1981.
C.C. Brown : *Methods in Psychophysiology*. Williams & Wilkins, Baltimore, 1967.
A. Canavan, G. Sartory : *Klin. Neurops*. Enke, Stuttgart, 1990.
K.J. Ehrhardt : *Neurops. « motivierten » Verhaltens*. Enke, Stuttgart, 1975.
H.J. Eysenck : *The Biological Basis of Personality*. Thomas, Springfield, 1967.
J. Fahrenberg : *Psychophysiolog. Persönlichkeitsforschung*. Hogrefe, Göttingen, 1967.
M.S. Gazzaniga : *Das erkennende Gehirn*. Junfermann, Paderborn, 1988.
N.S. Greenfield, R.A. Sternbach (Hg.) : *Handbook of Psychophysiology*. Holt, Rinehart & Winston, New York, 1972.
S.P. Grossman : *Textbook of Physiological Psychology*. Wiley, New York, 1967.
E. Grünthal : *Psyche und Nervensystem*. Duncker & Humblot, Berlin, 1968.
G. Guttmann : *Lehrbuch der Neurops*. Huber, Bern, [3]1982.
M. Haider (Hg.) : *Neurops*. Huber, Bern, 1971.
N. Hennig (Hg.) : *Klin. Laboratoriumsdiagnostik*. Urban & Schwarzenberg, München, [3]1966.
W.R. Hess : *Ps. in biolog. Sicht*. Thieme, Stuttgart, [2]1968.
J.N. Hingtgen, D. Hellhammer, G. Huppmann (Hg.) : *Advanced Methods in Psychobiology*. Hogrefe, Toronto, 1987.
L. v. Karolyi : *Anthropometrie*. G. Fischer, Stuttgart, 1971.
H. Kuhlenbeck : *Gehirn und Bewußtsein*. Duncker & Humblot, Berlin, 1973.
O. Lanc : *Psychophysiolog. Methoden*. Kohlhammer, Stuttgart, 1977.
R.T. Louttit : *Physiolog. Ps.* Beltz, Weinheim, 1971.
A.R. Luria : *The Working Brain*. Penguin, London, 1973.
G. Meinecke : *Das Problem des Bewußtseins*. Duncker & Humblot, Berlin, 1973.
P.M. Milner : *Psychophysiological Ps.* Holt, Rinehart & Winston, London, 1973.
M. Myrtek : *Psychophysiologie. Konstitutionsforschung*. Hogrefe, Göttingen, 1980.
E. Perret : *Gehirn und Verhalten*. Huber, Bern, 1973.
R. Schandry : *Psychophysiologie*. Urban & Schwarzenberg, München, 1981.
V.B. Svečinskij : *Probleme der Neurokybernetik und Neurobiologie*. G. Fischer, Stuttgart, 1971.
T. v. Uexküll (Hg.) : *Psychosomat. Medizin*. Urban & Schwarzenberg, München, [3]1986.
K.W. Walsh : *Neuropsychology*. Churchill, Edinburgh, 1978.

V. Weiss : *Psychogenetik*. G. Fischer, Iéna, 1982.
D.E. Wooldridge : *Mechanik der Gehirnvorgänge*. Oldenbourg, München, 1967.

Chap. 6 : Psychologie de la perception

R. Francès : *La perception*. PUF, Paris, 1963.
M. Merleau-Ponty : *Phénoménologie de la perception*. Gallimard, Paris, 1945.
F. Tiberghien : *Introduction à la psychophysique*. PUF, Paris, 1988.
E. Vurpillot : *Le monde visuel du jeune enfant*. PUF, Paris, 1972.
E.L. Brown, R.K. Deffenbacher : *Perception and the Senses*. Oxford Univ. Press, New York, 1979.
S. Ertel, L. Kemmler, M. Stadler (Hg.) : *Gestalttheorie in der mod. Ps.* Steinkopff, Darmstadt, 1975.
A. Flade, G.M. Murch : *Wahrnehmung*. FIM, Erlangen, 1983.
J.J. Gibson : *Die Sinne und der Prozeß der Wahrnehmung*. Huber, Bern, 1973. – *Wahrnehmung und Umwelt*. Beltz, Weinheim, 1982.
D.M. Green, J.H. Sweets : *Signal Detection Theory and Physics*. Wiley, New York, 1966.
R.L. Gregory : *Auge und Gehirn*. Fischer, Frankfurt, 1972.
A. Hajos : *Einf. in die Wahrnehmungsps.* Wiss. Buchges, Darmstadt, 1980.
H. Helson : *Adaptation Level Theory*. Harper, New York, 1964.
K. Holzkamp : *Sinnl. Erkenntnis*. Athenäum, Frankfurt, 1973.
D.H. Hubel : *Auge und Gehirn*. Spektrum, Heidelberg, 1989.
H. Knipper : *Das Grundgesetz der Farbenlehre*. DuMont, Köln, ^{2}1980.
W. Metzger : *Gesetze des Sehens*. Kramer, Frankfurt, ^{3}1975. – (Hg.) : *Allg. Ps. 1. Halbbd. Wahrnehmung und Bewußtsein*. Hogrefe, Göttingen, 1966.
L.J. u. M. Milne : *Die Sinnenwelt der Tiere und Menschen*. Parey, Berlin, 1968.
C.G. Mueller, M. Rudolph : *Licht und Sehen*. Rowohlt, Reinbek, 1978.
H. Mühlendyck, W. Rüssmann : *Augenbewegung und visuelle Wahrnehmung*. Enke, Stuttgart, 1990.
G.M. Murch, G.L. Woodworth : *Wahrnehmung*. Kohlhammer, Stuttgart, 1978.
I.E. Plattner : *Zeitbewußtsein und Lebensgeschichte*. Asanger, Heidelberg, 1990.
I. Rock : *Wahrnehmung*. Spektrum der Wiss, Heidelberg, 1985.
B. Rosemann, M. Kerres : *Interpers. Wahrnehmen und Verstehen*. Huber, Bern, 1986.
V. Sarris : *Wahrnehmung und Urteil*. Hogrefe, Göttingen, ^{2}1975.
A. Schick, K.P. Walcher : *Bedeutungslehre des Schalls*. Lang, Bern, 1984.
W. Schüle (Hg.) : *Wahrnehmungsps*. Fachbuchhandlg. f. Ps., Frankfurt, 1978.
D. Schulte : *Feldabhängigkeit in der Wahrnehmungsps*. Hain, Meisenheim, 1974.
O. Selz : *Wahrnehmungsaufbau und Denkprozeß*. Huber, Bern, 1991.
H. Spada (Hg.) : *Lehrbuch Allg. Ps.* Huber, Bern, 1990.
S. Stevens, F. Warshofsky : *Schall und Gehör*. Rowohlt, Reinbek, 1980.
M. Velden : *Die Signalentdeckungstheorie in der Ps.* Kohlhammer, Stuttgart, 1982.
M.D. Vernon : *Perception through Experience*. Methuen, London, 1970.
R. Wendorf (Hg.) : *Im Netz der Zeit*. Hirzel, Stuttgart, 1989.
W. Wittling : *Einf. in die Ps. der Wahrnehmung*. HoCa, Hamburg, 1976.

Chap. 7 : Psychologie de la mémoire

C. Florès : *La mémoire*. PUF, Paris, ^{2}1974.
A. Lieury : *La mémoire*. Mardaga, Bruxelles, 1975. – *Les procédés mnémotechniques, science ou charlatanisme ?* Mardaga, Bruxelles, 1980.
M.R. Rosenzweig : *Biologie de la mémoire*. PUF, Paris, 1976.
A.E. Adams : *Informationstheorie und Psychopathologie des Gedächtnisses*. Springer, Berlin, 1971.
J. Adams : *Human Memory*. McGraw-Hill, New York, 1967.
A.W. Baddeley : *Die Ps. des Gedächtnisses*. Klett-Cotta, Stuttgart, 1979.
J. Bredenkamp, W. Wippich : *Lern- und Gedächtnisps*. Kohlhammer, Stuttgart, 1977.
J. Engelkamp : *Das menschl. Gedächtnis*. Hogrefe, Göttingen, ^{2}1991.
H.-J. Flechtner : *Das Gedächtnis*. Hirzel, Stuttgart, 1979.
K. Foppa : *Lernen, Gedächtnis, Verhalten*. Kiepenheuer & Witsch, Köln, ^{4}1968.
* C. Jüttner : *Gedächtnis*. Reinhardt, München, 1979.
L.F. Katzenberger : *Gedächtnis oder Gedächtnisse*. Ehrenwirth, München, 1967.
W. Kintsch : *Gedächtnis und Kognition*. Springer, Berlin, 1982.
F. Klix, A. Sydow (Hg.) : *Zur Ps. des Gedächtnisses*. Dt. Verlag der Wiss, Berlin (Ost), 1977.
A. Mayrink : *Gedächtnissuchprozesse*. PVU, Weinheim, 1992.
C. Monden-Engelhardt : *Attributionserinnerungen und Selbstbeurteilungen in der Persönlichkeitsdiagnostik*. Fachbuchh. für Ps., Frankfurt, 1986.
D.A. Norman (Hg.) : *Models of Human Memory*. Academic Press, New York, 1970.
K. Pribram, D.E. Broadbent (Hg.) : *Biology of Memory*. Academic Press, New York, 1970.
H.M. Rahmann : *Das Gedächtnis*. Bergmann, München, 1988.
D. Rapaport : *Gefühl und Erinnerung*. Klett-Cotta, Stuttgart, 1977.
R. Sinz : *Gehirn und Gedächtnis*. Verlag Volk und Gesundheit, Berlin (Ost), 1978.
E. Tulving, W. Donaldson (Hg.) : *Organization of Memory*. Acad. Press, New York, 1972.
K.S. Wender u.a. : *Modelle menschl. Gedächtnisses*. Kohlhammer, Stuttgart, 1980.
F.A. Yates : *Gedächtnis und Erinnern*. VCH, Weinheim, ^{2}1991.

Chap. 8 : Psychologie de l'apprentissage

A. Bandura : *L'apprentissage social*. Mardaga, Bruxelles, 1976.
F.P. Büchel (éd.) : *Textes de base en pédagogie. L'éducation cognitive*. Delachaux-Niestlé, Neuchâtel, 1995.

M. Blancheteau : *L'apprentissage animal*. Mardaga, Bruxelles, 1982.
C. George : *Apprendre par l'action*. PUF, Paris, 1983.
V. de Landsheere : *L'éducation et la formation*. PUF, Paris, 1992.
J.F. Le Ny : *Apprentissage et activités psychologiques*. PUF, Paris, 1967. – *Le conditionnement et l'apprentissage*. PUF, Paris, ^{5}1975.
M. Richelle : *Le conditionnement opérant*. Mardaga, Bruxelles, ^{2}1976.
H. Aebli : *Zwölf Grundformen des Lehrens*. Klett-Cotta, Stuttgart, 1983.
S. Alberti : *Verhaltenstherapie, Lernps*. Huber, Bern, 1975.
W.F. Angermeier, M. Peters : *Bedingte Reaktionen*. Springer, Berlin, 1973.
D.P. Ausubel, J.D. Novak, H. Hanesian : *Ps. des Unterrichts*. Beltz, Weinheim, ^{2}1980.
A.J. Ayres : *Lernstörungen*. Springer, Berlin, 1979.
A. Bandura : *Lernen am Modell*. Klett-Cotta, Stuttgart, 1976. – *Sozialkognitive Lerntheorie*. Klett-Cotta, Stuttgart, 1979.
* R. Bergius : *Ps. des Lernens*. Kohlhammer, Stuttgart, 1971.
V. Brandner : *Dynamik und Ineinanderwirken von Einstellungen*. Zs. f. exp. u. ang. Ps. 7, 1960.
C.H. Coombs, R.M. Dawes, A. Tversky : *Math. Ps.* Beltz, Weinheim, 1975.
G. Dietrich : *Pädagog. Ps. Bad*. Klinkhardt, Heilbrunn, 1984.
E. Fürntratt : *Motivation schul. Lernens*. Beltz, Weinheim, 1976.
N.L. Gage, D.C. Berliner : *Pädagog. Ps.* Ps. Verlags Union, München, ^{4}1986.
R.M. Gagné : *Die Bedingungen menschl. Lernens*. Schrödel, Hannover, 1969.
E.R. Hilgard, G.H. Bower : *Theorien des Lernens*. Klett-Cotta, Stuttgart, ^{3}1983.
E. Höhn : *Der schlechte Schüler*. Piper, München, 1980.
St. H. Hulse, H. Egeth, J. Deese : *The Psychology of Learning*. McGraw-Hill, New York, ^{5}1980.
D. Krech, R.S. Crutchfield (Hg.) : *Grundlagen der Ps. Lern- und Gedächtnisps*. PVU, Weinheim, 1992.
G.R. Lefrancois : *Ps. des Lernens*. Springer, Berlin, 1982.
J. Lyons (Hg.) : *Neue Perspektiven der Linguistik*. Rowohlt, Reinbek, 1974.
W. Metzig, M. Schuster : *Lernen zu lernen*. Springer, Berlin, 1982.
G. Mietzel : *Pädagog. Ps.* Hogrefe, Göttingen, 1973.
H. Neber (Hg.) : *Entdeckendes Lernen*. Beltz, Weinheim, 1973.
I.P. Pawlow : *Sämtl. Werke*. Akademie Verlag, Berlin (Ost), 1953.
B.F. Skinner : *Die Funktion der Verstärkung in der Verhaltenswiss*. Kindler, München, 1974. – *Futurum zwei*. Rowohlt, Reinbek, 1972.
E.L. Thorndike : *Fundamentals of Learning*. AMS Press, New York, ^{2}1971.
R.M.W. Travers : *Grundlagen des Lernens*. Oldenbourg, München, 1975.
B. Weidenmann, A. Krapp (Hg.) : *Pädagog. Ps.* Ps. Verlags Union, München, 1986.
H. Zeiher (Hg.) : *Lernen und Verhalten*. 2 Bde. Beltz, Weinheim, 1984.

Bibliographie 489

W. Zielinski : *Lernschwierigkeiten*. Kohlhammer, Stuttgart, 1980.

Chap. 9 : Psychologie de l'action
M. Bonvallet : *Système nerveux et vigilance*. PUF, Paris, 1966.
A. Leontiev : *Activité, conscience, personnalité*. Ed. progr., Moscou, 1984.
C.M. Prévost : *La volonté*. PUF, Paris, 1986.
J.F. Richard : *L'attention*. PUF, Paris, 1980.
M. Stambak : *Tonus et psychomotricité dans la première enfance*. Delachaux-Niestlé, Neuchâtel, 1963.
L.-M. Alisch, L. Rössner : *Grundlagen einer generellen Verhaltenstheorie*. Reinhardt, München, 1977.
J.W. Atkinson, D. Birch : *The Dynamics of Action*. Wiley, New York, 1970.
* D.E. Berlyne : *Konflikt, Erregung, Neugier*. Klett, Stuttgart, 1970.
D.N. Bruckner, J.J. McGrath (Hg.) : *Vigilance. A Symposium*. McGraw-Hill, New York, 1963.
C.S. Carver, M.F. Scheier : *Attention and Selfregulation*. Springer, New York, 1981.
E. Duffy : *Activation and Behavior*. Wiley, New York, 1962.
K.H. Erdmann (Hg.) : *Perspektiven menschl. Handelns*. Springer, Berlin, 1992.
J. Fahrenberg, F. Foerster, H.J. Schneider, W. Müller, M. Myrtek : *Aktivierungsforschung im Labor-Feldvergleich*. Minerva, München, 1984.
H. Feger : *Konflikterleben und Konfliktverhalten*. Huber, Bern, 1978.
P.A. Fiedler, G. Hörmann (Hg.) : *Aktionsforschung in Ps. und Pädagogik*. Steinkopff, Darmstadt, 1978.
N. Groeben : *Handeln, Tun, Verhalten*. Francke, Tübingen, 1986.
O.W. Haseloff (Hg.) : *Struktur und Dynamik des menschl. Verhaltens*. Kohlhammer, Stuttgart, 1971.
H. Heckhausen : *Motivation und Handeln*. Springer, Berlin, 1980.
K. Horn (Hg.) : *Aktionsforschung*. Syndikat, Frankfurt, 1979.
G. Kaminski : *Verhaltenstheorie und Verhaltensmodifikation*. Klett, Stuttgart, 1970.
F. Klix : *Information und Verhalten*. Huber, Bern, ^{3}1976.
J. Kuhl : *Motivation, Konflikt und Handlungskontrolle*. Springer, Berlin, 1983.
U. Laucken : *Naive Verhaltenstheorie*. Klett, Stuttgart, 1974.
T. Leithäuser : *Formen des Alltagsbewußtseins*. Fachbuchh. f. Ps., Frankfurt, 1976.
H. Lenk (Hg.) : *Handlungstheorien – interdisziplinär*. Fink, München, 1984.
E.H. Lück : *Prosoziales Verhalten*. Kiepenheuer & Witsch, Köln, 1975.
G.A. Miller, E. Galanter, K.H. Pribram : *Strategien des Handelns*. Klett, Stuttgart, 1973.
H. Moser : *Praxis der Aktionsforschung*. Kösel, München, 1977.
R. Oesterreich : *Handlungsregulation und Kontrolle*. Urban & Schwarzenberg, München, 1981.
K. Pawlik : *Dimensionen des Verhaltens*. Huber, Bern, ^{3}1976.
W. Schönpflug (Hg.) : *Methoden der Aktivierungsforschung*. Huber, Bern, 1969.

Bibliographie

A. Schütz : *Theorie der Lebensformen*. Suhrkamp, Frankfurt, 1971.
M.E.P. Seligman : *Gelernte Hilflosigkeit*. Urban & Schwarzenberg, München, 1980.
N. Senner : *Streßbezogene Tätigkeitsanalyse*. Beltz, Weinheim, 1984.
T. Tomaszewski : *Tätigkeit und Bewußtsein*. Beltz, Weinheim, 1978.
W. Volpert : *Handlungsstrukturanalyse*. Pahl-Rugenstein, Köln, 1974. – (Hg.) : *Beiträge zur Handlungstheorie*. Huber, Bern, 1980.
B. Weiner : *Die Wirkung von Erfolg und Mißerfolg auf die Leistung*. Huber, Bern, 1975.
H. Werbik : *Handlungstheorien*. Kohlhammer, Stuttgart, 1978.

Chap. 10 : Psychologie de la cognition

D. Andler : *Une introduction aux sciences cognitives*. Gallimard, Paris, 1992.
C. Bonnet (éd.) : *Traité de psychologie cognitive*. 3 vol. Dunod, Paris, 1989-1990.
J.P. Haton : *L'intelligence artificielle*. PUF, Paris, 1989.
P. Oléron : *L'intelligence de l'homme*. Colin, Paris, 1989.
J. Piaget : *L'équilibration des structures cognitives*. PUF, Paris, 1975.
A. Kremer-Marietti : *La philosophie cognitive*. PUF, Paris, 1994.
J.F. Richard : *Les activités mentales*. Colin, Paris, 1990.
A. Weil-Barais (éd.) : *L'homme cognitif*. PUF, Paris, 1993.
H. Aebli : *Denken als Ordnen des Tuns*. 2 Bde, Klett-Cotta, Stuttgart, 1980/82.
R. Arbinger : *Entwicklung und Veränderung kognitiver Strukturen*. Lang, Ffm., 1980.
F. Attneave : *Informationstheorie in der Ps*. Huber, Bern, [2]1969.
J. Beckmann : *Kognitive Dissonanz*. Springer, Berlin, 1984.
D. Betz : *Psychophysiologie kognitiver Prozesse*. Reinhardt, München, 1974.
N. Chomsky : *Aspekte der Syntaxtheorie*. Suhrkamp, Frankfurt, 1969.
D. Dörner, H.W. Kreuzig, F. Reither, T. Ständel (Hg.) : *Vom Umgang mit Unbestimmtheit und Komplexität*. Huber, Lohhausen, Bern, 1983.
R. Downs, D. Stea : *Kognitive Karten*. Harper & Row, New York, 1982.
J.H. Flavell : *Kognitive Entwicklung*. Klett-Cotta, Stuttgart, 1979.
K. Fiedler : *Urteilsbildung als kognitiver Vorgang*. Minerva, München, 1980.
C.E. Gregory : *Die Organisation des Denkens*. Herder, Freiburg, 1974.
W. Hacker, W. Volpert, M. v. Cranach (Hg.) : *Kognitive und motivationale Aspekte der Handlung*. Huber, Bern, 1982.
W. Hussy : *Denkps*. Kohlhammer, Stuttgart, 1984.
A.O. Jäger : *Dimensionen der Intelligenz*. Hogrefe, Göttingen, [2]1970.
J.L. Janis, L. Mann : *Decision Making*. Free Press, New York, 1977.
L.F. Jarvik, C. Eisdorfer, J.E. Blum (Hg.) : *Intellectual Functioning in Adults*. Springer, New York, 1973.
R.C. Jeffrey : *Logik der Entscheidungen*. Oldenbourg, München, 1967.
M.A. Just, P.A. Carpenter (Hg.) : *Cognitive Processes in Comprehension*. Erlbaum, Hillsdale, 1977.
R. Kluwe, H. Spada (Hg.) : *Studien zur Denkentwicklung*. Huber, Bern, 1980.
W. Lee : *Entscheidungstheorie*. Beltz, Weinheim, 1977.
H. Leisegang : *Denkformen*. de Gruyter, Berlin, [2]1951.
H. Mandl, G.L. Huber (Hg.) : *Kognitive Komplexität*. Hogrefe, Göttingen, 1978.
R.E. Mayer : *Denken und Problemlösen*. Springer, Berlin, 1979.
R. Meili : *Struktur der Intelligenz*. Huber, Bern, 1981.
L. Montada, K. Reusser, G. Steiner (Hg.) : *Kognition und Handeln*. Klett-Cotta, Stuttgart, 1983.
G. Mühle, C. Schell (Hg.) : *Kreativität und Schule*. Piper, München, 1970.
U. Neisser : *Kognitive Ps*. Klett, Stuttgart, 1974.
A. Newell, H.A. Simon : *Human Problem Solving*. Prentice-Hall, Englewood Cliffs, 1972.
D. Norman, D.E. Rumelhart : *Explorations in Cognition*. Freeman, San Francisco, 1975.
R. Oerter : *Psychologie des Denkens*. Auer, Donauwörth, [4]1974.
* M.J. Posner : *Kognitive Ps*. Juventa, München, 1976.
J. Rattner : *Ps. des Vorurteils*. Classen, Zürich, 1971.
G. Ulmann (Hg.) : *Kreativitätsforschung*. Kiepenheuer & Witsch, Köln, 1973.
F.E. Weinert, R.H. Kluwe (Hg.) : *Metakognition*. Kohlhammer, Stuttgart, 1984.
M. Wertheimer : *Produktives Denken*. Kramer, Frankfurt, 1957.
M.G. Wessells : *Kognitive Ps*. Reinhardt, München, [2]1990.
H. Wimmer, J. Perner : *Kognitionps*. Kohlhammer, Stuttgart, 1979.

Chap. 11 : Psychologie de la communication

J.P. Bronckart : *Théories du langage : une introduction critique*. Mardaga, Bruxelles, 1977.
J. Caron : *Précis de psycholinguistique*. PUF, Paris, 1989.
O. Ducrot : *Le dire et le dit*. Minuit, Paris, 1984.
A. Martinet : *Eléments de linguistique générale*. Colin, Paris, 1973.
E. Matthei, T. Roeper : *Introduction à la psycholinguistique*. Dunod, Paris, 1988.
G.H. Mead : *L'esprit, le soi et la société*. PUF, Paris, 1963.
P. Oléron : *Langage et développement*. Dessart, Bruxelles, 1972. – *L'acquisition du langage*. PUF, Paris, 1979.
L.S. Vygotsky : *Pensée et langage*. Ed. soc., Paris, 1985.
* P. Watzlawick, J.H. Beavin, D.D. Jackson : *Une logique de la communication*. Seuil, Paris, 1972.
M. Argyle : *Soziale Interaktion*. Kiepenheuer & Witsch, Köln, 1972.
M. Argyle, M. Trower : *Signale von Mensch zu Mensch*. Beltz, Weinheim, 1981.
J.L. Austin : *Zur Theorie der Sprechakte*. Reclam, Stuttgart, 1972.

R.F. Bales : *Die Interaktionsanalyse*. In : R. König (Hg.) : *Hb. der empir. Sozialforschung*. Enke, Stuttgart, ³1973.
J.W. Brehm : *Theory of Psychological Reactance*. Academic Press, New York, 1966.
D. Byrne : *The Attraction Paradigm*. Academic Press, New York, 1971.
C. Cherry : *Kommunikationsforschung*. Fischer, Frankfurt, 1967.
H. Crott : *Soziale Interaktion und Gruppenprozesse*. Kohlhammer, Stuttgart, 1979.
N. Dittmar : *Soziolinguistik*. Athenäum, Königstein, ⁴1980.
E. Goffman : *Encounters*. Bobs-Merill, Indiana, 1961.
H. Grimm, J. Engelkamp : *Sprachps*. Schmidt, Berlin, 1981.
Th. Herrmann : *Allg. Sprachps*. Urban & Schwarzenberg, München, 1985.
G.C. Homans : *Elementarformen sozialen Handelns*. Westdt. Verlag, Köln, 1968.
H. Hörmann : *Einf. in die Psycholinguistik*. Wiss. Buchges, Darmstadt, 1981.
E.D. Lantermann : *Interaktionen*. Urban & Schwarzenberg, München, 1980.
K. Lewin : *Grundzüge einer topolog. Ps*. Huber, Bern, 1969.
J. Luft, H. Ingham : *Human Relations Training News*. Nat. Education Ass., Washington, 1961.
G. Maletzke : *Ps. der Massenkommunikation*. Hans Bredow Institut, Hamburg, 1963.
S. Maser : *Grundlagen der allg. Kommunikationstheorie*. Kohlhammer, Stuttgart, 1971.
G. Meggle : *Grundbegriffe der Kommunikation*. De Gruyter, Berlin, 1981.
H. Merkens, H. Seiler : *Interaktionsanalyse*. Kohlhammer, Stuttgart, 1978.
G. Mikula (Hg.) : *Gerechtigkeit und soziale Interaktion*. Huber, Bern, 1980.
S. Milgram : *Das Milgram-Experiment*. Rowohlt, Reinbek, 1974.
U. Piontkowski : *Ps. der Interaktion*. Juventa, München, 1976.
K.R. Scherer, G.H. Walbott (Hg.) : *Nonverbale Kommunikation*. Beltz, Weinheim, 1979.
W. Schramm (Hg.) : *Grundfragen der Kommunikationsforschung*. Juventa, München, 1964.
H.M. Schroder, M.J. Driver, S. Streufert : *Human Information Processing*. Holt, Rinehart & Winston, New York, 1967.
H. Schultze (Hg.) : *Kommunikation*. Umschau, Frankfurt, 1973.
N. Semmer, M. Pfäfflin : *Interaktionstraining*. Beltz, Weinheim, 1978.
J.W. Thibaut, H.H. Kelley : *The Social Psychology of Groups*. Wiley, New York, 1959.
D. Vieweger (Hg.) : *Grundfragen einer Theorie der sprachl. Tätigkeit*. Akademie Verlag, Berlin (Ost), 1984.
M. Waller : *Soziales Lernen und Interaktionskompetenz*. Klett-Cotta, Stuttgart, 1978.
P. Watzlawick, J.H. Weakland (Hg.) : *Interaktion*. Huber, Bern, 1980.
St. G. West, R.A. Wicklund : *Einf. in sozialps. Denken*. Beltz, Weinheim, 1984.

Chap. 12 : Psychologie de l'émotion
R. Dantzer : *Les émotions*. PUF, Paris, 1988.
M.B. Arnold : *Emotion and Personality*. Columbia Press, New York, 1980.
P. Becker : *Studien zur Ps. der Angst*. Beltz, Weinheim, 1980.
R. Bösel : *Biops. der Emotionen*. De Gruyter, Berlin, 1986.
E.H. Bottenberg : *Emotionsps*. Goldmann, München, 1972.
J. Bowlby : *Das Glück und die Trauer*. Klett-Cotta, Stuttgart, 1982.
C. Burt : *The Factorial Study of Emotions*. In : Reymert (s.u.).
D.K. Candland, J.P. Fell, E. Keen, A.I. Leshner, R.M. Tarpy, R. Plutchik : *Emotion*. Brooks & Cole, Monterey, 1972.
M. Clynes : *Sentics : The Touch of Emotion*. Anchor Press, New York, 1977.
L. Eckensberger, E.D. Lantermann (Hg.) : *Emotion und Reflexivität*. PVU, München, 1985.
G. Erdmann : *Zur Beeinflußbarkeit emotionaler Prozesse durch vegetative Variationen*. Beltz, Weinheim, 1983.
* H.A. Euler, H. Mandl (Hg.) : *Emotionsps*. Urban & Schwarzenberg, München, 1983.
H.M. Gardiner, R.C. Metcalf, J.G. Beebe-Center : *Feeling and Emotion*. Greenwood Press, Westport, 1970.
J.A. Gray : *The Neuropsychology of Anxiety*. Clarendon, Oxford, 1982.
A. Heller : *Theorie der Gefühle*. VSA-Verlag, Hamburg, 1981.
R. Hilke, W. Kempf (Hg.) : *Aggression*. Huber, Bern, 1982.
J.A.R.A.M. van Hooff : *A Comparative Approach to the Phylogeny of Laughter and Smiling*. In : R.A. Hinde (Hg.) : *Non-verbal Communication*. Univ. Press, Cambridge, 1972.
G.E. Izard : *Die Emotionen des Menschen*. Beltz, Weinheim, 1981.
W. James : *Principles of Psychology*. Holt, Rinehart & Winston, New York, 1890.
G. Kahle (Hg.) : *Logik des Herzens*. Suhrkamp, Frankfurt, 1981.
T.D. Kemper : *A Social Interactional Theory of Emotions*. Wiley, New York, 1978.
F. Krueger : *Das Wesen der Gefühle*. Akadem. Verlagsges, Leipzig, 1928.
L. Levi (Hg.) : *Emotions*. Raven Press, New York, 1975.
B.D. Lewin : *Das Hochgefühl*. Suhrkamp, Frankfurt, 1982.
M. Lewis, L.A. Rosenblum (Hg.) : *The Development of Affect*. Plenum Press, New York, 1978.
H. Mandl, G.L. Huber (Hg.) : *Emotion und Kognition*. Urban & Schwarzenberg, München, 1983.
G. Mandler : *Denken und Fühlen*. Junfermann, Paderborn, 1979.
K. Obuchowski : *Orientierung und Emotion*. Pahl-Rugenstein, Köln, 1982.
R. Plutchik : *The Emotions*. Random House, New York, 1962.
R. Plutchik, H. Kellerman (Hg.) : *Emotions : Theory, Research, and Experience*. Academic Press, New York, 1983.

Bibliographie

M.L. Reymert (Hg.) : *Feelings and Emotions*. Clark Univ. Press, Worcester, 1928.
W. Rost : *Emotionen*. Springer, Berlin, 1990.
K.R. Scherer (Hg.) : *Facets of Emotion*. Erlbaum, Hilsdale, 1988.
L. Schmidt-Atzert : *Emotionsps*. Kohlhammer, Stuttgart, 1981.
R. Schwarzer : *Streß, Angst und Hilflosigkeit*. Kohlhammer, Stuttgart, 1981.
C. Spielberger : *Streß und Angst*. Beltz, Weinheim, 1980.
G. Stemmler : *Psychophysiolog. Emotionsmuster*. Lang, Frankfurt, 1984.
H. Thomae (Hg.) : *Motivation und Emotion*. Hogrefe, Göttingen, 1983.
D. Ulich : *Das Gefühl*. Urban & Schwarzenberg, München, ²1989.
L. Wigotski : *Ausgew. Schriften 2. Bd*. Volk u. Wissen, Berlin, 1985.
W. Wundt : *Grundzüge der physiolog. Ps.* 2 Bde, Engelmann, Leipzig, ⁶1910.

Chap. 13 : Psychologie de la personnalité

J. Bergeret : *Psychologie pathologique*. Masson, Paris, 1979. – *La personnalité normale et pathologique*. Dunod, Paris, 1985.
G. Besançon : *Manuel de psychopathologie*. Dunod, Paris, 1993.
S. Ionescu : *Quatorze approches de la psychopathologie*. Nathan, Paris, 1991.
Manuel diagnostique et statistique des troubles mentaux. Masson, Paris, 1989.
Mini DSM III. Critères diagnostiques. Masson, Paris, 1990.
G. Simondon : *L'individuation psychique et collective*. Aubier, Paris, 1989.
G.W. Allport : *Persönlichkeit*. Hain, Meisenheim, ²1959. – *Werden der Persönlichkeit*. Fischer, Frankfurt, 1983.
M. Amelang, H.-J. Ahrens (Hg.) : *Brennpunkte der Persönlichkeitsforschung*. 1 Bd. Hogrefe, Göttingen, 1984.
M. Amelang, D. Bartussek : *Differentielle Ps. und Persönlichkeitsforschung*. Kohlhammer, Stuttgart, ²1985.
A. Angleitner : *Einf. in die Persönlichkeitsps*. 2 Bde. Huber, Bern, 1980.
R. Becker-Schmidt : *Frauenforschung*. In : R. Asanger, G. Wenninger (Hg.) : *Handwb. Ps*. PVU, Weinheim, ⁴1992.
R.C. Bolles : *Theory of Motivation*. Harper & Row, New York, 1975.
J.D. Brown u.a. : *Nebraska Symposium on Motivation*. Univ. of Nebraska Press, Lincoln, 1952-68.
R.B. Cattell : *Personality and Learning*. 2 Bde, Springer, New York, 1979/80.
C.N. Cofer, M.H. Appley : *Motivation, Theory and Research*. Wiley, New York, 1964.
M. v. Cranach, U. Kalbermatten, K. Indermühlen, B. Engler : *Zielgerichtetes Handeln*. Huber, Bern, 1980.
W.F. Debler : *Attributionsforschung*. AVM, Salzburg, 1984.
E.L. Deci : *Intrinsic Motivation*. Plenum Press, New York, 1975.
A. Degenhardt, H.M. Trautner (Hg.) : *Geschlechtstyp. Verhalten*. Beck, München, 1979.
J.M. Deusinger : *Interpersonale Beurteilung*. Hogrefe, Göttingen, 1980.
P. Eckmann : *Gesichtsausdruck und Gefühl*. Junfermann, Paderborn, 1988.
N.S. Endler, D. Magnusson (Hg.) : *Interactional Psychology and Personality*. Hemisphere, Washington, 1975.
J. Fast : *Körpersprache*. Rowohlt, Reinbek, 1983.
H.-J. Fisseni : *Persönlichkeitsbeurteilung*. Hogrefe, Göttingen, 1982.
W. Gutjahr : *Die Messung psych. Eigenschaften*. Kiepenheuer & Witsch, Köln, 1977.
H. Heckhausen : *Motivation und Handeln*. Springer, Berlin, 1980.
Th. Herrmann : *Lehrb. der empir. Persönlichkeitsforschung*. Hogrefe, Göttingen, ²1972.
* Th. Herrmann, E.-D. Lantermann (Hg.) : *Persönlichkeitsps*. Urban & Schwarzenberg, München, 1985.
H.-W. Hoefert : *Person und Situation*. Hogrefe, Göttingen, 1982.
P.R. Hofstätter : *Persönlichkeitsforschung*. Kröner, Stuttgart, ²1977.
A.R. Kaplan (Hg.) : *Human Behavior Genetics*. Thomas, Springfield, 1976.
J.A. Keller : *Grundlagen der Motivation*. Urban & Schwarzenberg, München, 1981.
G.A. Kelly : *A Theory of Personality*. Norton, New York, 1963.
G. Krampen : *Differentialps. der Kontrollüberzeugungen*. Hogrefe, Göttingen, 1982.
Ph. Lersch : *Aufbau der Person*. Barth, München, ⁸1962.
A.H. Maslow : *Motivation and Personality*. Harper & Row, New York, ²1970.
F. Merz : *Geschlechtsunterschiede und ihre Entwicklung*. Hogrefe, Göttingen, 1979.
W. Mischel : *Introduction to Personality*. CBS, New York, ⁴1986.
K. Pawlik (Hg.) : *Multivariate Persönlichkeitsforschung*. Huber, Bern, 1982.
L.A. Pervin : *Persönlichkeitstheorien*. Reinhardt, München, 1987.
F. Petermann : *Ps. des Vertrauens*. Müller, Salzburg, 1985.
M. Rokeach : *The Nature of Human Values*. Free Press, New York, 1973.
E. Roth : *Persönlichkeitsps*. Kohlhammer, Stuttgart, ²1970.
J.B. Rotter, D.J. Hochreich : *Persönlichkeit*. Springer, Berlin, 1979.
L.R. Schmidt : *Objektive Persönlichkeitsmessung*. Beltz, Weinheim, 1975.
K. Schneider, H.-D. Schmalt : *Motivation*. Kohlhammer, Stuttgart, 1981.
E.J. Sullerot : *Die Wirklichkeit der Frau*. Steinhausen, München, 1979.
H. Thomae : *Persönlichkeit*. Bouvier, Bonn, 1951.
H. Thomae (Hg.) : *Theorien und Formen der Motivation*. Hogrefe, Göttingen, 1983.
E. Todt : *Motivation*. Quelle & Meyer, Heidelberg, 1977.
W. Toman : *Motivation, Persönlichkeit, Umwelt*. Hogrefe, Göttingen, 1968.
D. Ulich : *Konflikte und Persönlichkeit*. Oldenbourg, München, 1971.

M. Vorwerg (Hg.) : *Zur psycholog. Persönlichkeitsforschung*. Dt. Verlag der Wiss, Berlin (Ost), 1980.
B. Weiner : *Motivationsps*. PVU, Weinheim, ²1988.

Chap. 14 : Psychologie du développement
J. Bideaud, O. Houdé, J.L. Pédinielli : *L'homme en développement*. PUF, Paris, 1993.
A. Binet : *Les idées modernes sur les enfants*. Flammarion, Paris, 1909.
J.S. Bruner : *Le développement de l'enfant. Savoir faire, savoir dire*. PUF, Paris, 1983.
B. Golse (éd.) : *Le développement affectif et intellectuel de l'enfant*. Masson, Paris, 1985.
H. Gratiot-Alphandéry, R. Zazzo : *Traité de psychologie de l'enfant*. PUF, Paris, 1970-1976.
M. Hurtig, J.A. Rondal : *Introduction à la psychologie de l'enfant*. 3 vol., Mardaga, Bruxelles, 1981.
E. Jalley : *Wallon lecteur de Freud et Piaget*. Ed. soc., Paris, 1981.
A.N. Leontiev : *Le développement du psychisme. Problèmes*. Ed. soc., Paris, 1976.
J. Piaget, B. Inhelder : *La psychologie de l'enfant*. PUF, Paris, 1966.
C. Tourette, M. Guidetti : *Introduction à la psychologie du développement*. Colin, Paris, 1994.
H. Wallon : *La vie mentale*. Ed. soc., Paris, 1982. – *Psychologie et dialectique*. Messidor, Paris, 1990.
H. Aebli : *Über die geistige Entwicklung des Kindes*. Klett, Stuttgart, ³1971.
L.R. Allman, D.T. Jaffe (Hg.) : *Readings in Adult Psychology*. Harper & Row, New York, 1977.
H. Allmer : *Entwicklung aus handlungstheoret. Sicht*. Hogrefe, Göttingen, 1987.
H. Andriessen : *Psychologie des Erwachsenenalters*. Bachem, Köln, 1972.
D.P. Ausubel, E.V. Sullivan : *Das Kindesalter*. Juventa, München, 1974.
A.J. Ayres : *Bausteine der kindlichen Entwicklung*. Springer, Berlin, 1979.
P.E. Baltes (Hg.) : *Entwicklungsps. der Lebensspanne*. Klett-Cotta, Stuttgart, 1979.
J.E. Birren : *Altern als Prozeß*. Lambertus, Freiburg, 1974.
P. Blos : *Adoleszenz*. Klett-Cotta, Stgt., 1978.
J. Brock : *Biolog. Daten für den Kinderarzt*. Springer, Berlin, 1954.
J.S. Brunner, R. Oliver, P.M. Greenfield : *Studien zur kognitiven Entwicklung*. Klett, Stuttgart, 1971.
Ch. Bühler : *Der menschl. Lebenslauf*. Hogrefe, Göttingen, ²1959.
D. Caplan (Hg.) : *Biological Studies of Mental Processes*. MIT, Cambridge (Mass.), 1980.
W. Correll, H. Schwarze : *Lernstörungen programmiert*. Auer, Donauwörth, ²1970.
E. Crisand, K. Kiepe : *Ps. der Jugendzeit*. I.H. Sauer, Heidelberg, 1989.
L.H. Eckensberger, R. Silbereisen (Hg.) : *Entwicklung sozialer Kognitionen*. Klett-Cotta, Stuttgart, 1980.
P. Elkind : *Egocentrism in Adolescence*. Child Developm. 38, 1967.
E.H. Erikson : *Identität und Lebenszyklus*. Suhrkamp, Frankfurt, 1966.
O. Ewert : *Entwicklungsps. des Jugendalters*. Kohlhammer, Stuttgart, 1983.
T. Faltermaier u.a. : *Entwicklungsps. des Erwachsenalters*. Kohlhammer, Stuttgart, 1991.
E. Fend : *Vom Kind zum Jugendlichen*. Huber, Bern, 1990.
S.-H. Filipp (Hg.) : *Krit. Lebensereignisse*. Urban & Schwarzenberg, München, 1981.
A. Flammer : *Entwicklungstheorien*. Huber, Bern, 1988.
D. Görlitz (Hg.) : *Kindl. Erklärungsmuster*. Beltz, Weinheim, 1983.
H. Grimm : *Ps. der Sprachentwicklung*. Kohlhammer, Stuttgart, 1977.
S. Grosse : *Bettnässen*. PVU, München, 1986.
J. Haley : *Ablöseprobleme Jugendlicher*. Pfeiffer, München, 1981.
B. Hassenstein : *Verhaltensbiologie des Kindes*. Piper, München, 1974.
H. Hetzer u.a. : *Angewandte Entwicklungsps. des Kindes- und Jugendalters*. Quelle & Meyer, Heidelberg, 1989.
E. Höhn : *Gesch. der Entwicklungsps. und ihrer wesentlichsten Ansätze*. In : H. Thomae (Hg.) : Hb. der Ps. 3. Bd. Hogrefe, Göttingen, 1959.
E.B. Hurlock : *Die Entwicklung des Kindes*. Beltz, Weinheim, 1970.
K. Hurrelmann (Hg.) : *Sozialisation und Lebenslauf*. Rowohlt, Reinbek, 1976.
H. Keller, H.-J. Meyer : *Ps. der frühesten Kindheit*. Kohlhammer, Stuttgart, 1982.
D. Kleiber, D. Felsinger : *Altern*. Asanger, Heidelberg, 1989.
R.H. Kluwe, H. Spada (Hg.) : *Studien zur Denkentwicklung*. Huber, Bern, 1986.
L. Kohlberg : *Zur kognitiven Entwicklung des Kindes*. Suhrkamp, Frankfurt, 1974.
A. Kruse, H. Thomae : *Menschl. Entwicklung im histor. Wandel*. Asanger, Heidelberg, 1990.
G. Kurth, I. Eibl-Eibesfeldt (Hg.) : *Hominisation u. Verhalten*. G. Fischer, Stuttgart, 1975.
U. Lehr (Hg.) : *Altern – Tatsachen und Perspektiven*. Bouvier, Bonn, 1983.
R.M. Lerner : *Concepts and Theories of Human Development*. Addison-Wesley, Reading, 1976.
F. Merz : *Geschlechtsunterschiede und ihre Entwicklung*. Hogrefe, Göttingen, 1979.
F.J. Mönks, A.M.P. Knoers : *Entwicklungsps*. Kohlhammer, Stuttgart, 1976.
L. Montada : *Über die Funktion der Mobilität in der geistigen Entwicklung*. Klett, Stuttgart, 1968.
G. Mühle : *Entwicklungsps. des zeichner. Gestaltens*. Springer, Berlin, ⁴1975.
R. Oerter (Hg.) : *Entwicklung als lebenslanger Prozeß*. Hoffm. & Campe, Hamburg, 1978.
R. Oerter, L. Montada (Hg.) : *Entwicklungsps*. PVU, Weinheim, ²1987.
W.D. Oswald, U. Fleischmann : *Gerontops*. Kohlhammer, Stuttgart, 1983.
W. Preyer : *Die Seele des Kindes*. Grieben, Leipzig, 1882.
I. Prigogine : *Time, Structure, and Fluctuation*. Science 201, 1978.
H. u. H. Reimann : *Das Alter*. Goldmann, München, 1974.
H. Remplein : *Die seel. Entwicklung des Menschen im Kindes- und Jugendalter*. Reinhardt, München, ¹⁰1962.

B. Rennen-Allhoff, P. Allhoff : *Entwicklungstests für das Säuglings-, Kleinkind- und Vorschulalter*. Springer, Berlin, 1987.
R. Ridgway : *The Unborn Child*. Gover, Aldershot, 1987.
L. Schenk-Danzinger : *Entwicklungsps*. Bundes-Verl., Wien (Öst), 1988.
H.D. Schmalt : *Motivationsps*. Kohlhammer, Stuttgart, 1986.
W.J. Schraml : *Einf. in die moderne Entwicklungsps*. dtv, München, 1990.
M. Selvini-Palazzoli : *Magersucht*. Klett-Cotta, Stuttgart, 1982.
M. Shepherd, B. Oppenheim, S. Mitchell : *Auffälliges Verhalten bei Kindern*. Vandenhoeck & Ruprecht, Göttingen, 1973.
E. Spranger : *Ps. des Jugendalters*. Quelle & Meyer, Heidelberg, ^{26}1960.
H. Stäcker, U. Bartmann, R. Kriebel : *Entwicklungsps*. Fachbuchh. für Ps., Frankfurt, 1984.
G. Steiner (Hg.) : *Entwicklungspsychologie*. 2 Bde, Beltz, Weinheim, 1984.
R. Sticksrud : *Adoleszens im Generationenkontext*. Manuskript, Frankfurt, 1987.
F. Stirnimann : *Ps. des neugeborenen Kindes*. Huber, Bern, 1973.
K.H. Stratz : *Der Körper des Kindes*. Enke, Stuttgart, 1903.
R. u. A.M. Tausch : *Erziehungsps*. Hogrefe, Göttingen, ^{6}1971.
H. Thomae (Hg.) : *Entwicklungsps*. Hogrefe, Göttingen, ^{2}1972. – *Patterns of Aging*. Karger, Basel, 1976.
H.M. Trautmann : *Lehrb. der Entwicklungsps*. Hogrefe, Göttingen, 1978.
I. v. Viebahn : *Seel. Entwicklung und ihre Störungen*. Vandenhœck & Ruprecht, Göttingen, 1972.
C.H. Waddington : *Concepts of Development*. In : L.R. Aronson, u.a. (Hg.) : *The Biopsychology of Development*. Academic Press, New York, 1971.
H. Werner : *Comparative Psychology of Mental Development*. Inter. Universities Press, New York, ^{4}1948.
R. Werner : *Das verhaltensgestörte Kind*. Dt. Verlag d. Wiss, Berlin (Ost), 1973.
S.K. Whitbourne, C.S. Weinstock : *Die mittlere Lebensspanne*. PVU, Weinheim, 1982.
W. Zeller : *Konstitution und Entwicklung*. Hogrefe, Göttingen, 1952.

Chap. 15 : Psychologie sociale

G.N. Fischer : *Les concepts fondamentaux de la psychologie sociale*. Dunod, Paris, 1987. – *Le champ du social*. Dunod, Paris, 1990. – *Les domaines de la psychologie sociale*. 2 vol. Dunod, Paris, 1990-1991. – *La dynamique du social*. Dunod, Paris, 1992.
K.J. Gergen, M.M. Gergen : *Psychologie sociale*. EV, Montréal, 1984.
G. Mugny : *Psychologie sociale du développement cognitif*. Peter Lang, Berne, 1985.
K. Antons : *Praxis der Gruppendynamik*. Hogrefe, Göttingen, ^{3}1976.
R. Bergius : *Sozialps*. HoCa, Hamburg, 1976.
L. Berkowitz : *Grundriß der Sozialps*. Reinhardt, München, 1976.
H.W. Bierhoff : *Sozialps*. Kohlhammer, Stuttgart, 1984.
P.M. Blau : *Exchange and Power in Social Life*. Wiley, New York, ^{2}1967.
J. Bowlby : *Attachement et perte*. 3 vol., PUF, Paris, 1978-1984.
L.P. Bradford, J.A. Gibb, L.D. Benne : *T-Group Theory and Laboratory Method*. Wiley, New York, 1964.
D. Byrne, W. Griffith : *Interpersonal Attraction*. Annual Rev. Ps. 24, 1973.
D. Cartwright, A.F. Zander (Hg.) : *Group Dynamics*. Harper, New York, ^{3}1972.
H. Crott : *Soziale Interaktion und Gruppenprozesse*. Kohlhammer, Stuttgart, 1979.
A.M. Däumling (Hg.) : *Angewandte Gruppendynamik*. Klett, Stuttgart, 1974.
D. Frey (Hg.) : *Kognitive Theorien der Sozialps*. Huber, Bern, 1978.
* D. Frey, S. Greif (Hg.) : *Sozialps*. PVU, Weinheim, ^{2}1987.
W. Gottschalch : *Sozialisation*. Beltz, Weinheim, 1985.
C.F. Graumann (Hg.) : *Sozialps. Hb. der Ps. Bd. 7*. 2 Bde, Hogrefe, Göttingen, 1970.
J. Haisch (Hg.) : *Angewandte Sozialps*. Huber, Bern, 1983.
E.L. u. R.E. Hartley : *Grundlagen der Sozialps*. Rembrandt, Berlin, 1956.
A. Heigl-Evers (Hg.) : *Sozialps*. 2 Bde, Beltz, Weinheim, 1984.
W. Herkner : *Einf. in die Sozialps*. Huber, Bern, 1975.
P.R. Hofstätter : *Einf. in die Sozialps*. Kröner, Stuttgart, ^{3}1963. – *Gruppendynamik*. Rowohlt, Reinbek, ^{2}1971.
G.C. Homans : *Theorie der sozialen Gruppe*. Westdt. Verlag, Köln, ^{2}1965.
S.S. Hormuth (Hg.) : *Sozialps. der Einstellungsänderung*. Hain, Königstein, 1979.
K. Hurrelmann, D. Ulich (Hg.) : *Hb. der Sozialisationsforschung*. Beltz, Weinheim, 1980.
M. Irle (Hg.) : *Kursus der Sozialps*. 3 Teile, Luchterhand, Neuwied, 1978.
L. Mann : *Sozialps*. PVU, Weinheim, 1991.
T.M. Newcomb : *Sozialps*. Hain, Meisenheim, 1959.
K.D. Opp : *Die Entstehung sozialer Normen*. Mohr, Tübingen, 1983.
A.K. Rice : *Führung und Gruppe*. Klett, Stuttgart, 1971.
P. Sbandi : *Gruppenps*. Pfeiffer, München, 1973.
H.M. Schönfeld : *Die Führungsausbildung*. Gabler, Wiesbaden, 1967.
J. Schultz-Gambard : *Angewandte Sozialps*. Ps. Verlags Union, München, 1987.
P.F. Secord, C.W. Backman : *Sozialps*. Fachbuchh. für Ps., Frankfurt, 1976.
W. Stroebe u.a. (Hg.) : *Sozialps*. Springer, Berlin, 1990.
E. Witte : *Sozialps*. PVU, Weinheim, 1989.

Chap. 16 : Psychologie des masses

S. Freud : *Psychologie des masses et analyse du moi*. OC XVI, PUF, Paris, 1991.
G. Le Bon : *La psychologie des foules*. Paris, 1895.
K. Lewin : *Psychologie dynamique*. PUF, Paris, 1959.
S. Moscovici : *Psychologie des minorités actives*. PUF, Paris, 1979.

W. Reich : *La Psychologie de masse du fascisme*. Maspero, Paris, 1972.
A. Adler : Zur Massenps. *Int. Zs. Individualps. 12*, 1934.
Th. Adorno : *The Authoritarian Personality*. Wiley, New York, ²1964.
Ch. Blondel : *Einf. in die Kollektivps*. Francke, Bern, ²1948.
A. Capitini : *Die Technik des gewaltlosen Widerstands*. Wuppertal, 1969.
R. Christie, F.L. Geis : *Study in Machiavellism*. Harper & Row, New York, 1970.
E. Feldmann : *Theorie der Massenmedien*. Reinhardt, München, 1962.
R. Fischer : *Masse und Vermassung*. Polygraph. Verlag, Zürich, 1961.
M. Kaase, W. Schulz (Hg.) : *Massenkommunikation*. Westdt. Verlag, Opladen, 1989.
B. Kroner : *Massenps. und kollektives Verhalten. Hb. zur Ps. Bd. 7. S. 1433 ff.* Hogrefe, Göttingen, 1972.
G. Maletzke : *Ps. der Massenkommunikation*. Hans Bredow Inst., Hamburg, 1963.
W. McDougall : *The Groups Mind*. Univ. Press, Cambridge, 1920.
D.C. McClelland : *Macht als Motiv*. Klett, Stuttgart, 1978.
S. Milgram : *Das Milgram-Experiment*. Rowohlt, Reinbek, 1974.
A. Mitscherlich : *Massenps. ohne Ressentiment*. Suhrkamp, Frankfurt, 1972.
W. Moede : *Experimentelle Massenps*. Hirzel, Leipzig, 1920.
S. Moscovici : *Sozialer Wandel durch Minoritäten*. Urban & Schwarzenberg, München, 1979.
E. Noelle-Neumann : *Umfragen in der Massengesellschaft*. Rowohlt, Reinbek, 1963.
M. Schenk : *Publikums- und Wirkungsforschung*. Mohr, Tübingen, 1978.
B. Spiegel : *Die Struktur der Meinungsverteilung im sozialen Feld*. Huber, Bern, 1961.

Chap. 17 : Psychologie de l'environnement
G. Bateson : *Vers une écologie de l'esprit*. Seuil, Paris, 1977.
Y. Veyret, P. Pech : *L'homme et l'environnement*. PUF, Paris, 1994.
Th. Bargatsky : *Einf. in die Kulturökologie*. Reimer, Berlin, 1986.
P.A. Bell, J.D. Fischer, R.J. Loomis : *Environmental Psychology*. Saunders, Philadelphia, 1978.
U. Bronfenbrenner : *Ökolog. Sozialisationsforschung*. Klett, Stuttgart, 1976. – *Die Ökologie der menschl. Entwicklung*. Klett-Cotta, Stuttgart, 1981.
B. Campbell : *Ökologie des Menschen*. Harnack, München, 1985.
H.-J. Fietkau : *Bedingungen ökolog. Handelns*. Urban & Schwarzenberg, München, 1984.
C.F. Graumann (Hg.) : *Ökolog. Perspektiven der Ps*. Huber, Bern, 1978.
R. Günther, G. Winter (Hg.) : *Umweltbewußtsein und persönl. Handeln*. Dt. Studienverlag, Weinheim, 1986.
* W. Hellpach : *Geopsyche*. Enke, Stuttgart, ⁸1977.
* W.H. Ittelson, H.M. Proshansky, L.G. Rivlin, G.H. Winkel (Hg.) : *Einf. in die Umweltps*. Klett-Cotta, Stuttgart, 1977.
G. Kaminski (Hg.) : *Umweltps*. Klett, Stuttgart, 1976.
L. Kruse, C.F. Graumann, E.D. Lantermann (Hg.) : *Ökops. Ps.* Verlags Union, München, 1987.
E.D. Lantermann (Hg.) : *Wechselwirkungen*. Hogrefe, Göttingen, 1982.
N. Luhmann : *Ökolog. Kommunikation*. Westdt. Verlag, Köln, 1986.
A. Mehrabian : *Räume des Alltags*. Campus, Frankfurt, 1987.
R. Miller : *Einführung in die Ökolog. Ps*. Leske & Budrich, Opladen, 1986.
H. Mogel : *Ökops*. Kohlhammer, Stuttgart, 1984.
H. Petzold (Hg.) : *Psychotherapie und Friedensarbeit*. Junfermann, Paderborn, 1986.
H.M. Proshansky, W.H. Ittelson, L.Y. Rivlin (Hg.) : *Environmental Psychology*. Holt, New York, 1970.
E. Schramm (Hg.) : *Ökologie-Lesebuch*. Fischer TB, Frankfurt, 1984.
H. Walter, R. Oerter (Hg.) : *Ökologie und Entwicklung*. Auer, Donauwörth, 1979.

Chap. 18 : Psychologie animale
R. Chauvin : *L'éthologie, étude biologique du comportement animal*. PUF, Paris, 1975.
R. Zazzo (éd.) : *L'attachement*. Delachaux-Niestlé, Neuchâtel, 1974.
I. Eibl-Eibesfeldt : *Ethologie. Biologie du comportement*. Ed. sc., Paris, 1972.
N. Tinbergen : *L'étude de l'instinct*. Payot, Paris, 1953.
W.F. Angermeier : *Die Evolution des operanten Lernens. Eine vergleichende Etho-Ps.* Karger, Basel, 1983.
R. Apfelbach, J. Döhl : *Verhaltensforschung*. G. Fischer, Stuttgart, 1976.
M. v. Cranach, K. Foppa, W. Lepenies, D. Ploog (Hg.) : *Human Ethology*. Univ. Press, Cambridge, 1979.
I. Eibl-Eibesfeldt : *Grundriß der vergleichenden Verhaltensforschung*. Piper, München, ⁴1974.
D. Franck : *Verhaltensbiologie*. Thieme, Stuttgart, 1979.
E.H. Hess : *Prägung*. Kindler, München, 1975.
A. Heymer (Hg.) : *Etholog. Wb*. Parey, Berlin, 1977.
E. v. Holst : *Zur Verhaltensphysiologie bei Tieren und Menschen*. 2 Bde, Piper, München, 1969/70.
* K. Immelmann : *Einf. in die Verhaltensforschung*. Parey, Berlin, 1976.
Th. Kapune : *Untersuchung zur Bildung eines « Wertbegriffs » bei niederen Primaten*. Zs. Tierps. 23, 1966.
O. König : *Kultur und Verhaltensforschung*. dtv, München, 1970.
P. Marler, W.J. Hamilton : *Tier. Verhalten*. BLV, München, 1972.
H.R. Maturana, F.J. Varela : *Der Baum der Erkenntnis*. Scherz, Bern, 1987.
D. McFarland : *Biologie des Verhaltens*. VCH, Weinheim, 1989.
A. Remané : *Sozialleben der Tiere*. G. Fischer, Stuttgart, 1976.
B. Rensch : *Gedächtnis, Begriffsbildung und Planhandlungen bei Tieren*. Parey, Berlin, 1973.

R. Riedl : *Evolution und Erkenntnis*. Piper, München, 1982.
K.R. Scherer, A. Starke, P. Winkler (Hg.) : *Psychobiologie*. dtv, München, 1987.
G. Tembrock : *Grundlagen der Tierps*. Rowohlt, Reinbek, 1974.
N. Tinbergen : *Instinktlehre*. Parey, Berlin, ⁵1972.
E.O. Wilson : *Sociobiology*. Belknap, Cambridge (Mass.), 1975.
W. Winkler, U. Seibt (Hg.) : *Vergl. Verhaltensforschung*. HoCa, Hamburg, 1973.

Chap. 19 : Psychodiagnostic
D. Anzieu, C. Chabert : *Les méthodes projectives*. PUF, Paris, ⁸1987.
M. Perron-Borelli, R. Perron : *L'examen psychologique de l'enfant*. PUF, Paris, 1970.
P. Pichot : *Les tests mentaux*. PUF, Paris, ¹³1991.
R. Zazzo : *Manuel pour l'examen psychologique de l'enfant*. 2 vol., Delachaux-Niestlé, Neuchâtel, 1969.
R. Brickenkamp (Hg.) : *Hb. ps. und pädagog. Tests*. Hogrefe, Göttingen, 1979 (Erg.- Bd. 1983).
L.J. Cronbach : *Essentials of Psychological Testing*. Harper & Row, New York, ³1970.
R. Dietrich : *Psychodiagnostik*. Reinhardt, München, 1973.
P.H. Dubois : *A History of Psychological Testing*. Allyn & Bacon, Boston, 1970.
G. Faßnacht : *Systemat. Verhaltensbeobachtung*. Reinhardt, München, 1979.
G.H. Fischer : *Einf. in die Theorie ps. Tests*. Huber, Bern, 1975.
J. Fisseni : *Lb. der ps. Diagnostik*. Hogrefe, Göttingen, 1990.
K.J. Groffmann, L. Michel (Hg.) : *Intelligenz- und Leistungsdiagnostik*. Hogrefe, Göttingen, 1983.
H. Grunwald : *Die sozialen Ursprünge ps. Diagnostik*. Steinkopff, Darmstadt, 1980.
W. Gutjahr : *Die Messung psych. Eigenschaften*. Kiepenheuer & Witsch, Köln, 1977.
H. Haase : *Tests im Bildungswesen*. Hogrefe, Göttingen, 1978.
R. Heiss (Hg.) : *Ps. Diagnostik. Hb. der Ps.* 6 Bd. Hogrefe, Göttingen, ³1971.
K. Ingenkamp, R. Horn, R.S. Jäger (Hg.) : *Tests und Trends 1-6*. Weinheim, Beltz und Ps. Verlags Union, München, 1981-1987.
R.S. Jäger : *Der diagnost. Prozeß*. Hogrefe, Göttingen, 1983.
R.S. Jäger : *Lehrb. der ps. Diagnostik*. Beltz, Weinheim, 1987.
R.S. Jäger, A. Mattenklott, R.-D. Schröder (Hg.) : *Diagnost. Urteilsbildung in der Ps*. Hogrefe, Göttingen, 1984.
H.T. Kranz : *Einf. in die klass. Testtheorie*. Fachbuchh. für Ps., Frankfurt, 1979.
K. Kubinger (Hg.) : *Moderne Testtheorie*. Beltz, Weinheim, ²1989.
R. Leichner : *Ps. Diagnostik*. Beltz, Weinheim, 1979.
G.A. Lienert : *Testaufbau und Testanalyse*. Beltz, Weinheim, ³1969.
D.C. McClelland : *Assessing Human Motivation*. Modern Learning Press, New York, 1974.
K. Pawlik (Hg.) : *Diagnose der Diagnostik*. Klett, Stuttgart, 1976.

U. Rauchfleisch : *Testps*. Vandenhoeck & Ruprecht, Göttingen, 1980.
G. Schiepek : *System. Diagnostik in der Klin. Ps*. Ps. Verlags Union, München, 1986.
D. Schulte (Hg.) : *Diagnostik in der Verhaltenstherapie*. Urban & Schwarzenberg, München, 1974.
G. Weise : *Ps. Leistungstests*. Hogrefe, Göttingen, 1975.

Chap. 20 : La psychologie clinique
C. Chiland (éd.) : *L'entretien clinique*. PUF, Paris, ³1989.
B. Golse, C. Bursztejn (éd.) : *Penser, parler, représenter. Emergences chez l'enfant*. Masson, Paris, 1990. – *Dire : entre corps et langage. Autour de la clinique de l'enfance*. Masson, Paris, 1993.
W. Huber (éd.) : *L'homme psychopathologique et la psychologie clinique*. PUF, Paris, 1993. – *Les psychothérapies*. Nathan, Paris, 1993.
E. Jalley, J. Lanouzière : *La psychologie clinique*. EMC Ed. techn., Paris, 1991.
D. Lagache : *La psychanalyse*. PUF, Paris, 1955.
J.L. Pédinielli : *Introduction à la psychologie clinique*. Nathan, Paris, 1994.
C.M. Prévost : *La psychologie clinique*. PUF, Paris, 1988.
V. Smirnoff : *La psychanalyse de l'enfant*. PUF, Paris, ⁶1992.

20/1. On consultera *en introduction* : Dtv-Wb. zur Klin. Ps., dtv Kösel, München, 1981.
Autres manuels :
U. Baumann, M. Perrez (Hg.) : *Klin. Ps.* 2 Bde, Huber, Bern, 1990.
H. Benesch : *Handwb. der Klin. Ps. und Psychotherapie*. PVU Beltz (in Vorb.), Weinheim.
R.J. Corsini (Hg.) : *Hb. der Psychotherapie*. 2 Bde, PVU, Weinheim, ²1987.
G.C. Davison, J.M. Neale : *Klin. Ps*. Urban & Schwarzenberg, München, ³1988.
H. Reinecker (Hg.) : *Lb. der Klin. Ps*. Hogrefe, Göttingen, 1990.
W. Toman, R. Egg (Hg.) : *Psychotherapie*. 2 Bde, Kohlhammer, Stuttgart, 1985.
W. Wittling (Hg.) : *Hb. der Klin. Ps.* 6 Bde, Hoffmann & Campe, Hamburg, 1980.

20/2.3. S. Freud : Œuvres complètes. 23 vol. Paris : PUF en cours d'édition ; Gesammelte Werke. 18 vol. Frankfurt : Fischer 1940-1952 ; Studienausgabe. 10 vol. Frankfurt : Fischer 1969-1972 ; Standard édition. 24 vol. London : Hogarth Press 1953-1966.
Cinq introductions :
W. Mertens (Hg.) : *Psa. Ein Hb. in Schlüsselbegriffen*. Urban & Schwarzenberg, München, 1983.
J. Cremerius : *Vom Handwerk des Psychoanalytikers*. Frommann-Holzboog, Stuttgart, 1984.
L. Luborsky : *Einf. in die analyt. Psychotherapie*. Springer, Berlin, 1988.
J. Rattner : *Klassiker der Tiefenps*. PVU, München, 1990.
H. Thomae, H. Kächele : *Lehrb. der psa. Therapie*. Springer, Berlin, 1985.
Un dictionnaire :
J. Laplanche, J.B. Pontalis : *Vocabulaire de la psychanalyse*. PUF, Paris, 1967.

Histoire :
J.B. Fages : *Histoire de la psychanalyse après Freud*. Privat, Toulouse, 1976.
D. Eicke (Hg.) : *Tiefenps*. Beltz, Weinheim, 1982.

20/4. Les 2 autres auteurs concernant la psychologie des profondeurs sont *Alfred Adler* et *Carl Gustav Jung*.
Les ouvrages les plus importants d'*Adler* sont :
Connaissance de l'homme, Paris, 1966 ; *Le sens de la vie*, Paris, 1968 ; *La psychologie de l'enfant difficile. Technique de la psychologie individuelle comparée*, Paris, Payot, 1962 ; *L'éducation des enfants*, Ibid. 1977 ; *La compensation psychique de l'infériorité des organes*, Ibid. 1956 ; *Les névroses*, Paris, Aubier, 1969.
En introduction :
A. Bruder-Bezzel : *Geschichte der Individualps*. Fischer, Frankfurt, 1991.
R. Brunner, R. Kausen, M. Titze (Hg.) : *Wb. der Individualps*. Reinhardt, München, 1985.
M.-L. v. Franz : *C.G. Jung*. Huber, Frauenfeld, 1972.
H. Hark (Hg.) : *Lexikon Jungscher Grundbegriffe*. Walter, Olten, 1988.
A. Samuels, B. Shorter, F. Plaut : *Wb. Jungscher Ps*. dtv, München, 1991.
Les ouvrages les plus accessibles de Jung sont les célèbres *Tavistock lectures* (1935) et aussi : *Über die Grundlagen der Analytischen Psychologie*. Rascher, Zurich 1969. Egalement : F. Alt (Hg) : *Das C.G. Jung-Lesebuch*. Ullstein, Frankfurt, 1986.
Pour aller plus loin :
D. Wyss : *Die tiefenps. fenps. Schulen von den Anfängen bis zur Gegenwart*. Vandenhoeck & Ruprecht, Göttingen, ⁵1977.
En introduction également :
J. Rattner (Hg.) : *Pioniere der Tiefenps*. Europaverlag, Wien, 1979.

20/5.6. *Thérapie comportementale* :
J. Wolpe : *Praxis der Verhaltenstherapie*. Huber, Bern, 1972.
H.J. Eysenck : *Behavior Therapy and Neuroses*. Pergamon Press, Oxford, 1966.
Histoire :
A. Schorr : *Verhaltenstherapie*. Beltz, Weinheim, 1984.
Introduction :
P. Halder-Sinn : *Verhaltenstherapie*. Kohlhammer, Stuttgart, ³1985.
S. Fliegel, W.M. Groeger u.a. : *Verhaltenstherapeut. Standardmethoden*. PVU, Weinheim, ²1989.
H. Reinecker : *Grundlagen der Verhaltenstherapie*. PVU, Weinheim, 1987.
Thérapie comportementale cognitive :
E. Jaeggi : *Kognitive Verhaltenstherapie*. PVU, Weinheim, ²1991.

20/7. On lira l'ouvrage de Carl Rogers : *La relation d'aide et la psychothérapie*. ESF, Paris, 1970.
Manuel courant :
R. u. A.M. Tausch : *Gesprächspsychotherapie*. Hogrefe, Göttingen, ⁸1981.
En introduction aussi :
W. Grunewald (Hg.) : *Krit. Stichwörter zur Gesprächspsychotherapie*. Fink, München, 1979.
P. Jankowski u.a. (Hg.) : *Klientenzentrierte Psychotherapie heute*. Hogrefe, Göttingen, 1976.

20/8. *Thérapie communicationnelle* :
G. Bateson : *Pour une écologie de l'esprit*. Seuil, Paris, 1977.
P. Watzlawick, J.H. Beavin, D.D. Jackson : *Menschl. Kommunikation. Formen, Störungen, Paradoxien*. Huber, Bern, ²1971.
Analyse transactionnelle :
E. Berne : *Transactional Analysis and Psychotherapy*. Grove Press, New York, 1961.
Analyse de script :
F. English : *Es ging doch gut, was ging denn schief*. Kaiser, München, 1982.
Introduction :
G. Barnes : *Transaktionsanalyse seit Eric Berne*. Inst. f. Kommunikationstherapie, Berlin, 1979.
M. Brown, S. Woolans, K. Huige : *Abriß der Transaktionsanalyse*. Fachbuchh. für Ps., Frankfurt, 1981.
L. Schlegel : *Grundriß der Tiefenps*. Bd. 5 : Die Transaktionsanalyse. Francke, München, 1979.

20/9. *Les thérapies cognitives* comportent 6 orientations principales :
L'Egopsychology :
E.H. Erikson : *Adolescence et crise. La quête de l'identité*. Flammarion, Paris, 1972.
Thérapie phénoménologique :
V. v. Weizsäcker : *Der Gestaltkreis*. Thieme, Stuttgart, ²1973.
Thérapie humaniste :
V.E. Frankl : *Die Sinnfrage in der Psychotherapie*. Piper, München, 1985.
Gestalttherapie :
F.S. Perls : *Gestalt, Wachsein, Integration*. Junfermann, Paderborn, 1980.
Thérapie cognitive s.s. :
A.T. Beck, A.J. Rush, B.F. Shaw, G. Emery : *Kognitive Therapie der Depression*. Ps. Verlags Union, München, ³1986.
Thérapie rationnelle-émotive :
A. Ellis : *Die rational-emotive Therapie*. Urban & Schwarzenberg, München, 1977.
En introduction aussi :
N. Hoffmann (Hg.) : *Grundlagen der kognitiven Therapie*. Huber, Bern, 1979.

20/10. *Thérapie corporelle* :
W. Reich : *La fonction de l'orgasme*. L'Arche, Paris, 1978.
M. Feldenkrais : *Die Entdeckung des Selbstverständlichen*. Insel, Frankfurt, 1985.
H. Legewie, L. Nusselt (Hg.) : *Biofeedback-Therapie*. Urban & Schwarzenberg, München, 1979.
Introduction :
H. Petzold (Hg.) : *Die neuen Körpertherapien*. Junfermann, Paderborn, ⁴1985.
E. Kirchmann : *Mod. Verfahren in der Bewegungstherapie*. Junfermann, Paderborn, 1985.

20/11. *Techniques de méditation* :
R. Bleistein (Hg.) : *Wege zur Meditation*. Pfützner, München, 1977.
U. Reiter : *Wege zum Selbst*. Schönberger, München, 1976.
A. Govinda : *Der Weg der weißen Wolken*. Scherz, Bern, ⁹1985.
L. Schwäbisch, M. Siems : *Selbstentfaltung durch Meditation*. Rowohlt, Reinbek, ³1979.

498 Bibliographie

Introduction :
M. Seitz : *Der Meditationsführer*. Schönberger, München, 1985.
M. Petzold : *Ind. Ps.* Ps. Verlags Union, München, 1986.

20/12. Procédés suggestifs :
I.H. Schultz : *Autogenes Training*. Thieme, Stuttgart, ¹⁵1976.
M.H. Erickson, E.L. u. S.L. Rossi : *Hypnose*. Pfeiffer, München, 1978.
H. Kleinsorge : *Hypnose*. G. Fischer, Stuttgart, 1986.
C. Kossack : *Hypnose*. PVU, München, 1989.

20/13. Thérapie de groupe :
J.L. Moreno : *Psychothérapie de groupe et psychodrame*. PUF, Paris, 1965.
L.P. Bradford, J.R. Gibb, D.K. Benne : *Gruppentraining*. Klett, Stuttgart, 1972.
S.H. Foulkes : *Gruppenanalyt. Psychotherapie*. Fischer, Frankfurt, 1986.
H. Petzold, R. Frühmann (Hg.) : *Modelle der Gruppe*. 2 Bde. Paderb. : Junfermann, 1986.
J.D. Yalom : *Gruppenpsychotherapie*. Kindler, München, 1970.
Introduction :
P. Kutter (Hg.) : *Methoden und Theorien der Gruppenpsychotherapie*. Frommann-Holzboog, Stuttgart, 1985.

20/14. Thérapie familiale :
N.W. Ackerman : *Treating the troubled Family*. Basic Books, New York, 1966.
Introduction :
K. Schneider (Hg.) : *Familientherapie in der Sicht psychotherapeut. Schulen*. Junfermann, Paderborn, ³1988.
E.J. Brunner : *Grundfragen der Familientherapie*. Springer, Berlin, 1986.
H.G. Preuss : *Ehepaartherapie*. Fischer, Frankfurt, ²1985.
M.E. Textor : *Integrative Familientherapie*. Springer, Berlin, 1985.
S. Schmidtchen : *Klientenzentrierte Spiel- und Familientherapie*. PVU, Weinheim, ³1991.
F.B. Simon, H. Stierlin : *Die Sprache der Familientherapie*. Klett-Cotta, Stuttgart, 1984.

20/15. Thérapies pour enfants :
A. Freud : *L'enfant dans la psychanalyse*. Gallimard, Paris, 1976.
M. Klein : *La psychanalyse des enfants*. PUF, Paris, 1959.
D.W. Winnicott : *Jeu et réalité*. Gallimard, Paris, 1975.
G. Deegener : *Grundlagen der Psychotherapie bei Kindern und Jugendlichen*. Beltz, Weinheim, 1990.
S. Lindsay, G. Powell (Hg.) : *Handbook of Clinical Adult Ps.* Gover, Aldershot, 1987.
H.E. Richter : *Eltern, Kind und Neurose*. Klett, Stuttgart, ²1967.
Introduction :
K. Aichele, G. Volk : *Kinder in Psychotherapie*. Bonz, Waiblingen-Hohenacker, 1992.
V. Kuhlen : *Verhaltenstherapie im Kindesalter*. Juventa, München, ²1973.
C.E. Schaefer, H.L. Millman : *Kompendium der Psychotherapie in Kindheit und Pubertät*. Fachbuchh. für Ps., Frankfurt, 1984.

20/16. Thérapies du langage :
C. van Riper : *Speech Correction*. Prentice-Hall, Englewood Cliffs, ⁵1975.
K.P. Becker, M. Sovák : *Lb. der Logopädie*. Volk und Gesundheit, Berlin (Ost), 1971.
R. Fiedler, R. Standop : *Stottern*. Urban & Schwarzenberg, München, ²1986.
G. Szagun : *Sprachentwicklung beim Kind*. PVU, Weinheim, ⁴1991.

20/17. Psychagogie :
H. Hanselmann : *Andragogik*. Rotapfel, Zürich, 1951.
H.H. Perlman : *Soziale Einzelhilfe als problemlösender Prozeß*. Lambertus, Freiburg, ²1970.
G. Jentschura (Hg.) : *Beschäftigungstherapie*. Thieme, Stuttgart, ²1974.
E. Heim : *Milieutherapie*. Huber, Bern, 1978.
A. Gaertner (Hg.) : *Sozialtherapie*. Luchterhand, Neuwied, 1982.
J. Brandtstädter, A. v. Eye : *Ps. Prävention*. Huber, Bern, 1982.
H. Hartwig, K.H. Menzen (Hg.) : *Kunsttherapie*. Verlag Ästhetik und Kommunikation, Berlin, 1985.
D.S. u. L. Everstine : *Krisentherapie*. Klett-Cotta, Stuttgart, 1985.
D. Kleiber, B. Rommelspacher (Hg.) : *Die Zukunft des Helfens*. Beltz, Weinheim, 1986.

20/18. Thérapie du sommeil :
D. Foulkes : *Die Ps. des Schlafes*. Suhrkamp, Frankfurt, 1969.
H. Kleinsorge : *Schlafbehandlung*. In : E. Stern (Hg.) : *Die Psychotherapie in der Gegenwart*. Rascher, Zürich, 1958.
V.J. Jovanović : *Schlaf und Traum*. Thieme, Stuttgart, ³1979.

20/19. Psychologie du rêve :
M. Boss : *Il m'est venu en rêve*. PUF, Paris, 1989.
S. Freud : *L'interprétation des rêves*. PUF, Paris, 1971.
J.A. Hall : *Die Arbeit mit Träumen in Klinik und Praxis*. Junfermann, Paderborn, 1985.
E.F. Sharpe : *Traumanalyse*. Klett-Cotta, Stuttgart, 1984.

20/20. Thérapie sexuelle :
C. König (Hg.) : *Gestörte Sexualentwicklung*. Reinhardt, München, 1989.
W.H. Masters, V.E. Johnson : *Die sexuelle Reaktion*. Akad. Verlagsges., Frankfurt, 1967.
W. Sigusch : *Therapie sexueller Störungen*. Thieme, Stuttgart, 1975.
J. Bancroft : *Grundlagen und Probleme menschl. Sexualität*. Enke, Stuttgart, 1985.

Chap. 21 : Psychologie appliquée

A. Anastasi : *Angew. Ps.* Beltz, Weinheim, 1972.
A. Benesch : *Anwendungsfelder der Ps.* PVU, Weinheim, 1992.
D. Frey, C. Hoyos, D. Stahlberg (Hg.) : *Angewandte Ps.* PVU, Weinheim, 1992.

21/1. Psychologie du travail :
W. Adamy, J. Steffen : *Hb. der Arbeitsbeziehungen*. Westdt. Verlag, Opladen, 1985.

H. Bullens (Hg.) : *Die Zukunft der Arbeit.* Asanger, Heidelberg, 1990.
P. Großkurth, W. Volpert : *Lohnarbeitsps.* Fischer, Frankfurt, 1975.
P. Großkurth (Hg.) : *Arbeit und Persönlichkeit.* Rowohlt, Reinbek, 1979.
W. Hacker : *Allg. Arbeits- und Ingenieursps.* Huber, Bern, 1978.
C. Hoyos : *Arbeitsps.* Kohlhammer, Stuttgart, 1974.
– *Psycholog. Unfall- und Sicherheitsforschung.* Kohlhammer, Stuttgart, 1980.
K. Landau, W. Rohmert : *Fallbeispiele zur Arbeitsanalyse.* Huber, Bern, 1981.
H. Schmale : *Ps. der Arbeit.* Klett, Stuttgart, 1983.
E. Ulich : *Arbeitsps.* Poeschel, München, [2]1992.

21/2. Ergonomie :
O. Lanc : *Ergonomie.* Kohlhammer, Stuttgart, 1975.
K.F.H. Murell : *Ergonomie.* Econ, Düsseldorf, 1971.
H. Schmidtke : *Ergonomie.* 2 Bde, Hanser, München, [2]1981.

21/3. Psychologie de la profession :
H. Benesch, F. Dorsch (Hg.) : *Berufsaufgaben und Praxis des Psychologen.* Reinhardt, München, [2]1984.
J.O. Crites : *Vocational Psychology.* McGraw-Hill, New York, 1969.
U. Kleinbeck : *Motivation und Berufswahl.* Hogrefe, Göttingen, 1975.
K.H. Seifert (Hg.) : *Hb. der Berufsps.* Hogrefe, Göttingen, 1977.
F. Stoll (Hg.) : *Arbeit und Beruf.* 2 Bde, Beltz, Weinheim, 1983.

21/4. Psychologie de l'entreprise :
R.R. Blake, J.S. Mouton : *Verhaltensps. im Betrieb.* Econ, Düsseldorf, 1969.
B. Eunson : *Betriebsps.* McGraw-Hill, Hamburg, 1990.
J. Franke : *Sozialps. des Betriebes.* Enke, Stuttgart, 1980.
C. Hoyos : *Ps. Unfall- und Sicherheitsforschung.* Kohlhammer, Stuttgart, 1980.
A. Mayer, B. Herwig (Hg.) : *Betriebsps.* Hogrefe, Göttingen, [2]1970.
E.J. McCormick, M.S. Sanders : *Human Factors in Engineering and Design.* McGraw-Hill, New York, [3]1985.
P. Sauermann : *Betriebsps.* Enke, Stuttgart, 1979.
U. Stopp : *Prakt. Betriebsps.* Taylorix, Stuttgart, 1990.

21/5. Psychologie des organisations :
G. Buschges, N. Lüthe-Bornefeld : *Prakt. Organisationsforschung.* Rowohlt, Reinbek, 1977.
D. Gebert : *Die Organisationsentwicklung.* Kohlhammer, Stuttgart, 1974.
S. Greif : *Konzepte der Organisationsps.* Huber, Bern, 1983.
A. Mayer (Hg.) : *Organisationsps.* Klett-Cotta, Stuttgart, 1978.
T.R. Mitchell : *People in Organisations.* McGraw-Hill, New York, [2]1982.
P. Morin : *Einf. in die angew. Organisationsps.* Klett, Stuttgart, 1974.
L. v. Rosenstiel, W. Molt, B. Rüttinger : *Organisationsps.* Kohlhammer, Stuttgart, [2]1989.

A.B. Weinert : *Lehrb. der Organisationsps.* Ps. Verlags Union, München, [2]1987.

21/6. Psychologie de la justice :
F. Arntzen : *Vernehmungsps.* Beck, München, 1978.
H. Dettenborn, H.-H. Fröhlich, H. Szewczyk : *Forensische Psychologie.* Dt. Verlag d. Wiss., Berlin (Ost), 1984.
U. Füllgrabe : *Kriminalps.* Verlag für Angew. Ps. Stuttgart, 1983.
G. Kette : *Rechtsps.* Springer, Berlin, 1987.
H. Liebel, W. v. Uslar : *Forens. Ps.* Kohlhammer, Stuttgart, 1975.
F. Lösel (Hg.) : *Kriminalps.* Urban & Schwarzenberg, München, 1983.
W. Seitz (Hg.) : *Kriminal- und Rechtsps.* Urban & Schwarzenberg, München, 1983.

21/7. Psychologie de la circulation :
C. Hoyos (Hg.) : *Ps. im Straßenverkehr.* Huber, Bern, 1974.
D. Klebelsberg : *Verkehrsps.* Springer, Berlin, 1982.
E. Spoerer : *Einf. in die Verkehrsps.* Wiss. Buchges, Darmstadt, 1979.

21/8. Psychologie économique :
H. Benesch : *Wirtschaftsps.* Reinhardt, München, 1962.
E.R. Corey, S.H. Star : *Marktorientierte Unternehmensplanung.* Girardet, Essen, 1973.
J.F. Engel, R.D. Blackwell : *Consumer Behavior.* Dryden, London, 1982.
G. Fabiunke, O. Grünwald : *Verkaufsps.* Die Wirtschaft, Berlin (Ost), 1983.
G.H. Fischer : *Verkaufsprozesse mit Interaktion.* Dt. Betriebswirte-Verlag, Gernsbach, 1981.
H. Haase, W. Molt (Hg.) : *Markt und Umwelt.* 3 Bd. Hb. der Angew. Ps., Mod. Ind., München, 1980.
C. Hoyos, W. Kroeber-Riel, L. von Rosenstiel, B. Strümpel (Hg.) : *Wirtschaftsps. in Grundbegriffen.* PVU, Weinheim, [2]1990.
M. Irle (Hg.) : *Marktps.* 2 Bde, Hogrefe, Göttingen, 1983.
W. Kroeber-Riel : *Konsumentenverhalten.* Vahlen, München, [3]1984.

21/9. Psychologie de la publicité :
K.C. Behrens : *Hb. zur Werbung.* Gabler, Wiesbaden, 1970.
H. Benesch, W. Schmandt : *Manipulation und wie man ihr entkommt.* Dt. Verlagsanstalt, Stuttgart, 1979 ; Fischer, Frankfurt, [2]1982.
H. Mayer, U. Däumer, H. Rühle : *Werbeps.* Pœschel, Stuttgart, 1982.
M. Moline, J. Douce : *Werbung. Motive, Märkte, Medien.* Fischer, Frankfurt, 1980.
R. Muccielli : *Ps. der Werbung.* Müller, Salzburg, 1972.

21/10. Psychologie des médias :
H. Benesch : *Experimentelle Ps. des Fernsehens.* Reinhardt, München, 1968.
H.J. Kagelmann, G. Wenninger (Hg.) : *Medienps.* Urban & Schwarzenberg, München, 1982.
P. Winterhoff-Spurk : *Fernsehen.* Huber, Bern, 1986.

21/11. Psychologie scolaire :
W. Arnhold (Hg.) : *Texte zur Schulps. und Bildungs-*

beratung. 2 Bde, Westermann, Braunschweig, 1975/77.
G. Keller, B. Thewalt : *Prakt. Schulps.* Asanger, Heidelberg, 1990.
K. Siegfried : *Erziehungsberatung und Schulps.* Huber, Bern, 1969.
W. Wegner : *Der Psychologe im Schulbereich.* In : H. Benesch, F. Dorsch : *Berufsaufgaben und Praxis des Psychologen.* Reinhardt, München, ²1984.

21/12. Psychologie politique :
B. Claussen, K. Wasmund (Hg.) : *Hb. der Polit. Sozialisation.* Petersen, Braunschweig, 1982.
H. Moser (Hg.) : *Polit. Ps.* Urban & Schwarzenberg, München, 1979.
H. Moser (Hg.) : *Fortschritte der Polit. Ps.* Beltz, Weinheim, 1981.

21/13. Psychologie des loisirs :
H. Benesch : *Automatenspiele.* Asanger, Heidelberg, 1992.
R. Schmitz-Scherzer : *Sozialps. der Freizeit.* Kohlhammer, Stuttgart, 1974.

21/14. Psychologie du sport :
R. Thomas : *Psychologie du sport.* PUF, Paris, ³1992.
G. Bäumler, H. Rieder, W. Seitz : *Sportps.* Hofmann, Schorndorf, 1972.
H. Deimel : *Sporttherapie bei psych. Erkrankungen.* Springer, Berlin, 1983.
H. Eberspächer : *Sportps.* Rowohlt, Reinbek, 1990.

Chap. 22 : Psychologie culturelle
S. Freud : *L'avenir d'une illusion.* PUF, Paris, 1971.
A. Malraux : *Psychologie de l'art.* Skira, Genève, 1947-1949.
A. Moles : *Théorie de l'information et perception esthétique.* Flammarion, Paris, 1958.
C.G. Allesch, E. Billmann-Mahecha : *Perspektiven der Kulturps.* Asanger, Heidelberg, 1989.
G.W. Allport : *The Individual and his Religion.* Addison-Wesley, New York, 1954.
M. Argyle, B. Beit-Hallami : *The Social Psychology of Religion.* Methuen, London, 1975.
R. Arnheim : *Zur Ps. der Kunst.* Kiepenheuer & Witsch, Köln, 1977.
H. Benesch : « *Und wenn ich wüßte, daß morgen die Welt unterginge...* » *Zur Ps. der Weltanschauungen.* Beltz, Weinheim, 1984. – *Warum Weltanschauung. Eine ps. Bestandsaufnahme.* Fischer, Frankfurt, 1990.
E.E. Boesch : *Kultur und Handlung. Einf. in die Kulturps.* Huber, Bern, 1980.
R.W. Brislin, W.J. Lonner, R.M. Thorndike : *Cross-cultural Research Methods.* Wiley, New York, 1972.
H. Bruhn, R. Oerter, H. Rösing (Hg.) : *Musikps.* Urban & Schwarzenberg, München, 1985.
A. Busemann : *Weltanschauung in ps. Sicht.* Reinhardt, München, 1967.
G. Condrau (Hg.) : *Ps. der Kultur.* Beltz, Weinheim, 1982.
N. Elias : *Über den Prozeß der Zivilisation.* Suhrkamp, Frankfurt, 1967.
V.E. Frankl : *Der Wille zum Sinn.* Huber, Bern, 1972.
H. Friedrich : *Kulturverfall und Umweltkrise.* dtv, München, 1982.
B. Grom : *Religionsps.* Kösel/Vandenhoeck & Ruprecht, München und Göttingen, 1992.
W. Hellpach : *Kulturps.* Enke, Stuttgart, 1953.
N.G. Holm : *Einführung in die Religionsps.* Reinhardt, München, 1990.
K. Jaspers : *Ps. der Weltanschauungen.* Springer, Berlin, ⁶1967.
K. Klages, P. Kmieciak (Hg.) : *Wertwandel und gesellschaftl. Wandel.* Lang, Frankfurt, 1976.
H. u. S. Kreitler : *Ps. der Kunst.* Kohlhammer, Stuttgart, 1980.
R. Langner (Hg.) : *Ps. der Literatur.* Ps. Verlags Union, München, 1986.
U. Mann : *Einf. in die Religionsps.* Wiss. Buchges, Darmstadt, 1973.
A.J. Marsella, R.G. Tharp, T.J. Liborowski (Hg.) : *Perspectives on Cross-cultural Psychology.* Academic Press, New York, 1979.
A.H. Maslow : *Die Ps. der Wiss.* Goldmann, München, 1977.
A. Moles : *Informationstheorie und ästhet. Wahrnehmung.* DuMont Schauberg, Köln, 1971.
J. Pfeiffer : *Literaturps.* Königshausen u. Neumann, Würzburg, 1989.
C.A. Schmitz (Hg.) : *Kultur.* Akad. Verlagsges, Wiesbaden, 1963.
M. Schuster, H. Beisl : *Kunstps.* DuMont Schauberg, Köln, 1978.
E. Spranger : *Philosophie und Ps. der Religion.* Niemeyer, Tübingen, 1974.
Th. Stachowiak, Th. Herrmann, K. Stapf (Hg.) : *Bedürfnisse, Werte und Normen im Wandel.* Fink/Schöningh, München, 1982.
H.G. Triandis, W.W. Lambert (Hg.) : *Handbook of Cross-cultural Psychology.* Allyn & Bacon, Boston, 1980.
W. Winkler : *Ps. der mod. Kunst.* Mohr, Tübingen, 1949.
W. Wundt : *Völkerps.* 10 Bde, Engelmann, Leipzig, ⁶1911.

INDEX

Index des noms propres

Abel, J. F. 473
Adams, J. S. 209
Adelson, J. 305
Adler, A. 249, 379, 383, 476, 477
Aldrich, C. A. 291
Alexander, G. 395
Allport, G. W. 267 319 369
Amon 189
Amthauer, R. 367
Anastasi, A. 361
Anger, H. 371
Anzieu, D. 374, 416, 417
Archimède 187
Argyle, M. 209
Aristote 3l, 33, 35, 79, 95, 105, 121, 183, 201, 229, 233, 235, 241, 265, 277, 407, 411, 483
Arnheim, R. 271
Artemidor 413
Arthus, H. 363
Asch, S. E. 305
Aserinsky, E. 411
Asklepios 447
Asubel, D. 153
Atkinson, J. W. 177, 229
Austin, J. L. 217, 469
Averroès 33
Avicenne 33
Axline, V. 405, 478

Bacon F. 203
Baerends, G.P. 347
Bales, R. F. 213, 303, 357
Baltes, P. B. 55, 283, 295
Bandura, A. l47, 267, 305, 329, 457, 460, 483
Barber, T. 484
Bartlett, F. C. 107, 137, 227
Bartley, S. H. 31
Bateson, G. 223, 391, 462
Bauer, W. 55, 61, 295
Bebray, R. 374
Bechterev, W. M. 457
Beck, A. 239, 393
Becker-Schmidt, R. 275
Becklen 373
Bell, A. G. 121
Benedict, R. 195
Benesch, H. 79, 125, 143, 233, 329, 361, 363, 405, 407, 449, 453, 469
Benge, E. 369
Berger, H. 81
Bergius, R. 231
Berkowitz, L. 215
Berlyne, D. E. 183, 185, 235, 456, 458
Berne, E. 223, 247, 379, 391
Bertalanffy, L. von 173
Bick, E. 374
Bideaud, J. 298
Bindra 229
Binet, A. 5, 137, 195, 253, 355, 367, 371, 429, 468

Binswanger, L. 249, 393
Bion, W. 299
Birch, J.D. 177
Blake, R. R. 425
Blanchet, A. 374
Bleuler, E. 279
Blix, M. 121
Bloch, E. 235
Blücher, G. L. 371
Boden, L. M. 397
Boirac, E. 399
Bondy, C. 371
Boring, E. G. 33
Bortz, J. 55
Boss, M. 249
Bower, G. W. 141
Bowlby, J. 299, 374
Boyle, R 115
Bracken, H. von 361
Bradbun, N. M. 267
Brandner, V. 163
Brehm, J. W. 209, 263, 267, 469, 478
Brelet, F. 374
Brem-Gräser, L. 363
Brentano, F. 455
Brickenkamp, R. 361, 371
Bridges, K. 227
Brim, O. G. 283
Broadbent, D. E. 129, 165
Brücker-Steinkuhl, K. 77
Bruner, J. S. 125, 153, 185, 307
Brunswik, E. 191
Brüschke, H. 295
Bugental, J. T. F. 247
Bühler, Ch. 247, 255, 363, 458
Bühler, K. 31, 149, 460
Burt, C. 225
Busch, W. 215, 409
Busch-Rossnagel, N. A. 283
Buswell, G.T. 151

Campanella, Th. 337
Campos, J. 233
Camus, A. 213
Canetti, E. 327
Cannon, W. B. 227
Carpenter, W. B 271
Cattell, A. K. S. 371
Cattell, R. B. 51, 215, 225, 251, 355, 359, 369, 371
Cellerier, G. 298
Chabert, C. 374
Chandler, M. J. 297
Cherry, Ch. 169, 209, 456
Chiland, C. 374
Chu Hsi 175
Circé 385
Claiborne, R. 407
Claparède, E. 43, 181
Claudius, M. 249
Clausewitz, K. von 197
Cleeton, G. U. 369
Coan, R. W. 33
Cohen-Rieu 44, 45, 417

Cohn, R. 401
Coleman, A. 283
Comenius, J. A. 155
Confucius 33
Conrad, W. 143
Cooley, W. W. 469
Coombs, C. H. 47, 151
Corbit, D. 267
Crites, J. O. 423
Crutchfield, R. S. 283, 377
Cullen, W. 279, 471

Dali, S. 93
Danish, S. J. 295
Darwin, Ch. 43, 47, 83, 183, 197, 227, 237, 271, 281, 343, 345, 351, 466
Däumling, A. M. 315
Davis, F. B. 197
Degenhardt, A. 275
Deppe, W. 39
Descartes, R. 33, 77, 145
Dessoir, M. 31
De Vore, I. 351
Dewey, J. 387
Dickson, W. J. 315
Dilger, W. C. 343
Dilthey, W. 35
Dittes, J. E. 237
Döhl, J. 353
Doppler, Ch. 115
Dörner, D. 10, 149, 181, 239
Dörner, K. 239
Dorsch, F. 33, 43, 361, 419, 474
Douvant, E. 305
Downs, R. M. 193
Drach, E. 484
Dücker, G. 353
Düker, H. 137
Duncker, K. 193, 197, 199, 387, 458
Dürer, A. 337
Durkheim, E. 283, 305

Ebbinghaus, H. 57,133, 355, 371
Ebner-Eschenbach, M. von 41, 321
Eggers 291
Ehrenfels, Ch. von 99, 466
Einstein, A. 67, 135, 273
Ekman, P. 271, 275
Elkind 297
Ellis, A. 247, 393, 484
English, A. C. 235
English, H. B. 235
Erikson, E. H. 247, 249, 265, 283, 383
Erlenmeyer-Kimling 343
Esquirol, D. 373
Euler, H. A. 225
Eysenck, J. 441, 457

Fahrenberg, J. 359
Faraday, M. 111
Fechner, G. Th. 5, 33 103 165

502 Index des noms propres

Festinger, L. A. 139, 267, 458
Fettweiss, B. 371
Feuchtersleben, E. von 279
Fiedler, E. 425
Fischel, W. 353
Fischer, K. 298
Fisher, H. 307
Fisher, R. A. 67, 69, 71
Flanders, N. A. 305
Flavell, J. H. 201, 247, 453, 459
Flourens, P. 37
Fludd, R. 37
Fugel, J C. 33
Frank, D. 343
Frank, L. K. 363
Frankl, V. E. 247, 249, 295, 391, 476
Frege, G. 39, 79, 247, 483
Freud, A. 299, 405
Freud, S. 85, 139, 143, 165, 167, 169, 179, 181, 229, 231, 249, 279, 291, 298, 301, 331, 363, 374, 379, 381, 383, 391, 393, 399, 413, 456, 471, 475, 476, 478
Frisch, K. von 343, 349
Fromm, E. 247, 249
Fürntratt, E. 371

Galanter, H. 173 177
Galilée, G. 49
Gall, F. J. 33
Gallup, G. 59
Galton, F, 6, 43, 59, 195, 355, 367, 373
Gardner, R. A. 353
Gauss, C. F. 65
Gebsattel, T. V. von 393
Gedo, J. E. 249
Geoffroy Saint-Hilaire 343
Gerard, H. B. 209
Gerhaert, N. 169
Gerlicher, K. 403
Gesell, A. 283
Gewirtz, H. 179
Gibson, J. J. 99, 109
Giese, F. 101
Gjesme 177
Gneisenau, A. v. 197
Goethe, J. von 113, 155, 161, 183, 203, 235, 277, 287
Goetze, H. 405
Goffman, E. 247
Goldberg, M. 405
Goodwin, D. 239
Gordon, T. 237, 403
Gosset, W. S. 69
Gotman, A. 374
Gottman, J. M. 337
Gracian 203
Green, D. M. 105
Greenson, R. R. 381
Grinker, R. R. 249
Grissemann, H. 371
Guerney, B. G. 403
Guilford, J. P. l55, 183, 195, 199, 468
Guthrie, E. R. 139

Guze, S. 239
Hacker F 413
Haeckel, E. 183
Haider, M. 81
Haley, J. 403
Halford, G. 298
Hall, G. S. 43
Harlow, H. F. 263, 353
Hart, B. M. 389
Hartmann, E. von. 167
Hartmann, H. 383
Hartmann, N. 273, 299
Harvey, W. 85
Hathaway, S. T. 359
Havinghurst, R. J. 283
Hayes, P. J. 283
Heckhausen, H. 169, 405
Hediger, H. 353
Hein 105
Heinroth. O, 343
Heisenberg, W. 357
Heiβ, R. 363, 413
Held 105
Hellpach, W. 35, 333, 462, 476, 481
Helmholtz, H von 6, 97, 101, 113
Helson, H. 99, 107, 466
Henning, H. 119
Herbart, J. F. 6, 101
Herder, J. G. von 161
Hering, E. 6, 113, 125
Hérostrate 59
Herrmann, T. 241
Herzog, H. 437
Herzog, W. 447
Hetzer, H. 371
Hinde, R. A. 351
Hippocrate 35, 279, 462, 484
Hirsch 343
Hobbes, Th. 33
Höfler, A. 259
Hogan, R. 237
Hölderlin, F. 127, 327
Holst, E. von 343
Holt, E. B. 165
Homans, G. C. 209
Homer 241, 385
Honzik, M. 275, 367
Hoof, J. A. R. A. M. van 227
Horace 231
Horn, H. 361, 371
Horney, K. 249, 383
Horst, P. 75
Hovland, C. 329
Hoyos, C. 419
Huber, H. P. 53
Huber, W. 416
Hull, C. L. 139, 458, 478
Hume, D. 33
Husserl, E. 47
Huygens, Ch. 95
Huxley, J. 343

Ignace de Loyola 397
Ingham, H. 215
Irle, M. 305, 369
Ittelson, W. H. 337

Izard, C. E. 225, 227, 237, 464
Jacobsson 387
Jaede, W. 405
Jaensch, F. R. 35, 253, 484
Jalley, E. 298, 416
James, W. 227, 247, 265, 311, 451
Janet, P. 6

Jarvik, M. E. 275
Jaspers, K. 453, 484
Jean Paul 231
Jellinek, E. M. 462
Jones, E. E. 209
Jung, C. G. 35, 249, 253, 295, 383, 413, 468, 476

Kant, I. 33, 143, 163, 185, 187, 231, 265, 349, 453, 459, 460
Kapune 353
Katz, D. 93
Keller, H. 211
Kellerer, H. 77
Kelley, H. H. 209
Kelly, G. 247, 405
Kempler, W. 403
Kerami 165
Kierkegaard, S. 169, 229
Kintsch, W. 137
Kirchhoff, R. 271
Klages, L. 271, 393
Klee, P. 37
Klein, M. 299, 405
Kleinsorge, H. 411
Kleist, H. von 277
Kleitman, N. 411
Kluckhohn, C. 241
Knapp, G. F. 167
Knigge, A. v. 209, 319
Koch, K. 363
Koestler, A. 247
Kogan, N. 283, 462
Kohlberg, L. 291
Köhler, O. 443
Köhler, W. 47, 149, 353, 460
Kohlschütter, F. 413
Kohut, H. 249, 325, 383, 476
Kortlandt 345
Kraepelin, E. 43, 355, 373
Kramer, G. 349
Krech 283, 377, 462
Kreitler 449
Kretschmer E. 35, 484
Kreyszig, E. 73
Kris, E. 299
Kroh, O. 283
Kübler-Ross, F. 179
Kues, N. von 101
Kuhl, J. 177
Kuhn, Th. 153, 451
Külpe, O. 458
Künkel, F. 383

Lacan, J. 299, 416
La Fontaine, J. de 253
Lagache, D. 417
Lange, C. 227
Lange, F. A. 47, 457

Index des noms propres 503

Lao-Tse 33, 389
La Rochefoucault, 219, 319
Lashley 457
Laucken, U. 31
Lavater, J. K. 271, 273, 466
Lawrence, H. 139
Lazarsfeld, R. 53
Lazarus, A. 247, 464
Lazarus, R. S. 59, 227, 405
Lazlo, L. 373
Le Bon, G. 323
Lec, S. J. 77
Lee, B. 407
Lehr, U. 295
Leibniz, G. W. von 33, 167, 381, 483
Leisegang, H. 189
Lenard, Ph. 95
Léonard de Vinci 173, 265
Lerner, R. M. 283
Lersch, Ph. 165, 177, 229
Lewin, K. 165, 177, 209, 229, 251, 261, 303, 307, 315, 401, 456, 464, 465
Liberman, R. P. 403
Lichtenberg, G. C. 466
Lienert, G. A. 371
Ligon 143
Linder, M. 371
Lindsay, Ph. 183
Lippitt, R. 317
Locke, J. 33
Loevinger, J. 467
Loewenstein, R. 299
Lorenz, K. 343
Lotze, R. H. 5
Lowen, A. 395
Lowenfeld, M. 363
Luchins, A. S. 187
Luft, J. 215
Lulle, R. 483

MacFarlane, J. W. 367
Machiavel, N. 221
Magoun, H. W. 81
Maher, B. 237
Mahler, M. 299
Mahoney, M. J. 457
Malebranche, N. de 33
Mandl, H. 225
Maranon, G. 227
Marbe, K. 193
Marks, J. 483
Marx, K. 175, 393
Masling 323
Maslow, A. M. 247, 265, 397, 458, 466
Massa, W. 237, 397
Masselon, R. 185
Masters, W. S. 415
Masters-Johnson, W. E. 415
Matthes, E. W. 177
May, R. 237, 247, 393
Mayer, H. 165
Mayo, E. 301
McCall, G. J. 275
McCarthy, J. 183
McClelland, D. C., 261

McDougall, W. 165, 301
McKeen Cattell, J. 43, 355
Mead, G. H. 177, 209
Mednick, S. A. 199
Meichenbaum, D. 59, 445
Meili, R. 195, 251, 468
Meis, R. 371
Meiser, N. C. 449
Melanchthon, Ph. 33
Meltzer, D. 299
Menninger, K. A. 423
Metzger, W. 199, 259, 317
Meumann 263
Meyer, M. F. 227
Michel-Ange 265
Milgram, S. 215, 337, 441
Miller, G. A. 173, 177
Millner, 462
Milton, G. A. 305
Minuchin, S. 403
Mira-Lopez, E. 363
Mischel, W. 469
Mitchell, K. M. 297
Mittenecker, E. 369
Moede, W. 365
Moles 449
Moltke, H. von 197
Monden-Engelhardt, C. 143
Mooney, R. M. 199
Moreno, J. L. 301, 303, 401
Morgan, H. G. 457
Morgenstern, O. 462
Morris, C. W. 79, 209, 233
Morus, Th. 337
Moruzzi, G. 81
Moser, U. 423
Mouton, J. S. 425
Mozart, W. A. 119
Mühle, G. 287
Müller-Lyer, F. C. 99
Munch, E. 31
Münsterberg, H. 43
Murray, H. A. 241
Murstein, B. I. 363

Napoléon Bonaparte 273, 371
Necker, L. A. de Saussure, 125
Neisser, U. 107, 373, 458, 469
Neumann, J. von 462
Newell, A. 183
Newcomb, T. 307
Newton, I. 95, 113
Nietzsche, F. 139, 187, 319, 423
Nisbett, R. E. 237
Noah 247
Noble, C. E. 159
Noelle-Neumann, E. 53
Norval, M. A. 291
Norwood, D. A. 237
Novalis 291, 415, 466

Odbert, H. A. 369
Oehrn, A. 361
Oeser, R. 353
Ogden, C. K. 479
O'Neill, E. 435
Oostwal, L. 201
Oppenheim, B. 297

Osborn, A. F. 199, 397
Osgood, Ch. 59, 183, 213
Overstreet 387

Panum 5
Pascal, B. 203, 385, 423
Pascual-Leone, J. 298
Pauli, R. 59
Pavlov, I. P. 121, 139, 145, 147, 183, 197, 235, 259, 305, 399, 451, 456, 457, 460, 469, 483
Peirce, C. S. 483
Pemberton 373
Perdeck, A. C. 347
Perls, F. S. 247, 393
Perret, E. 373
Pessin 263
Pestalozzi, J. H. 203
Pfahler, G. 35, 484
Piaget, J. 47, 149, 181, 287, 291, 298
Pick, A. 179, 223
Piderit, T. 466
Pieron, H. 6
Pikonis, P. A. 237
Planck, M. 451
Platon 33, 79, 95, 125
Plog, U. 239
Plutchik, R. 225, 227
Poppelreuter, W. 191
Postman, L. 125, 307
Premack, D. 147
Preuss, H. 403
Pribram, K. H. 173, 177
Price, R. 361
Prigogine, I. 283, 305
Prokop, O. 205
Proshansky, H. 47, 337
Proskauer, M. 395
Pryer, R. S. 363
Pythagore 95

Raimy, V. G. 247
Rank, O. 389
Rasch, G. 355, 477
Rausch de Traubenberg, N. 374
Raven, J. C. 367
Rayner, R. 177
Réaumur, R.-A. de 343
Reich, W. 249, 395
Reicher 143
Reiser, B. 181
Rensch, B. 353
Révész, B. 37
Richards, I. A. 479
Richter, H. E. 315, 403
Riper, C. van 407
Rippe 209
Roback, A. A. 33, 377
Rodin, A. 31
Roe, A. 423
Roethlisberger, F. J. 315
Rogers, C. 247, 277, 374, 389, 401, 405, 478
Rohlfs 403
Rohracher, H. 37, 249
Rokeach, M. 267, 462
Rolf, I. 395

Index des noms propres

Römer, G. A. 363
Rorschach, H. 35, 363, 484
Rosenzweig, S. 363
Ross 387
Rothacker, E. 165
Rotter, J. B. 177, 247, 267, 305, 456
Rousseau, J.-J. 337
Rubin, E. 107
Rumelhart, D. E. 183
Rupp, H. 361

Saalfeld, H. v. 449
Sabine, W. C. 117
Schafer, R. 374
Sander, F. 143, 369
Satirs, V. 403
Saussure, F. de 39, 79, 483
Schachter, S. 227, 229, 464
Schaefer, H. 229
Scharman, Th. 423
Scheier, J. H. 225
Scheler, M. 467
Schelling, F. W. von 107
Schelsky, H. 423
Schenk-Danzinger, L. 291
Scheuerl, H. 405
Schick, A. 31
Schiepek, G. 373
Schiller, F. von 37, 203, 231, 253, 277, 283, 405, 473
Schjelderup-Ebbe, Th. 301, 345
Schlosberg, H. 225, 273
Schmidbauer, W. 401
Schmidtke, H. 229
Schönbach, P. 59
Schopenhauer, A. 161
Schulte, D. 373
Schulte, W. 411
Schultz, I. H. 169, 399
Schultz-Hencke, H. 179, 229, 459
Schütz, A. 177
Scott, D. 43
Searle, J. R. 217, 469
Selg, H. 55, 61
Seligman, M. E. P. 239, 456, 469
Selvini-Palazzoli, M. 403
Selye, H. 169, 481
Selz, O. 387
Sénèque 161, 245, 277
Shakespeare, W. 169, 311
Shannon, C. E. 79
Shaw, G. B. 235
Shentoub, V. 374
Shepherd, M. 297
Sighele, S. 323
Simon, H. A. 177, 183, 387, 469
Simon, Th. 195, 367, 371
Singer, J. 227, 229, 464
Singh, J. A. L. 305
Siqueland, E. R. 229
Sisyphe 213
Skinner, B. F. 139, 147, 159, 457, 460, 483

Slikboer, J. 273
Socrate 183, 203
Sokolow, E. 259
Solomon, R. L. 267
Sophocle 379
Spark, G. 403
Spearman, Ch. 6, 195, 468
Speck, O. 205
Spencer, H. 165, 271
Sperry, W. 373
Spiegel, B. 359
Spielberger, C. D. 169, 225
Spinoza, B. de 201, 235
Spitz, R. 245, 299
Spranger, E. 35, 484
Staabs, G. v. 363
Stamm, R. A. 343, 349
Stampfl, G. T. 387
Stea, D. 193
Steinthal, 6
Stenberg, C. 233
Stern, W. 177, 259, 283, 365
Sternberg, S. 469
Stevens, S. S. 49
Stierlin, H. 403
Stumpf, C. 6
Super, D. E. 423
Sweets, J. A. 105
Swift, J. 371
Swoboda, H. 69
Szekely, L. 199
Szondi, L. 468

Tarde, G. 323
Tausch, R. 137
Taylor, J. 165
Tembrock, G. 345, 351
Terman, L. M. 195, 468
Tetens, J. N. 33
Textor, M. E. 403
Thalhammer, M. 205
Theophraste 35, 241
Thibaut, J. W. 209
Thom, R. 327
Thomae, H. 53, 91, 295, 363
Thomas d'Aquin 33
Thorndike, E. L. 147, 153, 451, 457
Thrall, R. M. 462
Thurstone, L. L. 75
Tichomirow, O. K. 193
Tinbergen, N. 343, 345, 347, 395
Titchener, E. 99, 183
Todt, E. 369
Tölle, R. 411
Tolman, E. C. 99, 165, 457
Tolpin, M. 249
Toman, W. 369
Tomlinson, T. M. 389
Torrance, E. P. 199
Touati, A. 44, 45
Tramer, M. 361
Tran-Thong 298
Trautner, H. M. 275

Treisman 165
Tulving, E. 137
Tustin, F. 299
Tyler, L. E. 259

Überla, K. 75
Ulysse 385

Vaitl, D. 395
Valnet, J. 395
Viebahn, J. v. 297
Vigotsky, L. S. 185, 298
Virgile 379
Voltaire, F. 93

Wagner, I. 291
Waitz, T. 6
Walker, H. M. 73
Wallas, G. 183, 387
Wallon, H. 298, 374, 467
Walter, G. W. 195
Wartegg, E. 357, 363
Watson, J. B. 6, 47, 61, 385, 457
Watzlawick, P. 209, 223, 391
Wazuro, E. G. 411
Weiner, B. 267
Weinert, A. B. 423
Weizsäcker, C. F. v. 237
Weizsäcker, V. v. 249
Wenzl 484
Werner, H. 283
Werner, R. 297
Wertheimer, M. 111, 199
Whitbourne, S. K. 295
Wiebe, G. 221
Wiener, N. 91
Wilson, E. O. 83, 345
Winkel, R. 337
Winkler, W. 449
Winnicott, D. W. 299, 363, 374
Winograd 207
Witkin, H. A. 253, 283
Witmer, L. 43, 377
Wittgenstein, L. 77, 173
Wittling, W. 407
Wolański 291
Wolff Ch. 460
Wolpe, J. 387, 483
Woodruff, R. 239
Woolner, 345
Wulf, F. 137
Wundt, W. 33, 43, 99, 101, 103, 181, 225, 373, 447

Yalom, J. D. 329
Yerkes, R. M. 457
Young, Th. 95

Zajonc, R. B. 263
Zazzo, R. 361, 374
Zdańska-Brincken 291
Zimbardo, P. G. 237, 441
Zweig, S. 273

Index des matières

abscisse 63
aberration mentale 205
abréaction 233
abstraction 183
acceptance 57
accommodation 97, 109, 183
accouplement 347
accroche 203 ; publicitaire 435
acides aminés 83
acquisition des conceptions du monde 453
action, acte 211, 261, 453 ;
    action dirigée vers un but 261 ;
    impulsive 261 ;
    non dirigée vers un but 261 ;
    par discernement 149 ;
    politique 441
actions de groupe 317
activation 85, 105, 125 ;
    de la lecture 97
activité 213 ; à deux 175 ;
    artistique 449 ; de sélection 353
activités collectives 175
adaptation 97, 119, 155, 169, 197
addiction 279
adding 221
adiposité 257
adolescence, jeunesse 293
adrénaline 85
affiliation 215
agapé 215
âge adulte moyen 295
agencement de la nature 339
âges de la vie 295
agression 179, 215, 233
agrégat 43
Aha Erlebnis (Ah, c'est cela) 149
aires de coaction 325
alexithymie 239
alghédonie 225
alternative forme-couleur 369
altruisme 233
ambiguïté 61
âme 31, 87
amélioration du rappel 135
amitié 233
amour 233
AMP 484
amplitude 81, 85, 93
analogie 39
analyse comparée 275 ;
    de cheminement 77 ;
    de clusters 75 ;
    de comportement 357 ;
    de contenu 213, 303 ;
    de contenu et de valeur 59 ;
    de corrélation 73 ;
    de covariance 71 ;
    de dépendance 73 ;
    de Fourier 37 ; de groupe 317 ;
    de la fréquence de configuration 75 ;
    de régression 73 ;
    de séquences temporelles 53, 77 ; de situation 303 ;

de tendance 77 ;
de variance 71 ;
des fonctions discriminantes 75 ;
des masses 323 ;
du moi 249, 383 ;
du travail 57, 419 ;
existentielle 249 ;
factorielle 75, 183, 195 ;
spectrale 77 ;
transactionnelle 391 ;
analyse-moyens-buts 183, 187
anamnestique 377
androïde 37
angoisse 229 ;
    comme source de plaisir 229
animisme 173
anorexie mentale 297
antipathie 233
aperception 93, 101
appel (apprentissage) 157
appréciation de la valeur 277
appréhension 101
apprendre en enseignant 161
apprentissage 145-163 ;
    au hasard 153 ;
    du détour 353 ;
    par accumulation 153 ;
    par concept 153 ;
    par imitation 147 ; social 305
approche de la mort 179
aptitude à comprendre 373 ;
    à la conduite 431
arbitraire 91
arbre de l'évolution 281 ;
    de résolution 207
arousal 169
arriération mentale 205
articulations 41
aspect écologique 99
aspiration au sens 265
assimilation 103, 183
association 33, 159
athymie 239
atlas de Munsel 113
attachement 213
attente 329 ;
    concernant le futur 231
attention 169
attitude 267 ;
    par rapport au but 193
attrait 223, 307 ; social 351
attribution 267
autodétermination 247
autonomie 215
auxiliaires de l'apprentissage 161
avenir 453
axiome 189

bâtonnets 309
béhaviorisme 47
besoin de recherche 193
besoins d'environnement 331
binetarium 371
biodynamique 395

bioénergie 395
biofeedback 47, 395
biopsychologie 243
biosignaux 81
bloc cybernétiques 41, 247
blocs de Vigotski 185
boîte de Skinner 147
bonus moral 221
boucles d'anticipation (feed forward units) 107

cadre de référence 107
calcul de tendance 77
capacité de réserve 131
capacité de stockage 133
carte cognitive 187
CAT 374
catégorie 39
causal-linéaire 189
causes 189
cécité chromatique 369
cellule nerveuse 87
champ d'activité 335 ;
    de perception 307 ;
    des coordonnées 63 ;
    des opinions politiques 441
changement de signification 87, 91, 159
charge de travail 419
choix des modalités 255 ;
    des moyens de transport 431 ;
    professionnel 423
chorégraphie 57
chromosomes 83
CI10 416
CIM-10 484
civilisation 447
classification 49, 69 ; unique 49
climat de l'entreprise 425
clitoris 85
coaction 59
codage 89
code génétique 83
codification 37
coefficient de corrélation 73, 75
cognition 181-207, 269
cognitivisme 298
cohérence 107, 129
cohésion 213, 263
colère 231
colérique 35
collectivité 453
combinaison comportementale 343
combinaisons 67
combinatoire 67
comique 231
communauté (stat.) 75
communication 39, 85, 117, 209-223 ; de masse 221 ;
    non verbale 219 ;
    thérapeutique 391
communitas (communauté) 245
comparaison 183 ; sociale 255

Index des matières

compétences techniques 365
complexe d'Edipe 379
complexité 309
compliance 215
comportement 31; au volant 431;
  d'empreinte 343;
  d'orientation 349;
  de recherche 197;
  de reproduction 347
  déviant 313; héréditaire 343;
  sélectif 41
composante temporelle 77
concentration 145;
  de l'excitation 255
concept 185; de rôle 311;
  de soi 265
conception de la personnalité
  241, 389; du monde 211, 237;
  du rôle 311
concepts de gouvernement 331
conceptualisation 59
concrétion 183
condensation du matériau 161
conditionnement 145-149, 343
conductibilité dermique 85
conduction de l'influx nerveux
  87
conduite morale 237
confabulation 141
confiance (stat.) 67; en soi 235;
  sociale 319
configuration des instruments
  421; du poste de travail 421
confirmation 139
conflit 239; de groupe 321
conflits de la séparation 297
conformisme 215
confrontation avec la nature 339
confusion 139
connexion temporaire 145
connexité 49
conscience 91;
  rétroactive du résultat 255
conscient (le) 167
consistance 377
consommation 255
constance 103
construction d'échelles 49
  des tests 361, 363, 365, 367,
  369, 371, 373; mentale 51
contiguïté 129
continuité (mémoire) 143;
  (perception) 107
contour 107
contraste 103, 129
contrathymie 239
contrôle 215;
  de l'apprentissage 161;
  de qualité 355; social 305
convention 39
coordination sociale 351
corrélation 39
correspondance 213
cortex 89; cérébral 89
couleur de mémoire 113

couleurs analogues 113
  complémentaires 113
courant de l'action 177
courbe de la mémoire 133
crampe oculaire 93
créatif 183, 207
création d'une image de marque
  433; de la conscience 91;
  publicitaire 435
créativité 199
crédulité 205
criminalité 223, 239
crises écologiques 321
critère 55
cube de Necker 125
culture 447
curiosité 203
cybernétique 87
cycle des stimulations 257
cyclothymie 279

daltonisme 113
début de l'âge adulte 295
décision 177, 187
déclencheur de comportement
  345
décomposition de la forme 369
découverte du sens 293
découvrir-déduire 41
défense 215; perceptive 125
déficience de lecture et
  d'écriture 139
déformation du jugement 191
degré de liberté 71
degrés de conscience 167
délinquance 239
démonstration 221
démoscopie 53, 59
dendrogramme 33
dépendance à l'égard du champ
  99, 105, 187
dépressivité 179, 239
déroulement de l'action 327
désensibilisation 387
désespérance 229
design de recherche 53
destination 39
détecteur d'angle 101;
  de mensonges 81, 85, 181
développement 47;
  cérébral 289;
  de l'adolescence 293;
  de l'embryon 289;
  de l'enfant 291;
  de la population 285;
  de la silhouette 285
  de soi 247;
  du cortex cérébral 291;
  du dessin 287; du fœtus 289;
  du langage 407;
  du mouvement 291
  mental 287; moral 291;
  phylogénétique 281;
  prénatal 289; social 291;
  somatique 285

déviance 65
dextérité 371
diagnostic 377; du rêve 413;
  familial 403;
  par questionnaire 359
diagramme circulaire 63;
  de scatter 73
diastole 85
dichotomies 253
différence sexuelle 415
différenciation 145
difficulté à donner son opinion
  51
dimensions esthétiques 449;
  factorielles 251
dirigeants subalternes 309
disparité latérale 97, 109
disponibilité 177
distance 263; à soi 277;
  du but 177
distress 169
distribution binomiale 67;
  de Poisson 65;
  normale 41, 65, 69;
  p-q 67; phimus 67
ditension 179, 215
divergent 189
doctrine de la névrose 381
domaines auditifs 115;
  de la projection 363
dominance 215, 239
don pratique-technique 195
données L 51; Q 51; T 51
double effet de la résistance 255
DSM IV 416
dualisme 79
dynamique 85; de groupe 317;
  de masse 325; propre 309
dyscalculie 484
dyslexie 139, 297

ébauche 177
écart (stat.) 65; type 63, 65, 69
échantillon 51, 67, 69
échelle des rangs 49;
  nominale 49; ordinale 49;
  stanine 63
échelles d'intervalles 49;
  en usage 63;
  proportionnelles 49
économie 433
écosystème 333
écriture 211, 217
EEG spontané 81
effet Barnum 57;
  d'aggravation 57;
  d'appétence 57;
  d'Ehrenstein 125;
  effet d'entraînement 159;
  d'indulgence 57;
  Carpenter 185; de halo 57, 191;
  de réactance 175;
  de Bezold 113; Doppler 115
effet, efficacité 189

Index des matières 507

effets de masse 329; sociaux 319
égalité de position 215
egopsychology 299
Eidolon 37
eidotropie 99
élaboration 135
électro-oculogramme (EOG) 81
électrocardiogramme (ECG) 91, 181
électroencéphalogramme (EEG) 91, 153, 181
électromyogramme (EMG) 81, 181
élévation d'amplitude 89;
  de fréquence 85, 89
émergence 37, 79
émotion 225-239;
  musicale 117
émotions fontamentales 221;
  états 225; traits 225
encodage 127; élaboré 135;
  éductif 135
engagement 201
enquêtes focalisées 59
ensemble de référence 51, 69
enstase 237
entéléchie 31
entraînement à l'apprentissage 161; à la pensée 203;
  à la solution de problèmes 387;
  au langage 407; sportif 445;
entretien 59, 374
énurésie 297
envie 233
environnement de l'habitat 335;
  naturel 339; urbain 337
épanouissement de soi 247
épidémiologie 377; sociale 377
épistémologie 39, 41, 61;
  psychologique 451
épreuve d'hypothèse 69, 193
épreuve de dessin comparé 363
équation de structure 77
équilibration 287
équilibre 277; de flux 173
éréthique 205, 239
ergonomie 203, 421
erreurs de jugement 269
espace 39, 109; auditif 117
espoir 203, 235
esprit 31, 87
esthésiomètre 121
estimation de paramètre 69
estime de soi 237
étalement (stat.) 65
étapes de l'apprentissage 153
état de disponibilité 275;
  de sommeil 91
états limites 375
étiologie 377
étiquetage 179
étude de marché 433;
  longitudinale 53
eustress 169
évaluation 31, 35, 213;

de la personne 269;
par modèles 105, 125;
sociale 307; standardisée 357
évocation 127
expansion idéologique 341
expérience 51, 61, 303;
  de laboratoire 61;
  de soi 247; de terrain 61;
  de vérification 61;
  en double aveugle 61;
  exploratoire 61;
  sur la position 123;
  vécue du corps 123
expériences tactiles 121
explication (pourquoi) 41
exploration 59, 183, 235, 257, 301
exposition (mémoire) 143;
  (que, comment) 41
expression 211, 271;
  corporelle 219;
  verbale 195, 273
extinction 139, 145
extrapolation 77
extraspection 181

facilitation 263
facteurs de champ 113;
  de forme 107
faculté de performance 275
faim 229
falsification (réfutation d'une hypothèse) 55
falsification 187
famille 403
feed back 171; de groupe 317
figuration 79, 87, 219
figure-fond 103
figures ambiguës 93
fixation 127, 135
flegmatique 35
flexibilité 199
fluidité des idées 199
focalisation 327
fœtus 123
fonction (de la conception du monde) 453;
  de la question 359;
  de posture 123; du rôle 311;
  représentative 335
fond émotionnel 229
formation de bandes 179;
  de l'opinion 59;
  de modèles 85;
  de rumeur 325; des théories 31;
  du groupe 351; verticale
  des processus nerveux 89;
formations des intérêts 259
forme du produit 433
formes d'organisation 427
formes de pensée 189
FRA 89, 167
frame of reference 107
frayeur 229
fréquence 115

frustration 231
fuite des idées 205
fun morality 173

gamme de variation 65
généalogie des parfums 119
généralisation 145; abusive 61
gènes de contrôle 83
genèse de l'action 177
génie 195
génocide 233
Gestalt - forme 41, 99, 107
gestion des loisirs 443
glandes 85
goût 119
graphologie 217
grille de contraste 125
groupe 401
groupements primaires 315
groupes de travail 315
guerre 233

habileté 195
habituation 343
hallucination 93
hardware 207
harmonie de l'existence 277
hasard dirigé 41
hérédité 83
hiérarchie des contacts 213
hilarité 231
histogramme 63
histoire de la psychothérapie 377
histoires dessinées 371
hologramme 99
hominidés 83
hominisation 281
homuncule de Penfield 37
horloge interne 109
hormone 85
humour 231
hyperthymie 239
hypnose 399
hypocondrie 239
hypophyse 85
hypothèse 55; nulle 55, 69
hypothèses de localisation 37
hypothymie 227, 239
hystérie 239, 279, 375, 474

identification 265;
  de modèles 37, 79, 103
identité 79
illusion de hauteur 125;
  de Müller-Lyer 61;
  de taille 109; de Zöllner 125;
  lunaire 109
image 211; devinette 125
images du monde et de l'homme 453; insolites 361
imitation 211
impetus 177
impossible 199
inconscient 167

Index des matières

indexation 51
indicateur 35
indices de profondeur 109
individuation 241
induction 145
inertie 309
inférence statistique 69
information 39; héréditaire 83
inhibition de la prise de décision 205; proactive 139
initiative sociale 319
input 207
intelligence 195; animale 353; artificielle 207; convergente (crystallized intelligence) 195; divergente (fluid intelligence) 195
intensité du comportement 345; du problème 199; sonore 117; en phones 117
intention 173, 177
interaction 79, 209; médiatique 437
intérêt 235; social 319
interférence 85, 95
intériorisation 237
interprétation sémiotique 247
interview 57
intimité 213
introspection 191
invariant 51
irradiation 89, 145, 227
irritation 231
item 59, 159
itération 77

jalousie 231
joie 231
jugement 191

langage 211, 217, 219, 407; corporel 273; des abeilles 349; des signes 211
leveling 137
libération du soi 249
lien (245, 263
lignes directrices de vie 293
limites de l'intelligence 353; éthiques 61
localisation 101; du son 117
logique conceptuelle 195
loi de l'effet 147, 153; de la fréquence 193
lunatic fringe 205
lunettes prismatiques 101

maladie d'Alzheimer 139
manie de plaisanter 205
manière générale de vivre 447
manipulation 211
manova 53
marginal 309
mass media 221, 329
masse(s) 309; médiale 221; médio-présente 221, 327;
présente 221
massification comportementale 325
matrice 51; de corrélation R 75; de données 51
maturité 213
maximum-likehood method 67
meaningfullness 159
mécanisme de défense 381
mécanismes sociaux 319
médiane 65
méditation 237, 397
mélancolique 35
mémoire 127-143, 195;
à court terme 131;
à long terme 133;
très court terme 131;
potentielle 137
meneur 309
mental map 107, 187
mesure 49, 57;
de la personnalité 369;
des attitudes 303;
fondamentale 49; objective 251
métacognition 201
métamémoire 133
métapsychologie 379
méthode de la description des types 35;
des moindres carrés 77;
des quotas 51
méthodologie 47-61, 417
milieu 245
mimique 273
minorité 309
minorités actives 327
mise en relief 125; en réseau 189
mitochondries 85
MMPI 374
mobiles d'abondance 265;
de contrôle 267;
de l'excitation 259;
de l'impulsion 257;
sociaux 263
modalité 39
mode (stat.) 65
modelage du comportement 385;
social 305
modèle de la boîte noire (black-box) 31;
de la conscience 91;
de la psychologie des profondeurs 249;
des instances 249;
des sciences de l'esprit 247;
des sciences de la nature 243;
des sciences sociales 245
modèles hiérarchiques (nested design) 53
modification de l'impulsion 257
modulation de phase 89;
du codage de l'impulsion 89
moi-peau 374
molaire 99
monisme 79

moral conduct 237
morale 237
mort 85
mot d'esprit 231
motivation (dimensions) 255;
(perception) 101, 105, 125;
corrective 267;
de performance 261, 439;
des masses 329;
pour les congés 443
mouvement 111; apparent 111;
de rencontre 401
moyenne arithmétique 65
mythe 31

néo-analyse 383
néo-structuralisme 298
neuro-évolution 243
neurobionique 91
neurone 87
neuropsychologie 79-91, 243
névrose 239;
obsessionnelle 179, 375
nidification 347
niveau d'efficience 255;
d'activation 225;
d'aspiration 177;
de l'activité 287
niveaux d'explication 451
nivellement 137, 221
norme (création) 245
normes (caractéristiques et changement) 313;
(genèse) 313; (hiérarchie) 213;
(système) 313;
(troubles) 179, 231, 321;
nosologie 377
nouveauté 149

observation 57, 303;
de groupe 57; de soi 57;
participante 57
observations d'autrui 57
odorat 119
olfactomètre 119
opacité 309
opérant 147
opération de recherche 49
opérationnalisation 41, 55
opinion 203
ordinateur 37; analogique 207;
digital 207; hybride 207
ordonnée 63
organes de l'équilibration 123;
génitaux 85
organisation de l'activité 255;
de la libido 379; interne 87;
sociale 307, 315
orientation de l'activité 255;
idéologique 247
orientations 349;
thérapeutiques 405
originalité 199
orthophonie 407
oubli 139; motivé 139

Index des matières

ouïe 115
output 207
ouverture 277
overt behavior 31

panel 53
panique 229
pantomime 273
parade nuptiale 347
paranoïa 239, 279
parathymie 239
participation 213
passage à l'action 165-179
pathologie des loisirs 443
pensée 181
pensée analogique 189
perception 93-125, 269;
  des couleurs 113;
  inadéquate 125; sociale 307;
  spatiale 371; tactile 121;
  télévisuelle 437
performance sportive 445
performances intellectuelles 367
périmétrie 111
périscope 131
pérital 99
perméabilité 213
permutation 67
persévérance 195
persévération 105
personnalité 369
perspective géométrique et aérienne 109
perte de mémoire (black-out) 139
perturbation du rang 321;
  du rôle 321; troubles 297
perturbations antisociales 179;
  de l'action 179;
  de l'apprentissage 163;
  des contacts 179, 321;
  sociales 321; subjectives 179
phase non-REM 141; REM 167
phénoménalisme 47
phénomène « sur la langue » 141;
  de Purkinje 113
phénomènes expressifs 271
phobie 279; de l'école 179
phrénologie 33
placebo 61
plan à groupe contrôle 53;
  croisé (cross-over-design) 53;
  en réseau 77; factoriel 53;
  multivarié 53
planification de l'avenir 127;
  organisationnelle 427
plans d'expérience 53;
  de renforcement 147
polarisation 213;
  (ps. des masses) 327
polygénie 83
polygone 83
polygraphie 81
polyphénie 83

population 51, 69
positionnement 327
potentialité 277
potentiel d'action 85;
  de repos 81, 87;
  énergétique 325;
  évoqué 81, 97
pouvoir 231, 263;
  de l'être humain 277
pratique 43
prédicteur 55
prédiction 183
préférence pour un canal sensoriel 137
prégnance 103; de la figure 107
préjugé 191, 205
pression de la souffrance 231
prestige 237
prévention 409
primacy-recency 133
primordium 141
principe de Nirvâna 169;
  de Premack 147;
  de sommation 89;
  TOTE (TCR) 173
principes publicitaires 435
prise d'otage 223
prise de conscience du milieu 195
privation sensorielle 93
probabilité 39, 67;
  d'apparition 147
problématisation 193
problème corps-âme 37, 79, 91
problèmes scolaires 439
procédé d'acquisition 385;
  de confrontation 387;
  in-vivo 181;
  par suggestion 399;
  d'élimination 385;
  de feed back 407;
  de soutien 409
processus de contrôle 177;
  de développement 295;
  de groupe 175, 401;
  de Markoff 77;
  de méditation 397;
  du travail 419
projection du but 255
pronostic 77
propriétés des systèmes 427
prosocial 233
prothèse sensorielle 91
psychagogie 409
psychanalyse 379, 381
psychocybernétique 37, 79, 91, 243
psychodiagnostic 355-373
psychodrame 401
psychogène 47
psychogénétique 83
psycholinguistique 217
psychologie animale 343-353;
  appliquée 47, 419, 445;
  clinique 43, 377, 415;
  cognitive 47; complexe 383;

de l'apprentissage 145-163;
de l'art 449;
de l'entreprise 425;
de l'environnement 331-341;
de l'exécution des peines 429;
de la circulation 431;
de la civilisation 447;
de la conception du monde 453;
de la conscience 33;
de la justice 429;
de la nature 339;
de la personnalité 241-279;
de la profession 423;
de la publicité 435;
de la science 451;
des âges de la vie 295;
des loisirs 443;
des masses 323-331;
des médias 437;
des organisations 43, 427;
des profondeurs 47;
du crime 429;
du développement 281-297;
du gouvernement 331;
du marché 433; du rêve 413;
du sommeil 411; du sport 445;
du travail 419; écologique 47;
économique 433;
électorale 441; gestaltiste 41;
individuelle 383;
judiciaire 429;
mathématique 47;
politique 441; scolaire 439;
sexuelle 415;
sociale 43, 301-321;
sociale des sciences 451;
topologique 165
psychopathologie 279
psychopédagogie 145
psychophysiologie 37, 47, 79, 81;
  du sommeil 411
psychose 375
psychosomatique 79
psychosophie 33
psychothéorie 79
psychothérapie 43;
  humaniste 393;
  non directive 389;
  par entretien 59, 389
psychotropes 395
puberté 293
publicité 435
pudeur 237
pulsion 229
pupille 97

quantification topologique 251
quartile 65
quasi-expérience 61
questionnaire 59, 359
quotient intellectuel (QI) 195, 205

randomisation 51
range 65

rangs 309; sociaux 309
rappel (évocation) 127, 135
rapport maître-élève 439
rationalisme 33
réactance 209, 231, 263
réaction au hasard 41;
   aux situations 171; d'état 171;
   d'orientation 259; de fuite 229;
   de l'ascenseur 123;
   de masse 327;
   par expérience 171;
   psychogalvanique 81;
   pupillaire 97, 171
réalisation de soi 201
récepteur de position 123
récepteurs musculaires 123
récepteurs tactiles 121
réception de masse 329
recherche 179; de la règle 197;
   qualitative 253;
   quantitative 251;
   sur l'expression 271;
   sur la femme 275;
   sur la paix 341;
   sur les effets 211, 437;
   sur les médias 437
recherches sur les masses 323
recognition 133
reconnaissance sociale 263
red out 139
redondance 89, 125, 217
redondant 105, 215
réflexe 87; conditionné 145;
   d'orientation 235;
   de Moro 229; médiatique 327
réflexion 183
refoulement 381
réfraction 95
regel-set 207
Règle de Jackson 139
regroupement 107
relation 39; paradoxale 215
relations comportementales 343
relaxation 167
relief (saillance) 267
religion 201, 235
rémission spontanée 53
renforcement (intensité) 139, 147
réparation 41
réponse 165
représentation 185; spatiale 195
reproductibilité 61
reproduction 133; animale 347
résistance au changement 191
résolution (décision) 191
respect de soi 237
ressources 341
restructuration 149, 183
résultat fortuit 69
rétention 127
rétine 97
retour de l'information 151
rétroaction 173
rêve 413; éveillé 237
reversal-design 77

rigidité 105
rôle 311; social 311
rôles (différence) 275;
   (faillite) 311; (fonction) 311;
   multiples 311
Rorschach 375
rotation 75
RPG 181
rythme 79, 87, 225
rythmique 87, 91

sample 51
sanguin 35
satisfaction dilatoire 265
saturation (stat) 75;
   factorielle 75
saut de l'œil 131
savoir 155, 201
savoir apparent 191
savoir-faire 155
scanning 167
schéma corporel 223, 265;
   de vie 249
schizocinèse 145
schizophrénie 279
sélection 129; par élevage 343
sélectivité 51
sémantique 39;
   de l'alimentation 345;
   des soins 345; du combat 345;
   du comportement 345;
   du contact 345; du rêve 413
sensualisme 99
sentiment 225-239;
   de signification 235;
   esthétique 235
sentiments de culpabilité 237
séquence 77
servitudes de l'environnement 331
seuil 103, 119
sexualité 85, 223, 229, 415
sharing 221
sharpening 137
sifflet de Galton 115
signalement social 351
signification 39, 79;
   fonctionnelle 87
similarité (mémoire) 129;
   (ressemblance) 107, 129
simulation 39
situation de test 355;
   panoramique 41
Sixteen Personality Factor Test 369
sleeper-effect 135
socialisation 305
sociobiologie 47, 83
sociométrie 303
sociopathique 239
software 207
soi 453
soif 229
soins à la progéniture 347
solidarité 213

solution d'un problème 183, 197, 233
sommeil 229, 411
somnolence 167
sonogramme 91
sophrosyne 173
souci 231
souvenir occulté 139
spare capacity 131
spécialisation hémisphérique 373
spécificité 101
spectre de dispersion 65
spontanéité 187
state-anxiety 229
statistique 63-77
stéréotypes de pensée 193
stimuli 165; complexes 147
stochastique 67
stratégie de l'évolution 59
stratégies d'évaluation 207;
   de résolution 197
stratification 89; sociale 447
stress 169, 231
stroboscopie 105, 111
structuralisme 99
structuration 193
structure contrastée 241;
   d'emboîtement 241;
   de l'observation 357;
   du comportement 357;
   individuelle 241
structures de l'entreprise 425;
   urbaines 337
style heuristique 187;
   routinier 187
styles de direction 425;
   de pensée 187, 189;
   de réaction 253
subjectivité 57
succession 341
suggestibilité 105
suggestion 59
superstition 205
supervision 57
support-modèle-signification 39, 79, 87, 95, 117
suradditivité 107
surdité de soirée 117, 169
surprise 231
symbolisation 39
sympathisants 309
symptomatologie 377
symptôme 35
synapse 87
syndrome 35; anancastique 239
synectique 199
synthèse d'afférences 99, 105, 125
système homme-machine 421;
   homme-ordinateur 207;
   nerveux central 89
systèmes d'opinions 253;
   de psychologie clinique 377;
   écologiques 315;
   éducatifs 315; ethniques 315;
   sociaux 315

Index des matières

systèmes-experts 59
systole 85

table de Tippet 51
tachistoscope 109
tangramme 149, 361
tapping 373
taractique 59
TAT 374, 375
taxométrie 49
taxonomie 35, 49
technique Delphi 59;
  du plan en réseau 427
techniques projectives 363
témoignage 141
temps 39, 109
ténacité 167
tendance au risque 177;
  centripète 57
tendances des masses 323
teneur en sens 159;
  en signification 159
tension 169
terminologie 12-29
territoires 349
test 43, 55, 61; à trous 371;
  (axiomatique) 355;
  clinique 373; d'aptitudes 361;
  d'imagination de Sander 199;
  d'intelligence 367;
  d'intérêts 369;
  de complètement d'images
    de Wartegg 369;
  de coordination des deux
    mains 61;
  de création de formes 363;
  de Rorschach 199, 363;
  de Rosenzweig 363;
  de Rybakow 361;
  des alvéoles 361;
  du monde 363; scolaire 369;
  technique 365
thematic apperception test
  (TAT) 363
théorème de Bayes 77
théorie cognitive 165;
  corpusculaire 95;
  de l'association 129;
  de l'équité 209;
  de l'hérédité 281;
  de la détection du signal
    105, 125;
  de la médiation 183;
  de la mesure 49;
  de la signification 183;
  des catastrophes 283, 327;
  des champs 209;

des cohortes 129;
des composantes 225;
des crises 283;
des modèles 39;
des systèmes 41;
des tests 355;
du sommeil 411;
ondulatoire 95;
phylogénétique 227
théories de l'effet secondaire 227;
  de l'équilibre 209;
  de l'évaluation 209;
  de l'expression 271;
  de l'information 209;
  de l'instinct 165;
  de la croissance 283;
  de la différenciation 227;
  du contexte 227; du jeu 405;
  du modelage social 283;
  du profit 209; du rêve 413;
  gestaltistes 283;
  humanistes 247; S-R 165;
  sociales 165;
thérapie analytique 381;
  cognitive 393;
  cognitive 393;
  communicationnelle 391;
  comportementale 385, 387;
  corporelle 395;
  de groupe 401;
  du langage 407;
  du sommeil 411;
  familiale 403; par le jeu 405;
  pour l'enfant 405;
  rationnelle émotive 393;
  sexuelle 415; sportive 445
thérapies conflictuelles 403;
  familiales systémiques 403
throughput 207
tierces variables 55
time sampling 57
timidité 237
tissus neuronal 87
topologie 113
torpide 205, 239
toute-puissance 453
training autogène 85, 389
trait-anxiety 229
traitement de l'information 149;
  des signaux 87
traits de personnalité 369
transcription 63, 85
transduction 101
transfert 159; de modèles 91
transformation 63;
  corporelle 285
transitivité 49

translation 85
transposabilité 107
travail de groupe 317;
  du deuil 231
treatment 55
trial and error 153
trigger 169
tronc cérébral 89
trouble de l'adaptation 297;
  de l'alimentation 257;
  du langage 297; sexuel 415
troubles de l'isolement 223;
  de la communication 391;
  de la parole 297;
  de la relation 179;
  des normes 179, 321;
  du développement 297;
  du schéma corporel 179;
  liés à la situation 179, 321;
  mentaux 205;
  psychiques 279, 377;
  relationnels 223, 321
typologie 35

unité dynamique 249
Upanisad 33
usage de l'art 449; scolaire 371
utilisation de l'habitation 335
utopie 235; urbaines 337

valeur absolue 453;
  moyenne 65, 69
valeurs de référence du
    comportement 447;
  estimées 69
variable 51; dépendante 31, 51;
  indépendante 31, 51
variables de comportement 357;
  de processus 389;
  thérapeutiques 389
variance 65
vase de Rubin 107
vécu citadin 337; du moi 91;
  professionnel 423; réel 31
vérification (cognition) 187;
  (confirmation) 55
vérité 453
vertige 123
vie sociale 351; animale 351
vieillesse 295
vigilance 167
vocabulaire 217
volonté 165, 455; délibérée 255

WAIS 374
WISC 374
withdrawal-design 77

Collection 02 / N° Édition 01
Dépôt Éditeur 0775-10/1995
ISBN 2-2531-3014-7
Imprimé en Italie par G. Canale & C. S.p.A. - Borgaro T.se - Torino
Composition réalisée par NORD COMPO

◈ 31/3014/3